Basler Studien
zur Rechtswissenschaft

Sibylle von Heydebrand

Stimmrecht und kantonale Autonomie

Basler Studien zur Rechtswissenschaft

Reihe B: Öffentliches Recht

Band 91

Sibylle von Heydebrand

Stimmrecht und kantonale Autonomie

Allgemeines und gleiches Stimmrecht am Beispiel der Nordwestschweizer Kantone

Helbing Lichtenhahn Verlag

Bibliographische Information der Deutschen Nationalbibliothek

Die Deutsche Nationalbibliothek verzeichnet diese Publikation in der Deutschen Nationalbibliographie; detaillierte bibliographische Daten sind im Internet über http://dnb.dnb.de abrufbar.

ISBN 978-3-7190-4234-9

www.helbing.ch

Dank

Die vorliegende Arbeit wurde von der Juristischen Fakultät der Universität Basel im Herbstsemester 2018 als Dissertation angenommen. Lehre und Rechtsprechung sind bis Mai 2018 berücksichtigt.

Mein Dank gilt all jenen, die mich während der Entstehung meiner Dissertation begleitet und unterstützt haben:

Als erstes danke ich meiner geschätzten Doktormutter Prof. Dr. iur. Denise Buser für die ausgezeichnete wissenschaftliche und methodische Betreuung, die fruchtbaren Diskussionen, die konstruktiven und kritischen Anmerkungen und die stets motivierende Unterstützung. Besonders bedanke ich mich auch für die wissenschaftliche Freiheit, die sie mir während des gesamten Forschungsprojektes gewährt hat.

Sodann danke ich Prof. Dr. iur. Felix Hafner für die Zweitbegutachtung und die wohlwollende, unterstützende Begleitung meiner Arbeit. Ich danke ihm auch für die Möglichkeit, mein Forschungsprojekt in seinem Doktorandenkolloquium zu präsentieren.

Meinem Drittbetreuer, Dr. iur. Alex Achermann, alt Landschreiber des Kantons Basel-Landschaft, danke ich für die fachliche Begleitung und die motivierenden Gespräche.

Prof. Dr. iur. Sabine Gless danke ich für die wertvollen Anregungen im Doktorandenseminar.

Dem Swisslos-Fonds des Kantons Aargau danke ich für den grosszügigen Beitrag an die Druckkosten der Dissertation.

Dankbar für unser stetes gegenseitiges Mittragen unserer Projekte widme ich diese Arbeit meinem Mann, Daniel Stoll, und meinen Söhnen, Jean-Pascal Stoll und Cédric Stoll. Wir teilen den Willen, den Dingen auf den Grund zu gehen.

Arlesheim, im Januar 2019

Sibylle von Heydebrand

Inhaltsübersicht

Dank V

Inhaltsverzeichnis IX

1. Kapitel: Einleitung 1

I. Stimmrecht als Kernelement der Demokratie 1

II. Allgemeines und gleiches Stimmrecht 4

III. Untersuchungsraum Nordwestschweizer Kantone 8

IV. Leitfrage und Aufbau der Arbeit 10

2. Kapitel: Politische Rechte und Stimmrecht: Begriffe, Inhalt und Rechtsschutz 13

I. Politische Rechte: Begriffe und Inhalt 13

II. Rechtsschutz 23

3. Kapitel: Stimmrechtsgrundsätze 33

I. Stimmrechtsgrundsätze als Bestandteil des Schweizerischen Verfassungsrechts 33

II. Stimmrechtsgrundsätze im Einzelnen 34

4. Kapitel: Kantonale Autonomie 51

I. Bedeutung des kantonalen Föderalismus 51

II. Substantielle Autonomie der Kantone 55

III. Schutz der substantiellen Autonomie der Kantone 57

IV. Pflicht zu demokratischen Kantonsverfassungen 58

V. Kantonale Autonomie in den Verfassungen der Nordwestschweizer Kantone 59

VI. Organisationsautonomie und politische Rechte 62

5. Kapitel: Grundsatz der Allgemeinheit 65

I. Übersicht 65

II. Stimmrechtsbeschränkungen in der Vergangenheit 69

III. Exkurs 1: Ursprung des allgemeinen Stimmrechts 73

IV. Exkurs 2: Ausschluss vom Stimmrecht 82

V. Exkurs 3: Einführung des Frauenstimmrechts 101
VI. Bürgerrecht 125
VII. Stimmrechtsalter 149
VIII. Urteilsfähigkeit 160
IX. Partizipation und kumulative Stimmbeteiligung 163

6. Kapitel: Grundsatz der Gleichheit 171
I. Garantie der unverfälschten Stimmabgabe 171
II. Absolute und relative Gleichbehandlung 191
III. Zählwertgleichheit 193
IV. Stimmkraft- oder Stimmgewichtsgleichheit 237
V. Erfolgswertgleichheit 256

7. Kapitel: Ergebnisse 287
I. Föderalismus als politisches Prinzip 287
II. Kantonale Autonomie im Bereich des allgemeinen und des gleichen Stimmrechts 288
III. Gestaltung des allgemeinen Stimmrechts in der Nordwestschweiz: Ausgewählte Ergebnisse 289
IV. Gestaltung des gleichen Stimmrechts in der Nordwestschweiz: Ausgewählte Ergebnisse 295
V. Schlusswort 305

8. Kapitel: Zusammenfassung 307

Inhaltsverzeichnis

Dank . . . V

Inhaltsübersicht . . . VII

1. Kapitel: Einleitung . . . 1

I. Stimmrecht als Kernelement der Demokratie . . . 1

II. Allgemeines und gleiches Stimmrecht . . . 4
1. Zugang zum Stimmrecht und Einfluss der Stimme . . . 4
2. Politische Gleichberechtigung und Rechtsgleichheit . . . 5
3. Vorrangstellung des allgemeinen und des gleichen Stimmrechts: «one person, one vote, one value» . . . 6
4. Aktualität des allgemeinen und des gleichen Stimmrechts . . . 7

III. Untersuchungsraum Nordwestschweizer Kantone . . . 8

IV. Leitfrage und Aufbau der Arbeit . . . 10

2. Kapitel: Politische Rechte und Stimmrecht: Begriffe, Inhalt und Rechtsschutz . . . 13

I. Politische Rechte: Begriffe und Inhalt . . . 13
1. Politische Rechte als Oberbegriff . . . 13
2. Politische Rechte im engeren Sinne . . . 15
   a. Übersicht . . . 15
   b. Kantonale Volkswahlen . . . 15
   c. Kantonale obligatorische Referenden . . . 16
   d. Kantonale fakultative Referenden . . . 17
   e. Kantonale Initiativen . . . 18
   f. Volksauftrag im Kanton Solothurn . . . 18
3. Stimmrecht . . . 19
4. Stimmrechtsvoraussetzungen . . . 21

II. Rechtsschutz . . . 23
1. Stimmrechtsbeschwerde . . . 23
   a. Stimmrechtsbeschwerde ans Bundesgericht . . . 23
   b. Legitimation, aktuelles Interesse und Kognition des Bundesgerichts . . . 24
   c. Beschwerden in eidgenössischen Angelegenheiten . . . 26
   d. Beschwerden in kantonalen Angelegenheiten . . . 26
   e. Aufhebung eines Urnengangs . . . 27
   f. Schutz des Stimmrechts in der Nordwestschweiz . . . 28
2. Vergehen gegen den Volkswillen gemäss 14. Titel des StGB . . . 30

3. Kapitel: Stimmrechtsgrundsätze . . . 33

I. Stimmrechtsgrundsätze als Bestandteil des Schweizerischen Verfassungsrechts . . . 33

II. Stimmrechtsgrundsätze im Einzelnen . . . 34
1. Grundsatz der Allgemeinheit . . . 34
2. Grundsatz der Gleichheit . . . 34
3. Grundsatz der Freiheit . . . 35
a. Freies Stimmrecht: Inhalt und Einschränkungen . . . 35
b. Unzulässige Einflussnahme durch Behörden . . . 38
c. Überprüfung der Abstimmungserläuterungen durch das Bundesgericht . . . 38
d. Unzulässige Einflussnahme durch Private oder Medien . . . 39
4. Grundsatz des Geheimnisses . . . 41
a. Übersicht . . . 41
b. Offene Stimmabgabe an Gemeindeversammlungen . . . 42
c. Stimmgeheimnis und E-Voting . . . 44
d. Einschränkungen des Stimmgeheimnisses . . . 44
5. Grundsatz der Unmittelbarkeit . . . 45
a. Direkte Wahl des Parlaments . . . 45
b. Parteiwechsel, Parteiaustritt, Parteiausschluss . . . 47
c. Kooptation bei Vakanz im Parlament . . . 48
d. Stille Wahlen . . . 49

4. Kapitel: Kantonale Autonomie . . . 51

I. Bedeutung des kantonalen Föderalismus . . . 51

II. Substantielle Autonomie der Kantone . . . 55

III. Schutz der substantiellen Autonomie der Kantone . . . 57

IV. Pflicht zu demokratischen Kantonsverfassungen . . . 58

V. Kantonale Autonomie in den Verfassungen der Nordwestschweizer Kantone . . . 59

VI. Organisationsautonomie und politische Rechte . . . 62

5. Kapitel: Grundsatz der Allgemeinheit . . . 65

I. Übersicht . . . 65

II. Stimmrechtsbeschränkungen in der Vergangenheit . . . 69
1. Vom Verbot der politischen Vorrechte zum Rechtsgleichheitsgebot . . . 69
2. Die historische Entwicklung der Stimmrechtsbeschränkungen . . . 70

III. Exkurs 1: Ursprung des allgemeinen Stimmrechts . . . 73

1. Naturrechtlicher Vertragsgedanke als Ursprung des allgemeinen Stimmrechts 73
2. Rousseaus Gesellschaftsvertrag und die Erklärung der Menschen- und Bürgerrechte von 1789 73

IV. Exkurs 2: Ausschluss vom Stimmrecht 82
1. Ausschlussmechanismus 82
2. Dualistische Rechtsnatur des Stimmrechts 82
3. Inklusion und Exklusion aus rechtssoziologischer Sicht 84
   a. Einleitung 84
   b. Talcott Parsons 86
   c. John Rawls 88
   d. Niklas Luhmann 89
   e. Jürgen Habermas 92
   f. Seyla Benhabib 94
   g. Inklusion und Exklusion: Schlussfolgerungen 97

V. Exkurs 3: Einführung des Frauenstimmrechts 101
1. Einführung des Frauenstimmrechts in der Schweiz 101
   a. Der lange Weg 101
   b. Meilensteine 102
2. Gründe für den Ausschluss der Frauen 105
3. Einführung auf kantonaler Ebene 107
4. Umschwung auf eidgenössischer Ebene 108
5. Einführung des Frauenstimmrechts in der Nordwestschweiz 110
   a. Kanton Aargau 110
   b. Kanton Basel-Landschaft 111
   c. Kanton Basel-Stadt 112
   d. Kanton Solothurn 113
6. Von der politischen zur gesellschaftlichen Gleichberechtigung 114
7. Frauenquoten als Rezept gegen Untervertretung? 119

VI. Bürgerrecht 125
1. Stimmrecht und Bürgerrecht 125
   a. Verknüpfung von Stimmrecht und Bürgerrecht 125
      i) Identität von Regierenden und Regierten 125
      ii) Wege aus dem Demokratiedefizit 126
      iii) Ausländerausschluss: Demokratieprinzip, Grundrechte und Rechtsgleichheit 128
   b. Bürgerdemokratie, Territorialdemokratie und Betroffenendemokratie 129
   c. Einbürgerung als letzter Schritt der Integration oder integrierende Wirkung der Einbürgerung? 130
2. Einbürgerung 132

a. Übersicht 132
b. Formelle Einbürgerungsvoraussetzungen: Niederlassungsbewilligung und Aufenthaltsdauer 134
c. Materielle Voraussetzung: Erfolgreiche Integration 135
i) Übersicht 135
ii) Beachtung der öffentlichen Sicherheit und Ordnung 136
iii) Respektierung der Werte der Bundesverfassung 138
iv) Sprachkenntnisse 139
v) Teilnahme am Wirtschaftsleben oder Erwerb von Aus- und Weiterbildung 139
vi) Vertrautheit mit den schweizerischen und örtlichen Lebensverhältnissen 141
vii) Keine Gefährdung der inneren oder äusseren Sicherheit 141
d. Mitwirkung der Stimmberechtigten und Beschwerderecht 141
3. Stimmrecht für Ausländerinnen und Ausländer 144
a. Im Allgemeinen 144
b. In der Nordwestschweiz 145

VII. Stimmrechtsalter 149
1. Politische Volljährigkeit: Stimmrechtsalter 18 149
2. Stimmrechtsalter 16? 151
3. Stimmrecht mit 16 «light»? 155
a. Stimmrecht mit 16 begrenzt auf Ergreifung und Unterzeichnung von Volksinitiativen 155
b. Stimmrecht ab 16 auf Verlangen 155
4. Politische Bildung der Jugendlichen 157

VIII. Urteilsfähigkeit 160

IX. Partizipation und kumulative Stimmbeteiligung 163
1. Stimmbeteiligung und Legitimität demokratischer Entscheide 163
2. Gründe für die sinkende Stimmbeteiligung 163
3. Selektive Partizipation und kumulative Stimmbeteiligung 166

6. Kapitel: Grundsatz der Gleichheit 171

I. Garantie der unverfälschten Stimmabgabe 171
1. Übersicht 171
2. Wahlsysteme 173
a. Mehrheitswahl und Verhältniswahl 173
b. Sitzquote 176
c. Kleine Wahlkreise und natürliches Quorum 177
d. Mehrheitsbildung oder Abbild des Volkes 180
e. Wahlkreisübergreifender Ausgleich 181
f. Gemischte Wahlverfahren 181

g. Heterogenität der Wahlkreisgrössen ... 183
h. Einteilung der Wahlsysteme nach dem Repräsentationsziel: Majorz oder Proporz ... 183
i. Best System? ... 184
3. Wahlverfahren ... 185
a. Mehrheitswahl ... 185
b. Proporzwahl ... 187
c. Gallagher Index of Disproportionality ... 189

II. Absolute und relative Gleichbehandlung ... 191

III. Zählwertgleichheit ... 193
1. Übersicht ... 193
2. Zuteilung der Stimmen ... 194
a. «One person, one vote» ... 194
b. Politischer Wohnsitz und Stimmregister ... 197
c. Ausnahmen von der Ausübung der politischen Rechte am Wohnsitz ... 200
d. Stimmrecht der Auslandschweizerinnen und Auslandschweizer ... 201
i) Eintrag im Auslandschweizerregister ... 201
ii) Territorialprinzip versus Personalitätsprinzip ... 202
iii) Auslandscheizerstimmrecht in den Nordwestschweizer Kantonen ... 204
e. Karenzfrist ... 207
f. Stimmrechtsausweis ... 209
3. Stimmabgabe ... 211
a. Möglichkeiten der Willensäusserung ... 211
i) Drei Möglichkeiten der Willensäusserung: Zustimmung, Ablehnung oder Verzicht ... 211
ii) Stimmzwang und Stimmpflicht ... 211
iii) Kumulieren, Panaschieren und streichen auf dem Wahlzettel ... 213
b. Eigentliche Stimmabgabe ... 213
i) Amtliche Stimm- und Wahlzettel ... 213
ii) Persönliche Stimmabgabe und Stimmabgabe an einer Versammlung ... 214
iii) Erleichterte Stimmabgabe: Vorzeitige persönliche Stimmabgabe ... 216
iv) Erleichterte Stimmabgabe: Briefliche Stimmabgabe ... 218
v) Erleichterte Stimmabgabe: Elektronische Stimmabgabe im Allgemeinen ... 219
vi) Erleichterte Stimmabgabe: Elektronische Stimmabgabe in der Nordwestschweiz ... 222
vii) Vertretung bei der Stimmabgabe ... 223

4. Gleiche Berücksichtigung aller gültig abgegebenen Stimmen bei der Stimmenzählung . . . 225
a. Gültige, ungültige und leere Stimmen . . . 225
i) Gültige und ungültige Stimmen . . . 225
ii) Leere Stimmen . . . 227
b. Stimmen zählen bei Majorzwahlen . . . 228
i) Berechnungsbasis Einzelstimme . . . 228
ii) Berechnungsbasis Wahlzettel . . . 229
iii) Ergebnisermittlung bei Majorzwahlen in der Nordwestschweiz 230
c. Stimmen zählen bei Proporzwahlen . . . 231
d. Nachzählung . . . 231

IV. Stimmkraft- oder Stimmgewichtsgleichheit . . . 237
1. Übersicht . . . 237
2. Neutrale Wahlkreisgestaltung . . . 238
a. Kein regelmässiges Anpassen der Wahlkreisgrenzen . . . 238
b. Gebietsänderungen entlang von Wahlkreisgrenzen nicht ausgeschlossen . . . 239
3. Neutrale Wahlkreisgrösse . . . 242
a. Gleichwertige Wahlkreise . . . 242
b. Faktische Sperrklauseln: natürliches Quorum . . . 243
c. Natürliches Quorum in der Nordwestschweiz . . . 245
4. Sitzzuteilungsverfahren nach dem Kopfzahlprinzip . . . 247
a. Berechnungsgrundlage . . . 247
i) Mögliche Repräsentationsbasen . . . 247
ii) Repräsentationsbasis in der Nordwestschweiz . . . 250
b. Berechnungsverfahren für die Sitzzuteilung . . . 252
i) Mögliche Berechnungsverfahren für die Sitzzuteilung . . . 252
ii) Sitzzuteilungsverfahren in der Nordwestschweiz . . . 253

V. Erfolgswertgleichheit . . . 256
1. Übersicht . . . 256
2. Quotenverfahren . . . 259
3. Divisorverfahren . . . 261
4. Mindestanforderungen an ein gerechtes Mandatszuteilungsverfahren . . 263
a. Mindestanforderungen an ein gerechtes Mandatszuteilungsverfahren . . . 263
b. Weiterentwicklung der Parlamentswahlsysteme durch das Bundesgericht . . . 266
c. Standesinitiativen von Uri und Zug . . . 268
d. Mandatszuteilungsverfahren in der Nordwestschweiz . . . 271
e. Listenverbindungen . . . 275
i) Listenverbindungen im Allgemeinen . . . 275
ii) Listenverbindungen in der Nordwestschweiz . . . 276

f. Gesetzliche Sperrklauseln: direktes Quorum ... 277
i) Gesetzliche Sperrklauseln im Allgemeinen ... 277
ii) Direktes Quorum in der Nordwestschweiz ... 279
g. Exkurs: Sitz- und Mandatszuteilungsverfahren bei Nationalratswahlen ... 280
i) Proporzwahlen nach Bundesrecht: faktisches Mischwahlsystem ... 280
ii) Kantonale Kompetenzen bei Nationalratswahlen ... 285

7. Kapitel: Ergebnisse ... 287

I. Föderalismus als politisches Prinzip ... 287

II. Kantonale Autonomie im Bereich des allgemeinen und des gleichen Stimmrechts ... 288

III. Gestaltung des allgemeinen Stimmrechts in der Nordwestschweiz: Ausgewählte Ergebnisse ... 289
1. Inklusion und Exklusion ins politische System ... 289
2. Inklusion der Staatsbürgerinnen und Staatsbürger ins Stimmrecht ... 289
3. Exklusion der Ausländerinnen und Ausländer vom Stimmrecht ... 291
4. Exklusion der unter 18-Jährigen vom Stimmrecht ... 292
5. Partizipation der Stimmberechtigten ... 293

IV. Gestaltung des gleichen Stimmrechts in der Nordwestschweiz: Ausgewählte Ergebnisse ... 295
1. Unverfälschte Willenskundgabe und unverfälschte Stimmabgabe ... 295
2. Zählwertgleichheit ... 295
a. Zuteilung der Stimme: Abweichung vom Wohnortprinzip für Auslandschweizerinnen und Auslandschweizer ... 296
b. Stimmabgabe: Gleichwertigkeit der Kanäle ... 297
c. Stimmabgabe: Vertretung und Abgabe an einer Versammlung ... 297
d. Stimmen zählen: Leere Stimmzettel berücksichtigen ... 298
3. Absolute und relative Gleichbehandlung ... 298
4. Stimmkraftgleichheit ... 299
a. Gleichwertige Wahlkreise und niedriges natürliches Quorum ... 299
b. Kopfzahlprinzip ... 300
5. Erfolgswertgleichheit ... 301
a. Mindestanforderungen an Mandatszuteilungsverfahren ... 301
b. Weiterentwicklung der Parlamentswahlsysteme durch das Bundesgericht ... 302
c. Die Urner und Zuger Standesinitiativen ... 303

V. Schlusswort ... 305

8. Kapitel: Zusammenfassung ... 307

Quellenverzeichnis 309

Literatur 309

Rechtliche Grundlagen 329

Materialien 337

Abkürzungsverzeichnis 341

1. Kapitel: Einleitung

I. Stimmrecht als Kernelement der Demokratie

Staatliche Macht soll auf dem Willen des Volkes gründen. Die Volkssouveränität als oberste Legitimationsquelle aller Entscheidungsgewalt ist Kernelement der modernen Demokratie.[1]

Wer das Stimmrecht ausübt,[2] äussert sich immer auch im Namen der Stimmberechtigten, die nicht stimmen wollen oder können. Demokratische Entscheide sollen allen zum Wohle gereichen. Damit ist das Stimmvolk Verantwortungsträger und definiert in dieser Rolle das Gemeinwohl. Die Stimmberechtigten haben die Letztverantwortung dafür, dass sich die Schweiz als demokratischer Bundesstaat am Gemeinwohl ausrichtet.[3]

Die Beteiligung am staatlichen Willensbildungsprozess ist Ausdruck des demokratischen Prinzips, wonach das Volk und die Volksvertreter eine Vorrangstellung gegenüber den anderen Staatsgewalten haben.[4]

Neben dem Rechtsstaats- und dem Bundesstaatsprinzip spielt das Demokratieprinzip eine prägende Rolle im politischen System der Schweiz.[5] Sowohl indirektdemokratische (repräsentative) als auch direktdemokratische Elemente sind charakteristisch für die demokratische Grundordnung der Schweiz und geben den Stimmberechtigten die Möglichkeit, nicht nur zu wählen, sondern auch zu Sachfragen Stellung zu nehmen und so direkt an der staatlichen Willensbildung teilzunehmen.[6] Die Abstimmungsagenda ist in der Schweiz einmalig dicht – jährlich finden weltweit mehr als die Hälfte aller Abstimmungen in der Schweiz statt.[7]

Für die Grundordnung in einer Demokratie haben sich anerkannte Anforderungen herausgebildet, die als demokratietheoretische Postulate Grundlagen der Strukturen in Demokratien bilden. Dazu gehören auch die klassischen Stimm-

---

1 Rhinow/Schefer/Uebersax, Rz. 2026 f.

2 Stimmrecht wird als Oberbegriff für das Stimm- und Wahlrecht verwendet. Siehe 2. Kapitel I. 3.

3 Hafner, 174, 176 f. und 183.

4 Häfelin et. al., Rz. 175 ff.

5 Hangartner/Kley, Rz. 570 f.; Ehrenzeller/Nobs, SG-Komm BV N 4 ff. Vorbemerkungen zu Art. 136–142 BV.

6 Rhinow/Schefer/Uebersax, Rz. 2035 ff.

7 Siehe Buser, Abstimmungskampagnen, Rz. 1 m.w.Verw.

rechtsgrundsätze. Als Ausfluss des modernen demokratischen Prinzips[8] garantieren sie die Mitwirkung am formalisierten staatlichen Willensbildungsprozess.

Möglichkeiten, sich in nicht formalisierter Form im staatlichen Willensbildungsprozess einzubringen, sind dort zu orten, wo es (noch) nicht um die Beteiligung am Entscheid selber geht, sondern um die Willensbildung im Vorfeld des Entscheides (Anhörung, Vernehmlassungsverfahren u.ä.). Diese Beteiligung im Vorfeld eines Entscheides steht in der Regel auch Nichtstimmberechtigten zu. Weiter können Nichtstimmberechtigte das Petitionsrecht nutzen. Die Teilhabe am formalisierten staatlichen Willensbildungsprozess steht den Stimmberechtigten in ihrer Eigenschaft als Glieder des Staatsorgans Volk zu; wer in nicht formalisierter Form am staatlichen Willensbildungsprozess teilnimmt, tut dies als Einzelperson oder Gruppierung.[9]

Das Stimmrecht dient der Legitimierung der gesellschaftlichen Ordnung. Um seine demokratische Funktion im Prozess der formalisierten staatlichen Willensbildung zu erfüllen, braucht das Stimmrecht Gewährleistungen: Die Postulate der Allgemeinheit, Gleichheit und Freiheit konkretisieren den Inhalt des Stimmrechts und sind Teil der grundlegenden Strukturen einer modernen Demokratie.[10]

Das *allgemeine* Stimmrecht[11] garantiert den Zugang zum formalisierten staatlichen Willensbildungsprozess. Das *gleiche* Stimmrecht[12] gewährleistet, dass jede Stimme den gleichen Einfluss auf das Ergebnis haben soll. Der Grundsatz des *freien* Stimmrechts[13] schützt die freie Willensbildung und stellt sicher, dass nur Abstimmungs- und Wahlergebnisse akzeptiert werden, welche den freien Willen der Stimmberechtigten zum Ausdruck bringen. Erst wenn Abstimmungen und Wahlen insbesondere den Grundsätzen des allgemeinen, gleichen und freien Stimmrechts gerecht werden, sind Abstimmungen und Wahlen demokratisch.

---

[8] Erst im 19. Jahrhundert wurde das demokratische Prinzip mit der Verwirklichung eines allgemeinen und gleichen Männerstimmrechts gleichgesetzt. Und erst im 20. Jahrhundert wurde die Einbeziehung der Frauen unter das demokratische Prinzip subsumiert. Zur Einführung des Frauenstimmrechts siehe 5. Kapitel V.

[9] HANGARTNER/KLEY, Rz. 310 m.w.Verw. Zur Organstellung der Stimmberechtigten siehe 5. Kapitel IV. 2. Zu den informellen Beteiligungsmöglichkeiten des Volkes siehe auch: Zweiter Bericht der Prospektivkommission vom 30. März 1977, 50 ff., in: RHINOW ET AL., Totalrevision KV BL, Dokumente 1970–1979.

[10] HANGARTNER/KLEY, Rz. 27 f.; POLEDNA, Wahlrechtsgrundsätze, 1 f.; ZIPPELIUS, 160.

[11] Im Einzelnen siehe 5. Kapitel.

[12] Im Einzelnen siehe 6. Kapitel.

[13] Siehe dazu 3. Kapitel II. 3.

Die Grundsätze des *geheimen*[14] und des *unmittelbaren* (direkten) Stimmrechts[15] gehören in der Schweiz nicht zur Grundvoraussetzung von demokratischen Wahlen und Abstimmungen.

Auf internationaler Ebene wird der Kanon der Stimmrechtsgrundsätze durch die Erfordernisse von echten und wiederkehrenden Wahlen ergänzt:[16]

Der Grundsatz der *echten Wahlen* bedeutet, dass Wahlen ein minimales politisches Gewicht haben[17] und dass diese formell korrekt durchgeführt werden.[18] Nur wer eine minimale Auswahl zwischen zwei Angeboten hat, kann wählen.[19] Der Grundsatz der echten Wahlen wird in der Schweiz aus der Gewährleistung der politischen Rechte abgeleitet.[20]

Wenn die Stimmberechtigten in regelmässigen Abständen die Gelegenheit haben, Behörden zu wählen, so ist der Grundsatz der *wiederkehrenden Wahlen* gewährleistet.[21] Der Grundsatz kann aus den Amtszeitsbestimmungen abgeleitet werden.[22]

Zum schweizerischen «ordre public» wird der *Grundsatz von Treu und Glauben*[23] gezählt.[24] Das Gebot von Treu und Glauben kann jedoch im Zusammenhang mit Abstimmungen und Wahlen auch direkt aus dem Grundsatz der freien Wahlen abgeleitet und Treu und Glauben als achter Stimmrechtsgrundsatz definiert werden.[25] Bedeutung hat der Grundsatz von Treu und Glauben in erster Linie im Rahmen von Mängeln bei der Vorbereitung von Wahlen und Abstimmungen. Diese müssen in der Regel sofort im Anschluss an die entsprechende Anordnung erhoben werden.[26]

---

[14] Die Schweiz hat sich anlässlich der Ratifikation des UNO-Pakts II ausdrücklich die Bestimmungen des kantonalen und kommunalen Rechts, welche vorsehen oder zulassen, dass Wahlen an Versammlungen nicht geheim durchgeführt werden, vorbehalten. Siehe Art. 1 Abs. 1 lit. g des Bundesbeschlusses betreffend den internationalen Pakt über bürgerliche und politische Rechte vom 13. Dezember 1991. Zum Stimmgeheimnis siehe 3. Kapitel II. 4. Zur (nicht geheimen) Stimmabgabe an einer Versammlung siehe 3. Kapitel II. 4. b.

[15] Siehe dazu 3. Kapitel II. 5. Der Grundsatz des *unmittelbaren* (direkten) Stimmrechts wird nicht übereinstimmend als demokratietheoretisches Postulat definiert. Siehe HALLER/KÖLZ/GÄCHTER, Rz. 242; WINZELER, 72 m.w.Verw.

[16] Art. 25 UNO-Pakt II.

[17] MAAG, 58, und ANINA WEBER, Wahlrecht, Rz. 230 ff.

[18] MAAG, 58, und ANINA WEBER, Wahlrecht, Rz. 229 ff.

[19] NOHLEN, Wahlrecht, 25.

[20] Art. 34 Abs. 2 BV. So explizit ANINA WEBER, Wahlrecht, Rz. 230 m.w.Verw.

[21] MAAG, 59, und ANINA WEBER, Wahlrecht, Rz. 232 f.

[22] Art. 145 BV.

[23] Art. 5 Abs. 3 und Art. 9 BV.

[24] BGE 138 III 322.

[25] So ANINA WEBER, Wahlrecht, Rz. 234 ff.

[26] Siehe BGE 110 Ia 176, BGE 118 Ia 271 sowie die Kasuistik bei ANINA WEBER, Wahlrecht, Rz. 247 ff.

II. Allgemeines und gleiches Stimmrecht

1. Zugang zum Stimmrecht und Einfluss der Stimme

Das allgemeine Stimmrecht ist Ausdruck der Volkssouveränität. Bereits in der Antike entstand die Idee des Urvertrages, der die Volkssouveränität begründet.[27] Das Naturrecht hat die Vertragsidee wieder aufgegriffen. Grundlage dafür bildete Jean-Jacques Rousseaus Forderung nach Rechtsgleichheit,[28] die in der Erklärung der Menschen- und Bürgerrechte von 1789 ihren Niederschlag gefunden hat: «Tous les hommes naissent et demeurent libres et égaux en droits.»[29]

Der französische Begriff «homme» ist mehrdeutig: «Les hommes» meint einerseits Menschen, weiter aber auch Individuen männlichen Geschlechts (im Gegensatz zu Individuen weiblichen Geschlechts) oder erwachsene Individuen männlichen Geschlechts (im Gegensatz zu Kindern). In der Erklärung der Menschen- und Bürgerrechte von 1789 ist der Begriff «homme» – dem traditionellen Vokabular und auch dem Vokabular der Revolution folgend – gleichbedeutend mit «Mann». Dies veranlasste Olympe Marie de Gouge (eig. Marie Aubry) 1791 die «Erklärung der Rechte der Frau und Bürgerin» zu entwerfen. Diese Erklärung war weitgehend eine Paraphrase der Deklaration der Männerrechte und hielt in Artikel 1 fest: «La femme naît libre et demeure égale à l'homme en droits. Les distinctions sociales ne peuvent être fondées que sur l'utilité commune.»[30] – Eine Ausnahme im Kreise der Revolutionäre bildete Jean Antoine de Condorcet, der 1789 mit dem Artikel «Sur l'admission des femmes aux droits de cité»[31] ein Plädoyer dafür veröffentlichte, Frauen unter den Begriff «hommes» zu subsumieren und ihnen die gleichen Rechte wie den Männern zuzugestehen.[32]

Beim Grundsatz des allgemeinen Stimmrechts geht es um die Frage, wer Zugang zum formalisierten Willensbildungsprozess hat und wer davon ausgeschlossen ist. Der Grundsatz des gleichen Stimmrechts befasst sich mit dem Einfluss der einzelnen Stimme auf das Ergebnis. Im Einzelnen:

Das allgemeine Stimmrecht definiert, wer Zugang zu den politischen Rechten haben und wessen Stimme somit die gesellschaftliche Ordnung legitimieren soll. Historisch markiert die Frage nach der Teilhabe am formalisierten staat-

---

27 ZIPPELIUS, 104 f.

28 ROUSSEAU, Gesellschaftsvertrag, 51 ff. (I,9).

29 Déclaration des droits de l'homme et du citoyen, 26. August./3. November1789, Artikel 1, zitiert nach HÉLIE, 2. Band, 30 f.

30 Originaltext siehe http://gallica.bnf.fr/ark:/12148/bpt6k426138/f11.image, besucht am 16. April 2018.

31 Journal de la Société, Nummer 5, Paris 1789, Originaltext siehe http://www.geschichte-erforschen.de/wissenschaft/hippel/Condorcet_1_admission.pdf, besucht am 16. April 2018.

32 Zum Frauenstimmrecht siehe 5. Kapitel V.

lichen Willensbildungsprozess den Beginn der Fragenstellungen rund ums Stimmrecht. Nach der Implementierung des allgemeinen (Männer-)Stimmrechts versuchten die herrschenden Klassen ihren Einfluss durch Eingriffe ins Stimmgewicht aufrechtzuerhalten.[33] Das allgemeine Stimmrecht ist zwar historisch der Wegbereiter des gleichen Stimmrechts[34] und eine Ungleichbehandlung im Stimmgewicht funktionell gesehen auch die mildere Form eines völligen Ausschlusses, die Stimmrechtsgleichheit verfolgt jedoch andere Ziele. Wenn der Grundsatz des allgemeinen Stimmrechts die gleiche Zulassung aller fordert bzw. Ausschlüsse begründet haben will, so geht es bei der Stimmrechtsgleichheit um den gleichen Einfluss aller Stimmberechtigten auf den Ausgang der Wahlen.[35]

2. Politische Gleichberechtigung und Rechtsgleichheit

Die Grundsätze des allgemeinen und des gleichen Stimmrechts sind Kerninhalte der Demokratie. Dass alle Personen über das Stimmrecht verfügen und dass die Stimme jeder Person den gleichen Einfluss, das gleiche Gewicht hat, ist Bestandteil der Rechtsgleichheit. Das allgemeine und das gleiche Stimmrecht basieren auf der Rechtsgleichheit und der Garantie der politischen Rechte.[36]

Die Rechtsgleichheit ist ein in allen Bereichen der Rechtsordnung geltendes Grundprinzip der Verfassung, das eine rechtsgleiche Behandlung durch den Staat garantiert.[37] Der Rechtsstaat sorgt für eine möglichst grosse Chancengleichheit unter den Bürgerinnen und Bürgern und will Gerechtigkeit für alle verwirklichen.[38] Dies wird durch die Gleichbehandlung der Einzelpersonen erreicht, durch die Gleichheit vor dem Gesetz. Die Rechtsgleichheit garantiert, dass jeder Stimmberechtigte im Rahmen der Ausübung der politischen Rechte gleichberechtigt ist und das gleiche Stimmrecht, d.h. die gleiche Möglichkeit der Einflussnahme haben muss.[39]

Die Bundesverfassung gewährleistet die politischen Rechte und deren Ausübung allgemein, ohne diese Rechte und die Formen der politischen Beteiligung

---

33 Siehe exemplarisch die Situation im Kanton Basel: 6. Kapitel IV. 4. a.

34 Poledna, Wahlrechtsgrundsätze, 187 f. m.w.Verw.

35 Poledna, Wahlrechtsgrundsätze, 189 m.w.Verw.

36 Art. 8 Abs. 1 BV i.V.m. Art. 136 Abs. 1, erster Satz sowie Art. 136 Abs. 1, zweiter Satz BV.

37 Hangartner/Kley, Rz. 403; Schweizer, SG-Komm BV N 9 zu Art. 8 BV; Rhinow/Schefer/Uebersax, Rz. 2063 ff.; Tschannen, Staatsrecht, N 25 zu § 6.

38 Art. 2 Abs. 3 BV.

39 Hangartner/Kley, Rz. 405.

zu umschreiben.[40] Vielmehr wird auf die entsprechenden Regelungen auf Bundes- und Kantonsebene verwiesen.[41]

3. Vorrangstellung des allgemeinen und des gleichen Stimmrechts: «one person, one vote, one value»

Vorliegende Arbeit fokussiert die Grundsätze des allgemeinen und des gleichen Stimmrechts auf kantonaler Ebene. Das *allgemeine Stimmrecht* hat eine Schlüsselfunktion und regelt, wer Zugang zu den politischen Rechten hat und wer davon ausgeschlossen ist. Das Stimmrecht ist der Schlüssel zum «Werkzeugkasten der Demokratie»[42]. Die Schlüsselstellung des Grundsatzes der Allgemeinheit vor dem gleichen, freien, geheimen und unmittelbaren Stimmrecht ist auch historisch bedingt. Zwar fanden alle Stimmrechtsgrundsätze bereits im Verlauf der Französischen Revolution Eingang ins Verfassungsrecht,[43] der Grundsatz der Allgemeinheit hatte jedoch eine dominierende Wirkung.[44]

Aus heutiger Sicht ist der *Grundsatz des gleichen Stimmrechts* von ebenso grosser Wichtigkeit, wenn nicht gar bedeutender.[45] Das gleiche Stimmrecht fordert, dass das Stimmgewicht der Stimmberechtigten gleich ist und die Wahlkreise neutral gestaltet werden.[46] Das gleiche Stimmrecht schliesst auch ein Pluralwahlrecht aus: keine Zusatzstimmen für bestimmte Personengruppen wie etwa Eltern.[47]

Die beiden Grundsätze des allgemeinen und des gleichen Stimmrechts teilen sich die Poleposition. Historisch wurde das allgemeine Männerwahlrecht mit dem Slogan «one man, one vote» abgelöst durch «one person, one vote». Damit wird der Zugang zum Stimmrecht und damit das allgemeine Stimmrecht und die Zählwertgleichheit als Teil des gleichen Stimmrechts garantiert. Mit der Stimmkraft- und der Erfolgswertgleichheit als weiteren Teilgehalten des gleichen Stimmrechts wird der Slogan zu «one person, one vote, one value».[48]

---

40 Art. 34 Abs. 1 BV.

41 Art. 34 Abs. 1 BV hat Verweisungscharakter. RHINOW/SCHEFER/UEBERSAX, Rz. 2061; STEINMANN, SG-Komm BV N 10 zu Art. 34 BV m.w.Verw.; BGE 136 I 354 f.; BGE 376 I 379.

42 ROGER BLUM prägt den Begriff vom «Werkzeugkasten der Demokratie»: BLUM, XXVII.

43 Siehe HIS, 1. Band, 344, und POLEDNA, Wahlrechtsgrundsätze, 187 m.w.Verw.: Der girondistische Verfassungsentwurf von 1793 sah als erster allgemeine, direkte, geheime und gleiche Wahlen vor.

44 POLEDNA, Wahlrechtsgrundsätze, 187 m.w.Verw.

45 So NOHLEN, Wahlrecht, 42, und ANINA WEBER, Wahlrecht, Rz. 204.

46 Im Einzelnen siehe 6. Kapitel IV.

47 Zum Pluralwahlrecht siehe 6. Kapitel III. 2. a.

48 NOHLEN, Wahlrecht, 43.

4. Aktualität des allgemeinen und des gleichen Stimmrechts

Sowohl der Grundsatz des allgemeinen als auch der des gleichen Stimmrechts sind von grosser Aktualität: Ersterer mit Fragen wie Ausländerstimmrecht[49] und Stimmrechtsalter[50], Letzterer mit Fragen rund um E-Voting[51] sowie gerechten und demokratischen Wahlergebnissen.[52]

Wer Zugang zum formalisierten staatlichen Willensbildungsprozess haben soll, ist 256 Jahre nach Rousseaus Gesellschaftsvertrag von 1762 nach wie vor eine politische Frage. Mit der Festlegung des Kreises der Stimmberechtigten befasst sich der *Grundsatz des allgemeinen Stimmrechts*.[53]

Die Frage nach den Voraussetzungen für gerechte und demokratische Wahlergebnisse und damit insbesondere die Weiterentwicklung der Proporzwahlverfahren kristallisiert sich als zentral heraus: Wahlergebnisse sind dann gerecht und demokratisch, wenn sich der Wählerwille möglichst unverfälscht im Wahlergebnis widerspiegelt und die einzelnen Stimmen gleich gewichtet werden.[54] Dieser *Grundsatz des gleichen Stimmrechts*[55] ist Ausfluss der Rechtsgleichheit[56], der politischen Gleichberechtigung[57] und des Anspruchs auf unverfälschte Willenskundgabe,[58] der die unverfälschte Stimmabgabe garantiert.

---

[49] Siehe 5. Kapitel VI. 2.

[50] Siehe 5. Kapitel VII.

[51] Der Begriff «E-Voting» ist die Abkürzung für «Electronic Voting» (elektronische Stimmabgabe). Die Stimmabgabe ist Teil des politischen Meinungsbildungs- und Entscheidungsprozesses. In der Schweiz wird unter der elektronischen Stimmabgabe (E-Voting) das sog. «Remote Electronic Voting» verstanden, also die Stimmabgabe über das Internet, SMS und weitere elektronische Datenkommunikationswege aus der Ferne. «Vote électronique» ist ein Gemeinschaftsprojekt von Bund und Kantonen, das die schrittweise Implementierung von E-Voting umsetzt. Zum aktuellen Stand siehe Bericht des Bundesrates zu Vote électronique, BBl 2013, 5069–5214. Siehe 6. Kapitel III. 3. b. vi.

[52] Siehe 6. Kapitel IV. und V.

[53] Siehe 5. Kapitel.

[54] So beispielsweise THÜRER, 54.

[55] Siehe 6. Kapitel.

[56] Art. 8 Abs. 1 BV.

[57] Art. 136 Abs. 1, zweiter Satz BV («Alle haben die *gleichen* politischen Rechte und Pflichten», Kursivsetzung durch Autorin).

[58] Art. 34 Abs. 2 BV.

III. Untersuchungsraum Nordwestschweizer Kantone

Vorliegende Arbeit untersucht das allgemeine und das gleiche Stimmrecht in den Nordwestschweizer Kantonen. Die Nordwestschweiz ist ein interkantonaler Raum, der von seiner Ausdehnung her unterschiedlich definiert wird. Im weiteren Sinne umfasst der Raum die Kantone Aargau, Basel-Landschaft, Basel-Stadt, Solothurn und Jura.[59] Im engeren Sinne gehören die Kantone Basel-Landschaft, Basel-Stadt sowie Teile der Kantone Aargau und Solothurn dazu.[60]

Die Nordwestschweiz kann auch auf die Kantonsgebiete von Aargau, Basel-Landschaft, Basel-Stadt und Solothurn eingegrenzt werden.[61] Die Arbeit folgt dieser Definition. Damit wird die Definition der Nordwestschweiz von Institutionen wie der Fachhochschule Nordwestschweiz oder der Vereinigung für eine Starke Region Basel übernommen. Die Fachhochschule Nordwestschweiz[62] basiert auf einem Staatsvertrag zwischen den Kantonen Aargau, Basel-Landschaft, Basel-Stadt und Solothurn.[63]

> Die Vereinigung Starke Region Basel[64] strebt langfristig einen Kanton Nordwestschweiz an. 1999 wurde in den Parlamenten der Kantone Aargau, Basel-Landschaft, Basel-Stadt und Solothurn gleichlautende Motionen zur Bildung eines Kantons Nordwestschweiz nördlich des Jura eingereicht mit folgendem Wortlaut: «Der Regierungsrat wird beauftragt, die verfassungsmässigen und gesetzlichen Voraussetzungen zu schaffen, die die Gründung eines Kantons Nordwestschweiz nördlich des Jurahöhenzuges erlauben. Dabei soll in der Verfassung die Bevölkerung der betroffenen Gebiete nach dem Prinzip des Selbstbestimmungsrechtes abschliessend (vorbehalten bleibt die Erwahrung durch die Eidgenossenschaft) über ihre regionale und kantonale Zugehörigkeit bestimmen können.» Die vier gleichlautenden Motionen wurden abgelehnt (Grosser Rat des Kantons Aargau, 14. September 1999; Kantonsrat des Kantons Solothurn, 15. September 1999), nicht überwiesen (Landrat des Kantons Basel-Landschaft, 28. Oktober 1999) oder als erledigt abgeschrieben (Grosser Rat des Kantons Basel-Stadt, 19. März 2003).

Die Nordwestschweiz gilt als bedeutender Wirtschaftsraum der Schweiz und gewinnt als politischer Raum zunehmend an Bedeutung, was der Staatsvertrag über die Fachhochschule Nordwestschweiz exemplarisch belegt.

---

59 Z.B. Nordwestschweizer Regierungskonferenz: http://www.nwrk.ch/, besucht am 16. April 2018.

60 Z.B. Tarifverbund Nordwestschweiz für den öffentlichen Verkehr.

61 Siehe die zusammenfassende Darstellung des Verlaufs in den vier Kantonen im Beschluss des Regierungsrats des Kantons Basel-Stad vom 26. November 2002, http://www.grosserrat.bs.ch/dokumente/100120/000000120102.pdf, besucht am 16. April 2018.

62 Siehe http://www.fhnw.ch/, besucht am 16. April 2018.

63 Siehe https://www.fhnw.ch/de/die-fhnw/organisation/diosstaatsvertrag.pdf, besucht am 16. April 2018.

64 Siehe http://www.starke-region-basel.ch/, besucht am 16. April 2018.

Der Lebensraum Nordwestschweiz zeichnet sich im Kleinen durch ein Nebeneinander beispielsweise von Sprachen bzw. Dialekten, Kultur, Konfessionen, Landschaften oder gesellschaftliche Gruppierungen aus, so wie im Bundesstaat im Grossen Vielfalt zu beobachten ist. In den Nordwestschweizer Kantonen wie im Bund gibt das Gestaltungsprinzip des Föderalismus Antworten auf die heterogene Prägung des Lebensraums.

Die Nordwestschweiz ist ein Beispiel eines zusammenwachsenden Lebens- und Wirtschaftsraums, der aufgrund der föderalistischen Struktur mit entsprechender Autonomie der vier Kantone Verfahren unterschiedlich regelt und Aufgaben unterschiedlich löst.

IV. Leitfrage und Aufbau der Arbeit

Aufgrund der Organisationsautonomie stehen den Kantonen substantielle Gestaltungsbefugnisse im Bereich der politischen Rechte zu.[65] Diese Autonomie hat für den Bundesstaat eine existentielle Funktion und ist eigentliches «Lebenselixier»,[66] nicht nur, weil die Kantone Gestaltungsmöglichkeiten – Spielraum – erhalten,[67] sondern auch weil diese Autonomie die Grundlage für die Weiterentwicklung der Instrumente der direkten Demokratie in anderen Kantonen und auf Bundesebene darstellt. Daher werden die Kantone als Versuchslabore, als Experimentierstätten der direkten Demokratie bezeichnet.[68]

Von besonderer Bedeutung im Zusammenhang mit der Organisationsautonomie sind die kantonalen Neuerungen im Bereich der politischen Rechte: Alle politischen Rechte des Bundes haben nicht nur ihre Wurzeln auf kantonaler Ebene, sondern sie werden auch dezentral weiterentwickelt. So werden in den kantonalen Versuchslaboren auch im Bereich der Stimmrechtsgrundsätze Modelle entwickelt, die anderen Kantonen und dem Bund als Vorbild dienen können.[69] Den Kantonen kommt somit eine zentrale Rolle im Bereich der Weiterentwicklung der Stimmrechtsgrundsätze zu; ihre Verantwortung in der Ausübung ihrer Autonomie ist gross.

Daraus ergibt sich die *Leitfrage* vorliegender Arbeit:

«Wie gestalten die Nordwestschweizer Kantone ihre Autonomie in den Bereichen des allgemeinen und des gleichen Stimmrechts?»

Die Leitfrage wird mittels einer rechtsvergleichenden Darstellung der Gestaltung des allgemeinen und des gleichen Stimmrechts in den vier Nordwestschweizer Kantonen beantwortet.

Die Arbeit ist wie folgt aufgebaut:

Nach einer Auslegeordnung über Begriff und Inhalt der politischen Rechte und des Stimmrechts und dessen Rechtsschutz (2. Kapitel) sowie einem Überblick über die einzelnen Stimmrechtsgrundsätze (3. Kapitel) und der Erörterung der kantonalen Autonomie (4. Kapitel) bildet die Untersuchung über die Gestaltung der kantonalen Autonomie im Bereich des allgemeinen (5. Kapitel) und des glei-

---

65 Zur kantonalen Autonomie siehe 4. Kapitel.

66 Rhinow/Schefer/Uebersax, Rz. 797.

67 Siehe Art. 46 Abs. 3 BV sowie Egli, SG-Komm BV N 27 ff. zu Art. 46 BV m.w.Verw.; Haller/Kölz/Gächter, Rz. 550, 587 und 589 ff. m.w.Verw.; BSK BV Waldmann/Borter, Art. 46 N 39 ff. m.w.Verw.;

68 Hangartner/Kley, Rz. 1289; Vatter, Kantonale Demokratien, 19 f.

69 Hangartner/Kley, Rz. 1289.

chen (6. Kapitel) Stimmrechts in den Nordwestschweizer Kantonen den Kern der Arbeit. Die Ergebnisse (7. Kapitel) und eine Zusammenfassung (8. Kapitel) runden die Arbeit ab.

Im Bereich der politischen Rechte umfasst die Entwicklung zwei Themenkreise: einerseits die einzelnen konkreten Mitwirkungs- und Entscheidungsrechte und andererseits das Stimmrecht als Voraussetzung für deren Ausübung.

Im Bereich der konkreten Mitwirkungs- und Entscheidungsrechte sind die Kantone frei, innerhalb der Schranken des Bundesrechts politische Rechte im engeren Sinne[70] einzuführen. Die Bundesverfassung verlangt lediglich, dass die Kantonsverfassungen demokratisch sein müssen.[71] Daraus ergeben sich auf kantonaler Ebene als Minimalvorgabe im Bereich der Mitwirkungs- und Entscheidungsrechte auf Verfassungsebene das obligatorische Referendum und die Volksinitiative sowie ein vom Volk gewähltes Parlament. Ob die Kantone des Weiteren etwa das Gesetzesreferendum oder die Gesetzesinitiative vorsehen wollen, steht ihnen frei.[72]

Im Zentrum vorliegender Arbeit stehen nicht die konkreten Instrumente der Mitwirkung und Entscheidung, sondern das Stimmrecht als Voraussetzung für die Ausübung der Mitwirkungs- und Entscheidungsrechte. Innerhalb der bundesrechtlichen Schranken und in Anwendung der Stimmrechtsgrundsätze sind die Kantone befugt, etwa Fragen betreffend Zugang zu den politischen Rechten (allgemeines Stimmrecht) oder Wahlverfahren in kantonalen Angelegenheiten (gleiches Stimmrecht) selbstständig zu regeln.[73]

Diese Befugnis der Kantone tangiert sowohl das allgemeine als auch das gleiche Stimmrecht. So kann etwa der Zugang erweitert und beispielsweise das Stimmrecht für 16-Jährige oder für Ausländerinnen und Ausländer eingeführt oder das Wahlverfahren für die kantonalen Parlamente autonom festgelegt werden.

---

70 Zum Begriff der politischen Rechte im engeren Sinne siehe 2. Kapitel I. 2.

71 Art. 51 Abs. 1 BV.

72 Siehe Häfelin et. al., Rz. 1015 ff. m.w.Verw.; Hangartner/Kley, Rz. 1333 ff. sowie Rhinow/Schefer/Uebersax, Rz. 798 ff., grundsätzlich zur Organisationsautonomie der Kantone und ihre Schranken.

73 Art. 39 Abs. 1 BV.

2. Kapitel: Politische Rechte und Stimmrecht: Begriffe, Inhalt und Rechtsschutz

I. Politische Rechte: Begriffe und Inhalt

1. Politische Rechte als Oberbegriff

Die *politischen Rechte im weiteren Sinne* ermöglichen den Berechtigten die aktive Mitwirkung bei der staatlichen Willensbildung.[74] Sie werden auch Volksrechte, demokratische Rechte oder Stimm- und Wahlrecht genannt. In Übereinstimmung mit der bundesrechtlichen Terminologie[75] wird in dieser Arbeit der Oberbegriff «politische Rechte» verwendet.[76]

Die politischen Rechte umfassen sowohl die einzelnen konkreten Mitwirkungs- und Entscheidungsrechte *(politische Rechte im engeren Sinne)* als auch das *Stimmrecht* als Voraussetzung für deren Ausübung.[77] Die Begriffe Volksrechte, demokratische Rechte oder Stimm- und Wahlrecht sind als Oberbegriff für die formalisierte Teilhabe am staatlichen Willensbildungsprozess nicht geeignet:

> Unter den Begriff *Volksrechte* werden traditionell nur die Volksinitiative und das Referendum subsumiert, nicht aber das Stimmrecht als Voraussetzung für die Ausübung der einzelnen politischen Rechte.[78]
> Für die politischen Rechte wird in der Lehre auch der Begriff der *demokratischen Rechte* verwendet.[79] Richtig ist, dass das Überlassen von Mitwirkungs- und Entscheidbefugnissen an die Stimmberechtigten eine conditio sine qua non einer demokratischen staatlichen Ordnung ist. Wenn man sich auf den Standpunkt stellt, dass eine demokratische Staatsordnung zusätzlich vom Umfang der überlassenen Befugnisse und insbesondere auch von der Zusammensetzung der Gesamtheit der Stimmberechtigten abhängt, dann garantiert das Überlassen von Mitwirkungs- und Entscheidbefugnissen an die Stimmberechtigten noch keine demokratische Staatsordnung. Erst, wenn Letztere durch Verzicht auf Zensus und weiterer Einschrän-

---

[74] RHINOW/SCHEFER/UEBERSAX, Rz. 2059 f.

[75] So in Art. 34, 39 und 136 BV.

[76] Zum Ausdruck «politische Rechte» als Oberbegriff siehe KLEY, SG-Komm BV N 2 zu Art. 136 BV; RHINOW/SCHEFER/UEBERSAX, Rz. 2026 f.; BSK BV TSCHANNEN, Art. 34 N 12.

[77] Im Einzelnen siehe 2. Kapitel I. 3.

[78] So AUER, droits politiques, 9; TSCHANNEN, Stimmrecht, Rz. 13 ff., und TSCHANNEN, Staatsrecht, N 3 zu § 48.

[79] So z.B. HANGARTNER/KLEY, Rz. 309 m.w.Hinw.

kungen der Stimmberechtigung mindestens die Hälfte der mündigen Bevölkerung bzw. Bürger ausmacht und diese Mehrheit an der Willensbildung beteiligt wird, kann aus dieser Sicht von einer demokratischen Staatsordnung gesprochen werden, denn erst dann wird das Volk im staatsrechtlichen Sinne zum obersten Organ. Zudem gehören zu den demokratischen Rechten im weiteren Sinne auch Grundrechte wie die Versammlungsfreiheit, die Vereinigungsfreiheit, das Recht auf persönliche Freiheit oder die Meinungsfreiheit.[80] Somit ist der Begriff nicht geeignet als Oberbegriff.

Als zusammenfassender Ausdruck für die Rechte, die den Bürgerinnen und Bürgern eine Mitwirkung an der staatlichen Willensbildung vermitteln, wird auch der Begriff *Stimm- und Wahlrecht* verwendet.[81] Er ist aber ebenfalls nicht geeignet, da die Teilnahmemöglichkeiten der Bürger am politischen Prozess über Wahlen und Abstimmungen hinausgehen (Unterzeichnung von Volksinitiativen, Ergreifen des Gesetzesreferendums, Einreichen von Petitionen).[82]

In der Nordwestschweiz ist die Verwendung eines Oberbegriffs uneinheitlich:

Sowohl auf Kantonsverfassungsebene als auch auf Gesetzesebene wird im Kanton Aargau – wie auf Bundesebene – der Begriff der *politischen Rechte* als Oberbegriff verwendet.[83]

Anders in den Kantonen Basel-Landschaft, Basel-Stadt und Solothurn; in diesen Kantonen wird auf Verfassungsebene *Volksrechte* als Oberbegriff für die formalisierte Teilhabe am staatlichen Willensbildungsprozess verwendet.[84]

Auf Gesetzesebene wird allerdings in den Kantonen Aargau, Basel-Landschaft und Solothurn der Begriff *politische Rechte* verwendet.[85] Im Kanton Basel-Stadt werden die Mitwirkungsrechte in der Kantonsverfassung geregelt. Auf Gesetzesebene wird kein Oberbegriff verwendet.[86]

Die politischen Rechte stehen für die politische Selbstbestimmung des Volkes, die Teilhabe der Bürgerinnen und Bürger an der Staatsgewalt.[87] Sie umfassen sowohl die einzelnen konkreten Mitwirkungs- und Entscheidungsrechte *(politische Rechte im engeren Sinne)*[88] als auch das *Stimmrecht* als Voraussetzung für deren Ausübung.[89]

---

80 Siehe AUER, droits politiques, 5 ff., insbes. 9.
81 So HÄFELIN ET AL., Rz. 1363 und TSCHANNEN, Stimmrecht, Rz. 13 ff.
82 So HÄFELIN ET AL., Rz. 2060.
83 4. Titel der KV AG und GPR AG.
84 § 21 ff. KV BL; IV. Titel KV BS und § 40 ff. KV BS; 2. Titel KV SO.
85 GPR AG; GPR BL; GPR SO.
86 Siehe § 47 ff. KV BS und WahlG BS.
87 HÄFELIN ET AL., Rz. 1363.
88 Siehe 2. Kapitel I. 2.
89 Siehe 2. Kapitel I. 3.

2. Politische Rechte im engeren Sinne

a. Übersicht

Politische Rechte im engeren Sinne bezeichnen die einzelnen Mitwirkungs- und Entscheidungsrechte. Auf Bundesebene[90] sind dies das Wahlrecht (aktives und passives Wahlrecht in Bezug auf Nationalratswahlen), Abstimmungen (fakultatives und obligatorisches Referendum) und das Initiativrecht.[91]

Auf kantonaler Ebene besteht ein vom Bund vorgeschriebenes Minimum an politischen Rechten.

> Die inhaltlichen Anforderungen an die Kantonsverfassungen aus Bundesrecht ergeben sich aus Art. 51 Abs. 1 BV, der von den Kantonen eine «demokratische Verfassung» verlangt. Dies bedeutet, dass die Kantone für die Verfassungsgebung ein obligatorisches Referendum und die Volksinitiative sowie ein vom Volk gewähltes Parlament vorsehen müssen. Ob die Kantone des Weiteren das Gesetzesreferendum oder die Gesetzesinitiative vorsehen wollen, steht ihnen frei.[92]

Die einzelnen Kantone gehen jedoch alle über dieses Minimum hinaus und schreiben in ihren Verfassungen sowohl im Bereich des Wahlrechts als auch bei Abstimmungen und Initiativen umfassendere politische Rechte vor.[93]

Das Stimmvolk ist auf kantonaler Ebene erstens zuständig für Wahlen. Ihm stehen zweitens Referenden, Initiativen und im Kanton Solothurn die Volksmotion zur Verfügung. Die Nordwestschweizer Kantone kennen folgende einzelne Mitwirkungs- und Entscheidungsrechte, d.h. *politische Rechte im engeren Sinne*:

b. Kantonale Volkswahlen

So wird in allen Kantonen, anders als im Bund, nebst der Wahl der Legislative auch die Exekutive durch *Volkswahl* bestimmt.[94] Bezüglich Wahlen in die Judi-

---

[90] Zum Katalog der politischen Rechte im engeren Sinne siehe die Übersicht auf Bundesebene bei: (jeweils m.w.H.) HÄFELIN ET AL., Rz. 1383; HANGARTNER/KLEY, Rz. 582 ff.; RHINOW/SCHEFER/UEBERSAX, Rz. 2059 ff.

[91] Art. 136 Abs. 2, 138 – 144 BV. KLEY, SG-Komm BV N 13 zu Art. 136 BV zum informatorischen Charakter der Aufzählung in Art. 136 Abs. 2 BV.

[92] Siehe HÄFELIN ET AL., Rz. 1015 ff. m.w.Verw.; HANGARTNER/KLEY, Rz. 1333 ff. sowie RHINOW/SCHEFER/UEBERSAX, Rz. 798 ff. grundsätzlich zur Organisationsautonomie der Kantone und ihren Schranken.

[93] Zur Situation in den Schweizer Kantonen siehe ausführlich: AUER, Staatsrecht der Kantone, Rz. 999 ff.; BUSER, Kantonales Staatsrecht, Rz. 311 ff.; HANGARTNER/KLEY Rz. 1326 ff.

[94] AUER, Staatsrecht der Kantone, Rz. 1000 ff.; BUSER, Kantonales Staatsrecht, Rz. 477 ff.; HANGARTNER/KLEY, Rz. 1371 ff.; LUTZ/STROHMANN, 25 ff.; VATTER, Kantonale Demokratien, 31 f. m.w.Verw. beschreibt die direkte Volkswahl der Exekutive als wohl

kative werden in der Nordwestschweiz in den Kantonen Aargau,[95] Basel-Landschaft[96] und Solothurn[97] alle Richterinnen und Richter der unteren Gerichte und im Kanton Basel-Stadt[98] alle Richter vom Volk gewählt, mit Ausnahme der nebenamtlichen ordentlichen Richterinnen und Richter des Appellationsgerichts, des Zivilgerichts, des Strafgerichts und des Sozialversicherungsgerichts.

In der Nordwestschweiz kennt einzig der Kanton Solothurn ein *Abberufungsrecht*:[99] Die Stimmberechtigten können die Exekutive und die Legislative jederzeit abberufen, wenn für ein solches Begehren innert sechs Monaten 6'000 Unterschriften gesammelt worden sind.[100] Stimmt das Stimmvolk dem Abberufungsbegehren zu, so finden innerhalb von vier Monaten Neuwahlen statt.[101]

c. Kantonale obligatorische Referenden

Jede Änderung einer Kantonsverfassung muss dem *obligatorischen Referendum* unterstellt werden.[102] In der Nordwestschweiz entscheiden die Stimmberechtigten auch obligatorisch über die Einleitung einer Totalrevision.[103] In den Kantonen Basel-Landschaft, Basel-Stadt und Solothurn unterliegen interkantonale und internationale Vereinbarungen mit verfassungsänderndem Inhalt ebenfalls dem obligatorischen Referendum (sog. *Staatsvertragsreferendum*).[104]

Das fakultative Gesetzesreferendum hat das *obligatorische Gesetzesreferendum* nahezu verdrängt.[105] Obligatorisch unterstehen in den Kantonen Aargau, Basel-Landschaft und Solothurn Gesetze dem Referendum, wenn bei der Abstimmung im Parlament nicht ein bestimmtes Quorum zugestimmt hat.[106] Im

grössten Unterschied zwischen der kantonalen und eidgenössischen Politik. Dadurch würden «die kantonalen Regierungen über eine im Vergleich zum Bundesrat stärkere Legitimation gegenüber der Legislative» verfügen, seien «aber gleichzeitig direkt dem Souverän gegenüber verantwortlich».

95 § 61 Abs. 1 lit. e und f KV AG.

96 § 25 Abs. 1 lit. c und d KV BL.

97 Art. 27 Abs. 1 lit. c KV SO.

98 § 44 Abs. 1 KV BS.

99 Zum Abberufungsrecht siehe AUER, Staatsrecht der Kantone, Rz. 1091.

100 Art. 28 Abs. 1 und 2 KV SO.

101 Art. 28 Abs. 3 KV SO.

102 Art. 51 Abs. 1 BV. In der Nordwestschweiz siehe: § 62 Abs. 1 lit. a KV AG; § 30 lit. a KV BL; § 51 Abs. 1 lit. a KV BS; Art. 35 Abs. 1 lit. a KV SO. AUER, Staatsrecht der Kantone, Rz. 1004 ff.; BUSER, Kantonales Staatsrecht, Rz. 317 ff.; HANGARTNER/KLEY, Rz. 1653 ff.; LUTZ/STROHMANN, 139 ff.

103 § 62 Abs. 1 lit. c KV AG; § 141 Abs. 1 KV BL; § 138 KV BS; Art. 35 Abs. 1 lit. b KV SO.

104 § 30 lit. a KV BL; § 51 lit. e KV BS; Art. 35 Abs. 1 lit. c KV SO.

105 Siehe dazu BUSER, Kantonales Staatsrecht, Rz. 325 f. und HANGARTNER/KLEY, Rz. 1705.

106 BUSER, Kantonales Staatsrecht, Rz. 328.

Kanton Aargau ist die Zustimmung der absoluten Mehrheit,[107] im Kanton Basel-Landschaft eine Vierfünftelmehrheit der Anwesenden[108] und im Kanton Solothurn eine Zweidrittelmehrheit der anwesenden Mitglieder nötig.[109]

Alle Kantone verfügen über ein obligatorisches oder fakultatives Finanzreferendum (sog. Finanz- oder Ausgabenreferendum);[110] ein *obligatorisches Finanzreferendum* hat in der Nordwestschweiz nur der Kanton Solothurn: Alle vom Parlament getätigten neuen einmaligen Ausgaben von mehr als fünf Millionen Franken oder jährlich wiederkehrende Ausgaben von mehr als 500'000 Franken unterstehen dem obligatorischen Referendum.[111]

Für *Gebietsänderungen* kennt in der Nordwestschweiz einzig der Kanton Basel-Stadt das obligatorische Referendum.[112]

d. Kantonale fakultative Referenden

Die Kantone Aargau, Basel-Landschaft und Solothurn kennen neben dem obligatorischen Gesetzesreferendum auch das *fakultative Gesetzesreferendum*: Nicht nur eine bestimmte Anzahl Stimmberechtigte kann das Gesetzesreferendum ergreifen,[113] sondern auch fünf Einwohnergemeinden (sog. Gemeindereferendum: Basel-Landschaft und Solothurn)[114] oder das Parlament (Aargau und Basel-Stadt: sog. Behördenreferendum)[115] können ein Gesetz dem Referendum unterstellen.

Alle Nordwestschweizer Kantone verfügen über ein *fakultatives Finanzreferendum* für neue einmalige und wiederkehrende Ausgaben,[116] im Kanton Solothurn zusätzlich zum obligatorischen Referendum. Ab einer bestimmten Höhe der Ausgabe kann eine bestimmte Anzahl der Stimmberechtigten[117] das Refe-

---

107 § 62 Abs. 1 lit. b KV AG.

108 § 30 lit. b. KV BL. Im Einzelnen siehe Achermann, 127 ff.

109 Art. 35 Abs. 1 lit. d KV SO.

110 Auer, Staatsrecht der Kantone, Rz. 1008.; Buser, Kantonales Staatsrecht, Rz. 336 ff.; Hangartner/Kley, Rz. 1814 ff.

111 Art. 35 Abs. 1 lit. e KV SO.

112 § 51 Abs. 1 lit. f KV BS. Auer, Staatsrecht der Kantone, Rz. 1009. Zu kantonalen Gebietsänderungen siehe 6. Kapitel IV. 2. b.

113 § 63 Abs. KV AG (3'000 Stimmberechtigte); § 31 Abs. 1 lit. c KV BL (1'500 Stimmberechtigte); § 52 KV BS (2'000 Stimmberechtigte); Art. 36 KV SO (1'500 Stimmberechtigte).

114 § 49 Abs. 1 lit. b KV BL; Art. 36 KV SO. Auer, Staatsrecht der Kantone, Rz. 1038 f.; Buser, Kantonales Staatsrecht, Rz. 331. Zum Gemeindereferendum in BL siehe auch Achermann, 130.

115 § 62 Abs. 1 lit. b KV AG; § 51 Abs. 2 KV BS. Siehe Auer, Staatsrecht der Kantone, Rz. 1030 ff.; Buser, Kantonales Staatsrecht, Rz. 331 und 333.

116 Siehe die Übersicht bei Auer, Staatsrecht der Kantone, Rz. 1019; Buser, Kantonales Staatsrecht, Rz. 336 ff. Für BL siehe auch Achermann, 129 f.

117 § 63 Abs. KV AG (3'000 Stimmberechtigte); § 31 Abs. 1 lit. c KV BL (1'500 Stimmberechtigte); § 52 KV BS (2'000 Stimmberechtigte); Art. 36 KV SO (1'500 Stimmberechtigte).

rendum ergreifen. Dabei wird unterschieden, ob es sich um eine einmalige oder eine wiederkehrende Ausgabe handelt.[118]

e. Kantonale Initiativen

Kantonsverfassungen müssen revidiert werden können.[119] Die Revision kann vom Parlament oder durch die Stimmberechtigten mittels einer *Verfassungsinitiative* initiiert werden.[120] Neben der Verfassungsinitiative kennen alle Kantone die *Gesetzesinitiative.*[121] Eine *Beschlussinitiative* erlaubt das Vorschlagen eines Beschlusses: In der Nordwestschweiz kann in den Kantonen Basel-Stadt[122] und Solothurn[123] allgemein der Erlass, die Änderung oder die Aufhebung eines dem Referendum unterstehenden Parlamentsbeschlusses vorgeschlagen werden. Im Kanton Solothurn kann mit der *Globalbudgetinitiative* Einfluss auf die Ausgestaltung des Globalbudgets genommen werden.[124]

f. Volksauftrag im Kanton Solothurn

Der *Volksauftrag* ist ein weiteres Instrument der politischen Einflussnahme für Stimmberechtigte.[125] So können im Kanton Solothurn 100 Stimmberechtigte dem Kantonsrat Fragen der politischen Planung und der Rechtsetzung oder zu weiteren Themen, die Gegenstand eines Auftrages des Kantonsrats an den Regierungsrat sein können, schriftlich einen Antrag stellen.[126] Der Volksauftrag muss sich auf ein einheitliches Sachgebiet beziehen.[127]

---

[118] § 63 Abs. 1 lit. d KV AG: Das Referendum kann ergriffen werden für einmalige neue Ausgaben von über CHF 5 Mio. und für wiederkehrende neue Ausgaben von über CHF 500'000; § 31 Abs. 1 lit. b KV BL: über CHF 500'000/über CHF 50'000; § 22 FinanzhaushaltG BS: über CHF 1,5 Mio. bzw. Liegenschaftsreferendum bei über CHF 4,4 Mio./Gesamtsumme massgebend, Obergrenze wie einmalige Ausgabe; Art. 35 Abs. 1 lit. e und Art. 36 Abs. 1 lit. a KV SO: über CHF 1 Mio/über CHF 100'000.

[119] Art. 51 Abs. 1 BV.

[120] In der Nordwestschweiz siehe § 64 Abs. 1 KV AG; § 28 KV BL; § 47 KV BS; Art. 29 KV SO. Für BL siehe im Einzelnen ACHERMANN, 123 ff.

[121] In der Nordwestschweiz siehe § 64 Abs. 1 KV AG; § 28 Abs. 1 KV BL; § 47 Abs. 1 KV BS; Art. 29 Abs. 1 lit. b KV SO. AUER, Staatsrecht der Kantone, Rz. 1044 ff.; BUSER, Kantonales Staatsrecht, Rz. 362 ff.; HANGARTNER/KLEY, Rz. 2027 ff.; LUTZ/STROHMANN, 111 ff. Für BL siehe im Einzelnen ACHERMANN, 123 ff.

[122] § 47 Abs. 1 KV BS.

[123] Art. 29 Abs. 1 lit. c KV SO und § 142bis GPR SO.

[124] Art. 33a KV SO.

[125] Auch Volksmotion genannt. Im Einzelnen siehe AUER, Staatsrecht der Kantone, Rz. 1090; BUSER, Kantonales Staatsrecht, Rz. 402 f.; HANGARTNER/KLEY, Rz. 2396 ff.

[126] Art. 28 KV SO und § 143–147 GPR SO.

[127] § 143 Abs. 2 GPR SO.

Im Rahmen der Totalrevision der Verfassung des Kantons Basel-Stadt wurde die Einführung des Volksauftrags in Erwägung gezogen, jedoch ohne Erfolg. Ziel wäre insbesondere gewesen, der Mitsprache in den Quartieren mehr Gewicht zu verleihen.[128]

3. Stimmrecht

Voraussetzung für die Ausübung der politischen Rechte im engeren Sinne ist das *Stimmrecht*. Das Stimmrecht ist somit das subjektive Recht des Einzelnen, mittels der Ausübung der politischen Rechte (im engeren Sinne) am staatlichen Willensbildungsprozess teilzuhaben.[129]

Das Stimmrecht beinhaltet das Recht, an Abstimmungen und Wahlen teilzunehmen sowie Initiativen und Referenden zu unterzeichnen. Es wird unterteilt in das *aktive Stimmrecht*, d.h. die aktive Ausübung der durch die Rechtsordnung geschaffenen politischen Rechte (Stimmrecht im engeren Sinne), und *das passive Stimmrecht* als Recht, in ein Amt gewählt zu werden (Wählbarkeit). Doch eigentlich gehört nur das aktive Wahlrecht, das Recht zu stimmen und zu wählen, zum Stimmrecht; das passive Wahlrecht, das Recht gewählt zu werden, knüpft lediglich an das Stimmrecht an.[130]

> Anders als beim aktiven Stimmrecht, das ein allgemeines ist und das allen Stimmberechtigten erlaubt, sich am formalisierten Willensbildungsprozess zu beteiligen, setzt das passive Stimmrecht zusätzlich zur aktiven Stimmberechtigung *Amtsfähigkeit* voraus. Der Kreis derer, die passiv stimmberechtigt sind, ist dadurch eingeschränkt.[131]

Wer nicht stimmberechtigt ist, kann sich nicht am formalisierten Willensbildungsprozess des Staates beteiligen. Nichtstimmberechtigte haben jedoch die Möglichkeit, sich am *nicht formalisierten staatlichen Willensbildungsprozess* zu beteiligen. Diese Teilhabe am staatlichen Willensbildungsprozess wird nicht unter das Stimmrecht subsumiert. Die Möglichkeiten im Einzelnen:

So können beispielsweise Stimmberechtigte und Nichtstimmberechtigte das *Petitionsrecht* nutzen und Gesuche und Eingaben an Behörden richten.[132] Das Petitionsrecht ist eine Möglichkeit für die Bevölkerung, sich zu äussern und vor

---

[128] Kommentar Verfassungsrat KV BS, 46 f.

[129] Rhinow, Volksrechte, 105. Auch Nohlen, Wahlsysteme, 34 f. (m.w.Verw.), unterscheidet in umfassendes und engeres Wahlrecht, wobei Letzteres vor allem bezeichne, wer wahlberechtigt und wählbar sei.

[130] Hangartner/Kley, Rz. 1 ff. und 306 ff.

[131] Maag, 113, nennt insbes. folgende mögliche zusätzliche Voraussetzungen für das passive Stimmrecht: fachliche Voraussetzungen, Nichterreichung des Höchstalters oder der maximalen Amtszeit bei Amtszeit- oder Altersbeschränkung.

[132] Art. 33 BV; § 19 KV AG; § 10 Abs. 1 KV BL; § 11 Abs. 2 lit. b. KV BS; Art. 26 KV SO. Eichenberger, KV AG, Rz. 1 ff. zu § 19 KV AG; Häfelin et al., Rz. 886 ff.

der Behörde gehört zu werden.[133] Das Petitionsrecht ist in den Nordwestschweizer Kantonen nicht nur ein verfassungsmässiges Recht, Gesuche und Eingaben an die Behörden zu richten – zusätzlich wird auf Verfassungsebene die Pflicht der Behörden zu antworten verankert.[134] Auf Bundesebene wurde eine Pflicht zur Beantwortung diskutiert, aber abgelehnt.[135]

Eine weitere Form, sich am staatlichen Willensbildungsprozess zu beteiligen, die sowohl Stimmberechtigten als auch Nichtstimmberechtigten zur Verfügung steht, ist das *Vernehmlassungsverfahren* im Rahmen der Gesetzgebung. Auf Bundesebene können sich nicht nur dazu eingeladene Organisationen[136] vernehmen lassen, sondern auch Einzelpersonen können ohne Einladung ihre Stellungnahme einreichen.[137] Auch in den Nordwestschweizer Kantonen ist für Vorlagen, die der Volksabstimmung unterliegen[138] bzw. von allgemeiner Tragweite sind,[139] vorgesehen, die politischen Parteien und interessierte Organisationen zur Stellungnahme einzuladen. Zudem ist die Mitwirkung der Bevölkerung bei der Vorbereitung von Gesetzen verfassungsrechtlich verankert, so dass sich Stimmberechtigte und Nichtstimmberechtigte im Rahmen des Vernehmlassungsverfahrens im Gesetzgebungsprozess einbringen können.[140]

Grundsätzlich ist festzuhalten, dass der demokratische Prozess nicht auf die *formellen* Beteiligungsmöglichkeiten der Stimmberechtigten wie Wahlen, Initiative und Referendum zu reduzieren ist. Die Einflussmöglichkeiten gehen darüber hinaus; so haben die Bevölkerung, und damit auch die Nichtstimmberechtigten, die Möglichkeit, sich am staatlichen Willensbildungsprozess in *informeller* Weise zu beteiligen. Die ganze Bevölkerung hat etwa die Möglichkeit, ihre Vorstellungen und Interessen mittels Direktkontakten zu Mitgliedern von Regierung, Parlament und Behörden oder mittels Einfluss über die politischen Parteien und Interessenorgansiationen oder auch über die Medien einzubringen. Diese informellen Beteiligungsmöglichkeiten sind unabdingbarer Teil des Entscheidprozesses, insbesondere der Vorbereitungsphase, und daher für den formellen Entscheid von nicht geringer Bedeutung.[141]

---

133 STEINMANN, SG-Komm BV N 2 ff. zu Art. 33 BV m.w.Verw.

134 § 19 KV AG; § 10 Abs. 1 KV BL; § 11 Abs. 2 lit. b. KV BS; Art. 26 KV SO.

135 STEINMANN, SG-Komm BV N. 13 zu Art. 33 BV m.w.Verw.

136 Art. 4 Abs. 2 VlG.

137 Art. 4 Abs. 1 VlG.

138 § 66 KV AG; § 34 Abs. 2 KV BL; § 53 KV BS; Art. 39 KV SO.

139 § 53 und § 54 KV BS; Art. 39 KV SO.

140 § 66 Abs. 2 2. Satz KV AG; § 34 Abs. 1 2. Satz KV BL; § 53 KV BS; Art. 39 Abs. 2 2. Satz KV SO.

141 Bericht der Spezialkommission an den Landrat betreffend Totalrevision der Staatsverfassung vom 23. November 1977, in: RHINOW ET AL., Totalrevision KV BL, Dokumente 1970–1979, 50 ff.

Wenn sich jemand nicht *formell* mittels Stimmrecht, Initiativ- oder Referendumsrecht, sondern *informell* am Entscheidfindungsprozess beteiligt, so ist dies ein individueller Akt und keine Willensäusserung als Organ; nur mit der formellen Beteiligung am Entscheidfindungsprozess wird eine öffentliche Funktion erfüllt und die Organfunktion ausgeübt.[142]

4. Stimmrechtsvoraussetzungen

Die Voraussetzungen für die Ausübung des aktiven Stimmrechts werden nach tradierter Terminologie unterteilt in die Stimmfähigkeit und die Stimmberechtigung.[143] Die *Stimmfähigkeit* definiert die persönlichen Voraussetzungen für die Ausübung des Stimmrechts. Diese werden in objektive und subjektive Voraussetzungen unterteilt. Das Fehlen der objektiven oder subjektiven Voraussetzungen führt zum Ausschluss von der Ausübung des aktiven Stimmrechts. Liegen keine objektiven oder subjektiven Ausschlussgründe vor, so ist die Stimmfähigkeit gegeben.

Der Bund regelt die Voraussetzungen für die Ausübung der politischen Rechte in eidgenössischen Angelegenheiten: Er verlangt als objektive Voraussetzung das Schweizer Bürgerrecht und das zurückgelegte 18. Altersjahr und als subjektive Voraussetzung die Abwesenheit einer Entmündigung wegen Geisteskrankheit oder Geistesschwäche.[144]

Fragen der Stimmfähigkeit betreffen den Grundsatz der Allgemeinheit des Stimmrechts.[145]

Die *Stimmberechtigung*[146] verlangt zusätzlich zur Stimmfähigkeit die Begründung des politischen Wohnsitzes im Sinne einer materiellen Voraussetzung

---

142 Hangartner/Kley, Rz. 310 m.w.Verw. Zur Organstellung der Stimmberechtigten siehe 5. Kapitel IV. 2.

143 Giacometti, 184, 207 und 211 ff., spricht von politischen Rechten im virtuellen und im aktuellen Sinne: Politische Rechte im virtuellen Sinne kommen demjenigen zu, der die Stimmfähigkeit hat. Erst wenn zur Stimmfähigkeit die Stimmberechtigung dazukommt, hat der Aktivbürger Zugang zu politischen Rechten im aktuellen Sinne. Tradierte Abgrenzung zwischen Stimmfähigkeit und Stimmberechtigung: Duttweiler, 8 f.; Hangartner/Kley, Rz. 3; Kölz, Kantonales Wahlrecht 1. Teil, 6 ff.; Rhinow, Volksrechte, N. 44 ff.; Rhinow/Schefer/Uebersax, Rz. 2118 ff. und Schwingruber, 29 ff. Anders, d.h. keine tradierte Unterteilung mehr in Stimmfähigkeit und Stimmberechtigung bei Buser, Kantonales Staatsrecht, Rz. 289 ff.; Häfelin et al., Rz. 1364 ff.; Tschannen, Stimmrecht, Rz. 68 ff.; Wullschleger, 155 ff., integriert die Voraussetzungen der Ausübungsberechtigung in die Stimmfähigkeitsvoraussetzungen und persönliche, örtliche, zeitliche und sachliche Voraussetzungen für die Stimmfähigkeit.

144 Art. 136 Abs. 1 BV.

145 Folglich werden Bürgerrecht, Stimmrechtsalter und Urteilsfähigkeit im Einzelnen weiter unten behandelt. Siehe 5. Kapitel VI, VII und VIII.

146 Rhinow/Schefer/Uebersax, Rz. 2121, nennen die Stimmberechtigung Ausübungsberechtigung.

zung[147] und in technischer Hinsicht den Eintrag in das Stimmrechtsregister.[148]

Im Sinne einer verfahrensmässigen Vorgabe für die konkrete Stimmrechtsausübung in Bund und Kanton[149] bestimmt der Bund, dass die Ausübung der politischen Rechte in der Regel am Wohnsitz erfolgen muss; der *politische Wohnsitz* ist somit für in der Schweiz niedergelassene Stimmberechtigte regelmässig identisch mit dem zivilrechtlichen Wohnsitz.[150] Bund und Kantone können Ausnahmen vorsehen.[151]

Die Ausübung des Stimmrechts setzt den *Eintrag ins Stimmregister* voraus. Daher ist aus verfahrensrechtlicher Sicht für die Feststellung der Stimmberechtigung der Eintrag ins Stimmregister von Bedeutung.[152] Die Bundesverfassung erlaubt eine kantonale und kommunale Karenzfrist von maximal drei Monaten für die Ausübung der politischen Rechte.[153]

Die Stimme kann persönlich, brieflich oder durch Drittpersonen zur Urne gebracht werden. Die Stellvertretung reduziert sich auf den eigentlichen Urnengang, die Drittperson übt nicht das Stimmrecht in Stellvertretung aus.[154] Fragen der Stellvertretung bei der Stimmabgabe betreffen den Grundsatz der Gleichheit des Stimmrechts.[155]

---

147 HÄFELIN ET AL., Rz. 1368 ff.; RHINOW/SCHEFER/UEBERSAX, Rz. 2121.

148 HÄFELIN ET AL., Rz. 1372 f.; HANGARTNER/KLEY, Rz. 4.

149 KLEY, SG-Komm BV N 2 zu Art. 39 BV: Art. 39 Abs. 1 BV enthält die Kompetenz des Bundes, die Ausübung der politischen Rechte zu regeln. Es handelt sich dabei um verfahrensmässige Modalitäten der konkreten Stimmrechtsausübung wie etwa die Wohnsitzanforderung, nicht jedoch um das Festlegen von demokratischen Mindestanforderungen an die Kantone (diese sind in Art. 51 Abs. 1 BV geregelt) oder um den Inhalt des Stimmrechts, das in Art. 136 BV abschliessend geregelt ist.

150 Der zivilrechtliche Wohnsitz ist in Art. 23 ZGB geregelt und stellt darauf ab, wo sich der Mittelpunkt der Lebensbeziehungen einer Person befindet. Verlangt werden objektiv der physische Aufenthalt und subjektiv die nach aussen erkennbare Absicht dauernden Verbleibens. Siehe STAEHELIN, BaKomm, N 5 ff. zu Art. 23 ZGB m.w.Verw. und BUCHER, BeKomm, N 1 ff. zu Art. 23 ZGB. Gleichzeitig kann die Ausübung der politischen Rechte ein Indiz für die Absicht des dauernden Verbleibens sein (ohne für sich alleine entscheidend zu sein), siehe BUCHER, BeKomm, N 36 zu Art. 23 ZGB.

151 Art. 39 Abs. 2 BV.

152 HÄFELIN ET AL., Rz. 1372 f.; HANGARTNER/KLEY, Rz. 152 ff.; KLEY, SG-Komm BV N 10 zu Art. 136 BV.

153 Art. 39 Abs. 4 BV.

154 Botschaft Einführung allgemeine Volksinitiative, insbes. 5299.

155 Folglich werden der politische Wohnsitz, der Eintrag ins Stimmregister und die Stellvertretung beim Urnengang im Einzelnen weiter unten behandelt. Siehe 6. Kapitel III. 2. b. und 3. b. vii).

II. Rechtsschutz

1. Stimmrechtsbeschwerde

a. Stimmrechtsbeschwerde ans Bundesgericht

In der Bundesverfassung sind die politischen Rechte im Grundrechtskatalog enthalten bzw. gewährleistet.[156] Insbesondere werden die freie Willensbildung und die unverfälschte Stimmabgabe garantiert.[157] Geschützt sind nicht nur die politischen Rechte als solche, sondern auch das für deren Ausübung notwendige Stimmrecht, und zwar auf Bundesebene wie auch auf kantonaler und kommunaler Ebene.[158]

Die Verletzung politischer Rechte kann mit der Stimmrechtsbeschwerde gerügt werden:

Die Kantone regeln die Voraussetzungen an das Stimmrecht in kantonaler Angelegenheit, wobei sie Vorgaben bezüglich Mindeststandards des Bundes zu beachten haben.[159] Die Verantwortung für die Einhaltung dieser Vorgaben zum kantonalen und kommunalen Stimmrecht und dessen Ausübung liegen letztinstanzlich beim Bund: Das Bundesgericht beurteilt Streitigkeiten wegen Verletzung von eidgenössischen und kantonalen Bestimmungen über die politischen Rechte.[160] Mit der Stimmrechtsbeschwerde[161] kann wegen Verletzung des Stimmrechts und wegen Unregelmässigkeiten bei der Vorbereitung und Durchführung von Nationalratswahlen Beschwerde geführt werden. Zuständig ist die Kantonsregierung.[162]

---

156 Art. 34 Abs. 1 BV.

157 Art. 34 Abs. 2 BV.

158 Bundesebene siehe Art. 82 lit. c. BGG. Haller, SG-Komm BV N 39 ff. zu Art. 189 BV 2118 ff.; Rhinow/Schefer/Uebersax, Rz. 2929 ff.; Steinmann, SG-Komm BV N 28 ff. zu Art. 34 BV. Auf kantonaler bzw. kommunaler Ebene siehe Buser, Kantonales Staatsrecht, Rz. 278, Hangartner/Kley, Rz. 64.

159 Bezüglich der bundesrechtlichen Vorgaben siehe Art. 34 und 39 BV. Die Kantone können insbesondere im Bereich Stimmrechtsalter, Stimmrecht von Schweizerinnen und Schweizern im Ausland sowie Personen ohne schweizerische Staatsangehörigkeit legiferieren.

160 Art. 189 Abs. 1 lit. f BV.

161 Zur Stimmrechtsbeschwerde siehe Aemisegger, 128 ff.; Auer, Staatsrecht der Kantone, Rz. 1092 ff.; Buser, Kantonales Staatsrecht, Rz. 179, 279 und 567; Häfelin et al., Rz. 1962 ff.; Haller, SG-Komm BV N 40 ff. zu Art. 189 BV, Hangartner/Kley, Rz. 273 ff.; Hiller, Die Stimmrechtsbeschwerde, Zürich 1990; Rhinow/Schefer/Uebersax, Rz. 2929 ff.; Rhinow et al., Prozessrecht, Rz. 1885 ff., und Rz. 1913 ff.; Spühler/Dolge/Vock, N. 1 ff. zu Art. 82; Steinmann, SG-Komm BV N 28 ff. zu Art. 34 BV; Steinmann, BS-Komm BGG N 75 ff. zu Art. 82 lit. c. und N. 1 ff. zu Art. 88 BGG; Tschannen, Staatsrecht, N 14a f., N 42, N 43 f.

162 Art. 77 Abs. 1 lit. a und lit. c BPR.

Gegen den Entscheid der Kantonsregierung kann beim Bundesgericht Beschwerde erhoben werden.[163] Dadurch macht das Bundesgericht im Rahmen der Beurteilung von Stimmrechtsbeschwerden Aussagen zum kantonalen und kommunalen Stimmrecht und kann auf diesem Wege für eine einheitliche Praxis sorgen.[164]

b. Legitimation, aktuelles Interesse und Kognition des Bundesgerichts

Zur *Legitimation* der Stimmrechtsbeschwerde ans Bundesgericht[165] genügt die Stimmberechtigung.[166] Diese wird nach Bundesrecht und nicht nach kantonalem Recht bestimmt.[167] Insbesondere wird – im Gegensatz zur Beschwerde in öffentlich-rechtlichen Angelegenheiten ans Bundesgericht[168] – nicht verlangt, dass die beschwerdeführende Person besonders berührt ist und ein schutzwürdiges Interesse an der Änderung oder Aufhebung des angefochtenen Entscheides oder Erlasses hat. Begründet wird diese ausgeweitete Legitimation damit, dass mit der Stimmrechtsbeschwerde nicht nur ein Individualrecht, sondern gleichzeitig eine Organkompetenz[169] ausgeübt werde und diese somit dem richtigen Funktionieren des demokratischen Entscheidfindungsprozesses diene.[170]

So ist beispielsweise das Bundesgericht auch auf die Beschwerde stimmberechtigter Männer eingetreten, die rügten, dass im Kanton Appenzell Innerrhoden die Frauen kein Stimmrecht hätten und somit die Aktivbürgerschaft nicht richtig zusammengesetzt sei.[171]

Die Ausweitung der Legitimation geht richtigerweise so weit, dass sogar von der Stimmberechtigung als Legitimation abgesehen wird, wenn die Stimmberechtigung selbst umstritten ist. So hat das Bundesgericht im Rahmen der Einführung des Frauenstimmrechts die Legitimation zur Stimmrechtsbeschwerde der Beschwerdeführerinnen aus Appenzell Ausserrhoden bejaht, obwohl die Stimmberechtigung umstritten war und die kantonale Behörde ihnen das Wahl-

---

[163] Art. 82 lit. c BGG, siehe: AEMISEGGER, 128 ff.; SPÜHLER/DOLGE/VOCK, N 7 zu Art. 82 BGG; STEINMANN, BS-Komm BGG N 75 ff. zu Art. 82 lit. c. BGG.

[164] BESSON, Beschwerde, 413 ff. und 422; HANGARTNER/KLEY, Rz. 73.

[165] Art. 82 lit. c BGG (entspricht Art. 85 lit. a aOG).

[166] Art. 89 Abs. 3 BGG.

[167] BGE 103 Ia 280 f.; BGE 101 Ia 544.

[168] Siehe Art. 89 Abs. 1 und 2 BGG.

[169] BGE 119 Ia 171 E. 1.d; BGE 128 I 193 E. 1.1.; BGE 131 I 442 E. 1. Zur Organfunktion des Stimmrechts siehe TSCHANNEN, Staatsrecht, N 13 ff. zu § 48 und 5. Kapitel IV. 2.

[170] BGE 104 Ia 226, 229; BGE 119 Ia 167 E. 1d.

[171] BGE 116 Ia 359, insbes. E. 3.b) zur Legitimation von Mario Sonderegger und weiteren 48 Beschwerdeführern. Siehe auch: AEMISEGGER, 149 f. m.w.Verw.; HÄFELIN ET AL., Rz. 2004 f.

recht abgesprochen hatte. Da sie Adressatinnen dieses Hoheitsaktes seien, seien sie auch zur Stimmrechtsbeschwerde legitimiert, so das Bundesgericht.[172]

Zur Stimmrechtsbeschwerde legitimiert sind nicht nur natürliche Personen, sondern auch als juristische Personen organisierte[173] politische Parteien[174] und politische Vereinigungen,[175] vorausgesetzt, sie wirken auf dem betroffenen Gebiet und werden durch den angefochtenen Entscheid an ihrer politischen Tätigkeit gehindert.[176]

Auf die Stimmrechtsbeschwerde wird nur eingetreten, wenn das Erfordernis des *aktuellen Interesses* gegeben ist. Bei fehlendem oder nachträglich dahingefallenem aktuellen Interesse wird auf die Beschwerde nicht eingetreten oder sie als gegenstandslos abgeschrieben.[177]

Wird die Verletzung von Vorschriften betreffend den Inhalt, die Tragweite und den Umfang der politischen Rechte gerügt, so überprüft das Bundesgericht in *freier Kognition*.[178] Sind kantonale Regelungen involviert, die das Stimmrecht nur indirekt betreffen, so beschränkt sich das Bundesgericht auf die *Willkürüberprüfung*.[179] Auch der Sachverhalt wird nur auf Willkür hin überprüft.[180]

Mit der Stimmrechtsbeschwerde wird ein unzulässiger Eingriff in die politischen Rechte der Stimmberechtigten gerügt. Dabei ist regelmässig zu unterscheiden, ob es sich um die Verletzung eidgenössischen Rechts oder kantonalen Rechts handelt. Beschwerdeobjekt bilden grundsätzlich alle behördlichen Akte betreffend politische Stimmberechtigung, Volkswahlen und Volksabstimmungen, was nicht nur Entscheide, sondern auch Realakte wie Vorbereitungshandlungen erfasst.[181] In eidgenössischen Angelegenheiten ergeben sich jedoch im Bereich der Realakte Einschränkungen. Im Einzelnen:

---

172 BGE 114 Ia 263, insbes. E. 1.b).

173 Das Erfordernis der juristischen Persönlichkeit kann in Frage gestellt werden, siehe: Steinmann, BS-Komm BGG N 73 zu Art. 89 BGG.

174 BGE 121 I 337 E. 1.1.; BGE 129 I 232.

175 125 I 289 E. 1.b; BGE 129 I 381 E. 1.2.

176 Besson, Beschwerde, 415.

177 Steinmann, BS-Komm BGG N 74 zu Art. 89 BGG m.w.Verw.

178 Art. 95 lit. a und d BGG: Die freie Kognition gilt, wenn sowohl Verletzungen von kantonalen und von kommunalen Vorschriften als auch von Vorschriften des Bundes gerügt werden. Besson, Beschwerde, 416 f.

179 BGE 121 I 334 E. 2b.

180 Art. 97 Abs. 1 BGG. BGE 123 I 175, 181.

181 Art. 88 BGG. Rhinow et al., Prozessrecht, Rz. 1895. Siehe auch die Besonderheit im Zusammenhang mit Begehren um Nachzählung: 6. Kapitel III. 4. d.

c. Beschwerden in eidgenössischen Angelegenheiten

In eidgenössischen Angelegenheiten können nur Verfügungen der Bundeskanzlei und Entscheide der Kantonsregierungen angefochten werden.[182]

Seit 2006 (Totalrevision der Bundesrechtspflege) kann sich die Stimmrechtsbeschwerde auch auf eidgenössische Wahlen und Abstimmungen beziehen.[183] Anfechtbar sind in erster Linie Wahl- und Abstimmungsergebnisse in Bund und Kantonen. Auf Bundesebene sind Akte der Bundesversammlung und des Bundesrates – und somit Informationen des Bundesrates und der Bundesversammlung zu eidgenössischen Abstimmungen – explizit von der bundesgerichtlichen Überprüfung ausgenommen.[184] Die fehlende Möglichkeit der gerichtlichen Anfechtung der Abstimmungserläuterungen auf Bundesebene wird in der Lehre kritisiert, ebenso wie die fehlende Möglichkeit, die Ungültigerklärung von eidgenössischen Volksinitiativen vom Bundesgericht überprüfen zu lassen.[185]

Zwar scheiden die Abstimmungserläuterungen des Bundesrats als Beschwerdeobjekt aus, sie können jedoch im Vorfeld einer Volksabstimmung in die Beurteilung, ob eine freie und sachbezogene Meinungsbildung möglich war, miteinbezogen werden.[186]

d. Beschwerden in kantonalen Angelegenheiten

Die Kantone sind verpflichtet, obere Gerichte einzurichten.[187] In Stimmrechtssachen beschränkt sich diese Pflicht auf ein Rechtsmittel an eine letzte kantonale Instanz,[188] d.h. an ein kantonales Gericht.[189] Damit wird ausgeschlossen, dass Beschwerden direkt ans Bundesgericht gelangen.[190]

---

182 Art. 88 Abs. 1 lit. b BGG. Betreffend Verfügungen der Bundeskanzlei im Bereich der politischen Rechte siehe insbes. Art. 66, Art. 67b, Art. 69, Art. 76a BPR. Rhinow et al., Prozessrecht, Rz. 1896.

183 Art. 189 Abs. 1 lit. f, Art. 189 Abs. 4 BV; Art. 77 BPR und Art. 88 Abs. 1 lit. b BGG. Die Liste aller anfechtbaren Akte ist in Art. 86–88 BGG sowie Art. 90–94 BGG enthalten. Rhinow et al., Prozessrecht, Rz. 1896.

184 Art. 189 Abs. 4 BGG.

185 Aemisegger 129 f.; Kley, SG-Komm BV N 33 ff. zu Art. 29a BV, Steinmann, SG-Komm BV N 29 ff. zu Art. 34 BV; Haller, SG-Komm BV N 58 ff. zu Art. 189 BV und Tschannen, Staatrecht, N 41 zu § 48. Siehe 3. Kapitel II. 3. c.

186 138 I 61, 87. Rhinow et al., Prozessrecht, Rz. 1898.

187 Art. 86 Abs. 2 BGG.

188 Art. 88 Abs. 2 BGG.

189 BGE 134 I 199, 201: Es muss sich um ein Gericht handeln. So auch Besson, Beschwerde, 432 ff.

190 Spühler/Dolge/Vock, N. 1 zu Art. 88 BGG.

Auf kantonaler Ebene können somit im Prinzip sämtliche Akte kantonaler[191] Behörden Beschwerdeobjekt sein, welche kantonale Wahlen und Abstimmungen oder die politische Stimmberechtigung betreffen, d.h. nicht nur (letztinstanzliche) Entscheide und Erlasse,[192] sondern auch Realakte der kantonalen Parlamente und Regierungen.[193]

Akte des Parlaments und der Regierung sind jedoch ausdrücklich von der Rechtsmittelpflicht ausgenommen.[194] Den Kantonen ist es jedoch unbenommen, insbesondere gegen Unregelmässigkeiten betreffend Vorbereitung von Wahlen und Abstimmungen ein Rechtsmittel vorzusehen.[195]

In der Nordwestschweiz wird das Stimmrecht wie folgt geschützt:

e. Aufhebung eines Urnengangs

Die Garantie der unverfälschten Stimmabgabe[196] hat zur Folge, dass Wahl- und Abstimmungsergebnisse sorgfältig und ordnungsgemäss ermittelt werden müssen; nur ordnungsgemäss zustande gekommene Wahl- oder Abstimmungsergebnisse werden anerkannt. Jedoch begründet nicht jedes knappe Ergebnis einen Anspruch auf Aufhebung der Wahl. So kommt eine Nachzählung nur dann in Frage, wenn das Ergebnis nicht nur sehr knapp ausfiel, sondern zudem Unregelmässigkeiten glaubhaft gemacht wurden, die nach Art und Umfang geeignet waren, das Ergebnis wesentlich zu beeinflussen.[197]

Die Aufhebung einer Abstimmung kommt nicht in Frage, wenn die Möglichkeit, dass die Abstimmung ohne den Mangel anders ausgefallen wäre, nach den gesamten Umständen derart gering ist, dass sie nicht mehr ernsthaft in Betracht fällt.[198]

Ein Wahlergebnis ist dann aufzuheben, wenn die gerügten Unregelmässigkeiten erheblich sind und das Ergebnis beeinflusst haben könnten.[199] Dabei muss die beschwerdeführende Person nicht nachweisen, dass sich der Mangel

[191] Als kantonal gelten in diesem Zusammenhang auch Wahlen und Abstimmungen in den Gemeinden. Ob die beanstandete Handlung vom Parlament oder von der Exekutive ausging, ist irrelevant (BGE 119 Ia 169 E. 1a.). Der Einwohnergemeinde gleichgestellt ist die Kirchgemeinde: BGE 120 Ia 196.

[192] Rhinow et al., Prozessrecht, Rz. 1887 ff.: Nur kantonale und kommunale Erlasse unterliegen der abstrakten Normenkontrolle, nicht jedoch Erlasse des Bundes.

[193] Siehe Art. 189 Abs. 1 lit. f BV i.V.m. 82 lit. c BGG und Häfelin et al., Rz. 1962 ff.; Rhinow et al., Prozessrecht, Rz. 1895.

[194] Art. 88 Abs. 2 BGG. Besson, Beschwerde, 431.

[195] Aemisegger, 129.

[196] Art. 34 Abs. 2 BV.

[197] Art. 13 Abs. 3 BPR. Zum Thema Nachzählung siehe im Einzelnen 6. Kapitel III. 4. d.

[198] BGE 135 I 292 E. 4.4.

[199] Siehe etwa BGE 113 Ia 291. Zum Thema Aufhebung einer Wahl siehe Anina Weber, Wahlrecht, Rz. 151 ff. m.w.Verw.

entscheidend auf das Wahlergebnis ausgewirkt hat. Es genügt, dass eine solche Beeinflussung im Bereich des Möglichen liegt.[200] Massgeblich ist der Stimmenunterschied.[201] Von der Aufhebung der Wahl kann dann abgesehen werden, wenn die Möglichkeit eines anderen Ergebnisses ohne den Mangel nach den gesamten Umständen als derart gering erscheint, dass sie nicht ernsthaft in Betracht fällt.[202] Lässt sich ein Wahlergebnis durch einen Beschwerdeentscheid korrigieren, so wird das Wahlergebnis ebenfalls nicht aufgehoben bzw. die Wahl nicht wiederholt, sondern das Wahlergebnis korrigiert.[203]

Die Beschwerde ist innert drei Tagen seit der Entdeckung des Beschwerdegrundes, jedoch spätestens am dritten Tag nach der Veröffentlichung der Ergebnisse einzureichen.[204] Die Kantonsregierung entscheidet dann innert zehn Tagen nach Beschwerdeeingang.[205] Gegen den Entscheid der Kantonsregierung kann Beschwerde in öffentlich-rechtlichen Angelegenheiten ergriffen werden.[206] Die kurze Beschwerdefrist ist bundesverfassungskonform;[207] es besteht ein erhebliches öffentliches Interesse, einen Mangel so früh wie möglich zu beheben.[208]

f. Schutz des Stimmrechts in der Nordwestschweiz

Im *Kanton Aargau* ist die Stimmrechtsbeschwerde nicht explizit in der Kantonsverfassung geregelt. Sie ergibt sich jedoch aus der nicht abschliessenden Aufzählung von Inhalt und Rechtsnatur des Stimmrechts: Das Stimmrecht birgt die Möglichkeit in sich, u.a. Stimmrechtsbeschwerden zu führen.[209] Die Verletzung des Stimmrechts kann mit der Stimmrechtsbeschwerde,[210] Unregelmässigkeiten bei der Vorbereitung oder Durchführung einer Wahl oder Abstimmung oder bei der Ermittlung eines Wahl- oder Abstimmungsergebnisses können mit der Wahl- und Abstimmungsbeschwerde[211] geltend gemacht werden. Das Verwaltungsgericht entscheidet über Wahl- und Abstimmungsbeschwerden betreffend die kantonalen Wahlen und Abstimmungen als einzige Instanz.[212] Der Regie-

---

200 BGE 112 Ia 338 E. 5; BGE 113 Ia 59; BGE 117 Ia 456; BGE 118 Ia 263.
201 Maag, 70.
202 BGE 105 Ia 151 E. 5b; Maag, 71.
203 Art. 79 Abs. 2 BPR; Maag, 70 m.w.Verw.; Anina Weber, Wahlrecht, Rz. 151 ff.
204 Art. 77 Abs. 2 BPR.
205 Art. 79 Abs. 1 BPR.
206 Art. 82 ff. BGG.
207 Art. 34 Abs. 2 BV.
208 BGE vom 26. Mai 1995 in: ZBl 1996 233 – 245. Anina Weber, Wahlrecht, Rz. 136 f. und 159 f. m.w.Verw.
209 § 50 Abs. 2 KV AG. Eichenberger, KV AG, Rz. 11 und 13 zu § 59.
210 § 65 GPR AG.
211 § 66 GPR AG.
212 § 71 Abs. 1 GPR AG.

rungsrat entscheidet über Stimmrechtsbeschwerden sowie über Wahl- und Abstimmungsbeschwerden bei den übrigen Wahlen und Abstimmungen. Diese Entscheide können an das Verwaltungsgericht weitergezogen werden.[213]

Im *Kanton Basel-Landschaft* kann jede stimmberechtigte Person wegen Verletzung des Stimmrechts beim Verfassungsgericht Beschwerde führen.[214] Der Rechtsschutz des Stimmrechts ist im Kanton Basel-Landschaft mit Inkrafttreten der totalrevidierten Kantonsverfassung entscheidend verstärkt worden: Der Stimmrechtsbeschwerde unterliegen nicht nur Verletzungen des Stimmrechts, sondern auch die Missachtung von Volksbegehren durch den Landrat oder die unzulässige Übertragung von Befugnissen des Volkes an andere Organe.[215] Weiter können auch die mangelhafte Vorbereitung und Durchführung von Wahlen und Abstimmungen und damit insbesondere auch die Abstimmungserläuterungen des Regierungsrats angefochten werden.[216]

Erste Instanz ist der Regierungsrat. Anschliessend können Entscheide über Stimmrechtsbeschwerden ans Verwaltungsgericht weitergezogen werden. Mit der Stimmrechtsbeschwerde[217] kann beim kantonalen Verfassungsgericht nicht nur die Verletzung des Stimmrechts als solches, sondern auch die mangelhafte Vorbereitung und Durchführung von Wahlen und Abstimmungen, die Missachtung von Volksbegehren durch den Landrat oder die unzulässige Übertragung von Befugnissen des Volkes an andere Organe angefochten werden.[218]

Im *Kanton Basel-Stadt* steht den Stimmberechtigten in Stimmrechtsregisterfragen der Rekurs an den Regierungsrat offen. Stimmrechtsbeschwerden betreffend kantonale Wahlen und Abstimmungen sind ebenfalls beim Regierungsrat einzureichen. Der Grosse Rat entscheidet über Wahlen in den Grossen Rat, in den Verfassungsrat, in den Regierungsrat und in die Gerichte. Gegen Beschlüsse des Grossen Rats steht kein kantonales Rechtsmittel zur Verfügung.[219]

Unregelmässigkeiten betreffend Vorbereitung und Durchführung von Wahlen und Abstimmungen sind mit Beschwerde beim Verfassungsgericht geltend zu machen.[220]

[213] § 71 Abs. 2 GPR AG.

[214] § 37 Abs. 1 KV BL.

[215] § 37 Abs. 2 KV BL.

[216] § 88 Abs. 1 lit. b. GPR BL. Siehe dazu BIAGGINI, KV BL, 35 ff. m.w.Verw. Siehe 2. Kapitel II. 1. f.

[217] § 21 Abs. 1 KV BL. Im Einzelnen: ACHERMANN, 131, RENÉ WIEDERKEHR, Kantonsgericht BL, 33 ff.

[218] § 37 KV BL. Siehe dazu BIAGGINI, KV BL, 35 ff. m.w.Verw.

[219] § 80 und § 82 WahlG BS.

[220] § 30k Abs. 1 lit. b. VRPG BS.

Im *Kanton Solothurn* sind Beschwerden gegen eidgenössische Wahlen und Abstimmungen beim Regierungsrat einzureichen.[221] Gegen alle kantonalen, regionalen und kommunalen Wahlen und Abstimmungen kann beim Verwaltungsgericht Beschwerde erhoben werden.[222] Beschwerden gegen Akte des Kantonsrats und der Regierung sind ausgeschlossen. Es kann Beschwerde geführt werden wegen Verletzung des Stimmrechts (Stimmrechtsbeschwerde)[223] sowie explizit wegen Unregelmässigkeiten bei der Vorbereitung und Durchführung von Abstimmungen (Abstimmungsbeschwerde)[224] bzw. Wahlen (Wahlbeschwerde).[225]

2. Vergehen gegen den Volkswillen gemäss 14. Titel des StGB

Das Rechtsgut «Volkswillen» ist auch strafrechtlich geschützt: Die Vergehen gegen den Volkswillen (14. Titel des Schweizerischen Strafgesetzbuches) schützen die eigenverantwortliche Ausübung der politischen Rechte durch die Stimmberechtigten, deren verfassungsmässig garantierte freie Willensbildung und unverfälschte Stimmabgabe.[226]

Strafrechtlich geahndet werden[227] die *Störung oder Behinderung von durch Verfassung oder Gesetz vorgeschriebene Versammlung, Wahl oder Abstimmung*,[228] die Störung oder Behinderung der Sammlung oder Ablieferung von Unterschriften für Referendums- oder Initiativbegehren.[229] Geschützt ist nur der ordnungsgemässe Ablauf der vom öffentlichen Recht vorgeschriebenen Versammlungen, Wahlen und Abstimmungen auf eidgenössischer, kantonaler und kommunaler Ebene, in denen der Volkswille zum Ausdruck kommt. Nicht ge-

---

221 § 156 Abs. 1 GPR SO.

222 § 157 Abs. 1 GPR SO.

223 § 157 Abs. 2 lit. a GPR SO.

224 § 157 Abs. 2 lit. b GPR SO.

225 § 157 Abs. 2 lit. c GPR SO.

226 Art. 34 Abs. 2 BV; BGE 121 I 138; BSK StGB-Wehrle, vor Art. 279 N 5.

227 Im Einzelnen siehe: BSK StGB-Wehrle, Art. 279 N 1 ff.; BSK StGB-Wehrle, Art. 280 N 1 ff.; BSK StGB-Wehrle, Art. 281 N 1 ff.; BSK StGB-Wehrle, Art. 282 N 1 ff.; BSK StGB-Wehrle, Art. 282bis N 1 ff.; Art. 283 N 1 ff.; Hangartner/Kley, Rz. 295 - 305; Stratenwerth/Wohlers, Rz. 1 ff. zu Art. 279; Ders., N 1 ff. zu Art. 280; Ders, N 1 ff. zu Art. 281; Ders., N 1 ff. zu Art. 282; Ders., N 1 ff. zu Art. 282bis; Ders., N 1 ff. zu Art. 283; Steinmann, SG-Komm BV N 31 zu Art. 34 BV m.w.Verw.; Trechsel/Vest, StGB PK, vor Art. 279 StGB, zu Vierzehnter Titel: Vergehen gegen den Volkswillen, N 1; Ders., StGB PK, Art. 279 StGB N 1 ff.; Ders. Art. 280 StGB N 1 ff.; Ders., StGB PK, Art. 281 StGB N 1 ff.; Ders., StGB PK, Art. 282 StGB N 1 ff.; Ders., StGB PK, Art. 282bis StGB N 1 ff.; Ders, StGB PK, Art. 283 StGB N 1 ff.

228 Art. 279 Abs. 1 StGB.

229 Art. 279 Abs. 2 StGB.

schützt sind Versammlungen, Wahlen und Abstimmungen im Bereich staatlicher Organe oder privater Körperschaften.[230]

Weiter werden *Eingriffe in das Stimm- und Wahlrecht* durch Hinderung an der Ausübung des Stimmrechts, des Referendums oder der Initiative geahndet.[231] Erfasst werden Beeinträchtigungen der Handlungsfreiheit einzelner Stimmberechtigter im Zusammenhang mit der Ausübung der politischen Rechte.[232]

Unter Strafe steht zudem die *Wahlbestechung*,[233] und zwar sowohl die aktive als auch die passive Wahlbestechung. Damit soll verhindert werden, dass die Ausübung oder die Nichtausübung der politischen Rechte zum Gegenstand von Tauschgeschäften gemacht wird.[234]

Strafrechtlich erfasst werden die *Wahlfälschung und Wahlbetrug*[235] sowie der *Stimmenfang*.[236] Das Bundesgericht hat sich zur Abgrenzung von Wahlfälschung und Stimmenfang geäussert.[237] Den Straftatbestand der Wahlfälschung erfüllt nur, wer die selbst ausgefüllten Wahlzettel zusätzlich auch selber verschickt oder in die Urne wirft und somit unbefugt anstelle Dritter an der Wahl teilnimmt und damit das Resultat der Wahl hätte beeinflusst oder eben gefälscht werden können. Für den Stimmenfang jedoch muss nicht das Ergebnis der Wahl beeinflusst werden, sondern es genügt, wenn jemand Wahl- oder Stimmzettel planmässig einsammelt, ausfüllt oder ändert oder wer derartige Wahl- oder Stimmzettel verteilt. Mit dem Erfordernis der Planmässigkeit hat der Gesetzgeber auf eine Sanktionierung des Ausfüllens eines einzelnen Stimmzettels im Kreise der Familie verzichtet; dieser Sachverhalt ist somit nicht unter den Stimmenfang zu subsumieren.[238] Weiterhin gilt das Prinzip, dass der Stimmzettel eigenhändig ausgefüllt werden muss, weil das Stimmrecht ein höchstpersönliches Recht ist. Die Ausnahmen sind gesetzlich geregelt.[239]

Geahndet wird die *Verletzung des Abstimmungs- und Wahlgeheimnisses*.[240] Geschützt ist das Abstimmungs- und Wahlgeheimnis bei geheim durchzuführenden Abstimmungen und Wahlen vor einer Offenlegung, etwa durch das Öff-

---

230 BSK StGB-Wehrle, vor Art. 279 N 6 f.; siehe auch Stratenwerth/Wohlers, N 1 zu Art. 279 StGB.

231 Art. 280 StGB.

232 Stratenwerth/Wohlers, N 1 zu Art. 280 StGB.

233 Art. 281 StGB.

234 Stratenwerth/Wohlers, N 1 zu Art. 281 StGB.

235 Art. 282 StGB.

236 Art. 282bis StGB.

237 BGE 138 IV 70 ff.

238 BGE 138 IV 75 f.

239 Siehe 6. Kapitel III. 3. b. vii).

240 Art. 283 StGB.

nen von Wahlcouverts. Nicht erfasst ist der Fall, wenn eine stimmberechtigte Person freiwillig auf das Stimmgeheimnis verzichtet.[241]

Die *Strafandrohung* lautet mit zwei Ausnahmen Freiheitsstrafe bis zu drei Jahren oder Geldstrafe. Bei Wahlfälschung durch einen Täter in amtlicher Eigenschaft beträgt die Geldstrafe nicht unter 30 Tagessätzen. Die Freiheitsstrafe kann in diesem Fall mit einer Geldstrafe verbunden werden. Der Stimmenfang ist eine Übertretung und wird lediglich mit Busse bestraft.

Die Kantone können zum Schutz des Stimm- und Wahlrechts ergänzende Übertretungstatbestände vorsehen.[242]

In den Nordwestschweizer Kantonen hat nur der Kanton Solothurn ergänzende Straftatbestände zum Schutz des Stimm- und Wahlrechts formuliert: Strafrechtlich geahndet werden die nicht korrekte Abgabe oder Nichtabgabe eines Zustellkuverts,[243] die systematische politische oder kommerzielle Propaganda in und ums Wahllokal,[244] die Beschädigung, das In-Unordnung-Bringen oder das Entfernen von Stimmzetteln im Wahllokal oder in dessen Vorräumen[245] sowie das absichtliche Einwerfen von mehr als einem Stimmzettel zu einer Vorlage in dieselbe Urne.[246] Weiter werden Pflichtverletzungen von Wahlbüromitgliedern und generell das Nichtbefolgen von Anordnungen des Wahlbüros geahndet.[247]

241 STRATENWERTH/WOHLERS, N 1 zu Art. 283 StGB.

242 Art. 335 Abs. 1 StGB. Siehe HANGARTNER/KLEY, Rz. 33; TRECHSEL/VEST, StGB PK, Art. 279 N 6; BSK StGB-WIPRÄCHTIGER, Art. 355 N 3 ff.

243 § 168 Abs. 1 lit. a GPR SO.

244 § 168 Abs. 1 lit. b GPR SO.

245 § 168 Abs. 1 lit. c GPR SO.

246 § 168 Abs. 1 lit. d GPR SO.

247 § 169 GPR SO.

3. Kapitel: Stimmrechtsgrundsätze

I. Stimmrechtsgrundsätze als Bestandteil des Schweizerischen Verfassungsrechts

Obwohl nicht ausdrücklich in der Bundesverfassung an einem Ort erwähnt,[248] sind die Stimmrechtsgrundsätze Bestandteil des Schweizerischen Verfassungsrechts.[249]

In der Lehre werden Stimmrechtsgrundsätze mit absolutem Geltungsanspruch (Freiheit und Gleichheit) und Stimmrechtsgrundsätze mit relativem Geltungsanspruch (Allgemeinheit und Geheimnis) unterschieden.

Stimmrechtsgrundsätze mit absolutem Geltungsanspruch bedürfen einer kompromisslosen Durchsetzung und sollen nicht relativiert werden, da sie zum Wesensgehalt der Demokratie gehören. Bei Stimmrechtsgrundsätzen mit relativem Geltungsanspruch soll im Lichte der historischen Entwicklung die Vornahme von Einschränkungen immer wieder neu bestimmt werden. Solche Einschränkungen können dann verantwortbar oder sogar notwendig sein.[250] Jedenfalls müssen Einschränkungen eines Stimmrechtsgrundsatzes angemessen sein.[251]

---

248 Anders im europäischen Raum, etwa in der Bundesrepublik Deutschland (Art. 38 Abs. 1 Grundgesetz für die Bundesrepublik Deutschland) und in Spanien (Art. 68 Abs. 1 Constitución española).

249 POLEDNA, Wahlrechtsgrundsätze, 1 ff. und POLEDNA, Wahlrecht im Bund, Rz. 1.

250 WINZELER, 72 ff.

251 Art. 25 UNO-Pakt II.

II. Stimmrechtsgrundsätze im Einzelnen

1. Grundsatz der Allgemeinheit

Das *allgemeine Stimmrecht* garantiert die Teilhabe an der staatlichen Willensbildung und damit die rechtliche Gleichberechtigung. Grundlage bilden die in der Bundesverfassung verankerte Rechtsgleichheit und die politische Gleichberechtigung.[252]

Der Grundsatz des allgemeinen Stimmrechts beinhaltet, dass allen Stimmberechtigten die politischen Rechte zustehen. Namentlich sind Einschränkungen des Zugangs zu den politischen Rechten aufgrund von Geschlecht, Rasse, Hautfarbe, Sprache, Religion, Einkommen, Bildung oder anderen subjektiven Merkmalen nicht zulässig.[253] Einschränkungen des allgemeinen Stimmrechts müssen sich auf objektive und sachgerechte Kriterien wie Alter, Staatsbürgerschaft, Urteilsfähigkeit oder Wohnsitz stützen.[254] Wer nicht stimmberechtigt ist, kann somit nicht stimmen und wählen. Aus dem Grundsatz des allgemeinen Stimmrechts wird die richtige Zusammensetzung des Stimmvolks abgeleitet.[255]

Der Grundsatz der Allgemeinheit steht in direktem Zusammenhang mit dem Grundsatz des unmittelbaren Stimmrechts: Das unmittelbare Stimmrecht hat mit seinem Wahlmännerverbot[256] und dem Verbot, den Nationalrat durch die kantonalen Parlamente wählen zu lassen,[257] die Grundlage für ein allgemeines Stimmrecht geschaffen.[258]

2. Grundsatz der Gleichheit

Während das allgemeine Stimmrecht den Zugang zu den politischen Rechten garantiert, steht beim beim *gleichen Stimmrecht* die politische Gleichberechtigung im Zentrum.

---

252 Art. 8 Abs. 1 BV i.V.m. Art. 136 Abs. 1, erster Satz sowie Art. 136 Abs. 1, zweiter Satz BV («*Alle* haben die gleichen politischen Rechte und Pflichten», Kursivsetzung durch Autorin). Im Einzelnen siehe 5. Kapitel.

253 Poledna, Wahlrechtsgrundsätze, 185.

254 Poledna, Wahlrechtsgrundsätze, 185 ff.; Tschannen, Staatsrecht, 615 f. und 648; Winzeler, 76 f.

255 BGE 91 I 8; BGE116 Ia 359 E. 3b. Der Grundsatz der richtigen Zusammensetzung des Stimmvolks wird auch aus dem Grundsatz des freien Stimmrechts abgeleitet: Tschannen, Staatsrecht, 646.

256 Beim Wahlmännersystem wählen die Stimmberechtigten ein Gremium, das seinerseits das zu bestellende Staatsorgan wählt. Beispiel: System der Wahlmänner bei der Präsidentschaftswahl der USA.

257 Rhinow/Schefer/Uebersax, Rz. 2321.

258 Zum indirekten Wahlrecht siehe 3. Kapitel II. 5.

Das Wahlmännerverbot hat neben dem Grundsatz des allgemeinen Stimmrechts auch dem Grundsatz des gleichen Stimmrechts «one person one vote» zum Durchbruch verholfen.[259]

Der Grundsatz des gleichen Stimmrechts definiert die garantierte Teilhabe an der staatlichen Willensbildung näher: Die Stimmabgabe soll gerecht und demokratisch sein, jede stimmberechtigte Person soll den gleichen Einfluss auf das Abstimmungs- bzw. Wahlergebnis haben.[260] Das Stimmgewicht der Stimmberechtigten soll gleich sein und nicht nach finanziellen Kriterien, nach Bildung oder weiteren Kriterien differenziert werden. Dies schliesst auch aus, dass bestimmte Personengruppen (etwa Grundeigentümer, Eltern) Zusatzstimmen erhalten.[261]

Verfassungsmässige Grundlagen dafür sind neben der Rechtsgleichheit[262] der verfassungsmässig garantierte Schutz der unverfälschten Stimmabgabe[263] sowie die politische Gleichberechtigung.[264]

Der Grundsatz des gleichen Stimmrechts wird in die Aspekte der Zählwertgleichheit, der Stimmkraftgleichheit und der Erfolgswertgleichheit unterteilt. Über Zuteilung, Stimmabgabe und Berücksichtigung jeder gültigen Stimme bei der Zählung hinaus (sog. Zählwertgleichheit)[265] soll nicht nur jede Stimme in allen Wahlkreisen die gleiche theoretische Möglichkeit der Einflussnahme (sog. Stimmkraftgleichheit),[266] sondern auch praktisch den gleichen Einfluss auf das Wahlergebnis haben (sog. Erfolgswertgleichheit)[267] und nicht «gewichtslos» bleiben.

3. Grundsatz der Freiheit

a. Freies Stimmrecht: Inhalt und Einschränkungen

Die Gewährleistung der politischen Rechte beinhaltet den Schutz der freien Willensbildung.[268] Anerkannt werden kann ein Abstimmungs- oder Wahlergebnis

---

259 Zu dem Grundsatz des direkten Stimmrechts und dem Wahlmännerverbot siehe 3. Kapitel II 5. a.

260 Im Einzelnen siehe 6. Kapitel.

261 Sog. Pluralwahlrecht, siehe NOHLEN, Wahlsysteme, 42 ff., und 6. Kapitel III. 2. a.

262 Art. 8 Abs. 1 BV.

263 Art. 34 Abs. 2 BV.

264 Art. 136 Abs. 1, zweiter Satz BV («Alle haben die *gleichen* politischen Rechte und Pflichten», Kursivsetzung durch Autorin). Im Einzelnen siehe 6. Kapitel.

265 KÖLZ, Probleme des kantonalen Wahlrechts, 9; NOHLEN, Wahlsysteme, 43 f.; POLEDNA, Wahlrechtsgrundsätze, 26 f. und 50 ff. Im Einzelnen siehe 6. Kapitel III.

266 POLEDNA, Wahlrechtsgrundsätze, 27 ff. und 66 ff. Im Einzelnen siehe 6. Kapitel IV.

267 Im Einzelnen siehe 6. Kapitel V.

268 Art. 34 Abs. 2 BV.

nur, wenn es den freien Willen der Stimmbürgerinnen und Stimmbürger zuverlässig und unverfälscht zum Ausdruck bringt.[269] Diese Leitformel des Bundesgerichts garantiert das freie Stimmrecht mit seiner freien Willensbildung und Willensäusserung und schützt damit die unzulässige Einflussnahme durch Behörden und Private.[270]

Elemente des Stimmrechtsgrundsatzes der Freiheit sind der Anspruch auf korrekte Vorbereitung einer Wahl oder Abstimmung, die rechtlichen und faktischen Voraussetzungen der freien Willensbildung im Wahl- und Abstimmungskampf,[271] der Anspruch auf freie Willenskundgabe und der Anspruch auf korrekte Willensermittlung. Die letztgenannten beiden Elemente – die Ansprüche der freien Willenskundgabe und der korrekten Willensermittlung – dienen im Prinzip der Sicherung der freien Willensbildung, dem Schutz des bereits gebildeten Willens,[272] und werden daher unter den Grundsatz des Stimmgeheimnisses subsumiert.[273]

Der Grundsatz des freien Stimmrechts wird im Bereich der Wahlen eingeschränkt durch das sog. Anmelde- oder Vorschlagsverfahren.[274] Bei Majorzwahlen kommt das Anmeldeverfahren bei stillen Wahlen zum Tragen. Ohne angemeldete Kandidierende kann nicht eruiert werden, ob es zu stillen Wahlen kommt oder nicht.[275] Dies widerspricht dem Grundsatz, dass bei Wahlen jede stimmberechtigte Person wählbar ist. Das Anmeldeverfahren ist bei Majorzwahlen ein fragwürdiger Eingriff in den Grundsatz des freien Stimmrechts und damit problematisch.[276] Bei Proporzwahlen ist das Anmeldeverfahren system-

---

269 Zum Gehalt der Leitformel des Bundesgerichts siehe statt vieler BGE 112 I 138 ff.: «So werden auf die Wahl- und Abstimmungsfreiheit zurückgeführt etwa die Ansprüche auf richtige Zusammensetzung der Aktivbürgerschaft (BGE 116 Ia 359 S. 365, mit Hinweisen), Wahrung der Einheit der Materie (BGE 113 Ia 46 E. 4 S. 52, mit Hinweisen), korrekte Formulierung der Abstimmungsfragen (BGE 106 Ia 20, mit Hinweisen), rechtmässige Durchführung von Wahlen und Abstimmungen (BGE 104 Ia 236, 104 Ia 360 E. 3 S. 363, 98 Ia 02 E. 9 und 10 S. 610, 97 I 659 E. 4 S. 663, 75 I 234) und korrekte und zurückhaltende behördliche sowie private Informationen im Vorfeld von Wahlen und Abstimmungen (BGE 119 Ia 271, 118 Ia 259 E. 3 S. 261, mit Hinweisen)»; HANGARTNER/KLEY, Rz. 2458 ff.; STEINMANN, SG-Komm BV N 14 ff. zu Art. 34 BV m.w.Verw.; TSCHANNEN, Staatsrecht, 646 ff.; BSK BV TSCHANNEN, Art. 34 N 32 ff.; RENÉ WIEDERKEHR, Fairness, 110 ff. m.w.Verw.; ZEN-RUFFINEN, N 3 ff.

270 BSK BV TSCHANNEN, Art. 34, N 32.

271 Zur fehlenden Möglichkeit, gegen die Abstimmungserläuterungen des Bundes Stimmrechtsbeschwerde ans Bundesgericht einzureichen, siehe 3. Kapitel II. 3. c.

272 POLEDNA, Wahlrechtsgrundsätze, 234 f.

273 Zum Grundsatz des Stimmgeheimnisses siehe 3. Kapitel II 4.

274 Im Einzelnen siehe ANINA WEBER, Wahlrecht, Rz. 1177 m.w.Verw.

275 Siehe 3. Kapitel II. 5. d.

276 ANINA WEBER, Wahlrecht, Rz. 1177 m.w.Verw.

bedingt und damit unproblematisch: Anders als bei Majorzwahlen, wo nur wenige Sitze zu vergeben sind, dient das Anmeldeverfahren bei Proporzwahlen mit einer Vielzahl von Kandidierenden der Übersicht. Weiter sollen damit Mehrfachkandidaturen ausgeschlossen werden. Die Wahlfreiheit wird bei Proporzwahlen zwar eingeschränkt, das Aufführen der wählbaren Kandidierenden auf den Listen soll jedoch den Erfolg der Wahl sichern.[277]

Mit dem Grundsatz des freien Stimmrechts können *Quotenregelungen* kollidieren.[278] Sie gelten generell als geeignetes Instrument, um Untervertretungen auszugleichen, die Chancengleichheit der Geschlechter zu verwirklichen und die Geschlechterhierarchie abzubauen.[279] Vor dem Hintergrund, dass in einer pluralistischen Gesellschaft möglichst viele politische Gruppierungen das Recht haben sollen, ihre Anliegen zu thematisieren und ihre Standpunkte zu begründen, kann eine Einschränkung der Wahlfreiheit in Kauf genommen werden.[280]

Der Grundsatz der Freiheit des Stimmrechts[281] richtet sich gegen inhaltliche Vorgaben, die die Entscheidmöglichkeiten der Stimmberechtigten einschränken.

Stimmfreiheit schliesst nicht nur den Zwang an sich aus,[282] sondern setzt auch der Beeinflussung der Stimmberechtigten durch Behörden, Private oder Medien Grenzen.[283] Im Einzelnen:

---

277 TSCHANNEN, Stimmrecht, Rz. 102 ff. und 110 m.w.Verw.

278 Siehe dazu 5. Kapitel V. 7. sowie BUSER, Quoten, 208 ff. m.w.Verw.; GEORG MÜLLER, Quotenregelungen, 310 f.

279 ARIOLI, 19 ff.; POLEDNA, Geschlechterquoten, 138 f.

280 BUSER, Quoten, 201 f. und 208 ff. m.w.Verw.

281 NOHLEN, Wahlsysteme, 46, weist auf den tautologischen Aspekt des Begriffs der freien Wahlen hin: Entweder Wahlen seien frei oder es könne nicht mehr von Wahlen gesprochen werden. Da unter den Grundsatz der Freiheit des Stimmrechts nicht nur der eigentliche Zwang, sondern weiterführende Inhalte subsumiert werden, rechtfertigt es sich, den Grundsatz im Katalog zu belassen. Dies, obwohl sich der Grundsatz der Freiheit teilweise mit dem Grundsatz der Gleichheit des Stimmrechts überschneidet.

282 Auf Bundesebene herrscht kein Stimmzwang. Den Kantonen ist es aber unbenommen, in Anwendung von Art. 83 BPR den Stimmzwang einzuführen. Der Grundsatz der Stimmfreiheit wird in diesem Fall auf kantonaler Ebene diesbezüglich relativiert. Zum Thema Stimmpflicht siehe KLEY, SG-Komm BV N 126 zu Art. 136 BV m.w.Verw. Begründet wird die Stimmpflicht mit der Organfunktion des Stimmrechts, siehe: TSCHANNEN, Staatsrecht, § 48 N 14. Zu Stimmzwang und Stimmpflicht siehe 6. Kapitel III. 3. a. ii).

283 BUSER, Abstimmungskampagnen, Rz. 1 ff.; GIACOMETTI, 247 f.; HÄFELIN ET AL., Rz. 1387 ff.; HANGARTNER/KLEY, Rz. 33 und N. 969 ff.; NOHLEN, Wahlsysteme, 46; POLEDNA, Wahlrechtsgrundsätze, 233 ff.; RHINOW/SCHEFER/UEBERSAX, N. 2063 ff.; BSK BV TSCHANNEN, Art. 34 N 32, N 33 ff. und N 37 ff.; WINZELER, 72 ff.; ZIPPELIUS, 162.

b. Unzulässige Einflussnahme durch Behörden

Der Grundsatz des freien Stimmrechts beinhaltet den Anspruch auf korrekte Vorbereitung einer Wahl oder Abstimmung: Die Stimmberechtigten haben den Anspruch auf rechtzeitige Zustellung der Unterlagen sowie bei Abstimmungen den Anspruch auf transparente,[284] sachliche[285] und verhältnismässige[286] – sprich objektive und zurückhaltende – Informationen.[287] Bei Wahlen haben sich die Behörden nicht über Wahlanleitungen hinaus zu äussern.[288]

Bezüglich Interventionen der Behörden in Abstimmungskämpfe im Sinne von Stellungnahmen im Prozess der Meinungsbildung ist zu unterscheiden, ob es sich um reaktive Richtigstellungen oder um proaktive Äusserungen handelt. Erstere sind, wenn sachlich formuliert, geboten. Letztere sind ebenfalls erlaubt, wenn sie geeignet sind, in sachlicher, transparenter und verhältnismässiger Weise zur offenen Meinungsbildung beizutragen.[289] Bei Wahlkämpfen gilt ein absolutes Interventionsverbot, allenfalls dürfen offensichtliche Fehlinformationen richtiggestellt werden.[290]

c. Überprüfung der Abstimmungserläuterungen durch das Bundesgericht

Abstimmungserläuterungen von Kantonen und Gemeinden können im Rahmen von Stimmrechtsbeschwerden gerichtlich überprüft werden.[291] Abstimmungserläuterungen des Bundes (Erläuterungen im «Abstimmungsbüchlein») sind von der gerichtlichen Überprüfung ausgeschlossen, da es sich um Regierungsakte handelt.[292] Im Bereich der Stimmfreiheit wird die fehlende Möglichkeit, Abstimmungserläuterungen des Bundes mittels Stimmrechtsbeschwerde ans Bundesgericht überprüfen zu lassen bzw. anzufechten, kritisiert.[293] Dadurch wird das Recht auf freie Meinungsbildung eingeschränkt. (Auch) hier dienen

---

284 Im Einzelnen siehe BESSON, Behördliche Information, 200 ff.

285 Im Einzelnen siehe BESSON, Behördliche Information, 182 ff.

286 Im Einzelnen siehe BESSON, Behördliche Information, 208 ff.

287 BGE 140 I 338; BGE 1C_63/2015, 1C_109/2015, 1C_237/2015, 1C_293/2015 vom 24. August 2015 sowie BUSER, Abstimmungskampagnen, Rz. 21.

288 BSK BV TSCHANNEN, Art. 34 N 33 m.w.Verw.

289 BGE 140 I 338 E. 5.1 m.w. Verw; MÜLLER/SCHEFER, 623 ff.; STEINMANN, SG-Komm BV N 24 ff. zu Art. 34 BV m.w.Verw.; BSK BV TSCHANNEN, Art. 34 N 34 m.w.Verw.

290 BGE 118 Ia 259 ff.; BSK BV TSCHANNEN, Art. 34 N 35 m.w.Verw.

291 BESSON, Behördliche Information, 46 ff.

292 Art. 189 Abs. 4 BV. Siehe BGE 138 I 61 E. 7.1. m.w.Verw.

293 BESSON, Beschwerde, 403 und 424; BESSON, Behördliche Information, 67 ff.; HALLER, SG-Komm BV N 58 ff. zu Art. 189 BV; KLEY, SG-Komm BV N 31 ff. zu Art. 29a BV, MÜLLER/SCHEFER, 633 f.; STEINMANN, SG-Komm BV N 29 ff. zu Art. 34 BV; TORNAY, 41 und 47 und TSCHANNEN, Staatsrecht, N 41 zu § 48 («Die Immunisierung dieser Akte ist ein Ärgernis.»).

die Kantone als Experimentierfeld. So können z.B. im Kanton Basel-Landschaft seit Inkrafttreten der neuen Kantonsverfassung vom 17. Mai 1987 u.a. die Abstimmungserläuterungen des Regierungsrates mit der Stimmrechtsbeschwerde angefochten werden.[294]

In seiner neuesten Praxis geht das Bundesgericht davon aus, dass es Abstimmungserläuterungen des Bundesrates vorfrageweise überprüfen kann, und zwar im Rahmen einer nachträglichen Überprüfung der Rechtmässigkeit einer eidgenössischen Volksabstimmung. Die Informationslage im Vorfeld dürfe in allgemeiner Weise zum Gegenstand des Verfahrens gemacht werden.[295]

d. Unzulässige Einflussnahme durch Private oder Medien

Interventionen Privater werden durch die Kommunikationsgrundrechte geschützt. Im Rahmen von Wahlen und Abstimmungen sind dies die Meinungs- und die Medienfreiheit.[296] Zuspitzungen, Übertreibungen, Polemiken und Demontagen Privater im Abstimmungskampf verletzen die Garantie der politischen Rechte nicht.[297] Begründet wird dies damit, dass das Gemeinwesen die Möglichkeit hat, richtigstellend einzugreifen.[298]

Privates Einwirken ist nur unzulässig, wenn kumulativ erstens objektiv falsche Tatsachen verbreitet werden, zweitens die falsche Behauptung erheblich und schwerwiegend ist, drittens eine Richtigstellung wegen des späten Zeitpunkts nicht mehr möglich ist[299] und wenn sich viertens die Folgen der erheblichen Irreführung auf das Abstimmungs- oder Wahlergebnis auswirken können.[300]

Behördliches Einwirken infolge Einflussnahme Privater führt nur ausnahmsweise zu einer Interventionspflicht der Behörden oder gar zu einer Aufhebung der Abstimmung, nämlich bei einer schwerwiegenden Irreführung der Stimmberechtigten über zentrale Abstimmungsinhalte.[301]

---

294 § 37 KV BL. Mit Inkrafttreten der totalrevidierten Kantonsverfassung ist der Rechtsschutz des Stimmrechts im Kanton Basel-Landschaft entscheidend verstärkt worden: Der Stimmrechtsbeschwerde unterliegen nicht nur Verletzungen des Stimmrechts, sondern beispielsweise auch die Abstimmungserläuterungen des Regierungsrats. Siehe dazu Biaggini, KV BL, 35 ff. m.w.Verw. Siehe auch 2. Kapitel II. 1. f.

295 Haller, SG-Komm BV N 64 zu Art. 189 BV m.w.Verw.; BGE 138 I 61 E. 7.

296 Art. 16 und 17 BV. BGE 119 Ia 271; Besson, Behördliche Information, 8 ff.

297 BSK BV Tschannen, Art. 34 N 37 m.w.Verw.

298 BSK BV Tschannen, Art. 34 N 31 und 39 m.w.Verw.

299 Sog. Überrumpelungsverbot: BSK BV Tschannen, Art. 34 N 38 m.w.Verw. Siehe aber auch Hangartner/Kley, Rz. 2665 ff. und Biaggini Komm. BV, N 26 zu BV 34.

300 Buser, Abstimmungskampagnen, Rz. 23; Hangartner/Kley, Rz. 1078 f.; BGE 135 I 292.

301 BGE 140 I 338 E. 5.3 m.w.Verw. sowie BGE 1C_63/2015, 1C_109/2015, 1C_237/2015, 1C_293/2015 vom 24. August 2015.

Stellt sich nachträglich heraus, dass eine Abstimmungskampagne die Abstimmungsfreiheit verletzt, so wägt das Bundesgericht das Interesse einer Wiederholung der Abstimmung und das Rechtssicherheitsinteresse gegeneinander ab. Nur wenn Ersteres höher zu gewichten ist, wird die Abstimmung wiederholt.[302]

Selbst wenn nach der Volksabstimmung die Verantwortlichen für ein Abstimmungsplakat strafrechtlich verurteilt werden, rechtfertigt dies die Wiederholung der Abstimmung nicht, so das Bundesgericht.[303] Das Verwenden von strafrechtlich verbotenem Propagandamaterial wurde kritisiert und die Frage aufgeworfen, ob eine strafrechtliche Verurteilung einen legitimen Grund für die Aufhebung des Abstimmungsergebnisses darstellen könne.[304]

Interventionen durch die Presse sind Interventionen durch Private gleichgestellt.[305] Vorbehalten bleibt das zivilrechtliche Gegendarstellungsrecht.[306]

Anders bei Interventionen an Radio und Fernsehen: Die Programmgestalter sind zu einer gewissen Zurückhaltung und zu kontradiktorischer Berichterstattung verpflichtet. Weiter sollen politischen Parteien rechtsgleiche Gelegenheit zur Selbstdarstellung gegeben werden.[307]

---

302 Abstimmung wiederholt: BGE 113 Ia 427 und BGE 114 Ia 427 (Abstimmung über den Anschluss des Laufentals an BL). Siehe auch Buser, Abstimmungskampagnen, Rz. 29 ff. Abstimmung nicht wiederholt: BGE 1C_63/2015, 1C_109/2015, 1C_237/2015, 1C_293/2015 (Abstimmungsplakat SVP).

303 So im Zusammenhang mit einem Plakat der SVP im Abstimmungskampf um die Eidgenössische Volksinitiative «Gegen Masseneinwanderung» vom 9. Februar 2014, das den Titel «Kosovaren schlitzen Schweizer auf» trug. Dieser Satz auf einem SVP-Inserat sei diskriminierend gewesen und habe die Rassismus-Strafnorm (Art. 261bis StGB) verletzt, so das Bundesgericht in seinem Urteil vom 13. April 2017. Bereits am 24. August 2015 zog das Bundesgericht jedoch in Erwägung, unabhängig davon, ob das umstrittene Plakat von strafrechtlicher Relevanz sei oder nicht, sei es zweifelhaft, ob es sich bei den von den Beschwerdeführern vorgebrachten Mängeln am Abstimmungsverfahren um derart gravierende bzw. erhebliche Mängel handle, dass sie eine Neubeurteilung des bereits abgeschlossenen Verfahrens rechtfertigen könnten. Siehe BGE 1C_63/2015, 1C_109/2015, 1C_237/2015, 1C_293/2015 E. 4.1.

304 Siehe dazu ausführlich Buser, Abstimmungskampagnen, Rz. 32 ff., bejahend. Anderer Meinung: Schefer/Schaub, insbes. Rz. 11 ff.

305 BSK BV Tschannen, Art. 34 N 39 m.w.Verw.

306 Art. 28g ff. ZGB.

307 BSK BV Tschannen, Art. 34 N 40 m.w.Verw.

4. Grundsatz des Geheimnisses

a. Übersicht

Die Gewährleistung der politischen Rechte beinhaltet den Schutz der unverfälschten Stimmabgabe.[308] Das freie Stimmrecht wird durch die *geheime* Abstimmung gesichert: Jede und jeder soll seine Stimme so abgeben können, dass niemand nachprüfen kann, wie der Einzelne abgestimmt hat. Ziel ist die Ermittlung der wahren politischen Überzeugung.[309] Das Stimmgeheimnis ist daher ein Element der Stimmfreiheit im weiteren Sinne.[310] Das Stimmgeheimnis umfasst das ganze Wahl- und Abstimmungsverfahren, insbesondere die Stimmabgabe.[311] Es ist auch strafrechtlich geschützt.[312]

Das Stimmgeheimnis wurde in erster Linie zum Schutz der Schwächeren oder Abhängigen, insbesondere der wirtschaftlich Abhängigen, 1872 eingeführt.[313] Ganz allgemein diente das Stimmgeheimnis dem Minderheitenschutz.[314]
Die Einführung des Stimmgeheimnisses ist eng verknüpft mit der Einführung der Volksschule, denn erst mit der Zunahme des Bildungsstandes konnte an die schriftliche und damit die geheime Stimmabgabe gedacht werden.[315] Die Frage nach der Einführung des Stimmgeheimnisses ging einher mit der Frage der Einführung des Urnensystems, das das Versammlungssystem nach und nach ablöste.[316]

Die Verklärung und Mystifizierung der Landsgemeinde und der Gemeindeversammlung als historisches Erbe der Schweiz und als Idealform der Demokratie trug und trägt nach wie vor zur Befürwortung der offenen Stimmabgabe bei.[317]

Heute haben sich das Urnensystem und weitere Formen der erleichterten Stimmabgabe[318] auf Bundes- und auf Kantonsebene durchgesetzt. Versammlungsdemokratie mit ihrer offenen Stimmabgabe ist nur noch auf Gemeindeebene anzutreffen.[319]

---

308 Art. 34 Abs. 2 BV und Art. 8a BPR.

309 Giacometti, 248 ff.; Hangartner/Kley, Rz. 32; Nohlen, Wahlsysteme, 44 f.; Poledna, Wahlrechtsgrundsätze, 257 ff.; Tschannen N. 218 ff.; Widmer, 140 ff.; Winzeler, 77 f.; Zippelius, 162.

310 Das Stimmgeheimnis ist folglich durch Art. 34 Abs. 2 BV geschützt. BSK BV Tschannen, Art. 34 N 32 und 44 ff.

311 BGE 98 Ia 602.

312 Siehe 2. Kapitel II. 2.

313 Braun, Rz. 439 ff. m.w.Verw.

314 Giacometti, 249.

315 Braun, Rz. 448 m.w.Verw.

316 Braun, Rz. 450 m.w.Verw.; Giacometti 249; Schaub, 64 ff.

317 Braun, Rz. 451 m.w.Verw.

318 Zur erleichterten Stimmabgabe siehe 6. Kapitel III. 3. b. iii)–vii).

319 Zur Abgenzung von Versammlungs- und Urnensystem siehe Schaub 66 ff.

Fragen im Zusammenhang mit dem Stimmgeheimnis stellen sich zu den Themen offene Abstimmung an Versammlungen («Versammlungsdemokratie»)[320] sowie Einführung des E-Voting.[321]

Das Stimmgeheimnis ist formeller Natur. Der Grundsatz der geheimen Stimmabgabe ist bereits dann verletzt, wenn eine Gefährdung des Stimmgeheimnisses besteht. Ob jemand effektiv vom Inhalt der Stimmabgabe Kenntnis genommen hat, ist nicht relevant.[322]

b. Offene Stimmabgabe an Gemeindeversammlungen

An Gemeindeversammlungen ist die offene Stimmabgabe üblich.[323] Die Stimmabgabe unter voller Sozialkontrolle strapaziert das Stimmgeheimnis. Die offene Stimmabgabe beinhaltet – zumindest in Einzelfällen – die Gefahr eines gesellschaftlichen Konformitätsdrucks[324] und ist daher geeignet, die Ausübung des freien Stimmrechts einzuschränken oder zu verhindern.[325] Mit der Möglichkeit, geheime Wahlen zu beantragen,[326] soll die Ermittlung des Willens gesichert werden, welcher der wahren politischen Überzeugung entspricht. Fakt ist aber, dass das Antragsverfahren unter den gleichen Defiziten leidet wie die offene Stimmabgabe, nämlich dem Erfordernis der Anwesenheit und einem etwaigen gesellschaftlichen Konformitätsdruck. Das Versammlungssystem ist dem Urnensystem daher grundsätzlich unterlegen. Dazu kommt, dass die Teilnahme an einer Versammlung Stimmberechtigten aus beruflichen, familiären oder gesundheitlichen Gründen verwehrt sein kann, was deren Ausschluss vom Stimmrecht zur Folge hat.[327]

Das Bundesgericht erkennt die Nachteile von Abstimmungen an Versammlungen in Bezug auf das Stimmgeheimnis, gewichtet jedoch die Vorteile, nämlich den direkten Kontakt der Stimmberechtigten mit den Behörden und die Möglichkeit der unmittelbaren Reaktion auf bestimmte Voten, höher.[328] Der di-

---

320 Siehe 3. Kapitel II. 4. b. und 6. Kapitel III. 3. b. ii).

321 EHRENZELLER/NOBS, SG-Komm BV N 38 f.Vorbemerkungen zu Art. 136 – 142 BV. Siehe 3. Kapitel II. 4. c. und 6. Kapitel III. 3. b. vi).

322 Siehe BGE 98 Ia 602 E. 10b; HANGARTNER/KLEY, Rz. 32; BRAUN, Rz. 479, 483 und 528 m.w.Verw.; BSK BV TSCHANNEN, Art. 34 N 44.

323 Zur offenen Stimmabgabe auf kantonaler Ebene: BGE 121 I 138 ff.

324 BORBÉLY, Rz. 175 m.w.Verw.; SCHAUB, 222 ff.

325 Siehe auch BSK BV TSCHANNEN, Art. 34 N 45.

326 Siehe etwa für BL § 66 Abs. 1 GemeindeG BL: «Abstimmungen sind in der Regel offen. Wird ein Antrag auf geheime Abstimmung gestellt, so ist ihm stattzugeben, wenn ein Viertel der anwesenden Stimmberechtigten dies beschliesst.»

327 HANGARTNER/KLEY, Rz. 189 f., WINZELER, 77., TSCHANNEN N. 221, HÄFELIN ET AL., Rz. 1398.

328 BGE 121 I 143 f.

rektere Behördenkontakt ist Ausdruck davon, dass im Versammlungssystem die Position der Exekutive eher gestärkt und die Stellung der Legislative – die Stellung der versammelten Stimmberechtigten – eher geschwächt wird, was eine Schwächung der Gewaltenteilung mit ihrer Gewaltenkontrolle nach sich zieht.[329]

Gewaltenteilung wird in der Demokratieforschung mit der sog. *Horizontal Accountability* untersucht: Legislative, Exekutive und Judikative überwachen einander gegenseitig (Gewaltenkontrolle) in einem Netzwerk von Rechenschaftsbeziehungen. Mit Blick auf die Horizontal Accountability besteht im Urnensystem eine ausgeglichenere Machtbalance zwischen Parlament und Regierung. Ebenso werden Wahlgeheimnis und Mobilität der Stimmberechtigten beim Urnensystem besser gewährleistet. Das Versammlungssystem hingegen begünstigt eine klare Regierungsverantwortung.[330]

Das Stimmabgabeverfahren an der Urne ist im Vorteil, weil Gewaltenteilung und Gewaltenkontrolle im Urnensystem insgesamt besser gewährleistet sind.[331]

Die offene Stimmabgabe an Versammlungen verletzt den Grundsatz des Stimmgeheimnisses.[332] Weiter wird auch der Grundsatz der Allgemeinheit des Stimmrechts tangiert: Die Teilnahme an Versammlungen ist nicht für alle Stimmberechtigten möglich; so können etwa körperliche Beeinträchtigungen oder Ortsabwesenheit dazu führen, dass eine persönliche Teilnahme nicht möglich ist, was den Grundsatz des allgemeinen Stimmrechts verletzt.[333] Die Auszählung der Stimmen bzw. erhobenen Hände kann fehlerhaft sein, insbesondere, wenn die Ermittlung des Ergebnisses ausschliesslich auf einer Abschätzung beruht, was den Grundsatz des gleichen Stimmrechts tangieren kann.[334] Eine Urnenabstimmung kann offensichtlich nicht nur den Grundsatz des Stimmgeheim-

---

329 Schaub, 259 ff. In seiner empirischen Untersuchung unterzieht Schaub Versammlungs- und Urnensystem einer vergleichenden Analyse und untersucht deren Demokratiequalität. Zum methodischen Vorgehen siehe Schaub, 161 ff.

330 Schaub, 126 f. m.w.Verw. und 502 ff.

331 Schaub, 291 f.

332 Borbély, Rz. 10 ff., Rz. 175 ff. und 189, der Gemeindeversammlungen und Landsgemeinden, an denen öffentlich abgestimmt wird, trotz Befürwortung durch das Bundesgericht (so in BGE121 I 138), für verfassungswidrig erklärt, sowie Braun, Rz. 521 ff., insbes. Rz. 534, die die offene Stimmabgabe an Landsgemeinden und Gemeindeversammlungen ebenfalls als verfassungswidrig erklärt, und Helg, 83 ff.

333 Helg, 81 ff.

334 Helg, 86 f. Siehe auch BGE 100 Ia 362: Die Ermittlung des Abstimmungsergebnisses mittels Handmehr und Abschätzung gewähren weniger grosse Garantien für eine unverfälschte Ermittlung des Volkswillens als eine geheime Urnenabstimmung (E. 5b). Problematisch kann auch der Vergleich zweier abgeschätzter Mehrheiten aus zwei unterschiedlichen Abstimmungen sein, siehe BGE 104 Ia 428.

nisses besser garantieren, sondern auch die Grundsätze des allgemeinen und gleichen Stimmrechts besser gewährleisten.[335]

c. Stimmgeheimnis und E-Voting

Der Grundsatz des Stimmgeheimnisses wird durch die Einführung von E-Voting weiterentwickelt. Dies stellt eine Herausforderung für die Wahrung des Stimmgeheimnisses dar. Wenn es dem Gesetzgeber und den ausführenden Behörden gelingt, erstens die Stimmberechtigten zu überzeugen, dass die technischen Herausforderungen so gelöst werden können, dass das Stimmgeheimnis intakt bleibt, und zweitens eine Möglichkeit der Kontrolle des Stimmabgabeverfahrens durch die Stimmberechtigten eingeführt werden kann, so steht einer Weiterentwicklung des Stimmrechts mittels Einführung von E-Voting nichts entgegen.[336]

d. Einschränkungen des Stimmgeheimnisses

Der Grundsatz des Stimmgeheimnisses sichert die freie Stimmabgabe. Eingeschränkt werden darf es nur zugunsten anderer demokratischer Grundsätze.

Die briefliche Stimmabgabe beinhaltet die Gefahr des Verstosses gegen das Stimmgeheimnis.[337] Die Vertretung bei der Stimmabgabe verletzt das Stimmgeheimnis.[338] Die vom Bundesgericht geschützte Versammlungsdemokratie[339] verstösst nicht nur gegen das Stimmgeheimnis, sondern auch gegen die Grundsätze des allgemeinen und des gleichen Stimmrechts und ist damit verfassungswidrig, denn die Einschränkungen werden nicht durch eine Stärkung anderer Stimmrechtsgrundsätze oder anderer demokratischer Grundsätze gerechtfertigt.[340] Mittels Urnenabstimmung oder elektronischer Abstimmungstechnologien könnte jedoch das Stimmgeheimnis an Versammlungen gewahrt werden.[341]

---

335 Borbély, Rz. 181 ff.

336 Borbély, Rz. 208 ff., insbes. Rz. 211 und Rz. 213; Steinmann, 500. Siehe Lösungsansatz bei Braun, Rz. 573 ff. Zu E-Voting in der Nordwestschweiz siehe 6. Kapitel III. 3. b. vi).

337 Borbély, Rz. 151 ff. und 186. Zur brieflichen Stimmabgabe siehe 6. Kapitel III. 3. b. iv).

338 Borbély, Rz. 165 ff. und 187. Zur Vertretung bei der Stimmabgabe siehe 6. Kapitel III. 3. b. vii).

339 Siehe BGE 121 I 138

340 Vgl. dazu ausführlich: Borbély, Rz. 10 ff., Rz. 175 ff. und 189, der Gemeindeversammlungen und Landsgemeinden, an denen öffentlich abgestimmt wird, trotz Befürwortung durch das Bundesgericht (so in BGE121 I 138) für verfassungswidrig erklärt, sowie Braun, Rz. 521 ff., insbes. Rz. 534, die die offene Stimmabgabe an Landsgemeinden und Gemeindeversammlungen ebenfalls als verfassungswidrig erklärt.

341 BSK BV Tschannen, Art. 34 N 45.

Zusätzlich wäre damit eine genauere Mehrheitsermittlung möglich. Damit könnte auch dem Grundsatz des gleichen Stimmrechts zum Durchbruch verholfen werden. Es bliebe der Verstoss gegen das allgemeine Stimmrecht wegen der örtlichen und zeitlichen Gebundenheit der Stimmabgabe, der das Versammlungssystem charakterisiert.[342]

In einer Gesamtbetrachtung ist der Vorbehalt der Schweiz zu Art. 25 lit. b des UNO-Pakts II zugunsten des Versammlungssystems miteinzubeziehen. Art. 25 lit. b gewährleistet jeder und jedem Stimmberechtigten die Teilnahme an «echten, wiederkehrenden, allgemeinen, gleichen und geheimen Wahlen, bei denen die freie Äusserung des Wählerwillens gewährleistet ist». Die Schweiz hat jedoch anlässlich der Ratifikation des Pakts II ausdrücklich die Bestimmungen des kantonalen und kommunalen Rechts, welche vorsehen oder zulassen, dass Wahlen an Versammlungen nicht geheim durchgeführt werden, vorbehalten.[343] Dieser Vorbehalt unterstützt die Haltung des Bundesgerichts zur Vereinbarkeit der Versammlungsdemokratie mit der Garantie der politischen Rechte.[344]

5. Grundsatz der Unmittelbarkeit

a. Direkte Wahl des Parlaments

Der Grundsatz der Unmittelbarkeit steht in direktem Zusammenhang mit dem Grundsatz des allgemeinen Stimmrechts: Mit dem Wahlmännerverbot wurde die Grundlage für ein allgemeines und gleiches Stimmrecht geschaffen.[345]

Das unmittelbare (direkte) Stimmrecht gewährleistet, dass der Stimmberechtigte das letzte Wort hat. Kein fremder Wille soll bei Wahlen und Abstimmungen dazwischengeschaltet werden.[346]

In der Helvetik wurde im ganzen Staatsgebiet des Bundes das allgemeine Stimmrecht eingeführt. Es war jedoch ein indirektes Wahlrecht, d.h., es war über Wahlmänner auszuüben. So sah die erste helvetische Verfassung vom 12. April 1798

342 Schaub, 514 ff.

343 Siehe Art. 1 Abs. 1 lit. g BB UNO-Pakt II.

344 Helg, 115 ff. m.w.Verw., und 244. Siehe auch 3. Kapitel II. 4. b.

345 Siehe auch 3. Kapitel II. 1.

346 Zum Grundsatz der Unmittelbarkeit siehe Buser, Kantonales Staatsrecht, Rz. 408; Häfelin et al., Rz. 1463, 1482 ff.; Hangartner/Kley, Rz. 31, 678 ff., 1376, 1406, 1455 ff., 1460 ff.; Huser, 25 ff.; Lanz, SG-Komm BV N 4 f. zu Art. 149 BV; Lutz/Strohmann 33 ff., 40 ff., 65 ff., 75 ff., 89 ff.; Nohlen, Wahlsysteme, 45 f. m.w.Verw.; Poledna, Wahlrechtsgrundsätze, 273 ff.; Rhinow/Schefer/Uebersax, Rz. 2321; Tschannen, Staatsrecht, 420, 425 f.; Anina Weber, Wahlrecht, Rz. 225 ff., Rz. 905 ff. und Rz. 1050 ff.; Zippelius, 140 ff., 150 ff. und 160 ff.

vor, dass je 100 Wähler einen Wahlmann wählen.[347] Per Losentscheid wurde umgehend die Hälfte, d.h. 50 Wahlmänner, wieder ausgeschlossen.[348]
In der Mediation und Restauration wurde das Wahlrecht auf kantonaler Ebene geregelt; die Kantone kombinierten indirekte Wahlen mit direkten Wahlen, Losentscheiden und Selbstergänzung (Kooptation).[349] Von direkten Wahlen wurde in der Restauration befürchtet, dass lokale Interessen anstelle der Interessen des ganzen Wahlgebiets im Parlament vertreten sein würden. Indirekte Wahlen gehen von einer autoritären Deutung des Repräsentationssystems aus: Einerseits wird niemand vom Wahlrecht ausgeschlossen, andererseits wird den Stimmberechtigten die Fähigkeit, geeignete Abgeordnete auszuwählen, abgesprochen. Das Wahlmännersystem entbehrte nicht einer gewissen Unlogik: Wer einen Wahlmann wählen kann, ist wohl auch fähig, einen Abgeordneten zu wählen, der lokale und wahlkreisübergreifende Interessen zu unterscheiden vermag.[350]
Die Bundesverfassung von 1848 sah ausdrücklich vor, dass der Nationalrat direkt gewählt werden solle. Indirekte Wahlen wurden vorgängig nur im Zusammenhang mit der ins Auge gefassten Bildung eines Einheitswahlkreises auf dem Gebiet der Schweizerischen Eidgenossenschaft thematisiert; indirekte Wahlen könnten ein Mittel zur Vermeidung der Nachteile durch einen einzigen Schweizerischen Wahlkreis sein. Da der Einheitswahlkreis verworfen wurde, wurde auch die indirekte Wahl des Nationalrats obsolet.[351]
Auf kantonaler Ebene lebte die indirekte Parlamentswahl in einzelnen Kantonen auch nach 1848 weiter. In den Nordwestschweizer Kantonen[352] wurden, mit Ausnahme des Kantons Basel-Stadt, die Parlamente in direkter Wahl bestellt. Basel-Stadt wechselte 1875 als letzter Kanton der Schweiz zur direkten Parlamentswahl.[353]

Das unmittelbare Stimmrecht soll garantieren, dass die Legitimationskette zwischen Wählenden sowie Parlamentarierinnen und Parlamentariern ohne Unterbruch aufrechterhalten bleibt[354] und dass die Stimmberechtigten sich zu Abstim-

[347] Art. 33 der Verfassung der helvetischen Republik vom 12. April 1798: «Elles [les assemblées primaires] désignent un électeur à raison de cent individus ayant les qualités requises pour être citoyens.». Zit. nach KÖLZ, Quellenbuch I, 134. Siehe auch: HIS, 1. Band, 346 f. Zur geschichtlichen Entwicklung siehe auch die Darstellung bei POLEDNA, Wahlrechtsgrundsätze, 273 ff.

[348] Art. 34 der Verfassung der helvetischen Republik vom 12. April 1798: «Les noms des élus sont envoyés au préfet national, qui (...) procède en publique par la voie du sort, à l'exclusion de la moitié des élus. L'autre moitié forme seule le corps électoral de l'année.» Zit. nach KÖLZ, Quellenbuch I, 134.

[349] HIS, 1. Band, 355 f.; HIS, 2. Band, 277 ff., und HIS, 3. Band, 323 ff.

[350] SCHEFOLD, 184 f. m.w.Verw.

[351] BURCKHARDT, 646 m.w.Verw.

[352] Siehe beispielsweise BL: Mit der KV 1832 wurde das unmittelbare Stimmrecht eingeführt: § 2 lit. c in Verbindung mit § 3 KV BL 1832.

[353] Zur Entwicklung in den Kantonen siehe HIS, 3. Band, 379 f.

[354] POLEDNA, Wahlrechtsgrundsätze, 275 ff. m.w.Verw.

mungsvorlagen ohne Dazwischenschalten eines Gremiums äussern können.[355] Es dient daher der Verwirklichung der Volkssouveränität[356] und garantiert, dass die Vertreterinnen und Vertreter ihre Funktionen in Übereinstimmung mit dem Volkswillen ausüben.[357]

Auf kantonaler Ebene ergibt sich der Grundsatz der Unmittelbarkeit aus der Pflicht der Kantone, sich eine demokratische Verfassung zu geben.[358] Diese Vorgabe beinhaltet im Sinne eines Minimums, dass die Kantone den Grundsatz der Gewaltenteilung beachten sowie ein gewähltes Parlament als repräsentatives Demokratieorgan vorsehen müssen.[359] Aus dem Erfordernis des gewählten Parlaments wird abgeleitet, dass das Kantonsparlament durch direkte Volkswahl zu bestellen sei.[360] Bei der Wahl der Mitglieder des Parlaments bringen die Stimmberechtigten ihren Willen zum Ausdruck.[361]

Ausgeschlossen ist somit die Bestellung der Parlamente durch Ernennung,[362] durch mehrstufige, d.h. indirekte Wahlverfahren, oder durch zeitlich gestaffelte Erneuerung.[363]

Sowohl das Mehrheitswahlsystem als auch das Verhältniswahlsystem beinhalten Mängel in Bezug auf das Erfordernis der direkten Wahl: Im Verhältniswahlsystem können Kandidierende mittels Listenstimmen gewählt werden, die ihnen nicht direkt zugekommen sind,[364] im Mehrheitswahlsystem bleibt eine bedeutend grössere Anzahl der Stimmen ohne Wirkung.[365]

b. Parteiwechsel, Parteiaustritt, Parteiausschluss

Wenn ein Parlamentsmitglied seit dem Zeitpunkt der Wahl die Partei wechselt oder aus der Partei, für die es ursprünglich antrat, ausgeschieden ist oder ausgeschlossen wird, so verbleibt dieses Mitglied aufgrund des Grundsatzes der Unmittelbarkeit weiterhin im Parlament. In diesen Fällen wird der Wählerwille

---

355 Auf Bundesebene regelt Art. 149 Abs. 2 BV ausdrücklich die direkte Wahl des Nationalrats. LANZ, SG-Komm BV N 4 zu Art. 149 BV.

356 HANGARTNER/KLEY, Rz. 31; NOHLEN, Wahlsysteme, 45 f. m.w.Verw.; POLEDNA, Wahlrechtsgrundsätze, 273 ff.; ZIPPELIUS, 162.

357 GIACOMETTI, 282.

358 Art. 51 Abs. 1, erster Satz, BV.

359 BUSER, Kantonales Staatsrecht, Rz. 406 f.; RUCH, SG-Komm BV N 9 zu Art. 51 BV.

360 TSCHANNEN, Staatsrecht, 257.

361 Siehe BGE 100 Ia 263 E. 4.b/aa.

362 GIACOMETTI, 282 m.w.Verw.

363 LANZ, SG-Komm BV N 5 zu Art. 149 BV; RHINOW/SCHEFER/UEBERSAX, Rz. 2321. Der USA-Senat wird beispielsweise zeitlich gestaffelt gewählt. Zu den US-Kongresswahlen siehe NOHLEN, Wahlsysteme, 110 ff.

364 ZIPPELIUS, 140 f., 150 ff., 162 f.

365 POLEDNA, Wahlrechtsgrundsätze, 276 ff. m.w.Verw.

zugunsten des Parlamentsmitglieds als Person interpretiert und nicht zugunsten der Partei, die es portiert hat.[366]

Ein Parteiwechsel, Parteiaustritt oder Parteiausschluss ist für die gewählte Person also folgenlos. Es ist fraglich, ob dies im Rahmen von Proporzwahlen, die in erster Linie Parteiwahlen sind, dem Erfordernis von direkten Wahlen gerecht wird.[367] Im Falle des Parteiausschlusses wird der Verbleib im Parlament zusätzlich damit begründet, dass eine politische Partei nicht nachträglich den Wählerwillen mittels eines Parteiausschlusses verändern können soll.[368] Für den Verbleib im Parlament spricht – zusätzlich zum Grundsatz der direkten Wahl – auch der Grundsatz der auftragsfreien Repräsentation, des sog. Freien Mandats.[369]

c. Kooptation bei Vakanz im Parlament

In der Regel sind die nicht gewählten Kandidierenden einer Liste bei einer Vakanz im Parlament in der Reihenfolge der erhaltenen Stimmen *Nachrückende* bzw. Ersatz für ein ausscheidendes Parlamentsmitglied.[370] Ist die Liste der Nachrückenden erschöpft, weil niemand nachrücken konnte oder wollte, so bestimmt ein Gremium die Sitzzuteilung, sog. *Designation* oder *Kooptation*.[371] Im Prinzip handelt es sich um eine stille Wahl.[372]

Eine Ergänzungswahl durch Kooptation widerspricht dem Grundsatz der Unmittelbarkeit und ist verfassungsrechtlich bedenklich.[373] Bereits bei der Auswahl der Kandidierenden haben die Stimmberechtigten keinen direkten Ein-

---

366 POLEDNA, Wahlrechtsgrundsätze, 283. Kritisch ANINA WEBER, Wahlrecht, Rz. 982 ff.

367 Siehe dazu im Einzelnen ANINA WEBER, Wahlrecht, Rz. 905 ff.

368 POLEDNA, Wahlrechtsgrundsätze, 283.

369 Zum sog. freien Mandat siehe EICHENBERGER, KV AG, Rz. 1 und 4 zu Vorbemerkungen zu §§ 76 ff.; POLEDNA, Wahlrechtsgrundsätze, 283; TSCHANNEN, Staatsrecht, Rz. 8a zu § 51; VON WYSS, SG-Komm BV N 3, 5 und 7 zu Art. 161 BV; ANINA WEBER, Wahlrecht, Rz. 917 ff. und 920 ff.; sowie BGE 131 I 19. Das Bundesgericht befürwortet eine Vorauswirkung des Grundsatzes des freien Mandats und erklärt Parteiwechsel nach der Wahl und vor Amtsantritt mit dem Grundsatz des direkten Stimmrechts vereinbar, siehe BGE 135 I 19. Kritisch dazu: SCHIESS RÜTIMANN, PATRICIA M., Parteiwechsel am Wahlabend, in: Jusletter 16. März 2009: http://www.schiess-ruetimann.ch/pdf/Schiess%20Ruetimann%20-%20Parteiwechsel%20-%20Jusletter%202009-03-16.pdf, m.w.Verw., besucht am 16. April 2018.

370 Art. 55 BPR. HANGARTNER/KLEY, Rz. 678 ff.; HÄFELIN ET AL., Rz. 1483; TSCHANNEN, Staatsrecht, 426. Zum Verfahren in den Kantonen siehe HANGARTNER/KLEY, Rz. 1455 ff.

371 HÄFELIN ET AL., Rz. 1483; HANGARTNER/KLEY, Rz. 1455 ff.; TSCHANNEN, Staatsrecht, 426.

372 LAELY, 4 f. m.w.Verw. und 58 f.

373 LANZ, SG-Komm BV N 4 zu Art. 149 BV; POLEDNA, Wahlrechtsgrundsätze, 11.

fluss, weil die politischen Parteien parteiintern die Kandidierenden nominieren. Die Stimmberechtigten können allerdings innerhalb der Auswahl mittels Streichen, Kumulieren oder Panaschieren bestimmen, wer ins Parlament einzieht. So ist sichergestellt, dass die gewählte Person innerhalb der zur Auswahl stehenden Kandidierenden mehr Stimmen erzielt hat als eine nicht gewählte Person, die kandidiert hat. Dies legitimiert deren Einsitz im Parlament.[374]

Werden Ergänzungswahlen durch Kooptation durchgeführt, so fällt die Güterabwägung zugunsten der Sitzgarantie der Partei und damit der Proporzidee und zu Ungunsten der Aufrechterhaltung der demokratischen Legitimationskette mittels direkter Wahlen aus.[375] Obwohl das Kooptationsverfahren unbestrittenermassen als undemokratisch gilt, wird die Beibehaltung des Kräfteverhältnisses der politischen Parteien während einer Legislaturperiode höher gewichtet. Einer Ersatzwahl an der Urne für ausgeschiedene Nationalräte wurde im Gesetzgebungsverfahren ausdrücklich eine Absage erteilt.[376]

d. Stille Wahlen

Stille Wahlen finden statt, wenn in einem Wahlkreis nicht mehr Mandate zu vergeben sind, als Kandidierende aufgestellt werden, und das Gesetz für diesen Sonderfall stille Wahlen vorsieht.[377] Sieht der Gesetzgeber explizit nicht Volkswahlen, sondern einen Urnengang vor, so fragt sich, ob bei dieser Vorgabe Raum für stille Wahlen bleibt.[378]

Die stille Wahl erfolgt durch behördliche Erklärung und nicht durch eine Urnenwahl.[379] Die vermutete stillschweigende Zustimmung der Stimmberechtigten tritt an die Stelle des ausdrücklichen Wählerwillens, der sich regelmässig im Wahlgang an der Urne manifestiert.[380] Die stille Wahl bezweckt eine Vereinfachung des Verfahrens und steht daher ganz im Dienste der Verfahrensökonomie.

---

374 Zippelius 141. Eine weitere Möglichkeit, Einfluss auf die Vorauswahl zu nehmen, sind Vorwahlen, wie sie die Vereinigten Staaten von Amerika durchführen.

375 Siehe dazu Rhinow, René, Nationalrat ohne Volkswahl? Nachrücken von Parteignaden ein Akt gegen das Demokratieprinzip, in: Neue Zürcher Zeitung vom 12. Januar 2008: http://www.nzz.ch/aktuell/startseite/nationalrat-ohne-volkswahl-1.649807, besucht am 16. April 2018.

376 BBl 1975 I 1343.

377 Häfelin et al., Rz. 1482; Hangartner/Kley, Rz. 679, 681 und 1461 ff.; Laely, 1; Lutz/Strohmann, 40 ff.; Maag, 165 ff.; Poledna, Wahlrechtsgrundsätze, 287 ff.; Tschannen, Staatsrecht, 425 f.; Tschannen, Stimmrecht, Rz. 110; Anina Weber, Wahlrecht, Rz. 1055 ff.

378 So etwa in BL, siehe § 25 Abs. 1 KV BL und § 30 Abs. 1 GPR BL.

379 Laely, 1.

380 Laely, 3.

> Die Forderung von Kantonen und Parteien, stille Wahlen abzuschaffen, konnte sich nicht durchsetzen. Das Argument, das Volk wolle wählen und lehne parteiinterne Wahlarrangements unter Ausschluss der Öffentlichkeit ab, unterlag dem Argument, dass Wahlen ohne Auswahl einem Leerlauf gleichkämen.[381]

Für die stille Wahl wird angeführt, dass die Wahlsituation im Prinzip bereits geklärt und damit gar keine Entscheidung mehr zu treffen sei.[382] Dem ist entgegenzuhalten, dass die Wahlsituation immer dann nicht bereits geklärt ist, wenn kein Vorschlagszwang besteht, in der Regel also bei Mehrheitswahlen. Weiter soll für stille Wahlen sprechen, dass die Stimmberechtigten durch ihr Verhalten die eigentliche Wahl vorausgenommen hätten. Ihr Stillschweigen vor der Wahl sei als Willensäusserung im Sinne der kandidierenden Person zu deuten.[383] Dagegen spricht, dass Stillschweigen nicht als Zustimmung gedeutet werden darf, insbesondere, weil nicht alle Stimmberechtigten vor Ablauf der Vorschlagsfrist von der Wahl erfahren.[384] Andererseits ist festzuhalten, dass, – mit Ausnahme der Ergänzungswahl durch Kooptation nach Ausscheiden eines Parlamentsmitglieds – die Stimmberechtigten regelmässig eine stille Wahl abwenden, indem sie eine weitere Kandidatur einreichen und so eine Urnenwahl provozieren können.[385] Das Recht auf Partizipation wird ihnen nicht genommen. Stille Wahlen verletzen daher den Grundsatz der direkten Wahl nicht.[386]

Damit stille Wahlen mindestens als Volkswahlen im weitesten Sinne dastehen, sind sie so zu begrenzen, dass sie einen minimalen Bezug zur demokratischen Legitimationskette aufweisen und nicht einer Kooptation gleichkommen.[387] Aus dieser Sicht ist der Verzicht auf einen Urnengang im Proporzsystem als problematischer zu betrachten als im Majorzsystem; im Proporzsystem haben die Stimmberechtigten keinen Einfluss auf die Kandidatur, die das Kooptationsgremium festlegt, nachdem die Liste der Nachrückenden erschöpft ist.

---

381 BBl 1975 I 1341.

382 Laely, 6 ff. m.w.Verw., und 120 ff.

383 Laely, 122 f.

384 Anders Laely, 137 ff. m.w.Verw., der ein Demokartiedefizit ortet, weil die Stimmberechtigten nicht an der Wahl beteiligt seien.

385 Hangartner/Kley, Rz. 2562; Maag 166 f. m.w.Verw.; Poledna, Wahlrechtsgrundsätze, 287. BGE 112 Ia 233.

386 Laely, 142 ff. m.w.Verw.

387 Eichenberger, KV AG, N. 3 zu § 61; Maag, 166 f.

4. Kapitel: Kantonale Autonomie

I. Bedeutung des kantonalen Föderalismus

Der Föderalismus ist das politische Ordnungsprinzip der Schweiz.[388] Sein Ziel ist, Einheit und Vielfalt zu verbinden.[389] Der Grundstein für den schweizerischen Föderalismus wurde mit der Gründung des Bundesstaates 1848 gelegt.[390] Die föderalen Strukturen der Schweiz mit den drei Ebenen Bund, Kanton und Gemeinde sind historisch gewachsen, der sog. Vertikale Föderalismus hat sich von unten nach oben entwickelt.[391] Der sog. Horizontale oder kantonale Föderalismus gliedert die Schweiz in 26 Kantone und beschreibt deren Zusammenarbeit.[392]

Die föderalistische Bundesverfassung von 1848 war ein Kompromiss zwischen den (protestantischen) Zentralisten und den (katholischen) Föderalisten. Der Bundesstaat von 1848 stand im Gegensatz zum damals in Europa vorherrschenden Nationalismus und zeichnete sich u.a. durch die ausgeprägte Autonomie der Kantone aus.[393] Das eigentliche Hauptziel des Zusammenschlusses der Kantone zum Bundesstaat war die Erhaltung der Eigenständigkeit der Kantone mit Fokus auf der Bewahrung einer möglichst weitgehenden Unabhängigkeit und nicht die Schaffung einer engen Bindung der Kantone untereinander.[394]

Heute stellt sich die Grundfrage, welcher Stellenwert den historisch gewachsenen Gliedstaaten zukommt und ob sie identitätsbildend und identitätswahrend sind. Jedenfalls dürften die kleinräumigen Strukturen mit der Globalisierung an Bedeutung gewinnen.[395]

---

388 Zu Föderalismus und Autonomie der Kantone siehe: AUER, Staatsrecht der Kantone, 1 ff., 43 ff.; BUSER, Kantonales Staatsrecht, Rz. 10 ff.; FLEINER/MISIC, Rz. 1 ff.; HÄFELIN ET AL., Rz. 941 ff. und Rz. 1242 ff.; RHINOW/SCHEFER/UEBERSAX, Rz. 797 ff.; THALMANN, 56 ff.; TSCHANNEN, Staatsrecht, N 1 ff. zu § 16.

389 BIAGGINI, Föderalismus, 360.

390 Zur Entwicklung vom Staatenbund zum Bundesstaat siehe BIAGGINI, Föderalismus, 361 ff. m.w.Verw.

391 RHINOW, Föderalismus, 65.

392 KREIS, Föderalismus, 48. Siehe auch HÄFELIN ET AL., Rz. 1245 ff., die den Begriff des kooperativen Föderalismus einführen. Kritik zu diesem Begriff bei HALLER/KÖLZ/GÄCHTER, Rz. 595 zusammengefasst.

393 HÄFELIN ET AL., Rz. 48 ff.; VATTER, Föderalismusreform, 20 f.

394 THALMANN, 115 m.w.Verw. Zur geschichtlichen Entwicklung der Regelung des Verhältnisses zwischen Bund und Kantonen in der Bundesverfassung siehe BSK BV BELSER/MASSÜGER, Art. 47 N 2 ff. und EGLI, SG-Komm BV N 1 ff. zu Art. 47 BV.

395 Ausführlich dazu RHINOW, Föderalismus, 72 f.

Föderalismus steht für Autonomie der Gliedstaaten.[396] Der schweizerische Föderalismus will die bestmöglichen Rahmenbedingungen für die Entfaltung der gesellschaftlichen und kulturellen Heterogenität der Schweiz schaffen.[397] So gibt das Gestaltungsprinzip des Föderalismus Antworten auf das Nebeneinander etwa unterschiedlicher Sprach- und Kulturräume, Konfessionen, Landschaften sowie unterschiedlicher gesellschaftlicher Gruppierungen, die die Schweiz prägen.[398] Der Föderalismus ist auch als besondere Ausprägung der Macht- und Gewaltenteilung zu verstehen. Er hat der Erhaltung der Vielfalt und dem Schutz der politischen, sprachlichen und regionalen Minderheiten zu dienen.[399]

Wörtlich spricht die Bundesverfassung von der Souveränität der Kantone. Der Wortlaut von Art. 3 BV, wonach die Kantone souverän sind, ist im Sinne eines Traditionsanschlusses zu verstehen.[400] Obwohl unbestritten ist, dass die Kantone als Gliedstaaten des Bundes sowohl nach innen als auch nach aussen dem Bund unterstehen und somit im völkerrechtlichen Sinn nicht souverän sind, wird die Formulierung in den Bundesverfassungen seit 1848 bis heute ununterbrochen verwendet. Da die Kantone mit der Gründung des Bundesstaates 1848 ihre unbeschränkte Souveränität verloren haben, kann die Begriffsverwendung als «Trostpflaster» oder «Trostformel» verstanden werden.[401] Weiter kann die Begriffsverwendung auf ein Bekenntnis zur Eigenständigkeit der Kantone hindeuten, das aber rechtlich nicht bindend ist.[402] Damit wird zwar kein rechtsverbindlicher Kerngehalt des Föderalismus definiert, aber doch ein Indiz für die Existenz eines schützenswerten Kerngehalts geliefert.

Früher wie heute bildet die Autonomie der Kantone Kernstück und Strukturprinzip des Bundesstaates.[403] Diese kantonale Autonomie ist keine absolute, sondern eine relative Autonomie, die von ihrem Umfang her einen hohen Grad an

396 Zu den drei Begriffen «Souveränität» (Art. 3 BV), «Eigenständigkeit» (Art. 47 Abs. 1) und «Autonomie» (Art. 47 Abs. 2) siehe BSK BV BELSER/MASSÜGER, Art. 47 N 8 m.w.Verw. In vorliegender Arbeit werden, im Einklang mit der herrschenden Lehre, die Art. 47 BV grammatikalisch und historisch auslegt, Eigenständigkeit und Autonomie als deckungsgleiche Begriffe verwendet. Siehe dazu auch EGLI, SG-Komm BV N 4 zu Art. 47 BV m.w.Verw.

397 BUSER, Kantonales Staatsrecht, Rz. 19.

398 RHINOW, Föderalismus, 64 f.; siehe auch BIAGGINI, Föderalismus, 364 ff. zu den wichtigsten Merkmalen, die den schweizerischen Föderalismus prägen.

399 RHINOW, Föderalismus, 64.

400 BSK BV BIAGGINI, Art. 3 N 4 m.w.Verw.; BUSER, Kantonales Staatsrecht, Rz. 10 ff., insbes. Rz. 14.

401 BSK BV BIAGGINI, Art. 3 N 78 m.w.Verw.

402 BSK BV BIAGGINI, Art. 3 N 79 m.w.Verw.

403 Art. 3 BV; BSK BV BIAGGINI, Art. 3 N 2; BUSER, Kantonales Staatsrecht, Rz. 19 ff.; HÄFELIN ET AL., Rz. 948; RHINOW/SCHEFER/UEBERSAX, Rz. 797 ff.; SCHWEIZER, SG-Komm BV N 5 ff. zu Art. 3 BV m.w.Verw.; TSCHANNEN, Staatsrecht, N 4 ff. zu § 16.

Selbstständigkeit beinhaltet.[404] In keinem anderen Staat haben die Gliedstaaten eine so grosse Selbstständigkeit wie in der Schweiz.[405]

Die hohe Selbstständigkeit der Kantone hat zur Folge, dass auf kantonaler Ebene Lösungen erarbeitet und getestet werden können. In der Vergangenheit wurden die Kantone immer wieder ihrer Rolle als Pioniere, Wegbereiter oder Versuchslaboratorien für Neuerungen gerecht, die regelmässig Eingang ins Bundesrecht fanden.[406]

Generell ist ein Abbau des Föderalismus zu beobachten.[407] Kompetenzverschiebungen zugunsten des Bundes beschränken die Rolle der Kantone immer öfter auf den Vollzug.[408] Mit der Konferenz der Kantonsregierungen steht ein Organ zur Verfügung, um diesem Trend Einhalt zu gebieten und den Kantonen mehr Gehör zu verschaffen.[409] Reformbedürftigkeit ergibt sich insbesondere aus dem Spannungsfeld zwischen Demokratie und Föderalismus sowie aufgrund der Tatsache, dass die Bedeutung nichtterritorialer Minderheiten zunimmt.[410] Im Einzelnen:

Föderalismus und Demokratie fussen auf unterschiedlichen Prinzipien. Daraus ergibt sich ein Spannungsfeld. Während Demokratie auf dem Prinzip der Gleichheit der Bürgerinnen und Bürger und auf dem Mehrheitsprinzip beruht, ist Grundlage des Föderalismus die Gleichheit von ungleich bevölkerungsstarken Gliedstaaten. Insbesondere stehen die Institutionen Ständerat und Ständemehr vermehrt im Widerspruch zum demokratischen Gleichheitsprinzip. In den letzten Jahrzehnten ist eine Verschiebung zugunsten des Demokratieprinzips zu beobachten; das direktdemokratische und das föderative Prinzip sind zunehmend im Ungleichgewicht. Bei Ständerat und Ständemehr wird denn auch der grösste Reformbedarf diagnostiziert.[411]

---

404 Häfelin et al., Rz. 944 sprechen von einer beschränkten Autonomie.

405 BSK BV Biaggini, Art. 3 N 8 m.w.Verw.; Buser, Kantonales Staatsrecht, Rz. 15.

406 Kreis, Föderalismus, 48 f. m.w.Verw.; Nuspliger, Wechselwirkungen, 86 ff. m.w.Verw. mit Beispielen zur Auswirkung von totalrevidierten Kantonsverfassungen auf die Bundesverfassung von 1999; Schweizer 164 ff.; Vatter, Kantonale Demokratien, 19 m.w.Verw.

407 Siehe auch den Verweis bei Vatter, Föderalismusreform, 174 f. m.w.Verw. auf Studien, die aufgrund der ausgeprägten Autonomie und der vielfältigen Mitwirkungsmöglichkeiten der Kantone bei Entscheiden auf Bundesebene Elemente gegen eine Zentralisierung erkennen. Anders Vatter, Föderalismusreform, der Dietmar Braun folgt (Braun, Dietmar, Dezentraler und unitarischer Föderalismus. Die Schweiz und Deutschland im Vergleich, in: Schweizerische Zeitschrift für Politische Wissenschaft 9, 57–89) und den Kantonen den Status als mächtige Vetospieler in der Bundespolitik abspricht.

408 Siehe im Einzelnen die Zusammenstellung bei Kreis, Föderalismus, 48 ff.

409 http://www.kdk.ch/de/, besucht am 16. April 2018.

410 Siehe im Einzelnen Vatter, Föderalismusreform, 15 ff., 174 f.

411 Siehe im Einzelnen Vatter, Föderalismusreform, 15 f., 40 ff., 73 ff., 175 ff., 183 m.w.Verw.

Weiter ist festzustellen, dass die Kantone ihre Bedeutung als ausschliesslicher Lebens- und Kulturraum der Bürgerinnen und Bürger verloren haben. Das föderalistische System kann jedoch seiner Rolle als Konfliktlöser nur dann gerecht werden, wenn sich die Grenzen der Gliedstaaten mit den politisch relevanten Kulturräumen decken, anders gesagt: wenn die territorialen Grenzen deckungsgleich mit den Konfliktgrenzen sind. Die Konfliktlinien auf Bundesebene folgen jedoch nur in Ausnahmefällen den Kantonsgrenzen.[412]

Als Perspektive, die Defizite des Ständerats zu kompensieren und damit die kantonale Interessenwahrung zu stärken und die gesellschaftlichen Repräsentationsdefizite zu schmälern, stehen der Vorschlag einer Personalunion von Stände- und kantonalem Regierungsrat sowie die Bildung eines Minderheiten- oder Zukunftsrats im Raum.[413] Eine andere Gewichtung der Kantone oder des Ständerats etwa nach deutschem Muster würde jedoch eine Abkehr von der nur losen Koppelung der politischen Systeme auf Bundes- und Kantonsebene bedeuten. Gerade diese durch die lose Verbindung geschaffenen Freiräume erlauben es jedoch den Kantonen, eine Vorreiterrolle zu übernehmen[414] bzw. die Weiterentwicklung von Bundesrecht zu beeinflussen. So hat nicht nur der jahrzehntelange Entstehungsprozess der Bundesverfassung von 1999 die Arbeiten an neuen Kantonsverfassungen beeinflusst, sondern auch umgekehrt – die totalrevidierten Kantonsverfassungen wirkten sich neben der bundesgerichtlichen Rechtsprechung und der Lehre auf die Totalrevision der Bundesverfassung aus.[415]

---

412 Siehe im Einzelnen VATTER, Föderalismusreform, 17 f., 40 ff., 73 ff., 175 ff. m.w.Verw.

413 VATTER, Föderalismusreform, 184 f.

414 BIAGGINI, Föderalismus, 388 ff.

415 NUSPLIGER, Wechselwirkungen, 86 ff. m.w.Verw. mit Beispielen zur Auswirkung von totalrevidierten Kantonsverfassungen auf die Bundesverfassung von 1999. SCHWEIZER, 164 ff.

II. Substantielle Autonomie der Kantone

Der in der Bundesverfassung verankerte Grundsatz der Eigenständigkeit der Kantone[416] soll einen substantiellen Föderalismus garantieren; dieser geht über den Vollzugsföderalismus hinaus, der sich auf die Umsetzung von Bundesrecht durch die Kantone beschränkt.[417]

Der Umfang der substantiellen kantonalen Autonomie wird in zweierlei Hinsicht relativiert: Zum einen findet sie ihre Grenzen im Bundesrecht.[418] Zum anderen wird sie relativiert, weil nicht abschliessend geklärt ist, ob sie nicht auch kraft Bundesverfassungsrecht ganz wegbedungen werden könnte oder ob sie nicht doch einen Kerngehalt hat, den es zu schützen gilt. Weder Lehre noch Rechtsprechung haben bis dato einen Kerngehalt des Föderalismus oder eine Rechtsgrundlage, auf die sich ein dem Grundrechtsschutz nachempfundener föderalistischer Kerngehaltsschutz stützen sollte, definiert.[419] So ist in der Lehre umstritten, ob die Eigenständigkeit der Kantone in ihrem Kern verletzt werden darf.[420] Der Bundesverfassungsgeber kann den Umfang der kantonalen Autonomie grundsätzlich jederzeit enger oder weiter fassen. Eine Degradierung der Kantone zu reinen Selbstverwaltungskörpern widerspräche jedoch ihrer tatsächlichen Bedeutung.[421]

Für die Anerkennung eines nicht wegbedingbaren Kerngehalts spricht nicht nur die Begriffsverwendung «souverän» in Bezug auf die Kantone,[422] sondern auch die Tatsache, dass Föderalismus in der Schweiz über ein organisatorisches System hinaus als politisches, wertgebundenes Prinzip verstanden wird.[423] So unterstreicht die Bundesverfassung an mehreren Stellen, dass der Bund die Eigenständigkeit der Kantone zu wahren habe: Neben Art. 3 BV, der das Grund-

---

416 Art. 47 Abs. 1 BV. BSK BV Belser/Massüger, Art. 47 N 13 ff. m.w.Verw.; Egli, SG-Komm BV N 7 ff. zu Art. 47 BV m.w.Verw.

417 Art. 46 BV. Egli, SG-Komm BV N 27 ff. zu Art. 46 BV m.w.Verw.; Haller/Kölz/Gächter, Rz. 550, 587 und 589 ff. m.w.Verw., insbesondere Rz. 591 mit dem Beschrieb der Nachteile des Vollzugsföderalismus: Häufige Überforderung der Gliedstaaten in finanzieller und administrativer Hinsicht. BSK BV Waldmann/Borter, Art. 46 N 39 ff. m.w.Verw.

418 Art. 3 i.V.m. Art. 51 Abs. 2 BV; BSK BV Belser/Massüger, Art. 51 N 46 ff. m.w.Verw.; Häfelin et al., Rz. 941 ff.; Ruch, SG-Komm BV N 46 ff. zu Art. 51 BV m.w. Verw

419 Egli, Schutz, 372 ff.

420 Egli, SG-Komm BV N 12 zu Art. 47 BV m.w.Verw.; Rhinow/Schefer/Uebersax, Rz. 797 ff.

421 Tschannen, Staatsrecht, N 2 zu § 16.

422 Art. 3 BV.

423 BSK BV Biaggini, Art. 3 N 79 m.w.Verw.; Buser, Kantonales Staatsrecht, Rz. 24.

prinzip der Kantonsautonomie statuiert,[424] hält Art. 46 Abs. 3 BV fest, dass der Bund den Kantonen möglichst grosse Gestaltungsfreiheit belässt und den kantonalen Besonderheiten Rechnung trägt.[425] Weiter garantiert Art. 47 Abs. 1 BV, dass der Bund die Eigenständigkeit der Kantone wahrt.

424 BSK BV Biaggini, Art. 3 N 2; Buser, Kantonales Staatsrecht, Rz. 19 ff.; Häfelin et al., Rz. 948; Rhinow/Schefer/Uebersax, Rz. 797 ff.; Schweizer, SG-Komm BV N 5 ff. zu Art. 3 BV m.w.Verw.; Tschannen, Staatsrecht, N 4 ff. zu § 16.

425 Egli, SG-Komm BV N 27 ff. zu Art. 46 BV m.w.Verw.; Haller/Kölz/Gächter, Rz. 550, 587 und 589 ff. m.w.Verw.; BSK BV Waldmann/Borter, Art. 46 N 39 ff. m.w.Verw.

III. Schutz der substantiellen Autonomie der Kantone

Aus dem Gesagten ergibt sich, dass der Schutz der substantiellen kantonalen Autonomie schwach und die Justiziabilität des föderalistischen Staatsaufbaus begrenzt ist. In einem bundesgerichtlichen Verfahren kann der Verstoss eines Bundesgesetzes gegen die Bundesverfassung nicht überprüft werden und somit auch nicht die Einschränkung der kantonalen Autonomie durch ein Bundesgesetz. Diese eingeschränkte Verfassungsgerichtsbarkeit ist unbefriedigend. In der Lehre wird denn auch für einen Ausbau der Verfassungsgerichtsbarkeit der föderalismusrelevanten Verfassungsbestimmungen plädiert.[426] Das Parlament hat sich in der Vergangenheit jedoch mehrfach gegen eine Ausdehnung der Verfassungsgerichtsbarkeit ausgesprochen und explizit die Einführung einer konkreten Normenkontrolle gegenüber Bundesgesetzen durch das Bundesgericht im Falle einer Verletzung der kantonalen Autonomie abgelehnt.[427]

Für den Schutz ihrer Autonomie sind die Kantone folglich in erster Linie auf den politischen Prozess auf Bundesebene angewiesen. In der vorparlamentarischen Phase stehen ihnen das Vernehmlassungsverfahren und die Standesinitiative zur Verfügung, um ihre Interessen einzubringen, wobei Ersteres für den Bund nicht bindend ist und Letztere keinen Anspruch auf Durchführung einer Volksabstimmung beinhaltet. In der parlamentarischen Phase ist der Einfluss (noch) geringer.[428]

Trotz des mehrfach in der Bundesverfassung verankerten und grundsätzlich aktuell nicht in Frage gestellten Bekenntnisses zum Föderalismus ist die kantonale Autonomie das am stärksten gefährdete Strukturelement. Obwohl die Totalrevision der Bundesverfassung föderalistische Elemente deutlich unterstrichen hat und die Revision von Art. 47 BV im November 2004 explizit das Ziel hatte, der zunehmenden Zentralisierung entgegenzuwirken,[429] bedeutet der schwache Rechtsschutz insbesondere wegen der fehlenden konkreten Normenkontrolle des Bundesrechts durch das Bundesgericht eine Gefährdung der kantonalen Autonomie.[430]

426 EGLI, Schutz, 370 ff.

427 RHINOW, BV 2000, 196 ff.

428 Siehe die Auslegeordnung bei EGLI, Schutz, 370 ff. m.w.Verw.

429 HALLER/KÖLZ/GÄCHTER, Rz. 588 m.w.Verw.

430 HÄFELIN ET AL., Rz. 184.

IV. Pflicht zu demokratischen Kantonsverfassungen

Die kantonale Verfassungsautonomie ist Ausfluss der substantiellen Autonomie der Kantone. Sie beinhaltet die Kompetenz der Kantone, eigene Verfassungen zu erlassen.[431] Neben der Behördenstruktur, der Finanzordnung, der Gemeindestruktur und den Revisionsmodalitäten der Kantonsverfassung gehören die politischen Rechte zu den Kerngebieten der kantonalen Verfassungsautonomie.[432]

Im Bereich der Gestaltung des politischen Entscheidverfahrens und somit bei der Ausgestaltung des Stimmrechts haben die Kantone einen hohen Grad an Selbstständigkeit.[433] Begrenzt wird diese Selbstständigkeit durch die bundesverfassungsrechtlichen Anforderungen an die Kantone, sich demokratische Verfassungen zu geben,[434] deren Inhalt nicht im Widerspruch zu Bundesrecht steht.[435] Weiter sorgt der Bund für die Einhaltung der bundesverfassungsrechtlichen Vorgaben mittels der Möglichkeit, mit Beschwerde betreffend die politische Stimmberechtigung der Bürgerinnen und Bürger sowie betreffend Volkswahlen und Volksabstimmungen («Stimmrechtsbeschwerde») ans Bundesgericht zu gelangen.[436]

---

431 Art. 51 BV. BSK BV Belser/Massüger, Art. 51 N 18 ff. m.w. Verw; Ruch, SG-Komm BV N 4 ff. zu Art. 51 BV m.w.Verw.; Tschannen, Staatsrecht, N 5 zu § 16.

432 Buser, KKantonales Staatsrecht, Rz. 39.

433 Buser, KKantonales Staatsrecht, Rz. 15.

434 Art. 51 Abs. 1 BV.

435 Art. 51 Abs. 2 BV.

436 Art. 82 lit. c. BGG.

V. Kantonale Autonomie in den Verfassungen der Nordwestschweizer Kantone

Während in den Verfassungen der Nordwestschweizer Kantone das Verhältnis zu den anderen Kantonen sowie das Verhältnis zur Schweizerischen Eidgenossenschaft mit vergleichbarem Tenor definiert werden, erfahren die Umschreibungen der kantonalen Autonomie unterschiedliche Gewichtungen, die teilweise historisch bedingt sind.

Alle vier Verfassungen der Nordwestschweizer Kantone verankern sowohl ihre Rolle als Gestalter der Schweizerischen Eidgenossenschaft[437] als auch die interkantonale Zusammenarbeit.[438] Weiter findet entweder die gliedstaatliche Partizipation, d.h. die Unterstützung des Bundes bei der Erfüllung seiner Aufgaben,[439] oder die Bundesloyalität, sprich die den Kantonen übertragenen Bundesaufgaben,[440] Erwähnung – oder beides.[441]

Die Beziehung zwischen Bund und Kanton ist eine zweiseitige: Wie der Bund vom Kanton Bundestreue erwarten darf, so darf der Kanton vom Bund Loyalität erwarten. Da die gliedstaatliche Partizipation bereits qua Bundesrecht festgelegt ist,[442] ist in der Kantonsverfassung die Perspektive des Kantons, d.h. die Loyalität zum Bund zu fokussieren, siehe die Kantone Aargau und Solothurn.[443] Basel-Stadt erwähnt beide Seiten der Beziehung und liegt damit nicht falsch.[444] Basel-Landschaft erwähnt in seiner Kantonsverfassung weder die Bundestreue noch die Loyalität zum Bund.

Die Verfassungen der Nordwestschweizer Kantone erklären alle, dass die Staatsgewalt auf dem Volk beruht; dabei ist die Bevölkerung auf ihrem Staatsgebiet gemeint.[445] Im Einzelnen:

Die kantonale Autonomie hat in erster Linie der Bund zu garantieren. Verankern die Kantone explizit zusätzlich zur Stellung als Stand, Gliedstaat oder Kanton ihre Eigenständigkeit in ihren Verfassungen, so ist dies ohne eigenständige Bedeutung.

---

437 § 3 Abs. 1 KV AG; § 1 Abs. 2 KV BL; § 2 Abs. 2 lit. a KV BS; Art. 1 Abs. 2 KV SO.

438 § 4 KV AG; § 3 KV BL; § 3 KV BS; Art. 2 Abs. 1 KV SO.

439 § 1 Abs. 2 KV BL.

440 § 3 Abs. 2 KV AG; Art. 1 Abs. 2 KV SO.

441 § 2 Abs. 2 lit. b und c KV BS.

442 Eichenberger, KV AG, Rz. 1 ff. zu § 3 KV AG.

443 § 3 Abs. 2 KV AG; Art. 1 Abs. 2 KV SO.

444 § 2 Abs. 2 lit. b und c KV BS.

445 § 1 erster Satz KV AG; § 2 Abs. 1 KV BL; § 1 Abs. 2 erster Satz KV BS; Art. 4 Abs. 1 erster Satz KV SO.

Die Verfassungen des Kantons *Aargau* von 1831 bis 1885 definieren den Kanton als Freistaat[446] und als Bestandteil des schweizerischen Bundesstaates. In der Kantonsverfassung von 1980 ergibt sich lediglich aus der Präambel, dass der Kanton Teil eines föderativen Bundes ist. Richtigerweise davon ausgehend, dass es Sache der Bundesverfassung ist, die Eigenstaatlichkeit der Kantone zu regeln, setzt die Präambel diese voraus, wenn sie die aktive Mitarbeit des Kantons bei Festigung und Ausbau der Schweizerischen Eidgenossenschaft als Leitgedanke nennt.[447] Damit bringt sie das föderative Strukturprinzip zum Ausdruck.[448] Bezüglich der Verbindlichkeit der Präambel beruft sich der Kanton Aargau bzw. der Verfassungsrat ausdrücklich auf die gewandelte Auffassung betreffend Rechtsnatur und Verbindlichkeit einer Präambel; diese ist nicht mehr als rechtlich unverbindliche Deklaration zu qualifizieren, sondern beinhaltet programmatische Normen, die u.a. Leitgedanken der Verfassung wiedergeben.[449] Auf die Betonung der Eigenständigkeit des Kantons wird sowohl in der Präambel als auch im eigentlichen Verfassungstext verzichtet.

Wie in den Kantonen Aargau und Solothurn definieren die Verfassungen des Kantons *Basel-Landschaft* seit 1832 bis 1892 ihren Stand als Freistaat und Teil der Schweizerischen Eidgenossenschaft.[450] Die Formulierung ab 1984 «eigenständiger Kanton» ist inhaltlich deckungsgleich: Zur Stellung als Gliedstaat der Schweizerischen Eidgenossenschaft wird die Eigenständigkeit, die Autonomie betont und die Selbstständigkeit verankert.[451] Auch die Präambel betont die Stellung als souveräner Stand in der Eidgenossenschaft.[452]

Der Kanton *Basel-Stadt* beschränkt sich seit Anbeginn (1833) darauf, dass er ein Teil, Glied bzw. Stand der Schweizerischen Eidgenossenschaft sei. Er verzichtet seit jeher auf die Betonung der Eigenständigkeit.[453] Die Präambel seiner Verfassung enthält keine Inhalte zur Stellung des Kantons.

---

446 Art. 1 KV AG 1831, § 1 KV AG 1841, § 1 KV AG 1852, Art. 1 KV AG 1885. Der Begriff «Freistaat» ist erstmals 1731 belegt, und zwar im Zusammenhang mit der Unabhängigkeit der Schweizerischen Eidgenossenschaft vom Heiligen Römischen Reich Deutscher Nation 1648. Später fand der Begriff Verwendung im Sinne von Republik als Regierungsform im Gegensatz zur Monarchie.

447 Präambel, sechster Satz, KV AG.

448 Eichenberger, KV AG, Rz. 17 zu Präambel KV AG.

449 Eichenberger, KV AG, Rz. 3 ff. zu Präambel KV AG.

450 Art. 1 KV BL 1832, § 1 KV BL 1838, § 1 KV BL 1850, § 1 KV BL 1863, § 1 KV BL 1892.

451 § 1 Abs. 1 KV BL. Siehe auch: Rhinow et al., Totalrevision KV BL, Dokumente 1983–1987, 128.

452 Präambel, vierter Satz, KV BL.

453 § 1 KV BS 1833, § 1 KV BS 1847, § 1 KV BS 1858, § 1 KV BS 1875, § 1 KV BS 1889, § 2 KV BS.

Auch der Kanton *Solothurn* definiert sich, wie Aargau und Basel-Landschaft, seit 1840 als Freistaat und Bundesglied der Schweizerischen Eidgenossenschaft.[454] Seiner Verfassung von 1856 stellt er als Verfassungsgeber das souveräne Volk voran und verankert damit erstmals die Eigenständigkeit des Kantons.[455] Auch 1875 definiert er sich als Freistaat und ergänzt, innerhalb der Schranken der Bundesverfassung ein souveräner Kanton der Schweizerischen Eidgenossenschaft zu sein.[456] Bereits 1887 kehrt er wieder zur Definition als Freistaat und Bundesglied zurück, ohne Erwähnung seiner Eigenständigkeit,[457] um in der aktuell geltenden Verfassung wiederum zusätzlich zur Stellung als Gliedstaat seine Eigenständigkeit zu betonen.[458]

Die Nordwestschweizer Kantone nehmen eine unterschiedliche Haltung in Bezug auf die Definition ihrer Stellung ein: Teils genügt es ihnen, ihre Stellung als Glied des Bundesstaates festzuhalten (Basel-Stadt) oder gar nur darauf aufzubauen (Aargau), teils legen sie Wert darauf, zusätzlich ihre Eigenständigkeit zu betonen (Basel-Landschaft und Solothurn). Die kantonale Autonomie ist auf Bundesebene garantiert. Wie bereits oben für die Verankerung auf Bundeebene festgehalten, sind die Gliedstaaten im völkerrechtlichen Sinn nicht souverän. Eine Betonung der Eigenständigkeit in den Kantonsverfassungen muss daher – wie auf Bundesebene – als Traditionsanschluss verstanden werden.[459]

---

454 § 1 KV SO 1840, § 1 KV SO 1850. Zur Verfassungsgeschichte im Kanton Solothurn im 19. Jahrhundert siehe auch: FURRER, OTTO, Geschichte der Solothurnischen Verfassungen bis 1848, Solothurn 1940, insbes. 68 ff. und GUTZWILLER, HELLMUT, Verfassungsrevisionen im Kanton Solothurn im 19. Jahrhundert, Veröffentlichungen des Solothurner Staatsarchives, Heft 9 1986.

455 Siehe KV SO 1856: «Das souveraine Volk des Kantons Solothurn gibt sich folgende Staatsverfassung».

456 § 1 KV SO 1875.

457 § 1 KV SO 1887.

458 Art. 1 KV SO. Der Verfassungsrat stellte wiederholt fest, dass ein Kanton im Prinzip nicht souverän sein könne, hielt aber auch fest, dass der Bund regelmässig Kantonsverfassungen gewährleiste, die den Stand als eigenständig oder souverän definierten. Weiter gab die Verankerung der Eigenständigkeit inhaltlich nicht zu Diskussionen Anlass. Vielmehr war das Ziel, den Kanton als souveränen Stand in der Eidgenossenschaft zu festigen, bereits in der ersten Sitzung des Verfassungsrats in der Rede des Präsidenten thematisiert und im späteren Verlauf der Verhandlungen nie in Frage gestellt worden. Siehe Verhandlungen des Verfassungsrates des Kantons Solothurn 1981–1986, 22, 38 und 1160 ff.

459 Siehe 4. Kapitel I.

VI. Organisationsautonomie und politische Rechte

Die kantonale Autonomie wird in drei Teilautonomien unterteilt: die Aufgaben-, Finanz- und Organisationsautonomie.[460] Mit Letzterer werden die Kantone ermächtigt, ihr eigenes politisches System einzurichten.[461] Ziel ist – wie 1848 –, die historisch gewachsene Vielfalt der organisatorischen Ansätze und Lösungsmodelle auf kantonaler Ebene zu erhalten.[462]

Die kantonale Organisationsautonomie lässt den Kantonen im Bereich der politischen Rechte eine bedeutende Rolle für die Gestaltung und Weiterentwicklung der Stimmrechtsgrundsätze zukommen. Die Entwicklung erfolgt unterschiedlich, was historische oder strukturelle Gründe haben kann. Den Kantonen wird die Rolle eines Versuchslabors, eines Experimentierfeldes für Bund und Kantone zugeordnet. Im Bereich der politischen Rechte umfasst die Entwicklung zwei Bereiche:

Gestützt auf die Organisationsautonomie legen die Kantone die politischen Rechte und deren Zugang auf Kantonsebene fest.

Erstens sind die Kantone frei, innerhalb der Schranken des Bundesrechts[463] politische Rechte im engeren Sinne,[464] wie beispielsweise das Gesetzesreferendum oder die Gesetzesinitiative, einzuführen. Die Bundesverfassung verlangt lediglich, dass die Kantonsverfassungen demokratisch sein müssen.[465] Für die Mitwirkungs- und Entscheidungsrechte ergeben sich daraus Minimalvorgaben: Die Kantonsverfassungen müssen das obligatorische Referendum, die Volksinitiative sowie ein vom Volk gewähltes Parlament vorsehen.[466]

Zweitens können die Kantone in kantonalen Angelegenheiten innerhalb der bundesrechtlichen Schranken Fragen zum Stimmrecht als Voraussetzung für die Ausübung von Mitwirkungs- und Entscheidungsrechten wie Initiative oder Referendum selbstständig regeln. Diese Fragen, die den *Zugang* zu politischen Rechten im engeren Sinne thematisieren, stehen im Zentrum vorliegender Arbeit. Im Bereich des allgemeinen Stimmrechts kann der Zugang erweitert und

---

460 Art. 47 Abs. 2 BV; BSK BV Belser/Massüger, Art. 47 N 13 ff. m.w.Verw.; Egli, Schutz, 368 f.; Egli, SG-Komm BV N 15 ff. zu Art. 47 BV m.w.Verw.; Rhinow, Föderalismus, 66; Rhinow/Schefer/Uebersax, Rz. 798 ff.

461 Art. 47 Abs. 2 BV; Rhinow/Schefer/Uebersax, Rz. 799; Tschannen, Staatsrecht, N 4 zu § 16.

462 Egli, SG-Komm BV N 19 zu Art. 47 BV m.w.Verw.

463 Siehe Art. 51 Abs. 2 BV und Art. 82 lit. c. BGG.

464 Zum Begriff der politischen Rechte im engeren Sinne siehe 2. Kapitel I. 2.

465 Art. 51 Abs. 1 BV.

466 Siehe Häfelin et al., Rz. 1015 ff. m.w.Verw.; Hangartner/Kley, Rz. 1333 ff. sowie Rhinow/Schefer/Uebersax, Rz. 798 ff. grundsätzlich zur Organisationsautonomie der Kantone und ihre Schranken.

beispielsweise das Stimmrecht für 16-Jährige oder für Ausländerinnen und Ausländer eingeführt werden. Im Bereich des gleichen Stimmrechts können die Kantone etwa Wahlverfahren für kantonale Parlamentswahlen selbstständig regeln.[467]

Bei kantonalen Parlamentswahlen sind zwei Zuteilungsverfahren zu unterscheiden:[468] Zuerst erfolgt die Zuteilung der *Sitze* an die Wahlkreise (Sitzzuteilungsverfahren),[469] dann werden die *Mandate* den politischen Parteien und Gruppierungen zugeteilt (Mandatszuteilungsverfahren).[470]

Die Sitze werden in der Nordwestschweiz nach Hare/Niemeyer oder nach Sainte-Laguë zugeteilt.[471]

In der Nordwestschweiz kommen folgende Mandatszuteilungsverfahren zum Zuge: Hagenbach-Bischoff,[472] Doppelter Pukelsheim[473] und Sainte-Laguë.[474] Das Bundesgericht lässt in den Kantonen unterschiedliche Mandatszuteilungsverfahren zu, unter der Bedingung, dass Verzerrungseffekte auf unter 10 Prozent limitiert sind.[475]

Während auf kantonaler Ebene das Proporzsystem durch das Bundesgericht weiterentwickelt wird,[476] ist auf Bundesebene, konkret für die Nationalratswahlen, diese Entwicklung nicht möglich, weil Bundesgesetze nicht auf ihre Verfassungsmässigkeit überprüft werden können.[477] Eine Weiterentwicklung kann folglich nur durch das Parlament selber erfolgen.[478]

Wie die Nordwestschweizer Kantone Aargau, Basel-Landschaft, Basel-Stadt und Solothurn ihre Autonomie in den Bereichen des allgemeinen[479] und des gleichen[480] Stimmrechts gestalten, wird nachfolgend untersucht.

---

467 Art. 39 Abs. 1 BV. SG-Komm BV N 2 ff. zu Art. 39 BV m.w.Verw.; BSK BV TSCHANNEN, Art. 39 N 5 ff. m.w.Verw.

468 Zum Unterschied zwischen Sitz- und Mandatszuteilungsverfahren siehe 6. Kapitel I. 1.

469 Für die Nordwestschweiz siehe 6. Kapitel IV. 4.

470 Für die Nordwestschweiz siehe 6. Kapitel V. 4. d.

471 Für die Nordwestschweiz siehe 6. Kapitel IV. 4.

472 § 40 f. GPR BL. Mit Wahlkreisverbänden. § 49 Abs. 2 lit. a GPR BL: Alle Wahlkreise erhalten mindestens 6 Sitze. § 107 f. GPR SO.

473 § 2 ff. GrossratswahlG AG.

474 § 52 f. WahlG BS.

475 BGE 136 I 352 (Kanton Nidwalden); BGE 136 I 376 (Kanton Zug); BGE 1C_407/2011, BGE 1C_445/2011; BGE 1C_447/2011 (Kanton Schwyz); BGE 1C_511/2015 (Kanton Uri).

476 Siehe auch 6. Kapitel V. 4. b. zur Problematik der bundesgerichtlichen Vorgaben im Bereich der Wahlsysteme und Wahlverfahren.

477 Art. 190 BV. Siehe dazu HANGARTNER, SG-Komm BV N 4 f. zu Art. 190 BV m.w.Verw.

478 6. Kapitel V. 4. f.

479 Siehe 5. Kapitel.

480 Siehe 6. Kapitel.

5. Kapitel: Grundsatz der Allgemeinheit

I. Übersicht

Der Grundsatz des allgemeinen Stimmrechts ist Ausdruck der Volkssouveränität. Er fusst auf dem Selbstbestimmungsrecht des Volkes und gewährleistet die Teilhabe der Bürgerschaft an der Staatsgewalt.[481]

Das allgemeine Stimmrecht regelt, wer Zugang zum formalisierten Willensbildungsprozess hat und wer nicht. Dieses Mitwirkungsrecht basiert auf dem Rechtsgleichheitsgebot in Verbindung mit der Garantie der politischen Rechte.[482]

Allgemeinheit des Stimmrechts bedeutet, dass Zugang zum formalisierten Willensbildungsprozess hat, wer über die politischen Rechte verfügt.[483] Für die Ausübung der politischen Rechte werden auf Bundesebene das Schweizer Bürgerrecht,[484] das zurückgelegte 18. Altersjahr,[485] ein Minimum an politischer Urteilsfähigkeit,[486] politischer Wohnsitz[487] und der Eintrag ins Stimmregister[488] vorausgesetzt.

Damit verbietet sich ein Ausschluss von der Urnenentscheidung (oder einer Ungleichwertung der politischen Stimme[489]) aufgrund von äusseren Merkmalen, persönlichen Überzeugungen oder der wirtschaftlichen Situation.[490] Gegen dieses Verbot verstösst jedoch nicht, dass unerlässliche Voraussetzungen wie Alter

---

481 HÄFELIN ET AL., Rz. 1363.

482 Art. 8 Abs. 1 BV i.V.m. Art. 136 Abs. 1, erster Satz BV.

483 Art. 136 Abs. 1 BV.

484 Siehe 5. Kapitel VI.

485 Siehe 5. Kapitel VII.

486 Nach neuer Terminologie des Erwachsenenschutzrechtes wird ab 1. Januar 2013: «nicht wegen Geisteskrankheit oder Geistesschwäche entmündigten» ersetzt durch: «nicht unter umfassender Beistandschaft stehenden». Siehe Botschaft zur Änderung des Schweizerischen Zivilgesetzbuches (Erwachsenenschutz, Personenrecht und Kindesrecht) vom 28. Juni 2006 (BBl 2006, 7109, 7023: «Die Begriffe «Geisteskranke, Geistesschwache, [...]» haben in einem modernen Erwachsenenschutzrecht keinen Platz mehr.») KLEY, SG-Komm BV N 9 zu Art. 136 BV sieht daher zu Recht Revisionsbedarf für Art. 136 Abs. 1 BV. Siehe dazu 5. Kapitel VIII.

487 Siehe 6. Kapitel III. 2. b.

488 Siehe 6. Kapitel III. 2. b.

489 Dies würde den Stimmrechtsgrundsatz der Gleichheit tangieren. Siehe 6. Kapitel.

490 SCHWEIZER, SG-Komm BV N 25 zu Art. 8 BV m.w.Verw.

oder geistige Kräfte gefordert werden.[491] Als zulässig wird jedoch die Ungleichbehandlung aufgrund der Staatsangehörigkeit betrachtet.[492]

Auf kantonaler und kommunaler Ebene regeln die Kantone die Voraussetzungen für die Ausübung der politischen Rechte.[493] Die Bundesverfassung enthält demokratische Mindestanforderungen an die Kantone: In Bezug auf die Voraussetzungen für die Ausübung der politischen Rechte auf kantonaler und kommunaler Ebene ist aus dem Demokratiegebot für die Kantone[494] abzuleiten, dass die bundesrechtlichen Voraussetzungen für die Ausübung als Mindeststandard gelten. Die Kantone können insbesondere über Stimmrechtsalter, ein allfälliges Stimmrecht von Ausländerinnen und Ausländern[495] und von Schweizerinnen und Schweizern im Ausland[496] selbst bestimmen.

Der Grundsatz der Allgemeinheit des Stimmrechts ergibt sich aus dem Rechtsgleichheitsgebot[497] und aus der Garantie, dass *alle* die gleichen Rechte und Pflichten haben.[498] Dieser Grundsatz wird durch ein fehlendes Ausländerstimmrecht relativiert, denn für den Zugang zur Ausübung der politischen Rechte auf Bundesebene und in fast allen Kantonen wird das Schweizer Bürgerrecht vorausgesetzt.[499]

Ein Blick auf die Stimmbeteiligung in Nachbarländern wie beispielsweise die Bundesrepublik Deutschland[500] zeigt, dass die Partizipation in der Schweiz

---

491 GIACOMETTI, 184 ff.; HANGARTNER/KLEY, Rz. 29; NOHLEN, Wahlsysteme, 41; POLEDNA, Wahlrechtsgrundsätze, 185 ff.; TSCHANNEN, Stimmrecht, Rz. 70 ff.; WINZELER, 76 f.; ZIPPELIUS, 161.

492 SCHWEIZER, SG-Komm BV N 25 zu Art. 8 BV m.w.Verw.

493 Art. 39 Abs. 1 BV und § 21 Abs. 2 KV BL.

494 Art. 51 Abs. 1 BV, 1. Satz: «Jeder Kanton gibt sich eine demokratische Verfassung.»

495 Zur Regelung des Ausländerstimmrechts in Kantonen und Gemeinden siehe: BUSER, Kantonales Staatsrecht, Rz. 290 ff.; HÄFELIN ET AL., Rz. 1380b; HEUSSER, 36 f.; RHINOW/SCHEFER/UEBERSAX, Rz. 800 ff.; TANQUEREL, N 51 ff. und 129 ff.; HEUSSER und TANQUEREL befürworten die Einführung des Ausländerstimmrechts auf kantonaler und kommunaler Ebene. Im Einzelnen siehe 5. Kapitel VI. 3.

496 BUSER, Kantonales Staatsrecht, Rz. 305: Die Kompetenz der Kantone zur Einführung eines Stimmrechts für Schweizerinnen und Schweizer ohne Wohnsitz in der Schweiz in kantonalen und kommunalen Angelegenheiten ergibt sich nicht nur aus Art. 39 Abs. 1, sondern auch bereits aus Art. 3 BV, der die Souveränität der Kantone festhält, soweit diese nicht durch die BV beschränkt ist, und den Kantonen alle Rechte zugesteht, die nicht dem Bund übertragen sind. Hingegen regelt gemäss Art. 40 Abs. 2 BV der Bund die Ausübung der politischen Rechte auf Bundesebene.

497 Art. 8 Abs. 1 BV.

498 Art. 136 Abs. 1 BV, zweiter Satz: «Alle haben die gleichen politischen Rechte und Pflichten.»

499 Zum Ausländerstimmrecht siehe 5. Kapitel VI. 3.

500 An der Bundestagswahl 2017 beteiligten sich 76,2 Prozent der Wahlberechtigten: https://de.statista.com/statistik/daten/studie/2274/umfrage/entwicklung-der-wahlbeteiligung-bei-bundestagswahlen-seit-1949/, besucht am 16. April 2018.

prima vista vergleichsweise tief ist.[501] Die Stimmbeteiligung wird in der Schweiz jedoch geprägt von selektiver Partizipation und kumulativer Stimmbeteiligung. Deshalb ist ein Vergleich mit anderen Staaten zu relativieren.[502]

Bevor auf die einzelnen Voraussetzungen für den Zugang zum allgemeinen Stimmrecht und Fragen rund um die Stimmbeteiligung eingegangen wird, sollen in drei Exkursen Hintergründe zum allgemeinen Stimmrecht geklärt werden.

Ein erster Exkurs führt zum Ursprung des allgemeinen Stimmrechts und untersucht den naturrechtlichen Vertragsgedanken sowie Jean-Jacques Rousseaus Gesellschaftsvertrag und die Erklärung der Menschen- und Bürgerrechte von 1789.[503] Der zweite Exkurs widmet sich dem Stimmrechtsausschluss und beschreibt zuerst den Ausschlussmechanismus und die dualistische Rechtsnatur des Stimmrechts und anschliessend Inklusion und Exklusion vom Stimmrecht – Einschluss und Ausschluss – aus rechtssoziologischer Sicht.[504]

Der dritte Exkurs widmet sich der Partizipation der Geschlechter: Das allgemeine Männerstimmrecht wurde 1848 etabliert.[505] Den Frauen wurde die Partizipation am formalisierten Willensbildungsprozess mit einer Verzögerung von 118 bzw. 123 Jahren zuerkannt; das Frauenstimmrecht wurde auf Bundesebene 1971 eingeführt, 1966 im Kanton Basel-Stadt als erstem Kanton in der Nordwestschweiz, die weiteren Kantone der Nordwestschweiz folgten bis 1971. Diese Diskrepanz in der Anerkennung der politischen Gleichberechtigung rechtfertigt einen weiteren – dritten – Exkurs. Dieser zeigt die Einführung des Frauenstimmrechts auf, beleuchtet die Gründe für den Ausschluss der Frauen und befasst sich auch mit ausgewählten aktuellen Baustellen auf dem Weg zur tatsächlichen Gleichberechtigung von Frau und Mann.[506] Die Einführung des Frauenstimmrechts belegt auch exemplarisch, dass der Begriff des Stimmvolkes kein stabiler, sondern ein dynamischer ist.[507]

Zuerst soll nun aber ein Blick auf die Stimmrechtsbeschränkungen in der Vergangenheit geworfen werden, um aufzuzeigen, wie sich aus den politischen Ungleichheiten der Stände in der Alten Eidgenossenschaft allmählich das Rechtsgleichheitsgebot entwickelt hat.[508] Während zuerst die Aufhebung der politischen Vorrechte der Geburt, der Orte, der Personen oder der Familien im

---

501 An den Nationalratswahlen 2015 beteiligten sich 48,5 Prozent der Stimmberechtigten: https://www.bfs.admin.ch/bfs/de/home/statistiken/politik/wahlen/nationalratswahlen/wahlbeteiligung.html#1191469177, besucht am 16. April 2018.

502 Siehe 5. Kapitel IX. 3.

503 Siehe 5. Kapitel III.

504 Siehe 5. Kapitel IV.

505 Art. 42 aBV 1848.

506 5. Kapitel V.

507 Siehe auch 6. Kapitel VI. 1. a. ii).

508 5. Kapitel II. 1.

Vordergrund standen, wurden die Bürger – und seit 1971 die Bürgerinnen – einander in ihren politischen Rechten Schritt für Schritt gleichgestellt. Dabei nahm der Kreis vom Stimmrecht Ausgeschlossenen stetig ab.[509]

[509] 5. Kapitel II. 2.

II. Stimmrechtsbeschränkungen in der Vergangenheit

1. Vom Verbot der politischen Vorrechte zum Rechtsgleichheitsgebot

Die Entstehungsgeschichte des Grundsatzes, dass alle Menschen vor dem Gesetz gleich sind, zeigt, dass sich die Rechtsgleichheit ursprünglich auf die politische Rechtsstellung bezog: Bevor der Grundsatz der Rechtsgleichheit allgemeine Gültigkeit erlangte, wurden zunächst die politischen Ungleichheiten in der Alten Eidgenossenschaft aufgehoben, um die Bürger in ihren politischen Rechten einander gleichzustellen.

Die politische Gleichheit mit ihrer Aufhebung der Standesunterschiede war eine Folge des Gedankenguts der Französischen Revolution.[510] So stand die politische Gleichberechtigung auf Bundesebene – ausformuliert als absolutes Verbot von Untertanengebieten und politischen Vorrechten – in der Mediationsakte (1803)[511] und im Entwurf der Bundesurkunde der Schweizerischen Eidgenossenschaft (1832)[512] im Vordergrund. Keine absolute Gleichheit, sondern lediglich eine sog. relative Ungleichheit wurde im Bundesvertrag zwischen den 22 Kantonen der Schweiz (1815) sanktioniert.[513]

---

510 Siehe statt vieler HIS, 1. Band, 324 f.

511 Mediationsakte vom 19. Februar 1803 (Artikel 3, 1. Titel, Kapitel 20: Bundesverfassung): «Es gibt in der Schweiz weder Unterthanenlande noch Vorrechte der Orte, der Geburt, der Personen oder Familien.» Zitiert nach KÖLZ, Quellenbuch I, 177.

512 Der Entwurf der Bundesurkunde der Schweizerischen Eidgenossenschaft vom 15. Dezember 1832 enthielt keinen besonderen Artikel über die Rechtsgleichheit. Diese wurde im Rahmen der Voraussetzungen der eidgenössischen Garantie kantonaler Verfassungen genannt: Artikel 6: «(...) sind die Kantone verpflichtet, ihre Verfassungen der Bundesbehörde zur Einsicht vorzulegen. Der Bund übernimmt ihre Gewährleistung unter folgenden Bedingungen: (...) b) dass sie die Ausübung der politischen Rechte nach repräsentativen oder demokratischen Formen sichern, dieselbe keiner Bürgerklasse ausschliesslich zuwenden und keine Unterthanenverhältnisse zwischen einzelnen Theilen des Kantons dulden; (...).» Zitiert nach KÖLZ, Quellenbuch I, 349.

513 Bundesvertrag zwischen den XXII Kantonen der Schweiz vom 7. August 1815, § 7: «Die Eidgenossenschaft huldigt dem Grundsatz, dass so wie es, nach Anerkennung der XII Kantone, keine Unterthanenlande mehr in der Schweiz gibt, so könne auch der Genuss der politischen Rechte nie das ausschliessliche Privilegium einer Classe der Kantonsbürger sein.» Zitiert nach KÖLZ, Quellenbuch I, 198. Mit § 7 des Bundesvertrages wurden zwar Untertanengebiete verboten. Es wurde aber auf Bundesebene keine völlige, absolute Gleichheit der politischen Rechte ausgesprochen, sondern lediglich der Grundsatz, dass die privilegierte Klasse die weiteren Klassen von den politischen Rechten nicht völlig ausschliessen durfte. Den Kantonen war es somit unbenommen, in ihren Verfassungen den Zugang zu den politischen Rechten mehr oder weniger zu erschweren. Siehe dazu HIS, 2. Band, 346 m.w.Verw.

Aus dem Verbot der Vorrechte (Bevorzugungsverbot) entwickelte sich das Prinzip, dass alle Menschen ganz allgemein vor dem Gesetz gleich sind.[514] Eine selbstständige Stellung erhielt die Rechtsgleichheit erstmals in der Bundesverfassung von 1848: «Alle Schweizer sind vor dem Gesetze gleich.»[515] Anschliessend wurde in Anlehnung an den Wortlaut der Mediationsakte von 1803 die politische Gleichheit statuiert «Es gibt in der Schweiz keine Untertanenverhältnisse, keine Vorrechte des Ortes, der Geburt, der Familien und der Personen.»[516] Ab 1848 blieb das Verbot der Vorrechte somit nicht mehr auf die politischen Rechte beschränkt.

In die totalrevidierte Bundesverfassung von 1999 wurde der ausdrückliche Hinweis auf das Verbot politischer Vorrechte[517] nicht aufgenommen, da dies als nicht mehr notwendig erachtet wurde.[518] Der Hinweis lebt aber in mehreren Kantonsverfassungen – in Ergänzung des Benachteiligungsverbots – als Bevorzugungsverbot weiter.[519]

2. Die historische Entwicklung der Stimmrechtsbeschränkungen

Im Verlaufe der Geschichte hatten sich Kategorien von Stimmrechtsbeschränkungen entwickelt. Der Kreis der vom Stimmrecht Ausgeschlossenen wurde mit der Zeit immer kleiner, die Bedeutung der Ausschlussgründe hat stetig abgenommen. Heute ist der Ausschluss einzelner Bevölkerungsgruppen wie beispielsweise der Frauen kein Thema mehr. Auch gehören Ausschlüsse mangels Einkommen, Besitz, Bildung, kantonales oder kommunales Bürgerrecht oder Niederlassung der Vergangenheit an.

Ein Blick in die Geschichte des Stimmrechts und seiner Beschränkungen zeigt auf, dass sich im Verlaufe der Zeit Kategorien von Ausschlussgründen entwickelt haben, die heute nicht mehr existieren.[520]

So gab es Beschränkungen in *objektiver* Hinsicht, nämlich *erstens* durch direkte Ausschliessung bestimmter Gruppen mit veränderlichen oder unveränderlichen Merkmalen wie Frauen, ethnische oder religiöse Minderheiten (Beispiel:

---

514 Art. 8 Abs. 1 BV. Siehe auch Burckhardt, 24.; Haefliger, 15 ff., insbes. 18 ff.; His, 3. Band, 497 ff.; BGE 129 I 195.

515 Art. 4 Abs. 1 erster Satz aBV 1848.

516 Art. 4 Abs. 1 zweiter Satz aBV 1848

517 Art. 4 Abs. 1 zweiter Satz aBV 1848.

518 Schweizer, SG-Komm BV N 29 zu Art. 8 BV.

519 In der Nordwestschweiz: § 10 Abs. 2 KV AG; § 7 Abs. 2 KV BL, nicht aber in der KV BS und in der KV SO.

520 Siehe dazu im Einzelnen: Blocher, Teil 1, 107 ff.; Blocher, Teil 2, 429 ff.); Hangartner, Der lange Weg, 129 ff.; Nohlen, Wahlsysteme, 42 f.; Poledna, Wahlrechtsgrundsätze, 185 ff.

Juden[521]), die Landbevölkerung, Personen in Abhängigkeitsverhältnissen (Beispiel: Dienstboten), Geistliche und Angehörige bestimmter Parteien; *zweitens* durch das Erfordernis von kantonalem oder kommunalem Bürgerrecht zusätzlich zum Wohnsitz und *drittens* durch das Erfordernis der Niederlassung («Sesshaftigkeit») als zusätzliche Einschränkung zum Erfordernis des Bürgerrechts.

Die Beschränkungen im Zusammenhang mit der direkten Ausschliessung bestimmter Gruppen haben erst 1971 mit der Einführung des Frauenstimmrechts auf Bundesebene ein Ende gefunden: Der Grundsatz der Allgemeinheit des Stimmrechts war vor 1971 gleichbedeutend mit einem allgemeinen Männerstimmrecht.[522] In den Kantonen sollte es noch weitere 20 Jahre dauern, bis die Frauen das Stimmrecht und somit die politische Gleichberechtigung auf dem ganzen Gebiet der Eidgenossenschaft erhalten sollten.[523]

Weiter gab es Beschränkungen in *subjektiver* Hinsicht, nämlich *einerseits* durch ökonomische Voraussetzungen wie die Festsetzung eines Zensus entweder durch Nachweis von Besitz, Einkommen oder Steuerleistung oder anderer Qualifikationen mit Bezug zur finanziellen Leistungsfähigkeit;[524] und *andererseits* durch Forderungen von Schulbildung und Nachweis bestimmter Bildung.[525] Erst 1971 wurde der Stimmrechtsausschluss von Zahlungsunfähigen und von strafrechtlich Verurteilten aufgehoben.

Beschränkungen sind weiterhin indirekt von Bedeutung, und zwar im Zusammenhang mit der Erlangung des Bürgerrechts und damit mit der Erlangung der politischen Rechte. So werden der betreibungsrechtliche und der strafrecht-

---

521 Dass den Juden das Stimmrecht vorenthalten wurde, ist im Prinzip keine Beschränkung des Grundsatzes der Allgemeinheit des Stimmrechts, sondern die Folge davon, dass ihnen im 19. Jahrhundert das Bürgerrecht – ja schon die Niederlassung überhaupt – versagt blieb. Blocher, Teil 1, 151; Nordmann, 183 ff. Die Situation der Juden belegt exemplarisch die historische Tradition und die Tragweite der Verknüpfung von Bürgerrechtsvergabe und Zugang zu den politischen Rechten.

522 Zur Einführung des Frauenstimmrechts siehe 5. Kapitel V.

523 BGE 116 Ia 361 f.; BGE 116 Ia 363 f.: Das Bundesgericht stellt fest, dass den Frauen im Kanton Appenzell-Innerrhoden die politischen Rechte im Kanton zustehen. Siehe auch die Kritik betreffend die bundesgerichtliche Begründung des im Endergebnis richtigen Urteils bei Biaggini, Frauenstimmrecht, 73 ff., insbes. 76: «Das Bundesgericht befand sich bei der Urteilsfällung in einem echten Dilemma. Es galt eine Balance zu finden zwischen der Unausweichlichkeit einer gestaltenden richterlichen Entscheidung in einer staatspolitisch heiklen Frage einerseits und der Notwendigkeit der Respektierung demokratischer Entscheidungsprozesse (auf kantonaler wie eidgenössischer Ebene) andererseits.» Garantie kantonaler Selbstbestimmung (Art. 74 Abs. 4 aBV 1874) versus Gleichberechtigung von Frau und Mann (Art. 4 Abs. 2 aBV 1874).

524 Eine Verknüpfung von Stimmrecht und finanziellen Verhältnissen besteht erst seit 1971 nicht mehr, als der Stimmrechtsausschluss in Fällen selbstverschuldeter Zahlungsunfähigkeit aufgehoben wurde. Siehe Tschannen, Stimmrecht, Rz. 72.

525 Nohlen, Wahlsysteme, 41 ff.

liche Leumung im Einbürgerungsverfahren geprüft: Die Bewerberinnen und Bewerber müssen die Rechtsordnung beachten und die Sicherheit der Schweiz nicht gefährden. Dazu gehört die Einhaltung privater Verpflichtungen, was Betreibungen, Steuerschulden oder nicht fristgerechte Bezahlung von Alimenten ausschliesst.[526]

[526] Siehe 5. Kapitel VI. 2. c.

III. Exkurs 1: Ursprung des allgemeinen Stimmrechts

1. Naturrechtlicher Vertragsgedanke als Ursprung des allgemeinen Stimmrechts

Demokratie will vom Grundgedanken her die Beteiligung aller am politischen Prozess. Im Gegenzug tragen alle die Verantwortung an der Weiterentwicklung der gesellschaftlichen Ordnung. Zugang zu Beteiligung und Weiterentwicklung verleiht das allgemeine Stimmrecht. Dieses ist Ausdruck mehrerer grundlegender Aspekte der Demokratie: Es vereinigt die Prämissen der Gleichheit und der Partizipation als unabdingbare Säulen der Volkssouveränität.

Der Ausgangspunkt für die Realisierung der Volkssouveränität ist die seit der Antike bekannte Lehre des Vertrages, den die Menschen unter sich abschliessen.[527] Diese Vertragsidee steht in engem Zusammenhang mit der Lehre vom Naturzustand des Menschen: Die von Natur aus freien Menschen schliessen unter sich einen Vertrag zur Bildung eines Staates und zur Unterordnung unter diesen ab.

Ab dem 13. Jahrhundert gewinnt der Vertragsgedanke gegenüber dem auf absolutistischen Gedanken aufbauenden Dualismus von Herrschergewalt und Volksständen immer mehr an Bedeutung. Die Regierung soll durch den Willen des Volkes legitimiert werden[528] und das Volk die gesetzgebende Gewalt innehaben.[529] Im 16. Und 17. Jahrhundert greifen Naturrechtstheoretiker[530] die Idee von einem staatsbegründenden Urvertrag, einem Gesellschaftsvertrag, wieder auf.

Im 18. Jahrhundert entwickelt Jean-Jacques Rousseau die Idee des Gesellschaftsvertrages weiter und ergänzt sie mit der Unterscheidung von Einzelwillen und Gemeinwillen.

2. Rousseaus Gesellschaftsvertrag und die Erklärung der Menschen- und Bürgerrechte von 1789

Die Erklärung der Menschen- und Bürgerrechte von 1789 basiert auf den Forderungen von *Jean-Jacques Rousseau* (1712–1778) nach gleichberechtigter Teilhabe der Bürger an der Bildung des Gemeinwillens und nach Gleichheit vor dem

527 HIS, 1. Band, 161.

528 So etwa Marsilius von Padua (1689–1755), siehe ZIPPELIUS, 104 f.

529 Montesquieu (1689–1755) Montesquieu denkt bereits die Volksvertretung an: Weil das Volk als Ganzes die gesetzgebende Gewalt nicht innehaben könne, vertreten Repräsentanten das Volk. Siehe ZIPPELIUS, 105 m.w.Verw.

530 So z.B. Hooker (1554–1600), Grotius (1583–1645), Milton (1608–1674), Hobbes (1588–1679), Spinoza (1632–1677).

Gesetz.[531] Rousseau seinerseits übernimmt den Vertragsgedanken und verknüpft ihn mit dem Körperschaftsgedanken, der den Staat als organisches Ganzes versteht, der einen eigenen, nämlich den Gemeinwillen, verfolgt.[532] Im Einzelnen:

Rousseau (1712–1778) bringt mit seinem *Contrat social* 1762 die Idee, dass der Vertragsgedanke die Staatsgewalt legitimiert, auf den Punkt und gilt als eigentlicher Begründer der Lehre von der Volkssouveränität. Nach Rousseau ist die Vereinbarung Grundlage jeder rechtmässigen Herrschaft unter Menschen.[533] Diese löst den Naturzustand ab, der nicht weiterbestehen kann,[534] denn der Mensch habe in dem Moment, wo er Eigentum für sich beanspruchte, den Naturzustand verlassen.[535] Rousseau formuliert dies in seinem Diskurs über die Ungleichheit so: «Aus der Bebauung des Grund und Bodens folgte notwendigerweise seine Aufteilung; und aus dem Eigentum, war es einmal anerkannt, die ersten Regeln der Gerechtigkeit.»[536] Anstelle des vom Instinkt geleiteten Naturzustandes tritt der vom Verstand geleitete gesellschaftliche Zustand. Die natürliche Gleichheit wird ersetzt durch die rechtliche Gleichheit. Der Mensch verliert mit dem Naturzustand gleichzeitig seine natürliche Freiheit, dafür erhält er die gesellschaftliche Freiheit: «Was der Mensch durch den Gesellschaftsvertrag verliert, ist seine natürliche Freiheit und ein unbegrenztes Recht auf alles, wonach ihn gelüstet und was er erreichen kann; was er erhält, ist die bürgerliche Freiheit und das Eigentum an allem, was er besitzt.»[537] Rousseaus Gesellschaftsvertrag hebt nicht eine natürliche Gleichheit auf, sondern setzt «im Gegenteil eine sittliche und rechtliche Gleichheit an die Stelle dessen, was die Natur an physischer Ungleichheit unter den Menschen hervorbringen kann. Die Menschen, die möglicherweise nach Stärke und Begabung ungleich sind, werden durch Vertrag und Recht alle gleich.»[538] Rousseau unterscheidet zwischen Gemeinwillen, *la volonté générale*, und Einzelwillen, *la volonté particulière*.

---

531 Erklärung vom 26. August/3. November 1789, Artikel 1: «Les hommes naissent et demeurent libres et égaux en droits. (...)»; Artikel 6: «La loi est l'expression de la volonté générale. Tous les citoyens ont le droit de concourir, personnellement ou par leurs représentants, à sa formation. Elle doit être la même pour tous (...). Tous les citoyens sont égaux à ses yeux (...).», zitiert nach HÉLIE, 1. Band, 30 f. Französische Verfassung vom 3./13. September 1791, Déclaration des droits de l'homme et du citoyen, Artikel 1 und 6: gleichlautende Formulierung wie in der Erklärung vom 26. August/3. November 1789. Siehe HÉLIE, 1. Band, 268 f. Siehe auch SARTORIUS, 332.

532 Rousseau denkt somit die dualistische Rechtsnatur des Stimmrechts an. Siehe auch 5. Kapitel IV. 2.

533 ROUSSEAU, Gesellschaftsvertrag, 19 (I,4).

534 ROUSSEAU, Gesellschaftsvertrag, 32 f. (I,6).

535 ROUSSEAU, Diskurs über die Ungleichheit, 165.

536 ROUSSEAU, Diskurs über die Ungleichheit, 201.

537 ROUSSEAU, Gesellschaftsvertrag, 45 (I,8).

538 ROUSSEAU, Gesellschaftsvertrag, 51 ff. (I,9).

> Rousseau greift mit der Unterscheidung von Gemeinwillen und Einzelwillen die Abgrenzung von Aristoteles (384–322 v.Chr.) in altruistische Ziele und egoistische Ziele auf. Grundsätzlich ist festzuhalten, dass Aristoteles dem Begriff der Demokratie eine negative Bedeutung zuordnet, weil in der Demokratie nicht etwa altruistische (was positiv besetzt wäre), sondern egoistische Interessen durchgesetzt würden. Aristoteles unterscheidet nicht nur, wer regiert (Einer, Wenige oder Viele), sondern auch, welche Interessen diese Regierung vertritt (altruistische oder egoistische). So beschreibt er als Regierungen mit altruistischen Zielen die Monarchie (Regierung des Einen), die Aristokratie (Regierung der Wenigen) und die Politeia (Regierung der Vielen). Verfolgt die Regierung egoistische Ziele, so entsteht die Tyrannei (Regierung des Einen), die Oligarchie (Regierung der Wenigen) und die Demokratie (Regierung der Vielen). Die Grundlage der demokratischen Idee der Antike ist, dass die Herrschaftsgewalt vom Volk ausgeht – die Regierung der «Vielen». Die Freiheit der Bürger bestand darin, dass sie abwechselnd sowohl regieren konnten wie auch regiert wurden. Beim Regieren galt es, die eigenen Interessen durchzusetzen.[539]

Grundlage des Gesellschaftsvertrages ist der Gemeinwille, der allein «die Kräfte des Staates gemäss dem Zweck seiner Errichtung, nämlich dem Gemeinwohl leiten kann.»[540] Der Einzelwille verfolgt die eigenen Interessen, der Gemeinwille hingegen lässt eine dem Gemeinwohl verpflichtete Gesamtkörperschaft entstehen, die «aus ebenso vielen Gliedern besteht, wie die Versammlung Stimmen hat, und die durch ebendiesen Akt ihre Einheit, ihr gemeinschaftliches Ich, ihr Leben und ihren Willen erhält.»[541] Der Gesellschaftsvertrag schränkt den Einzelnen in der Ausübung seines Einzelwillens ein und beschränkt somit die bürgerliche Freiheit, denn mit dem Gesellschaftsvertrag hat sich der Einzelne verpflichtet, dem Gemeinwillen zu folgen.[542]

In Rousseaus Gesellschaftsvertrag unterwerfen sich die Menschen dem Gemeinwillen, der aber nicht der Summe der einzelnen Willensmeinungen gleichkommen, sondern der natürlichen Vernunft entspringen soll. Rousseaus Gemeinwille ist somit ein Ersatz für die vorgesellschaftliche Naturordnung, eine Art «Volksgeist».[543] Obwohl der Gemeinwille nicht die Summe der Einzelwillen ist, ermittelt Rousseau diesen durch die Mehrheit der Einzelwillen, was nicht ohne Widerspruch zu seiner Definition des Gemeinwillens ist.[544] Wenn die Mehrheit der Einzelwillen den Gemeinwillen ergibt, so lässt dies den fragwürdigen Schluss zu, dass altruistische Ziele mittels einer Mehrheit egoistischer Ziele ermittelt werden.

539 ZIPPELIUS, 104 f.

540 ROUSSEAU, Gesellschaftsvertrag, 55 (II,1).

541 ROUSSEAU, Gesellschaftsvertrag, 35 (I,6).

542 ROUSSEAU, Gesellschaftsvertrag, 43 (I,7).

543 SARTORI, 307.

544 SARTORI, 308.

Der Gesellschaftsvertrag bringt rechtliche Gleichheit, es entsteht eine politische Körperschaft. Diese Gesamtkörperschaft wird durch Gesetze erhalten: «Wir benötigen Gesetze, um Pflichten und Rechte miteinander zu verbinden und die Gerechtigkeit ihrem Gegenstand zuzuführen.»[545] Urheber der Gesetze ist das Volk, denn «das den Gesetzen unterworfene Volk muss deren Urheber sein»,[546] «jedes Gesetz, das das Volk nicht selbst beschlossen hat, ist nichtig; es ist überhaupt kein Gesetz.»[547] Das Volk versammelt sich permanent und ermittelt in der Volksversammlung den Gemeinwillen,[548] denn «die Souveränität kann nicht vertreten werden; sie besteht wesentlich im Gemeinwillen, und der Wille kann nicht vertreten werden.»[549] Die Volkssouveränität ist nach Rousseau unteilbar, er lehnt das Repräsentationsprinzip kategorisch ab. Dies hat zur Folge, dass sich das Volk permanent versammeln muss, um den Gemeinwillen zu ermitteln. Rousseaus Demokratiekonzept ist ein Modell, denn «nimmt man den Begriff [der Demokratie] in der ganzen Schärfe seiner Bedeutung, dann hat es niemals echte Demokratie gegeben, und es wird sie niemals geben. (…) Man kann sich nicht vorstellen, dass das Volk unaufhörlich versammelt bleibt, um die öffentlichen Angelegenheiten zu besorgen.»[550] Die Umsetzung der Demokratie setzt beispielsweise einen sehr kleinen Staat voraus, da die Gesetzgebung nicht delegierbar ist.[551] Für die Regierung erkennt er – in Abweichung von seinem Konzept der Identität der Regierenden mit den Regierten – eine Repräsentation an.[552]

Rousseaus radikale Forderungen nach gleichberechtigter Teilhabe der Bürger an der Bildung des Gemeinwillens (Volkssouveränität) und nach Gleichheit vor dem Gesetz (Rechtsgleichheit) beeinflussen den Inhalt der Erklärung der Menschen- und Bürgerrechte von 1789 massgeblich, sie sind deren gedanklicher Wegbereiter. Das allgemeine Stimmrecht wurzelt in der Verbindung von Rechtsgleichheit und Volkssouveränität und findet Eingang in die Erklärung der Menschen- und Bürgerrechte von 1789: Alle Menschen sind gleich, und jeder Bürger hat Anspruch darauf, sich an der Gesetzgebung zu beteiligen.[553]

---

545 Rousseau, Gesellschaftsvertrag, 79 ff. (II,6).
546 Rousseau, Gesellschaftsvertrag, 85 (II,6).
547 Rousseau, Gesellschaftsvertrag, 211 (III,15).
548 Rousseau, Gesellschaftsvertrag, 149 (III,4).
549 Rousseau, Gesellschaftsvertrag, 211 (III,15).
550 Rousseau, Gesellschaftsvertrag, 149 (III,4).
551 Rousseau, Gesellschaftsvertrag, 149 ff. (III,4).
552 Rousseau, Gesellschaftsvertrag, 211 (III,15).
553 Erklärung der Menschen- und Bürgerrechte vom 26. August/3. November 1789, Artikel 1: «Les hommes naissent et demeurent libres et égaux en droits. (…)»; Artikel 6: «La loi est l'expression de la volonté générale. Tous les citoyens ont le droit de concourir, personnellement ou par leurs représentants, à sa formation. Elle doit être la même pour tous (…). Tous les citoyens sont égaux à ses yeux (…)», zitiert nach Hélie, 1. Band, 30 f.

In der Erklärung der Menschen- und Bürgerrechte von 1789 stehen das liberale und das demokratische Prinzip in einem relativ ausgewogenen Verhältnis zueinander: In Artikel 1 werden sowohl Freiheit als auch Rechtsgleichheit statuiert.[554]

Artikel 2[555] und 4[556] stellen die Freiheit, Artikel 3[557] und 6[558] die Rechtsgleichheit in den Vordergrund. Aus Artikel 2 kann ein leichter Vorsprung des liberalen Prinzips herausgelesen werden: Explizit genannt werden als Menschenrechte die Rechte auf Freiheit, Eigentum, Sicherheit und das Recht auf Widerstand gegen Unterdrückung; das Recht auf Gleichheit findet keine Erwähnung.[559]

Der Erklärung der Menschen- und Bürgerrechte von 1789 folgte die Verfassung von 1791 («constitution française»), die aus zwei Teilen bestand: Der erste Teil umfasste die Erklärung der Menschen- und Bürgerrechte («déclaration des droits de l'homme et du citoyen»), der zweite Teil enthielt den eigentlichen Verfassungstext («constitution»). Die Erklärung von 1791 statuierte die Rechtsgleichheit der Menschen und das allgemeine Stimmrecht für Bürger, wortgleich mit der Erklärung von 1789,[560] der Verfassungstext wich aber vom Postulat des allgemeinen Stimmrechts wesentlich ab.

---

554 Artikel 1: «Les hommes naissent et demeurent libres et égaux en droits. (...)», zitiert nach HÉLIE, 1. Band, 30 f.

555 Artikel 2: «Le but de toute association politique est la conservation des droits naturels et imprescriptibles de l'homme. Ces droits sont la liberté, la propriété, la sûreté et la résistance à l'oppression.», zitiert nach HÉLIE, 1. Band, 31.

556 Artikel 4: «La liberté consiste à faire tout ce qui ne nuit pas à autrui: ainsi l'exercice des droits naturels de chaque homme n'a de bornes que celles qui assurent aux autres membres de la société la jouissance de ces mêmes droits. Ces bornes ne peuvent être déterminées que par la loi.», zitiert nach HÉLIE, 1. Band, 31.

557 Artikel 3: «Le principe de toute souveraineté réside essentiellement dans la nation, nul corps, nul individu ne peut exercer d'autorité qui n'en émane expressément.», zitiert nach HÉLIE, 1. Band, 31.

558 Artikel 6: «La loi est l'expression de la volonté générale. Tous les citoyens ont droit de concourir personnellement, ou par leurs représentants, à sa formation. Elle doit être la même pour tous, soit qu'elle protège, soit qu'elle punisse. Tous les citoyens, étant égaux à ses yeux, sont également admissibles à toutes dignités, places et emplois publics, selon leurs capacités et sans autre distinction que celle de leurs vertus et de leurs talents.», zitiert nach HÉLIE, 1. Band, 31.

559 Anders in der Erklärung von 1793, die nie in Kraft trat: Artikel 2 nennt das Recht auf Gleichheit an erster Stelle, gefolgt von den Rechten auf Freiheit, Sicherheit und Eigentum. Die Erklärung von 1795 wiederum erwähnt das Recht auf Freiheit an erster Stelle, gefolgt von den Rechten auf Gleichheit, Sicherheit und Eigentum.

560 Französische Verfassung vom 3./13. September 1791, Erklärung der Menschen- und Bürgerrechte, Artikel 1: «Les hommes naissent et demeurent libres et égaux en droits. (...)»; Artikel 6: «La loi est l'expression de la volonté générale. Tous les citoyens ont le droit de concourir, personnellement ou par leurs représentants, à sa formation. Elle doit être la même pour tous (...). Tous les citoyens sont égaux à ses yeux (...)», zitiert nach HÉLIE, 1. Band, 268 f.

Verantwortlich für die Ablehnung des allgemeinen Stimmrechts war *Emmanuel-Joseph Sieyès* (1748–1836), der die Federführung bei der Verfassung von 1791 innehatte.[561] Diese enthält somit widersprüchliche Angaben bezüglich der Stimmberechtigung. Die Erklärung der Menschen- und Bürgerrechte spricht sich für ein allgemeines Stimmrecht aus, im eigentlichen Verfassungstext hingegen wird klar unterschieden zwischen Aktivbürgern und Passivbürgern,[562] wobei nur Erstere an der staatlichen Willensbildung teilnehmen sollen.[563]

Das Stimmrecht wird somit in der französischen Verfassung von 1791 nicht von der Rechtsgleichheit erfasst: Einerseits wird das Hauptanliegen der französischen Revolution nach gleichen Rechten und gleichen Gesetzen statuiert, andererseits wird im Bereich des Stimmrechts mit der Einführung von Aktivbürgern und Passivbürgern unter der Federführung von Sieyès eine abweichende Regelung getroffen: Die Stimmberechtigung wird von Voraussetzungen abhängig gemacht, und explizit werden auch die vom Stimmrecht Ausgeschlossenen genannt.[564] Der Kreis der Stimmberechtigten wird durch einen Zensus eingeschränkt; zudem führt ein Wahlmännersystem zu indirekten Wahlen.[565]

---

561 Bereits im Juli 1789 sprach sich Sieyès klar gegen ein allgemeines Stimmrecht aus: «Tous ne sont pas citoyen actifs. Les femmes, du moins dans l'état actuel, les enfants, les étrangers, ceux encore qui ne contribueraient en rien à soutenir l'établissement public, ne doivent point influer sur la chose publique. Tous peuvent jouir des avantages de la société; mais ceux-là seuls qui contribuent à l'établissement sont comme les vrais actionnaires de la grande entreprise sociale. Eux seuls sont les véritables citoyens actifs, les véritables membres de l'association.» So SIEYÈS im Juli 1789, Reconnaissance et exposition raisonnée des droits de l'homme et du citoyen, 21, zitiert bei KUNZ, 1.

562 Aktivbürger sind stimmberechtigt, Passivbürger sind nicht stimmberechtigt.

563 Die Unterteilung nach Sieyès in *citoyens actifs* und *citoyens passifs* entspricht somit nicht der Unterteilung in aktives (Stimmberechtigung) und passives Stimmrecht (Wählbarkeit) nach heutiger Lehre.

564 HÉLIE, 1. Band, 273 f.: Gemäss der Französischen Verfassung vom 3./13. September 1791, Titre III, chapitre premier, section 2, Artikel 2 ist Aktivbürger, wer folgende Bedingungen erfüllt:

a. Französischer Staatsbürger
b. 25 Jahre alt
c. Wohnsitz in der Stadt bzw. in einem Kanton während einer bestimmten Zeit
d. Entrichtung einer direkten Steuer im Betrag von mindestens drei Taglöhnen
e. Keine Zugehörigkeit zur Klasse der Lohnbezüger
f. Eintrag in der Liste der Nationalgarden
g. Leistung des Bürgereides

Explizit ausgeschlossen sind (Artikel 5):

a. Personen, welche sich im Anklagezustand befinden
b. Falliten oder Zahlungsunfähige, welche nicht eine Generalquittung ihrer Gläubiger beibringen.

565 Siehe Französische Verfassung vom 3./13. September 1791, Titre III, chapitre premier, section 2, Artikel 6 ff., HÉLIE, 1. Band, 274 ff.

Obwohl der eigentlichen Verfassung von 1791 die Erklärung der Menschen- und Bürgerrechte von 1789 als integrierender Bestandteil und Grundlage vorangestellt wurde[566] und somit der in den Artikeln 1 und 6 formulierte Gleichheitsgrundsatz im Prinzip auf die ganze Verfassung Ausstrahlung finden sollte, wird mit der Unterscheidung von Aktiv- und Passivbürgern dem Gleichheitsgrundsatz nicht entsprochen, was offensichtlich damals nicht als Widerspruch empfunden wurde.[567] In den Verfassungen von 1793 und 1795 bzw. in der jeweils vorangestellten Erklärung der Menschen- und Bürgerrechte wird zwischen Mensch und Bürger unterschieden: Die Menschen sind gleich,[568] die Bestimmung, dass alle Bürger das Recht haben, sich an der Bildung des Gemeinwillens zu beteiligen,[569] fehlt hingegen. Der oben beschriebene Widerspruch besteht damit nicht mehr.

Es ist nachvollziehbar, dass im historischen Augenblick der Abkehr vom Absolutismus das liberale Prinzip mit seiner Betonung der Freiheit des Individuums vom Staat, die Selbstbestimmung des Einzelnen im Vordergrund stand und nicht die Rechtsgleichheit bei der Ausübung der politischen Rechte.[570]

Eine Ausnahme vom Vorrang des liberalen Prinzips bildet die französische Verfassung von 1793. Diese sah – weltweit erstmals – ein allgemeines, gleiches und direktes Stimmrecht für Männer vor. Durch die Gleichstellung der Ausländer in bestimmten Fällen war sogar vorgesehen, den Kreis der Stimmberechtigten zu erweitern.[571] Diese Verfassung trat jedoch nie in Kraft, stattdessen begann eine Terrorherrschaft, die bis 1795 andauern sollte. Die französische Verfassung von 1795 kehrte zurück zum Primat der Freiheit und sah wiederum ein eingeschränktes Stimmrecht vor.[572]

---

566 HÉLIE, 1. Band, 295.

567 Anlass zu Debatten gab die Abgrenzung von Aktiv- und Passivbürgern. Siehe HÉLIE, 1. Band, 312 f.

568 Französische Verfassung vom 24. Juni 1793, Déclaration des droits de l'homme et du citoyen, Artikel 3: «Tous les hommes sont égaux par la nature et devant la loi.» Zitiert nach HÉLIE, 2. Band, 376. Französische Verfassung vom 22. August 1795, Déclaration des droits de l'homme et du citoyen, Artikel 3: «L'égalité consiste en ce que la loi est la même pour tous (...)». Siehe auch SARTORIUS, 332.

569 Wie in Artikel 6, 2. Satz in der der Verfassung von 1791 bzw. Erklärung der Menschen- und Bürgerrechte noch statuiert, HÉLIE, 1. Band, 273 ff.

570 KLÄY, 34 ff.

571 Französische Verfassung vom 24. Juni 1793, Acte constitutionnel, Artikel 4: «Tout homme né et domicilié en France, âgé de vingt-un ans accomplis; Tout étranger âgé de vingt-un ans accomplis, qui, domicilié en France depuis une année, y vit de son travail, ou acquiert une propriété, ou épouse une Française, ou adopte un enfant, ou nourrit un vieillard; Toute étranger enfin qui sera jugé par le Corps législatif avoir bien mérité de l'humanité, est admis à l'exercice des droits de citoyen français.». Zitiert nach HÉLIE, 2. Band, 378.

572 Siehe HÉLIE, 2. Band, 438 f.

Rousseaus Konzept der unmittelbaren Demokratie geht vom Ideal der Identität der Regierenden mit den Regierten aus: Jeder soll beteiligt sein an der Bildung des Gemeinwillens, dem er unterworfen ist. Wer den Gesetzen gehorcht, soll auch ihr Urheber sein. Dieses Konzept ist Ausgangspunkt für das *allgemeine Stimmrecht im weiteren Sinne*, das in Anwendung des demokratischen Prinzips jedem Zugang zur staatlichen Willensbildung gewährt. Folglich besteht nach diesem Konzept kein Raum für von der staatlichen Willensbildung und somit vom Gesetzgebungsprozess Ausgeschlossene.

Wird das *allgemeine Stimmrecht im engeren Sinne* definiert, so bleibt Raum für Einschränkungen des Kreises der Stimmberechtigten.[573] In diesem Fall wird dem demokratischen Prinzip bereits Genüge getan, wenn der Staat allen erwachsenen Bürgern ohne Ansehen der Abstammung, des Standes, des Vermögens, der Religion und der Weltanschauung das Stimmrecht zuerkennt.[574]

Es bleibt festzuhalten, dass Artikel 6 der Erklärung der Menschen- und Bürgerrechte von 1789[575] eindeutig das allgemeine Stimmrecht postuliert. Handelt es sich hier nun um das allgemeine Stimmrecht im weiteren Sinne, das keine Einschränkungen zulässt, oder um das allgemeine Stimmrecht im engeren Sinne, wonach Stimmrechtsausschlüsse möglich sind? Der Grundsatz der Volkssouveränität ist in Artikel 3 der Erklärung der Menschen- und Bürgerrechte von 1789[576] verankert; dieser gibt Anlass zu unterschiedlichen Interpretationen des Souveränitätsbegriffs:[577] Die Anhänger eines individualistisch geprägten Souveränitätsbegriffs sind Schüler Rousseaus[578] und übertragen die politische Rechtsgleichheit auch auf das Stimmrecht. Sie sehen den Einzelnen, das Individuum, als souverän, und es bleibt kein Spielraum für Stimmrechtsbeschränkungen. Für die Anhänger einer kollektiv verstandenen Souveränität ist das Ganze, «la nation», souverän, und die Gesellschaft bestimmt, wer stimmberechtigt ist.[579]

---

573 HANGARTNER, Der lange Weg, 127.

574 ZIPPELIUS, 180.

575 Erklärung vom 26. August/3. November 1789, Artikel 6: «La loi est l'expression de la volonté générale. Tous les citoyens ont le droit de concourir, personnellement ou par leurs représentants, à sa formation. Elle doit être la même pour tous (...). Tous les citoyens sont égaux à ses yeux (...)» zitiert nach HÉLIE, 1. Band, 30 f. Französische Verfassung vom 3./13. September 1791, Déclaration des droits de l'homme et du citoyen, Artikel 6: gleichlautende Formulierung wie in der Erklärung vom 26. August/3. November 1789. Siehe HÉLIE, 1. Band, 268 f. Siehe auch SARTORIUS 332.

576 «Le principe de toute souveraineté réside essentiellement dans la nation. (...)» zitiert nach HÉLIE, 1. Band, 31.

577 KLÄY, 115 ff. m.w.Verw.

578 Der konsequenteste Vertreter des Grundsatzes der politischen Rechtsgleichheit war Robespierre (1758–1794). Siehe dazu KLÄY, 115 ff. m.w.Verw.

579 KLÄY, 118, weist zu Recht auf die Paradoxie hin: «Damit stehen wir vor der aufschlussreichen Paradoxie, dass die Zensusanhänger, die doch mit ihrer Rechtsabstufung die Ver-

Stimmrechtsbeschränkungen sind somit möglich.[580] Durchgesetzt hat sich in den 1790er Jahren die Theorie von der Kollektivsouveränität mit der Begründung, nur diese könne erklären, warum der Wille der Mehrheit zugleich den Gemeinwillen verkörpere. Für die Individualsouveränitätstheoretiker würde die Unterwerfung der Minderheit unter den Mehrheitswillen eine Verletzung des individualistischen Prinzips bedeuten, denn nur die Einstimmigkeit könne den Willen der Gesellschaft verkörpern.[581]

schiedenheit unter den Menschen und damit die Individualität in den Vordergrund stellen, sich in der Frage des Wahlrechtes auf einen kollektivistisch gefassten Souveränitätsbegriff stützen, während die Demokraten, die sonst den Kollektivcharakter der Staatsgemeinschaft betonen, sich hier für das Recht des Individuums wehren.»

580 So wurde die rechtstheoretische Grundlage für den Wahlzensus gelegt. Siehe auch POLEDNA, Wahlrechtsgrundsätze, 191.

581 KLÄY, 118 f., m.w.Verw.

IV. Exkurs 2: Ausschluss vom Stimmrecht

1. Ausschlussmechanismus

Demokratie ist vom Grundsatz geprägt, dass sich alle am politischen Prozess beteiligen. Dieser Prozess ist dynamisch, denn die Rechts- und Staatsordnung ist unabgeschlossen: Recht und Staat müssen den sich ändernden Bedürfnissen der Gesellschaft gerecht werden können. Für die Weiterentwicklung dieser Ordnung sind demokratische Mitwirkungsmöglichkeiten notwendig.[582]

Es fragt sich nun, wer die Verantwortung für diese Weiterentwicklung tragen soll. Allen, die vom formellen staatlichen Willensbildungsprozess ausgeschlossen sind, weil sie keine Stimmberechtigung haben, bleiben nur informelle Möglichkeiten, sich in den politischen Prozess einzubringen.[583] Von der Verantwortung für die Weiterentwicklung sind sie formell ausgeschlossen.

Für die Begründung des Stimmrechtsausschlusses wird die dualistische Rechtsnatur des Stimmrechts[584] herangezogen. Diese rechtfertigt den Stimmrechtsausschluss mit dessen Organfunktion.[585]

Seit den 1960er Jahren widmet sich die Rechtssoziologie der Analyse von Inklusion und Exklusion und beleuchtet den Inklusions- bzw. Exklusionsprozess.[586]

2. Dualistische Rechtsnatur des Stimmrechts

Der Frage von Stimmrecht und Stimmrechtsausschluss widmet sich die *Theorie der Doppelnatur des Stimmrechts*: Dem Stimmrecht kommt eine dualistische Rechtsfunktion zu. Damit lässt sich ein Stimmrechtsausschluss begründen.

> Die dualistische Theorie des Stimmrechts hat sich heute durchgesetzt. Weitere Konzeptionen waren bzw. sind die subjektivrechtliche Theorie (das Stimmrecht ist ein subjektivrechtlicher Anspruch gegen den Staat) und die funktionelle Theorie des Stimmrechts (das Stimmrecht ist lediglich eine staatliche Funktion, eine Pflichterfüllung für den Staat).[587]
>
> Die Doppelnatur des Stimmrechts wurde schon von Rousseau herangezogen, indem er festhielt, dass «jeder Einzelne (…) sich in doppelter Hinsicht verpflichtet

[582] BÜCHLER, 33 f.

[583] Zu den informellen Möglichkeiten, sich am Entscheidfindungsprozess zu beteiligen, siehe u.a. HANGARTNER/KLEY, Rz. 27 f. und 1. Kapitel I.

[584] Siehe 5. Kapitel IV. 2.

[585] So z.B. in Bezug auf die Verknüpfung von Stimmrecht und Bürgerrecht, siehe TANQUEREL, N 101 und 114 ff. Siehe 5. Kapitel VI. 1. a.

[586] Siehe 5. Kapitel IV. 3.

[587] AFFOLTER, 89 ff.; AUER, droits politiques, 10 ff.; MAHON, N 4 zu § 20; TSCHANNEN, Staatsrecht, N 11 und 13 ff. zu § 48; TSCHANNEN, Stimmrecht, Rz. 24 f.

findet, nämlich als Glied des Souveräns gegenüber den Einzelnen und als Glied des Staates gegenüber dem Souverän.»[588] Rousseau denkt den Staat als etwas organisches Ganzes, das allein durch die Summe seiner Teile nicht erklärt werden kann. Das Ganze ist deshalb nach der Terminologie Rousseaus eine Körperschaft.

Mit der Ausübung des Stimmrechts nimmt der Stimmberechtigte nicht nur seine politische Freiheit wahr, sondern er erfüllt gleichzeitig eine öffentliche Funktion. Die Ausübung der politischen Rechte stellt somit einerseits einen individuellen Akt des Stimmberechtigten dar (subjektive Berechtigung), andererseits gelten die so gefassten Beschlüsse der Gesamtheit der Stimmberechtigten als Willensäusserung des Staates, das Stimmvolk hat somit Organfunktion (objektive Funktion).[589]

Aus dieser Doppelnatur des Stimmrechts ergeben sich folgende Funktionen:[590] Einerseits ergibt sich aus dem Stimmrecht der individualrechtliche Anspruch auf freie und unverfälschte Äusserung des politischen Willens im Sinne einer Partizipationsbefugnis, andererseits nehmen die Stimmberechtigten eine Organfunktion und damit eine öffentliche Funktion war. Das Stimmrecht ist einerseits ein Recht, ein Status, und andererseits eine staatliche Funktion. Als Rechtsstatus verschafft es dem einzelnen Stimmberechtigten den Zugang zu den politischen Rechten und ermöglicht diesem so, politische Freiheit wahrzunehmen. Dieser Aspekt steht verfassungspolitisch im Vordergrund.[591] Als Träger von Mitwirkungsrechten bei der Ausübung der Staatsgewalt stellt der Stimmberechtigte ein Teilorgan des Staates dar. Die Gesamtheit der Stimmberechtigten bildet das oberste Staatsorgan.

Der individualrechtliche Anspruch und die organrechtliche Funktion des Stimmrechts stehen in einem Spannungsfeld: Wenn der Summe der Stimmberechtigten Organfunktion zukommt, so setzt dies voraus, dass die Mehrheit der Stimmberechtigten das Interesse der Allgemeinheit im Auge hat.[592]

Das Festlegen einer Altersgrenze sowie das Erfordernis der Urteilsfähigkeit für die Ausübung des Stimmrechts sind durch die Organstellung der Stimmberechtigten gerechtfertigt, denn diese Voraussetzungen sind zweifelsohne im Interesse der Allgemeinheit.

---

588 ROUSSEAU, Gesellschaftsvertrag, 37 ff. (I/7).

589 HANGARTNER/KLEY, Rz. 326 und 327; ausführliche Auseinandersetzung mit der Rechtsnatur der Volksrechte bei AUER, droits politiques, 10 ff., AFFOLTER, 89 ff.

590 BGE 119 Ia 167 E. 1.d.; AUER, droits politiques, 10 ff.; AFFOLTER, 89 ff.; GIACOMETTI, 206 ff.; HÄFELIN ET AL., Rz. 1381 ff.; HANGARTNER/KLEY, Rz. 7 ff.; TSCHANNEN, Staatsrecht, N 11 zu § 48.

591 HANGARTNER/KLEY, Rz. 8.

592 Zum Spannungsfeld zwischen individualrechtlichem Anspruch und organrechtlicher Funktion siehe BÜCHLER, 20 ff.; DIETSCHI, 25 f.

Der Stimmrechtsausschluss von Personen ohne Bürgerrecht wird ebenfalls durch die Organstellung der Stimmberechtigten[593] begründet.[594] Hier ist die Ausgangslage widersprüchlich: Wenn das Ausländerstimmrecht auf Bundesebene als Ausfluss der Organfunktion der Stimmberechtigten zurzeit nicht als im Interesse der Allgemeinheit betrachtet wird, wie wird dann begründet, dass auf kantonaler oder Gemeindeebene offensichtlich ein allgemeines Interesse besteht, dass Ausländerinnen und Ausländer mit dem Stimmrecht Organfunktion wahrnehmen? Diese Diskrepanz ist einerseits exemplarisch für die Wandelbarkeit der Interessen der Allgemeinheit bzw. deren Weiterentwicklung. Andererseits zeigt sie auf, dass die Theorie der Doppelnatur des Stimmrechts in ihrer Anwendung einen opportunistischen Aspekt aufweisen kann.[595]

3. Inklusion und Exklusion aus rechtssoziologischer Sicht

a. Einleitung

Die Frage von Stimmrecht und Stimmrechtsausschluss kann auch aus *rechtssoziologischer* Sicht betrachtet werden. Die Rechtssoziologie widmet sich dem Verhältnis von Recht und Gesellschaft und stellt der Rechtsordnung weitere soziale Ordnungen gegenüber. Die Rechtssoziologie hat Theorien entwickelt, die sich einerseits mit der Gesellschaft als System mit verschiedenen gesellschaftlichen Teil- oder Subsystemen (Systemtheorie)[596] sowie andererseits mit dem Prozess, wie rechtliche Regeln entstehen sollen, die beispielsweise bestimmen, wer am politischen System teilhaben soll und wer nicht (Diskurstheorie),[597] befassen.

---

593 Der Ausschluss der Frauen vom Stimmrecht wurde mit der Organstellung (der Männer) begründet. Die Einschränkung des Stimmrechts auf männliche Bürger, wie sie bis 1971 auf eidgenössischer Ebene galt, ist heute nicht mehr vorstellbar.

594 Aus der Organstellung werden weitere Konsequenzen abgeleitet, so etwa: die Stimmpflicht als Verpflichtung zur Teilnahme an Wahlen und Abstimmungen, Pflichtkandidatur und Amtszwang, oder die Legitimationsvoraussetzungen zur Stimmrechtsbeschwerde. Zusammenstellung und Einzelheiten bei TSCHANNEN, Staatsrecht, N 14 ff zu § 48 m.w.Verw. Die Organstellung der Stimmberechtigten wird auch ins Feld geführt, wenn es um Fragen rund um die wachsende Stimmabstinenz geht. MACON, N 8 zu § 20 m.w.Verw. Generell zur Stimmabstinenz siehe TSCHANNEN, Stimmrecht, Rz. 381 ff. Aufschlussreich auch die Ergebnisse der Untersuchung von SERDÜLT im Zusammenhang mit der regelmässig unter 50 Prozent liegenden Stimmbeteiligung. SERDÜLT, 41 ff.

595 Zur Stärkung der individualrechtlichen Subjektposition gegenüber der Organfunktion siehe RÜEGGER, 87 ff. m.w.Verw., und 98 ff. m.w.Verw.

596 Siehe nachfolgend die Ausführungen über Talcott Parsons (5. Kapitel IV. 3. b.), John Rawls (5. Kapitel IV. 3. c.) und Niklas Luhmann (5. Kapitel IV. 3. d.). Siehe auch ZIPPELIUS, 12 ff.

597 Siehe nachfolgend die Ausführungen zu Jürgen Habermas (5. Kapitel IV. 3. e.) und Seyla Benhabibs Theorie der Zugehörigkeitsgerechtigkeit (5. Kapitel IV. 3. f.).

Die Systemtheorie schematisiert die moderne Gesellschaft und begreift sie als ein (geschlossenes) System oder als eine Ordnung von mehreren Teilsystemen, die miteinander in Verbindung stehen.

Die moderne Gesellschaft gliedert sich zunehmend in Teilsysteme auf, wobei jedes Teilsystem exklusiv zuständig ist für die Bearbeitung seines Teilsystems. So werden nur im politischen Teilsystem die Gesellschaft bindende Entscheidungen gefasst und durchgesetzt.[598]

In den 1960er Jahren wurden in der Systemtheorie die Begriffe der Inklusion und Exklusion entwickelt.[599]

Inklusion und Exklusion beschreiben Teilnahme oder Nichtteilnahme an einem (Teil-)System, wobei Inklusion als Prozess zu verstehen ist. Am Beispiel des Stimmrechts erläutert, bedeutet Stimmrecht Inklusion bzw. Stimmrechtsausschluss Exklusion vom politischen System. Der Grundsatz des allgemeinen Stimmrechts hat sich in der Geschichte in einem Prozess weiterentwickelt: Immer mehr gesellschaftliche Gruppen wurden in das politische System inkludiert, indem ihnen mit dem Stimmrecht die Teilnahme am formalisierten Willensbildungsprozess zuerkannt worden ist.[600]

Die Inklusion aller Mitglieder der Gesellschaft in alle Teilsysteme gilt als Voraussetzung für die gesellschaftliche Entwicklung. Ziel sei die Vollinklusion.[601] Die Inklusion ins politische System erfolgt über das Stimmrecht. Wenn das Ziel ist, alle Mitglieder der Gesellschaft ins politische System zu inkludieren, so steht dies in einem Spannungsfeld zur Staatsbürgerschaft, die regelmässig als Voraussetzung für die Ausübung der politischen Rechte postuliert wird,[602] und allgemein zur Selbstreferenz, die dem politischen System zukommt, wenn Teilsysteme als geschlossene Systeme verstanden werden.[603]

Im Zusammenhang mit Inklusion ins politische System bzw. Exklusion von demselben, d.h. mit Stimmrecht und Stimmrechtsausschluss, lassen sich folgende Fragen formulieren:

Erstens: Wer regelt Inklusion und Exklusion? Wer formuliert die Voraussetzungen für die Inklusion ins politische System? Wer bestimmt, wer vom politischen System ausgeschlossen ist?

---

598 FARZIN, 40 ff. Weitere Aufgaben von Teilsystemen beschreibt STICHWEH, Inklusion und Exklusion, 76.

599 Siehe nachfolgend die Ausführungen zu Talcott Parsons (5. Kapitel IV. 3. b.) und PARSONS, Full Citizenship, 252 ff.

600 Siehe 5. Kapitel II.

601 FARZIN, 41; OPITZ, 95; STICHWEH, Inklusion und Exklusion, 71 f.

602 GUSY, 249 f.; STICHWEH, Der Fremde, 67 ff.; STICHWEH, Inklusion und Exklusion, 76.

603 Zur Geschlossenheit der Teilsysteme siehe beispielsweise LUHMANN, Systemtheorie, 92 ff.; LUHMANN, Theorie der Gesellschaft; 235 ff.; RAWLS, Liberalismus, 111 f.

Zweitens: Haben ethisch-moralische Kriterien einen Platz bei der Festlegung der Voraussetzungen für die Inklusion ins politische System und – falls ja, – auf einer überpositiven Ebene im Sinne eines archimedischen Punktes oder auf der positiven Ebene, indem diese Kriterien in den Gesetzgebungsprozess einfliessen? Die Anerkennung universeller Menschenrechte als übergeordnetes ethisch-moralisches Kriterium kann in Konflikt geraten mit der Souveränität des Volkes, der Selbstreferenz. Überpositive universelle Menschenrechte sind Ausfluss des Primats der Gleichheit; Volkssouveränität hingegen folgt dem Primat der Freiheit. Gleichheit und Freiheit befinden sich im Spannungsverhältnis von Naturrecht und Rechtspositivismus.[604]

Drittens: Gibt es konkrete Kriterien, nach denen sich Exklusion vom politischen System rechtfertigt? Vorausgesetzt, der Volkssouveränität wird eine ethisch-moralische Grenze gesetzt beim Bestimmen der Ausschlusskriterien, wie lauten diese Kriterien?

Nachfolgende Übersicht zeigt exemplarisch auf, wie in der System- und Diskurstheorie Gesellschaft und Rechtssetzungsprozess beschrieben werden. In der Schlussfolgerung werden Lösungsansätze für die Fragen vorgeschlagen.[605]

b. Talcott Parsons

Den Grundstein für die soziologische Systemtheorie legt *Talcott Parsons*:[606]

Parsons beschreibt die Gesellschaft als ein allgemeines Handlungssystem mit vier Subsystemen.

> Jedes Subsystem bearbeitet einen Aspekt des Entwicklungsprozesses der Gesellschaft. Den Kern der Subsysteme bildet das Subsystem «gesellschaftliche Gemeinschaft», das die Funktion hat, ein Normensystem hervorzubringen, eine «legitime Ordnung». Anschliessend unterscheidet Parsons drei weitere Subsysteme, die die sog. Umwelt des Kerns bilden.[607]

Die Subsysteme bilden ein zusammenhängendes System, sie stehen in einem gegenseitigen Austauschprozess[608] und sind folglich keine geschlossenen Systeme. Somit ist in Parsons' Subsystemen keine Selbstreferenz, keine Eigenregie zu beobachten. Erst im Anschluss an Parsons entwickelt die Systemtheorie das Prinzip der Selbstreferenz der Subsysteme.[609]

---

604 Siehe beispielsweise HABERMAS, 112 ff.

605 Siehe 5. Kapitel IV. 3. g.

606 Talcott Parsons ist ein US-amerikanischer Soziologe (1902–1979).

607 Im Einzelnen siehe PARSONS, System moderner Gesellschaften, 12 ff.

608 PARSONS, System moderner Gesellschaften, 14 f.

609 Folgerichtig schreibt LUHMANN, Systemtheorie, 40: «Aber in dem Masse, in dem die Systemtheorie auf Selbstreferenz umschaltet, zeigt sich, dass die parsons'sche Theorie nicht mehr rezeptionsfähig ist.»

Parsons hat das Inklusionskonzept entwickelt. Inklusion in die Subsysteme ist für Parsons – und später auch für Luhmann[610] – eine Voraussetzung für gesellschaftliche Entwicklung.[611] Parsons beschreibt als Erster den Mechanismus von Inklusion und Exklusion, und zwar am Beispiel der gesellschaftlichen Stellung der afroamerikanischen Bevölkerung in den Vereinigten Staaten um 1965. Obwohl diese de iure US-amerikanische Staatsbürger sind, werden die diskiminiert und ausgegrenzt, d.h. gesellschaftlich exkludiert, so Parsons.

> Als eigentlicher Startpunkt einer Theorie von Inklusion und Exklusion gilt Talcott Parsons' Aufsatz «Full Citizenship for the Negro American?». Für Parsons bedeutet Inklusion nicht die Abschaffung ethnischer, religiöser oder anderer Zugehörigkeiten, sondern die Aufgabe, diese Zugehörigkeiten in die US-amerikanische Gesellschaft zu inkludieren. Inklusion bedeute nicht die Aufgabe der eigenen Identität, sondern die Anerkennung eines kulturellen Pluralismus. Die Zukunft der Demokratie sei nur dann gesichert, wenn sie sich auf die «Mitgliedschaft» aller Gruppen einrichte. Eine Schlüsselrolle auf dem Weg zur Chancengleichheit komme der Staatsbürgerschaft zu.[612] Parsons verwendet den Begriff «Citizenship» (Staatsbürgerschaft) mehrdimensional und subsumiert darunter Inklusion in gesellschaftliche Subsysteme über die Staatsbürgerschaft hinaus.[613]

Obwohl die Staatsbürgerschaft nicht vor Exklusion schützt, kommt ihr doch im Prozess der Inklusion in die gesellschaftliche Gemeinschaft eine Schlüsselrolle zu.[614]

> Die Staatsbürgerschaft hat ihre Schlüsselrolle im Nachgang der demokratischen Revolution im ausgehenden 18. Jahrhundert erhalten. Neben der Einführung des allgemeinen Stimmrechts und der Abschaffung der Stimmgewichtung stelle die Komponente der Staatsbürgerschaft die wichtigste neue Grundlage des gesellschaftlichen Inklusionsprozesses dar, so Parsons. Die Staatsbürgerschaft konnte ihre Bedeutung als wichtigste Komponente erst erlangen, nachdem sich die Ungleichheiten der absolutistischen Regierungsform in der feudalen Gesellschaft verringert hatten. Nun erst konnten neue Spannungen entstehen, und zwar zwischen Chancengleichheit und Mitgliederrechten, sprich der Inklusion in die Gesellschaft mittels Staatsbürgerschaft.[615]

Parsons' Verdienst ist es, das Konzept von Inklusion und Exklusion entwickelt zu haben. Seine Subsysteme sind jedoch keine geschlossenen Systeme und damit noch nicht selbstreferenziell, d.h., wer ins Subsystem inkludiert ist, wird

[610] Siehe 5. Kapitel IV. 3. d.
[611] Siehe auch FARZIN, 40 ff.
[612] PARSONS, Full Citizenship, insbes. 258 ff.
[613] Siehe auch FARZIN, 42 f.
[614] PARSONS, System moderner Gesellschaften, 118 ff.
[615] PARSONS, System moderner Gesellschaften, 32 f. und 105 ff.

nicht durch das Subsystem alleine bestimmt, weil die Subsysteme nicht sog. Geschlossen sind.

c. John Rawls

Der Erste, der die Gesellschaft als geschlossenes System beschreibt, ist *John Rawls*.[616] Wird die Gesellschaft als geschlossenes System verstanden, so definiert sie sich selber und schafft so Inklusion und Exklusion.[617] Weil das System ein geschlossenes ist, mit Selbstreferenz und Eigenregie, sind die Regeln betreffend Inklusion und Exklusion umso wichtiger. Rawls entwickelt hierfür die «Theorie der Gerechtigkeit» bzw. die «Theorie der Gerechtigkeit als Fairness» und rückt den Gerechtigkeitsbegriff ins Zentrum der Forschung.[618]

> In seiner Theorie der Gerechtigkeit postuliert er faire Chancengleichheit und formuliert das Prinzip der Fairness: Politische Gerechtigkeit muss fair sein, Gerechtigkeit ergibt sich aus fairen Prinzipien. Prinzipien sind nur dann fair, wenn sie den am schlechtesten gestellten Individuen gerecht werden. Dazu konstruiert Rawls den «Urzustand», eine Art Anfangssituation, die es erlaubt, sich diese fairen Prinzipien vorzustellen, ohne vorhandene Voraussetzungen zu berücksichtigen. Mit dem Urzustand versucht Rawls die klassische Theorie des Gesellschaftsvertrages von Locke, Rousseau und Kant zu verallgemeinern und auf eine höhere Abstraktionsstufe zu heben.[619] Rawls sucht nach den Grundsätzen, die freie und vernünftige Menschen in einer theoretischen bzw. hypothetischen Anfangssituation der Gleichheit für ihre Grundverhältnisse annehmen würden. Diese Grundsätze der Gerechtigkeit sind per se fair, weil sie in einer fairen Anfangssituation vereinbart wurden. Die Mitglieder der Gesellschaft sind autonom, die Grundsätze der Fairness haben sie sich selbst in der hypothetischen Anfangssituation auferlegt.[620] Die von Rawls entwickelte «Theorie der Gerechtigkeit als Fairness» kann aus dieser Sicht als autopoietisch[621] bezeichnet werden.

---

[616] John Rawls ist ein US-amerikanischer Philosoph (1921–2002).

[617] RAWLS, Liberalismus, 111 f.; RAWLS, Gerechtigkeit, 21–24 und 493 ff.

[618] RAWLS hat seine 1971 formulierte «Theorie der Gerechtigkeit» 30 Jahre später überarbeitet zur «Theorie der Gerechtigkeit als Fairness». Der Ansatz des Prinzips der Fairness ist bereits in seiner «Theorie der Gerechtigkeit» enthalten.

[619] RAWLS, Gerechtigkeit, 27 ff. und 140 ff.; RAWLS, Liberalismus, 89 ff., Gerechtigkeit als Fairness, 38 ff. und 132 ff.

[620] RAWLS, Gerechtigkeit, 30 ff.

[621] Zum Begriff der Autopoiesis siehe LUHMANN, Systemtheorie, 111: «Es geht um das System, das sein eigenes Werk ist» und 116: «Ein System ist entweder autopoietisch oder nichtautopoietisch. Es kann nicht ein bisschen autopoietisch sein.» Der Begriff wurde von HUMBERTO R. MATURANA in die Soziologie eingeführt, siehe LUHMANN, Systemtheorie, 109 Fussnote 39: «Autopoiesis heisst in der Definition von Maturana, dass ein System seine eigenen Operationen nur durch das Netzwerk der eigenen Operationen erzeugen kann.»

Die Theorie der Gerechtigkeit als Fairness beruht auf zwei Pfeilern: Mit der Forderung, dass Ungleichheiten einer Rechtfertigung bedürfen,[622] wird eine Begründung der Exklusion verlangt, die nach dem Fairnessprinzip auf ethisch-moralischer Ebene («Urzustand») anzusiedeln ist. Des Weiteren formuliert Rawls den Grundsatz der Vorrangstellung der Freiheit. Diese Vorrangstellung erkennt er den Menschen im Urzustand zu.[623]

Rawls entwickelt seine Theorie der Gerechtigkeit als Prinzip der Fairness und will damit den Konflikt zwischen den Prinzipien von Freiheit (der Teilsysteme in der Bestimmung der Selektionskriterien) und Gleichheit («Alle Menschen sind gleich»)[624] lösen. Zwar orientiert sich sein Konzept eines Urzustandes, das ermöglichen soll, die Kriterien von Fairness in der Gesellschaft zu ermitteln, am Gesellschaftsvertrag und scheint so der naturrechtlichen Tradition zu folgen.[625] Da sich die Gesellschaft im sog. Urzustand die Kriterien der Fairness selber auferlegt hat, sind diese Kriterien jedoch im System selber entwickelt worden.

Nach Rawls ist die Gesellschaft ein geschlossenes System und definiert sich somit selber. In seiner Theorie der Gerechtigkeit als Fairness gelingt es ihm mittels eines Kunstgriffs, des sog. Urzustands, einen ethisch-moralischen Bezugspunkt in seine Theorie einzubauen, ohne sich auf eine überpositivistische Ebene zu begeben. Daraus folgt, dass der Ausschluss vom politischen Teilsystem nach Rawls' Fairnessprinzip ethisch-moralisch zu begründen ist. Dazu hat sich die Gesellschaft im hypothetischen Anfangszustand verpflichtet.[626]

d. Niklas Luhmann

Niklas Luhmann[627] schliesst an Parsons und Rawls an: Er übernimmt in seiner Systemtheorie Parsons' Begriff der Inklusion, nicht aber das Postulat der Offenheit der Systeme. Er knüpft an Rawls' Erkenntnis der Selbstdefinition, der Autopoiesis[628] und der Geschlossenheit der sozialen Systeme an, die sich durch die Abgrenzung zu ihrer Umwelt konstituieren,[629] integriert aber – anders als Rawls mit seiner Theorie der Gerechtigkeit als Fairness – keinen Kernbestand an mora-

---

622 Rawls, Gerechtigkeit, 282.

623 Rawls, Gerechtigkeit, 282 f. und 588 ff.

624 «Alle Menschen sind gleich», so die Französische Erklärung der Menschen- und Bürgerrechte von 1789.

625 Rawls, Liberalismus, 327.

626 Rawls, Gerechtigkeit, 30 ff. und 282.

627 Niklas Luhmann ist ein deutscher Soziologe (1927–1998).

628 Luhmann, Systemtheorie, 100 ff., insbesondere 109 ff. zum Begriff der Autopoiesis.

629 Luhmann, Systemtheorie, 92 ff.; Luhmann, Theorie der Gesellschaft, 235 ff.

lischen Vorstellungen ins positive Recht und somit in die Regeln von Inklusion und Exklusion.

Luhmann steht ganz in der Tradition der Rechtspositivisten, deren Konzept er konsequent weiterentwickelt, wonach Rechtsnormen kraft Rechtssetzung durch den Souverän bzw. seine Vertreter Geltung erlangen. Rechtsnormen definieren wiederum den Souverän und somit definiert sich der Souverän selbst. Hier setzt Luhmanns Systemtheorie an:[630] Sie untersucht die sozialen Systeme und beschreibt dabei das Phänomen sozialer Ausgrenzung mittels der Differenzierung zwischen Inklusion und Exklusion.[631]

> Personen werden vorübergehend oder dauerhaft in verschiedene Teilsysteme (auch Funktionssysteme oder Subsysteme genannt) inkludiert, so auch in das politische System als Stimmberechtigte. Weitere Teilsysteme sind beispielsweise das Wirtschaftssystem, das Rechtssystem oder das Gesundheitssystem. Die Teilsysteme operieren autonom. Dabei definieren – und das ist der springende Punkt – die Teilsysteme selbst die Bedingungen und Selektionskriterien (Kommunikationscodes genannt), die für die Inklusion von Personen von Bedeutung sind. Teil des Systems ist, wer die Kommunikationscodes nutzen kann. Wer diese nicht nutzen kann, ist vom Funktionssystem ausgeschlossen. Der Kommunikationscode ist grundsätzlich binär und heisst für das Funktionssystem «formalisierter staatlicher Willensbildungsprozess» (als Subsystem des politischen Systems) Teilhabe oder Nichtteilhabe. Inhaber des Codes «Teilhabe» verfügen über das Stimmrecht als Medium, um am Funktionssystem teilnehmen zu können.
> Die Teilhabe am Entstehen bindender Entscheide wird sowohl vom politischen als auch vom rechtlichen System sichergestellt, beides sind Funktionssysteme der Gesellschaft. Sie kommunizieren durch strukturelle Kopplung[632] und sind dadurch

[630] LUHMANNS Systemtheorie ist nicht unkritisiert geblieben. So erkennt beispielsweise SCHÜTZ einen Zusammenhang zwischen der Systemumwelt der Autopoiesistheorie und Gott und unterstreicht die «alteuropäische Position», die Luhmann einnimmt, indem er «als Theoretiker in klassischer Manier» vorgeht: «Er respektiert den Gegenstand seiner Theorie als Gegenstand, was auch heisst, dass er ihn sich vom Leib hält. Er nützt dabei offen, ja sogar bis zur Neige die von ihm wiederholt thematisierte Tatsache, dass der Beobachter ausser seinem Gegenstand – zum Beispiel ein anderer Beobachter – nicht zugleich auch noch seine Beobachtung dieses Gegenstands beobachten kann.» SCHÜTZ schreibt vom luhmannschen Systembegriff «samt seinen banalisierten theologischen Bauelementen», und weiter über Luhmann: «Er mischt sich als kognitiver Hirschkäfer in den Kreis der normativ um Kredit balzenden Hirsche der Moral, der Politik, der Ökonomie, ja der Wissenschaft, ‹ohne Leitbild› (Adorno), aber auch ohne Gegenleitbild. (…) Unter Autopoiesis ist keine alles Bisherige in den Schatten stellende Steuerungskunst zu verstehen; kein Weg zur Gerechtigkeit, keine Anleitung zur Ausübung von Macht (…). Was immer autopoietisch genannt wird, hat ausser sich selbst keinen weiteren Zweck.» Siehe SCHÜTZ, 60 ff.

[631] LUHMANN, Soziale Systeme, 299.

[632] Zum Begriff der strukturellen Kopplung siehe LUHMANN, Systemtheorie, 118 ff. und LUHMANN, Theorie der Gesellschaft, 106 ff.

> miteinander verbunden. So wird der Code des politischen Systems – Teilhabe oder Nichtteilhabe – vom rechtlichen System definiert. Strukturelle Kopplung sichert die Funktionsweise der involvierten Systeme, diese bleiben jedoch autopoietisch. Die Kopplung des rechtlichen und des politischen Systems erfolgt über die Gesetzgebung.[633] Vorrangstellung hat die Verfassung; sie registriert politische Entscheide in Rechtsform. Die Verfassung als positives Recht bestimmt positives Recht und legt damit fest, wie politische Macht organisiert wird.

Grundgedanke des systemtheoretischen Ansatzes nach Luhmann ist das Selbstbestimmungsrecht des Souveräns, seine Freiheit, als Teilsystem selber zu definieren, wer zum System gehört und wer nicht.

Klar ist, dass ein sich abgrenzendes System auf der Basis von Selbsterzeugung und Selbstergänzung der Gestaltung einer gerechten Gesellschaft enge Grenzen setzt. Auch wenn Luhmann den «Beobachter zweiter Ordnung»[634] einführt, bietet er keinen Lösungsansatz für den Konflikt Freiheit versus Gleichheit, sondern bleibt seiner Theorie der Zirkularität[635] der autopoietischen Systeme treu.

> In seiner Theorie der «Beobachtung zweiter Ordnung» sind beide Beobachtungsebenen auf gleicher Stufe. Es handelt sich beim Beobachter zweiter Ordnung also keinesfalls um Gott als überkompetenten externen Beobachter.[636] Die Beobachtung zweiter Ordnung wird als Re-entry bezeichnet.[637]
> Wenn die Systeme Politik und Recht autopoietisch sind, es keine überpositivistischen Regeln gibt und die strukturelle Kopplung in erster Linie durch die Verfassung erfolgt, so liesse sich im Lichte der selbstreferentiellen Systemtheorie fragen, welche Bedeutung der Präambel der Verfassung zukommt, die sich auf Gott beruft.[638]

Gedanken zur Autopoiesis des Subsystems Recht macht sich etwa auch *Gunther Teubner*:[639] Recht ist selbstreferentiell, autopoietisch, und wird nicht extern bestimmt – weder durch Texte, weltliche Macht, Naturrecht oder göttliche Offenbarung, sondern es entspringt der eigenen Positivität, die willkürlich sein kann.[640] Die Problematik des Fehlens eines archimedischen Punktes[641] ausser-

---

633 Zur strukturellen Kopplung des rechtlichen und des politischen Systems sowie zur Bedeutung der Verfassung siehe HUBER, 128 f., 137, 152 ff. m.w.Verw.

634 LUHMANN, Systemtheorie, 141 ff., insbesondere 155 f.

635 LUHMANN, Systemtheorie, 166 f.

636 LUHMANN, Theorie der Gesellschaft, 288 ff.; LUHMANN, Systemtheorie, 155 f.

637 LUHMANN, Systemtheorie, 166 f.

638 Siehe beispielsweise die Präambel der Bundesverfassung der Schweizerischen Eidgenossenschaft vom 18. April 1999: «Präambel. Im Namen Gottes des Allmächtigen! Das Schweizervolk und die Kantone, (...) geben sich folgende Verfassung: (...)».

639 Gunther Teubner ist ein deutscher Rechtswissenschaftler (geb. 1944), der sich u.a. mit der Autopoietik des Rechts befasst hat.

640 TEUBNER, autopoietisches System, 8.

641 TEUBNER, autopoietisches System, 7.

halb des Rechts im autopoietischen System versucht Teubner mit einer sekundären Normierung (Hyperzyklus) zu lösen.

Teubner definiert das (autopoietische) Subsystem Recht als Sozialsystem zweiter Ordnung und verknüpft dieses mittels eines Hyperzyklus mit einem seinerseits ebenfalls autopoietischen Sozialsystem mit eigenständiger operativer Geschlossenheit, aber diesmal von erster Ordnung und nimmt so eine strukturelle Kopplung der beiden Systeme vor. Aufgrund der strukturellen Kopplung entsteht nun ein den binären Codes der beiden Funktionssysteme übergeordneter Meta-Code.[642] Wenn es um die Frage von Teilnahme oder Nichtteilnahme am politischen System geht, werden die Systeme Recht und Politik strukturell gekoppelt. Aus dem nun entstehenden Hyperzyklus entsteht ein Meta-Code, der auf Verfassungsebene[643] Inklusion bzw. Exklusion regelt. Mit der Konstruktion des Meta-Codes gelingt es, unter Beibehaltung der These der Autopoiesis der Systeme eine Metaebene einzuführen, ohne sich auf die moral-ethische oder überpositivistische Ebene zu begeben.

Konsequenterweise erteilt Teubner der Gerechtigkeit als oberstem Rechtsprinzip oder als rechtlichem Entscheidkriterium eine Absage: Gerechtigkeit ist aus seiner Sicht das Ergebnis von Selbstbeschreibung.[644]

Für Teubner wie Luhmann gibt es keine überpositivistische Ebene mit ethisch-moralischen Kriterien für Stimmrecht und Stimmrechtsausschluss. Die Teilsysteme sind autonom, womit einer Metaregulierung mit moralischem Inhalt eine Absage erteilt wird.[645] Es sind auch keine ethisch-moralischen Kriterien innerhalb des positiven Rechts im Rahmen des Gesetzgebungsprozesses zu beachten, wenn definiert wird, wer mittels Stimmrecht ins politische System inkludiert wird und wer nicht.

e. Jürgen Habermas

Jürgen Habermas[646] fokussiert, anders als Systemtheoretiker wie Luhmann, nicht auf Systeme, sondern auf Diskurs.

Diskurs beginnt, wenn kein Einverständnis bezüglich der Aussage eines Sprechers erreicht wird. Im Diskurs werden unterschiedliche Geltungsansprüche diskutiert. Ein mögliches Ergebnis ist der Konsens.[647]

---

642 TEUBNER, autopoietisches System, 36 ff.

643 LUHMANN, Gesellschaft der Gesellschaft, 782 f.

644 TEUBNER, Selbstsubversive Gerechtigkeit, ff.

645 LUHMANN, Gesellschaft der Gesellschaft, 782 f.; OPITZ 336 m.w.Verw.

646 Jürgen Habermas ist ein deutscher Philosoph und Soziologe (geb. 1929).

647 HABERMAS, 140.

Für das Recht bedeutet dies, dass Recht dann gerecht ist, wenn es das Ergebnis eines Prozesses, eines Verfahrens, ist.[648] Dieser Prozess erzeugt Legitimität. Mindestvoraussetzung für die Legitimität des Rechts ist, dass es in einem diskursiv gestalteten Verfahren entstanden ist und moralischen Grundsätzen nicht widerspricht.[649] Moral bezieht sich – anders als Recht – primär auf den freien Willen, auf inneres Verhalten und ist nicht mit Zwangsbefugnissen ausgestattet.[650] Es ist Aufgabe des positiven Rechts, den Bezug zur Moral herzustellen, indem das positive Recht das natürliche Recht abbildet.[651] Recht und Moral ergänzen sich,[652] stehen jedoch nicht in einem hierarchischen Verhältnis.[653]

Habermas' Diskurstheorie des Rechts will den Gegensatz zwischen epistemischer Demokratietheorie und radikaler Demokratietheorie überwinden. Die epistemische Demokratietheorie will ein allen gemeinsames Interesse, eine normative Wahrheit, ermitteln; im Vordergrund steht die Ermittlung des richtigen Rechts, ein verfahrensexterner Standpunkt kann die Ergebnisse des Mehrheitsentscheides als inhaltlich falsch kritisieren. Entscheide des Souveräns müssen sich dem Standard politischer Richtigkeit oder Gerechtigkeit annähern. Die Erkenntnis des richtigen Rechts steht im Vordergrund, nicht das allen Stimmberechtigten offenstehende Verfahren. Anders die radikale Demokratietheorie: Legitim sind alle Rechtsnormen, die Ergebnis eines demokratischen Verfahrens sind. Es gibt keinen verfahrensexternen Standpunkt, im Vordergrund steht die Souveränität des Volkes.[654]

Mit seiner Diskurstheorie entwickelt Habermas ein Verständnisschema für das Verhältnis von Recht und Moral. Er ortet eine ungeschlichtete Konkurrenzbeziehung zwischen Menschenrechten und Volkssouveränität,[655] zwischen Moralprinzip und Demokratieprinzip.[656] Er löst diese Konkurrenzbeziehung wie folgt: Menschenrechte seien so zu konzipieren, dass sie «weder dem souveränen Gesetzgeber als äussere Schranke bloss auferlegt, noch als funktionierendes Requisit für dessen Zwecke instrumentalisiert werden [können]».[657] Habermas will das Dilemma lösen, dass der Gesetzgeber weder die Menschenrechte als mora-

648 Zur diskurstheorethischen Deutung des Rechtsstaates und zum Verhältnis von Menschenrechten und Volkssouveränität bei Habermas siehe LIEBER, 160 ff. m.w.Verw.

649 HABERMAS, 137.

650 HABERMAS, 143.

651 HABERMAS, 136: Die Abbildung erfolgt im Sinne einer platonischen Verdoppelung; die Verdoppelung von Recht in natürliches und positives Recht fusst auf Platons Ideenlehre.

652 HABERMAS, 135 ff.

653 HABERMAS, 137.

654 Zur epistemischen und zur radikalen Demokratietheorie: Siehe LIEBER 2 f. m.w.Verw.

655 HABERMAS, 111.

656 HABERMAS, 136.

657 HABERMAS, 134 f.

lische Tatsachen vorfindet, um sie nur noch zu positivieren, noch etwas beschliessen können soll, was gegen die Menschenrechte verstösst.[658]

Er löst das Dilemma, indem er Moral nicht Recht überordnet, sondern sie in den Rechtssetzungsprozess integriert und von Verschränkung von Recht und Moral spricht; Moral und positives Recht stehen gemäss Habermas in einem Ergänzungsverhältnis.[659] Moral fliesst somit bei Habermas auf der Prozessebene ins positive Recht ein.[660]

f. Seyla Benhabib

Habermas' Diskurstheorie wird von *Seyla Benhabib*[661] erweitert. Sie entwickelt Ansätze zu einer normativen Theorie der Zugehörigkeitsgerechtigkeit («just membership»)[662] und rückt die Staatsbürgerschaft ins Zentrum ihrer Überlegungen für einen erneuerten Souveränitätsbegriff: Der Zugehörigkeitsstatus wird über die Staatsbürgerschaft geregelt und ist von grosser Bedeutung, bestimmt er doch die Mitsprachemöglichkeiten, den Zugang zu den politischen Rechten. Wenn der Zugang zur politischen Mitsprache in einer Gesellschaft, in der nicht nur Staatsbürgerinnen und Staatsbürger leben, über die Staatsbürgerschaft geregelt wird, so finden automatisch Inklusions- und Exklusionsmechanismen statt. Diese Situation macht den Widerspruch sichtbar zwischen souveräner Selbstbestimmung einerseits und der Einhaltung der universellen Menschenrechte andererseits.[663] Laut Benhabib ist nicht nur von einem Spannungsverhältnis auszugehen, sondern von einem offenen Widerspruch, einem Dilemma, zwischen dem Bekenntnis zu den Menschenrechten und der Wahrung der staatlichen Souveränität.[664]

> Es ist dabei systemtypisch, dass die Zuerkennung der Staatsbürgerschaft Sache des Souveräns ist. Die von den Exklusionskriterien Betroffenen können per definitionem nie an der Diskussion und Festlegung der Normen beteiligt sein.[665]

Benhabib stellt fest, dass, wenn als Grundvoraussetzung gelten soll, dass nur Normen und Vereinbarungen zulässig sind, denen alle Betroffenen zustimmen konnten,[666] kein Raum für Exklusion bleibt. Sie schliesst an die Diskurstheorie

---

658 Habermas, 670 (Nachwort zur vierten Auflage).

659 Habermas, 137 f.

660 Habermas, 568.

661 Seyla Benhabib ist eine jüdisch-türkische US-amerikanische Professorin für politische Theorie (geb. 1950).

662 Benhabib, 7 f.

663 Benhabib, 13 f.

664 Benhabib, 14.

665 Benhabib, 26.

666 Benhabib, 24 ff.

an, die die Situation, die Zustimmung oder Ablehnung ermöglicht, «Diskurs» nennt. Die Frage, die auf der Hand liegt, ist die Frage nach der Diskursreichweite, d.h., wer am Diskurs teilnehmen darf und wer nicht.[667]

Das rechtsstaatliche Bekenntnis zu den universell gültigen Menschenrechten postuliert, dass das Volk nicht nur Gegenstand, sondern auch Urheber der Gesetze ist, denen es unterliegt. Dieses Postulat ist jedoch zu keiner Zeit verwirklicht worden: Nie waren alle, die der Rechtsprechung faktisch unterworfen waren, auch Angehörige des demos, noch nie konnten alle Bewohnerinnen und Bewohner eines Territoriums sich an der politischen Mitbestimmung beteiligen.[668] Wer bestimmt nun den Kreis derer, die am System der politischen Mitbestimmung teilhaben können?

Wie bereits beschrieben, ist es nach der Systemtheorie systemimmanent, dass die Funktionssysteme in Eigenregie bestimmen, wer Teil des Systems ist und wer nicht, wer ins System inkludiert ist und wer exkludiert wird, wer die Kommunikationscodes nutzen kann und wer nicht. Aus diskurstheoretischer Sicht wird die Diskursreichweite ebenfalls von den Diskursteilnehmenden bestimmt: Wer schon am Diskurs teilnimmt, bestimmt dessen Reichweite, d.h., wer am Diskurs teilnehmen darf und wer nicht, wer inkludiert ist und wer nicht.

Benhabib fordert, dass die Praktiken von Inklusion und Exklusion – insbesondere den Exkludierten gegenüber – zu begründen seien und die Gründe für beide Seiten akzeptabel sein müssen.

> Unzulässig wären demzufolge Gründe für die Exklusion, die der Exkludierte nicht selber zu verantworten hat, wie beispielsweise Rasse, Geschlecht, Religion.[669] Zulässig wären Aufnahmevoraussetzungen, die den Nachweis bestimmter Qualifikationen, Fähigkeiten oder Ressourcen verlangen, denn diese sind selber verantwortbar. Diese Sicht schränkt die Volkssouveränität ein, sie beschränkt die Entscheidungsfähigkeit des Souveräns durch die Vorgabe, dass Ausschlussgründe akzeptabel sein müssen.[670]

Gemäss Benhabibs Theorie der Zugehörigkeitsgerechtigkeit ist es auch aus universalistischer Sicht vertretbar, das Bürgerrecht für die Teilhabe an der politischen Mitsprache vorauszusetzen; die Bedingung der akzeptablen Gründe verlagert sich dann auf die Ebene der Voraussetzungen für den Erwerb des Bürgerrechts, indem hier nun nur Gründe für eine Verweigerung der Bürgerrechtserteilung akzeptabel sind, die die Person selber zu verantworten hat.[671]

---

667 BENHABIB, 25.

668 BENHABIB, 29 ff.

669 BENHABIB, 138 f.

670 BENHABIB, 140.

671 BENHABIB, 134 ff.

Benhabib versucht den Brückenschlag zwischen einem partikularen Selbstbestimmungsrecht und universalistischen Normen und fordert, die Zusammenhänge zwischen Wohnort, Bürgerrechten und demokratischen Mitwirkungsrechten im Rahmen der Debatte über politische Zugehörigkeit neu auszutarieren.[672]

> Die komplexe Lebensrealität geht nicht nur über die territorialen Grenzen hinweg (Stichwort Stimmrecht der im Ausland lebenden Staatsangehörigen in ihrem Heimatland),[673] sondern kennt andererseits den Status der Illegalität von Menschen ohne Papiere (Stichwort «Sans-Papiers»),[674] denen eine Einbürgerung und somit Mitsprache im Aufenthaltsland in der Regel verwehrt ist.
> Im Stimmrecht der im Ausland lebenden Staatsangehörigen erkennt Benhabib einen Vorboten eines Wandels des Souveränitätsbegriffs:[675] Ruhte früher die Souveränität des Volkes auf drei regulativen Säulen,[676] so sei heute nur noch das Prinzip, wonach alle, die einem Gesetz unterliegen, auch deren Urheber sein müssen, entscheidend. Sowohl der einheitliche Demos als auch die territoriale Begrenztheit seien nicht mehr haltbare Idealisierungen: Die Zusammensetzung des Demos sei nicht einheitlich gegeben, sondern Ergebnis eines Prozesses von Inklusion und Exklusion. Die territoriale Begrenzung der Souveränität stehe offensichtlich nicht im Einklang mit der Zunahme internationaler Rechtsnormen als Folge der Zusammenarbeit der Nationen. Dennoch sieht auch Benhabib keine andere Lösung, als für die Teilnahme an der politischen Mitbestimmung am territorialen Bezug anzuknüpfen. Da der Demos sich jederzeit neu konstituieren bzw. eine Erweiterung bestimmen und Teile von Exkludierten aufnehmen kann, scheint die territoriale Begrenzung der Souveränität akzeptabel.[677]

Benhabib geht grundsätzlich davon aus, dass die Stimmberechtigten selbst über Inklusion und Exklusion bestimmen und sich somit selbst konstituieren, hält gleichzeitig aber auch fest, dass es für Exklusion akzeptable und nicht akzeptable Gründe gebe.[678] Daraus ergibt sich, dass das Selbstbestimmungsrecht des Souveräns – die Volkssouveränität – im Ergebnis eingeschränkt ist. Benhabib postuliert daher das Recht auf Zugehörigkeit als Menschenrecht und in diesem Sinne eine Entkoppelung von Staatsbürgerschaft und politischen Rechten.[679]

---

672 Benhabib, 30 f.
673 Siehe Beispiele bei Benhabib, 206 ff.
674 Benhabib, 208.
675 Benhabib, 208 ff.
676 Benhabib, 208 f.: 1. Das Volk ist Urheber seiner Gesetze, 2. Das Volk besteht aus einem einheitlichen Demos, 3. Die Souveränität bezieht sich auf ein klar begrenztes Territorium.
677 Benhabib, 210 ff.
678 Benhabib, 137 ff.
679 Benhabib, 73 und 167 ff.

g. Inklusion und Exklusion: Schlussfolgerungen

Die in der Rechtssoziologie entwickelten Begriffe von Inklusion und Exklusion beschreiben Teilnahme oder Nichtteilnahme an einem System bzw. Teilsystem. Mit dem Stimmrecht wird die Teilnahme am politischen System gesichert. Die Stimmberechtigten sind ins politische System inkludiert; wer nicht stimmberechtigt ist, ist vom politischen System exkludiert. Auf der Grundlage von System- und Diskurstheorie, die oben exemplarisch skizziert worden sind,[680] können folgende Lösungsansätze der einleitend formulierten Fragen[681] vorgeschlagen werden:

Erstens: *Wer regelt Inklusion und Exklusion?*

Wenn Systeme oder Teilsysteme als geschlossene Systeme definiert werden, hat dies zur Folge, dass die ins System Inkludierten die Voraussetzungen der Inklusion bestimmen: Die Stimmberechtigten bestimmen, wer stimmberechtigt und wer vom Stimmrecht ausgeschlossen sein soll. Diese Folge der Geschlossenheit des politischen Systems wird mit den Begriffen Selbstbeschreibung der Gesellschaft, Selbstreferenz, Eigenregie, Selbstregulierung oder Autopoiesis umschrieben und korreliert mit dem Begriff der Volkssouveränität. Prima vista wird die Konkurrenz zwischen Freiheits- und Gleichheitsprimat zugunsten des Ersteren entschieden.

An dieser Stelle ist an die historische Entwicklung der Inklusionsstrategie zu erinnern. Das Mittelalter ist geprägt durch die Schichten von Herrschaft und Untertanen, die gegenseitig total exkludiert waren in der jeweils anderen Schicht. Totalexklusion bedeutet die Exklusion aus allen gesellschaftlichen Teilsystemen. In der Frühen Neuzeit sind erste Inklusionsprozesse zu beobachten. Die moderne Gesellschaft lässt keine Totalexklusion mehr zu.[682]
Weiter verliert die Exklusion im Sinne von Ausschluss von materiellen Ressourcen nach dem Zweiten Weltkrieg an Bedeutung. Exklusion bezeichnet heute in erster Linie den Ausschluss von sozialen Ereignissen mit ihren Gelegenheiten für Kommunikation als Mitglied eines (Teil-)Systems und nicht den Ausschluss vom Zugang zu materiellen Ressourcen.[683]

Zweitens: *Haben ethisch-moralische Kriterien einen Platz bei der Festlegung der Voraussetzungen für die Inklusion ins politische System und – falls ja – auf einer überpositiven Ebene im Sinne eines archimedischen Punktes oder auf der positiven Ebene, indem diese Kriterien in den Gesetzgebungsprozess einfliessen?*

[680] Siehe 5. Kapitel IV. 3. a. – f.
[681] Siehe 5. Kapitel IV. 3. a.
[682] FUCHS, 413 ff.
[683] STICHWEH, Der Fremde, 148 ff.

Konsequenterweise ergibt sich aus der Geschlossenheit der Systeme, dass kein sich auf einer überpositiven Ebene befindliches ethisch-moralisches Kriterium im System berücksichtigt werden kann.[684] Daher reduziert sich die Frage darauf, ob eventuell ethisch-moralische Kriterien innerhalb des Systems obligatorisch Platz finden. Hier sind die Lösungsansätze unterschiedlich: Nach Luhmann oder Teub-ner gibt es nicht nur keine Metaregulierung ethisch-moralischen Inhalts, sondern auch innerhalb des positiven Rechts werden keine ethisch-moralischen Kriterien für Inklusion oder Exklusion anerkannt.[685]

Anders beispielsweise Rawls[686] oder Habermas[687]: Sie finden jeweils einen Weg, um ethisch-moralische Kriterien zu berücksichtigen, und zwar nicht auf einer überpositiven Ebene, sondern im Prozess der Ermittlung des positiven Rechts, des Gesetzgebungsprozesses. Was prima vista aussieht wie der absolute Vorrang des Freiheitsprimats, der Volkssouveränität (siehe oben den Lösungsansatz auf die erste Frage), erweist sich als zu absolut. Der Volkssouveränität sind mit der Berücksichtigung ethisch-moralischer Kriterien im Gesetzgebungsprozess Grenzen gesetzt.

Das Spannungsverhältnis zwischen Naturrecht und Rechtspositivismus wird gelockert, indem Rawls beispielsweise in seiner Theorie der Gerechtigkeit als Fairness auf den sog. Urzustand, einen *hypothetischen Anfangszustand*, verweist, in dem sich die Gesellschaft zur ethisch-moralischen Begründung vom Ausschluss aus einem Teilsystem verpflichtet hat. Stimmrechtsausschluss ist somit im Rahmen des Gesetzgebungsprozesses, d.h. auf der positiven Ebene, ethisch-moralisch zu begründen.[688] Weiter löst etwa Habermas das Dilemma zwischen Recht und Moral, indem er positives Recht und Moral nicht in einem hierarchischen, sondern in einem Ergänzungsverhältnis als sog. Verschränkung von Recht und Moral verortet. Dies hat zur Folge, dass Recht – wie bei Rawls – auf der Verfahrensebene stattfinden, also in den Gesetzgebungsprozess einfliesst.[689]

Drittens: *Gibt es konkrete Kriterien, nach denen sich Exklusion vom politischen System rechtfertigt*?

Wenn es, wie im Lösungsansatz zur zweiten Frage postuliert, ethisch-moralische Kriterien geben muss, die die Exklusion aus einem Teilsystem begründen, so steht die Frage im Raum, wie diese Kriterien denn konkret lauten, insbeson-

[684] Siehe 5. Kapitel IV. 3. c.
[685] Siehe 5. Kapitel IV. 3. d.
[686] Siehe 5. Kapitel IV. 3. c.
[687] Siehe 5. Kapitel IV. 3. e.
[688] Im Einzelnen siehe 5. Kapitel IV. 3. c.
[689] Im Einzelnen siehe 5. Kapitel IV. 3. e.

dere für die hier interessierende Frage nach Kriterien für einen Ausschluss vom Stimmrecht.

Grundsätzlich werden mehrere Varianten der Exklusion unterschieden: Exklusion als vorübergehender, temporärer Zustand sowie Exklusion auf Dauer.[690] Weiter wird im Bereich der Ausschlussgründe unterschieden, ob diese selber zu verantworten sind oder nicht.[691]

Exklusion gilt als akzeptabel, wenn diese alternativ temporär, änderbar, selber zu verantworten oder ohne Auswirkungen auf den Zugang zu anderen Teilsystemen bleibt. Erst eine dauerhafte und verkettete Exklusion aus mehreren Teilsystemen widerspricht der gesellschaftlichen Selbstbeschreibung.[692] Dass Exklusion nur unter funktionalen Aspekten zu rechtfertigen ist, ergibt sich auch aus dem Postulat der Vollinklusion.[693]

Im Zusammenhang mit dem Stimmrecht interessiert in erster Linie, ob die fehlende Staatsbürgerschaft als konkretes Kriterium für die Exklusion vom politischen System gerechtfertigt ist. Die Staatsbürgerschaft als Voraussetzung für die Teilhabe am politischen System ist unbestrittenermassen vertretbar.[694] Die Frage verlagert sich daher auf die Ebene der Voraussetzungen für den Erwerb der Staatsbürgerschaft, d.h. auf den Einbürgerungsprozess.[695] Hier muss sich, nach den oben dargelegten Kriterien für eine akzeptable Exklusion, der Grund für eine Nichteinbürgerung auf eine Voraussetzung beziehen, die entweder nur temporär ist oder durch die einbürgerungswillige Person selber zu verantworten ist oder die sie auch selber ändern kann.

Das Bundesrecht setzt für eine ordentliche Einbürgerung Niederlassungsbewilligung, Wohnsitzdauer und Eignung voraus. Die Eignung wird insbesondere bejaht, wenn die einbürgerungswillige Person in die schweizerischen Verhältnisse eingegliedert ist, mit den schweizerischen Lebensgewohnheiten, Sitten und Gebräuchen vertraut ist, die schweizerische Rechtsordnung beachtet und die innere oder äussere Sicherheit der Schweiz nicht gefährdet.[696] Die genannten Voraussetzungen sind alle entweder temporär (Wohnsitzdauer) oder durch die einbürgerungswillige Person selber zu verantworten (Achtung der schweizerischen Rechtsordnung, Gefährdung der inneren oder äusseren Sicherheit der Schweiz) bzw. selber zu ändern (Eingliederung in die schweizerischen Verhältnisse, Vertrautheit mit den schweizerischen Lebensgewohnheiten, Sitten

690 STICHWEH, Wo stehen wir in der Soziologie der Inklusion und Exklusion?, 363 ff.
691 BENHABIB, 138 f.
692 BENHABIB, 138 f.; FARZIN, 51.
693 FARZIN, 50.
694 Siehe beispielsweise BENHABIB,134 ff.
695 Im Einzelnen siehe 5. Kapitel VIII. 3.
696 Im Einzelnen siehe 5. Kapitel VIII. 3.

und Gebräuchen). Erfüllt eine einbürgerungswillige Person die genannten Voraussetzungen nicht, ist somit ihre Nichteinbürgerung bzw. Exklusion vom politischen System aus der Sicht der rechtssoziologischen Grundsätze von Inklusion und Exklusion gerechtfertigt.

V. Exkurs 3: Einführung des Frauenstimmrechts

1. Einführung des Frauenstimmrechts in der Schweiz

a. Der lange Weg

Das allgemeine Männerstimmrecht wurde 1848 etabliert.[697] Das Frauenstimmrecht wurde auf Bundesebene 1971 im zweiten Anlauf mit 65,7 Prozent Ja-Stimmen und einem Ständemehr von 15,5 Kantonen eingeführt, nachdem sich 1959 noch eine Zweidrittelmehrheit der stimmberechtigten Männer und 19 Stände dagegen ausgesprochen hatten.[698] Vorausgegangen waren – von der ersten kantonalen Abstimmung 1900 über die Frage der Wählbarkeit von Frauen in Schulkommissionen im Kanton Bern – rund 70 Abstimmungen auf kommunaler, kantonaler und eidgenössischer Ebene.[699] Als letzter Kanton wurde das Frauenstimmrecht 1990 in Appenzell Innerrhoden eingeführt, auf Anweisung des Bundesgerichts.

> 1971, gleichzeitig mit der Einführung des Frauenstimmrechts auf eidgenössischer Ebene, bzw. 1972 gewährten die letzten Kantone den Frauen das Stimmrecht, mit Ausnahme der Kantone Appenzell Ausserrhoden und Appenzell Innerrhoden. Die stimmberechtigten Männer von Appenzell Ausserrhoden sagten 1989 an der Landsgemeinde Ja zum Frauenstimmrecht. Verschiedene Versuche, das Frauenstimmrecht im Kanton Appenzell Innerrhoden einzuführen, scheiterten, zuletzt am 29. April 1990, als die Landsgemeinde die Einführung im Verhältnis sechs zu vier ablehnte. Daraufhin wurden zwei im Wesentlichen gleichlautende staatsrechtliche Beschwerden erhoben mit dem Antrag, der Landsgemeindebeschluss sei aufzuheben und der Kanton Appenzell Innerrhoden sei anzuweisen, die Kantonsverfassung im Sinne der Revisionsvorlage abzuändern. Zur Begründung wurde im Wesentlichen angeführt, dass das bundesverfassungsrechtliche Gleichbehandlungsgebot von Frau und Mann[700] dem in der Bundesverfassung verankerten Vorbehalt kantonalen Rechts für Abstimmungen und Wahlen der Gemeinden und Kantone[701] vorgehe. Das Bundesgericht hiess die beiden staatsrechtlichen Be-

[697] Art. 63 aBV 1848: «Stimmberechtigt ist jeder Schweizer, der das zwanzigste Altersjahr zurückgelegt hat und im Übrigen nach der Gesetzgebung des Kantons, in welchem er seinen Wohnsitz hat, nicht vom Aktivbürgerrecht ausgeschlossen ist.» Zum Ausschluss der Frauen siehe POLEDNA, Wahlrechtsgrundsätze, 185 f.: Der Ausschluss von Frauen wird erst seit dem Ersten Weltkrieg in zunehmenden Masse als eine Beschränkung des allgemeinen Wahlrechts angesehen; unter dem traditionell überlieferten Begriff des allgemeinen Wahlrechts wurde bis dahin einzig das allgemeine Männerwahlrecht verstanden.

[698] Eidgenössische Volksabstimmung vom 7. Februar 1971, siehe https://www.admin.ch/ch/d/pore/va/19710207/index.html, besucht am 16. April 2018.

[699] STUDER, Misserfolgsnarrativ, 545.

[700] Art. 4 Abs. 2 aBV 1874.

[701] Art. 74 Abs. 4 aBV 1874.

schwerden in einem vielbeachteten und im Ergebnis als sehr erfreulich bezeichneten Urteil gut.[702] In Frage gestellt wurden die methodischen Grundlagen der bundesgerichtlichen Verfassungsinterpretation,[703] die konkrete Anwendung der Interpretationsregeln[704] sowie die Konsequenzen der bundesgerichtlichen Verfassungsauslegung im konkreten Fall.[705] Die Antwort auf die Frage nach der Einführung des Frauenstimmrechts im Kanton Appenzell Innerrhoden war eine politische, ungeachtet der Frage, ob sich das Bundesgericht nun für oder gegen das Frauenstimmrecht ausgesprochen hätte.[706]

Zusätzlich zu den rund 70 Abstimmungen kamen unzählige öffentliche Interventionen, Petitionen und Aktionen von Frauenorganisationen sowie parlamentarische Motionen, Postulate und Interpellationen von männlichen Befürwortern auf allen drei Staatsebenen.[707]

Bis 1971 war das allgemeine Stimmrecht auf Bundesebene somit gleichbedeutend mit einem allgemeinen Männerstimmrecht.

Im Prinzip wurde 1848 das allgemeine Männerstimmrecht eingeführt. Zu bedenken ist jedoch, dass Ende des 19. Jahrhunderts insbesondere infolge wirtschaftlich bedingter Ausschlüsse etwa ein Sechstel der stimmberechtigten Männer faktisch vom Stimmrecht ausgeschlossen waren.[708]

Die Meilensteine im Einzelnen:

b. Meilensteine

In den Jahrzehnten vor der Einführung des Frauenstimmrechts war jede fünfte Frau in der Schweiz in einem Frauenstimmrechtsverein bzw. einer Frauenorganisation aktiv.[709] Dies spiegelt den hohen Grad an Selbstorganisation der Zivil-

---

702 BGE 116 Ia 382; Biaggini, Frauenstimmrecht, 65 ff.; Häfelin et al., Rz. 84.

703 BGE 116 Ia 382 E. 5c; Biaggini, Frauenstimmrecht, 65 ff. m.w.Verw.: Favorisierung der objektiv-zeitgemässen vor der historischen Auslegung, obwohl sich das Bundesgericht in anderen Urteilen deutlich zugunsten des historischen Auslegungsziels geäussert habe.

704 BGE 116 Ia 382 E. 6–9; Biaggini, Frauenstimmrecht, 69 ff. m.w.Verw.: Die Umsetzung des Methodenprogramms sei nicht überzeugend.

705 BGE 116 Ia 382 E. 10; Biaggini, Frauenstimmrecht, 72 ff. m.w.Verw.: Art. 16 KV AI werde regelrecht umgedeutet, was im Ergebnis einer bundesrichterlichen Ersatzvornahme gleichkomme.

706 Biaggini, Frauenstimmrecht, 76 m.w.Verw.

707 Im Einzenen siehe die zusammenfassenden Beschreibungen der Phasen der Stimmrechtsbewegung bei Hardmeier, 330 ff. und Studer, Misserfolgsnarrativ, 545.

708 Im Einzelnen siehe Poledna, Wahlrechtsgrundsätze, 203 ff. m.w.Verw. sowie Poledna, Geschlechterquoten, 154 m.w.Verw.

709 Zur Verbandslandschaft, insbesondere der Frauenvereine, Stimmrechtsvereine und Dachverbände siehe Hardmeier, 334 ff.; Mesmer, 1 ff.; Woodtli, 106 ff.

gesellschaft wider, der bereits zu Beginn des 20. Jahrhunderts zu beobachten war.[710]

> Die Frauen in der Schweiz gehörten zu Beginn des 20. Jahrhunderts europaweit zu den bestorganisierten Frauen. Sie respektierten zwar die etablierte dualistische Geschlechterordnung, die Männer und Frauen aufgrund ihrer Biologie unterschiedliche angeborene Fähigkeiten zuschrieb, die Frauenbewegung trug jedoch viel zur Anerkennung ausserhäuslicher weiblicher Erwerbstätigkeit bei.[711] Es galt jedoch als «proletarisch», wenn weibliche Familienmitglieder Geld verdienen mussten. Die Erwerbstätigkeit der Frauen war aber Realität: Vor dem Ersten Weltkrieg gab fast die Hälfte der Frauen an, voll erwerbstätig zu sein. Dabei nicht erfasst sind Teilzeitarbeit und nicht deklarierte Erwerbstätigkeit.[712]

Die Anfänge der schweizerischen Frauenbewegung und der Kampf um die zivilrechtliche und politische Gleichberechtigung[713] reichen bis in die 1860er Jahre zurück: Im Vorfeld der Bundesverfassungsrevision von 1874 setzten sich die Frauen insbesondere für zivilrechtliche Gleichberechtigung ein, jedoch ohne Erfolg.[714]

1886 reichten 139 Frauen unter der Führung der Genferin Marie Goegg-Pouchoulin eine Petition zur Einführung des Frauenstimmrechts beim Parlament ein,[715] und Meta von Salis forderte erstmals in der Deutschschweiz die volle Gleichberechtigung der Frauen in Bezug auf das Stimmrecht.[716]

1919 befasste sich der Nationalrat mit dem eidgenössischen Frauenstimmrecht: Der Sozialdemokrat Herman Greulich und der freisinnige Emil Göttisheim reichten im Dezember 1918 Motionen ein mit dem Zweck, den Schweizerinnen das Stimmrecht zu gewähren. Die Motionen wurden schubladisiert. Das Frauenstimmrecht wurde erst 1945 im eidgenössischen Parlament wieder thematisiert.[717]

1923 lehnte das Bundesgericht staatsrechtliche Beschwerden mit dem Hinweis auf Gewohnheitsrecht ab.[718] 1928 war der Versuch, das Frauenstimmrecht

---

710 MESMER, 11.

711 MESMER, 20 und 25.

712 MESMER, 22 f.

713 Zu den Phasen der Stimmrechtsbewegung 1890–1930 siehe HARDMEIER, 330 ff.

714 WOODTLI, 24 ff.

715 WOODTLI, 24 ff.

716 WOODTLI, 68 ff., insbes. 91: «Ketzerische Neujahrsgedanken einer Frau», abgedruckt in der Zürcher Post vom 1. Januar 1887.

717 MESMER, 84; RUCKSTUHL, 23 ff.

718 Entscheid der Staatsrechtlichen Abteilung des Schweizerischen Bundesgerichts vom 14. September 1923, publiziert in JENNI, 64 ff. Siehe insbes. 66 f.: «Die Frauen waren nach uraltem Gewohnheit- oder Gesetzesrecht bis in die neuere Zeit hinein allgemein von der politischen Stimmberechtigung ausgeschlossen; die Beseitigung dieses Ausschlusses bedeutet daher die Aufhebung eines tief eingewurzelten Rechtszustandes, die

mit der Begründung einzuführen, dass «Stimmbürger» in der deutschen Sprache Menschen beiderlei Geschlechts beinhalte, erfolglos. Die Beschränkung des Stimmrechts auf die männlichen Stimmbürger sei ein fundamentaler Grundsatz des eidgenössischen öffentlichen Rechts, so der Bundesrat.[719]

1929 errang die Frauenstimmrechtsbewegung einen Erfolg: Mit 250'000 Unterschriften wurde in Bern zuhanden der Bundesversammlung eine Frauenstimmrechtspetition eingereicht.[720] Bei gut einer Million stimmberechtigter Männer und einer ungefähr gleich grossen Zahl von möglichen stimmberechtigten Frauen bedeutet dies, dass jeder 13. stimmberechtigte Mann und jede 7. Frau, die potentiell stimmberechtigt gewesen wäre, die Petition unterschrieben hatte. Die Petition blieb folgenlos.[721]

1957 fand eine eidgenössische Volksabstimmung statt, die den Zivilschutz für alle Frauen obligatorisch erklären wollte. In der Walliser Gemeinde Unterbäch und in der Baselbieter Gemeinde Niederdorf organisierten die Gemeinderäte Konsultativabstimmungen für Frauen. Während die Abstimmung in Unterbäch ein Medienecho bis New York[722] auslöste, wurde die Abstimmung in Niederdorf von den Medien wenig beachtet.

> Die Frauen konnten sich nicht nur in Unterbäch konsultativ an der Urne äussern, auch in weiteren Walliser Gemeinden, so etwa in Siders und Martigny-Bourg und in Lugano fanden Konsultativabstimmungen statt.[723]
> In Unterbäch gingen 39,3 Prozent, in Niederdorf 38,3 Prozent der Frauen an die Urne.[724] Die Stimmzettel der Frauen wurden bei der Zählung nicht berücksichtigt. Die Vorlage wurde gesamtschweizerisch abgelehnt.[725]

---

nur durch eine unzweifelhaft zu diesem Zwecke erlassene Verfassungs- oder Gesetzesbestimmung vor sich gehen und nicht einfach aus einer bestehenden Vorschrift herausgelesen werden kann, bei deren Aufstellung niemand eine derartige Änderung im Auge hatte.»

719 Décision du Conseil fédéral du 18 mai 1928, publiziert in Jenni, 82 f.

720 Hardmeier, 299 ff. und 332 f.; Ruckstuhl, 32 ff. (mit Text der Petition).

721 Ruckstuhl, 37. 249'237 Unterschriften (170'397 von Frauen und 78'840 von Männern), entspricht 7,3 Prozent der männlichen Stimmberechtigten und 15,6 Prozent der potentiell stimmberechtigten Frauen. 1929:1'075'950 stimmberechtigte Männer, siehe https://www.bfs.admin.ch/bfsstatic/dam/assets/1866595/master, besucht am 16. April 2018.

722 The New York Times, 3. März 1957, Seite 32: «First Votes cast by Swiss Women; Females in Mountain Village Participate in a Federal Poll on Defense Issue», http://www.nytimes.com/1957/03/03/archives/first-votes-cast-by-swiss-women-females-in-mountain-village.html, besucht am 16. April 2018.

723 Ruckstuhl, 86.

724 https://www.baselland.ch/themen/c_d/chronik-bl/chronik-1950er/chronik-1957/chronik-marz-1957#top, besucht am 16. April 2018.

725 Ruckstuhl, 83 ff.

Die Kontroverse um das Zivilschutzprojekt veranlasste den Bundesrat, die erste eidgenössische Volksabstimmung zum Frauenstimmrecht in die Wege zu leiten.[726] Die Vorlage wurde 1959 – wie von Bundesrat und Parlament erwartet – abgelehnt.[727]

In den 1960er Jahren kündigte sich ein Umschwung in der Haltung der männlichen Stimmbürger an, der 1971 in einem Ja zum Frauenstimmrecht gipfelte.[728]

2. Gründe für den Ausschluss der Frauen

Der Hauptgrund, warum Frauen auf kantonaler Ebene bis in die 1960er und 1970er Jahre bzw. auf Bundesebene bis 1971 von der politischen Partizipation ausgeschlossen waren, lag in der dualistischen Geschlechterordnung, die in der Schweiz besonders beständig war.

> Die dualistische und die egalitäre Geschlechterkonzeption spielten im Argumentarium der Frauenrechtsbewegung zentrale Rollen.
> Grundlagen der dualistischen Position waren eine geschlechterspezifische Arbeitsteilung und die angeblich harmonische Ergänzung der Geschlechter. Vertreterinnen und Vertreter der dualistischen Geschlechterkonzeption wollten Arbeitsteilung und Ergänzung der Geschlechter auf den Staat übertragen. Das Frauenstimmrecht wollten sie erlangen, um den Interessen des Staates nachkommen und Pflichten erfüllen zu können.
> Die egalitaristische Position stützte sich auf naturrechtliche Prämissen oder auf moderne Demokratietheorien. Politische Gleichberechtigung war aus dieser Sicht ein Akt der Gerechtigkeit.
> Es gab jedoch keine organisatorische Aufspaltung der Stimmrechtsbewegung in die beiden Positionen. Zu Beginn fand die dualistische Position mehr Anklang, im Laufe der Zeit wechselten sich die Positionen ab – die schweizerische Frauenbewegung hatte eine Argumentationslinie entwickelt, die beide Positionen verband. Insbesondere die dualistische Position fand immer wieder Anklang, weil sie eher Antworten auf das von der bürgerlichen Gesellschaft geschaffene Frauenbild bot, das die «weiblichen Fähigkeiten» betonte.[729]

Auf allen politischen Ebenen waren die Frauen auf die männlichen Stimmberechtigten angewiesen: Ob Gesetzgebungsverfahren oder Volksabstimmung – es galt die Männer zu überzeugen. Dafür knüpften sie immer wieder an der die Gesellschaft prägenden dualistischen Position an.[730] Die Familienordnung sah

---

[726] Ruckstuhl, 87 ff.
[727] Im Einzelnen Mesmer, 278 ff. und 285 ff. sowie Woodtli, 174 ff.
[728] Siehe 5. Kapitel V. 4.
[729] Hardmeier, 340 f.
[730] Hardmeier, 77 f.

bis 1987 den Mann als Oberhaupt vor. Der Zutritt der Frauen zur Politik liess eine Störung der Familienordnung erwarten. Die Frauenstimmrechtsbefürworterinnen und -befürworter präsentierten die Gewährung des Stimmrechts als Akt der Galanterie und der Ritterlichkeit. Sie vermieden es, die Frau als autonomes politisches Subjekt darzustellen. Weder von Selbstbestimmung noch von Gleichberechtigung war die Rede, sondern von Pflichtkenntnis und Verantwortungsbewusstsein bzw. Nützlichkeit der Frauen für den Staat.[731] Zurückgebunden wurden die Frauen und ihre Mitstreiter auch durch die Angst vor einer politischen Niederlage in einer Volksabstimmung.[732]

Ein weiterer Grund, der zur späten Einführung des Frauenstimmrechts führte, sind die Eigenheiten des politischen Systems:[733] Die Referendumsdemokratie, mit den direktdemokratischen Partizipationsmöglichkeiten Volksinitiative und Referendum, diente einerseits als Legitimation für das Vorenthalten der politischen Rechte, da diese besonders anspruchsvoll seien, und andererseits ist ihre retardierende Wirkung verantwortlich für die Verspätung.[734] Anders als in einer parlamentarischen Demokratie waren die politischen Rechte mit dem Referendumsrecht[735] und dem Initiativrecht[736] verbunden, also mit mehr Entscheidungs- und Machtbefugnissen als etwa in Deutschland, Frankreich oder Italien. Die Gewährung des Frauenstimmrechts bedeutete in der Schweiz, Macht abzugeben, und zwar mehr Macht als in einer parlamentarischen Demokratie.[737] Der Urnengang sowie die Teilnahme an der Gemeindeversammlung waren Ausdruck der Macht und der dualistischen Geschlechterordnung und damit den Männern vorbehalten.[738]

Weiter trugen Föderalismus und Konkordanz das Ihre zum langen Halten des Geschlechterkonservativismus in der Schweiz bei: Die föderalistische Struktur macht es Reformkräften grundsätzlich schwer, weil dadurch der politische

---

731 Das Argumentationsschema wurde insbes. im Rahmen der Kampagnen für die Schulgesetzvorlagen entwickelt, siehe Hardmeier, 77 f. m.w.Verw. und Studer, Geschlechtergeschichte, 189 ff. m.w.Verw.

732 Hardmeier, 343 f. und 345 f.

733 So einmalig sei der «Sonderfall Schweiz», wie regelmässig behauptet werde, nicht, so Ruckstuhl, 115, mit Verweis auf die USA. Von der Anzahl Urnengänge bzw. Vorlagen her, die zur Abstimmung gelangen, war und ist die Schweiz jedoch Spitzenreiterin, siehe die Statistik zu den Vorlagen seit 1848: https://www.bfs.admin.ch/bfs/de/home/statistiken/politik/abstimmungen.assetdetail.2382305.html, besucht am 16. April 2018.

734 Hardmeier, 345 f.; Studer, Misserfolgsnarrativ, 546.

735 Seit 1874.

736 Seit 1891.

737 «Es gibt nur einen einzigen Grund gegen das Frauenstimmrecht zu sein – aus Angst Macht zu verlieren», so Alois Grendelmeier 1951. Zitiert nach Studer, Geschlechtergeschichte, 187. m.w.Verw.

738 Studer, Geschlechtergeschichte, 186.

Handlungsraum fragmentiert und so die Mobilisierungskapazität limitiert wird.[739] Das Konkordanzsystem mit seinem Zusammengehen von freisinnigen[740] und konservativen[741] Kräften im Bundesrat bis Mitte des 20. Jahrhunderts verunmöglichte eine Vorlage für das Frauenstimmrecht. Obwohl die Freisinnigen dem Frauenstimmrecht gegenüber offener waren, bevorzugten sie es, die freisinnig-konservative Regierungsmehrheit zu stützen, als sich mit den konservativen Gegnern des Frauenstimmrechts anzulegen.[742]

3. Einführung auf kantonaler Ebene

Die dualistische Geschlechterordnung hatte zur Folge, dass sich die Mitwirkungsansprüche der Frauen vorerst auf die spezifisch weiblichen Aufgaben konzentrierten: Erziehung, Bildung, Fürsorge und Haus.[743] Aus diesen Aufgabenkreisen ergab sich, dass Frauen in erster Linie in den Bereichen Schule, Armenwesen und Kirche das Stimm- und Wahlrecht beanspruchen konnten. Da diese Bereiche in die Kompetenz der Gemeinden und Kantone fiel, sind die ersten Versuche zur Einführung des Frauenstimmrechts folgerichtig in den Kantonen und Landeskirchen zu verorten.[744] Die Strategie, das Frauenstimmrecht zuerst in den Kantonen einzuführen, war nicht unumstritten,[745] bot sich jedoch an, waren die Hürden doch ungleich geringer.[746]

Die Zürcherinnen verlangten 1868 anlässlich der kantonalen Verfassungsrevision erstmals das Frauenstimmrecht, jedoch vergeblich. In den Kantonen Basel-Stadt, Bern, Genf, Neuenburg, Zürich und Waadt wurden zwischen 1914 und 1921 Anträge für das Frauenstimmrecht eingereicht. Die Mehrheit scheiterte bereits in den Parlamenten. Volksabstimmungen über das Frauenstimmrecht auf kantonaler Ebene gab es zwischen 1912 und 1921 in Genf, Neuenburg, Basel-Stadt, Zürich, Glarus und St. Gallen, alle ohne Erfolg für die Frauen. 1940 wurden in Genf und Neuenburg erneut Vorlagen für das kantonale und kommunale Frauenstimmrecht verworfen. In den ersten Jahren nach dem Zweiten Weltkrieg unterlagen die Befürworter für ein kantonales oder kommunales Frauenstimmrecht: 1946 in Basel-Stadt, Basel-Landschaft, Genf und Tessin sowie 1947 in Zürich; 1948 in Neuenburg und Solothurn. 1951 sagte der Kanton Waadt Nein.

---

739 Studer, Geschlechtergeschichte, 185 f. m.w.Verw.

740 Freisinnig-Demokratische Partei der Schweiz (heute ‹FDP. Die Liberalen› oder FDP) und Bauern-, Gewerbe- und Bürgerpartei (heute: Schweizerische Volkspartei SVP).

741 Schweizerische Konservative Volkspartei (heute: Christlichdemokratische Volkspartei CVP)

742 Studer, Geschlechtergeschichte, 191 ff.

743 Zur frühen Einbindung der Frauen in staatliche Organisationen und Kommissionen in typisch weiblichen Tätigkeitsfeldern siehe Hardmeier, 40 f., und 76 f.

744 Mesmer, 71.

745 Siehe dazu Mesmer, 79 ff.

746 Hardmeier, 44.

Angesichts der kantonalen Niederlagen stellte sich der Bundesrat 1951 auf den Standpunkt, dass eine eidgenössische Abstimmung über das Frauenstimmrecht verfrüht sei.

Nichtsdestotrotz ermächtigte Basel-Stadt 1957 seine drei Bürgergemeinden, das Frauenstimmrecht einzuführen. In der Folge stimmten am 26. Juni 1958 in Riehen erstmals auch die Frauen ab. Zwischen 1959 und 1971 waren die Vorlagen zum Frauenstimmrecht in einzelnen Kantonen erfolgreich:

1971 – am Vorabend der zweiten eidgenössischen Volksabstimmung – hatten bereits neun Stände, nämlich die Kantone Waadt (1959), Neuenburg (1959), Genf (1960), Basel-Stadt (1966), Basel-Landschaft (1968), Tessin (1969), Wallis (1970), Luzern (1970) und Zürich (1970) das Frauenstimmrecht eingeführt und erste Erfahrungen gesammelt. Diese Erfahrungen hatten gezeigt, dass sich an den parteipolitischen Kräfteverhältnissen nichts änderte.[747] Gleichzeitig mit der eidgenössischen Abstimmung am 7. Februar 1971 stimmten die stimmberechtigten Männer in den Kantonen Aargau, Freiburg, Schaffhausen und Zug ab und sagten Ja zum Frauenstimmrecht auf kantonaler Ebene.

4. Umschwung auf eidgenössischer Ebene

Erst der Wunsch, die Konvention zum Schutze der Menschenrechte und Grundfreiheiten des Europarates (EMRK)[748] zu ratifizieren, gab den nötigen Schub, der 1971 auf eidgenössischer Ebene zum Erfolg führte. Die Schweiz war 1963 dem Europarat beigetreten, ohne die EMRK zu unterzeichnen. Der Bundesrat plante, die EMRK mit Vorbehalt, also unter Ausschluss des Frauenstimmrechts, zu unterzeichnen.[749] Die Ratifizierung der EMRK mit Vorbehalt hätte eine Abkoppelung der Vorlage von der Frauenstimmrechtsfrage bedeutet. Dies galt es aus der Sicht der Frauenstimmrechtsbewegung zu verhindern. Es gelang der Frauenstimmrechtsbewegung, ihre taktische Waffe nicht zu verlieren und die beiden Vorlagen nicht auseinanderdividieren zu lassen.[750] 1974 konnte die Konvention vorbehaltlos ratifiziert werden, da die Abstimmung 1971 erfolgreich und das Frauenstimmrecht damit eingeführt war.[751]

Die Unterzeichnung der EMRK bedeutete internationalen Respekt für die Schweiz und war deshalb wichtig – wichtiger als weiterhin Widerstand gegen das Frauenstimmrecht zu leisten. Eine Reihe weiterer Umstände trug zum Er-

[747] MESMER, 331.
[748] Von der Bundesversammlung genehmigt am 3. Oktober 1974. Ratifiziert am 28. November 1974.
[749] RUCKSTUHL, 118 ff.
[750] ROGGER, 112 ff.
[751] MESMER, 317 ff.; ROGGER, 106 ff.; STUDER, Misserfolgsnarrativ, 547.

folg der Frauenstimmrechtsbewegung bei, die 1971 zum Ja der Männer an der Urne führte: Die Erfahrungen in den neun Kantonen, die das Frauenstimmrecht bereits eingeführt hatten, hatten gezeigt, dass sich an den parteipolitischen Kräfteverhältnissen nichts änderte.[752] Die Entwicklung in den Frauenstimmrechtskantonen liess auch den Schluss zu, dass Frauen ihre politischen Rechte wahrnehmen konnten, ohne den Haushalt zu vernachlässigen.[753] Die Hochkonjunktur in den 1960er Jahren mit ihrem starken Wachstum des Dienstleistungssektors liess den Widerstand gegen ausserhäusliche Tätigkeiten der Frauen bröckeln, trugen diese doch zum wirtschaftlichen Erfolg bei. Zusätzlich rüttelte die sog. Neue Frauenbewegung (Frauenbefreiungsbewegung) im Zuge der 1968er-Bewegung kräftig am traditionellen Rollenverständnis und am dualistischen Geschlechterkonzept.[754] Die militanten Protestaktionen der Frauenbefreiungsbewegung waren neu im Kampf ums Frauenstimmrecht. Nicht zu unterschätzen[755] war auch der Kampf für politische Gleichberechtigung der sog. Alten Frauenbewegung, der sich über 100 Jahre hinzog und den Boden für den Umschwung bereitete. Die alte Frauenbewegung, vereint in der Arbeitsgemeinschaft der schweizerischen Frauenverbände für die politischen Rechte der Frau, vertrat 1968 eine halbe Million Frauen.[756] Der *Marsch nach Bern* am 1. März 1969 vereinte die alte und die neue Frauenbewegung und richtete sich unmissverständlich gegen die Unterzeichnung der EMRK mit Vorbehalt.[757]

Alle diese Umstände trugen dazu bei, dass sich in der Gesellschaft der Wandel manifestierte und das Frauenstimmrecht für die stimmberechtigten Männer mehrheitsfähig wurde.[758] Der Erfolg der Abstimmung zeichnete sich im Voraus ab. Unter diesen Umständen wollte es sich keine Partei mit der Gunst der potentiellen Wählerinnen verscherzen. Dementsprechend fielen auch die Abstimmungsempfehlungen aus: Regierungsparteien und Berufsverbände empfahlen die Vorlage ohne Ausnahme.[759]

Die Arbeitsgemeinschaft vertrat 1968 eine halbe Million Frauen.[760] Unter dem Strich war es wohl ein Dreiklang von Gründen, der den Umschwung in der Gesellschaft und den Frauen 1971 das Stimmrecht auf Bundesebene bescherte: die jahrzehntelange Frauenrechtskampagne, die gewünschte vorbehalt-

752 Mesmer, 331 m.w.Verw.
753 Mesmer, 325 m.w.Verw.
754 Mesmer, 330; Woodtli, 207 ff.
755 Rogger, 165 ff.
756 Rogger, 126 f.
757 Ruckstuhl, 15 und 138 ff; Woodtli, 209 ff.
758 Studer, Misserfolgsnarrativ, 547.
759 Rogger, 126 f.
760 Rogger, 126 f.

lose Unterzeichnung der EMRK und auch das in den 1960er Jahren im Wandel befindliche Frauenbild.

In der Nordwestschweiz wurde das Frauenstimmrecht in zwei Kantonen (Basel-Landschaft 1968 und Basel-Stadt 1966) vor dem Frauenstimmrecht auf Bundesebene eingeführt, im Kanton Aargau gleichzeitig mit dem eidgenössischen Frauenstimmrecht und im Kanton Solothurn vier Monate nach dem Ja auf Bundesebene. Im Einzelnen:

5. Einführung des Frauenstimmrechts in der Nordwestschweiz

a. Kanton Aargau

1971 sagten die stimmberechtigten Männer des Kantons Aargau Ja zum Frauenstimmrecht, gleichzeitig mit dem Ja zum eidgenössischen Frauenstimmrecht. Die Zustimmung erfolgte mit 51,7 Prozent äusserst knapp.

In der Regel kamen die Anstösse für die Einführung des Frauenstimmrechts in den Kantonen von der Sozialdemokratischen Partei. Nicht so im Kanton Aargau. Der Anstoss kam 1918 mit einer Motion eines freisinnigen Politikers, den Frauen das aktive und passive Stimmrecht im Kirchen-, Schul-, Armen- und Krankenwesen zu geben.

Der Grosse Rat schränkte das Anliegen ein und führte 1919 das passive Wahlrecht in den genannten Bereichen ein. Im gleichen Jahr entstand der Verein für Frauenbildung und Frauenfragen, der sich umgehend für die Aufhebung der Einschränkung einsetzte.1927 wurden die drei Landeskirchen ermächtigt, das Frauenstimmrecht einzuführen. 1942 wurden die Gemeinden ermächtigt (aber nicht verpflichtet), Frauen in die Schulpflegen zu wählen. In einer Motion von 1945 wurde, wie bereits 1918/1919, das aktive und passive Stimmrecht in Angelegenheiten der Schule, Kirche und Fürsorge verlangt.

Das Anliegen des Regierungsrats, das Frauenstimmrecht auf Gemeindeebene umfassend einzuführen, scheiterte im Grossen Rat. Grund war, dass jede Gemeinde eine Gemeindeversammlung durchzuführen hatte und deren Beschlussfähigkeit erst mit der Anwesenheit von mindestens 50 Prozent der Stimmberechtigten gegeben war. Diese Vorschrift gab es in keinem anderen Kanton. Zusammen mit den Frauen wären nun die Lokalitäten zu klein gewesen. Erst 1965 wurde mit der Einführung der ausserordentlichen Gemeindeorganisation das Institut des Einwohnerrats ermöglicht. Damit wurde die Platzfrage obsolet.

Der Regierungsrat schlug 1966 ein kompliziertes zweistufiges Verfahren mit vorgängiger Einführung des Frauenstimmrechts auf kantonaler Ebene vor. Mit diesem Vorschlag konnte sich der Regierungsrat nicht durchsetzen.

Vor dem Hintergrund der Erfolge in den anderen Kantonen wurde eine neue Vorlage ausgearbeitet, die den Frauen auf Gemeinde- und Kantonsebene die politische Gleichberechtigung zuerkannte. Gleichzeitig mit der Abstimmung für die Einführung des Frauenstimmrechts auf eidgenössischer Ebene erhielten die Aargauerinnen 1971 die politische Volljährigkeit.[761]

b. Kanton Basel-Landschaft

1968 sagten die männlichen Stimmberechtigten des Kantons Basel-Landschaft Ja zum Frauenstimmrecht, als zweiter Kanton der Deutschschweiz und als fünfter Kanton schweizweit. Das Ja zum Grundsatz der stufenweisen Einführung (zuerst Kantons-, dann Gemeindeebene) erfolgte 1966 mit einer Zustimmung von 57,3 Prozent. Der Durchbruch erfolgte 1968 mit einem Ja-Anteil von 63,9 Prozent für das kantonale Frauenstimmrecht und 1970 für das Frauenstimmrecht auf Gemeindeebene (81,1 Prozent).

Die erste Abstimmung fand 1926 statt: Die stimmberechtigten Männer lehnten ein Stimmrecht für Frauen in Schul-, Armen- und (evangelischen) Kirchensachen ab. 1929 entstand in Liestal die Vereinigung für das Frauenstimmrecht Baselland, 1932 in Vereinigung für Frauenrechte Baselland umbenannt. Die Arbeit der basellandschaftlichen Frauenstimmrechtsbewegung war dadurch erschwert, dass das untere stadtnahe Baselbiet in die baselstädtische Organisation integriert war, die basellandschaftliche Organisation jedoch nur das obere Baselbiet umfasste. 1965 wurde dann die Vereinigung für Frauenstimmrecht Baselland gegründet, die im ganzen Kantonsgebiet tätig wurde.

1946 fand die zweite Abstimmung statt: Das Stimmrecht auf Kantons- und Gemeindeebene wurde verworfen. Bis dahin verfügten die Baselbieterinnen nur über das Recht, ihre Dorfhebamme zu bestimmen. In den nächsten Jahren wurden die Frauen als in Armen- (1939) und Schulpflegen (1946) sowie in Vormundschafts- und Fürsorgekommissionen (1950) wählbar erklärt. 1952 erhielten die Frauen das Stimmrecht in der evangelisch-reformierten Kirche. 1955 schlug der Landrat die stufenweise Einführung der politischen Rechte der Frauen vor; auch dieser dritte Anlauf war ohne Erfolg.

1966 sagten die Stimmberechtigten im vierten Anlauf Ja zur Frage, ob das Prinzip der stufenweisen Einführung des Frauenstimmrechts genehm sei, und 1967 Ja zum entsprechenden Verfassungsartikel zur Einführung des kantonalen Frauenstimmrechts auf dem Weg der Gesetzgebung.

Wie im Kanton Aargau fehlte die Möglichkeit der ausserordentlichen Gemeindeorganisation mit Einwohnerrat. Daher sollten den Frauen zuerst die politischen Rechte auf Kantonsebene zuerkannt werden. Die ausserordentliche Gemeindeorganisation mit der Möglichkeit des Einwohnerrats wurde 1970 eingeführt.

---

761 Zur Entwicklung im Kanton Aargau siehe Joho, 3 ff.; Mesmer, 72 f. und 88 f.; Ruckstuhl, 200 ff.; Wüthrich, 335 ff.

1969 stand die Abstimmung betreffend Wiedervereinigung der beiden Basel an. Die Basel-Städterinnen hatten bereits das Stimmrecht. Es wäre nun untragbar gewesen, wenn die Landschäftlerinnen bei dieser grundlegenden politischen Frage nicht hätten mitstimmen dürfen. 1968 erhielten die Frauen das Stimmrecht im Kanton, nun mit einem Ja-Anteil von 68,1 Prozent (1966:57,3 Prozent zum Prinzip der stufenweisen Einführung des Frauenstimmrechts). 1969 wurde die Wiedervereinigung der Kantone Basel-Landschaft und Basel-Stadt, auch mit den Stimmen der Frauen, abgelehnt.

Im Vorfeld der Abstimmung über die Wiedervereinigung der beiden Basel entstand 1964 ein erster Entwurf für die neue Verfassung eines künftigen Kanton Basel. Gemäss diesem Entwurf hätten die Gemeinden den Frauen das Stimmrecht einräumen können. Die Befürworter der Wiedervereinigung wollten das Frauenstimmrecht nicht in der Verfassung thematisieren, weil sie dann eine Ablehnung der Wiedervereinigung befürchteten. Die Wiedervereinigungsgegner setzten sich für ein mögliches Frauenstimmrecht auf Gemeindeebene ein – und dies aus taktischen Gründen, nämlich in der Hoffnung, dieses umstrittene Thema werde zur Ablehnung der Vorlage führen. So kam es denn auch: Die Wiedervereingung wurde 1969 abgelehnt, und zwar auch mit den Stimmen der Frauen, die zwischenzeitlich in beiden Kantonen (BS: 1966, BL: 1968) das kantonale Stimmrecht erhalten hatten.[762]

1970 stimmten somit Männer und Frauen für das neue kantonale Gesetz über die Organisation und Verwaltung der Gemeinden und damit für die Einführung des Frauenstimmrechts auf Gemeindeebene, nun mit einer Zustimmung von 81,1 Prozent.[763]

c. Kanton Basel-Stadt

Als erster Kanton der Deutschschweiz führte Basel-Stadt 1966 das Frauenstimmrecht ein, als erster Kanton der Deutschschweiz nach Waadt (1959), Neuenburg (1959) und Genf (1960): Eine Männermehrheit von 60 Prozent sagte Ja zur politischen Gleichberechtigung auf kantonaler Ebene.

Der erste Schritt auf dem Weg zur politischen Gleichberechtigung erfolgte 1903 im Bereich der Bildung: Mindestens drei Frauen mussten der Inspektion der Mädchenschulen angehören. Weitere Schritte folgten 1917 mit der Zulassung von Frauen zu den gewerblichen Schiedsgerichten und der Vergabe des Stimmrechts in der evangelischen Kirche, beides initiiert von der 1916 gegründeten «Vereinigung für Frauenstimmrecht Basel und Umgebung», einer Sektion

[762] Patrick Müller, 191 f.

[763] Zur Entwicklung im Kanton Basel-Landschaft siehe Epple, 83 ff.; Kubli, 97 ff.; Meyer, 113 ff; Ruckstuhl, 178 f.

des Schweizerischen Verbandes für das Frauenstimmrecht (1909), heute «Frauenrechte beider Basel».

1917 setzten sich die Basler Sozialdemokraten für eine kantonale Abstimmung ein; und 1918 war es ein Basler, der die Einführung des Frauenstimmrechts auf eidgenössischer Ebene forderte, der freisinnige Nationalrat Emil Göttisheim.

Bis zur Einführung des kantonalen Frauenstimmrechts waren in Basel fünf Anläufe nötig: 1920 wurde die Einführung mit 65 Prozent abgelehnt, 1927 mit 70,8 Prozent, 1946 mit 62,9 Prozent und 1954 mit 54,9 Prozent. 1954 wurde in Basel eine Probeabstimmung unter den Frauen durchgeführt; 72,9 Prozent der Baslerinnen sagten deutlich Ja zum Frauenstimmrecht.

1957 wurden die drei Bürgergemeinden vom Kanton ermächtigt, das Frauenstimmrecht einzuführen. So erhielten im Juni 1958 als erste in der Schweiz überhaupt die Bürgerinnen von Riehen und im Dezember die Bürgerinnen von Basel das Stimmrecht.

Als Reaktion auf das enttäuschende Ergebnis der eidgenössischen Abstimmung von 1959 streikten die Lehrerinnen des Basler Mädchengymnasiums einen Tag lang. 1960 fand in Basel der erste Fackelzug für das Frauenstimmrecht statt

Der fünfte Anlauf für ein kantonales Frauenstimmrecht führte 1966 zu einem Ja der Männer an der Urne und damit zur politischen Gleichberechtigung der Baslerinnen.[764]

d. Kanton Solothurn

1971 sagten die stimmberechtigten Männer des Kantons Solothurn mit 79,5 Prozent Ja zum Frauenstimmrecht auf kantonaler Ebene, vier Monate nach dem Ja zum eidgenössischen Frauenstimmrecht. Auf Gemeindeebene war die Einführung ab 1970 fakultativ; erst 1980 war die vollständige politische Gleichberechtigung mit dem obligatorischen Frauenstimmrecht auf Gemeindeebene im Kanton Solothurn erreicht.

Die Entwicklung begann 1917 mit einer Motion der Sozialdemokraten für die Einführung der politischen Gleichberechtigung; die Motion wurde nachträglich auf das Wahlrecht für Kirchen-, Schul- und Armenbehörden reduziert und trotzdem im Kantonsrat 1925 abgelehnt. 1948 wurde ein auf das Schul-, Vormundschafts-, Gesundheits-, Fürsorge- und Kirchenwesen beschränktes Frauenstimmrecht auf Gemeindeebene abgelehnt. Die Ablehnung erfolgte jedoch mit

[764] Zur Entwicklung im Kanton Basel-Stadt siehe HARDMEIER, 69 ff.; KREIS, Frauenstimmrecht, 13 ff.; MESMER, 75 f., 91 ff.; RUCKSTUHL,168 ff.; VILLARD-TRABER, 1 ff.

49,5 Prozent Ja äusserst knapp, was schweizweit das beste zu jener Zeit erzielte Resultat bedeutete.

Erste Erfolge zeigten sich 1952: Die Kirchgemeinden wurden ermächtigt, das Frauenstimmrecht einzuführen. In der Folge nahmen immer mehr Kirchgemeinden diese Möglichkeit wahr.

1965 forderte eine gemeinsame Motion der sozialdemokratischen, der freisinnigen und der konservativ-christlichsozialen Fraktionen des Kantonsrates das Frauenstimmrecht auf Kantons- und auf Gemeindeebene. Der Widerstand der Frauenstimmrechtsgegner gegen die politische Gleichberechtigung war gross und reduzierte das Thema Politik auf Kampf, was nichts für Frauen sei. Zudem wehrten sich die Gegnerinnen gegen die Aufbürdung neuer Pflichten und Aufgaben. Dementsprechend wurde die Doppelvorlage für die Einführung des Frauenstimmrechts in Kanton und Gemeinden 1968 abgelehnt. 1970 reichten die Freisinnigen eine Motion für die Einführung auf Gemeindeebene ein, die an der Urne mit 65,9 Prozent angenommen wurde. Das Frauenstimmrecht auf Gemeindeebene war jedoch fakultativ. Nachdem die Solothurner stimmberechtigten Männer 1971 Ja zum eidgenössischen Frauenstimmrecht gesagt hatten, stimmten sie vier Monate später für die Einführung auf kantonaler Ebene. Erst mit der Revision der Kantonsverfassung und des Wahlgesetzes 1980 wurde das Frauenstimmrecht auch auf Gemeindeebene vollumfänglich eingeführt.[765]

6. Von der politischen zur gesellschaftlichen Gleichberechtigung

1981 wurde die Bundesverfassung um den sog. Gleichstellungsartikel ergänzt und damit die Voraussetzungen für die gesellschaftliche Gleichstellung von Frau und Mann geschaffen. Nach der politischen Gleichberechtigung mit der Einführung des Frauenstimmrechts wurde damit der Grundsatz der gesellschaftlichen Gleichberechtigung von Frau und Mann verankert und der Gesetzgeber mit der Gleichstellung vor allem in Familie, Ausbildung und Arbeit beauftragt.[766]

Mit der Revision des Eherechts erfüllte der Gesetzgeber die bundesverfassungsmässige Pflicht, für die Gleichstellung auch in der Familie zu sorgen. Die Revision des Zivilgesetzbuches (Wirkungen der Ehe im Allgemeinen, Ehegüterrecht und Erbrecht) wurde 1985 angenommen und per 1988 in Kraft gesetzt. Das neue Recht sagt Ja zur partnerschaftlichen Ehe und geht nicht mehr von einer gesetzlichen Rollenaufteilung aus, sondern überlässt es den Eheleuten, sich bezüglich der Aufgabenteilung zu einigen. Im Ehegüterrecht wird mit der

765 Zur Entwicklung im Kanton Solothurn siehe PETRELLI/HUBER/LEHMANN, 41 ff.; RUCKSTUHL, 224 ff.; SANER, 91–93 und passim; SCHLUCHTER, 360 ff.

766 Art. 8 Abs. 3 BV, zweiter Satz.

Errungenschaftsbeteiligung die finanzielle Ungleichbehandlung der Frau bei Auflösung der Ehe aufgehoben.[767]

Die rechtliche Gleichstellung zwischen Frau und Mann ist heute weitgehend umgesetzt. Nach dem neuen Eherecht waren das Gleichstellungsgesetz 1996,[768] das revidierte Scheidungsrecht 2000,[769] die Fristenregelung zum Schwangerschaftsabbruch 2002,[770] die Mutterschaftsversicherung 2005,[771] das neue Namensrecht 2013[772] und das neue Sorgerecht 2014[773] Meilensteine auf dem Weg zur rechtlichen Gleichstellung auf Bundesebene.

Die Kantonsverfassungen schreiben die Gleichberechtigung von Frau und Mann ebenfalls vor.[774] Die Kantone haben Gleichstellungsabteilungen bzw. Gleichstellungsbüros oder Fachstellen und Schlichtungsstellen für Gleichstellungsfragen etabliert, wobei der Kanton Aargau die Fachstelle per 2018 wieder abgeschafft hat.[775] Die Abteilung des *Kantons Basel-Landschaft* wurde politisch in Frage gestellt, vom Souverän jedoch bestätigt:

---

767 BBl 1979 II 1191 ff.; BBl 1984 III 19 ff.

768 Das Bundesgesetz über die Gleichstellung von Frau und Mann vom 24. März 1995 (Gleichstellungsgesetz) bezweckt die Förderung der tatsächlichen Gleichstellung von Frau und Mann, siehe Art. 1 GlG. Weiterführend: Sammlung aller Entscheide nach Gleichstellungsgesetz in der Deutschschweiz, http://www.gleichstellungsgesetz.ch/, besucht am 16. April 2018; Bericht über die Evaluation der Wirksamkeit des Gleichstellungsgesetzes in Erfüllung der Motion Vreni Hubmann BBl 2005, 3161 ff.; Stutz, Heidi/Schär Moser, Marianne/Freivogel, Elisabeth, Evaluation der Wirksamkeit des Gleichstellungsgesetzes – Synthesebericht im Auftrag des Bundesamtes für Justiz, Bern und Binningen 2005.

769 Art. 111 ff. ZGB. Neu: Scheidung nicht mehr vom Verschulden abhängig sowie Kindswohl im Zentrum. BBl 1996 I 1 ff.

770 Änderung Art. 118, 119 und 120 StGB. BBl 1998, 3005 ff. und BBl 1998, 5376 ff. Siehe auch Stellungnahme der Nationalen Ethikkommission zur Fristenregelung vom 2. Mai 2005, https://www.newsd.admin.ch/newsd/message/attachments/2347.pdf, besucht am 18. April 2018.

771 Mit der Integration der Mutterschaftsentschädigung in das Erwerbsersatzgesetz 2005 wurde ein mehr als 50-jähriger Verfassungsauftrag konkretisiert. Siehe Art. 16a ff. EOG.

772 Änderung der Art. 30, 30a, 119, 160, 161, 267a, 270, 270a, 270b und 271 ZGB beinhaltet die Änderungen des Namensrechts und des Bürgerrechts; BBl 2009, 7573 ff. und BBl 2009, 7581 ff.

773 Neu ist das gemeinsame elterliche Sorgerecht die Regel; BBl 2011, 9077 ff.

774 In der Nordwestschweiz: § 10 KV AG; § 8 KV BL; § 9 KV BS; Art. 7 KV SO. Die KV AG und die KV SO leiten die Gleichberechtigung von Frau und Mann aus dem allgemeinen Gleichheitsgebot ab, da diese Kantonsverfassungen vor der Totalrevision der Bundesverfassung, beinhaltend das explizite Gleichberechtigungsgebot von Frau und Mann, entstanden sind. Inhaltlich ist dies nicht relevant. Siehe auch Eichenberger, KV AG, Rz. 1 f. zu § 10 KV AG.

775 Für den Kanton Aargau siehe https://www.ag.ch/de/dgs/gesellschaft/gleichstellung/gleichstellung.jsp; Fachstellen siehe Basel-Landschaft https://www.baselland.ch/politik-

Der basellandschaftliche Souverän sagte 2008 Ja an der Urne und bestätigte damit explizit die Bedeutung der Arbeit der Gleichstellungsabteilung.[776] Der *Kanton Aargau* hat die Fachstelle für Gleichstellung per 2018 abgeschafft, indem die diesbezügliche Budgetposition für 2018 nicht mehr aufgeführt wurde.[777] Mit einer Petition[778] und einer Motion wurde versucht, den verfassungs- und völkerrechtlichen Gleichstellungsauftrag weiterhin mittels einer Fachstelle umzusetzen, jedoch ohne Erfolg.[779] Zwar haben die Kantone grundsätzlich den verfassungsrechtlichen Auftrag zur tatsächlichen Gleichstellung von Frau und Mann[780] zu erfüllen, ob sie dafür eine Fachstelle einrichten oder die Umsetzung des Gleichstellungsauftrags mit anderen Mitteln verfolgen, stehe im Ermessen der Kantone; ein Verzicht auf staatliche Gleichstellungsmassnahmen sei verfassungswidrig, so das Bundesgericht.[781]

---

und-behorden/direktionen/finanz-und-kirchendirektion/gleichstellung-bl; Basel-Stadt http://www.gleichstellung.bs.ch/; Solothurn https://somiha.so.ch/einsetzenfuehren/chancengleichheit/gleichstellung/. Schlichtungsstellen: Aargau https://www.ag.ch/de/gerichte/schlichtungsbehoerden/gleichstellung_2/gleichstellung_6.jsp; Basel-Landschaft https://www.baselland.ch/politik-und-behorden/direktionen/volkswirtschafts-und-gesundheitsdirektion/schlichtungsstellen/diskriminierung; Basel-Stadt http://www.geschlechterdiskriminierung.bs.ch/; Solothurn https://www.so.ch/verwaltung/departement-des-innern/amt-fuer-soziale-sicherheit/oberaemter/gleichstellung-der-geschlechter/. Alle Links besucht am 18. April 2018.

776 2008 stimmten die Baselbieter über eine Initiative der SVP zur Abschaffung der Fachstelle für Gleichstellung ab. Mit 63 Prozent Nein-Stimmen lehnte der Souverän die Abschaffung klar ab: http://www.abstimmungsarchiv.bl.ch/Abstimmung_2008_6/generated/index.htm, besucht am 18. Apüril 2018. Eine Motion von Patrick Schäfli, SVP, zur Abschaffung der Fachstelle für Gleichstellung von Frauen und Männern wurde mit Landratsbeschluss vom 12. November 2015 abgelehnt: https://www.baselland.ch/politik-und-behorden/landrat-parlament/sitzungen/traktanden-2010/landratssitzung-vom-5-12-19-november-2015/protokoll-der-landratssitzung-vom-5–12-u-134, besucht am 18. April 2018.

777 https://www.ag.ch/grossrat/grweb/de/195/Detail%20Gesch%C3%A4ft?ProzId=3559710, besucht am 18. April 2018.

778 http://www.gleichstellung-retten.ch/, besucht am 18. April 2018.

779 Motion Sabine Sutter-Suter und Konsorten betreffend Neuformulierung Umsetzung des verfassungsrechtlichen Gleichstellungsauftrages im Kanton Aargau, eingereicht am 21. November 2017: https://www.ag.ch/grossrat/grweb/de/195/Detail%20Gesch%C3%A4ft?ProzId=3658985, besucht am 18. April 2018. Der Regierungsrat stellte sich auf den Standpunkt, die Erfüllung des Gleichstellungsauftrags sei eine Querschnittaufgabe in der ganzen kantonalen Verwaltung. Daneben werde der Gleichstellungsauftrag in der neuen Fachstelle Alter und Familie auf essenzielle Punkte in Form einer Priorisierung im Bereich Familie konzentriert, so der Regierungsrat. Die Motion wurde im Grossen Rat des Kantons Aargau am 20. März 2018 abgelehnt.

780 Art. 8 Abs. 3 zweiter Satz BV.

781 BGE 137 I 305 (Abschaffung der Fachstelle für Gleichstellung von Frau und Mann im Kanton Zug, keine Pflicht des Kantons, den verfassungsmässigen Auftrag mit der Schaf-

Gleichberechtigung und Chancengerechtigkeit sind in der Gesellschaft noch nicht erreicht. Die wichtigsten Baustellen auf dem Weg zur tatsächlichen Gleichstellung von Frau und Mann können in den Bereichen paritätische Vertretung der Geschlechter in Politik und Wirtschaft, Arbeitsteilung, Sozialversicherungen sowie unbezahlte Arbeit geortet werden.

Frauen sind auf dem politischen Parkett unterrepräsentiert.[782] Auch in der Berufswelt sind sie in oberen Positionen sowohl beim Staat als auch in der Wirtschaft unterrepräsentiert.[783]
Die herkömmliche Arbeitsteilung ist in der Gesellschaft immer noch verankert: Männer sind in der Regel hauptsächlich die Ernährer, Frauen arbeiten mehrheitlich Teilzeit und übernehmen mehrheitlich die nicht vergütete Betreuungsarbeit.[784] Die Wahlfreiheit im Zusammenhang mit einem persönlichen Familienmodell nimmt jedoch zu.[785]

---

fung einer Fachstelle umzusetzen); BGE 1C_504/2016 vom 19. Oktober 2017 (Verordnung zur Gleichstellung von Frau und Mann sowie Massnahmenplan 2016–2018 anstelle Fachstelle: Die Gleichstellungsverordnung habe die minimale organisatorische Basis für die Fortführung der Zuger Gleichstellungspolitik nach Abschaffung der Gleichstellungskommission geschaffen. Nicht mit Sicherheit voraussagen lasse sich indessen, ob die Verordnung ausreiche, um den Gleichstellungsauftrag wirksam umzusetzen, ohne zusätzliche personelle und finanzielle Ressourcen. Immerhin habe der Kanton mit dem Erlass der Verordnung und dem Massnahmenplan Vorkehren eingeleitet, um seinen Verpflichtungen aus Art. 8 Abs. 3 Satz 2 BV, § 5 Abs. 2 KV ZG und Art. 2 lit. a CEDAW nachzukommen, so das Bundesgericht.)

782 Siehe dazu beispielsweise Eidgenössische Kommission für Frauenfragen (Hg.), Frauen Macht Geschichte. Frauenpolitik und Gleichstellung in der Schweiz 2001–2015, Kapitel 1 Politik/Politische Partizipation, https://www.ekf.admin.ch/ekf/de/home/dokumentation/geschichte-der-gleichstellung–frauen-macht-geschichte/frauen-macht-geschichte-ab-2001.html, besucht am 18. April 2018, oder für den Kanton Basel-Landschaft: ZÜRCHER, 15 ff. Siehe auch 5. Kapitel V. 7.

783 Frauen in Führungspositionen: https://www.bfs.admin.ch/bfs/de/home/statistiken/wirtschaftliche-soziale-situation-bevoelkerung/gleichstellung-frau-mann.assetdetail.2649645.html, besucht am 18. April 2018.

784 Aufteilung der Hausarbeit: https://www.bfs.admin.ch/bfs/de/home/statistiken/wirtschaftliche-soziale-situation-bevoelkerung/gleichstellung-frau-mann/vereinbarkeit-beruf-familie/aufteilung-hausarbeit.html; Schweizerische Arbeitskräfteerhebung: «Vereinbarkeit von Beruf und Familie» https://www.bfs.admin.ch/bfs/de/home/statistiken/wirtschaftliche-soziale-situation-bevoelkerung/gleichstellung-frau-mann/vereinbarkeit-beruf-familie.assetdetail.349762.html; Vollzeit und Teilzeit: https://www.bfs.admin.ch/bfs/de/home/statistiken/arbeit-erwerb/erwerbstaetigkeit-arbeitszeit/erwerbstaetige/vollzeit-teilzeit.html. Alle Links besucht am 18. April 2018.

785 Siehe dazu die Statistik Vollzeit und Teilzeit: https://www.bfs.admin.ch/bfs/de/home/statistiken/arbeit-erwerb/erwerbstaetigkeit-arbeitszeit/erwerbstaetige/vollzeit-teilzeit.html, besucht am 18. April 2018.

Weiter knüpfen wichtige Sozialversicherungen an die Erwerbstätigkeit an.[786] Unbezahlte Arbeit, sog. Care Arbeit, wird in der Regel von Frauen geleistet.[787]

Auch der Anspruch auf gleichen Lohn für gleichwertige Arbeit ist immer noch eine Baustelle. Zuerst als Ausfluss des allgemeinen Gleichheitssatzes anerkannt, wurde der Anspruch in der Bundesverfassung verankert und 1995 im Gleichstellungsgesetz konkretisiert.[788] Da der Grundsatz des gleichen Lohnes für gleichwertige Arbeit immer noch nicht realisiert ist,[789] plant der Bund staatliche Massnahmen für die Verwirklichung der Lohngleichheit zwischen Frauen und Männern. Unternehmen mit 50 oder mehr Arbeitnehmenden sollen verpflichtet werden, alle vier Jahre eine Lohngleichheitsanalyse durchzuführen und diese überprüfen zu lassen.[790]

Mehr als fünfunddreissig Jahre nach der Verankerung in der Bundesverfassung ist die Lohngleichheit zwischen Frau und Mann noch immer nicht erreicht. Der Lohnunterschied nimmt aber tendenziell langsam ab und betrug gemäss den Zahlen der Lohnstrukturerhebung 2014 in der Privatwirtschaft im Durchschnitt 19,5 Prozent (2012:21,3 Prozent). Der Lohnunterschied im öffentlichen Sektor (Bund, Kantone, Gemeinden) ist geringer als jener im privaten Sektor. Im Jahr 2014 betrug er durchschnittlich 16,6 Prozent (2012:16,5 Prozent). Der unerklärte Lohnunterschied zwischen den Geschlechtern beträgt 2017 7,4 Prozent und stellt eine Diskriminierung aufgrund des Geschlechts dar.[791] Freiwillige Massnahmen zur Verwirklichung des Lohngleichheitsgrundsatzes, wie zum Beispiel das Projekt «Lohngleichheitsdialog», haben nicht zum gewünschten Erfolg geführt.[792]
Zwar haben die diskriminierenden Lohnunterschiede seit 2000 etwas abgenommen, im Tieflohnbereich hat sich die Situation insgesamt wenig verbessert.[793]

---

786 So die Alters- und Hinterlassenenversicherung (AHVG) sowie die berufliche Vorsorge (BVG).

787 https://www.bfs.admin.ch/bfs/de/home/statistiken/wirtschaftliche-soziale-situation-bevoelkerung/gleichstellung-frau-mann/vereinbarkeit-beruf-familie/aufteilung-hausarbeit.html, besucht am 18. April 2018.

788 Art. 8 Abs. 3 BV, dritter Satz. BIGLER-EGGENBERGER/KÄGI-DIENER, SG-Komm BV N 118 ff. zu Art. 8 BV; WEBER-DÜRLER, Rechtsgleichheit, 35.

789 Botschaft zur Änderung des Bundesgesetzes über die Gleichstellung von Frau und Mann, BBl 2017, 5512 ff. m.w.Verw.

790 BBl 2017, 5507 ff.

791 Botschaft zur Änderung des Bundesgesetzes über die Gleichstellung von Frau und Mann, BBl 2017, 5512 ff. m.w.Verw.

792 Botschaft zur Änderung des Bundesgesetzes über die Gleichstellung von Frau und Mann, BBl 2017, 5515 ff. m.w.Verw.

793 Art. 8 Abs. 3 BV; BBl 1980 I 69 ff.; BBl 1980 III 775 ff. Siehe die Broschüre «Auf dem Weg zur Lohngleichheit», Eidgenössisches Departement des Innern, Eidgenössisches Büro für die Gleichstellung von Frau und Mann uns Bundesamt für Statistik (Hg.), Bern 2013: http://www.fachstelle-und.ch/fileadmin/user_upload/pdf/literatur/lit_weg_lohngleichheit_2013_ebg.pdf, besucht am 18. April 2018.

Lohnunterschiede sind nicht nur das Ergebnis unterschiedlicher Verläufe der beruflichen Karrieren, sondern bestehen bereits beim Eintritt ins Berufsleben.[794] Um die unerklärlichen Lohnunterschiede zwischen Frauen und Männern aufzudecken, sind regelmässige Lohngleichheitsanalysen geplant. Das Gleichstellungsgesetz soll dahingehend geändert werden.[795] Die Lohnunterschiede zwischen Frau und Mann bleiben eine wichtige Baustelle auf dem Weg zur gesellschaftlichen Gleichberechtigung.

Um der Untervertretung von Frauen in Verwaltungsräten staatlicher und staatsnaher Betriebe entgegenzuwirken, hat Basel-Stadt als erster Kanton 2014 eine Geschlechterquote für Verwaltungsräte eingeführt.[796]

Auf Geschlechterquoten als Rezept gegen Untervertretung wird nachfolgend – mit Fokus auf die Legislative – eingegangen.

7. Frauenquoten als Rezept gegen Untervertretung?

Die Bundesverfassung beauftragt den Gesetzgeber, in Bund, Kanton und Gemeinden die «rechtliche und tatsächliche Gleichstellung» zu verwirklichen.[797] Dabei sollen nicht nur Geschlechtsdiskriminierungen beseitigt werden, sondern der Gesetzgeber ist angehalten, die tatsächliche Gleichheit der Geschlechter herbeizuführen.[798] Mit diesem Egalisierungsgebot[799] soll die Gleichstellung der Frau in der Gesellschaft real erreicht werden.[800]

Das Egalisierungsgebot kann in einem *Spannungsverhältnis* zum Differenzierungsverbot[801] stehen, das eine Ungleichbehandlung von Frau und Mann verbietet. Regelmässig ist abzuwägen, ob das Interesse der absoluten Gleichbehandlung der Geschlechter oder das Interesse an der Schaffung faktischer Gleichheit vorgeht.[802]

---

794 Nationalfondsprogramm 60: BELODIS – Berufseinstieg und Lohndiskriminierung, MARTI, MICHAEL/BERTSCHY, KATHRIN, Ecoplan, Bern 2013.

795 Siehe im Einzelnen die Botschaft zur Änderung des Bundesgesetzes über die Gleichstellung von Frau und Mann, BBl 2017, 5507 ff.

796 Volksabstimmung vom 9. Februar 2014: http://www.staatskanzlei.bs.ch/politische-rechte/wahlen-abstimmungen.html, besucht am 18. April 2018. Siehe auch 5. Kapitel V. 7.

797 Art. 8 Abs. 3 Satz 2 BV. BIGLER-EGGENBERGER/KÄGI-DIENER, SG-Komm BV N 110 ff. zu Art. 8 BV; HÄFELIN ET AL., Rz. 785; WEBER-DÜRLER, Aktuelle Aspekte, 366 f. m.w.Verw.; WEBER-DÜRLER, Rechtsgleichheit, 31 ff.

798 BGE 116 Ib 270 E. 7a; BGE 116 Ib 284 E. 7a.

799 Art. 8 Abs. 3 Satz 2 BV.

800 GEORG MÜLLER, Quotenregelungen, 307 f.

801 Art. 8 Abs. 3 Satz 1 BV. ARIOLI 125 ff.; BIGLER-EGGENBERGER/KÄGI-DIENER, SG-Komm BV N 103 ff. zu Art. 8 BV; GEORG MÜLLER, Quotenregelungen, 309 f.; WEBER-DÜRLER, Rechtsgleichheit, 28 ff.

802 HÄFELIN ET AL., Rz. 788; WEBER-DÜRLER, Aktuelle Aspekte, 369 f. m.w.Verw.

Geht das Interesse an der Schaffung faktischer Gleichheit vor, so können quantitative Mindestvertretungsgarantien für Frauen, sprich geschlechtsspezifische Quotenregelungen oder quotenähnliche Systeme, ins Auge gefasst werden.[803]

Quotenregelungen gelten generell als geeignetes Instrument, um Untervertretungen auszugleichen, die Chancengleichheit der Geschlechter zu verwirklichen und die Geschlechterhierarchie abzubauen.[804] Sie sind geeignet, Frauen eine angemessene Vertretung zu sichern, und visieren eine geschlechtergerechtere Einflussnahme an gesellschaftlichen Macht- und Entscheidungspositionen an, weg vom dominierenden Einfluss eines Geschlechts.[805] Frauenförderungsmassnahmen gehen zwingend einher mit dem Abbau von Privilegien der Männer.[806]

Quoten als Frauenförderungsmassnahmen haben einen kompensatorischen Effekt und sollen gelten, bis das Gleichgewicht zwischen den Geschlechtern erreicht ist. Sie haben folglich Übergangscharakter und dauern nur so lange an, bis eine ausgeglichene Geschlechterrepräsentanz garantiert ist.[807]

Quotenregelungen werden in vielen Bereichen eingesetzt,[808] oft unter dem Begriff «Konkordanz». Im Unterschied zum Begriff der Quote sieht sich der Begriff der Konkordanz nicht erheblichen Vorbehalten konfrontiert.[809] Quotenregelungen dienen häufig dem Schutz von Minderheiten, vor allem betreffend Sprache, Region und Sozialpartnerschaft. Sie sind ein geeignetes Instrument, um Untervertretungen auszugleichen. Eine der bekanntesten Quotenregelungen betrifft die Zusammensetzung des Bunderates:

Es sei darauf Rücksicht zu nehmen, dass die Landesgegenden und Sprachregionen im Bundesrat angemessen vertreten seien, so die Bundesverfassung.[810] Neben dieser Regionen- und Parteienquote steht die Frage im Raum, ob zusätzlich eine Geschlechterquote für eine Berücksichtigung beider Geschlechter sorgen soll. Denn im Unterschied zu weiteren Kriterien, wie etwa Alter oder Religion, besteht ein

---

803 Zum Begriff der Frauenförderungsmassnahmen siehe ARIOLI, 135 ff. Zu Zweck und Funktionen von quotenähnlichen Systemen siehe BUSER, Quoten, 201 f.

804 ARIOLI, 19 ff.; POLEDNA, Geschlechterquoten, 138 f.

805 Siehe dazu BUSER, Quoten, 187 f. m.w.Verw.

806 BUSER, Quoten, 205.

807 BUSER, Quoten, 191 f. m.w.Verw. BUSER unterstreicht richtigerweise, dass die Länge der Übergangsphase vom gesellschaftlichen Wandel abhängt – und der kann bekanntlich dauern.

808 Siehe die Zusammenstellung bei POLEDNA, Geschlechterquoten, 139 f.

809 ARIOLI, 145: «Dass der Begriff der Quote dennoch nicht immer genannt wird, mag wohl u.a. daran liegen, dass dieser Begriff häufig – nota bene ohne genauere inhaltliche Bestimmung – negativ besetzt ist, oft wie ein ‹rotes Tuch› oder ein Reizwort wirkt und deshalb wohl bewusst vermieden wird»; POLEDNA, Geschlechterquoten, 161 m.w.Verw.

810 Art. 175 Abs. 4 BV.

verfassungsrechtlicher Auftrag, dass das Parlament die Bevölkerung repräsentieren soll.[811] Im Nachgang an die Wahl von Ignazio Cassis in den Bundesrat vom 20. September 2017 wurde diese Forderung (wieder) auf die politische Agenda gesetzt. Die Bundesverfassung soll entsprechend ergänzt und die Konkordanz auch auf das Geschlecht angewendet werden.[812] Weniger imperativ wäre die Lösung einer informellen Übereinkunft, analog der «Zauberformel», nicht nur den Parteienproporz zu beachten, sondern auch den Geschlechterproporz. So wie es dem heutigen Verständnis von Konkordanz entspricht, dass der Bundesrat gemäss der Stärke der politischen Parteien zusammengesetzt ist,[813] könnte problemlos auch der Geschlechterproporz Beachtung finden.

Ist von «Quote»[814] die Rede, so ist regelmässig zu differenzieren, wie diese in Bezug etwa auf die Quotenhöhe, den Grad der Verbindlichkeit oder die Dauer der Implementierung ausgestaltet ist. Jede Quotenregelung ist daher individuell auf ihre Verfassungsmässigkeit zu überprüfen.[815]

Quotenregelungen können mit den *Grundsätzen des gleichen und des freien Stimmrechts* kollidieren. Im Bereich der Stimmrechtsgleichheit ist die Gleichheit in Bezug auf die gleichen Chancen, an einer Wahl teilzunehmen, sei es als wählende oder als kandidierende Person, betroffen.[816] Die Stimmrechtsfreiheit beinhaltet sowohl das Recht zur Kandidatur als auch die Auswahlfreiheit; beide können durch Quotenregelungen tangiert sein.[817] Vor dem Hintergrund, dass in einer pluralistischen Gesellschaft möglichst viele politische Gruppierungen das Recht haben sollen, ihre Anliegen zu thematisieren und ihre Standpunkte zu begründen, kann eine Einschränkung der Wahlfreiheit in Kauf genommen werden. Im Gegenzug soll sichergestellt werden, dass die Mitglieder des heterogenen Gemeinwesens die wesentlichen Entscheidungen eines Staatsorgans billigen.[818]

Quotenregelungen sind jeweils dahingehend zu überprüfen, ob das Interesse an der tatsächlichen Gleichstellung der Geschlechter im konkreten Fall höher zu gewichten ist als die Ungleichbehandlung der Männer.[819]

---

811 Poledna, Geschlechterquoten, 162.

812 http://www.bundesraetinnen.ch/, besucht am 18. April 2018.

813 Häfelin et al., Rz. 1625. Die Zauberformel wurde von 1959 bis 1999, dann wieder von 2003 bis 2007 und wiederum seit 2015 beachtet.

814 Zum Begriff der Quoten als Frauenförderungsmassnahme siehe Arioli, 144 ff. m.w.Verw.

815 Buser, Quoten, 189 m.w.Verw. und 192 ff. m.w.Verw.

816 BGE 113 Ia 294; Buser, Quoten, 208 ff. m.w.Verw.; Georg Müller, Quotenregelungen, 310 f.

817 Buser, Quoten, 208 ff. m.w.Verw.; Georg Müller, Quotenregelungen, 310 f.

818 Buser, Quoten, 201 f. und 208 ff. m.w.Verw.

819 Häfelin et al., Rz. 788; Weber-Dürler, Aktuelle Aspekte, 369 f. m.w.Verw.

Diese Interessenabwägung kann ergeben, dass Frauenförderungsmassnahmen durch den Staat trotz der damit verbundenen Ungleichbehandlung der Männer gerechtfertigt sein können.[820]

Die Interessengewichtung muss eine verhältnismässige sein. Grundsätzlich ist die Unterscheidung zwischen fixen, starren Quoten und flexiblen Quoten entscheidend, um die Verhältnismässigkeit einer Quote als Frauenförderungsmassnahme zu beurteilen. Während fixe Quoten, sog. Ergebnisquoten, das Ziel festlegen und damit einen bestimmten Frauenanteil bei den Gewählten garantieren, geben flexible Quoten, sog. Entscheidungs- oder Listenquoten, nur vor, wie vorgegangen werden muss, damit die angestrebte Proportion der Geschlechteranteile erreicht wird.[821]

Das Bundesgericht hat sich mehrfach mit Quotenregelungen als Frauenförderungsmassnahmen befasst und dabei insbesondere die Bedeutung des freien und gleichen Wahlrechts unterstrichen.

> Eine Quotenregelung, die das Egalisierungsgebot unverhältnismässig stark auf Kosten des Differenzierungsverbots und des Grundsatzes der Wahlfreiheit gewichtete, wurde vom Bundesgericht 1997 abgelehnt; eine «Ergebnisgleichheit» bzw. Ergebnisquote im Sinne starrer Quoten sei unzulässig.[822]
>
> Vor dem Hintergrund, dass Frauen insbesondere im Parlament untervertreten sind, forderte 1998 eine parlamentarische Initiative ohne Erfolg Frauenmindestquoten auf Nationalratslisten.[823]
>
> Im Zusammenhang mit fixen Quoten unterstrich das Bundesgericht 1999 die Bedeutung des freien und gleichen Wahlrechts: Eine quotenmässige Zuteilung von Mandaten sei in einer Volkswahl eine unzulässige Einschränkung des freien und gleichen Wahlrechts. Quotenregelungen für Behördenwahlen hielten hingegen der Verhältnismässigkeitsprüfung des Bundesgerichtes stand, genauso wie frauenfördernde Quoten auf Proporzwahllisten, also flexible Quoten.[824]
>
> In einem Entscheid aus dem Jahr 2000 befasste sich das Bundesgericht mit der Volksinitiative «für eine gerechte Vertretung der Frauen in den Bundesbehörden», die u.a. für das Parlament, den Bundesrat und das Bundesgericht fixe Quoten in der Bundesverfassung festlegen wollte.[825] Die Initiative scheiterte am Volks- und Ständemehr – es resultierten Neinmehrheiten in sämtlichen Kantonen.[826]

---

820 Weber-Dürler, Aktuelle Aspekte, 369 f. m.w.Verw.

821 Arioli, 155 ff., insbes. 156 f. und 158 ff.

822 BGE 123 I 152 (Solothurner Quoteninitiative). Häfelin et al., Rz. 790.

823 Siehe Parlamentarische Initiative Frauenmindestquoten für Nationalratswahllisten, Bericht der Staatspolitischen Kommission des Nationalrats vom 27. August 1998, BBl 1998 V 4759 ff. und Parlamentarische Initiative Frauenmindestquoten für Nationalratswahllisten, Bericht vom 27. August 1998 der Staatspolitischen Kommission des Nationalrats, Stellungnahme des Bundesrates vom 9. September 1998, BBl 1998 V 4769 ff.

824 BGE 125 I 21 (Urner Quoteninitiative). Häfelin et al., Rz. 791.

825 BBl 1998, 4769 ff.

826 Siehe https://www.admin.ch/ch/d/pore/vi/vis235.html, besucht am 18. April 2018 sowie Häfelin et al., Rz. 792.

2005 hat sich das Bundesgericht grundsätzlich zur Zulässigkeit von Quotenregelungen im öffentlichen Dienst geäussert.[827] Die Verfassungsmässigkeit einer sog. «starren» Quote sei zumindest zweifelhaft; jedenfalls sei eine gesetzliche Grundlage unabdingbar.[828]

Mangels gesetzlich verankerter Frauenquoten stehen den politischen Parteien Möglichkeiten zur Verfügung, Frauenkandidaturen bei Parlamentswahlen zu fördern. Auch der Staat selber kann Alternativen prüfen.[829]

So könnten beispielsweise die politischen Parteien die Namen von Kandidatinnen auf Nationalratslisten vorkumulieren oder an die Spitze setzen. Weiter kann parteiintern vereinbart werden, dass ein bestimmter Prozentsatz der Kandidierenden weiblich sein soll.[830] Der Schlüssel zur wesentlichen Verbesserung der Vertretung der Frauen liegt im Zusammenhang mit dem beschriebenen freiwilligen Proporz mit Quotenwirkung bei den Parteien.[831]
Alternativen seitens des Staates sind weiter etwa staatliche Informationen über die Untervertretung von Frauen, staatliche Empfehlungen an die Parteien zur Einführung freiwilliger Geschlechterquoten oder eine Quotierung der Medienpräsenz von weiblichen und männlichen Kandidierenden im Vorfeld der Wahlen. In der Lehre wird die Möglichkeit einer stufenweisen Einführung der Quote, gestuft nach Höhe oder Nominations- oder Wahlquote, als besonders geeignet empfohlen.[832]

In der Nordwestschweiz kennt der Kanton Basel-Stadt seit 2014 eine Geschlechterquote für Verwaltungsräte staatlicher und staatsnaher Betriebe.[833] Damit die Geschlechter in Strategie- und Aufsichtsorganen, namentlich Verwaltungsräten, von öffentlich-rechtlichen Anstalten und öffentlichen Unternehmen ausgewogen vertreten sind, schreibt das Gesetz vor, dass Frauen und Männer zu mindestens zu je einem Drittel vertreten sind.[834]

Zum Schluss ist festzuhalten, dass die Gleichberechtigung der Geschlechter regelmässig als «Frauenfrage» eingeordnet wird. Diese Subsumtion ist Ausfluss

---

827 BGE 131 II 361 (Balmelli).

828 Häfelin et al., Rz. 792a; siehe auch die Kritik bei Kägi-Diener, 107 ff. und Tobler, 220 ff.

829 Siehe die Zusammenstellung im BBl 1998 V 4770 ff. sowie Poledna, Geschlechterquoten, 157 f.

830 Parteiinterne Frauenförderungsmassnahmen haben die Sozialdemokratische Partei und die Grünliberale Partei aufgestellt.

831 So äusserte sich beispielsweise der Regierungsrat des Kantons Solothurn, zitiert in BGE 123 I 152 E. 6. Im Einzelnen zu den parteiinternen Quotenregelungen siehe Buser, Quoten, 201 f. m.w.Verw., 211 ff. m.w. Verw und 220 ff. m.w.Verw.

832 Georg Müller, Quotenregelungen, 314; Poledna, Geschlechterquoten, 158.

833 Volksabstimmung vom 9. Februar 2014: http://www.staatskanzlei.bs.ch/politische-rechte/wahlen-abstimmungen/resultate-archiv.html, besucht am 18. April 2018.

834 § 24 f. EG GlG BS.

eines dualistischen Geschlechterkonzepts und damit überholt. Für die Zukunft ist von Bedeutung, dass Gleichberechtigung als Anliegen der gesamten Gesellschaft verstanden wird.

VI. Bürgerrecht

1. Stimmrecht und Bürgerrecht

a. Verknüpfung von Stimmrecht und Bürgerrecht

i) Identität von Regierenden und Regierten

Die Ausübung der politischen Rechte auf Bundesebene setzt das Schweizer Bürgerrecht voraus.[835] Somit sind Ausländerinnen und Ausländer vom Stimmrecht auf Bundesebene ausgeschlossen.

Eine Ausländerin oder ein Ausländer ist gemäss herrschender Lehre[836] ein Mensch, der nicht Bürger eines bestimmten Staates ist bzw. eine Person, die kein Schweizer Bürgerrecht hat.[837] Der Begriff umfasst nicht nur Staatsangehörige anderer Staaten ohne Schweizer Bürgerrecht, sondern auch Staatenlose. Die Kantone können den Begriff der Ausländerin oder des Ausländers auch enger definieren.[838]

Den Kantonen ist es jedoch unbenommen, das Stimmrecht für Ausländerinnen und Ausländer auf kantonaler oder kommunaler Ebene einzuführen.[839]

Der Zugang zu den politischen Rechten ist Ausdruck der Volkssouveränität und der Zugehörigkeit zum Staatsverband. Wenn diese Zugehörigkeit in erster Linie durch die Staatsbürgerschaft definiert wird,[840] so kann es zu einem eigentlichen Demokratiedefizit führen:[841] Je mehr Personen Einverständnis zum staatlichen Handeln geben, desto grösser ist dessen Legitimation; bzw. je weniger Personen an der politischen Willensbildung teilhaben, desto eher riskiert der Staat den Verlust der Legitimation seines Handelns.[842] In einer demokratischen Staatsordnung soll staatliches Handeln der Regierenden auf dem Willen der Regierten beruhen. Demnach soll jede Person, die dem staatlichen Handeln unterworfen ist, idealerweise auch an der Gestaltung der Regeln, denen das staatliche Handeln folgt, beteiligt sein. Je mehr Personen an diesem Prozess beteiligt sind, desto grösser ist die Legi-

---

835 Art. 136 BV.

836 Der Begriff wird weder in der Bundesverfassung noch in einem Bundesgesetz definiert.

837 RHINOW/SCHEFER/UEBERSAX, Rz. 372; TANQUEREL, N 22 ff. m.w.Verw. Kritische Würdigung dieser Definition bei HEUSSER, 15 f., der insbesondere moniert, dass der Begriff auch für Menschen ohne Schweizer Bürgerrecht gilt, die in der Schweiz geboren und aufgewachsen sind und ihren Wohnsitz in der Schweiz haben (im Prinzip «In-Länder»).

838 BISAZ, 108 f.

839 Zum Ausländerstimmrecht in den Nordwestschweizer Kantonen siehe 5. Kapitel VI. 3. b.

840 GÖKSU/SCYBOZ, 21 f. m.w.Verw.; sog. Bürgerdemokratie, HEUSSER, 30 ff.;

841 GÖKSU/SCYBOZ, 22 f. m.w.Verw.; HANGARTNER/KLEY, Rz. 28; HEUSSER, 30 ff.; RÜEGGER, 83 m.w.Verw.

842 GÖKSU/SCYBOZ, 20 m.w.Verw.

timität staatlichen Handelns.[843] Das sog. *Identitätsgebot* strebt die Identität der Regierenden mit den Regierten an und gilt als Bestandteil des Demokratieprinzips. Eine Koppelung von politischer Partizipation und Bürgerrecht ist mit dem Identitätsgebot und damit mit dem Demokratieprinzip nicht vereinbar.[844]

In der Schweiz nimmt jede vierte Person der ständigen Wohnbevölkerung nicht am staatlichen Willensbildungsprozess teil, weil sie keine Schweizer Staatsbürgerschaft hat; im Kanton Basel-Stadt ist es gar jede dritte Person.

Der Anteil der Ausländerinnen und Ausländer beträgt in der Schweiz 24,9 Prozent.[845] Verglichen mit den Ländern der Europäischen Gemeinschaft ist dieser Anteil hoch: Nur Luxemburg mit 46,7 Prozent hat einen höheren Anteil. Die übrigen Länder der Europäischen Union haben Ausländeranteile zwischen 16,46 Prozent (Zypern) und 0,39 Prozent (Polen).[846]

Die Beteiligung der Minderheiten am Entscheidfindungsprozess dient nicht nur der Verwirklichung des Identitätsgebots, sondern auch dem Minderheitenschutz. Je grösser der Anteil der Minderheit ist, die sich nicht am Entscheidfindungsprozess beteiligen kann, desto grösser das Demokratiedefizit, das zu attestieren ist.[847]

ii) Wege aus dem Demokratiedefizit

Grundsätzlich führen zwei Wege aus dem beschriebenen Demokratiedefizit: niedrigere Hürden für die Einbürgerung[848] oder Erweiterung des Kreises der Stimmberechtigten um die ständige Wohnbevölkerung ohne Schweizer Bürgerrecht.

Der erste Weg aus dem Demokratiedefizit führt über die *Einbürgerungspolitik*. Die Hürden für die Einbürgerung und damit die Hürden für die Ausübung der politischen Rechte werden durch die Einbürgerungspolitik bestimmt. Dieser

[843] HANGARTNER/KLEY, Rz. 15; RHINOW, Grundprobleme, 170; TSCHANNEN, Stimmrecht, Rz. 9 und 11. Siehe auch 5. Kapitel III. 2.

[844] Siehe etwa BUSER, Ausländerstimmrecht, 406; RHINOW, Grundprobleme, 155; RÜEGGER, 84 ff.

[845] Statistik Ausländeranteil ganze Schweiz und Nordwestschweiz 2016: https://de.statista.com/statistik/daten/studie/293759/umfrage/auslaenderanteil-in-der-schweiz-nach-kantonen/, besucht am 18. April 2018. In der Nordwestschweiz: Aargau 24,7 Prozent, Basel-Landschaft 22,3 Prozent; Basel-Stadt 35,8 Prozent, Solothurn 22 Prozent.

[846] Siehe die Statistik «Europäische Union: Anteil ausländischer Staatsangehöriger an der Gesamtbevölkerung in den Mitgliedsstaaten im Jahr 2016»: https://de.statista.com/statistik/daten/studie/73995/umfrage/auslaenderanteil-an-der-bevoelkerung-der-laender-der-eu27/, besucht am 18. April 2018.

[847] BUSER, Ausländerstimmrecht, 406 ff.; GÖKSU/SCYBOZ, 21 ff. m.w.Verw.

[848] HANGARTNER/KLEY, Rz. 103; RUDIN, 1298.

kommt somit eine zentrale Rolle zu. Die Einbürgerungsgesetzgebung ist restriktiv.[849] Die Kantone haben zudem die Möglichkeit, die Einbürgerungsvoraussetzungen zu verschärfen und beispielsweise neben den Integrationskriterien des Bundes weitere Integrationskriterien vorzusehen.[850]

Der Zusammenhang zwischen Einbürgerungsregelung und politischer Partizipation der ausländischen Wohnbevölkerung ist erkannt; höhere Hürden für die Einbürgerung rücken die Forderung nach politischen Rechten für Ausländerinnen und Ausländer in den Vordergrund.[851]

Der zweite Weg aus dem Demokratiedefizit führt über die Definition des *Stimmvolkes*. Zwar koppelt die Bundesverfassung unmissverständlich das Stimmrecht an das Bürgerrecht.[852] Dass es aber möglich ist, von dieser Koppelung auf Kantons- oder Gemeindeebene abzuweichen, zeigt auf, dass der Begriff des Stimmvolkes erneut in einem Prozess der Relativierung steht, ein weiteres Mal ausgehandelt wird. Die Veränderbarkeit des Stimmvolkes ergibt sich daraus, dass die Verfassung grundsätzlich revidiert werden kann und der Kreis der Stimmberechtigten damit Teil des permanenten Verhandlungsprozesses der Schweizer Demokratie ist. Wer stimmberechtigt ist, ist nicht natürlich vorgegeben, sondern historisch bedingt.[853]

> Die historische Entwicklung der Zusammensetzung des Kreises der Stimmberechtigten belegt deutlich, dass der Begriff des Stimmvolkes kein stabiler, sondern ein dynamischer ist. Die Erweiterung des Kreises der Stimmberechtigten zieht sich wie ein roter Faden durch die Geschichte des Stimmrechts: Der Kreis erweiterte sich nach und nach um Geistliche, Dienstboten, Ledige, Armengenössige, Konkursite oder strafrechtlich Verurteilte – sie alle waren vom Stimmrecht ausgeschlossen.[854]
> Exemplarisch für die Erweiterung des Begriffs des Stimmvolkes ist die Einführung des Frauenstimmrechts. Die Überzeugung, dass Frauen nicht zum Stimmvolk gehörten, wurde zunehmend als Verstoss gegen die Rechtsgleichheit kritisiert und abgelöst von einem erweiterten Begriff des Stimmvolkes, der die Frauen integrierte.[855]

Soll die politische Integration der ausländischen Wohnbevölkerung vorangetrieben werden, so scheint es angebracht, diesen Prozess in moderaten Schritten an-

---

849 Siehe im Einzelnen 5. Kapitel VI. 2.

850 Art. 12 Abs. 3 BüG.

851 HANGARTNER/KLEY, Rz. 54; RUDIN, 1298 f.

852 Die Koppelung von Stimmrecht und Bürgerrecht ist historisch begründet und geht auf die Entstehung der Nationalstaaten im 19. Jahrhundert zurück. Siehe BUSER, Ausländerstimmrecht, 407 m.w.Verw.

853 RÜEGGER, 76 f.

854 5. Kapitel II.

855 Zur Einführung des Frauenstimmrechts siehe 5. Kapitel V.

zugehen.[856] Dabei sind verschiedene Differenzierungen der politischen Integration der ausländischen Wohnbevölkerung denkbar.[857]

> Es sind verschiedene Differenzierungen der politischen Integration der ausländischen Wohnbevölkerung denkbar, etwa nach der föderativen Stufe (z.B. Ausländerstimmrecht nur auf Gemeindeebene), nach Normcharakter (z.B. der Kanton gibt den Gemeinden die Kompetenz, das Ausländerstimmrecht einzuführen), nach der Zuständigkeit zur Umschreibung der Voraussetzungen (z.B. der Kanton gibt den Gemeinden die Kompetenz, das Ausländerstimmrecht einzuführen, legt aber bestimmte Voraussetzungen wie die Wohnsitzdauer verbindlich fest), nach dem Objekt der Teilhabe (z.B. nur das Recht, an Wahlen teilzunehmen, nicht aber an Sachabstimmungen), nach Abstimmungsgegenstand (z.B. kein Ausländerstimmrecht bei Verfassungsabstimmungen), nach aktivem und passivem Wahlrecht (z.B. nur das aktive Wahlrecht), nach aktivem und passivem Wahlrecht nach Organen (z.B. passives Wahlrecht nur für Fachorgane wie Schulräte), nach Wohnsitzdauer (z.B. Mindestwohnsitzdauer in einer Gemeinde) oder nach «Initiierung» (z.B. Ausländerstimmrecht nur auf Antrag).[858]

Richtigerweise wird für das Stimmrecht vorausgesetzt, dass eine besondere Beziehung zum Staatswesen besteht: Am formalisierten Willensbildungsprozess soll sich nur beteiligen, wer einen dauerhaften und intensiven Bezug zum fraglichen Staat hat. Diese Beziehung wird regelmässig gleichgesetzt mit der Staatsbürgerschaft. Dabei bleibt unberücksichtigt, dass sich die besondere Verbundenheit zum Staat nicht zwingend nur durch die Nationalität ausdrückt.[859]

iii) Ausländerausschluss: Demokratieprinzip, Grundrechte und Rechtsgleichheit

Der Ausschluss der ausländischen Wohnbevölkerung vom formalisierten staatlichen Willensbildungsprozess steht in einem Spannungsfeld zum Demokratieprinzip, zu den Grundrechten und zur Rechtsgleichheit.[860]

Dem aktuellen Demokratieverständnis wird gerecht, wer sich bei der Weiterentwicklung der politischen Rechte am Identitätsgebot orientiert und damit die Beteiligung aller Bevölkerungsgruppen im Auge behält.[861] Befürwortende eines Verstosses gegen den Grundsatz der Rechtsgleichheit begründen dies damit, dass nicht alle betroffenen Personen in den demokratischen Prozess einbezogen

[856] BUSER, Ausländerstimmrecht, 411.

[857] Siehe dazu ausführlich RUDIN, 1314 ff. m.w.Verw.

[858] Siehe insbes. auch die weiteren Einzelheiten und Begründungen bei RUDIN, 1314 ff. m.w.Verw.

[859] GÖKSU/SCYBOZ, 25 f. m.w.Verw.

[860] BUSER, Ausländerstimmrecht, 403 ff.; RÜEGGER, 98 ff. m.w.Verw.

[861] BUSER, Ausländerstimmrecht, 410; RÜEGGER, 84 ff. und 98.

würden, wenn Ausländerinnen und Ausländer vom Stimmrecht ausgeschlossen werden. Damit sei der Grundsatz der Identität der Regierenden mit den Regierten verletzt.[862]

Politische Rechte haben Grundrechtscharakter.[863] Weil politische Rechte einen Grundrechtsgehalt aufweisen, ist der Ausschluss der dauerhaft ansässigen Ausländerinnen und Ausländer von den politischen Rechten begründungspflichtig. Es ist fraglich, ob dies gelingen kann.[864] Staatliches Handeln hat sich immer nach dem Grundsatz der Rechtsgleichheit zu richten.[865] Eine Ungleichbehandlung ist nur bei Vorliegen eines sachlichen, vernünftigen Grundes zulässig. So bedarf auch eine Ungleichbehandlung im Bereich der politischen Rechte einer Rechtfertigung. Dies führt zur Frage, ob die Korrelation von Stimmrecht und Bürgerrecht mit dem Grundsatz der Rechtsgleichheit vereinbar ist oder ob der Stimmrechtsausschluss aufgrund der Nationalität eine unverhältnismässige Grundrechtseinschränkung darstellt.[866]

b. Bürgerdemokratie, Territorialdemokratie und Betroffenendemokratie

Das Stimmrecht kann mit unterschiedlichen Sachverhalten verbunden werden. Neben dem Modell der *Bürgerdemokratie*, das das Stimmrecht an das Bürgerrecht koppelt, ist auch denkbar, dass an die Betroffenheit durch das staatliche Handeln, sog. *Betroffenendemokratie*, oder an den Wohnsitz in einem bestimmten Territorium, sog. *Territorialdemokratie*, angeknüpft wird.[867]

Ein Ausländerstimmrecht knüpft für das Stimmrecht nicht mehr an das Bürgerrecht, sondern an den Wohnsitz, sinnvollverweise verbunden mit einer Mindestwohnsitzdauer, an.[868]

In der Schweiz gilt auf Bundesebene das Modell der Bürgerdemokratie; auf kantonaler Ebene ist es den Kantonen freigestellt, sich ganz oder teilweise am Modell der Territorialdemokratie zu orientieren.[869] Als Gründe gegen die Einführung des Stimmrechts für Ausländerinnen und Ausländer auf Bundesebene[870] werden eine geringere Verbundenheit mit der Schweiz wegen höherer

862 BUSER, Ausländerstimmrecht, 407; GÖKSU/SCYBOZ, 26 f. m.w.Verw.

863 MÜLLER/SCHEFER, 611 f. m.w.Verw. Anders noch beispielsweise 1976, siehe «Die Stellung der Ausländer im politischen Leben der Schweiz», Bericht der eidgenössischen Konsultativkommission für das Ausländerproblem, ZBl 77/1976 280 ff.

864 BUSER, Ausländerstimmrecht, 406; RÜEGGER, 87 ff. und 99.

865 HÄFELIN ET AL., Rz. 747; RÜEGGER, 92 ff. und 99.

866 Siehe Art. 36 Abs. 3 BV.

867 GÖKSU/SCYBOZ, 28 m.w.Verw.

868 sog. Territorialdemokratie, HEUSSER, 35 f.; TANQUEREL, N 105.

869 HEUSSER, 35 ff. m.w.Verw.

870 Siehe die ausführliche Darstellung der Argumente für und gegen ein Ausländerstimmrecht bei TANQUEREL, N 98 ff.

Mobilität,[871] die Möglichkeit der Ausweisung aus der Schweiz und die fehlende Wehrpflicht[872] vorgetragen.[873] Begründet wird die traditionelle Verknüpfung von Bürgerrecht und Stimmrecht mit der Organfunktion des Stimmrechts.[874] Eine Ausweitung des Stimmrechts auf die ausländische Wohnbevölkerung ist auf Bundesebene kein aktuelles Thema,[875] anders sieht es in den Kantonen aus.[876]

c. Einbürgerung als letzter Schritt der Integration oder integrierende Wirkung der Einbürgerung?

Unbestrittenermassen ist die Einbürgerung ein wichtiger Faktor hinsichtlich der Integration einer Ausländerin oder eines Ausländers. Zwei unterschiedliche Auffassungen prägen die Diskussion um Einbürgerung und Integration: Aktuell dominiert die Auffassung, dass die Einbürgerung den letzten Schritt einer gelungenen Integration darstellt,[877] während Ergebnisse aus der Forschung zeigen, dass eine frühe Einbürgerung die Integration fördert.[878]

---

871 Das Argument der höheren Mobilität der ausländischen Wohnbevölkerung trifft in Bezug auf den Bund zu, nicht jedoch in Bezug auf die Mobilität in Gemeinden und Kantonen. Siehe dazu die Untersuchung von HEUSSER, 101 f.

872 Siehe dazu kritisch RUDIN, 1297 f.

873 HEUSSER, 101 ff.; TANQUEREL, N 98 ff. Zur fehlenden Wehrpflicht als Argument gegen das Ausländerstimmrecht siehe die Kritik bei RUDIN, 1297. Ein ausführliches Argumentarium für und gegen das Ausländerstimmrecht findet sich bei BUSER, Ausländerstimmrecht 408 f.

874 TANQUEREL, N 101, 114 ff: Gegner des Ausländerstimmrechts führen auch an, dass die traditionelle Verknüpfung von Bürgerrecht und Stimmrecht wegen der Organfunktion des Stimmrechts notwendig sei. Des Weiteren sei die Einbürgerung der Ausdruck der Integration. Siehe 5. Kapitel VI. c. Zur Organfunktion des Stimmrechts siehe 5. Kapitel IV. 2.

875 HEUSSER, 47; KLEY, SG-Komm BV N 3 ff. zu Art. 136 BV; RUDIN, 1300; TSCHANNEN, Staatsrecht, § 48 N 21 ff.

876 Zur Regelung des Ausländerstimmrechts in Kantonen und Gemeinden siehe: BUSER, Kantonales Staatsrecht, Rz. 290 ff.; HÄFELIN ET AL., Rz. 1380b; HEUSSER, 36 f.; RHINOW/SCHEFER/UEBERSAX, Rz. 800 ff.; TANQUEREL, N 51 ff. und 129 ff.; HEUSSER und TANQUEREL befürworten die Einführung des Ausländerstimmrechts auf kantonaler und kommunaler Ebene.

877 So die Haltung des Bundesrats, siehe Botschaft Totalrevision BüG vom 4. März 2011, BBl 2010, 2825 ff.

878 HAINMUELLER/HANGARTNER/PIETRANTUONO analysierten anonyme Urnen-Abstimmungen über Einbürgerungsgesuche in 46 Deutschschweizer Gemeinden zwischen 1970 und 2003. Anhand dieser quantitativen Datenbasis von insgesamt 2225 Einbürgerungsgesuchen konnten sie 768 Personen ausfindig machen, deren Einbürgerungsgesuche entweder knapp angenommen oder abgelehnt worden waren. Zwischen den knapp abgelehnten Gesuchstellern und den knapp Eingebürgerten gibt es keine Unterschiede bezüglich ihres Alters, Geschlechts, ihrer Sprachkenntnisse, ihrer Aufenthaltsdauer in der Schweiz

Eine vom Schweizerischen Nationalfonds (SNF) unterstützte Studie der Universitäten Zürich, Stanford und Mannheim liefert Hinweise, dass die Einbürgerung von Immigranten wie ein Katalysator für die Integration wirkt. Vom Erwerb des Schweizer Passes profitieren insbesondere die Migrantinnen und Migranten, die zum Zeitpunkt ihrer Einbürgerung zu marginalisierten Migrantengruppen gehören. In der Studie sind dies Personen aus der Türkei und aus Ex-Jugoslawien.[879]

Ungeachtet dieser unterschiedlichen Positionen zur Rolle der Einbürgerung, respektive zum Zeitpunkt des Einbürgerungsverfahrens, wird die Einbürgerung in beiden Fällen mit Integration verknüpft. Daraus folgt die Frage, ob die politische Mitsprache als Folge der Integration verliehen werden oder ob sie integrierend wirken soll. Aktuell dominiert die Auffassung, dass politische Mitsprache *nach* erfolgter Integration verliehen werden soll. Wer integriert ist, kann sich einbürgern lassen und erhält mit dem Bürgerrecht das Stimmrecht. Wird politische Mitsprache *als Instrument zur Integration* verstanden, sei es mit der Vergabe des Stimmrechts an Ausländerinnen und Ausländer, sei es mit dem Erlass niedrigerer Schwellen für das Erlangen des Bürgerrechts, so bedeutet dies Integration durch Einbürgerung.

Einbürgerung als Instrument zur Integration war in der Schweiz bis 1919 geltendes Paradigma. Der Paradigmenwechsel hin zur Einbürgerung *nach* erfolgreicher Integration erfolgte im Nachgang des Ersten Weltkrieges, beeinflusst etwa durch das Réduit-Denken. Der Wandel der Schweiz vom traditionellen Auswanderungs- zum Einwanderungsland ist relativ jung und geht auf die Zeit zwischen 1880 und 1900 als Folge der Verbesserung der wirtschaftlichen Situation in der Schweiz zurück. Erst 1900 tauchte erstmals der Begriff der sogenannten «Überfremdung» auf. Die restriktive Praxis, die insbesondere eine lange Wohnsitzfrist vor der Einbürgerung verlangt und die das heutige Einbürgerungsrecht immer noch prägt, geht auf die Verschärfung der Einbürgerungsbestimmungen 1919 zurück. Konkret wurde damals die Wohnsitzfrist für Einbürgerungen von vier auf sechs Jahre erhöht – dies mit der Begründung, dass nur noch «assimilierte» Ausländer eingebürgert werden sollen. Assimilation oder Integration war für das Einbürgerungsverfahren bis dato kein Thema; geprüft wurden lediglich die Beziehungen zum bisherigen Heimatstaat und die persönlichen und familiären Verhältnisse.[880]
Die Verdoppelung der Wohnsitzanforderung von sechs auf zwölf Jahre erfolgte 1952 und bedeutete, zusammen mit der ebenfalls 1952 neu eingeführten sogenannten «Eignungsprüfung» eine weitere Verschärfung des Einbürgerungsrechts.[881]

oder ihrer Herkunft. Eine Einbürgerung an der Urne kann von den Stimmberechtigten nur noch dann abgelehnt werden, wenn ein entsprechender begründeter Antrag vorliegt. Siehe 5. Kapitel VI. 2. d.

879 Hainmueller/Hangartner/Pietrantuono, 20 ff. und 29 ff.

880 Siehe Botschaft 1919 Schweizerbürgerrecht.

881 Siehe Botschaft 1951 Schweizerbürgerrecht. Zum Ganzen siehe Argast, Assimilationsdiskurs, 183 ff. und Kreis/Kury, 23 ff.

> Das weniger restriktive Einbürgerungsverfahren vor 1919 soll nicht darüber hinwegtäuschen, dass die Einbürgerungspraxis mittels der Einbürgerungsgebühr massgeblich beeinflusst wurde: So stand beispielsweise im Kanton Basel-Landschaft im 19. Jahrhundert klar die materielle Seite der Einbürgerung im Vordergrund. Die zu leistende Einbürgerungssumme lag im Bereich von mindestens einem Jahresgehalt eines Spinners, Webers oder Arbeiters in der Seidenstoff- und Seidenbandindustrie.[882]

Im Rahmen der Vernehmlassung zur Totalrevision der Bundesverfassung unterstrich der Bundesrat die Rolle der Kantone in Bezug auf die Einführung des Ausländerstimmrechts. Er hielt fest, dass die politische Integration der Ausländerinnen und Ausländer nicht auf eidgenössischer Ebene ihren Anfang nehmen solle, sondern in ihrem unmittelbaren Umfeld, d.h. in ihrer Wohngemeinde. Es sei primär Sache der Kantone, wie der politische Einbezug der ausländischen Wohnbevölkerung angegangen werden solle.[883]

Da lokale Vorlagen vielfach eher technischer Natur sind und eher selten emotionale Themen berühren, würde es sich rechtfertigen, gerade auf lokaler Ebene die politischen Rechte nicht so eng an das Bürgerrecht zu knüpfen. Wichtige politische Entscheidungen verlagern sich immer mehr auf die nationale Ebene. Auf nationaler Ebene ist es auch weniger schwierig, Kandidierende für Ämter zu finden. Mit einem Ausländerstimmrecht könnte beispielsweise auf Gemeindebene der Kreis der möglichen Kandidierenden erweitert werden.[884]

Letztendlich ist die Frage der Einführung eines Stimmrechts für die ausländische Wohnbevölkerung eine Frage der Bewertung. Steht im Fokus, dass die Ausübung der politischen Rechte an die Staatsbürgerschaft gekoppelt sein soll, so ist dies ein politischer Entscheid. Sollen das Integrationsgebot, das Stimmrecht als Grundrecht und der Grundsatz der Rechtsgleichheit, von dem nur in sachlich begründeten Fällen abgewichen werden darf, im Vordergrund stehen, so spricht dies für das Ausländerstimmrecht.[885]

2. Einbürgerung

a. Übersicht

Dem Bund obliegt die Kompetenz, Erwerb und Verlust der Bürgerrechte zu regeln.[886] Er erlässt Mindestvorschriften für die Einbürgerung von Ausländerin-

---

882 ARGAST, Bürgerrechtsgesetze, 12 ff. m.w.Verw.
883 BBl 1997 I 359.
884 MÜLLER/SCHLEGEL, 53.
885 BUSER, Ausländerstimmrecht, 410 f.
886 Art. 38 Abs. 1 BV.

nen und Ausländern durch die Kantone und erteilt die Einbürgerungsbewilligung.[887]

Die Kompetenz zum Erlass der Mindestvorschriften beeinträchtigt die verfassungsmässig garantierte Eigenständigkeit der Kantone[888] nicht.[889]

Die Revision des Ausländergesetzes[890] und die Revision des Asylgesetzes[891] etablierten 2006 namentlich hinsichtlich der Integration und der Sprachkenntnisse neue Anforderungen an Ausländerinnen und Ausländer. Das Einbürgerungsverfahren, das als letzter Schritt zur Integration angesehen wird, soll diese Entwicklungen berücksichtigen.[892]

Mit dem Ziel, das Einbürgerungsverfahren zu vereinfachen und zu harmonisieren sowie den Integrationsbegriff bezüglich Integrationsgrad und Sprachkenntnisse an das Ausländer- und Asylrecht anzugleichen, wurden die rechtlichen Bestimmungen per 1. Januar 2018 totalrevidiert.[893] In formeller Hinsicht wurden grundsätzliche Neuerungen wie die Niederlassungsbewilligung (Ausweis C) als Voraussetzung für die ordentliche Einbürgerung,[894] die Herabsetzung der Aufenthaltsdauer auf zehn Jahre (bisher: 12 Jahre)[895] oder die Harmonisierung der kantonalen und kommunalen Wohnsitzfristen eingeführt.[896] In materieller Hinsicht wird für die Erteilung der Einbürgerungsbewilligung des Bundes vorausgesetzt, dass sich die Bewerberin oder der Bewerber erfolgreich integriert, mit den schweizerischen Lebensverhältnissen vertraut ist und keine Gefährdung der inneren oder äusseren Sicherheit der Schweiz darstellt.[897]

Der Bund erteilt die Bewilligung für die Einbürgerung nur, wenn die formellen und materiellen Voraussetzungen für die Einbürgerung erfüllt sind.[898]

---

887 Art. 38 Abs. 2 BV.

888 Art. 47 BV.

889 Hafner/Buser, SG-Komm BV N 9 zu Art. 38 BV m.w.Verw.

890 Bundesgesetz vom 16. Dezember 2005 über die Ausländerinnen und Ausländer, SR 142.31.

891 Asylgesetz vom 26. Juni 1998, SR 142.31.

892 BBl 2011, 2829 und 2836.

893 Bundesgesetz vom 20. Juni 2014 über Erwerb und Verlust des Schweizer Bürgerrechts (BüG), in Kraft seit 1. Januar 2018; BBl 2011, 2825 ff.

894 Art. 9 Abs. 1 lit. a BüG. Das Erfordernis der Niederlassungsbewilligung entspricht der parlamentarischen Initiative der SVP-Fraktion «Keine Einbürgerung ohne vorher erteilte Niederlassungsbewilligung», eingereicht am 18. Dezember 2006: https://www.parlament.ch/de/ratsbetrieb/suche-curia-vista/geschaeft?AffairId=20060485, besucht am 18. April 2018.

895 Art. 9 Abs. 1 lit. b BüG sowie Art. 9 Abs. 2 BüG: Die Jahre zwischen dem vollendeten 8. und dem 18. Lebensjahr zählen doppelt.

896 Art. 18 BüG.

897 Art. 11 und 12 BüG.

898 Art. 38 Abs. 2 BV; Art. 13 Abs. 3 BüG.

Die nachfolgenden Ausführungen fokussieren die ordentliche Einbürgerung[899] und klammern Fragen rund um die Voraussetzungen für die Einbürgerung bei eingetragener Partnerschaft,[900] für die erleichterte Einbürgerung[901] oder für die Wiedereinbürgerung[902] aus.

b. Formelle Einbürgerungsvoraussetzungen: Niederlassungsbewilligung und Aufenthaltsdauer

Die Einbürgerungsvorgaben des Bundes richten sich an die Kantone. In formeller Hinsicht sind die Voraussetzungen bezüglich Aufenthaltsbewilligung und Aufenthaltsdauer zu erfüllen: Die Vorschriften in Bezug auf die *Aufenthaltsbewilligung* wurden verschärft, neu ist die Niederlassungsbewilligung (Ausweis C) erforderlich.[903] Die Vorgaben bezüglich der *Aufenthaltsdauer* hingegen wurden gelockert, neu hat die Bewerberin oder der Bewerber nachzuweisen, dass sie oder er sich zehn Jahre, wovon drei in den letzten fünf Jahren vor Einreichung des Gesuchsliegen müssen, in der Schweiz aufgehalten hat.[904]

> Das Bürgerrecht gilt als letzter Integrationsschritt und stellt daher die höchsten Anforderungen an die Integration. Daher wird für die ordentliche Einbürgerung ein stabiler und dauerhafter Aufenthalt voraugesetzt und die Niederlassungsbewilligung (Ausweis C)[905] verlangt. Damit bleiben namentlich Asylsuchende (Ausweis N)[906] oder vorläufig aufgenommene Personen (Ausweis F)[907] sowie Personen mit einer Aufenthaltsbewilligung (Ausweis B)[908] vom Einbürgerungsverfahren ausgeschlossen.[909]
> Die Verkürzung der Aufenthaltsdauer von 12 auf zehn Jahre soll diejenigen Personen belohnen, die nach kurzer Zeit einen hohen Integrationsgrad erlangt haben.[910]

Bezüglich der Mindestaufenthaltsdauer in einem Kanton schreibt der Bund den Kantonen und Gemeinden je eine solche von zwei bis fünf Jahren vor.[911] Dabei

---

899 Art. 9 ff. Büg.

900 Art. 10 BüG.

901 Art. 38 Abs. 3 lit. b. BV; Art. 20 ff. BüG, Art. 31c BüG und Art. 10 ff. BüV.

902 Art. 26 ff. BüG und Art. 10 ff. BüV.

903 Art. 9 Abs. 1 lit. a BüG.

904 Art. 9 Abs. 1 lit. b BüG sowie Art. 9 Abs. 2 BüG: Die Jahre zwischen dem vollendeten 8. und dem 18. Lebensjahr zählen doppelt.

905 Art. 34 AuG.

906 Art. 42 AsylG.

907 Art. 83 AuG.

908 Art. 33 AuG.

909 BBl 2011, 2836 f., insbes. 2837 m.w.Verw. zum Erteilen der Niederlassungsbewilligung und zur Situation von Staatsangehörigen der EU-Mitgliedstaaten.

910 BBl 2011, 2845.

911 Art. 18 Abs. 1 BüG.

ist nicht nur die Obergrenze von fünf Jahren, sondern auch die Untergrenze von zwei Jahren fix.[912]

In der Nordwestschweiz gelten, zusätzlich zur zehnjährigen Mindestaufenthaltsdauer in der Schweiz, folgende Mindestwohnsitzfristen: im *Kanton Aargau* fünf Jahre im Kanton und drei Jahre in der Gemeinde ohne Unterbruch vor Einreichung des Gesuchs,[913] im *Kanton Basel-Landschaft* fünf Jahre im Kanton vor der Gesuchstellung und zwei bis fünf Jahre in der Gemeinde,[914] im *Kanton Basel-Stadt* zwei Jahre in Kanton und Gemeinde ohne Unterbruch,[915] im *Kanton Solothurn* vier Jahre im Kanton, wovon zwei Jahre unmittelbar vor der Gesuchstellung liegen müssen, und zwei Jahre in der Gemeinde.[916]

Im *Kanton Basel-Landschaft* legt die für die Einbürgerung zuständige Gemeinde (Bürgergemeinde oder Einwohnergemeinde) die Wohnsitzfrist fest. Neu darf diese nicht kürzer als zwei Jahre sein.[917] Vor 2018 war es möglich, dass die zuständige Gemeinde bei achtenswerten Gründen auf eine Wohnsitzfrist verzichten konnte.[918] Diese Regelung erlaubte es einbürgerungswilligen Ausländerinnen und Ausländern, in eine andere Gemeinde als die Wohnsitzgemeinde auszuweichen, wenn die Wohnsitzgemeinde beispielsweise das Einbürgerungsgesuch abgelehnt hatte.

c. Materielle Voraussetzung: Erfolgreiche Integration

i) Übersicht

In materieller Hinsicht wird auf Bundesebene die erfolgreiche Integration der einbürgerungswilligen Person verlangt.[919] Diese zeigt sich insbesondere im Be-

---

912 BBl 2011, 2854.

913 § 4 Abs. 1 lit. a. BüG AG. Der *Kanton Aargau* hat als einziger Kanton der Nordwestschweiz im Nachgang an die Revision des Bürgerrechtsgesetzes des Bundes sein Bürgerrechtsgesetz nicht überarbeitet. Im Grossen Rat des Kantons Aargau stimmten die SVP und die SP der revidierten Version nicht zu, so dass keine Mehrheit für das neue Bürgerrechtsgesetz zustande kam. Zur geplanten Revision siehe Anhörungsbericht vom 31. August 2016 zur Änderung des Gesetzes über das Kantons- und das Gemeindebürgerrecht.

914 § 8 Abs. 1 und 4 BüG BL.

915 § 3 Abs. 1 BüRG BS.

916 § 14 Abs. 1 und § 18 BüG SO.

917 § 8 Abs. 4 BüG BL i.V.m. Art. 18 BüG.

918 Siehe beispielsweise § 2 Abs. 4 des Einbürgerungsreglements der Gemeinde Arlesheim vom 22. Juni 1994, Fassung vom 7. März 2007: «Aus achtenswerten Gründen kann vom Erfordernis des Wohnsitzes oder einer bestimmten Wohnsitzdauer abgesehen werden.» Ab 1. Januar 2018 wird ein solcher Verzicht nicht mehr möglich sein. Anders bei der Aufnahme von Schweizer Bürgerinnen und Bürgern ins Gemeindebürgerrecht: Hier kann von einer bestimmten Niederlassungsdauer abgesehen werden. So etwa § 2 Abs. 6 des Einbürgerungsreglements der Gemeinde Arlesheim vom 4. Dezember 2018.

919 Art. 11 lit. a. BüG.

achten der öffentlichen Sicherheit und Ordnung,[920] in der Respektierung der Werte der Bundesverfassung,[921] in der Fähigkeit, sich im Alltag in Wort und Schrift in einer Landessprache zu verständigen,[922] in der Teilnahme am Wirtschaftsleben oder am Erwerb von Bildung[923] sowie in der Förderung und Unterstützung der Integration der Familienangehörigen.[924]

Kann eine Person die Integrationskriterien betreffend Sprache, Teilnahme am Wirtschaftsleben oder am Erwerb von Bildung aufgrund von Behinderung, Krankheit oder anderer gewichtiger persönlicher Umstände nicht oder nur unter erschwerten Bedingungen erfüllen, so ist dieser Situation angemessen Rechnung zu tragen.[925]

Zusätzlich zu den Kriterien des Bundes können die Kantone weitere Integrationskriterien vorsehen bzw. die Integrationskriterien des Bundes verschärfen oder konkretisieren.[926]

Die Mindestanforderungen des Bundes gelten subsidiär, wenn sich die kantonale Gesetzgebung nicht oder nur teilweise zu einem Integrationskriterium äussert.[927]

Für Regelungen auf Gemeindeebene ist ausserhalb der kantonalen Bürgerrechtsgesetzgebung kein Spielraum. Gemeinden können die kantonalen Bestimmungen präzisieren, jedoch nicht erleichtern oder verschärfen. Die kantonale Bürgerrechtsgesetzgebung regelt die Voraussetzungen abschliessend.[928]

Im Einzelnen:

ii) Beachtung der öffentlichen Sicherheit und Ordnung

Im Rahmen der Beachtung der öffentlichen Sicherheit und Ordnung wird von der einbürgerungswilligen Person gemäss Bundesrecht verlangt, dass sie gesetzliche Vorschriften und behördliche Verfügungen beachtet sowie wichtige öffentlich-rechtliche oder privatrechtliche Verpflichtungen erfüllt. Einer Einbürgerung

[920] Art. 12 Abs. 1 lit. a. BüG; Art. 4 BüV.
[921] Art. 12 Abs. 1 lit. b. BüG; Art. 5 BüV.
[922] Art. 12 Abs. 1 lit. c. BüG; Art. 6 BüV.
[923] Art. 12 Abs. 1 lit. d. BüG; Art. 7 BüV.
[924] Art. 12 Abs. 1 lit. e. BüG; Art. 8 BüV sowie § 10 BüRG BS; § 15 Abs. 1 lit. h BüG SO.
[925] Art. 12 Abs. 2 BüG; Art. 9 BüV. Siehe auch BBl 2011, 2832 und 2850 f. sowie § 3 Abs. 4 BüG AG; § 12 BüRG BS; § 15 Abs. 2 BüG SO.
[926] Art. 12 Abs. 3 BüG.
[927] So nennt § 6 lit. c BüRG BS im Zusammenhang mit dem strafrechtlichen Leumund lediglich, dass die öffentliche Sicherheit und Ordnung nur beachte, wer nicht nachweislich Verbrechen oder Vergehen gegen den öffentlichen Frieden, Völkermord, Verbrechen gegen die Menschlichkeit oder Kriegsverbrechen öffentlich billige oder dafür werbe. Die weiteren Mindestanforderungen des Bundes gelten subsidiär, siehe § 4 Abs. 2 BüV.
[928] § 1 Abs. 1 BüG AG i.V.m. § 20 ff. BüG AG; § 1 BüG BL; § 1 BüRG BS; § 1 BüG SO.

stünde die mutwillige Nichterfüllung wichtiger öffentlich-rechtlicher oder privatrechtlicher Verpflichtungen entgegen.[929]

Weiter wird namentlich verlangt, dass sie keine Verbrechen oder Vergehen gegen den öffentlichen Frieden, Völkermord oder Kriegsverbrechen öffentlich billigt oder dafür wirbt. Weiter ist die Person nicht erfolgreich integriert bzw. ist die Integration zu überprüfen, wenn sie im Strafregister-Informationssystem Vostra[930] u.a. wegen einer unbedingten Strafe oder einer teilbedingten Freiheitsstrafe für ein Vergehen oder ein Verbrechen eingetragen ist.[931]

In erster Linie geht es bei der Voraussetzung, die öffentliche Sicherheit und Ordnung zu beachten, um den betreibungsrechtlichen und den strafrechtlichen Leumund.

Im Zusammenhang mit dem betreibungsrechtlichen Leumund haben die *Kantone Aargau* und *Basel-Landschaft* die bundesrechtlichen Vorgaben in Bezug auf Verlustscheine und Betreibungen konkretisiert: Der *Kanton Aargau* präzisiert, dass gegen die einbürgerungswillige Person für die letzten fünf Jahre vor Einreichung des Gesuchs und während des Verfahrens keine offenen Verlustscheine vorliegen dürfen. Für die letzten drei Jahre vor Gesuchseinreichung und während des Verfahrens darf der Betreibungsregisterauszug keine Betreibungen von öffentlich-rechtlichen Körperschaften, Sozialversicherungseinrichtungen oder Krankenkassen aufweisen. Der Nachweis, dass eine Betreibung ungerechtfertigt erfolgt ist, bleibt vorbehalten.[932]

Noch strenger sind die Vorgaben im *Kanton Basel-Landschaft*: Einem guten betreibungsrechtlichen Leumund stehen erstens Verlustscheine generell entgegen, auch wenn sie in den letzten zehn Jahren aus dem Verlustscheinregister gelöscht wurden, und zweitens gerechtfertigte Betreibungen, die in den letzten zehn Jahren eingeleitet wurden. Wurden die Betreibungen bezahlt, zurückgezogen oder nicht fortgesetzt, so entscheidet die Sicherheitsdirektion unter Berücksichtigung der Anzahl der Betreibungen und der Höhe der Forderungen nach ihrem Ermessen, es sei denn, es handelt sich um Betreibungen von öffentlich-rechtlichen Körperschaften, Sozialversicherungseinrichtungen oder Krankenkassen, die in den letzten fünf Jahren eingeleitet wurden; diese sind von der Privilegierung ausgeschlossen.[933]

Im Zusammenhang mit dem strafrechtlichen Leumund hat der *Kanton Basel-Landschaft* die Mindestanforderungen des Bundes verschärft: Auch bei Vor-

929 Art. 4 Abs. 1 lit. b BüV.

930 Siehe Art. 367 Abs. 3 und 6 StGB und die Verordnung über das Strafregister (Vostra-Verordnung) vom 29. September 2006.

931 Art. 12 Abs. 1 lit. a. BüG und Art. 4 BüV.

932 § 9 Abs. 3–7 BüG AG.

933 § 13 BüG BL.

liegen eines Eintrags im Strafregister-Informationssystem Vostra wegen einer Übertretung, welche mit einer Busse geahndet worden ist, kann die kantonale Sicherheitsdirektion unter Berücksichtigung der Höhe der Busse entscheiden, ob die einbürgerungswillige Person über einen guten strafrechtlichen Leumund verfügt.

Im *Kanton Aargau* ist das Beachten der öffentlichen Sicherheit und Ordnung durch das Unterzeichnen einer Erklärung zu bestätigen.[934]

iii) Respektierung der Werte der Bundesverfassung

Die einbürgerungswillige Person hat gemäss Bundesrecht die Werte der Bundesverfassung zu respektieren.

Dazu gelten namentlich die rechtsstaatlichen Prinzipien sowie die freiheitlich demokratische Grundordnung der Schweiz, die Grundrechte wie Gleichberechtigung von Mann und Frau, das Recht auf Leben und persönliche Freiheit, die Glaubens- und Gewissensfreiheit sowie die Meinungsfreiheit und die Pflicht zum Militär- oder zivilen Ersatzdienst und zum Schulbesuch.[935] Fehlender Respekt gegenüber den Werten kann sich beispielsweise im politischen oder religiösen Extremismus zeigen. Unter politischem Extremismus werden diejenigen politischen Richtungen verstanden, welche die Werte der freiheitlichen Demokratie und des Rechtsstaats ablehnen; religiöser Extremismus richtet sich gegen die staatlich garantierte Religions- und Kultusfreiheit.[936]

In der Nordwestschweiz wird das Integrationskriterium des Respekts der Werte der Bundesverfassung wie folgt ergänzt:

Im *Kanton Aargau* und im *Kanton Basel-Stadt* wird explizit nebst dem Achten der Werte der Bundesverfassung das Achten der Werte der Kantonsverfassung verlangt.[937] Dies ist im *Kanton Aargau* durch das Unterzeichnen einer Erklärung (kantonales Formular) zu bestätigen.[938] Auch im *Kanton Basel-Landschaft* hat die einbürgerungswillige Person eine Unterschrift abzugeben und damit zu bestätigen, dass sie sich zur freiheitlich-demokratischen Staatsform der Schweiz bekennt.[939]

---

934 § 5 Abs. 1 lit. d i.V.m. § 8 BüG AG.

935 Art. 5 BüV.

936 BBl 2011, 2833.

937 § 5 Abs. 1 lit. c BüG AG und § 7 BüRG BS.

938 § 7 BüG AG i.V.m. § 4 BüV AG.

939 § 9 Abs. 1 lit. e. BüG BL sowie Synopse zur Totalrevision des kantonalen Bürgerrechtsgesetzes: https://www.baselland.ch/themen/p/politische-rechte/vernehmlassungen/archiv/vernehmlassung-2017-05-09/syonopse-bueg-bl.pdf, besucht am 18. April 2018.

iv) Sprachkenntnisse

Die erfolgreiche Integration zeigt sich auch in der Fähigkeit, sich im Alltag in Wort und Schrift in einer Landessprache zu verständigen.[940] Um diese Sprachkompetenzen zu belegen, stehen mehrere Möglichkeiten zur Verfügung:

Im Sinne von Mindestanforderungen legt der Bund fest, dass der Nachweis gelingt, wenn die einbürgerungswillige Person eine Landessprache als Muttersprache spricht und schreibt, während mindestens fünf Jahren die obligatorische Schule in einer Landessprache besucht hat, eine Ausbildung auf Sekundarstufe II oder Tertiärstufe in einer Landessprache absolviert hat oder seine Sprachkompetenzen mittels eines Sprachtests nachweisen kann. Bezüglich des Sprachtests werden mündliche Sprachkenntnisse von mindestens B1 und schriftliche Sprachkenntnisse von mindestens A2 auf dem Referenzniveau des gemeinsamen Europäischen Referenzrahmens für Sprachen[941] verlangt.[942]

Das Integrationskriterium der Sprachkenntnisse wird in den Nordwestschweizer Kantonen wie folgt präzisiert oder verschärft: Die Einbürgerungswilligen müssen die verlangten Kenntnisse in deutscher Sprache nachweisen.[943] Im *Kanton Basel-Landschaft* erbringt den Nachweis für die Sprachkompetenz nur, wer namentlich die gesamte obligatorische Schulzeit in deutscher Sprache absolviert hat; fünf Jahre Besuch der obligatorischen Schule reichen somit in der Regel nicht aus für den Sprachnachweis, was eine Verschärfung der bundesrechtlichen Mindestanforderungen bedeutet. Das heisst, wer nicht die obligatorische Schulzeit in deutscher Sprache absolviert hat, muss zum Sprachtest antreten.[944]

v) Teilnahme am Wirtschaftsleben oder Erwerb von Aus- und Weiterbildung

Die einbürgerungswillige Person soll willens sein, am Wirtschaftsleben teilzunehmen.[945]

Grundlage für dieses Integrationskriterium ist die wirtschaftliche Selbsterhaltungsfähigkeit, sei es durch Einkommen, Vermögen oder Leistungen Dritter, auf die ein Anspruch besteht.[946] Betreuungspflichten werden als Grund für die Nichterfüllung dieses Integrationskriteriums anerkannt.[947]

---

940 § 12 Abs. 1 lit. c BüG.

941 Siehe http://www.europaeischer-referenzrahmen.de/, besucht am 18. April 2018.

942 Art. 6 BüV.

943 § 6 BüG AG; § 10 Abs. 1 BüG BL; § 8 Abs. 1 BüRG BS; § 15 Abs. 1 lit. d BüG SO.

944 § 10 BüG BL.

945 Art. 7 Abs. 2 BüV; § 5 Abs. 1 lit. e BüG AG; § 9 Abs. 1 lit. g BüG BL; § 9 Abs. 1 und 2 BüRG BS; § 15 Abs. 1 lit. g BüG SO.

946 Art. 7 Abs. 1 BüV; BBl 2011, 2835.

947 BBl 2011, 2835.

Alternativ zur wirtschaftlichen Selbsterhaltungsfähigkeit kann die gesuchstellende Person auch nachweisen, dass sie sich in Aus- oder Weiterbildung befindet.[948] Wer nicht am Wirtschaftsleben teilnimmt oder nicht in Aus- oder Weiterbildung ist, kann sich demzufolge nicht einbürgern lassen. Mittellosen Personen können somit unter Umständen die Einbürgerung und damit auch der Zugang zu politischen Rechten verwehrt bleiben.[949]

Neu stellt der Bezug von Sozialhilfe ein Hindernis für die Aufnahme ins Bürgerrecht dar: Wer in den drei Jahren unmittelbar vor der Gesuchstellung oder während des Einbürgerungsverfahrens Sozialhilfe bezieht, gilt gemäss Bundesrecht nicht als integriert in Bezug auf die Teilnahme am Wirtschaftsleben oder dem Erwerb von Bildung, es sei denn, er hat die bezogene Sozialhilfe vollständig zurückerstattet.[950]

Der *Kanton Basel-Landschaft* hat die Mindestvorschrift des Bundes verschärft: Wer in den letzten fünf Jahren (Mindestvorgabe Bund: drei Jahre) vor Gesuchseinreichung oder während des Einbürgerungsverfahrens Sozialhilfe bezieht, erfüllt das Erfordernis der Teilnahme am Wirtschaftsleben oder des Erwerbs von Bildung nicht, es sei denn, die bezogene Sozialhilfe wird zurückerstattet.[951]

Das Bundesrecht statuiert verbindlich, dass Sozialhilfeabhängigkeit, zu der es wegen einer erstmaligen formalen Bildung in der Schweiz kam, im Rahmen der Berücksichtigung der persönlichen Verhältnisse relativiert werden kann.[952] Sozialhilfeabhängigkeit kann als Ausschlusskriterium für eine erfolgreiche Integration auch relativiert werden, wenn der Wille zur Teilnahme am Wirtschaftsleben zwar besteht, jedoch ohne Selbstverschulden nicht umgesetzt werden kann, das Unvermögen zur Integration also ein unverschuldetes ist.[953]

Kann eine Person das Einbürgerungserfordernis der wirtschaftlichen Selbsterhaltungsfähigkeit aufgrund ihrer körperlichen oder geistigen Behinderung nicht erfüllen, so wäre es diskriminierend, an diesem Erfordernis festzuhalten. Das Erfordernis der wirtschaftlichen Selbsterhaltungsfähigkeit ist nur dann nicht gegeben, wenn der Sozialhilfebezug auf Selbstverschulden beruht, also kein Wille zur Teilnahme am Wirtschaftsleben besteht. So hat das Bundesgericht die Nichteinbürgerung wegen Sozialhilfebezugs einer behinderten Bewerberin als Verstoss gegen das Diskriminierungsverbot[954] deklariert.[955]

948 Art. 7 Abs. 2 BüV; § 5 Abs. 1 lit. e BüG AG; § 9 Abs. 1 lit. g BüG BL; § 9 Abs. 1 und 2 BüRG BS; § 15 Abs. 1 lit. g BüG SO.

949 Kritik dazu bei Rüegger, 90.

950 Art. 7 Abs. 3 BüV sowie § 9 Abs. 2 BüG AG und § 9 Abs. 3 BüRG BS.

951 § 14 Abs. 1 BüG BL.

952 Art. 7 Abs. 3 BüV i.V.m. Art. 9 BüV sowie § 9 Abs. 2, zweiter Satz, BüG AG.

953 BBl 2011, 2832 m.w.Verw.

954 Art. 8 Abs. 2 BV.

955 BGE 135 I 49. Siehe auch Häfelin et al., Rz. 1335a.

Auch der Situation von Personen mit altersbedingter Lernschwäche oder anderen intellektuellen Einschränkungen oder mit einer psychischen oder chronischen Erkrankung ist im Einbürgerungsverfahren angemessen Rechnung zu tragen.[956]

vi) Vertrautheit mit den schweizerischen und örtlichen Lebensverhältnissen

Zusätzlich zur erfolgreichen Integration wird verlangt, dass die Bewerberin oder der Bewerber mit den schweizerischen Lebensverhältnissen vertraut ist.[957]

Die einbürgerungswillige Person ist namentlich dann mit den schweizerischen Lebensverhältnissen vertraut, wenn sie über Grundkenntnisse der geografischen, historischen, politischen und gesellschaftlichen Verhältnisse in der Schweiz verfügt, am sozialen und kulturellen Leben der Gesellschaft in der Schweiz teilnimmt und Kontakte zu Schweizerinnen und Schweizern pflegt.[958]

In den Kantonen der Nordwestschweiz wird das Integrationskriterium der Vertrautheit mit den schweizerischen Lebensverhältnissen ergänzt durch das Kriterium der Vertrautheit mit den örtlichen Lebensverhältnissen.[959]

vii) Keine Gefährdung der inneren oder äusseren Sicherheit

Weiter erfordert die Erteilung der Einbürgerungsbewilligung des Bundes, dass die einbürgerungswillige Person keine Gefährdung der inneren oder äusseren Sicherheit der Schweiz darstellt.[960]

Eine Gefährdung der inneren oder äusseren Sicherheit der Schweiz liegt dann vor, wenn konkrete Anhaltspunkte bestehen für eine Beteiligung, Unterstützung, Förderung oder Anwerbung namentlich in den Bereichen Terrorismus, gewalttätiger Extremismus, organisierte Kriminalität oder verbotener Nachrichtendienst.[961]

d. Mitwirkung der Stimmberechtigten und Beschwerderecht

Grundsätzlich regelt das kantonale Recht das Einbürgerungsverfahren im Kanton und in der Gemeinde. In der Vergangenheit wurden Einbürgerungsentscheide als politische Entscheide verstanden, und dementsprechend entschied

---

956 BBl 2011, 2832. So explizit Art. 12 Abs. 2 BüG; Art. 9 BüV.; § 3 Abs. 4 BüG AG; § 12 BüRG BS; § 15 Abs. 2 BüG SO.

957 Art. 11 lit. b. BüG.

958 Art. 2 Abs. 1 BüV.

959 § 5 Abs. 1 lit. a BüG AG; § 10 Abs. 1 bis lit. c BüG BL; § 11 Abs. 1 BüRG BS; § 15 Abs. 1 lit. f BüG SO.

960 Art. 11 lit. c BüG; Art. 3 BüV.

961 Art. 3 BüV.

die Legislative im freien Ermessen. Die einbürgerungswillige Person hatte weder einen Rechtsanspruch auf Einbürgerung, selbst wenn die gesetzlichen Voraussetzungen erfüllt waren, noch hatte sie eine Beschwerdemöglichkeit. Die Legislative konnte das Einbürgerungsgesuch ohne Begründung ablehnen.

Die Auffassung, der Einbürgerungsentscheid sei ein politischer Entscheid, ist überholt.[962] Das Einbürgerungsverfahren entscheidet über den rechtlichen Status einer Einzelperson. Die Ansicht, es handle sich bei der Einbürgerung um einen politischen Entscheid, lebt in der Tatsache weiter, dass nach wie vor vielerorts die Legislative über die Einbürgerungsgesuche entscheidet.[963]

Das Bundesgericht hat insbesondere in zwei wegweisenden Entscheiden[964] unterstrichen, dass das Einbürgerungsverfahren nicht in einem rechtsfreien Raum stattfindet. Die Stimmberechtigten sind gemäss Art. 35 Abs. 2 BV an die Grundrechte gebunden.[965] Einbürgerungsentscheide unterliegen einer Begründungspflicht.[966] Das Bundesgericht leitet die Begründungspflicht der Behörden aus dem Grundsatz des rechtlichen Gehörs gemäss Art. 29 Abs. 2 BV ab.[967] Einbürgerungsgesuchen, die entgegen den Anträgen in geheimer Urnenabstimmung verworfen werden, fehlt es systembedingt an einer Begründung.[968] Die Entscheide des Bundesgerichts im Rahmen von Einbürgerungen klären damit das Verhältnis von Demokratie und Rechtsstaat.[969]

In der Vergangenheit wurden die Mitwirkung der Stimmberechtigten am Einbürgerungsentscheid und die gesetzliche Verankerung eines Beschwerderechts gegen Einbürgerungsentscheide kontrovers diskutiert.

Für die Mitwirkung der Stimmberechtigten am Einbürgerungsentscheid spricht, dass sich mit dem Entscheid die Zusammensetzung des Stimmvolkes verändert, was jede stimmberechtigte Person betrifft. Wird jedoch ein Anspruch auf Einbürgerung bejaht, sobald die Voraussetzungen für die Ein-

---

962 Siehe auch Hafner/Buser, SG-Komm BV N 13 zu Art. 38 BV m.w.Verw.

963 BGE 129 I 232 E. 3.3.

964 BGE 129 I 232 («SVP Zürich», Ungültigerklärung einer Volksinitiative der SVP Zürich mit dem Titel ‹Einbürgerungen vors Volk›) und BGE 129 I 217 («Emmen», Einbürgerungsgesuche aufgrund der Herkunft der Gesuchstellenden an der Urne abgelehnt, was gegen Art. 8 Abs. 2 BV und sowohl gegen das Diskriminierungsverbot als auch gegen die Begründungspflicht verstösst). Siehe auch Häfelin et al., Rz. 1336; Hafner/Buser, SG-Komm BV N 12 zu Art. 38 BV m.w.Verw.

965 BGE 129 I 217, insbes. E. 2.2.1. m.w.Verw. Siehe auch Hafner/Buser, SG-Komm BV N 11 zu Art. 38 BV m.w.Verw. und Müller/Schefer, 890 ff. m.w.Verw.

966 BGE 129 I 232, insbes. E. 3.1., 3.2., 3.3. und 3.7. m.w.Verw.; BGE 135 I 265 insbes. E. 4.3.

967 Zur Rechtsgrundlage der Begründungspflicht von Einbürgerungsentscheiden siehe insbes. BGE 129 I 232 E. 3.2. m.w.Verw.

968 BGE 129 I 217 E. 3; BGE 129 I 232 E. 3.5. ff.

969 Rhinow/Schefer/Uebersax, Rz. 350.

bürgerung erfüllt sind,[970] so bleibt kein Raum für ein Mitwirken der Stimmberechtigten.[971]

Der Konflikt wurde so gelöst, dass die Stimmberechtigten nach wie vor am Einbürgerungsentscheid mitwirken können.[972] Der Einbürgerungsentscheid ist ein Rechtsanwendungsakt. Wenn dieser Akt an die Stimmberechtigten übertragen worden ist, so ändert dies nichts an der Begründungspflicht des Aktes; ablehnende Einbürgerungsentscheide sind zu begründen, auch wenn sie von den Stimmberechtigten gefällt worden sind.[973] Sie können – insbesondere im Nachgang der Bundesgerichtsentscheide «Emmen» und «SVP Zürich»[974] – den Einbürgerungsantrag jedoch nur ablehnen, wenn ein entsprechender begründeter Antrag gestellt worden ist.[975] Weiter steht der einbürgerungswilligen Person ein Beschwerderecht zur Verfügung.[976]

Die Kantone müssen für die Überprüfung der abgelehnten Einbürgerungsgesuche eine Gerichtsbehörde einsetzen.[977] Damit unterstreicht der Bundes-

---

970 Der Einbürgerungsanspruch wird u.a. damit begründet, dass dies der Integration der Ausländerinnen und Ausländer diene, siehe HAFNER/BUSER, SG-Komm BV N 4 zu Art. 38 BV m.w.Verw. Einbürgerung als Instrument zur Integration war in der Schweiz bis 1919 geltendes Paradigma. Siehe 5. Kapitel VI. 1. c.

971 Siehe dazu ausführlich HAFNER/BUSER, SG-Komm BV N 4 zu Art. 38 BV m.w.Verw.

972 Art. 15 Abs. 2 BüG. Die Bestimmung fand 2007 aus referendumspolitischen Gründen Eingang ins Gesetz, nämlich als Antwort auf die eidgenössische Volksinitiative der SVP «Für demokratische Einbürgerungen». Zur Initiative siehe BBl 2006, 8953 ff. Die Initiative wurde abgelehnt. Kritisch zu Art. 15 Abs. 2 BüG AUER, Staatsrecht der Kantone, Rz. 1317 m.w.Verw. Siehe auch HÄFELIN ET AL., Rz. 1335 zur Problematik der Einbürgerung an Gemeindeversammlungen.

973 MÜLLER/SCHEFER, 852 f. m.w.Verw. und 890 ff. m.w.Verw.

974 BGE 129 I 232 («SVP Zürich», Ungültigerklärung einer Volksinitiative der SVP Zürich mit dem Titel ‹Einbürgerungen vors Volk›) und BGE 129 I 217 («Emmen», Einbürgerungsgesuche aufgrund der Herkunft der Gesuchstellenden an der Urne abgelehnt, was gegen Art. 8 Abs. 2 BV und sowohl gegen das Diskriminierungsverbot als auch gegen die Begründungspflicht verstösst). Siehe auch MÜLLER/SCHEFER, 890 ff. m.w.Verw.

975 Art. 16 Abs. 2 BüG.

976 Art. 16 Abs. 1 BüG. Siehe auch HÄFELIN ET AL., Rz. 1357 ff.; HAFNER/BUSER, SG-Komm BV N 15 zu Art. 38 BV m.w.Verw.

977 Art. 46 BüG. § 30 BüG AG; § 25 BüRG BS; § 28 quater BüG SO. Im Kanton Basel-Landschaft fehlt eine Erläuterung des Rechtsmittelweges im BüG BL. Ablehnende Entscheide der Bürgergemeinde oder der Einwohnergemeinde (betr. Gemeindebürgerrecht) und der Sicherheitsdirektion (betr. Kantonsbürgerrecht) über die ordentliche Einbürgerung können gemäss den Bestimmungen des Verwaltungsverfahrensgesetzes innert 10 Tagen an den Regierungsrat weitergezogen werden. Gegen den Entscheid des Regierungsrats kann gemäss den Bestimmungen des Gesetzes über die Verfassungs- und Verwaltungsprozessordnung innert 10 Tagen Beschwerde ans Kantonsgericht eingereicht werden. Siehe § 18 und § 19 BüG BL i.V.m. §§ 31 ff. VwVG BL und §§ 32 ff. VPO BL.

gesetzgeber, dass es sich bei Einbürgerungsentscheiden nicht um politische Entscheide handelt.[978]

Der *Kanton Solothurn* erwähnt die Pflicht zur Einbürgerung von Ausländerinnen und Ausländern explizit: Die Bürgergemeinden sind verpflichtet, ihnen das Bürgerrecht zu erteilen oder zuzusichern, sofern sie die Aufnahmevoraussetzungen erfüllen, in den letzten 10 Jahren ununterbrochen in der Gemeinde gelebt, die Schulen grösstenteils in der Schweiz besucht und das Gesuch vor Vollendung des 22. Altersjahres gestellt haben.[979]

3. Stimmrecht für Ausländerinnen und Ausländer

a. Im Allgemeinen

Auf Bundesebene haben Ausländerinnen und Ausländer kein Stimmrecht; die Bundesverfassung setzt für das Stimmrecht auf Bundesebene u.a. das Bürgerrecht voraus.[980]

Um das Ausländerstimmrecht auf Bundesebene einzuführen, wäre eine Änderung der Bundesverfassung[981] notwendig. Den Kantonen steht es aber ausdrücklich frei, das Ausländerstimmrecht auf kantonaler und kommunaler Ebene einzuführen.[982] Ob dazu eine Änderung der kantonalen Verfassung notwendig ist, ist umstritten.[983]

Ein Ausländerstimmrecht auf Kantonsebene ist nur in zwei Kantonen vorgesehen, nämlich im Kanton Jura und im Kanton Neuenburg.[984] Das Ausländerstimmrecht ist denn auch in erster Linie auf Gemeindeebene zu finden, vorausgesetzt, die Kantonsverfassung schafft die gesetzliche Grundlage. So sehen acht Kantone vor, dass die Gemeinden das Ausländerstimmrecht einführen können.[985]

---

978 Häfelin et al., Rz. 1358a.

979 § 19 BüG SO.

980 Art. 136 BV.

981 D.h. Art. 136 Abs. 1 BV.

982 Art. 39 Abs. 1 BV.

983 Tanquerel, N 53 m.w.Verw.

984 Art. 73 KV JU i.V.m. Art. 3 LDP JU: Ausgenommen sind Abstimmungen über die Kantonsverfassung; Art. 37 Abs. 1 lit. c. KV NE. Der Antrag auf ein kantonales Ausländerstimmrecht im Rahmen der Totalrevision der Kantonsverfassung war in Basel-Stadt erfolglos. Zur Debatte siehe im Einzelnen Rudin 1304 f. m.w.Verw.

985 Im Einzelnen siehe Buser, Kantonales Staatsrecht, Rz. 290 ff. m.w.Verw.; Häfelin et al., Rz. 1380c m.w. Verw; Hangartner/Kley Rz. 101 ff.; Kley SG-Komm BV N 3 f. m.w.Verw. zu Art. 136 BV; Tschannen, Staatsrecht, § 48 N 22.

Politische Rechte für Ausländerinnen und Ausländer auf Gemeindeebene sind eine Ausnahme und nicht die Regel.[986] Grundsätzlich werden drei Möglichkeiten unterschieden, wie das Ausländerstimmrecht auf Gemeindeebene in den Kantonen geregelt sein kann: Erstens kann eine abschliessende Regelung getroffen werden, die für alle Gemeinden des Kantons zwingend ist,[987] zweitens kann die Regelung zwar abschliessend sein, wobei es aber den Gemeinden überlassen bleibt, ob sie das Ausländerstimmrecht in der vorgesehenen Form einführen wollen;[988] und drittens kann den Gemeinden die Regelung vollständig überlassen bleiben.[989]

b. In der Nordwestschweiz

In der Nordwestschweiz überträgt der *Kanton Basel-Stadt* den Gemeinden die Möglichkeit, das Ausländerstimmrecht auf Gemeindeebene einzuführen.[990] Dieses sog. Opting-in oder freie kommunale Regelung[991] ermöglicht den Gemeinden, den Ausländerinnen und Ausländern das Stimmrecht zu erteilen. Die Gemeinden können autonom entscheiden, ob sie das Stimmrecht der ausländischen Bevölkerung gewähren wollen. Tatsächlich können nur die beiden Einwohnergemeinden Riehen und Bettingen von dieser Möglichkeit profitieren, da der Kanton die Geschäfte der Einwohnergemeinde der Stadt Basel besorgt.[992] Keine der beiden Gemeinden macht von dieser Möglichkeit Gebrauch.

Die *Kantone Aargau, Basel-Landschaft und Solothurn* kennen weder auf kantonaler noch auf kommunaler Ebene ein Stimmrecht für Ausländerinnen und Ausländer.

An der Urne hat das Ausländerstimmrecht regelmässig einen schweren Stand und wurde meist mindestens mit einer Zweidrittelmehrheit abgelehnt.[993] Die Vorlagen für ein Ausländerstimmrecht waren jeweils erfolgreicher, wenn sie in die Totalrevision einer Kantonsverfassung eingebettet waren.[994] Im Rah-

[986] Siehe die Zusammenstellung für alle Kantone bei KLEY, SG-Komm BV N 4 m.w.Verw. zu Art. 136 BV und MÜLLER/SCHLEGEL, 31 ff.

[987] Kantone FR, GE, JU, NE, VD.

[988] Kanton AR.

[989] Kantone BS und GR.

[990] § 40 Abs. 2 KV BS. Siehe dazu auch RUDIN, 1311 m.w.Verw.

[991] BISAZ, 116 f.

[992] § 57 Abs. 2 KV BS.

[993] Siehe die Zusammenstellung bei MÜLLER/SCHLEGEL, 40 ff. plus das Abstimmungsergebnis in BL vom 4. März 2018: Seit 1977 äusserten sich die Stimmberechtigten in der Schweiz insgesamt 34-mal zum Ausländerstimmrecht auf kantonaler Ebene oder auf Gemeindeebene. Die Vorlagen wurden zehn Mal gutgeheissen und 24-mal abgelehnt.

[994] AR, BS, FR, GR, JU, NE, VD.

men einer Totalrevision war das Anliegen weniger stark den zum Teil emotionalen Debatten ausgesetzt.[995]

Im *Kanton Aargau* lehnten die Stimmberechtigten 1996 eine Volksinitiative für ein Ausländerstimmrecht auf kommunaler Ebene mit 83,9 Prozent ab.[996]

Im *Kanton Basel-Landschaft* waren im Parlament 2004 (Motion «Stimm- und Wahlrecht für Secondas und Secondos»)[997] und 2008 (Motion «Kommunales Ausländerstimmrecht»)[998] entsprechende Vorstösse ohne Erfolg. Am 4. März 2018 kam eine formulierte Verfassungsinitiative («Stimmrecht für Niedergelassene») zur Volksabstimmung, die das aktive Stimmrecht für Niedergelassene (Ausweis C) forderte. Der Landrat empfahl die Initiative zur Ablehnung.[999] Die Stimmberechtigten lehnten die Initiative mit 81 Prozent Nein-Stimmen deutlich ab.[1000] 2010 forderte eine Motion eine Kompetenzverschiebung für das kommunale Stimmrecht vom Kanton zur Gemeinde. Die Motion wurde vom Landrat abgelehnt.[1001] 2017 wurde erneut in einer Motion gefordert, dass die Gemeinden in der Gemeindeordnung das Stimmrecht in Gemeindeangelegenheiten auf weitere in der Gemeinde angemeldete und wohnende Personen ausdehnen können.[1002]

Im *Kanton Basel-Stadt* nahmen die Stimmberechtigten insgesamt vier Mal Stellung und lehnten das Ausländerstimmrecht drei Mal ab: 1994 sagten sie mit 73,8 Prozent Nein zu einer Volksinitiative für die Einführung eines kantonalen und kommunalen Stimmrechts; 2010 lehnten sie mit 80,9 Prozent eine Volksinitiative für die Einführung des kantonalen Stimmrechts ab und sagten auch

---

995 MÜLLER/SCHLEGEL, 42.

996 Siehe die Zusammenstellung bei MÜLLER/SCHLEGEL, 40 ff.

997 Motion Jürg Wiedemann: https://www.baselland.ch/politik-und-behorden/landrat-parlament/geschafte/geschaftsliste/2004-marz-april-056-bis-109/2004-69, besucht am 18. April 2018.

998 Motion Urs Hintermann: https://www.baselland.ch/politik-und-behorden/landrat-parlament/sitzungen/traktanden-2010/landratssitzung-vom-14-april-2011/protokoll-der-landratssitzung-vom-14-apr-23/protokoll-der-landratssitzung-vom-7-mai-2009, besucht am 18. April 2018.

999 https://www.baselland.ch/politik-und-behorden/landrat-parlament/sitzungen/traktanden-2010/landratssitzung-vom-14-september-2017/protokoll-der-landratssitzung-vom-14-september-2017_tr_6, besucht am 18. April 2018.

1000 https://www.baselland.ch/politik-und-behorden/regierungsrat/medienmitteilungen/abstimmungsergebnisse-vom-4-maerz-2018, besucht am 18. April 2018.

1001 Motion Jürg Wiedemann: https://www.baselland.ch/politik-und-behorden/landrat-parlament/sitzungen/traktanden-2010/landratssitzung-vom-14-april-2011/protokoll-der-landratssitzung-vom-14-apr-23, besucht am 18. April 2018.

1002 Motion Regula Meschberger vom 19. Oktober 2017, Geschäft Nr. 2017-385: https://www.baselland.ch/politik-und-behorden/landrat-parlament/geschafte/geschaftsliste/geschaefte-des-landrats-september-oktober-2017#g2017-384, besucht am 18. April 2018.

mit 61 Prozent Nein zum Gegenvorschlag, der das aktive Wahlrecht auf kantonaler Ebene einführen wollte. Im Rahmen der Totalrevision der Kantonsverfassung 2010 wurde den Gemeinden die Möglichkeit übertragen, das Ausländerstimmrecht auf Gemeindeebene einzuführen.[1003]

Im *Kanton Solothurn* wurde 1997 die Volksinitiative «zäme läbe – zäme wähle» mit 88,5 Prozent deutlich abgelehnt. Die Initiative forderte ein generelles Ausländerstimmrecht auf kantonaler und kommunaler Ebene. 2005 verwarf das Solothurner Stimmvolk die Teilrevision des Gemeindegesetzes mit 60:40 Prozent. Hier ging es um ein freiwilliges Ausländerstimmrecht auf kommunaler Ebene (Opting-in).[1004] 2017 wurde ein Volksauftrag[1005] für die Einführung des kommunalen Stimmrechts für niedergelassene Ausländerinnen und Ausländer (Ausweis C) eingereicht. Jeder Gemeinde wäre es selbst überlassen gewesen, das Ausländerstimmrecht einzuführen (Opting-in). Der Kantonsrat hat die Vorlage abgelehnt.[1006]

Gesamtschweizerisch betrachtet gewähren zwei Westschweizer Kantone den Ausländerinnen und Ausländern das aktive Stimmrecht auf Kantonsebene (Jura[1007] und Neuenburg[1008]), in vier Kantonen besteht das aktive und passive Stimmrecht in allen Gemeinden (Freiburg,[1009] Jura,[1010] Neuenburg[1011] und Waadt[1012]), im Kanton Genf haben Ausländerinnen und Ausländer nur das aktive Stimmrecht[1013] und in drei Kantonen haben die Gemeinden die Möglich-

---

1003 Siehe die Zusammenstellung bei MÜLLER/SCHLEGEL, 40 ff.

1004 Siehe die Zusammenstellung bei MÜLLER/SCHLEGEL, 40 ff.

1005 Art. 34 KV SO und § 143 GPR SO.

1006 Volksauftrag 0203/2016: Ermächtigung der Gemeinden zur Einführung des Stimm- und Wahlrechts für niedergelassene Ausländerinnen und Ausländer auf kommunaler Ebene. An der Kantonsratssitzung vom 28. Juni 2017 abgelehnt: https://www.so.ch/fileadmin/internet/pd/pdf/protokolle/2017/2017_Session_IV_Sitzung_8.pdf, 393 ff., besucht am 18. April 2018.

1007 Voraussetzungen (kumulativ): 10 Jahre Wohnsitz in der Schweiz und 1 Jahr im Kanton. Ausnahme: Verfassungsänderungen.

1008 Voraussetzungen (kumulativ): Niederlassungsbewilligung und 5 Jahre Wohnsitz im Kanton.

1009 Voraussetzung: 5 Jahre Wohnsitz im Kanton.

1010 Voraussetzungen (kumulativ): 10 Jahre Wohnsitz in der Schweiz, davon 1 Jahr im Kanton und 30 Tage in der Gemeinde. Kein Stimmrecht bei Verfassungsänderungen.

1011 Voraussetzung: 1 Jahr Wohnsitz im Kanton.

1012 Voraussetzungen (kumulativ): 10 Jahre Wohnsitz in der Schweiz, davon 3 Jahre im Kanton.

1013 Voraussetzung: 8 Jahre rechtmässiger Wohnsitz in der Schweiz.

keit, das Stimmrecht für Ausländerinnen und Ausländer einzuführen (Appenzell Ausserrhoden,[1014] Basel-Stadt[1015] und Graubünden[1016]).

In Verbindung mit den zahlreichen gescheiterten Versuchen, das Ausländerstimmrecht einzuführen, ist die Prognose negativ, dass das Ausländerstimmrecht in naher Zukunft zumindest auf Gemeindeebene die Regel werden könnte.[1017]

1014 Voraussetzungen (kumulativ): 10 Jahre Wohnsitz in der Schweiz und 5 Jahre im Kanton. Nur auf ausdrückliches Begehren. Eingeführt in drei von 20 Gemeinden.

1015 Voraussetzungen: offen. Wäre möglich in den Gemeinden Bettingen und Riehen, nicht jedoch in der Stadt Basel. In keiner Gemeinde eingeführt.

1016 Voraussetzungen: je nach Gemeinde. Eingeführt in 23 von 125 Gemeinden.

1017 Siehe auch Häfelin et al., Rz. 1380c m.w.Verw. und die Zusammenstellung für die ganze Schweiz: https://www.ekm.admin.ch/ekm/de/home/buergerrecht—citoyennete/Citoy/stimmrecht.html, besucht am 18. April 2018.

VII. Stimmrechtsalter

1. Politische Volljährigkeit: Stimmrechtsalter 18

Als zweite objektive Voraussetzung wird für das Stimmrecht das zurückgelegte *18. Altersjahr* verlangt.[1018] Auf Bundesebene wurde die Altersgrenze 1991 von 20 auf 18 Jahre heruntergesetzt. Damit entstand eine Diskrepanz zwischen der politischen und der zivilrechtlichen Volljährigkeit. 1996 wurde die zivilrechtliche Volljährigkeit auf 18 Jahre gesenkt[1019] und die Diskrepanz damit behoben.

Zu Recht und unbestrittenermassen knüpft die Ausübung der politischen Rechte an ein Mindestalter. Die Altersgrenze für das Stimmrecht lag auf Bundesebene seit 1848 unverändert bei 20 Jahren, dies im Einklang mit der zivilrechtlichen Volljährigkeit.[1020]

Das Thema Herabsetzung des Stimmrechts auf 18 Jahre gelangte im Zusammenhang mit der 1968er-Bewegung auf die gesamtschweizerische politische Agenda. 1975 stimmte das Parlament gegen den Willen des Bundesrats, der auf die ablehnenden Volksabstimmungen in den Kantonen hingewiesen hatte, einer parlamentarischen Initiative zur Herabsetzung des Stimmrechtsalters auf 18 Jahre[1021] zu.

Das Stimmrechtsalter 18 wurde 1979 von den Stimmberechtigten abgelehnt. Zum diesem Zeitpunkt kannten erst zwei Kantone das Stimmrechtsalter 18 auf kantonaler Ebene: Schwyz (seit 1833) und Jura (mit Inkrafttreten der neuen Kantonsverfassung am 1. Januar 1979).[1022]

Die Befürworter verlagerten ihr Anliegen nun auf die kantonale Ebene. Als 1991 die Senkung des Stimmrechtsalters auf 18 Jahre auf Bundesebene erneut zur Abstimmung gelangte, hatten insgesamt schon 16 Kantone – in der Nordwestschweiz waren es die Kantone Basel-Landschaft und Basel-Stadt (nicht jedoch Aargau und Solothurn) – das Stimmrechtsalter auf kantonaler Ebene auf 18 Jahre gesenkt.[1023]

[1018] Art. 136 Abs. 1 BV erster Satz.

[1019] Art. 14 ZGB.

[1020] GIACOMETTI, 190 f. führt 1941 aus: Zur staatlichen Willensbildung sei befähigt, wer eine gewisse Fähigkeit der politischen Urteilsbildung besitze. Diese Fähigkeit sei naturgemäss an die Erreichung einer bestimmten Altersgrenze gebunden («nicht aber auch an das männliche Geschlecht»). Dem demokratischen Grundsatz der allgemeinen Stimmfähigkeit entspreche es aber, den Eintritt der politischen Volljährigkeit so früh wie möglich einzusetzen, was wegen der allgemeinen Organfähigkeit am besten mit dem Zeitpunkt der privatrechtlichen Handlungsfähigkeit zusammenfallen solle.

[1021] Bericht 1976 Stimmrecht für 18-Jährige, 1401 ff.

[1022] Bericht Kommission Nationalrat 1990 Stimmrechtsalter 18, 1170.

[1023] Stellungnahme Bundesrat 1990 Stimmrechtsalter 18, 1545 und Bericht Kommission Nationalrat 1990, Stimmrechtsalter 18, 1175 f.

Der Grundtenor der *Argumente für eine Herabsetzung des Stimmrechtsalters von 20 auf 18 Jahre* auf Bundesebene vorgängig an die Abstimmungen von 1976 und 1991 war der gleiche: Bessere Schulbildung und insbesondere Staatskundeunterricht, besser informierte Jugendliche, Rechte, Pflichten und Verantwortlichkeiten bereits ab 18 Jahren rechtfertigen die Herabsetzung des Stimmrechtsalters auf 18 Jahre.

Sowohl 1976[1024] als auch 1991[1025] wurde betont, dass, im Vergleich zu 1848, als die Volljährigkeit mit 20 Jahren festgelegt wurde, die 18- bis 20-Jährigen über eine grössere Selbstständigkeit und Entscheidungsfähigkeit verfügten. Die verbesserte Schulbildung erleichtere es den Jugendlichen, Informationen der Medien zu verarbeiten. Gepaart mit dem Staatskundeunterricht führe dies dazu, dass Jugendliche im Allgemeinen über die politischen Zusammenhänge im Staat besser und früher informiert seien, was durch die pädagogischen Rekrutenprüfungen[1026] belegt sei. Generell würden Verantwortlichkeiten mit dem Lehrabschluss oder der Maturitätsprüfung sowie Rechte und Pflichten bereits vor dem 20. Altersjahr einsetzen. Altersgrenzen in den Sozialversicherungen, im Strafrecht, im Arbeitsrecht, im Steuerrecht, im Strassenverkehr und bezüglich der Wehrpflicht, die unter 20 Jahren liegen, sprächen ebenfalls für das Stimmrechtsalter 18.[1027]

Ein weiterer Punkt für Stimmrechtsalter 18 war sowohl 1979 als auch 1991 die demokratische Legitimität des politischen Systems: Das politische System sei breit abzustützen und die Mitwirkung möglichst weiter Bevölkerungskreise anzustreben. Das Stimmrechtsalter 18 sei ein Beitrag zur gesellschaftlichen Integration der Jugendlichen und zur Erhöhung der demokratischen Legitimität des politischen Systems.[1028]

Vor beiden Abstimmungen wurde jeweils der sinkende Anteil der Jugendlichen an der Gesamtbevölkerung thematisiert. Das Stimmrecht für 18-Jährige

---

[1024] Bericht 1976 Stimmrecht für 18-Jährige, 1401 ff.

[1025] Stellungnahme Bundesrat 1990 Stimmrechtsalter 18, 1545 ff. und Bericht Kommission Nationalrat 1990 Stimmrechtsalter 18, 1167 ff.

[1026] Die pädagogischen Rekrutenprüfungen wurden 2000 abgeschafft und durch Befragungen der Zivilbevölkerung, «eidgenössische Jugendbefragungen ch-x», ersetzt und damit junge Frauen und Ausländer miteinbezogen. Hauptsächlich werden jedoch immer noch die wehrpflichtigen Schweizer Männer befragt: Befragt werden in Zweijahreszyklen die stellungspflichtigen Männer (zirka 30'000 19-Jährige) sowie rund 3'000 19-jährige Schweizer Frauen und, je nach Projekt, zusätzlich Frauen und Männer ausländischer Nationalität zu einem definierten Thema. Die Jugendbefragungen werden vom eidgenössischen Departement für Verteidigung, Bevölkerungsschutz und Sport durchgeführt. Im Einzelnen siehe http://www.chx.ch/, besucht am 18. April 2018.

[1027] Bericht 1976 Stimmrecht für 18-Jährige, 1406 ff.

[1028] Bericht 1976 Stimmrecht für 18-Jährige 1408 und Bericht Kommission Nationalrat 1990 Stimmrechtsalter 18, 1171 ff. mit Verweis auf GIACOMETTI, 190, der dafür plädiert, dass der Eintritt der politischen Volljährigkeit so früh wie möglich anzusetzen sei.

sei ein geeignetes Mittel, dem wachsenden Einfluss der älteren Stimmberechtigten entgegenzuwirken. Durch eine Senkung des Stimmrechtsalters könnte das zunehmende politische Gewicht der nicht mehr erwerbstätigen Bevölkerung zumindest teilweise etwas ausgeglichen werden. Grössere politische Veränderungen wurden dabei aufgrund des Anteils der 18- und 19-jährigen möglichen Stimmberechtigten an der Gesamtheit der Stimmberechtigten jedoch nicht erwartet.[1029]

> Der Anteil junger Menschen an der Gesamtheit der Stimmberechtigten vermindert sich kontinuierlich. Die Altersgruppe 0 bis 19 Jahre sank von 41,1 Prozent (1910) auf 31,1 Prozent (1950) und 23,5 Prozent (1988). Die Altersgruppe der über 60-Jährigen nahm von 9,6 Prozent (1910) auf 14 Prozent (1950) und 21,6 Prozent (1988) zu. Das Verhältnis der 18- und 19-Jährigen zu den 68- und 69-Jährigen betrug 1910 4 zu 1, 1988 hingegen 3 zu 2.[1030]

1991 – pünktlich zur 700-Jahr-Feier der Eidgenossenschaft – sagten die Stimmberechtigten Ja zur Herabsetzung des Stimmrechtsalters auf Bundesebene, dem «würdigen Geschenk an die Jugend zur 700-Jahr-Feier».[1031]

Das Stimmrechtsalter 18 ist in der Nordwestschweiz in den Kantonsverfassungen[1032] verankert: in den Kantonen Aargau und Solothurn seit 1991, also gleichzeitig mit der Einführung des Stimmrechtsalters 18 auf Bundesebene. In den Kantonen Basel-Landschaft und Basel-Stadt wurde das Stimmrechtsalter 18 bereits vor 1991 eingeführt, nämlich 1980 bzw. 1988.[1033] Anlässlich der ersten Abstimmung von 1979 für Stimmrechtsalter 18 auf Bundesebene hatten die Kantone Basel-Landschaft und Basel-Stadt bereits mit Ja gestimmt, die Abstimmung scheiterte jedoch.[1034]

2. Stimmrechtsalter 16?

Seit der Jahrtausendwende hat in der Schweiz eine breite Diskussion zum Stimmrechtsalter 16 eingesetzt.[1035] Mit dem Kanton Glarus hat bereits ein erster Kanton das aktive Stimmrechtsalter 16 eingeführt (2007), d.h. ohne passives

[1029] Nur geringe Zunahme der Stimmberechtigten: 1990 insgesamt 4,3 Millionen Stimmberechtigte und etwa 160 000 18- und 19-Jährige. Bericht Kommission Nationalrat 1990 Stimmrechtsalter 18, 1173.

[1030] Bericht Kommission Nationalrat 1990 Stimmrechtsalter 18, 1173. Keine aktuelleren Vergleichszahlen ermittelbar.

[1031] Bericht Kommission Nationalrat 1990 Stimmrechtsalter 18, 1167.

[1032] § 59 Abs. 1 KV AG; § 21 Abs. 2 KV BL; § 40 Abs. 1 KV BS; Art. 25 KV SO.

[1033] Siehe Bericht Kommission Nationalrat 1990 Stimmrechtsalter 18, 1176.

[1034] BL: 55 Prozent und BS: 58 Prozent. Siehe Bericht Kommission Nationalrat 1990 Stimmrechtsalter 18, 1176.

[1035] Buser, Kantonales Staatsrecht, Rz. 306 m.w.Verw.; Kley, SG-Komm BV N 5 und N 7 zu Art. 136 BV m.w.Verw.

Stimmrecht. Für das passive Stimmrecht, also das Recht, gewählt zu werden, ist weiterhin das vollendete 18. Altersjahr erforderlich.[1036]

Im Raum steht die Frage, ob 16-Jährige die politische Reife aufweisen, um sich mit dem Stimmrecht am formalisierten Willensbildungsprozess verantwortungsbewusst zu beteiligen.

Im Rahmen eines Nationalen Forschungsprogramms (NFP 52)[1037] wurden u.a. Verantwortungsbewusstsein, Partizipation und Chancengleichheit von Kindern und Jugendlichen untersucht. Das NFP 52 kommt zum Schluss, dass die Gesellschaft vom ungenutzten Potential der Jugendlichen vermehrt profitieren sollte. Die Behebung der Chancenungleichheiten gehöre, zusammen mit der vermehrten Förderung der Handlungskompetenzen und der Partizipation der Jugendlichen, auf die politische Agenda.[1038]

> Die Studienergebnisse zeigen, dass die Mehrheit der Heranwachsenden in der Schweiz, entgegen der vorherrschenden Meinung, eine grosse Bereitschaft aufweise, Verantwortung zu übernehmen.[1039] Trotz dieser hohen Bereitschaft sei es um die Partizipation in der Gesellschaft nicht gut bestellt, anders als in der Familie, wo die Teilhabe der Heranwachsenden grösser sei. Das Potential, das in gestärkten Handlungskompetenzen und einer erhöhten gesellschaftlichen Teilhabe stecke, sei noch lange nicht ausgeschöpft. Je nach Bildungsgrad, Hintergrund der Herkunft (Stichwort Migrationshintergrund), wirtschaftlicher Stellung der Eltern oder Wohnort seien die Chancen ungleich. NFP 52 sieht Handlungsbedarf bei der Förderung des oft unterschätzten Potenzials der Jugendlichen und bei der Behebung der Ungleichheit ihrer Chancen.[1040]

Auf *Bundesebene* blieben Vorstösse für ein Stimmrechtsalter 16 in den Jahren 2000,[1041] 2008 (ohne passives Stimmrecht)[1042] und 2014[1043] ohne Erfolg. Ein Vorstoss von 2017 wurde im Nationalrat abgelehnt.[1044]

1036 Art. 56 Abs. 1 KV GL.

1037 Nationales Forschungsprogramm 52 «Kindheit, Jugend und Generationenbeziehungen im gesellschaftlichen Wandel», http://www.nfp52.ch/d.cfm, besucht am 18. April 2018.

1038 SCHULTHEIS/PERRIG-CHIELLO/EGGER, 170 ff. m.w.Verw.

1039 SCHULTHEIS/PERRIG-CHIELLO/EGGER, 62 ff. m.w.Verw.

1040 SCHULTHEIS/PERRIG-CHIELLO/EGGER, 58 ff. m.w.Verw. und 170 ff. m.w.Verw.

1041 Parlamentatische Initiative von Ursula Wyss «Stimmrechtsalter 16»: https://www.parlament.ch/de/ratsbetrieb/suche-curia-vista/geschaeft?AffairId=19990457, besucht am 18. April 2018.

1042 Postulat von Nationalrätin Evi Allemann «Stimmrechtsalter 16»: https://www.parlament.ch/de/ratsbetrieb/suche-curia-vista/geschaeft?AffairId=20070456, besucht am 18. April 2018.

1043 Postulat von Nationalrat Mathias Reynard: https://www.parlament.ch/de/ratsbetrieb/suche-curia-vista/geschaeft?AffairId=20143470, besucht am 18. April 2018.

1044 Parlamentarische Initiative von Lisa Mazzone «Stärkung der Demokratie. Politische Rechte ab 16 Jahren»: https://www.parlament.ch/de/ratsbetrieb/suche-curia-vista/geschaeft?AffairId=20170429, besucht am 18. April 2018.

Der Vorstoss von 2017 spricht sich explizit gegen eine Trennung von aktivem und passivem Stimmrecht aus, mit der Begründung, dass das aktive und das passive Stimmrecht ein untrennbares Ganzes darstellen würden und es nicht sinnvoll wäre, ein Recht ohne das andere zu gewähren. Es sollte doch so sein, dass Personen, die ihre politische Meinung an der Urne ausdrücken, auch ein politisches Mandat ausüben können dürften, so die Initiantin.[1045]

Für das Stimmrechtsalter 16 wird – wie bereits 1979 und 1991 für das Stimmrechtsalter 18 – mit bereits bestehenden Altersgrenzen und mit der demografischen Entwicklung argumentiert.

Die parlamentarische Initiative von Ursula Wyss, eingereicht 1999,[1046] die Postulate von Evi Allemann, eingereicht 2007,[1047] und von Mathias Reynard, eingereicht 2014,[1048] sowie die parlamentarische Initiative von Lisa Mazzone, eingereicht 2017,[1049] argumentieren mit bereits bestehenden *Altersgrenzen* 16 in der Rechtsordnung (z.B. religiöses Bekenntnis gemäss Art. 303 Abs. 3 ZGB und aktives Stimmrecht in der evangelisch-reformierten Kirche, sexuelle Volljährigkeit). Weiter bemängeln sie die aktuell bestehende Lücke zwischen Abschluss der obligatorischen Schulzeit und aktivem Stimmrechtsalter.

Wie bereits vorgängig an die Herabsetzung des Stimmrechtsalters von 20 auf 18 Jahre[1050] wird in den genannten Vorstössen mit Hinweis auf die Studie zum Alter der Stimmberechtigten in 20 Jahren[1051] betont, dass das Stimmrechtsalter 16 eine geeignete Massnahme sei, um der *demografischen Verschiebung* Rechnung zu tragen. Insgesamt stärke es, gekoppelt an eine gute politische Bildung, die Demokratie.

[1045] Parlamentarische Initiative von Lisa Mazzone «Stärkung der Demokratie. Politische Rechte ab 16 Jahren»: https://www.parlament.ch/de/ratsbetrieb/suche-curia-vista/geschaeft?AffairId=20170429, besucht am 18. April 2018.

[1046] Parlamentarische Initiative von Ursula Wyss «Stimmrechtsalter 16»: https://www.parlament.ch/de/ratsbetrieb/suche-curia-vista/geschaeft?AffairId=19990457, besucht am 18. April 2018.

[1047] Postulat von Nationalrätin Evi Allemann «Stimmrechtsalter 16»: https://www.parlament.ch/de/ratsbetrieb/suche-curia-vista/geschaeft?AffairId=20070456, besucht am 18. April 2018.

[1048] Postulat von Mathias Reynard «Stimmrechtsalter 16 und Förderung politischer Bildung»: https://www.parlament.ch/de/ratsbetrieb/suche-curia-vista/geschaeft?AffairId=20143470, besucht am 18. April 2018.

[1049] Parlamentarische Initiative von Lisa Mazzone «Stärkung der Demokratie. Politische Rechte ab 16 Jahren»: https://www.parlament.ch/de/ratsbetrieb/suche-curia-vista/geschaeft?AffairId=20170429, besucht am 18. April 2018.

[1050] Siehe 5. Kapitl VII.1.

[1051] Siehe Studie von Avenir Suisse: https://www.avenir-suisse.ch/1995–2035/alterung/, besucht am 18. April 2018.

Fakt ist, dass das Stimmgewicht der älteren Generation demografisch bedingt ansteigt. Die geringere politische Partizipation der jüngeren Generation verstärkt das Stimmgewicht der Älteren zusätzlich. Die demografische Alterung gilt jedoch nicht als wahl- oder abstimmungsentscheidend, weil die älteren Stimmberechtigten keinen einheitlichen Block bilden, der nur gemäss den Interessen der eigenen Gruppe abstimmen würde.[1052] Nichtsdestotrotz ist im Sinne einer ausformulierten Generationenpolitik die Partizipation aller Altersgruppen und damit explizit auch die Generation der Heranwachsenden gezielt zu fördern.[1053]

Grundsätzlich stellt sich die Frage, ob der Bund eine Vorreiterrolle, mit Signalwirkung auf die Kantone, übernehmen soll oder ob doch abzuwarten ist, wie sich die Zustimmung zum Stimmrechtsalter 16 in den Kantonen entwickelt. Von einer Vorreiterrolle des Bundes sei Abstand zu nehmen, so die Staatspolitische Kommission des Nationalrats. Nicht begrüsst wurde zudem das (erneute, wie bereits in den Jahren 1991 bis 1996) Auseinanderklaffen von politischer und ziviler Volljährigkeit.[1054]

In der *Nordwestschweiz* wurden Vorstösse fürs Stimmrechtsalter 16 im Kanton Aargau 2007 und 2016, Basel-Landschaft 2007 (Einführung des aktiven Stimmrechts ab 16 Jahren)[1055] bzw. 2008 (Einführung des passiven [sic!] Stimmrechts ab 16 Jahren)[1056] sowie 2018,[1057] Basel-Stadt 2009 und Solothurn 2008 (aktives Stimmrecht ab 16) jedoch abgewiesen.

[1052] Ausführlich dazu HÖPFLINGER/PERRIG-CHIELLO, Generationenverhältnisse, 299 ff. m.w.Verw.

[1053] Siehe dazu ausführlich HÖPFLINGER/PERRIG-CHIELLO, Generationenpolitik, 359 ff. m.w. Verw

[1054] Bericht der Staatspolitischen Kommission des Nationalrats zur Parlamentarischen Initiative von Evi Allemann zum Stimmrechtsalter 16: https://www.parlament.ch/de/ratsbetrieb/suche-curia-vista/geschaeft?AffairId=20070456, besucht am 18. April 2018.

[1055] Motion der Sozialdemokratischen Partei des Kantons Basel-Landschaft vom 10. Mai 2007. Im Landrat abgewiesen am 18. Oktober 2007. Verlauf des Geschäfts siehe http://www.baselland.ch/23-htm.275822.0.html, besucht am 18. April 2018.

[1056] Eine Motion der Fraktion der Grünen Baselland 2007 für die Einführung des passiven Stimm- und Wahlrechts ab 16 Jahren wurde 2008 zurückgezogen. Verlauf des Geschäfts siehe http://www.baselland.ch/22-htm.310271.0.html, besucht am 18. April 2018.

[1057] Von den Stimmberechtigten an der Urne mit 84 Prozent abgelehnt: https://www.baselland.ch/politik-und-behorden/regierungsrat/medienmitteilungen/abstimmungsergebnisse-vom-4-maerz-2018, besucht am 18. April 2018.

3. Stimmrecht mit 16 «light»?

a. Stimmrecht mit 16 begrenzt auf Ergreifung und Unterzeichnung von Volksinitiativen

Die Forderung nach einem (aktiven) Stimmrechtsalter 16 hat einen schweren Stand. Daher ergibt es für die Befürworter Sinn, sich dem Ziel nach Teilhabe der 16- und 17-Jährigen am formalisierten Willensbildungsprozess in kleinen Schritten zu nähern. So hat die Jugendsession 2015 von der Vereinigten Bundesversammlung in einer *Petition* «Jugendpartizipation» gefordert, dass Schweizer Staatsbürgerinnen und Staatsbürger mit dem vollendeten 16. Altersjahr Volksinitiativen lancieren und unterschreiben dürfen. Der Petition wurde keine Folge geleistet.[1058]

> Insbesondere hat die vorprüfende Staatspolitische Kommission des Nationalrats sich dahingehend geäussert, dass am Grundsatz der Unteilbarkeit der politischen Rechte festzuhalten sei. Wer Initiativen ergreifen und unterzeichnen könne, sollte auch darüber abstimmen können. Die politischen Rechte seien als Einheit zu sehen. Es sei nicht nachvollziehbar, warum jemand bei der Unterzeichnung einer Volksinitiative über die Wünschbarkeit dieser Initiative urteilen können solle, dann über diese Initiative jedoch nicht abstimmen dürfe.
> Das politische Mündigkeitsalter sei zudem im Zusammenhang mit dem zivilen Mündigkeitsalter zu sehen, welches ebenfalls bei 18 Jahren liegt. Die Kommission sei der Ansicht, dass Rechte und Pflichten einhergehen. Die Gewährung politischer Rechte vor Erreichung der zivilen Mündigkeit werde deshalb als problematisch erachtet. Es sei auch darauf hinzuweisen, dass das Stimmrechtsalter 18 erst in den 1990er Jahren eingeführt wurde. Damals ist wohl kaum davon ausgegangen worden, dass dies der Beginn einer sukzessiven Senkung des Alters für die politische Mitwirkung bedeuten sollte.[1059]

b. Stimmrecht ab 16 auf Verlangen

Das Stimmrecht ab 16 auf Verlangen sieht vor, dass Jugendliche zwischen 16 und 18 Jahren ihre Eintragung ins Stimmregister persönlich beantragen müssen, wenn sie von ihrem Stimmrecht Gebrauch machen wollen.

[1058] https://www.parlament.ch/de/ratsbetrieb/suche-curia-vista/geschaeft?AffairId=20152028, besucht am 18. April 2018.

[1059] Bericht der Staatspolitischen Kommission des Nationalrats vom 15. Januar 2016 und Bericht der Staatspolitischen Kommission des Ständerats vom 21. Januar 2016 zur Petition der Jugendsession 2015. Politische Rechte ab dem 16. Altersjahr: https://www.parlament.ch/de/ratsbetrieb/suche-curia-vista/geschaeft?AffairId=20152028, besucht am 18. April 2018.

Im Kanton Neuenburg wird eine kantonale Verfassungsinitiative «Stimmrecht ab 16 Jahren auf Verlangen» 2019 oder 2020 zur Volksabstimmung kommen.[1060]

Das Stimmrecht würde an 16- und 17-Jährige erteilt, die sich ausdrücklich im Stimmregister haben eintragen lassen. Nach dem Stimmregistereintrag erhielte der oder die Jugendliche das Stimmmaterial. Mit dem Stimmrecht auf Antrag könnten die Jugendlichen den persönlichen Nachweis erbringen, dass sie sich für öffentliche Belange interessieren und Verantwortung für politische Entscheide übernehmen wollen.

Der Kanton Neuenburg unterstreicht mit dieser Initiative seine Vorreiterrolle im Bereich der politischen Rechte: Nach dem Kanton Waadt (1. Februar 1959) war Neuenburg der zweite Kanton in der Schweiz, der das Frauenstimmrecht einführte (27. September 1959). Ebenfalls als zweiter Kanton hat Neuenburg das Ausländerstimmrecht auf Kantonsebene eingeführt (2001; nach dem Kanton Jura 1979). Neuenburg wäre nach Glarus (aktives Stimmrecht 2007) der zweite Kanton, der 16- und 17-Jährigen den Weg an die Urne ermöglichen würde, wenn auch nur auf Antrag.

Vor dem Hintergrund der demografischen Veränderungen zugunsten der älteren Stimmberechtigten soll mit dem Stimmrechtsalter 16 auf Verlangen vermieden werden, dass die Interessen der Jugendlichen immer weniger berücksichtigt werden. In 20 Jahren wird bereits die Hälfte der Stimmberechtigten über 60 Jahre alt sein.[1061]

Initiativen für das Stimmrecht ab 16 Jahren auf Verlangen werden vermutlich bald in den Kantonen Aargau, Thurgau, Waadt und Basel-Stadt und Basel-Landschaft lanciert.[1062]

Auf Bundesebene wurde das Stimmrecht ab 16 auf Verlangen ebenfalls in einem Vorstoss gefordert.[1063] Das Postulat wurde abgelehnt; Stimmrecht auf Verlangen verstosse gegen den Grundsatz der Allgemeinheit des Stimm-

[1060] Abstimmungsdatum noch nicht terminiert; Angabe gemäss Auskunft des Präsidenten des Initiativkomitees, Baptiste Hunkeler, vom 16. Dezember 2017. Zur Initiative siehe http://www.ne.ch/medias/Pages/161114-initiative-cantonale-droit-de-vote.aspx, und die Website der Initianten: https://vote16.ch/, beide besucht am 18. April 2018.

[1061] Siehe Studie von Avenir Suisse: https://www.avenir-suisse.ch/1995–2035/alterung/, besucht am 18. April 2018.

[1062] https://www.parlament.ch/de/ratsbetrieb/suche-curia-vista/geschaeft?AffairId=20170429, besucht am 18. April 2018.

[1063] Postulat Mathias Reynard von 2016 «Politische Partizipation der Jugendlichen. Die politische Bildung verstärken und eine Senkung des Stimmrechtsalters prüfen»: https://www.parlament.ch/de/ratsbetrieb/suche-curia-vista/geschaeft?AffairId=20163962, besucht am 18. April 2018.

rechts[1064] und gegen die geltende rechtliche Konzeption, dass auf das Stimmrecht nicht verzichtet werden könne.[1065]

4. Politische Bildung der Jugendlichen

Erstmals wurde 2014 die (tiefe) Stimmbeteiligung der jungen Stimmberechtigten als Argument für die Einführung des Stimmrechtsalters 16 ins Feld geführt. Gleichzeitig widmeten sich in den letzten Jahren vermehrt Vorstösse der Verbesserung der politischen Bildung der Jugendlichen.[1066]

> Allein in den Jahren 2014 bis 2016 wurden dazu auf Bundesebene acht Vorstösse eingereicht.[1067] Im Nachgang an ein Postulat aus dem Jahr 2013[1068] veröffentlichte der Bundesrat 2016 einen Bericht «Staatskundeunterricht auf Sekundarstufe II – Eine Bilanz»,[1069] basierend auf einer Studie der Universität Bern.

1064 Art. 136 Abs. 1 BV.

1065 https://www.parlament.ch/de/ratsbetrieb/suche-curia-vista/geschaeft?AffairId=20163962, besucht am 18. April 2018.

1066 Postulat von Nationalrat Mathias Reynard: https://www.parlament.ch/de/ratsbetrieb/suche-curia-vista/geschaeft?AffairId=20143470, besucht am 18. April 2018.

1067 Anfrage von Mathias Reynard von 2014 «Volksabstimmungen und Wahlen. Das Informationsmaterial für junge Stimmbürgerinnen und Stimmbürger verbessern»: https://www.parlament.ch/de/ratsbetrieb/suche-curia-vista/geschaeft?AffairId=20141082, Interpellation von Nadine Masshardt von 2014 «Kommt die politische Bildung im Lehrplan 21 zu kurz?»: https://www.parlament.ch/de/ratsbetrieb/suche-curia-vista/geschaeft?AffairId=20144264, Postulat von Nadine Masshardt von 2015 «Politische Bildung ist im öffentlichen Interesse»: https://www.parlament.ch/de/ratsbetrieb/suche-curia-vista/geschaeft?AffairId=20154023, Postulat von Nadine Masshardt von 2014 «Stärkung der politischen Bildung»: https://www.parlament.ch/de/ratsbetrieb/suche-curia-vista/geschaeft?AffairId=20144267, Interpellation von Mathias Reynard von 2015 «Staatskundeunterricht und Berufslehre. Wer die Allgemeinbildung fördert, fördert nicht auch die politische Bildung»: https://www.parlament.ch/de/ratsbetrieb/suche-curia-vista/geschaeft?AffairId=20153235, Postulat von Andrea Caroni von 2016 «Umfassende Strategie für die politische Bildung in der Schweiz»: https://www.parlament.ch/de/ratsbetrieb/suche-curia-vista/geschaeft?AffairId=20164095, Interpellation von Viola Amherd von 2016 «Mitverantwortung des Bundes bei der Förderung der politischen Bildung»: https://www.parlament.ch/de/ratsbetrieb/suche-curia-vista/geschaeft?AffairId=20163833, Postulat von Mathias Reynard von 2016 «Politische Partizipation der Jugendlichen. Die politische Bildung verstärken und eine Senkung des Stimmrechtsalters prüfen»: https://www.parlament.ch/de/ratsbetrieb/suche-curia-vista/geschaeft?AffairId=20163962, alle besucht am 18. April 2018.

1068 Postulat von Josiane Aubert von 2013 «Staatskundeunterricht auf der Sekundarstufe II. Eine Bilanz»: https://www.parlament.ch/de/ratsbetrieb/suche-curia-vista/geschaeft?AffairId=20133751, besucht am 18. April 2018.

1069 Staatskundeunterricht auf Sekundarstufe II. Eine Bilanz, Bericht des Bundesrates in Erfüllung des Postulats 13.3751 Josiane Auber, Bern, Juni 2016.

Die Studie der Universität Bern untersuchte 2015 den Stand der politischen Bildung auf der Sekundarstufe II in der Schweiz (Berufsfachschulen und Gymnasien). Ausgangspunkt ist eine umfassende Betrachtungsweise der politischen Bildung: Neben den vermittelten «Kenntnissen und Fertigkeiten» umfasst politische Bildung auch die Dimension «Interesse wecken».[1070] Grundlage der Studie bilden eine Lehrplananalyse von 146 Lehrplänen der Sekundarstufe II sowie ergänzende Auswertungen von Lehrpersonen- sowie Schülerinnen- und Schülerdaten.[1071]
Die Studie bezeichnet den politischen Willen zur Stärkung der politischen Bildung und damit den Stellenwert der politischen Bildung in Politik und Forschung als limitiert. Aufgrund der primär kantonalen Kompetenz verweist der Bund regelmässig auf die Kantone; diese nähmen vielfach eine abwehrende Haltung gegenüber politischen Vorstössen ein.[1072]
In Bezug auf den Eingang politischer Bildung in die Lehrpläne auf Sekundarstufe II stellt die Studie wesentliche Unterschiede je nach Schultyp fest. Vergleichsweise hohe Werte in den drei primär untersuchten Dimensionen (Kenntnisse, Fertigkeiten und Interesse wecken) weisen die Lehrpläne der Berufsfachschulen mit Berufsmaturität auf. Niedrige Werte weisen die Lehrpläne der kaufmännischen Grundbildung und des Detailhandels auf. Im Mittelfeld liegen Berufsfachschulen und Gymnasien.[1073]
Die Studie stellt auch sprachregionale Unterschiede fest: In den Deutschschweizer Lehrplänen ist die politische Bildung präsenter als im Tessin. Am wenigsten präsent ist die politische Bildung in den Lehrplänen der Romandie.[1074]

Neben parlamentarischen Vorstössen sind in den letzten Jahren zahlreiche ausserparlamentarische Projekte entstanden, die die Förderung der politischen Bildung zum Ziel haben und für die Stärkung der politischen Bildung an Schulen plädieren.[1075]

Auf Bundesebene sind dies etwa die Eidgenössische Jugendsession[1076] oder Projekte wie «Schulen nach Bern»[1077] oder «Jugend debattiert»[1078] der Stiftung Dialog Schweiz. Internetangebote und Projekte wie die Online-Abstimmungshilfe «easyvote»[1079] sollen zur Aufwertung der politischen Bildung beitragen und die Partizipation der jungen Stimmberechtigten stärken.

1070 STADELMANN-STEFFEN/KOLLER/SULZER, 2 f. und 28 ff. m.w.Verw.
1071 STADELMANN-STEFFEN/KOLLER/SULZER, 3 und 18.
1072 STADELMANN-STEFFEN/KOLLER/SULZER, 63 ff.
1073 STADELMANN-STEFFEN/KOLLER/SULZER, 33 ff. und 63 f.
1074 STADELMANN-STEFFEN/KOLLER/SULZER, 41 ff. und 64.
1075 Siehe die Zusammenstellung bei STADELMANN-STEFFEN/KOLLER/SULZER, 11 m.w.Verw.
1076 https://www.jugendsession.ch/, besucht am 18. April 2018.
1077 http://www.schulen-nach-bern.ch/projekt.html, besucht am 18. April 2018.
1078 http://www.jugenddebattiert.ch/de, besucht am 18. April 2018.
1079 https://www.easyvote.ch/de/home/, besucht am 18. April 2018.

In der *Nordwestschweiz* gibt es in allen vier Kantonen Jugendparlamente:[1080] Aargau,[1081] Basel-Landschaft,[1082] Basel-Stadt[1083] und Solothurn.[1084]

In den vergangenen Jahren wurde das Thema der politischen Bildung auch auf kantonaler Ebene aufgegriffen,[1085] so wird beispielsweise im Kanton Basel-Landschaft,[1086] im Kanton Basel-Stadt[1087] und im Kanton Solothurn[1088] ein Schulfach «Politik» bzw. «Politische Bildung» gefordert.

> Die politische Bildung in der Schule ist den Schülerinnen und Schülern der Sekundarstufe II wichtig, wie eine Studie belegt: Eine deutliche Mehrheit, 70 Prozent, sind der Ansicht, dass die generelle Auseinandersetzung mit dem politischen System der Schweiz und der Staatskunde sehr oder eher wichtig sei. Die Effekte des Unterrichts werden ebenfalls positiv beurteilt: 62 Prozent der Befragten geben an, sie hätten sehr oder eher viel durch die politische Bildung in der Schule gelernt. Das entspricht einer Zunahme um 5 Prozentpunkte seit 2014.[1089]

Sowohl die Studie über den Stand der politischen Bildung von 2015[1090] als auch die Studie über die Motivation junger Erwachsener zur politischen Teilnahme von 2016[1091] lassen den Schluss zu, dass der politischen Bildung auf der Sekundarstufe II «nicht die stiefmütterliche Rolle zukomme, die ihr immer wieder zugesprochen werde».[1092]

1080 Der Dachverband Schweizer Jugendparlamente vereint zurzeit 48 kantonale Jugendparlamente: https://www.dsj.ch/ueber-uns/mitglieder/aktuelle-mitglieder/, besucht am 18. April 2018.

1081 http://www.jugendparlament-aargau.ch/, besucht am 18. April 2018.

1082 http://www.jugendratbl.ch/, besucht am 18. April 2018.

1083 http://junger-rat.ch/, besucht am 18. April 2018.

1084 http://www.jupaso.ch/, besucht am 18. April 2018.

1085 Siehe dazu Stadelmann-Steffen/Koller/Sulzer, 9 f. mw.Verw.

1086 http://www.jugendratbl.ch/schulfach-politik/, besucht am 18. April 2018; Postulat Martin Rüegg «Einführung in ‹Staatskunde und Politik› an den Schulen der Sekundarstufe II», gleichlautendes Postulat Jürg Wiedemann, beide eingereicht im Landrat BL am 24. Januar 2013.

1087 https://jfbs.ch/ja-zu-einem-fach-politik/, besucht am 18. April 2018.

1088 http://www.jcvp-so.ch/wp-content/uploads/2015/08/Volksauftrag-Politische-Bildung.pdf, besucht am 18. April 2018.

1089 Golder et. al., 4, 20 f. und 25 f.

1090 Siehe die Studie von Stadelmann-Steffen/Koller/Sulzer.

1091 Siehe die Studie von Golder et. al.

1092 Stadelmann-Steffen/Koller/Sulzer, 64 f. m.w.Verw.

VIII. Urteilsfähigkeit

Subjektiv wird für die Ausübung der politischen Rechte sowohl auf Bundes- als auch auf Kantonsebene vorausgesetzt, dass die Person nicht wegen dauernder Urteilsunfähigkeit unter umfassender Beistandschaft steht oder durch eine vorsorgebeauftragte Person vertreten wird.[1093]

Damit eine Beistandschaft errichtet werden kann, muss zweierlei vorliegen: erstens ein Schwächezustand (Beistandsgrund) und zweitens ein daraus resultierendes Unvermögen, die eigenen Angelegenheiten zu besorgen oder eine Vertretung zu bezeichnen (Beistandserfordernis).[1094] Erst dann ist die Anordnung einer Massnahme gerechtfertigt.[1095] Ist die Urteilsunfähigkeit eine dauernde und die Person besonders hilfsbedürftig, so wird eine umfassende Beistandschaft errichtet.[1096]

Das Gesetz nennt alternativ *drei Beistandsgründe*, d.h. drei mögliche Zustände der Schwäche: geistige Behinderung, psychische Störung oder ein ähnlicher in der Person liegender Schwächezustand.[1097] Geistige Behinderung und psychische Störung lösen die als stigmatisierend empfundenen Ausdrücke «Geistesschwäche» und «Geisteskrankheit» ab.[1098] Diese altrechtlichen Begriffe leben jedoch in der Bundesverfassung und teilweise in der kantonalen Gesetzgebung weiter.[1099]

Unter *geistiger Behinderung* werden angeborene oder erworbene Intelligenzdefekte verschiedener Schweregrade verstanden. Der Schwächezustand der *psychischen Störung* umfasst die anerkannten Krankheitsbilder der Psychiatrie, d.h. Psychosen und Psychopathien, seien sie körperlich begründbar oder nicht, sowie Demenz, insbesondere Altersdemenz. Suchtkrankheit, z.B. Alkohol-, Drogen-

[1093] In der Nordwestschweiz: § 59 Abs. 1 KV AG; § 21 Abs. 2 KV BL i.V.m. § 1a GPR BL; § 40 Abs. 1 KV BS; Art. 25 KV SO i.V.m. § 4 Abs. 1 GPR SO. Auf Bundesebene: Art. 136 Abs. 1 Ziff. 1 BV i.V.m. Art. 2 BPR.

[1094] Henkel, BaKomm, N 2 m.w.Verw. zu Art. 390 ZGB.

[1095] Philippe Meier, FamKomm Erwachsenenschutz, Art. 390 ZGB N 6 m.w.Verw.

[1096] Die umfassende Beistandschaft gemäss Art. 398 ZGB ist das Nachfolgeinstitut des altrechtlichen Entzugs der Handlungsfähigkeit begleitet von der Errichtung einer Vormundschaft. Siehe auch Botschaft Erwachsenenschutz, 7048.

[1097] Art. 390 Abs. 1 Ziff. 1 ZGB. Philippe Meier, FamKomm Erwachsenenschutz, Art. 390 ZGB N 7 m.w.Verw.; Henkel, BaKomm, N 2 m.w.Verw. und N 8 ff. m.w.Verw. zu Art. 390 ZGB.

[1098] Philippe Meier, FamKomm Erwachsenenschutz, Art. 390 ZGB N 8 m.w.Verw. Siehe Botschaft Erwachsenenschutz, 7109, 7023: «Die Begriffe ‹Geisteskranke, Geistesschwache, […]› haben in einem modernen Erwachsenenschutzrecht keinen Platz mehr.»); Kley, SG-Komm BV N 9 zu Art. 136 BV sieht daher zu Recht Revisionsbedarf für Art. 136 Abs. 1 BV.

[1099] Art. 136 Abs. 1 BV. In der Nordwestschweiz: § 21 Abs. 2 KV BL.

oder Medikamentenabhängigkeit, wird als psychische Störung verstanden. Der weite Ausdruck des *ähnlichen in der Person liegenden Schwächezustands* ermöglicht als Auffangnorm insbesondere den Schutz Betagter, bei denen gleichartige Defizite wie bei Menschen mit einer geistigen Behinderung oder einer psychischen Störung auftreten. Erfasst sind auch extreme Fälle von Unerfahrenheit oder Misswirtschaft sowie seltene Erscheinungsformen körperlicher Behinderung, z.B. schwere Lähmung oder Verbindung von Blindheit und Taubheit.[1100]

Zusätzlich zum Beistandsgrund ist als soziale Voraussetzung für die Anordnung einer Beistandschaft erforderlich, dass die Person als Folge des Schwächezustandes nicht in der Lage ist, die eigenen Angelegenheiten zu besorgen, und auch keine entsprechende Vollmacht erteilen kann.[1101]

Damit eine Person vom Stimmrecht ausgeschlossen werden kann, muss eine *umfassende Beistandschaft* errichtet worden sein. Dafür muss die Person, namentlich wegen dauernder Urteilsunfähigkeit,[1102] besonders hilfsbedürftig sein.[1103]

Entscheidend ist, dass die *Hilfsbedürftigkeit* eine *besonders ausgeprägte* ist, namentlich wegen dauernder Urteilsunfähigkeit. Dabei geht es insbesondere um schwer demenzkranke Menschen. Dauernd Urteilsunfähige sind nicht handlungsfähig,[1104] so dass ihre Handlungsfähigkeit mit der Anordnung einer umfassenden Beistandschaft gar nicht erst entzogen werden muss und auch nicht mittelbar von Gesetzes wegen zu entfallen hat. Trotzdem wird die dauernde Urteilsunfähigkeit exemplarisch aufgeführt, um klarzustellen, dass die umfassende Beistandschaft wirklich nur als *ultima ratio* anzuordnen ist. Mit der umfassenden Beistandschaft kann zweierlei erreicht werden: Einerseits kann einer Person die Handlungsfähigkeit bewusst entzogen werden, wenn es nicht mehr verantwortbar ist, dass eine Person Rechtshandlungen vornimmt; andererseits geht es um Personen, die gar nicht mehr handeln können und deren Handlungsfähigkeit daher nicht gegeben ist.[1105]

Für den Ausschluss vom Stimmrecht wird folglich im Wesentlichen auf die dauernde Urteilsunfähigkeit abgestellt. Erforderlich ist, dass eine Person wegen dieses Schwächezustands unter umfassender Beistandschaft steht.

1100 Botschaft Erwachsenenschutz, 7043.

1101 Art. 390 Abs. 1 Ziff. 1 ZGB. Botschaft Erwachsenenschutz, 7043. HENKEL, BaKomm, N 2 m.w.Verw., N 17 ff. m.w.Verw. und N 21 ff. m.w.Verw. zu Art. 390 ZGB.

1102 Art. 18 ZGB.

1103 HENKEL, BaKomm, N 1 ff. m.w.Verw. zu Art. 398 ZGB.

1104 Art. 17 ZGB.

1105 Botschaft Erwachsenenschutz, 7048 f.; HENKEL, BaKomm, N 5 m.w.Verw. und N 10 m.w.Verw. zu Art. 398 ZGB.

Auch erfasst vom Stimmrechtsausschluss sind Personen, die durch eine vorsorgebeauftragte Person vertreten werden. In diesem Fall liegt eine behördliche Feststellung vor, wonach die betroffene Person urteilsunfähig ist.[1106]

Der Vorsorgeauftrag bietet die Möglichkeit vorzusorgen, dass sich bei Eintreten dauernder Urteilsunfähigkeit jemand um die wirtschaftlichen und persönlichen Angelegenheiten kümmert, und zwar ohne behördliche Intervention.[1107] Mit dem Vorsorgeauftrag beauftragt die betroffene Person eine andere Person, für sie zu handeln, sollte sie selbst urteils- und damit handlungsunfähig werden.[1108]

Für die Stimmfähigkeit sind objektiv das Schweizer Bürgerrecht und das Stimmrechtsalter 18 sowie subjektiv Urteilsfähigkeit erforderlich. Das Fehlen der objektiven oder subjektiven Voraussetzungen führt zum Stimmrechtsausschluss. Liegen keine objektiven oder subjektiven Ausschlussgründe vor, so ist die *Stimmfähigkeit* gegeben.[1109]

Die *Stimmberechtigung*[1110] verlangt zusätzlich zur Stimmfähigkeit die Begründung des politischen Wohnsitzes im Sinne einer materiellen Voraussetzung[1111] und in technischer Hinsicht den Eintrag in das Stimmrechtsregister.[1112]

1106 Botschaft Erwachsenenschutz, 7109. Art. 363 ZGB.

1107 THOMAS GEISER, FamKomm Erwachsenenschutz, Vorbemerkungen zu Art. 360–369 ZGB N 1; RUMO-JUNGO, BaKomm, N 14 ff. m.w.Verw. zu Art. 360 ZGB.

1108 THOMAS GEISER, FamKomm Erwachsenenschutz, Vorbemerkungen zu Art. 360–369 ZGB N 7 und Art. 360 N 1 ff. m.w.Verw.; Botschaft Erwachsenenschutz, 7025 f.; RUMO-JUNGO, BaKomm, N 21 f. m.w.Verw. zu Art. 360 ZGB.

1109 Siehe 2. Kapitel I. 4.

1110 RHINOW/SCHEFER/UEBERSAX, Rz. 2121 nennen die Stimmberechtigung Ausübungsberechtigung.

1111 HÄFELIN ET AL., Rz. 1368 ff.; RHINOW/SCHEFER/UEBERSAX, Rz. 2121. Siehe 2. Kapitel I. 4.

1112 HÄFELIN ET AL., Rz. 1372 f.; HANGARTNER/KLEY, Rz. 4; KLEY, SG-Komm BV N 10 m.w.Verw. zu Art. 136 BV. Siehe 6. Kapitel III. 2. b.

IX. Partizipation und kumulative Stimmbeteiligung

1. Stimmbeteiligung und Legitimität demokratischer Entscheide

Bei Abstimmungen oder Wahlen verzichtet durchschnittlich jede zweite stimmberechtigte Person auf die Teilnahme.

Die Stimmbeteiligung betrug zwischen 2011 und 2016 schweizweit durchschnittlich 46,5 Prozent (1991–2000:43 Prozent; 2001–2010:45,2 Prozent). In der Nordwestschweiz liegt die Partizipation durchschnittlich darunter[1113] bzw. darüber[1114] – die jeweiligen Momentaufnahmen belegen für die Nordwestschweiz ebenfalls den Verzicht jeder zweiten stimmberechtigten Person, an Abstimmungen oder Wahlen zu partizipieren.

Die Partizipation der Stimmberechtigten am formellen Willensbildungsprozess ist für die Legitimierung der gesellschaftlichen Ordnung zentral. Die Stimmbeteiligung dient folglich der Legitimierung der demokratischen Grundstruktur. In der Realität ist es jedoch nie eine Mehrheit der Stimmberechtigten, die einer Vorlage zustimmt. Vielmehr entscheidet eine Mehrheit der Stimmberechtigten, die sich am einzelnen Urnengang überhaupt beteiligt haben, was regelmässig nicht mit der Mehrheit der Stimmberechtigten gleichzusetzen ist. Trotzdem werden die Ergebnisse akzeptiert.[1115]

Ein Stimmrecht, das nur von einer Minderheit der Stimmberechtigten ausgeübt wird, gilt als kritisch; eine längerfristige Partizipationsrate von unter 50 Prozent gilt als problematisch für die Legitimität demokratischer Entscheide.[1116]

Die Stimmbeteiligung ist in der Schweiz nicht nur tief, sondern auch sinkend. Müssen wir von einer an politischen Fragen und Abstimmungen desinteressierten schweigenden Mehrheit ausgehen? – Im Einzelnen:

2. Gründe für die sinkende Stimmbeteiligung

Warum in der Schweiz die Stimmbeteiligung im internationalen Vergleich nicht nur besonders tief,[1117] sondern auch sinkend ist, lässt sich mit dem politischen System erklären:[1118]

[1113] 2011–2016: AG 43,9 Prozent; BL: 45,4 Prozent; SO: 44,7 Prozent. Siehe https://www.bfs.admin.ch/bfs/de/home/statistiken/politik/abstimmungen/stimmbeteiligung.html, besucht am 18. April 2018.

[1114] 2011–2016: BS: 49,8 Prozent. Siehe https://www.bfs.admin.ch/bfs/de/home/statistiken/politik/abstimmungen/stimmbeteiligung.html, besucht am 18. April 2018.

[1115] Auer, Staatsrecht der Kantone, Rz. 900 ff. insbes. 906.

[1116] Serdült, 42 und 45 f. m.w.Verw.

[1117] Stimmbeteiligung Nationalratswahlen 2015:48,5 Prozent; Bundesrepublik Deutschland Bundestagswahlen 2017:76,2 Prozent; Österreich Nationalratswahlen 2017:80 Prozent.

Gründe für die *sinkende Stimmbeteiligung*[1119] sind in der Hauptsache erstens in der Konkordanzpolitik und zweitens in der Intensivierung der direkten Demokratie zu orten. Im Einzelnen:

Erstens ist mit der *Verfestigung der Konkordanzdemokratie* die Stimmbeteiligung gesunken.

Der schweizerische Bundesstaat hat sich von der Konkurrenzdemokratie (1848–1891: radikal-liberale Alleinregierung) zur Koalitionsregierung (Aufnahme eines konservativen Bundesrates 1891 und eines zweiten 1919; Aufnahme eines BGB Mitgliedes 1929) und weiter zur Verfestigung der heutigen Konkordanzdemokratie (Einführung der Proporzwahl 1919, Aufnahme der Sozialdemokraten in die Regierung 1943 und 1959) entwickelt.[1120]

Die Willensbildung erfolgt in der Konkordanzdemokratie aufgrund von breit abgestützten und ausgereiften Kompromissen. Die Konfliktintensität ist gering. Konkordanzpolitik ist geeignet, das politische Interesse der Stimmberechtigten zu schwächen und so die Stimmabstinenz zu fördern.[1121] Im Unterschied zu parlamentarischen Demokratien sind in der schweizerischen Referendums- und Konkordanzdemokratie Wahlen von untergeordneter Bedeutung. Den Stimmberechtigten fehlt aufgrund des Konkordanzsystems die Möglichkeit, bei Wahlen richtungsweisende Änderungen herbeizuführen.[1122]

Zweitens sorgt die *Intensivierung der direkten Demokratie* für eine sinkende Stimmbeteiligung.

Seit 1848 wurde die direkte Demokratie auf Bundesebene kontinuierlich ausgebaut: 1848 stand den Stimmberechtigten nur das obligatorische Verfassungsreferendum zur Verfügung. 1874 wurde das fakultative Gesetzesreferendum eingeführt, 1891 die Volksinitiative, 1921 das Staatsvertragsreferendum, 1949 das Referendum für dringliche allgemeinverbindliche Bundesbeschlüsse und 1977 das erweiterte Staatsvertragsreferendum. Parallel dazu nahm die Gesetzgebungstätigkeit markant zu.[1123]

Im Unterschied zu einer parlamentarischen Demokratie geben die Stimmberechtigten mit den Wahlen den Entscheid zu Sachfragen nicht an das Parlament ab.

Siehe auch Riklin 515: Vergleich der Stimmbeteiligung in der Schweiz mit 20 westlichen Demokratien (Wahlbeteiligung) bzw. mit elf westlichen Demokratien (Beteiligung an Sachabstimmungen).

1118 Riklin, 513 f. m.w.Verw.

1119 Zur Stimmbeteiligung in der Schweiz und in den Kantonen seit 1919 siehe Riklin, 518 f.

1120 Riklin/Kley, 68 f. m.w.Verw.

1121 Riklin/Kley, 69 f. m.w.Verw.

1122 Riklin/Kley, 22 ff. m.w.Verw.

1123 Riklin, 517 f.; Siehe die Übersicht bei Riklin/Kley, 71 f.

Die Vielzahl von Urnengängen zu Sachfragen beansprucht die Aufmerksamkeit der Stimmberechtigten und hat die Abwertung von Wahlen zur Folge.[1124]

> Die Zahl der Abstimmungen auf nationaler Ebene hat seit der Gründung des Bundesstaates 1848 stetig zugenommen (1848–1870:10 Vorlagen; 2001–2010:80 Vorlagen).[1125] Ein internationaler Vergleich von Stadtgemeinden für den Zeitraum 1956 bis 1979 hat ergeben, dass die Stimmberechtigten von Bregenz auf allen Staatsebenen 24 Urnenentscheide zu fällen hatten, Konstanz 32, Strassburg 38 – die Stimmberechtigten der Stadt St. Gallen jedoch 503.[1126]

Ein weiterer Grund für die sinkende Stimmbeteiligung ist die wachsende Komplexität der Vorlagen, gilt es doch jeweils die zur Abstimmung gelangende Änderung auf die Kompatibilität der eigenen politischen Wertvorstellungen hin zu überprüfen. Die zunehmende Zahl von Vorlagen bedeutet eine wachsende zeitliche Belastung. Die Stimmberechtigten fühlen sich nach eigenen Angaben mehrheitlich schlecht oder mittelmässig informiert.[1127]

Eine Rolle spielte auch die Aufhebung des Stimmzwangs.

> In der Nordwestschweiz bestand bis 1971 im Kanton Aargau Stimmzwang. Der Stimmzwang wurde 1971 ersetzt durch eine lex imperfecta, d.h. durch die Stimmpflicht, ein Stimmzwang ohne Sanktion.[1128]

Eine Wiedereinführung der Stimmpflicht oder des Stimmzwangs,[1129] wie sie der Kanton Schaffhausen noch kennt,[1130] oder eine Einführung eines Quorums für die Ablehnung einer Sachvorlage werden aktuell nicht als Lösungen zur Erhöhung der Stimmbeteiligung betrachtet.[1131] Es ist daran zu erinnern, dass die Ein-

---

1124 Riklin, 516; Riklin/Kley, 25 ff. m.w.Verw.

1125 Siehe die Statistik zu den Vorlagen seit 1848: https://www.bfs.admin.ch/bfs/de/home/statistiken/politik/abstimmungen.assetdetail.2382305.html, besucht am 18. April 2018.

1126 Riklin, 515.

1127 Riklin, 516 m.w.Verw.; Riklin/Kley, 34 ff. m.w.Verw. Siehe auch Trappe et al., 20 und 39: Die Stimmberechtigten BL gaben 1972 ihren Informationsstand an mit 31 Prozent: «schlecht», 40 Prozent mit «mittelmässig» und nur 29 Prozent mit «gut». Von den Stimmabstinenten und den selektiv Teilnehmenden gaben 65,6 Prozent an, das Für und Wider habe nicht überzeugt, und 62 Prozent, sie seien zu wenig vorbereitet gewesen.

1128 Zu Stimmzwang und Stimmpflicht siehe 6. Kapitel III. 3. a. ii).

1129 Die Stimmpflicht unterscheidet sich vom Stimmzwang dadurch, dass rechtliche Sanktionen bei Nichterfüllung fehlen bzw. abgeschafft wurden: Baumann, 192 f.; Hangartner/Kley, Rz. 38 und 197; Nohlen, Wahlsysteme, 47 f.; Riklin/Kley, 116 f.

1130 Art. 23 Abs. 2 KV SH. Der Kanton Schaffhausen ist der einzige Kanton der Schweiz, der einen Stimmzwang kennt. Der Verstoss gegen den Stimmzwang wird mit CHF 6.00 geahndet (ab 1. Januar 2015, vorher CHF 3.00). Die Stimmpflicht beinhaltet auch die Teilnahme an Gemeindeversammlungen. Entschuldigungen sind möglich. Die Stimmpflicht gilt bis zum 65. Altersjahr. Siehe Art. 9 und 10 Wahlgesetz des Kantons SH.

1131 Linder, Demokratie, 311 f.; Riklin, 523; Riklin/Kley, 116. Siehe auch die (erfolglose) parlamentarische Initiative von Ständerat Ulrich Zimmerli für die Einführung eines

führung von Möglichkeiten der erleichterten Stimmabgabe seit dem Wechsel vom Versammlungssystem zum Urnensystem jeweils u.a. mit Blick auf eine höhere Stimmbeteiligung erfolgte – bis und mit der aktuellen Debatte zur Einführung der elektronischen Stimmabgabe.[1132] Bis dato führten die Möglichkeiten der erleichterten Stimmabgabe jedoch nicht zu einer Erhöhung der Stimmbeteiligung. Auch die Befürworter des Stimmrechtsalters 16 haben mit der Herabsetzung des Stimmrechtsalters eine höhere Stimmbeteiligung im Fokus.[1133]

Die hohe Intensität der direktdemokratischen Institutionen hat eine sinkende Stimmbeteiligung zur Folge und umgekehrt. Es bleibt ein unauflösbares Dilemma zwischen dem Partizipationsniveau und der Intensität der direkten Demokratie. Der kontinuierliche Ausbau der direkten Demokratie deutet darauf hin, dass eine sinkende Stimmbeteiligung zugunsten einer intensiven direkten Demokratie wohl in Kauf zu nehmen ist.[1134] Die Einstellung der Stimmbürgerschaft zum Urnengang hat sich gewandelt: Dieser gilt heute nicht mehr als staatsbürgerliche Pflicht, sondern als politisches Recht, das die Freiheit beinhaltet, dieses nicht auszuüben[1135] bzw. nur, wenn ein besonderes Interesse an der Vorlage vorliegt.[1136]

3. Selektive Partizipation und kumulative Stimmbeteiligung

Wenn mehrere aufeinanderfolgende Wahlen und Abstimmungen berücksichtigt werden, so kann nicht davon ausgegangen werden, dass immer dieselben Stimmberechtigten teilnehmen.[1137] Wird der Untersuchung der Stimmbeteiligung nicht die durchschnittliche Stimmbeteiligung eines Urnengangs – eine Momentaufnahme – zugrunde gelegt, sondern die Partizipation über einen längeren Zeitraum, so erlaubt dies eine differenziertere Betrachtung und Messung der formalen Beteiligung am Willensbildungsprozess. Die Stimmberechtigten können dann in drei Gruppen aufgeteilt werden: wer nie teilnimmt,[1138] wer immer teil-

---

Quorums bei Referenden und Volksinitiativen: https://www.parlament.ch/de/ratsbetrieb/suche-curia-vista/geschaeft?AffairId=19940420, besucht am 18. April 2018.

1132 Zu den einzelnen Möglichkeiten der erleichterten Stimmabgabe siehe E. IV.3.b.iii.

1133 Siehe 5. Kapitel VII. 2.

1134 Riklin, 520 f.

1135 Bühlmann/Freitag/Vatter, 49 f. m.w.Verw.; Linder, Demokratie, 72 f. und 312 f.; Riklin, 516 f.; Siehe auch Trappe et al., 13: Nur 24,1 Prozent der Stimmberechtigten BL gaben 1972 an, der Urnengang sei ihre Pflicht; für 57,9 Prozent bedeutete der Urnengang die Möglichkeit, an einer politischen Entscheidung teilzunehmen.

1136 Imboden, 6 f. beschreibt die sinkende Stimmbeteiligung als Teil des sog. helvetischen Malaises.

1137 Dermont, 5 m.w.Verw.; Dermont/Stadelmann, 6 m.w.Verw.

1138 Zur Typologie der Nichtpartizipierenden bzw. Nichtwählenden siehe Bühlmann/Freitag/Vatter, 29 ff. m.w.Verw. sowie Fatke/Freitag, 95 ff. m.w.Verw.

nimmt und wer *selektiv* teilnimmt,[1139] d.h. nur, wenn die Person sich interessiert. Die Untersuchung der sog. *Kumulativen Stimmbeteiligung* ergibt ein anderes Bild als die Untersuchung der durchschnittlichen Stimmbeteiligung auf der Grundlage einer einzelnen Abstimmung oder eines Wahlgangs, weil die kumulative Stimmbeteiligung selektiv Teilnehmende als Partizipierende erfasst.[1140]

Der Begriff der kumulativen Stimmbeteiligung wurde durch Serdült[1141] eingeführt. Er untersuchte erstmals Stimmregisterdaten der Stadt St. Gallen über mehrere Abstimmungen hinweg. Schweizweit stehen solche Daten nur in wenigen Gemeinden zur Verfügung, neben St. Gallen beispielsweise noch in Genf. Über sieben Abstimmungsdaten hinweg kumuliert sich die Beteiligung für einen Zeitraum von rund zwei Jahren in St. Gallen auf 75,3 Prozent; 75,3 Prozent der Stimmberechtigten haben sich folglich an mindestens einer von sieben Abstimmungen beteiligt. Für einen Zeitraum von drei Jahren wurde in der Stadt St. Gallen eine kumulative Stimmbeteiligung von über 80 Prozent belegt,[1142] in Genf für das Jahr 2009 eine solche von rund 70 Prozent errechnet.[1143]
Seit 1977 wird die Stimmbeteiligung mit der Vox-Analyse[1144] regelmässig mittels Nachbefragungen im Anschluss an nationale Abstimmungen repräsentativ bei rund 1'500 Stimmberechtigten schweizweit erhoben. In einer Vox-Analyse sind jedoch beispielsweise die Anteile der Jungen, welche an den letzten Abstimmungen teilgenommen haben, niedriger als in einer statistischen Erhebung aufgrund der Stimmregister. Deshalb wird die Vox-Analyse als ungenau kritisiert. 2014 wurde im Nationalrat eine Motion eingereicht, die schweizweit eine regelmässige, vollständig anonymisierte Erhebung der Stimmbeteiligung gegliedert nach soziodemografischen Kriterien aufgrund der Stimmregister anstelle der Vox-Analyse forderte. Der Motion war kein Erfolg beschieden.[1145]

Die im internationalen Vergleich tiefe Beteiligung an den Parlamentswahlen[1146] lässt sich mit der selektiven Partizipation erklären:

[1139] Serdült, 43 f. m.w.Verw.; Dermont, 30. Die selektiv Partizipierenden können in weitere Untergruppen eingeteilt werden: häufig Teilnehmende (ca. 10 Prozent), selektiv Teilnehmende i.e.S. (ca. 20 Prozent) und selten Teilnehmende (ca. 20 Prozent). Siehe Linder/Longchamp/Stämpfli, 7.

[1140] Die Untersuchungen von Dermont, 30 ff. bestätigen die Ergebnisse von Serdült, 41 ff.

[1141] Serdült, 41 ff. m.w.Verw.

[1142] Dermont, insbes. 21 ff.

[1143] Serdült, 50.

[1144] http://www.gfsbern.ch/de-ch/Publikationen/VOX-Analysen, besucht am 18. April 2018.

[1145] Motion Aline Trede «Gesamtschweizerische Datenerhebung der Stimmbeteiligung nach soziodemografischen Aspekten», eingereicht am 8. Mai 2014. Siehe https://www.parlament.ch/de/ratsbetrieb/suche-curia-vista/geschaeft?AffairId=20143369, besucht am 18. April 2018.

[1146] Linder, Demokratie, 72 ff. m.w.Verw.; siehe auch Riklin 515: Vergleich der Stimmbeteiligung in der Schweiz mit 20 westlichen Demokratien (Wahlbeteiligung) bzw. mit elf westlichen Demokratien (Beteiligung an Sachabstimmungen).

Die *selektive Partizipation* gilt als schweizspezifisch: Da den Stimmberechtigten mehrmals jährlich direktdemokratische Möglichkeiten zur Verfügung stehen, können sie es sich erlauben, einzelnen Urnengängen oder eidgenössischen Wahlen fernzubleiben und beispielsweise das Nationalratswahlrecht durch andere Formen der Partizipation zu substituieren, insbesondere durch ihre Teilnahme an Abstimmungen oder kantonalen Wahlen. Sie können sich so darauf beschränken, sich zu Sachfragen zu äussern oder die kantonalen Parlamente und Regierungen zu wählen.[1147] Im langjährigen Vergleich mit dem Durchschnitt europäischer Länder liegt die Beteiligung an nationalen Wahlen in der Schweiz um mehr als 25 Prozent tiefer.[1148] Die tiefere Wahlbeteiligung wird damit begründet, dass Nationalratswahlen in einer Konkordanzdemokratie mit direktdemokratischen Möglichkeiten, zu Sachfragen Stellung zu nehmen, weniger bedeutsam sind als Wahlen in indirekten (parlamentarischen) Demokratien, wo Regierung und Opposition gegeneinander antreten und ausserhalb der Parlamentswahlen keine weiteren Möglichkeiten bestehen, sich zu Sachfragen zu äussern.[1149]

Die Stimmbeteiligung wird unterschätzt und ist unter Berücksichtigung der selektiven Partizipation höher, als der Blick auf einen einzelnen Urnengang vermuten lässt.[1150] Während zu den beiden Gruppen der nie Teilnehmenden und der immer Teilnehmenden je etwa 25 Prozent gerechnet werden, gelten etwa 50 Prozent der Stimmberechtigten als «selektive Urnengängerinnen und Urnengänger».[1151]

Gemäss einer weiteren Studie, die die Stimmbeteiligung untersucht hat, nehmen 30 Prozent immer, 20 Prozent nie und 50 Prozent selektiv an Urnengängen teil.[1152] Eine Auswertung der Vox-Analysen ergibt 26 Prozent immer Teilnehmende, 18 Prozent Abstinente und 56 Prozent selektiv Teilnehmende.[1153]

Je länger der Untersuchungszeitraum dauert, desto höher ist die Zahl der selektiv Partizipierenden und damit die kumulative Stimmbeteiligung.[1154] Das Ergebnis der Messung der kumulativen Stimmbeteiligung erlaubt es nicht, das Bild

---

1147 Bühlmann/Freitag/Vatter, 56 ff. m.w.Verw.

1148 Linder, Demokratie, 72 ff. m.w.Verw.; siehe auch Riklin 515: Vergleich der Stimmbeteiligung in der Schweiz mit 20 westlichen Demokratien (Wahlbeteiligung) bzw. mit elf westlichen Demokratien (Beteiligung an Sachabstimmungen).

1149 Linder, Demokratie, 72 f. m.w.Verw.

1150 Serdült, 41 ff.

1151 Die prozentuale Aufteilung erfolgt gemäss Serdült, 48. Dermont, 30 ff. bestätigt die prozentuale Aufteilung, mit steigender Tendenz der selektiv Teilnehmenden, je länger der Untersuchungszeitraum dauert.

1152 Linder/Longchamp/Stämpfli, 6.

1153 Linder, Demokratie, 308 ff.

1154 Dermont, 30 ff.

einer grundsätzlich nicht an politischen Fragen und Abstimmungen interessierten schweigenden Mehrheit aufrechtzuerhalten. Die kumulative Stimmbeteiligung belegt, dass (weit) mehr als die Hälfte der Stimmberechtigten formal partizipieren, wenn auch nur selektiv. Ob vor diesem Hintergrund die Stimmbeteiligung weiterhin als (zu) tief zu bezeichnen ist, wäre zu überdenken.

Die Partizipationsforschung stellt nicht in erster Linie die Partizipationshöhe in den Vordergrund, sondern einen gleichen Miteinbezug aller Interessen in die Entscheidfindung. Eine Partizipation ist dann ungleich, wenn nicht alle Interessen gleichermassen miteinbezogen werden. Die Partizipierenden sollen die Gesamtbevölkerung repräsentieren.[1155] Verteilen sich die abstinenten Stimmberechtigten gleichmässig, d.h. alle Interessen repräsentierend, so ist eine niedrige Partizipationshöhe unproblematisch.

Während die Gruppe der selektiv Teilnehmenden der Gesamtbevölkerung sehr ähnlich ist, zeigen die Gruppen der nie Teilnehmenden und der immer Teilnehmenden deutliche Unterschiede, was das Geschlecht und das Alter betrifft. Die Generation der älteren Stimmberechtigten ist in der Gruppe der immer teilnehmenden Männer sowie in der Gruppe der nie teilnehmenden Frauen übervertreten.[1156]

Bei der Stimmbeteiligung von Frauen gilt es zu differenzieren: Frauen, die vor der Einführung des Frauenstimmrechts volljährig und damit theoretisch stimmberechtigt wurden, weisen eine unterdurchschnittliche Stimmbeteiligung auf. Junge Frauen hingegen, die seit ihrer Volljährigkeit stimmberechtigt sind, gehen sogar, wenn auch nur geringfügig, häufiger als junge Männer an die Urne.[1157] Die Aussage, Frauen würden weniger partizipieren, kann so pauschal nicht aufrechterhalten werden. Die Untervertretung der Frauen kann als Generationenproblem interpretiert werden. Die späte Einführung des Frauenstimmrechts ist bei der Altersgruppe der vor 1950 geborenen Frauen offenbar immer noch präsent und beeinflusst ihre Stimmbeteiligung negativ.[1158] In etwa 30 Jahren dürfte der Unterschied voraussichtlich nicht mehr vorhanden sein.

Auch die Stimmbeteiligung junger Erwachsener (18- bis 25-jährig) ist zu relativieren.[1159] Vier von fünf jungen Stimmberechtigten haben in einem Untersuchungszeitraum über vier Jahre ihre politischen Rechte wahrgenommen. Das heisst, eine deutliche Mehrheit der jungen Stimmberechtigten übt das Stimmrecht aus und nimmt damit an formalisierten politischen Entscheidprozessen teil. Im Vergleich zu älteren nehmen jüngere Stimmberechtigte jedoch vermehrt

---

1155 Dermont, 12 ff. m.w.Verw.

1156 Dermont, 21 ff.

1157 Dermont, 36 ff.

1158 Dermont, 38.

1159 Zur Stimmbeteiligung junger Erwachsener siehe Golder et al., 40 ff.

selektiv an Wahlen und Abstimmungen teil, d.h., sie gehen seltener an die Urne. Die Altersgruppe der 66- bis 75-Jährigen partizipiert durchschnittlich doppelt so oft wie die jungen Stimmberechtigten.[1160] Die politische Partizipation nimmt grundsätzlich mit dem Alter zu, sie ist lebenslauftypisch. Zwar gibt es leichte Differenzierungen zwischen den Geschlechtern, Alter und sozioökonomische Stellung sind jedoch relevanter für die Stimmbeteiligung.[1161]

Nicht nur die Interessen von Frauen und jungen Erwachsenen, sondern auch die Interessen von Alleinstehenden, im Ausland Geborenen sowie Menschen mit geringem Einkommen und Vermögen sind untervertreten: Ihre Interessen sind anteilmässig in der Gruppe der nie Teilnehmenden übervertreten bzw. in der Gruppe der immer Teilnehmenden untervertreten.[1162] Da sich insbesondere auch alle gesellschaftlichen Schichten am Willensbildungsprozess beteiligen sollen, ist die geringere Beteiligung der Stimmberechtigten mit geringem Einkommen und Vermögen aus demokratietheoretischer Sicht problematisch. Es ist wohl nicht nur die niedrige Stimmbeteiligung, sondern auch die Komplexität der zur Abstimmung gelangenden Fragen, die zur schwächeren Beteiligung dieser Gesellschaftsgruppen führt.[1163]

Obwohl sich über einen längeren Zeitraum betrachtet eine Mehrheit am formalisierten Willensbildungsprozess beteiligt und das Stimmrecht ausübt, bleibt es dabei, dass die Partizipationsrate mit Blick auf einen einzelnen Urnengang unter 50 Prozent liegt. Dies ist insbesondere auch darum kritisch zu betrachten, weil eine höhere Stimmbeteiligung, d.h. eine höhere selektive Mobilisierung, für den Ausgang einer einzelnen Abstimmung relevant sein kann.[1164]

> Die Simulation einer hypothetischen Stimmbeteiligung von 100 Prozent bei ausgewählten eidgenössischen Abstimmungen zwischen 2000 und 2011 hat ergeben, dass die hypothetische Teilnahme der Stimmabstinenten das Ergebnis von sechs der zehn Vorlagen verändert hätte. Stimmabstinente tendieren zu einem Nein, ihr Stimmverhalten unterscheidet sich somit grundsätzlich von den Teilnehmenden. Die Stimmabstinenten sagen ohne Rücksicht auf parteipolitische Parolen generell Nein zu Vorlagen.[1165]

[1160] DERMONT/STADELMANN, 3 ff. Die Datengrundlage für die Analyse des Abstimmungs- und Wahlverhaltens von jungen Erwachsenen (18- bis 25-jährig) wurde von März 2010 bis Mai 2014 in der Stadt St. Gallen erhoben.

[1161] LINDER/LONGCHAMP/STÄMPFLI, 9 f. m.w.Verw.

[1162] DERMONT, 34 ff. und insbes. 38 ff.

[1163] LINDER, Demokratie, 311 ff.

[1164] LINDER/LONGCHAMP/STÄMPFLI, 8.

[1165] Im Einzelnen siehe die Studie von SUTTER, insbes. 10 ff. m.w.Verw.

6. Kapitel: Grundsatz der Gleichheit

I. Garantie der unverfälschten Stimmabgabe

1. Übersicht

Der Grundsatz des gleichen Stimmrechts basiert auf dem Rechtsgleichheitsgebot[1166] und der Garantie der politischen Rechte, wonach alle die *gleichen* Rechte und Pflichten haben.[1167]

Er beinhaltet den Anspruch auf unverfälschte Willenskundgabe und garantiert die unverfälschte Stimmabgabe gemäss Art. 34 Abs. 2 BV. Dieser Anspruch wird in drei Aspekte unterteilt:

Kerngehalt des Anspruchs auf politische Gleichheit sind die Zuteilung der gleichen Anzahl Stimmen an die einzelnen Stimmberechtigten, die Möglichkeit der Stimmabgabe sowie die Berücksichtigung jeder gültig abgegebenen Stimme bei der Stimmenzählung.[1168] Diese drei Elemente bilden den Kerngehalt und werden durch den Aspekt der *Zählwertgleichheit*[1169] gesichert.

Weiter muss zwischen der Anzahl der Sitze und der repräsentierten Bevölkerung in den einzelnen Wahlkreisen gemäss Kopfzahlprinzip möglichst das gleiche Verhältnis herrschen.[1170] Diese sog. Repräsentationsgleichheit verlangt gleich grosse Wahlkreise in einem Wahlgebiet. Abweichungen von dieser Forderung sind nur im begrenzten Rahmen möglich.[1171] Die Repräsentationsgleichheit wird durch den Aspekt der *Stimmkraftgleichheit*[1172] gesichert. Jede Stimme soll in allen Wahlkreisen eines Wahlgebiets die gleiche theoretische Möglichkeit der Einflussnahme auf das Wahlergebnis haben, indem in den einzelnen Wahlkreisen jeweils das möglichst gleiche Repräsentationsverhältnis besteht.[1173] So

---

1166 Art. 8 Abs. 1 BV.

1167 Art. 136 Abs. 1 BV, zweiter Satz: «Alle haben die gleichen politischen Rechte und Pflichten.»

1168 KÖLZ, Probleme des kantonalen Wahlrechts, 9; NOHLEN, Wahlsysteme, 43 f.; POLEDNA, Wahlrechtsgrundsätze, 26 f. und 50 ff.; BSK BV TSCHANNEN, Art. 34 N 32 zur Verwertung der abgegebenen Stimmen und BSK BV TSCHANNEN, Art. 34 N 49 f. zum Anspruch auf korrekte Ermittlung des Wahl- und Abstimmungsergebnisses.

1169 Im Einzelnen siehe 6. Kapitel III.

1170 POLEDNA, Wahlrechtsgrundsätze, 66.

1171 POLEDNA, Wahlrechtsgrundsätze, 86, befürwortet eine zulässige Höchstabweichung von 15 Prozent gegenüber dem durchschnittlichen Repräsentationsverhältnis.

1172 Im Einzelnen siehe 6. Kapitel IV.

1173 POLEDNA, Wahlrechtsgrundsätze, 27 ff. und 66 ff.

wird der Grundsatz des gleichen Stimmrechts über die Grenzen des einzelnen Wahlkreises hinaus gewährleistet.[1174]

Schliesslich soll jede Stimme tatsächlich zum Wahlergebnis beitragen und nicht wirkungslos, «gewichtslos», bleiben. Die Verwertung möglichst jeder Stimme wird durch den Aspekt der *Erfolgswertgleichheit*[1175] gesichert. Ziel ist, dass sich der Wählerwille möglichst unverfälscht im Wahlergebnis widerspiegelt. Jede Stimme soll nicht nur theoretisch, sondern auch praktisch den gleichen Einfluss auf das Wahlergebnis haben. Die Erfolgswertgleichheit wirkt sowohl wahlkreisintern als auch wahlkreisübergreifend.

Der Grundsatz des gleichen Stimmrechts mit seiner Garantie der unverfälschten Stimmabgabe ist eng mit Wahlsystem und Wahlverfahren verknüpft; so sind Abweichungen vom Grundsatz des gleichen Stimmrechts nur zugelassen, wenn sie durch das Wahlverfahren bedingt sind.[1176] Bevor Zählwertgleichheit, Stimmkraftgleichheit und Erfolgswertgleichheit näher untersucht werden,[1177] sind die beiden Wahlsysteme Majorz und Proporz bezüglich ihrer unterschiedlichen Ziele voneinander abzugrenzen.[1178] Anschliessend werden die unterschiedlichen Verfahren, nach denen bei Majorz und Proporz Stimmen in Mandate umgewandelt werden, beleuchtet.[1179] Beide Wahlsysteme verlangen im Bereich der Zählwertgleichheit eine absolute Gleichbehandlung; Stimmkraft- und Erfolgswertgleichheit gelten jedoch bereits als gesichert, wenn eine sog. relative Gleichbehandlung gegeben ist.[1180]

Vom Grundsatz des gleichen Stimmrechts zu unterscheiden ist der (ungeschriebene) *Verfassungsgrundsatz der Gleichstellung der Kantone*, der sich aus der föderalistischen Staatsorganisation ergibt. Der Grundsatz der Gleichstellung der Kantone kommt beispielsweise im interkantonalen Prozess einer Kantonsfusion zum Tragen. In einem Fusionsprozess sollen sich die involvierten Kantone als gleichberechtigte Parteien begegnen. Für die Schaffung der Verfassung der beiden fusionierenden Kantone ist ein Verfassungsrat zuständig. Dieser Verfassungsrat ist ein interkantonales Organ, was für eine paritätische Besetzung spricht. Eine Festlegung der Anzahl der Verfassungsrätinnen und Verfassungsräte im Verhältnis zur Bevölkerung verstösst gegen den Grundsatz der Gleichstellung der Kantone – zusätzlich verstösst ein nicht paritätisch zusammengesetzter Verfassungsrat zweier

[1174] POLEDNA, Wahlrechtsgrundsätze, 66 f.

[1175] Siehe im Einzelnen 6. Kapitel V.

[1176] BGE 125 I 123; BGE 1C_407/2011; BGE 1C_445/2011, BGE 1C_447/2011; BGE 1C_511/2015.

[1177] Siehe 5.5, 5.6, 5.7.

[1178] Siehe 6. Kapitel I. 2.

[1179] Siehe 6. Kapitel I. 3.

[1180] Zur absoluten und relativen Gleichbehandlung siehe 6. Kapitel II.

fusionswilliger Kantone gegen das sog. *Verbot der Selbstpreisgabe.*[1181] Existenz, Status und Gebiet der Kantone[1182] werden durch die Bundesverfassung geschützt.[1183] Kantone können darauf nicht einseitig verzichten.[1184] Ob eine anschliessende Zustimmung der Stimmberechtigten beider zu fusionierenden Kantone zur Verfassung, die ein nicht paritätisch zusammengesetzter Verfassungsrat ausgearbeitet hat, die Verstösse gegen den ungeschriebenen Verfassungsgrundsatz der Gleichstellung der Kantone sowie gegen das Verbot der Selbstpreisgabe zu heilen vermag, ist hier offenzulassen.

Die Ausgestaltung des Stimmrechts muss sowohl auf Bundesebene als auch auf kantonaler Ebene den Anforderungen von Art. 34 Abs. 2 BV i.V.m. Art. 8 Abs. 1 BV genügen, nicht jedoch auf interkantonaler Ebene.[1185]

Der Bund regelt die Ausübung der politischen Rechte in eidgenössischen, die Kantone regeln sie in kantonalen und kommunalen Angelegenheiten.[1186] Auf Bundesebene wird folglich die Verwirklichung des Gleichheitsgrundsatzes im Bereich von eidgenössischen Abstimmungen und Nationalratswahlen geregelt. Auf kantonaler Ebene werden kantonale Abstimmungen und Wahlen sowie die Wahlen in den Ständerat geregelt.

2. Wahlsysteme

a. Mehrheitswahl und Verhältniswahl

Wahlsysteme dienen der Ermittlung des Wahlergebnisses und befassen sich mit der Zuteilung der Mandate an die Kandidierenden (Majorz) bzw. auf die Listen und die Kandidierenden (Proporz). Vorgängig an die Mandatszuteilung erfolgt die Festlegung der Wahlkreise und der Anzahl der Sitze pro Wahlkreis (Sitzzuteilung).[1187]

1181 Art. 53 Abs. 1 BV.

1182 Art. 1 BV.

1183 Art. 53 Abs. 1 BV.

1184 Siehe Gutachten von Bernhard Waldmann zur Rechtsgültigkeit der formulierten Verfassungsinitiative «Für die Fusion der Kantone Basel-Stadt und Basel-Landschaft», im Auftrag der Sicherheitsdirektion des Kantons Basel-Landschaft, November 2012, zitiert in: Vorlage des Regierungsrats des Kantons Basel-Landschaft an den Landrat vom 18. Juni 2013, http://www.baselland.ch/fileadmin/baselland/files/docs/parl-lk/vorlagen/2013/2013-224.pdf, besucht am 19. April 2018, insbes. 7 und 13 m.w.Verw.

1185 Siehe Gutachten Waldmann, Fussnote 1184, 13 f. m.w.Verw.

1186 Art. 39 Abs. 1 BV.

1187 Zur Sitzzuteilung in den Nordwestschweizer Kantonen siehe 6. Kapitel IV. 4. Zur Sitzzuteilung in den Kantonen siehe Anina Weber, Wahlrecht, Rz. 295 ff.

Grundsätzlich werden zur Ermittlung des Wahlergebnisses zwei Wahlsysteme unterschieden: die Mehrheitswahl *(Majorzsystem)* und die Verhältniswahl *(Proporzsystem)*.

Der Verhältniswahlgedanke hat seinen Ursprung in der Französischen Revolution, wobei das Mehrheitswahlsystem nicht vom Standpunkt des Grundsatzes der verhältnismässigen Vertretung her in Frage gestellt wurde, sondern vom Standpunkt der Minderheitenvertretung. Der französische Politiker Condorcet (1743–1794) setzte sich 1793 für ein Wahlsystem zugunsten der Minderheiten ein.[1188] Erstmals thematisiert hat das Verhältniswahlsystem Victor Considerant (1808–1893) in den 1840er Jahren. Mit seiner Übersiedlung von Frankreich nach Genf legte er erstmals die Grundzüge dar. Im Zentrum stand die Bildung eines Einheitswahlkreises für das ganze Wahlgebiet. Sein Vorstoss blieb jedoch ohne Beachtung.[1189]

Majorz und Proporz unterscheiden sich in ihrer Grundidee bezüglich der Wirkung auf die Repräsentation: Im Majorzsystem sollen eindeutige Mehrheitsverhältnisse begünstigt und damit die Mehrheit der Stimmberechtigten vertreten werden («The-winner-takes-it-all-Prinzip»). In der Regel wird die Exekutive im Majorz gewählt.[1190]

Die kantonalen Parlamente werden in der Regel im Proporz gewählt.[1191] Das Proporzsystem hat eine proportionale Repräsentation zum Ziel («Spiegelbild des Volkes»).[1192]

Der Begriff «Spiegelbild des Volkes» ist sowohl in rechtlicher als auch tatsächlicher Hinsicht zu relativieren: So besteht beispielsweise der Nationalrat aus 200 Abgeordneten des Volkes (Art. 149 Abs. 1 BV). Diese 200 Sitze werden zwar im Verhältnis zur Gesamtbevölkerung auf die Kantone verteilt (Art. 149 Abs. 4 BV). Das aktive und passive Wahlrecht steht jedoch nur den volljährigen Schweizerinnen und Schweizern zu (Art. 143 i.V.m. Art. 136 BV). Auch in tatsächlicher Hinsicht ist der Nationalrat kein Spiegelbild des Volkes.[1193] So sind beispielsweise bestimmte Berufsgruppen überproportional vertreten, andere sind untervertreten.[1194]

1188 Zur Frage, die 1872 in der Schweiz aufgeworfen wurde, ob der Ständerat eine Art Minoritätsvertretung sei, siehe KLÖTI, 441 ff., der die Frage verneint und festhält, dass der Ständerat eine Vertretung gleichberechtigter Staaten bzw. Kantone sei.

1189 CAHN, 18 ff.; HALLER/KÖLZ/GÄCHTER, Rz. 801 ff.; KLÖTI, 19 ff.

1190 Ausnahmen TI, ZG.

1191 Keine Proporzwahl bzw. keine Proporzwahl im ganzen Kanton: AI, AR, GR, UR, ZG.

1192 LINDER, Demokratie, 104 f.; NOHLEN, Wahlsysteme, 57 f.; NOHLEN, Wahlrecht, 140 ff.

1193 TSCHANNEN, Staatsrecht, § 31 N 2 ff.

1194 Im Vergleich zur Wohnbevölkerung sind beispielsweise folgende Berufe im Nationalrat auffallend über- bzw. untervertreten (Zahlen 2011 – keine neueren Zahlen verfügbar): Land- und Forstwirtschaft, Tierzucht (Nationalrat: 9 Prozent; Wohnbevölkerung: 3,1 Prozent [nach ISCO: International Standard Classification of Occupations] bzw. 3,9 Prozent [nach SNB 2000: Schweizer Berufsnomenklatur 2000]), Technik und Informatik (Nationalrat: 2 Prozent; Wohnbevölkerung 10,7 Prozent), Handel, Verkehr und Verkauf (Nationalrat: 2 Prozent; Wohnbevölkerung 15,9 Prozent). Siehe berufliche Zusammensetzung des Nationalrats:

Zudem ist hervorzuheben, dass Frauen untervertreten sind.[1195] Eine Wahlvorschlagsquote, die 2000 als indirekter Gegenvorschlag zu einer Volksinitiative für eine Ergebnisquote den Stimmberechtigten hätte unterbreitet werden sollen, scheiterte bereits in den Räten[1196] – anstatt «Spiegelbild des Volkes» träfe der Begriff «Spiegelbild der Parteienlandschaft» wohl eher zu.

Grundlage der proportionalen Repräsentation können die Einwohnerschaft – nämlich immer dann, wenn die Sitzzuteilung an die Wahlkreise auf der Grundlage der Gesamtbevölkerung erfolgt[1197] –, die Schweizer Bürgerinnen und Bürger oder die Stimmberechtigten,[1198] wenn deren Zahl massgebend für die Sitzzuteilung an die Wahlkreise ist, sein.[1199] Alle drei Sitzzuteilungsgrundlagen sind verfassungskonform.[1200] Nach der Sitzzuteilung an die Wahlkreise erfolgt in einem weiteren Schritt die Mandatszuteilung: Auf Ebene der Wahlkreise werden die Sitze an die Parteien aufgrund der Wählerstärke der Parteien zugeteilt.[1201]

Mehrheits- und Verhältniswahl unterscheiden sich nicht nur im Repräsentationsziel, sondern auch in der Entscheidungsregel. Diese bestimmt, wie das Repräsentationsziel erreicht wird, d.h., wie Stimmen in Mandate umgewandelt werden.[1202] So wird das Ziel der Mehrheitswahl, nämlich die Mehrheitsbildung,

---

https://www.parlament.ch/de/%C3%BCber-das-parlament/fakten-und-zahlen/zahlen-ratsmitglieder, besucht am 19. April 2018 und Bundesamt für Statistik, Berufsabteilungen Schweizer Berufsnomenklatur 2000 der Erwerbstätigen 2012: https://www.bfs.admin.ch/bfs/de/home/statistiken/arbeit-erwerb/nomenclaturen/sbn2000.html, besucht am 19. April 2018, sowie Erwerbstätige in der Schweiz nach ausgeübten Berufsgruppen: https://www.bfs.admin.ch/bfs/de/home/statistiken/arbeit-erwerb/erwerbstaetigkeit-arbeitszeit/erwerbstaetige/beruf-berufliche-stellung.assetdetail.336575.html, besucht am 19. April 2018.

1195 Frauenanteil im Nationalrat in der 47. Legislaturperiode (2007–2011) 29,5 Prozent, 48. Legislaturperiode (2011–2015) 29 Prozent, 49. Legislaturperiode (2015–2019) 32 Prozent. Siehe: https://www.bfs.admin.ch/bfs/de/home/statistiken/politik/wahlen/frauen.assetdetail.217221.html, besucht am 19. April 2018. Mehr zur Geschlechterquote siehe 5. Kapitel V. 7.

1196 http://www.parlament.ch/d/suche/seiten/geschaefte.aspx?gesch_id=19980429, besucht am 19. April 2018.

1197 In der Nordwestschweiz erfolgt die Sitzzuteilung an die Wahlkreise in den Kantonen in der Regel aufgrund der Bevölkerungszahl (§ 77 Abs. 3 KV AG; § 42 Abs. 3 WahlG BS; Art. 67 Abs. 2 KV SO). Auf Bundesebene ist ebenfalls die Bevölkerungszahl massgebend für die Zuteilung der Anzahl der Nationalratssitze an die Kantone (Art. 149 Abs. 4 BV), wobei ein Sitz pro Kanton garantiert ist. Zu den vergeblichen Vorstössen, die Berechnungsgrundlage auf Bundesebene zu ändern und die Sitze aufgrund der Stimmberechtigten zu berechnen, siehe die Übersicht bei Anina Weber, Wahlrecht, Rz. 323 ff. m.w.Verw.

1198 In der Nordwestschweiz erfolgt die Sitzzuteilung an die Wahlkreise lediglich im Kanton Basel-Landschaft aufgrund der Stimmberechtigten: § 49 Abs. 1 GPR BL.

1199 Zur Sitzzuteilung in den Kantonen siehe Anina Weber, Wahlrecht, Rz. 295 ff.

1200 BGE 99 Ia 658 E. 6b.

1201 So z.B. explizit § 77 Abs. 2, zweiter Satz, KV AG.

1202 Nohlen, Wahlrecht, 140 ff.

dadurch erreicht, dass das Mandat an die kandidierende Person vergeben wird, die die Mehrheit der Stimmen auf sich vereint.[1203] Die Verhältniswahl will die Wählerschaft abbilden und erreicht dies dadurch, dass Mandate im Verhältnis zu den erreichten Stimmenanteilen vergeben werden.[1204]

b. Sitzquote

Sowohl Majorz- wie Proporzsystem können mit einer *Sitzquote*[1205] (Sitzgarantie) kombiniert werden.[1206] So werden die beiden Wahlsysteme durchbrochen, um Minderheiten einen Anspruch auf minimale Vertretung einzuräumen.[1207] Das Bundesgericht schützt eine leichte Überrepräsentierung kleiner Wahlkreise dann, wenn eine Benachteiligung regionaler Minderheiten vorliegt.[1208]

So ist beispielsweise im Kanton Bern ein Sitz des siebenköpfigen Regierungsrates (Exekutive) der französischsprachigen Minderheit des Berner Juras zugesichert.[1209] Wer auf dem sog. Jurasitz Platz nimmt, wird seit 1998 aufgrund des geometrischen Mittels ermittelt: Die Stimmen aus dem Berner Jura und die Stimmen im Gesamtkanton werden multipliziert, und daraus wird die Wurzel gezogen.[1210] So ist im Prinzip garantiert, dass auf dem Jurasitz nicht der oder die Kandidierende sitzt, die im Berner Jura das beste Ergebnis erzielte, sondern derjenige oder diejenige, die zusätzlich auch im deutschsprachigen Teil zu mobilisieren verstand.

Auch in der Legislative des Kantons Bern, dem Grossen Rat, werden der französischsprachigen Bevölkerung im Wahlkreis Biel-Seeland eine Anzahl Sitze, wie es ihrem Anteil an der Gesamtbevölkerung des Wahlkreises entspricht,[1211] und dem Wahlkreis Berner Jura 12 Sitze garantiert.[1212]

Der Kanton Wallis kennt ebenfalls eine Sitzgarantie für die Exekutive zugunsten einer Sprachregion: Jedem der drei Kantonsteile (Oberwallis, Mittelwallis und Unterwallis) ist ein Sitz im fünfköpfigen Staatsrat garantiert. Damit soll eine gleichmässige Vertretung des deutsch- und des französischsprachigen Kantonsteils in der Regierung sichergestellt werden.[1213]

1203 Haller/Kölz/Gächter, Rz. 790 f. und Rz. 797 ff. Siehe 6. Kapitel I. 3. a.

1204 Haller/Kölz/Gächter, Rz. 801 ff. Siehe 6. Kapitel I. 3. b.

1205 Mit Quote (lat. Quota: Anteil) wird grundsätzlich ein Teil eines Ganzen bezeichnet. Die Sitzquote ist von der Geschlechterquote zu unterscheiden. Zur Geschlechterquote siehe 5. Kapitel V. 7.

1206 Musliu, Rz. 17 ff. m.w.Verw.; Poledna, 73.

1207 Buser, Kantonales Staatsrecht, Rz. 483 (mit weiteren Beispielen); Nuspliger, Staatsrecht, 112 ff.

1208 Siehe BGE 99 Ia 658 und 103 Ia 603.

1209 Art. 84 Abs. 2 KV BE.

1210 Art. 85 Abs. 4 KV BE.

1211 Art. 64 Abs. 3 GPR BE.

1212 Art. 64 Abs. 1 lit. a GPR BE.

1213 Art. 52 Abs. 2 KV VS.

Weiter darf nicht mehr als ein Staatsrat aus demselben Bezirk stammen. Eine Garantie von mindestens 35 der 130 Sitze im Kantonsparlament im Sinne einer Schutzklausel für das deutschsprachige Oberwallis wurde jedoch abgelehnt.[1214]
Anders als Bern und Wallis kennen die ebenfalls mehrsprachigen Kantone Freiburg und Graubünden keine Sitzgarantien für die Regierung zugunsten sprachlicher Minderheiten.
Keine Sitzgarantie, jedoch eine angemessene Vertretung der Kantonsteile strebt der Kanton Uri an: Auf die verschiedenen Landesteile ist Rücksicht zu nehmen. Aus einer Gemeinde dürfen höchstens drei Mitglieder gewählt werden.[1215]

In den Kantonen der Nordwestschweiz kennt nur der Kanton Basel-Stadt eine Sitzquote. Für die Wahlen in den Grossen Rat wird der Kanton in fünf Wahlkreise eingeteilt; die Stadt Basel bildet drei und die Gemeinden Bettingen und Riehen je einen Wahlkreis.[1216] Bettingen und Riehen haben eine Sitzquote, d.h. sie haben Anspruch auf mindestens je einen Sitz in der Legislative.[1217]

c. Kleine Wahlkreise und natürliches Quorum

In der Regel stimmen in einem Wahlsystem Repräsentationsziel und Entscheidungsregel überein.[1218] Eine Ausnahme ist bei Proporzwahlen in kleinen Wahlkreisen[1219] zu beobachten; hier wird das Ziel, nämlich eine proportionale Repräsentation, zwar angestrebt, in der Regel aber nicht erreicht. Obwohl die Regeln des Proporzes angewendet werden, zeigt das Ergebnis eine Begünstigung der grossen Parteien, was ein erklärtes Ziel von Mehrheitswahlen ist.[1220] Im Einzelnen:

Da in einem kleinen Wahlkreis nur wenige Mandate zu vergeben sind, gelingt die anteilsmässige Berücksichtigung aller politischen Parteien bei der Man-

---

1214 Im Bestreben, das Wahlverfahren für den Grossen Rat des Kantons Wallis bundesgerichts- bzw. verfassungskonform auszugestalten, stimmten die Stimmberechtigten am 14. Juni 2015 über Änderungen der Kantonsverfassung ab. Neben dem Vorschlag, den Grossen Rat inskünftig mit der doppeltproportionalen Zuteilungsmethode zu wählen, stimmten die Stimmberechtigten u.a. über eine Garantie von 35 Sitzen für die Oberwalliser Wahlkreise ab. Diese Sitzgarantie sollte die sprachliche Minderheit schützen. Die Vorlage und damit die Änderung des Wahlverfahrens und die Sitzgarantie wurden abgelehnt. Siehe https://votel.vs.ch/common/cloud/votel/data108/ETA104_Vot_Juin_15_DE.pdf, besucht am 19. April 2018.

1215 Art. 95 Abs. 2 KV UR.

1216 § 45 Abs. 1 KV BS.

1217 § 46 Abs. 1 KV BS.

1218 Sog. klassische Wahlsysteme. Nohlen, Wahlrecht, 143.

1219 Nohlen, Wahlrecht, 525, unterscheidet Einerwahlkreise, kleine Wahlkreise (2–5 Mandate), mittelgrosse Wahlkreise (6–9 Mandate) und grosse Wahlkreise (10 und mehr Mandate).

1220 Sog. kombinierte Wahlsysteme. Nohlen, Wahlrecht, 142 ff.

datszuteilung nur unvollständig, was die grossen Parteien stark begünstigt.[1221] Obwohl die Mandate nach der Entscheidungsregel des Proporzes, nämlich anteilsmässig, verteilt werden, führt dies in Fällen von kleinen Wahlkreisen nicht zum Repräsentationsziel der Verhältniswahl, sondern zu dem der Mehrheitswahl. Grund dafür ist, dass Stimmberechtigte in kleinen Wahlkreisen ihre Stimme nicht an eine Partei oder eine kandidierende Person vergeben, deren Wahlchancen gering sind. Dieser sog. Psychologische Effekt wurde zuerst für die Mehrheitswahlen festgestellt,[1222] später auch für Verhältniswahlen.[1223]

Maurice Duverger beschreibt erstmals den Zusammenhang zwischen Wahlsystem und Parteiensystem: Mehrheitswahlen in kleinen Wahlkreisen begünstigen die Bildung eines Zweiparteiensystems («Duvergers Gesetz»). Er stellt die Hypothese auf, dass folglich Verhältniswahlen die Bildung eines Mehrparteiensystems begünstigen. Grund dafür ist u.a.[1224] der psychologische Effekt der Wahlsysteme.[1225]
Der *psychologische Effekt* des Mehrheitswahlsystems hat zur Folge, dass die Stimmberechtigten nicht nach Präferenz wählen, sondern ihre Stimme der kandidierenden Person geben, die bessere Wahlchancen hat als die im Prinzip bevorzugte Person. So können Stimmberechtigte vermeiden, dass ihrer Stimme kein Gewicht zukommt (sog. Gewichtslose Stimmen).[1226]
Giovanni Sartori stellt in Ergänzung zu Duverger fest, dass nicht nur die Mehrheitswahl, sondern auch die Verhältniswahl dem psychologischen Effekt unterliegt, wenn der Wahlkreis klein ist. Dies bedeutet, dass auch in der Verhältniswahl das Zweiparteiensystem gefördert und das Mehrparteiensystem gehemmt werden kann.[1227]
Zum psychologischen Effekt, der – wie beschrieben – bei den Stimmberechtigten sowohl bei Mehrheitswahlen als auch bei Verhältniswahlen im Zusammenhang mit kleinen Wahlkreisen beobachtet wird, kommt ein *taktischer Effekt* seitens der politischen Parteien hinzu: Die Anzahl der an der Wahl teilnehmenden Parteien sinkt, je kleiner ein Wahlkreis ist.[1228]

1221 NOHLEN, Wahlrecht, 144.

1222 DUVERGER, 247 f.

1223 SARTORI, political development, 285 f.

1224 Weiter fördert auch der sog. *mechanische* Effekt das Zweiparteiensystem. Je grösser der Unterschied zwischen Zählwert (siehe 6. Kapitel III.) und Erfolgswert (siehe 6. Kapitel V.), desto grösser der mechanische Effekt und damit die Begünstigung des Zweiparteien- zulasten des Mehrparteiensystems. DUVERGER, 256.

1225 DUVERGER, 256.

1226 «Les électeurs comprennent vite que leurs voix sont perdues s'ils continuent à les donner au troisième parti: d'où leur tendance naturelle à les reporter sur le moins mauvais de ses adversaires afin d'éviter le succès du pire». DUVERGER, 256.

1227 «(...) when PR [proportional representation] is matched with a structured party system [d.h. kleine Wahlkreise], the voter is still «restrained» by a manipulative conditioning – not because he is influenced by the electoral system, but because of the potency of party canalization.» SARTORI, political development, 285 f.

1228 TAAGEPERA/SHUGART, 120.

Die Verhältniswahl will die Wählerschaft proportional abbilden. Zwischen dem Grad der Proportionalität eines Wahlergebnisses und der Wahlkreisgrösse besteht ein enger Zusammenhang: Je kleiner der Wahlkreis, desto mehr leidet die Verhältnismässigkeit des Wahlergebnisses.[1229] Eine Verhältniswahl in einem kleinen Wahlkreis fördert insbesondere aufgrund des psychologischen und des taktischen Effekts das Zweiparteiensystem und hemmt das Mehrparteiensystem.[1230] Somit verfolgt diese Wahl das Ziel der Mehrheitsbildung und nicht dasjenige der proportionalen Repräsentation.

Im Gegenzug kann festgehalten werden, dass, je grösser ein Wahlkreis, desto höher die Verhältnismässigkeit der Wahlergebnisse.[1231] Das Bundesgericht hat festgelegt,[1232] welche Anforderungen an das Proporzwahlverfahren zu stellen sind. Zentral ist der in einem bestimmten Wahlkreis erforderliche Stimmenanteil[1233] für die Erlangung eines Mandats, das sog. Natürliche Quorum.[1234] Dieser Anteil soll 10 Prozent nicht überschreiten. Je kleiner ein Wahlkreis, desto höher das natürliche Quorum zur Erlangung eines Mandats. Ist der Stimmenanteil höher als 10 Prozent, so ist das Wahlverfahren nicht mehr mit Art. 34 Abs. 2 BV kompatibel. Hohe natürliche

1229 Siehe beispielsweise AUER, Staatsrecht der Kantone, Rz. 1141; POLEDNA, Wahlrechtsgrundsätze, 130 ff. m.w.Verw.

1230 DUVERGER, 256; SARTORI, political development, 285 f.

1231 NOHLEN, Wahlrecht, 91, 144; TAAGEPERA/SHUGART, 120, 124.

1232 Die bundesgerichtliche Rechtsprechung bis 2003 ist in BGE 129 I 185 (Kanton Zürich) zusammengefasst. Siehe weiter BGE 136 I 352 (Kanton Nidwalden), BGE 136 I 376 (Kanton Zug), BGE 1C_407/2011 (Kanton Schwyz) und den Bundesbeschluss vom 14. März 2013 (Nichtgewährleistung von § 48 Abs. 3 der Verfassung des Kantons Schwyz vom 15. Mai 2011, BBl 2012, 7913 ff.) sowie BGE 1C_495/2012 (Kanton Wallis) und BGE 1C_511/2015 (Kanton Uri). Auch ein sog. gemischtes Wahlverfahren ist verfassungskonform; siehe BGE 1C_59/2012 (Kanton Appenzell Ausserrhoden): Die Kantonsverfassung (Art. 71 Abs. 4 KV AR) überlässt es den Gemeinden, ob sie das Kantonsparlament im Majorz oder Proporz wählen wollen. In BGE 1C_511/2015 bestätigt das Bundesgericht, dass das sog. gemischte Wahlverfahren für Parlamentswahlen verfassungskonform sein kann, wenn die Obergrenze des natürlichen Quorums entsprechend berücksichtigt wird, beispielsweise mit der Schaffung von Wahlkreisverbänden oder der Einführung des Wahlverfahrens «Doppelter Pukelsheim». Da das natürliche Quorum in casu in einzelnen Wahlkreisen die Obergrenze von 10 Prozent überschritt, wurde das Verfahren im Kanton Uri als verfassungswidrig beurteilt.

1233 PUKELSHEIM/SCHUHMACHER, Zürcher Zuteilungsverfahren, 506 (Fn 14) stellt zu Recht fest, dass das Bundesgericht in BGE 129 I 198 E. 7.1.2. unzutreffenderweise auf die absolute Zahl der Stimmen abstellt anstatt auf den Stimmen*anteil*. In BGE 131 I 74 E. 3.3 und BGE 136 I 352 E. 3.4 stellt das Bundesgericht richtigerweise auf die Stimmenanteile ab. Siehe auch BOLZ, 168 m.w.Verw.

1234 Die Begrifflichkeit ist in Lehre und Rechtsprechung teilweise uneinheitlich. Siehe dazu BOLZ, 168 m.w.Verw.

Quoren treten vor allem bei Wahlkreisen auf, denen weniger als zehn Sitze zustehen.[1235]

Aufgrund der hohen Bedeutung der Wahlkreisgrösse fragt es sich, ob nicht – im Sinne einer Abkehr von der Unterscheidung mittels Repräsentationsziel – die Wahlkreisgrösse ausschlaggebendes Kriterium für die Einteilung von Wahlsystemen sein sollte.[1236] Auf die Untersuchung der Frage, ob nun eindeutige Mehrheitsverhältnisse begünstigt oder eine proportionale Repräsentation der Bevölkerung angestrebt werden soll, könnte dann verzichtet werden.

d. Mehrheitsbildung oder Abbild des Volkes

Eine Einteilung nach dem Repräsentationsprinzip unterstreicht das gegensätzliche Verhältnis von Mehrheitsbildung und verhältnismässige Abbildung der Wählerschaft. Die beiden Systeme sind antithetisch und lassen sich auf der Ebene der Repräsentationsprinzipien nicht mischen.[1237] Möglich ist aber, dass die Entscheidungsregel der Verhältniswahl zum Repräsentationsziel der Mehrheitsbildung führt. Dies ist bei der Einteilung der Wahlsysteme zu beachten. Ausschlaggebend ist immer das angestrebte Repräsentationsziel, wenn es um die Zuordnung eines Wahlsystems zu Majorz oder Proporz geht. In kleineren Wahlkreisen ist eine als Proporz deklarierte Wahl dann dem System der Mehrheitswahl zuzuordnen, wenn sich insbesondere aufgrund des psychologischen und des taktischen Effekts erweist, dass mit der Wahl im Ergebnis die Mehrheitsbildung und nicht die proportionale Repräsentation gefördert wird.[1238]

Ein anderer Ansatz sieht die beiden Systeme nicht antithetisch, sondern geht von deren Mischbarkeit aus: Nationalratswahlen werden zwar im Proporz durchgeführt,[1239] weisen jedoch in kleinen Wahlkreisen Verzerrungen zulasten des Proporzgedankens auf. Im Ergebnis liege daher ein sog. *Mischwahlsystem* vor, das mehr dem Majorz als dem Proporz zuzuordnen sei.[1240] Auch hier ist der Obergrenze des natürlichen Quorums von 10 Prozent die nötige Beachtung zu schenken.

In Ausnahmefällen kann bei einem sog. Mischwahlsystem von der Obergrenze abgewichen werden, und zwar dann, wenn historische, föderalistische, kulturelle, sprachliche, ethnische oder religiöse Gründe vorliegen, die kleine

---

[1235] Siehe 6. Kapitel IV. 3.

[1236] TAAGEPERA/SHUGART, 19 ff., 53 f., 112 ff.

[1237] NOHLEN, Wahlrecht, 144.

[1238] NOHLEN, Wahlrecht, 142 ff.

[1239] Art. 149 Abs. 2 BV.

[1240] POLEDNA, Wahlrecht im Bund, N 6 und POLEDNA, Grundzüge Kantone, N 4 ff. m.w.Verw. Der Begriff «Mischsystem» wird auch für sog. gemischte Wahlverfahren verwendet: BGE 140 I 394, insbes. E. 11. Siehe auch AUER, Staatsrecht der Kantone, Rz. 153.

Wahlkreise als eigene Identitäten und als Sonderfall erscheinen lassen. Das Bundesgericht verlangt jedoch ausreichende sachliche Gründe für die Überschreitung des natürlichen Quorums von 10 Prozent.[1241]

e. Wahlkreisübergreifender Ausgleich

Die Schaffung von Wahlkreisverbänden[1242] oder die Methode Doppelter Pukelsheim können helfen, (zu) hohe Quoren zu vermeiden, indem sie im Wahlgebiet einen wahlkreisübergreifenden Ausgleich ermöglichen. Sowohl Wahlkreisverbände als auch die Methode Doppelter Pukelsheim schaffen die Möglichkeit im Sinne eines Minderheitenschutzes an kleinen Wahlkreisen festzuhalten und dennoch eine relativ genaue Abbildung der Parteienstärke im Parlament zu gewährleisten. Vor diesem Hintergrund hat das Bundesgericht seine Rechtsprechung zur «Sonderfallregelung» im Zusammenhang mit einem natürlichen Quorum von über 10 Prozent weiterentwickelt. Macht ein Kanton weder von Wahlkreisverbänden noch vom Doppelten Pukelsheim Gebrauch, lassen sich Wahlkreise, die deutlich zu klein sind und ein natürliches Quorum von über 10 Prozent haben, selbst dann nicht mehr rechtfertigen, wenn gewichtige historische, föderalistische, kulturelle, sprachliche oder religiöse Gründe für die Wahlkreiseinteilung bestehen, so das Bundesgericht.[1243]

Das eidgenössische Parlament hat es bis dato abgelehnt, für die Nationalratswahlen zu einem Wahlverfahren zu wechseln, das den bundesgerichtlichen Anforderungen für Proporz entspräche.[1244]

f. Gemischte Wahlverfahren

Vom Mischwahlsystem[1245] zu unterscheiden ist das sog. *Gemischte Wahlverfahren.*

In einem gemischten Wahlverfahren wird in kleineren Wahlkreisen nach dem Majorzsystem gewählt und in grösseren Wahlkreisen nach dem Proporzsystem, wobei letzteres verfassungskonform sein muss.[1246] D.h. es ist zu beachten, dass die Obergrenze des natürlichen Quorums von 10 Prozent nicht überschritten wird. Liegt eine Überschreitung vor, so kann beispielsweise mit der Schaffung von Wahlkreisverbänden oder der Einführung des Wahlverfah-

---

[1241] BGE 129 I 185 E. 3.1, BGE 131 I 74 E. 3.2 und BGE 131 I 85 E. 2.2. Siehe auch Anina Weber, Wahlrecht, Rz. 312 f. m.w.Verw.

[1242] Poledna, Grundzüge Kantone, N 19 f.

[1243] BGE 1C_495/2012, insbes. E. 3.2 und E. 4.1. Siehe dazu auch 6. Kapitel V. 4. a. und b.

[1244] Siehe 5. Kapitel V. 4. g.

[1245] Siehe 6. Kapitel I. 2. d.

[1246] Siehe auch die längerfristige Perspektive bei Sala, Rz. 41 f. m.w.Verw.

rens Doppelter Pukelsheim das natürliche Quorum auf unter 10 Prozent gesenkt werden.[1247]

Wie bereits bei Parlamentswahlen im Majorzsystem,[1248] äusserte sich das Bundesgericht gegenüber gemischten Wahlverfahren für Parlamentswahlen skeptisch; gemischte Wahlverfahren müssten ausgewogen und sachlich nachvollziehbar ausgestaltet sein. Das konkrete Nebeneinander von Majorz- und Proporzelementen müsse an vernünftige Kriterien anknüpfen. Insbesondere müsse nachvollziehbar sein, weshalb gewisse Sitze nach dem Majorz- und andere nach dem Proporzsystem verteilt würden.[1249]

Im Kanton Appenzell Ausserrhoden gibt die Verfassung kein Parlamentswahlsystem vor; von den 20 Wahlkreisen (identisch mit den Gemeinden) hat sich einzig die (grosse) Gemeinde Herisau für das Proporzsystem entschieden, 19 (kleinere) Gemeinden wählen das Kantonsparlament im Majorzsystem.[1250] Das Bundesgericht hat das gemischte Wahlverfahren im Kanton Appenzell Ausserrhoden als verfassungskonform bezeichnet; massgebliches Kriterium für die Verfassungskonformität sei die geringe Bedeutung der Parteizugehörigkeit der Kandidierenden für den Entscheid der Wählerschaft, was jedoch zu beobachten sei, so das Bundesgericht.[1251]

Ebenfalls ein gemischtes Wahlverfahren kennt der Kanton Uri: Die 12 kleineren Gemeinden bzw. Wahlkreise wählen das Kantonsparlament im Majorz, grössere Gemeinden hingegen im Proporz.[1252] In sechs der acht Proporzgemeinden liegt das natürliche Quorum jedoch weit über 10 Prozent.[1253] Zwar sind gemäss Bundesgericht gemischte Wahlverfahren grundsätzlich möglich, das Verfahren im Kanton Uri sei jedoch wegen der Ausgestaltung des Proporzes nicht verfassungskonform: Mit dem hohen natürlichen Quorum sei die Erfolgswertgleichheit als Teilgehalt der Wahlrechtsgleichheit nicht wahlkreisübergreifend

---

[1247] BGE 1C_511/2015 (UR): Da das natürliche Quorum in casu in einzelnen Wahlkreisen die Obergrenze von 10 Prozent überschreitet, gilt das Verfahren im Kanton Uri als verfassungswidrig.

[1248] 6. Kapitel I. 3. a.

[1249] BGE 140 I 394 E. 11.2. und BGE 1C_511/2015. Das Bundesgericht verwendet den Begriff «Sitze», meint aber «Mandate». Siehe die begriffliche Unterscheidung von Sitzzuteilungs- und Mandatszuteilungsverfahren im 6. Kapitel IV. 1.

[1250] Art. 71 Abs. 4 KV AR. Siehe auch BGE 1C_59/2012 (AR): Das Bundesgericht qualifiziert die durchschnittliche Grösse der nach Majorz wählenden Gemeinden mit durchschnittlich 1'980 Einwohnerinnen und Einwohnern als sehr klein. Zum Wahlverfahren in AR siehe auch Sala, Rz. 1 ff.

[1251] BGE 140 I 394. Im Einzelnen dazu auch Sala, Rz. 16 f. und 39.

[1252] Gemessen am BGE 1C_59/2012 für AR sind 11 der 12 Urner Majorzgemeinden mit unter 1'000 Einwohnerinnen und Einwohnern als sehr klein zu bezeichnen. Sala, Rz. 11.

[1253] Zum Wahlverfahren in UR siehe auch Sala, Rz. 5 ff.

verwirklicht, so das Bundesgericht.[1254] Der Kanton Uri befasst sich zur Zeit mit der Frage, ob und wie das Urner Parlamentswahlrecht an die Vorgaben des Bundesgerichts bezüglich der Wahlrechtsgleichheit angepasst werden soll. Mit einer Standesinitiative will Uri erreichen, dass die Bundesverfassung dahingegend ergänzt wird, dass Kantone in in der Ausgestaltung ihres Wahlrechts frei sind.[1255]

g. Heterogenität der Wahlkreisgrössen

Nicht nur kleine Wahlkreise sind für das verhältnismässige Abbild der Wählerschaft problematisch, sondern auch sehr unterschiedlich grosse Wahlkreise. Die Heterogenität der Wahlkreisgrössen führt zu unterschiedlichem Gewicht der Stimmen in den einzelnen Wahlkreisen, was die Grundsätze der Verhältnismässigkeit und der Erfolgswertgleichheit der Stimmen verletzt.[1256]

h. Einteilung der Wahlsysteme nach dem Repräsentationsziel: Majorz oder Proporz

Die Frage, ob eindeutige Mehrheitsverhältnisse begünstigt werden sollen oder ob eine proportionale Vertretung der Bevölkerung bzw. der Stimmberechtigten das Ziel ist, tangiert die Stabilität und Legitimität eines politischen Systems und ist somit grundsätzlicher Natur. Die unterschiedlichen Repräsentationsziele von Mehrheits- und Verhältniswahl haben eine ungleich grössere politische Bedeutung als die Frage nach der Wahlkreisgrösse.[1257] Ist jedoch der Entscheid für eine proportionale Vertretung gefallen, so muss das Problem der Wahlkreisgrösse angegangen werden, um ein zu hohes natürliches Quorum zu vermeiden.

Aus dem Gesagten ergibt sich, dass trotz der Bedeutung der Wahlkreisgrösse als wichtiger Faktor für die Verhältnismässigkeit eines Wahlergebnisses die politische Bedeutung des Repräsentationsprinzips – Mehrheitsbildung oder verhältnismässige Abbildung der (Stimm-)Bevölkerung – dafür spricht, dieses als entscheidendes Element für die Einteilung der Wahlsysteme beizubehalten.

Fragen im Zusammenhang mit der Wahlkreisgrösse betreffen die Garantien für Stimmkraft- und Erfolgswertgleichheit.[1258]

[1254] BGE 143 I 92, 108 f. Siehe auch die Auslegeordnung bei Sala, Rz. 35 ff. und 40.

[1255] Glaser, Rz. 23 ff.; Sala, Rz. 35 ff. Zur Standesinitiative UR siehe 6. Kapitel V. 4. c.

[1256] Siehe u.a. BGE 107 Ia 223; BGE 129 I 185 ff. Zur Bedeutung der Wahlkreisgrösse siehe 6. Kapitel IV. 3.

[1257] Nohlen, Wahlrecht, 143.

[1258] Folglich werden Fragen im Zusammenhang mit der Wahlkreisgrösse im Einzelnen weiter unten behandelt. Siehe 6. Kapitel IV. und V.

Ergänzend ist anzufügen, dass die Frage der Wahlkreisgrösse nicht nur – wie eben erläutert – für die Verhältnismässigkeit eines Wahlergebnisses, sondern generell mit der politischen Machtverteilung in Verbindung zu bringen ist. Ebenso ist der Entscheid für Majorz oder Proporz sowie auch die Reformbestrebungen im Bereich des Proporzwahlverfahrens regelmässig begleitet von der konkreten Interessenlage einer politischen Partei. Zwar wird auf traditionelle Wahlsysteme, Ausgestaltungen von Wahlverfahren oder Gebietseinteilungen verwiesen, konkret geht es wohl eher um die Sicherung einer Vorrangstellung als um die oft angeführte demokratische Gleichwertigkeit von Wahlsystemen oder die Tradition einer Proporzwahlmethode.[1259]

i. Best System?

Bei der Gegenüberstellung von Mehrheits- und Verhältniswahl drängt sich die Frage auf, ob eines der beiden Systeme dem anderen überlegen sei, ob es ein *best system* gebe, ein ideales Wahlsystem. Da ein Wahlsystem eine Mehrzahl von Funktionen zu erfüllen hat, fällt die Antwort unterschiedlich aus, je nachdem, welche dieser Funktionen in den Vordergrund gestellt wird. Es gibt somit kein Wahlsystem, das in jedem Fall zu bevorzugen ist.[1260]

Als die drei wichtigsten Funktionen eines Wahlsystems gelten Repräsentation, Konzen-tration und Partizipation: Die *Repräsentationsfunktion* verlangt, dass in den gewählten Organen alle relevanten gesellschaftlichen Gruppen und zudem gesellschaftliche und politische Interessen angemessen vertreten sind. Ziel ist eine proportionale Vertretung. Die *Konzentrationsfunktion* will Effizienz und stabile Mehrheiten fördern sowie dem Vielparteiensystem entgegenwirken. Ziel ist politische Stabilität, die als Voraussetzung für eine gute Regierung gilt. Die *Partizipationsfunktion* fokussiert die Möglichkeiten der Stimmberechtigten, Einfluss auf die zur Wahl stehenden Kandidierenden zu nehmen, etwa durch die Möglichkeit, Listen abzuändern. Weiter von Bedeutung sind die *Einfachheit* sowie die *Legitimität* und Akzeptanz eines Wahlsystems. Sollen Repräsentation und Partizipation die zentralen Elemente eines Wahlsystems sein, so spricht dies für Verhältniswahlen; Konzentration und einfaches Verfahren hingegen werden bei Mehrheitswahlen besser verwirklicht. Bei der Bewertung eines Wahlsystems ist nicht nur auf eine Balance zwischen den Funktionen zu achten, sondern auch auf psychologische Effekte, sich ausschliessende Funktionen oder unerwünschte Nebeneffekte.[1261]

Mehrheits- und Verhältniswahlsystem haben unterschiedliche Repräsentationsziele. Zusätzlich unterscheiden sie sich hinsichtlich der Frage, wie dieses Ziel erreicht werden soll: der Entscheidungsregel.

[1259] NOHLEN, Wahlrecht, 88 und 157; TÖNDURY, 55 m.w.Verw.; TSCHANNEN, Stimmrecht, Rz. 754.

[1260] NOHLEN, Wahlrecht, 167 m.w.Verw.; 421.

[1261] NOHLEN, Wahlrecht, 169 ff.

3. Wahlverfahren

a. Mehrheitswahl

Während Wahlsysteme die unterschiedlichen Repräsentationsziele fokussieren, befassen sich die Wahlverfahren mit der Entscheidungsregel, d.h. mit der Frage, wie das Repräsentationsziel erreicht wird, nach welchem Wahlverfahren Stimmen in Mandate umgewandelt werden.

So wird das Ziel der *Mehrheitswahl*, die Mehrheitsbildung, dadurch erreicht, dass das Mandat an die kandidierende Person vergeben wird, die die Mehrheit der Stimmen auf sich vereint. In der Regel ist in einem Wahlverfahren nach Majorzsystem gewählt, wer im ersten Wahlgang das absolute Mehr erreicht.[1262] Möglich ist, dass eine grössere Zahl Kandidierender das absolute Mehr erreicht, als Sitze zu vergeben sind, oder dass keine kandidierende Person das absolute Mehr erreicht. Für diese Fälle ist ein Verfahren vorzusehen, beispielsweise, für den ersten Fall, das Ausscheiden der kandidierenden Person mit dem niedrigsten Ergebnis, oder, für den zweiten Fall, ein zweiter Wahlgang, in dem das relative Mehr genügt.[1263]

Den verfassungsmässigen Anforderungen von Art. 34 BV genügen gemäss bundesrechtlicher Rechtsprechung sowohl das Mehrheits- als auch das Verhältniswahlsystem.[1264]

Das Gewährleistungsverfahren der Verfassung des Kantons Graubünden löste eine Grundsatzdiskussion bezüglich der Verfassungsmässigkeit des Majorzsystems bei Parlamentswahlen aus: Der Bundesrat stellte sich auf den Standpunkt, die Verfassungsmässigkeit des Majorzsystems für Parlamentswahlen sei rechtlich zweifelhaft und widerspreche dem Gebot demokratischer Kantonsverfassungen von Art. 51 Abs. 1 erster Satz BV.[1265] Diese Haltung wurde als Ankündigung verstanden, in Zukunft Parlamentswahlen nach Majorz in künftigen Kantonsverfassungen nicht mehr zu gewährleisten. Die Staatspolitische Kommission des Ständerats widersprach und taxierte die vom Bundesrat in seiner Botschaft geäusserte Haltung als schwerwiegenden Eingriff in die kantonale Organisationsautonomie; insbesondere müssten die betroffenen Stimmberechtigten selber abwägen, welches System konkret in ihrem Kanton zur Anwendung gelangen solle, und nicht der Bund auf dem Wege über die Gewährleistung der

[1262] Das Erfordernis des absoluten Mehrs im ersten Wahlgang ist nicht obligatorisch.

[1263] NOHLEN, Wahlrecht, 114.

[1264] BGE 129 I 190 und BGE 131 I 85, insbes. 87 sowie TSCHANNEN, Stimmrecht, Rz. 57. Siehe die Kritik dazu in AUER, Neue Verfassung Graubünden, 25.

[1265] BBl 2004, 1107. Siehe zum Ganzen HANGARTNER, Wahl kantonaler Parlamente, 217 ff. und die Kritik zu Majorz für Parlamentswahlen beispielsweise bei KÖLZ, Probleme des kantonalen Wahlrechts, 37 und TSCHANNEN, Stimmrecht, Rz. 751.

Kantonsverfassung das Proporzsystem als allein zulässiges Wahlsystem erklären.[1266] Das Bundesgericht formulierte anschliessend Vorgaben, unter denen Parlamentswahlen im Majorzsystem zu rechtfertigen seien.[1267]

Dem Majorz ist systemimmanent, dass eine wesentliche Zahl von Stimmen bei der Ermittlung des Ergebnisses unberücksichtigt bleibt; diese gewichtslosen Stimmen tangieren die Erfolgswertgleichheit. Der Stimmrechtsgrundsatz der Gleichheit verlangt jedoch im Zusammenhang mit der Forderung nach Erfolgswertgleichheit der Stimmen keine absolute, sondern eine relative Gleichheit.[1268] Beim Majorzsystem ist diese Relativierung besonders deutlich zu beobachten und darf nur aufgrund sachlicher Überlegungen erfolgen. Dabei ist die Frage nach der Begründung und nach dem Umfang der Relativierung der Erfolgswertgleichheit primär durch die betroffenen kantonalen Stimmberechtigten und durch ihr Parlament zu beurteilen.[1269]

Begründung und Umfang der Relativierung soll mittels der sog. praktischen Konkordanz hergestellt werden. D.h., sowohl die Kompetenz des Bundes, im Gewährleistungsverfahren über die Konkretisierung demokratischer Anforderungen zu entscheiden, als auch der Anspruch der Kantone auf Eigenständigkeit sollen optimal zur Geltung gebracht werden. Weiter sollen rechtliche Beurteilungen im Rahmen des Gewährleistungsverfahrens kantonaler Verfassungen durch die Bundesversammlung nach der sog. funktionell-rechtlichen Betrachtungsweise vorgenommen werden. D.h., im Gewährleistungsverfahren sei eine gewisse Zurückhaltung der Bundesversammlung geboten.[1270]

Grundsätzlich wäre es ein schwerwiegender Eingriff in die kantonale Organisationsautonomie, wenn der Bund auf dem Weg über die Gewährleistung einer Kantonsverfassung oder auf dem Weg über die Beurteilung von Stimmrechtsbeschwerden das Proporzwahlsystem als einziges zulässiges Wahlsystem für kantonale Parlamentswahlen erklären würde. Zudem ist zu beachten, dass grundlegende verfassungsrechtliche Weichenstellungen wie die Erklärung über Zulässigkeit oder Unzulässigkeit des Majorzsystems von politischen Instanzen und nicht von der Justiz ausgehen sollen.[1271]

1266 BBl 2004, 3635 ff., insbes. 3636.

1267 BGE 140 I 394, insbes. E. 11. Siehe auch Auer, Staatsrecht der Kantone, Rz. 148. Zu den Vorgaben im Einzelnen siehe 6. Kapitel I. 3. b.

1268 Siehe 6. Kapitel II.

1269 Hangartner, Wahl kantonaler Parlamente, 227 f. m.w.Verw.

1270 Hangartner, Wahl kantonaler Parlamente, 228 f. m.w.Verw.

1271 Hangartner, Wahl kantonaler Parlamente, 228 ff. m.w.Verw.

b. Proporzwahl

Sobald sich ein Kanton für das Proporzwahlverfahren entschieden hat, erhält die verfassungsmässige Garantie der unverfälschten Stimmabgabe[1272] eine besondere Bedeutung: Ein Proporzverfahren, so das Bundesgericht,[1273] zeichne sich dadurch aus, dass es den verschiedenen Gruppierungen eine Vertretung ermögliche, die weitgehend ihrem Wähleranteil entspreche.[1274]

Gemäss dem Erfordernis der Aussagegleichheit hat ein in der Kantonsverfassung verankertes Verhältniswahlsystem auch materiell den Regeln des Verhältniswahlverfahrens zu folgen.[1275] Diese Regeln betreffen Fragen der Wahlkreisgrösse und das damit zusammenhängende natürliche Quorum sowie die gewichtslosen Stimmen und werden durch die Stimmkraft- und durch die Erfolgswertgleichheit garantiert.[1276]

Die kantonalen Parlamente werden entweder im Majorz-[1277] oder im Proporzsystem gewählt. Beide Wahlsysteme sind im Prinzip verfassungskonform.[1278] Konform ist auch, in Kantonen mit mehr als einem Wahlkreis für einzelne Wahlkreise Majorz, für andere Proporz vorzusehen, sog. gemischte Wahlverfahren.[1279]

Im Proporz wird mehrheitlich das Mandatszuteilungsverfahren nach Hagenbach-Bischoff[1280] angewendet. Dabei helfen in drei Kantonen Wahlkreis-

---

[1272] Art. 34 Abs. 2 BV.

[1273] BGE 136 I 376.

[1274] Das Bundesgericht hat Mindestanforderungen an das Verhältniswahlverfahren entwickelt. Im Einzelnen siehe 6. Kapitel V. 4.

[1275] «Wo Proporz drauf steht, muss auch Proporz drin sein», so beispielsweise Nationalrat Andy Tschümperlin am 18. März 2013 im Rahmen der Nationalratsdebatte über die Gewährleistung der Verfassung des Kantons Schwyz: http://www.parlament.ch/ab/frameset/d/n/4907/402041/d_n_4907 _402041_402335.htm, besucht am 19. April 2018.

[1276] Folglich werden Fragen im Zusammenhang mit Wahlkreisgrösse und natürlichem Quorum im Einzelnen weiter unten behandelt. Siehe 6. Kapitel IV. und V.

[1277] Art. 1 Abs. 3 KV AI, Art. 71 Abs. 4 KV AR, Art. 27 Abs. 2 KV GR.

[1278] Zur Verfassungskonformität von Parlamentswahlen im Majorz gemäss Bundesgericht siehe 6. Kapitel V. 4. b.

[1279] Art. 71 Abs. 4 KV AR, § 52 f. WahlG BS, Art. 22 ProporzG UR. Wird die Obergrenze des natürlichen Quorums von 10 Prozent berücksichtigt, so ist das sog. gemischte Wahlsystem bundesverfassungskonform. Übersteigt das natürliche Quorum die Obergrenze von 10 Prozent, so empfiehlt das Bundesgericht die Schaffung von Wahlkreisverbänden oder die Einführung des Wahlverfahrens «Doppelter Pukelsheim», um das natürliche Quorum auf unter 10 Prozent zu senken, siehe: BGE 1C_511/2015 (Kanton Uri: Parlamentswahlverfahren ist verfassungswidrig, weil das natürliche Quorum höher als 10 Prozent ist.). Sala, Rz. 1 ff. m.w.Verw. Siehe auch 6. Kapitel I. 2. f.

[1280] Art. 83 f. GPR BE, § 40 f. GPR BL, Art. 74 f. GPR FR, Art. 160 f. LDP GE, Art. 50 ff. GPR GL, Art. 40 LDP JU, § 96 Abs. 1 StimmrechtsG LU i.V.m. Art. 40 f. BPR, Art. 60

verbände,[1281] (zu) hohe natürliche Quoren in kleinen Wahlkreisen zu beheben.

Ausscheidende Parlamentarier werden in der Regel ersetzt durch die nichtgewählte kandidierende Person einer Liste in der Reihenfolge der erzielten Stimmen. Die nachrückenden Kandidierenden müssen also nicht mehr gewählt werden.[1282] In mehreren Kantonen wird von dieser Regel abgewichen; es werden gleichzeitig Stellvertreterinnen oder Stellvertreter gewählt, die bei Ausscheiden eines Mitglieds ins Parlament einziehen.[1283]

Nachrückende oder gewählte Stellvertreter können auch dann zum Zuge kommen, wenn ein Parlamentsmitglied nicht ausscheidet, sondern für eine bestimmte Zeit abwesend ist.[1284] Längere Absenzen wie Mutterschaftsurlaub, Weiterbildungen o.Ä. kollidieren regelmässig mit der Anwesenheitspflicht der Parlamentarierinnen und Parlamentarier, etwa mit dem achtwöchigen Arbeitsverbot von Müttern nach der Geburt eines Kindes.[1285] Vor diesem Hintergrund ist im Kanton Basel-Stadt ein parlamentarischer Vorstoss hängig, der das Stellvertretungssystem bei Elternschaft geprüft haben will;[1286] aktuell ist eine Stellvertretung in den Kommissionen möglich, wenn eine Absenz länger als zwei Monate dauert,[1287] die Möglichkeit einer Stellvertretung bei den Plenumssitzungen ist jedoch nicht vorgesehen.

In sechs Kantonen[1288] kommt das Mandatszuteilungsverfahren Doppelter Pukelsheim mit seinem wahlkreisübergreifenden Proporz, in zwei Kanto-

LDP NE, Art. 15 Wahl Kantonsrat G OW, Art. 23 f. UAV SG, § 107 f. GPR SO, Art. § 43 f. StWG TG, Art. 22 ProporzG UR, Art. 155 f. GPR VS.

1281 § 40 f. und § 49 Abs. 2 lit. a GPR BL, § 98a StimmrechtsG LU, Art. 46a Abs. 2 und Art. 61a f. LDP VD.

1282 Häfelin et al., Rz. 1455.

1283 So z.B.: Art. 27 Abs. 2 i.V.m. Art. 11 Ziff. 1 KV GR, Art. 29a LDP JU und Art. 136 GPR VS (GR: Mandatszuteilung nach Majorz; JU und VS: Mandatszuteilung nach Hagenbach-Bischoff, Wahl Stellvertretung also in Abweichung der allgemeinen Nachrückregel bei Hagenbach-Bischoff).

1284 So z.B.: Art. 165 i.V.m. Art. 164 und 165 LDP GE oder Art. 44 LDP JU, wo der Nachrückende jeweils Stellvertreter bei Absenz ist.

1285 Siehe § 5 AB GO BS gemäss § 86 GO BS (Anwesenheitspflicht) und Art. 35a Abs. 3 ArG (Beschäftigungsverbotz für Wöchnerinnen).

1286 Der Anzug Barbara Wegmann und Konsorten betreffend Stellvertretungssystem im Grossen Rat vom 6. Dezember 2017 (17.5400.01) wurde vom Grossen Rat am 17. Januar 2018 nicht überwiesen. Ein weiterer Anzug Barbara Wegmann und Konsorten betreffend Stellvertretungssystem bei Elternschaft vom 8. Februar 2018 (18.5043.01) ist in Bearbeitung; das Ratsbüro ist beauftragt zu prüfen, in welcher Form ein Stellvertretungssystem für Plenums- und Kommissionssitzungen bei Mutterschaft oder Elternzeit eingeführt werden könnte.

1287 § 64 GO BS.

1288 § 2 ff. GrossratswahlG AG, Art. 22 ff. ProporzG NW, Art. 2b ff. WahlG SH, § 16 ff. KRWG SZ, § 38 Abs. 4 KV ZG und § 52a ff. WAG ZG, § 101 ff. GPR ZH.

nen[1289] Hare/Niemeyer und in einem Kanton[1290] das Verfahren Sainte-Laguë zur Anwendung.

Der Grundsatz der Stimmrechtsgleichheit verlangt bei Proporzwahlen, dass jede Stimme tatsächlich zum Wahlergebnis beitragen soll.[1291] Die Anzahl der erhaltenen Wählerstimmen soll proportional zur Anzahl der einer Partei zugeteilten Mandate sein.

c. Gallagher Index of Disproportionality

Um die Disproportionalität eines Wahlergebnisses zu messen, haben sich auf internationaler Ebene mehrere Indices etabliert,[1292] wobei der Gallagher Index of Disproportionality (oder: Index der kleinsten Quadrate) wohl am meisten Vorteile aufweist.[1293] Der Index misst den Disproportionalitätsgrad von erhaltenen Wählerstimmen und der Anzahl zugeteilter Stimmen einer Partei. Je tiefer der Wert, desto höher die proportionale Repräsentation. Ein Gallagher Index mit dem Wert von 0 würde bedeuten, dass das Wahlergebnis proportional ist und die Anzahl der zugeteilten Mandate prozentual dem Anteil der erhaltenen Stimmen entspricht.

Der Gallagher Index of Disproportionality beträgt für die Nationalratswahlen 2015 3,69 (2003: 2,47; 2007: 2,56; 2011: 3,76).[1294] Auslöser für die steigende Tendenz der Disproportionalität ist der Wandel in der Schweizer Parteienlandschaft. Während etablierte, grössere Parteien an Unterstützung verlieren, gewinnen neuere, kleinere Parteien an Zuspruch. Aufgrund der geringeren Wahlchancen von Kandidierenden kleinerer Parteien, insbesondere in den teilweise sehr kleinen Wahlkreisen, spiegelt das Wahlergebnis diese Verschiebung in der Parteienlandschaft nicht wider. Bei Nationalratswahlen kommt die Zuteilungsmethode nach Hagenbach-Bischoff zur Anwendung. Diese Methode benachteiligt regelmässig kleinere Parteien.[1295]

In der Nordwestschweiz werden die Parlamente im Proporz gewählt. Dabei kommen folgende Mandatszuteilungsverfahren zum Zuge: Hagenbach-Bi-

1289 Art. 72 LDP TI, Art. 61 LDP VD.

1290 § 52 f. WahlG BS.

1291 Erfolgswertgleichheit, siehe 6. Kapitel V.

1292 GALLAGHER, 38 ff. beschreibt – neben dem von ihm entwickelten Gallagher Index – Indices von Loosemore-Hanby, Rae, Sainte-Laguë und d'Hondt.

1293 GALLAGHER, 49 f.

1294 Zum Vergleich der Index für Dänemark: 2015: 0,79. Siehe https://www.tcd.ie/Political_Science/people/michael_gallagher/ElSystems/Docts/ElectionIndices.pdf, besucht am 19. April 2018.

1295 Gemäss dem Mandatszuteilungsverfahren nach Hagenbach-Bischoff sind grössere Parteien bei der Verteilung von Restmandaten im Vorteil. Siehe 6. Kapitel V. 2.

schoff,[1296] Doppelter Pukelsheim[1297] und Sainte-Laguë.[1298] Diese Verfahren sind dahingehend zu überprüfen, ob sie den Garantien der Stimmkraft- und der Erfolgswertgleichheit genügen.[1299]

1296 § 40 f. GPR BL. Mit Wahlkreisverbänden. § 49 Abs. 2 lit. a GPR BL: Alle Wahlkreise erhalten mindestens 6 Sitze. § 106 ff. GPR SO.

1297 § 2 ff. GrossratswahlG AG.

1298 § 52 f. WahlG BS. Siehe auch AUER, Staatsrecht der Kantone, Rz. 152.

1299 Siehe dazu im Einzelnen 6. Kapitel IV. und V.

II. Absolute und relative Gleichbehandlung

Die Regelung des Wahlverfahrens birgt die Gefahr, dass die Stimmen erstens bei der Zuteilung, bei der Abgabe und beim Zählen sowie zweitens bei der Verwertung nicht gleichbehandelt werden. Damit können die politische Gleichberechtigung verletzt und die Willenskundgabe der Stimmberechtigten verfälscht werden.[1300]

Beide Systeme, Majorz und Proporz, müssen die Stimmen bei Zuteilung, Abgabe und Zählung absolut gleichbehandeln. Diese absolute Gleichbehandlung bei Zuteilung, Abgabe und Zählung wird durch die *Zählwertgleichheit* zugesichert: Diese garantiert den Stimmberechtigten eines Wahlkreises die Zuteilung der gleichen Anzahl von Stimmen, die Möglichkeit der Stimmabgabe sowie die Berücksichtigung aller gültig abgegebenen Stimmen bei der Stimmenzählung.[1301] Ein Eingriff in den Grundsatz der Zählwertgleichheit bedeutet immer zugleich einen Eingriff in den Kerngehalt der politischen Gleichheit und ist folglich unzulässig.

Beim Proporzsystem wird bei der Verwertung der Stimme lediglich eine relative Gleichbehandlung verlangt, wobei die Relativierung der Gleichbehandlung systemimmanent ist: Werden sowohl Sitze als auch Mandate im Verhältnis zur Bevölkerung verteilt, ergibt dies fast immer eine Dezimalzahl, die in der Folge gerundet werden muss.[1302] Nur ein exaktes Ergebnis entspräche aber dem Erfordernis der absoluten Gleichbehandlung. Die relative Gleichbehandlung bei der Verwertung der abgegebenen Stimmen wird durch die Stimmkraft- und die Erfolgswertgleichheit zugesichert.[1303]

Auch beim Majorzsystem ist der relativen Gleichbehandlung Beachtung zu schenken. So sind gewichtslose Stimmen auch bei Majorz problematisch und nur begründet zu akzeptieren.[1304] Eine Begründung kann beispielsweise sein, dass eindeutige Mehrheitsverhältnisse begünstigt und die Mehrheit der Stimmberechtigten vertreten werden sollen, was zwangsläufig die Stimmen für die Minderheit zu gewichtslosen Stimmen werden lässt. Dabei ist die Frage nach der Begründung und nach dem Umfang der Relativierung der Erfolgswertgleichheit aufgrund gewichtsloser Stimmen primär durch die betroffenen kantonalen Stimmberechtigten und durch ihr Parlament zu beurteilen. Bundesver-

---

1300 BGE 124 I 441; BGE 129 I 199; RHINOW/SCHEFER/UEBERSAX, Rz. 2063 f.; ZEN-RUFFINEN, Rz. 2, Rz. 38.

1301 KÖLZ, Probleme des kantonalen Wahlrechts, 9; POLEDNA, Wahlrechtsgrundsätze, 26 f. und 50 ff. Im Einzelnen siehe unten 6. Kapitel III.

1302 ANINA WEBER, Proporzglück, 1374.

1303 PUKELSHEIM, Erfolgswertgleichheit der Wählerstimmen?, 57.

1304 KÖLZ, Probleme des kantonalen Wahlrechts, 37; TÖNDURY, 54 m.w.Verw.

sammlung und Justiz haben sich im Rahmen des Gewährleistungsverfahrens bzw. einer Stimmrechtsbeschwerde entsprechend zurückhaltend zu verhalten.[1305]

1305 Siehe dazu HANGARTNER, Wahl kantonaler Parlamente, 227 ff. m.w.Verw.

III. Zählwertgleichheit

1. Übersicht

Die Zählwertgleichheit garantiert den Stimmberechtigten eines Wahlkreises die *Zuteilung der gleichen Anzahl Stimmen*, die Möglichkeit der *Stimmabgabe* sowie die Berücksichtigung jeder gültig abgegebenen Stimme bei der *Stimmenzählung*.[1306] Darüber hinaus entfaltet die Zählwertgleichheit keine Wirkung. Insbesondere wird die Verwertung der Stimme bei Sitz- und Mandatszuteilung nicht tangiert.[1307]

Zuteilung und Abgabe der Stimme wird durch das *Stimmregister* gesichert. Voraussetzung für die Zuteilung der gleichen Anzahl Stimmen und für die Möglichkeit der Stimmberechtigten, ihren Willen zu äussern ist, dass sie überhaupt als Stimmberechtigte erkannt sind. Dafür müssen sie im Stimmregister eingetragen sein.[1308] Das Stimmregister wird in der Regel am *politischen Wohnsitz* geführt.

Wer im Stimmregister eingetragen ist, dem ist anschliessend faktisch zu ermöglichen, seine Willensäusserung abzugeben. Dafür stehen *die persönliche, die vorzeitige und die briefliche*[1309] *Stimmabgabe* zur Verfügung.[1310] Der *Vote électronique* befindet sich in der Projektphase und dehnt sich seit 2011 gemäss einer zwischen Bund und Kantonen definierten Strategie aus.[1311] Seit der Lancierung des Projektes wurden auf Bundesebene mehr als 200 Versuche mit der elektronischen Stimmabgabe durchgeführt. Dazu kommen zahlreiche Versuche auf kantonaler und kommunaler Ebene.[1312] Die Rechtsgrundlagen für Versuche mit elektronischer Stimmabgabe wurden revidiert und 2014 in Kraft gesetzt.[1313]

[1306] 129 I 185 (E. 7.3.). Siehe auch: AUER, Staatsrecht der Kantone, Rz. 1132; KÖLZ, Probleme des kantonalen Wahlrechts, 9; NOHLEN, Wahlsysteme, 43 f.; POLEDNA, Wahlrechtsgrundsätze, 26 f. und 50 ff.

[1307] KÖLZ, Probleme des kantonalen Wahlrechts, 10; POLEDNA, Wahlrechtsgrundsätze, 26.

[1308] Art. 3 und 4 BPR. Im Einzelnen siehe 6. Kapitel III. 2. b.

[1309] Art. 8 BPR. Siehe 6. Kapitel III. 3. b. iv). Die Liberalisierung der brieflichen Stimmabgabe im Jahr 1994 geht auf zwei einstimmig überwiesene Motionen zurück (Motionen von Nationalrätin Eva Segmüller, http://www.parlament.ch/afs/data/d/gesch/1987/d_gesch_19870364_002.htm, besucht am 19. April 2018, und Ständerat René Rhinow, https://www.parlament.ch/afs/data/d/gesch/1988/d_gesch_19880739_002.htm, besucht am 19. April 2018. Mit diesen Motionen sollte dem zunehmend starken Absinken der Stimmbeteiligung entgegengewirkt werden.

[1310] Art. 5 Abs. 3 BPR.

[1311] Übersicht über die schrittweise Einführung des Vote électronique siehe https://www.bk.admin.ch/bk/de/home/politische-rechte/e-voting/ueberblick.html, besucht am 19. April 2018.

[1312] Versuchsübersicht: https://www.bk.admin.ch/bk/de/home/politische-rechte/e-voting/versuchsuebersicht.html, besucht am 19. April 2018.

[1313] Art. 27a ff. VPR.

Die Bundeskanzlei legt die Anforderungen an das System der elektronischen Stimmabgabe und den Betrieb desselben fest. Die Erfüllung der Sicherheitsanforderungen ist Voraussetzung für Erteilung der Grundbewilligung zur Durchführung von Versuchen elektronischer Stimmabgabe auf kantonaler Ebene.[1314] Die Versuche sind in Bezug auf die prozentuale Beteiligung des Elektorats limitiert.[1315]

Die stimmberechtigte Person kann sich bei der persönlichen Stimmabgabe vertreten lassen.[1316] Wo die Abgabe der Stimme in einer Versammlung[1317] vorgesehen und damit die physische Präsenz erforderlich ist, wird die faktische Möglichkeit der Stimmabgabe eingeschränkt. Die Stimmabgabe in einer Versammlung steht klar im Gegensatz zur Tendenz, die Stimmabgabe zu erleichtern, beispielsweise mit der brieflichen oder in Zukunft unter Umständen mittels elektronischer Stimmabgabe.[1318]

Nachdem die Zuteilung der gleichen Anzahl Stimmen und die Möglichkeit der Stimmabgabe garantiert worden sind, ist sicherzustellen, dass jede gültig abgegebene Stimme bei der *Stimmenzählung* in gleicher Weise berücksichtigt wird. Dabei sind zuerst die Voraussetzungen für die Gültigkeit zu definieren, wobei sich bei Wahlen je nach Wahlsystem unterschiedliche Fragen stellen. Weiter ist zu untersuchen, wann es zu einer *Nachzählung* kommen kann.

Im Rahmen der bundesrechtlichen Vorgaben sind die Kantone aufgrund ihrer Organisationsautonomie[1319] frei, die Stimmrechtsgleichheit zu konkretisieren.

2. Zuteilung der Stimmen

a. «One person, one vote»

Die Zählwertgleichheit garantiert den Gleichheitsgedanken innerhalb eines Wahlkreises, indem sie allen stimmberechtigten Personen desselben Wahlkreises die Zuteilung einer gleichen Anzahl Stimmen zusichert, unabhängig von äusseren Merkmalen, persönlichen Überzeugungen oder der wirtschaftlichen Situation:[1320] «One

---

[1314] Art. 27b VPR.

[1315] Art. 27f VPR.

[1316] Art. 5 Abs. 6 BPR sieht die Vertretung a) bei Abgabe, d.h. beim Zur-Urne-Bringen und b) beim Ausfüllen des Stimmzettels bei Schreibunfähigkeit vor. In der Nordwestschweiz siehe im Einzelnen 6. Kapitel III. 3. b. vii).

[1317] Beispielsweise in einer Landsgemeinde oder einer Einwohnergemeindeversammlung. Siehe 6. Kapitel III. 3. b. ii).

[1318] HELG 81 ff. Siehe auch 6. Kapitel III. 3. und 3. Kapitel II. 4.

[1319] Art. 47 Abs. 2 BV. Siehe 4. Kapitel VI.

[1320] HANGARTNER/KLEY, Rz. 30; NOHLEN, Wahlsysteme, 43 f.; POLEDNA, Wahlrechtsgrundsätze, 21 ff.; RHINOW/SCHEFER/UEBERSAX, Rz. 2067 ff.; SCHWEIZER, SG-Komm BV N 25 zu Art. 8 BV m.w.Verw.; WINZELER, 74 f.; ZIPPELIUS, 161 f.

person, one vote».[1321] Die Garantie der gleichen Anzahl Stimmen ist eng mit dem Grundsatz der Allgemeinheit des Stimmrechts verknüpft. Sie verbietet politische Vorrechte, wie sie insbesondere bis in die erste Hälfte des 19. Jahrhunderts noch die Norm waren und im Zuge der Etablierung der politischen Gleichberechtigung zusammen mit den Untertanenverhältnissen abgeschafft wurden.[1322]

Die Vorgabe der gleichen Anzahl Stimmen bedeutet des Weiteren, dass jede stimmberechtigte Person eine oder mehrere Stimmen haben kann. Entscheidend ist jedoch, dass die Stimmenzahl jeweils für jede stimmberechtigte Person im ganzen Wahlgebiet die gleiche ist. Eine natürliche Differenzierung kann sich dadurch ergeben, dass je nach Wahlkreis eine unterschiedliche Anzahl Vertreterinnen und Vertreter zu wählen sind. Die dadurch je nach Wahlkreis abweichende Anzahl Stimmen pro Stimmberechtigten ist zulässig.[1323]

Ein Eingriff in die Garantie der gleichen Anzahl Stimmen für die Stimmberechtigten und damit unzulässig ist ein (aktives) *Stimmrecht ab Geburt*, auch: Pluralwahlrecht, Elternwahlrecht, Familienwahlrecht, Stimmrechtsalter 0 oder Kinderstimmrecht genannt.[1324] Ein Stimmrecht ab Geburt wird im Rahmen der Diskussion um das Stimmrechtsalter als Möglichkeit dargestellt, die Generationengerechtigkeit durch Berücksichtigung der nicht Volljährigen im politischen Diskurs zu erhöhen[1325] und somit eine nachhaltige Entwicklung der Gesellschaft zu unterstützen.

[1321] «One person, one vote» ist der Nachfolgeslogan von «One man, one vote». Letzterer steht für das allgemeine Männerwahlrecht, dem Vorläufer des allgemeinen Stimmrechts vor der Einführung des Frauenstimmrechts.

[1322] Siehe 5. Kapitel II. 1.

[1323] Nohlen, Wahlsysteme, 43.

[1324] Die Differenzierung der Zahl der den Stimmberechtigten zur Verfügung stehenden Stimmen mittels Zuteilung von Zusatzstimmen an bestimmte Personengruppen wie z.B. Grundeigentümer, Steuerzahler, Familienväter war bis ins 19. Jahrhundert unter dem Begriff Pluralwahlrecht verbreitet, und reichte bis ins 20. Jahrhundert hinein. Siehe Nohlen, Wahlsysteme, 42 und 43 f. m.w.Verw. und dem Beispiel aus Irland. Im Juni 2016 forderte die Zürcher Regierungsrätin Jacqueline Fehr auf Facebook: «Wie wär's, liebe Jungparteien, mit einer Initiative für ein gewichtetes Stimmecht? 18 bis 40-Jährige haben 2 Stimmen, 40 bis 65-Jährige 1,5 Stimmen und über 65-Jährige 1 Stimme. Schliesslich sind es die Jungen, die die Folgen der politischen Entscheide tragen müssen.» Dieser Vorschlag würde einen unzulässigen Eingriff in die Zählwertgleichheit mit ihrem Prinzip «One person, one vote» bedeuten.

[1325] Siehe z.B. Motion von Klaus Kirchmayr «Stimm- und aktives Wahlrecht ab Geburt», eingereicht im Landrat des Kantons Basel-Landschaft am 24. Januar 2008: «Ein Stimm- und Wahlrecht ab Geburt erhöht die Chance, dass bei Entscheiden vermehrt die Auswirkungen für zukünftige Generationen berücksichtigt werden. Entsprechend wird eine nachhaltige Entwicklung von Gesellschaft und Wirtschaft unterstützt.» Die Motion wurde am 30. Oktober 2008 mit 13 zu 60 Stimmen mit einer Enthaltung abgelehnt. Siehe http://www.baselland.ch/23-htm.310272.0.html, besucht am 19. April 2018. Auf Bundesebene forderte z.B. Geri Müller in seiner Motion vom 3. Oktober 2008 ein (aktives und passives) «Stimmrecht für alle Schweizerinnen und Schweizer» ohne Erfolg, siehe http://

Ein Stimmrecht ab Geburt würde bis zum Erreichen des Stimmrechtsalters stellvertretend durch die Eltern ausgeübt. Das Stimmrecht ab Geburt wäre faktisch ein Familienstimmrecht, da die Eltern pro Kind eine zusätzliche Stimme erhalten würden. Die Eltern hätten damit ein höheres Stimmgewicht, was eine unzulässige Relativierung des Stimmgewichts bedeuten würde. Zudem ist das Stimmrecht ein höchstpersönliches Recht: Die Willensbildung kann nicht delegiert werden, lediglich die Äusserung des bereits gebildeten Willens kann in Vertretung übermittelt bzw. abgegeben werden.[1326]

Vom Stimmrecht ab Geburt zu unterscheiden ist ein sog. *Stimmrecht durch Eintragung*, welches Jugendlichen und Kindern die Möglichkeit bieten würde, eine Willenserklärung abzugeben, dass sie das Stimmrecht ausüben wollen. Diese Willenserklärung würde einen Eintrag ins Stimmregister nach sich ziehen.[1327] Das Thema Stimmrecht durch Eintragung findet sich in der Schweiz neu auf der politischen Agenda.[1328]

Das Stimmrecht steht normalerweise nur natürlichen Personen zu. Ein *Stimmrecht für juristische Personen* kann nur in Ausnahmefällen zuerkannt werden und dann nicht in Bund, Kanton oder Gemeinde, sondern in öffentlich-rechtlichen Körperschaften wie beispielsweise Meliorationsgenossenschaften.[1329]

---

www.parlament.ch/d/suche/seiten/geschaefte.aspx?gesch_id=20083711, besucht am 19. April 2018. Siehe auch KLEY SG-Komm BV N 6 zu Art. 136 BV, der mit Verweis auf den Philosophen Hans Saner findet, der Vorschlag eines Kinderstimmrechts habe «einiges für sich».

1326 Die in Art. 5 Abs. 6 BPR (und auf kantonaler Ebene jeweils sinngemäss) vorgesehene Vertretung ist keine Vertretung bezüglich der Willensbildung, sondern eine Vertretung bezüglich der Abgabe des bereits gebildeten Willens. Siehe 6. Kapitel III. 3. b. vii).

1327 Siehe dazu das Positionspapier der deutschen «Stiftung für die Rechte zukünftiger Generationen» vom 21. November 2009 zum Thema «Generationengerechtigkeit, das Wahlrecht durch Eintragung und weitere Beteiligungsrechte von Kindern und Jugendlichen». Im Positionspapier wird ein Stellvertreterwahlrecht der Eltern explizit abgelehnt, dafür eine individuelle, selbst bestimmte Wahlaltersgrenze einzuführen: «Wir fordern deshalb die Einführung des persönlich ausgeübten Minderjährigenwahlrechts. Konkret stellen wir uns ein Wahlrecht für Minderjährige so vor, dass Jugendliche und Kinder, die das Wahlrecht haben wollen, dieses Grundrecht ab einem von ihnen gewählten Zeitpunkt selbst in Anspruch nehmen können. Das Kind kann sich dabei z.B. auch nur für die Kommunalwahlen ‹anmelden›, also das Wahlrecht für Landtag und Bundestag sowie Europaparlament zunächst nicht ausüben.» In: www.wolfgang-gruendinger.de/wp-content/uploads/2012/.../srzg_pp_kinderrechte.pdf, besucht am 30. Dezember 2017.

1328 Siehe 5. Kapitel VII. 3. b. (Stimmrechtsalter 16 auf Verlangen, Kanton Neuenburg).

1329 Zum Stimmrecht juristischer Personen in öffentlich-rechtlichen Körperschaften siehe HANGARTNER/KLEY, Rz. 40. – Der Motion «Stimmrecht für juristische Person», eingereicht am 17. Dezember 2010 von der Fraktion der FDP. Die Liberalen im Gemeinderat Thun, wurde abgeschrieben: http://www.thun.ch/stadtverwaltung/stadtrat/parlamentarische-vorstoesse/dokumente.html, besucht am 19. April 2018. Die Motion verlangte, dass der Gemeinderat beauftragt werde, die gesetzlichen Grundlagen für ein Stimm- und Wahlrecht für juristische Personen auf Gemeindeebene zu schaffen.

b. Politischer Wohnsitz und Stimmregister

Die politischen Rechte werden in der Regel am politischen Wohnsitz ausgeübt.[1330]

Ausnahmen von diesem Grundsatz bestehen namentlich für Auslandschweizerinnen und Auslandschweizer[1331] sowie Fahrende.[1332] Am politischen Wohnsitz wird in der Regel auch das Stimmregister geführt.[1333] Ausnahme bildet das Stimmregister für Auslandschweizerinnen und Auslandschweizer.[1334]

Im Einzelnen:

Der *politische Wohnsitz* ist für in der Schweiz niedergelassene Stimmberechtigte regelmässig identisch mit dem zivilrechtlichen Wohnsitz.[1335]

Der zivilrechtliche Wohnsitz ist in Art. 23 ZGB geregelt und stellt darauf ab, wo sich der Mittelpunkt der Lebensbeziehungen einer Person befindet. Verlangt wird objektiv der physische Aufenthalt und subjektiv die nach aussen erkennbare Absicht dauernden Verbleibens.[1336] Gleichzeitig kann die Ausübung der politischen Rechte ein Indiz für die Absicht des dauernden Verbleibens darstellen, ohne für sich alleine entscheidend zu sein.[1337] Sind die Voraussetzungen für die Begründung des zivilrechtlichen Wohnsitzes nicht mehr gegeben, so kann die Person mittels einer amtlichen Abmeldung aus dem Einwohnerregister ausgetragen bzw. gestrichen werden.[1338]

1330 Art. 39 Abs. 2 BV; Art. 3 Abs. 1 und Art. 4 Abs. 1 BPR. § 4 Abs. 1 GPR AG; § 2 Abs. 1, erster Satz, GPR BL; § 2 Abs. 1 WahlG BS; § 5 Abs. 2 GPR SO.

1331 Art. 40 Abs. 2 BV; Art. 15 ff. ASG. Siehe dazu 6. Kapitel III. 2. d.

1332 Art. 3 Abs. 1, zweiter Satz, BPR; § 1 Abs. 2 V GPR AG; § 2 Abs. 1, zweiter Satz GPR BL. Die Kantone Basel-Stadt und Solothurn regeln die Frage der Stimmgemeinde für Fahrende nicht.

1333 Art. 3 und 4 BPR; § 7 Abs. 1 GPR AG und § 2 ff. V GPR AG; § 3 Abs. 1 GPR BL; § 4 Abs. 1 WahlG BS; § 5 Abs. 2 und § 9 Abs. 1 GPR SO.

1334 AG: Das Register für Auslandschweizerinnen und Auslandschweizer wird von der Kantonsverwaltung bzw. der Staatskanzlei geführt (§ 12b Abs. 1 GPR AG und § 14a Abs. 1 V GPR AG); BL: Die Stimmgemeinde führt das Register (§ 3 Abs. 4 lit. b. GPR BL und § 4 Abs. 2 V GPR BL); BS: Der Kanton führt ein zentrales Register (§ 4 Abs. 4 WahlG BS); SO: Das Stimmregister wird von der Stimmgemeinde in einer zentralen Datenbank des Kantons geführt (§ 9 Abs. 2 GPR SO i.V.m. § 6 Abs. 2 V GPR SO).

1335 § 4 Abs. 1 GPR AG; § 2 Abs. 1, erster Satz, GPR BL; § 2 Abs. 1 WahlG BS; § 5 Abs. 2 GPR SO; Art. 3 Abs. 1 BPR. Siehe auch STAEHELIN, BaKomm, N 5 ff. zu Art. 23 ZGB m.w.Verw. und BUCHER, BeKomm, N 1 ff. zu Art. 23 ZGB.

1336 Siehe STAEHELIN, BaKomm, N 5 ff. zu Art. 23 ZGB m.w.Verw. und BUCHER, BeKomm, N 1 ff. zu Art. 23 ZGB, jeweils m.w.Verw.

1337 BUCHER, BeKomm, N 36 zu Art. 23 ZGB

1338 Zur Rechtmässigkeit einer amtlichen Abmeldung siehe den Entscheid des Kantonsgerichts Basel-Landschaft KGE VV vom 27. Juli 2011 i.S. S. (810 10 452/PAM), insbes. E. 5.1. ff. (im elektronischen Verzeichnis irrtümlich als Entscheid vom 23. Juli 2011 eingeordnet): https://www.baselland.ch/politik-und-behorden/gerichte/rechtsprechung/kantonsgericht/chronologische-anordnung/copy_of_2011, besucht am 19. April 2018): Die

Die Begründung des politischen Wohnsitzes ist eine materielle Voraussetzung[1339] der Stimmberechtigung.[1340] Diese Voraussetzung wird mittels Eintrag ins *Stimmregister* technisch umgesetzt.[1341] Das Stimmregister ist Grundlage für Zuteilung und Abgabe der Stimme durch die Stimmberechtigten. Das Stimmrecht kann nur von den im Register eingetragenen Personen ausgeübt werden.

Das Stimmregister wird am politischen Wohnsitz geführt.[1342] Ein Eintrag ist aus verfahrensrechtlicher Sicht für die Feststellung der Stimmberechtigung von Bedeutung.[1343] Eintragungen und Streichungen sind von Amtes wegen vorzunehmen, sobald die Voraussetzungen für die Ausübung des Stimmrechts erfüllt sind oder wegfallen;[1344] das Stimmregister wird regelmässig nachgeführt, und Änderungen werden unverzüglich vorgenommen.[1345] Das Stimmregister stützt sich auf das Einwohnerkontrollregister.[1346] Die zuständige Behörde kann jedoch die Vorlage des *Heimatscheins* oder eines gleichwertigen Ausweispapieres verlangen. Für die zivilrechtliche Anmeldung ist in der Regel der Heimatschein zu hinterlegen. Wird nur der Heimatausweis hinterlegt, so wird der politische Wohnsitz erst begründet, wenn nachgewiesen wird, dass am Ort, wo der Heimatschein hinterlegt ist, kein Eintrag im Stimmregister besteht.[1347]

Beschwerde richtete sich gegen eine amtliche Abmeldung, die erfolgte, weil aus Sicht der Behörde die Absicht des dauernden Verbleibens nicht (mehr) gegeben war. Die Beweislast liegt bei der Beschwerdeführerin. Das Kantonsgericht führte aus: Die Gemeinde ist verpflichtet, dafür zu sorgen, dass nur diejenigen Personen in kommunalen Angelegenheiten mitbestimmen beziehungsweise vom Angebot ihrer unentgeltlichen Dienstleistungen profitieren können, die sich auch effektiv in ihr niedergelassen haben. Ist dies nicht (mehr) der Fall, so ist die amtliche Abmeldung aus der Gemeinde von Amtes wegen notwendig, wenn sich die betroffene Person nicht von sich aus abmeldet (§ 6 Abs. 1 ARG; E. 5.1). Das Kantonsgericht wies die Beschwerde ab, die amtliche Abmeldung sei rechtmässig.

1339 Häfelin et al., Rz. 1368 ff.; Rhinow/Schefer/Uebersax, Rz. 2121.

1340 Rhinow/Schefer/Uebersax, Rz. 2121 nennen die Stimmberechtigung Ausübungsberechtigung.

1341 Häfelin et al., Rz. 1372 f.; Hangartner/Kley, Rz. 4.

1342 Art. 3 und 4 BPR. § 7 Abs. 1 GPR AG und § 2 ff. V GPR AG; § 3 Abs. 1 GPR BL; § 4 Abs. 1 WahlG BS; § 5 Abs. 2 und § 9 Abs. 1 GPR SO.

1343 Häfelin et al., Rz. 1372 f.; Hangartner/Kley, Rz. 152 ff.; Kley, SG-Komm BV N 10 zu Art. 136 BV.

1344 Art. 4 Abs. 1 zweiter Satz BPR. § 7 Abs. § GPR AG und § 8 Abs. 1 V GPR AG; § 3 Abs. 1 GPR BL; § 4 Abs. 1, zweiter Satz WahlG BS; § 10 Abs. 1 GPR SO.

1345 § 7 V GPR SO.

1346 AG: massgeblich ist die tatsächliche Wohnsitzaufgabe, nicht die Abmeldung: § 3 Abs. 1 V GPR AG; § 7 V GPR SO.

1347 Art. 3 Abs. 2 BPR; § 4 Abs. 2 GPR AG; § 2 Abs. 2 GPR BL; § 2 Abs. 2 WahlG BS; § 10 Abs. 2 GPR SO.

Das Stimmregister ist grundsätzlich öffentlich.[1348] Es steht den Stimmberechtigten zur Einsicht offen,[1349] und zwar mit unterschiedlichen Einschränkungen in der Nordwestschweiz. Die Einschränkungen können in zwei Kategorien unterteilt werden:

Eine erste Kategorie von Einschränkungen betrifft die Einsicht während Wahlen und Abstimmungen: Im *Kanton Aargau* kann die Einsicht verweigert oder eingeschränkt werden, wenn das Stimmregister für die ungestörte Vorbereitung oder Durchführung einer Wahl oder Abstimmung benötigt wird.[1350] Im *Kanton Basel-Stadt* kann die Einsicht während Wahl- und Abstimmungstagen generell beschränkt werden.[1351] Im *Kanton Solothurn* legt der Gemeinderat die Einsichtszeiten fest und publiziert diese.[1352]

Eine zweite Kategorie betrifft den Datenschutz: Im Kanton Basel-Stadt sind Abschriften[1353] und Kopien[1354] nicht erlaubt, im Kanton Basel-Landschaft Kopien.[1355] Im Kanton Basel-Stadt werden keine Massenauskünfte erteilt,[1356] und die Datenschutzgesetzgebung bleibt ganz allgemein vorbehalten.[1357]

Der Bund hat die Registerführung harmonisiert und nimmt Einfluss auf die Führung von Einwohnerregister und Stimmregister.[1358] Er hat Kanton und Gemeinden verpflichtet, untereinander auf der Basis von harmonisierten und koordinierten Personenidentifikatoren[1359] ein funktionierendes Melde- und Mutationswesen[1360] einzurichten. Die Registerharmonisierung gilt explizit auch für kantonale und kommunale Einwohnerregister und Stimmregister.[1361] In der Regel werden die Informationen für das Stimmregister aus dem Einwohnerregister extrahiert. Harmonisierte Stimmregister bilden eine Voraussetzung für die elektronische Stimmabgabe.[1362]

[1348] Art. 4 Abs. 3 BPR und explizit § 3 Abs. 5 GPR BL. Schwingruber, 146 ff.; Rhinow, Volksrechte, 109.
[1349] § 7 Abs. 3 GPR AG und § 9 V GPR AG; § 3 Abs. 5 GPR BL; § 4 Abs. 5 WahlG BS und § 5 WahlV BS, § 11 Abs. 1 GPR SO.
[1350] § 9 V GPR AG.
[1351] § 5 Abs. 1 WahlV BS.
[1352] § 11 Abs. 1 GPR SO.
[1353] § 5 Abs. 2 WahlV BS.
[1354] § 5 Abs. 2 WahlV BS.
[1355] § 3 Abs. 5 GPR BL.
[1356] § 5 Abs. 3 WahlV BS.
[1357] § 5 Abs. 1 WahlV BS.
[1358] Art. 65 Abs. 2 BV und Art. 2 Abs. 2 lit. b. RHG.
[1359] Art. 6 RHG.
[1360] Art. 10 und 11 RHG.
[1361] Art. 2 Abs. 2 RHG.
[1362] Zur elektronischen Stimmabgabe siehe 6. Kapitel III. 3. b. v) und vi).

Nicht korrekte Führung des Stimmregisters stellt eine Verletzung des Stimmrechts dar und kann bei der Kantonsregierung angefochten und letztinstanzlich vom Bundesgericht überprüft werden.[1363]

Von der Regel, dass die politischen Rechte am politischen Wohnsitz ausgeübt werden,[1364] gibt es Ausnahmen bezüglich der Begründung des Stimmrechtsdomzils sowie besondere Regelungen für Fahrende und ihre Stimmgemeinde.[1365]

Von wachsender Bedeutung ist das Stimmrecht für Auslandschweizerinnen und Auslandschweizer.[1366]

Im Einzelnen:

c. Ausnahmen von der Ausübung der politischen Rechte am Wohnsitz

Auf Bundesebene werden drei Kategorien von Personen hervorgehoben («insbesondere»), deren politischer Wohnsitz nicht identisch ist mit dem zivilrechtlichen Wohnsitz. Es sind dies: Bevormundete,[1367] Wochenaufenthalter und Ehegatten mit unterschiedlichen Wohnsitzen.[1368] Den Ehegatten sind Personen in eingetragener Partnerschaft gleichzustellen.[1369]

Zudem begründet gemäss Bundesrecht kein Stimmrechtsdomizil, wer eine Strafe in einer Strafanstalt verbüsst, wer sich in einer Arbeits- oder Erziehungsanstalt oder in einem Alters- oder Pflegeheim aufhält.[1370]

Weiter üben Fahrende das Stimmrecht in ihrer Heimatgemeinde aus.[1371] Die Kantone Basel-Stadt und Solothurn haben nicht geregelt, wo Fahrende das Stimmrecht ausüben. Bei fehlender kantonaler Regelung betreffend Stimmgemeinde für Fahrende ist gemäss herrschender Lehre die Regelung des Bundes analog anzuwenden, und Fahrende sind in ihrer Heimatgemeinde als stimmberechtigt anzuerkennen.[1372]

1363 Art. 77 Abs. 1 lit. a und Art. 80 BPR.

1364 Art. 39 Abs. 2 BV; Art. 4 Abs. 1 BPR.

1365 6. Kapitel III. 2. c.

1366 6. Kapitel III. 2. d.

1367 Der Begriff «bevormundet» ist altrechtlich; gemeint sind Personen, die unter umfassender Beistandschaft stehen.

1368 Art. 1 VPR.

1369 § 4 und § 74 Abs. 2 GPR AG i.V.m. § 1 Abs. 1 V GPR AG; BL und BS: keine explizite Regelung auf kantonaler Ebene.

1370 Art. 23 Abs. 1 i.V.m. Art. 26 ZGB. Explizit erwähnt im Kanton Solothurn: § 4 V GPR SO.

1371 Art. 3 Abs. 1, zweiter Satz BPR; Art. 1 VPR; § 4 und § 74 Abs. 2 GPR AG i.V.m. § 1 Abs. 1 und 2 V GPR AG; § 2 Abs. 1, zweiter Satz GPR BL.

1372 HANGARTNER/KLEY, Rz. 112, 143.

d. Stimmrecht der Auslandschweizerinnen und Auslandschweizer

i) Eintrag im Auslandschweizerregister

Von Bedeutung ist der Vorbehalt betreffend Ausnahmen vom Wohnsitzprinzip auch für das *Stimmrecht der Auslandschweizerinnen und Auslandschweizer,*[1373] das sog. *External Voting*. Auslandschweizerinnen und Auslandschweizer sind per definitionem Schweizerinnen und Schweizer, die in der Schweiz keinen Wohnsitz haben und in einem Auslandschweizerregister eingetragen sind.[1374]

Das Stimmrecht für Auslandschweizerinnen und Auslandschweizer wurde auf Bundesebene 1975 eingeführt, und zwar in Form des sog. Aufenthalterstimmrechts: Wer stimmen und wählen wollte, musste dies persönlich und im Inland tun, also zuerst die Heimreise antreten und sich in ein Stimmregister eintragen lassen.[1375] Erst 1992 erhielten die Auslandschweizerinnen und Auslandschweizer das sogenannte Korrespondenzstimmrecht, d.h., bei Wahlen und Abstimmungen können sie ihre Stimme nicht nur persönlich in der Stimmgemeinde, sondern auch brieflich abgeben.[1376]

Auf kantonaler Ebene ist das Stimmrecht für Auslandschweizerinnen und Auslandschweizer nicht in allen Kantonen anzutreffen. Kantone ohne Stimmrecht für Auslandschweizerinnen und Auslandschweizer begründen dies mit fehlender Verbundenheit und fehlender Kenntnis der Verhältnisse und Abstimmungsvorlagen.[1377]

Das Stimmrecht für Auslandschweizerinnen und Auslandschweizer in kantonalen Angelegenheiten kennen zehn Kantone, nämlich die Kantone Bern, Basel-Landschaft, Freiburg, Genf, Graubünden, Jura, Neuenburg, Solothurn, Schwyz und Tessin. In den Kantonen Basel-Stadt und Zürich sind die Auslandschweizerinnen und Auslandschweizer zur Wahl des Ständerats zugelassen, nicht aber in kantonalen Angelegenheiten stimmberechtigt. In den Kantonen Basel-Landschaft und Neuenburg sind Auslandschweizerinnen und Auslandschweizer zudem auch in kommunalen Angelegenheiten stimmberechtigt.

Voraussetzung für die Ausübung der politischen Rechte ist der Eintrag im Auslandschweizerregister.[1378] Das Stimmrecht für Auslandschweizerinnen und Auslandschweizer unterliegt folglich keinem Automatismus, sondern bedingt den Registereintrag aufgrund der Anmeldung bei einer Schweizer Vertretung im

---

1373 Art. 40 Abs. 2 BV. Zur besonderen verfassungsrechtlichen Stellung der Auslandschweizerinnen und Auslandschweizer siehe RHINOW/SCHEFER/UEBERSAX, Rz. 361 ff.

1374 Art. 3 lit. a ASG.

1375 HORLACHER, Rz. 9 f. m.w.Verw.

1376 Art. 1 Abs. 1 BG über die politischen Rechte der Auslandschweizer, nicht mehr in Kraft. Inhaltlich ersetzt durch Art. 15 ASG, der auf die politischen Rechte der Schweizerinnen und Schweizer verweist. Zur historischen Entwicklung des External Voting global und in der Schweiz siehe HORLACHER, Rz. 15 ff. und 24 ff. m.w.Verw.

1377 HANGARTNER/KLEY, Rz. 118.

1378 Art. 11 Abs. 2 ASG. HORLACHER, Rz. 233 ff.

Ausland.[1379] Der Registereintrag wird gestrichen, wenn die Voraussetzungen wegfallen, auf die Ausübung des Stimmrechts verzichtet wird oder wenn das Stimmmaterial drei Mal in Folge als unzustellbar retourniert worden ist.[1380]

Betreffend Ausübung der politischen Rechte auf Bundesebene (Wahlen, Abstimmungen, Unterzeichnung von Initiativen und Referenden) sind die Auslandschweizerinnen und -schweizer den inländischen Stimmberechtigten gleichgestellt.[1381] Für die Ausübung der politischen Rechte in kantonalen und kommunalen Angelegenheiten bleibt das kantonale Recht vorbehalten.[1382]

Das Auslandschweizerstimmrecht ist zeitlich nicht befristet und knüpft nicht daran an, dass die betreffende Person innerhalb einer gewissen Frist einmal im Inland gewohnt hat.

Vor dem Hintergrund, dass, je länger die Abwesenheit dauert, desto unwahrscheinlicher die Rückkehr und somit die Betroffenheit durch die entsprechenden politischen Entscheide scheint, haben sich Parlament und Bundesrat mit einer solchen Frist befasst.[1383] Der Bundesrat sieht keinen Bedarf für die Einführung einer Abwesenheitsfrist im Zusammenhang mit der Ausübung politischer Rechte von Auslandschweizerinnen und -schweizern.[1384] Eine zeitliche Beschränkung könnte das Stimmrecht auf die erste Auswanderergeneration beschränken oder eine maximale Abwesenheitsdauer für die Ausübung der politischen Rechte vorsehen.[1385]

ii) Territorialprinzip versus Personalitätsprinzip

Das Auslandschweizerstimmrecht ist Ausdruck des Personalitätsprinzips.[1386] Die Demokratieidee beruht jedoch primär auf dem Territorialprinzip.

Das Territorialprinzip versteht den Staat als Verbandseinheit von Menschen auf einem Gebiet unter einer Staatsgewalt und wurde im 19. Jahrhundert entwickelt. Ihm liegt das Prinzip sesshafter Menschen zugrunde. Seit der Antike bis ins späte

1379 Art. 11 Abs. 2, Art. 12 Abs. 1 ASG und Art. 3 ff. V ASG.

1380 Art. 14 Abs. 1, Art. 19 ASG und Art. 11 Abs. 1 V ASG.

1381 Art. 15 Abs. 1 ASG. Die Voraussetzungen für das Stimmrecht der Auslandschweizerinnen und Auslandschweizer auf Bundesebene entsprechen den Voraussetzungen der in der Schweiz wohnhaften Bürgerinnen und Bürger, siehe Art. 3 und 4 BPRA.

1382 Art. 15 Abs. 2 ASG.

1383 Siehe im Einzelnen den Bericht des Bundesrates: «Politische Rechte von Auslandbürgerinnen und Auslandbürgern in verschiedenen Staaten Europas. Bericht in Erfüllung des Postulats 143384 Staatspolitische Kommission NR», https://www.parlament.ch/centers/eparl/curia/2014/20143384/Bericht%20BR%20D.pdf, besucht am 19. April 2018.

1384 Siehe Interpellation von Andrea Caroni vom 13. Juni 2017 «Auslandschweizer-Stimmrecht für potenziell Betroffene» sowie die Stellungnahme des Bundesrates vom 30. August 2017: https://www.parlament.ch/de/ratsbetrieb/suche-curia-vista/geschaeft?AffairId=20173430, besucht am 19. April 2018.

1385 Horlacher, Rz. 424 ff. m.w.Verw.

1386 Kley, SG-Komm BV N 7 zu Art. 39 BV m.w.Verw.

> Mittelalter herrschte das Personalitätsprinzip, nachdem jeder seinem Stammesrecht, seinem personalen Verband verhaftet ist. Ausfluss des Personalitätsprinzips war es auch, Verbandsfremde – Ausländer – als ausserhalb der Rechtsordnung des Herrschaftsverbandes zu verstehen. Das Personalitätsprinzip wurde vom Territorialprinzip abgelöst. Letzteres geht davon aus, dass ein durch Grenzen festgelegtes Territorium die Grundlage des Rechtsverbandes bildet und nicht mehr der Stammesverband, die Verbandseinheit von Menschen. Nur innerhalb des abgegrenzten Territoriums entfaltet der Staat seine Hoheit.

Den Staat als Verband zu verstehen, der nicht an den Wohnsitz anknüpft, so wie dies das Auslandschweizerstimmrecht tut, nimmt im Prinzip das Staatsverständnis der Antike wieder auf.[1387] Die Gesamtheit der Schweizerinnen und Schweizer, das Schweizervolk,[1388] umfasst jedoch auch die im Ausland wohnenden[1389] und knüpft folglich nicht an den Wohnsitz an. External Voting kann auch als Symptom für das schwächer werdende territoriale Band einer Gesellschaft gesehen werden, die sich nicht mehr generell über geografische Bezüge abgenzt.[1390]

Auslandschweizerinnen und Auslandschweizer können mit dem External Voting Einfluss nehmen auf eine Gesetzgebung, von der sie territorial kaum betroffen sind. Das Auslandschweizerstimmrecht steht damit in einem Spannungsverhältnis zum Territorialprinzip, auf dem die Demokratieidee primär beruht. Das Auslandschweizerstimmrecht wurde 1966 in der Bundesverfassung verankert;[1391] eine demokratietheoretische Grundsatzdebatte zum Spannungsverhältnis zwischen Personalitätsprinzip und Territorialprinzip hat in der Schweiz bis dato kaum stattgefunden.[1392]

Zu beachten ist jedoch andererseits auch, dass ausgewanderte Schweizerinnen und Schweizer ohne politische Rechte im Heimatstaat in der Regel von einer politischen Mitwirkung ausgeschlossen sind, da ihnen der Wohnsitzstaat nur selten politische Rechte einräumt, es sei denn, sie sind Doppelbürger. Die politischen Rechte für Auslandbürgerinnen und Auslandbürger stellen für sie damit eine Möglichkeit dar, sich überhaupt politisch Gehör zu verschaffen.[1393] Für das Stimmrecht der Auslandschweizerinnen und Auslandschweizer spricht auch, dass diese durch die Gesetzgebung ihres Heimatlandes regelmässig direkt

---

1387 Haller/Kölz/Gächter, Rz. 25 ff.; Jellinek, 381 ff., insbes. 382; Zippelius, 73 ff.

1388 Art. 1 BV.

1389 Hafner/Schweizer, SG-Komm BV N 6 zu Art. 1 BV m.w.Verw.

1390 Horlacher, Rz. 100 und 113 m.w.Verw.

1391 Art. 45a aBV 1874; Art. 40 Abs. 2 BV.

1392 Biaggini, External Voting, 469 f.

1393 Bericht des Bundesrates Seite 2: «Politische Rechte von Auslandbürgerinnen und Auslandbürgern in verschiedenen Staaten Europas. Bericht in Erfüllung des Postulats 143384 Staatspolitische Kommission NR», https://www.parlament.ch/centers/eparl/curia/2014/20143384/Bericht%20BR%20D.pdf, besucht am 19. April 2018.

betroffen sind.[1394] Weiter ist die Inklusion der Auslandschweizerinnen und -schweizer aus demokratietheoretischer Sicht zu bejahen, da eine Inklusion aller sozialen Gruppen grundsätzlich als erwünscht betrachtet wird. So wird denn der Einbezug der im Ausland wohnhaften Schweizerinnen und Schweizer in die Stimmgemeinschaft mit einer Stärkung der Demokratie begründet.[1395]

Unabhängig davon, ob der Einbezug der Auslandschweizerinnen und -schweizer begrüsst wird oder nicht, ist eine spätere Exklusion schwierig umsetzbar und zwar in erster Linie politisch, aber etwa nach dem Vertrauensgrundsatz[1396] auch rechtlich.[1397]

iii) Auslandscheizerstimmrecht in den Nordwestschweizer Kantonen

In den Nordwestschweizer Kantonen ist das Auslandschweizerstimmrecht wie folgt geregelt:

Im Zusammenhang mit der Stimmabgabe wird auf Verfassungsebene festgehalten, dass das Stimmrecht am (politischen) Wohnsitz ausgeübt wird.[1398] Für Auslandschweizerinnen und Auslandschweizer, die naturgemäss keinen Wohnsitz in der Schweiz haben, braucht es eine Ausnahmeregelung vom Wohnsitzerfordernis. Auf diese Ausnahme vom Wohnsitzprinzip ist auf Verfassungsebene hinzuweisen. Nur ein expliziter Verzicht auf das Wohnsitzerfordernis in der Kantonsverfassung bzw. der Verweis auf Ausnahmeregelungen macht den Weg frei für die Einführung des Stimmrechts der Auslandschweizerinnen und Auslandschweizer auf kantonaler Ebene.[1399] Die verfassungsmässige Grundlage wird in den Kantonen Aargau,[1400] Basel-Landschaft[1401] und Basel-Stadt[1402] geschaffen, indem das Wohnsitzerfordernis für die Ausübung des Stimmrechts relativiert wird und Ausnahmen vom Wohnsitzerfordernis vorbehalten werden.[1403] In den Kantonen Aargau und Basel-Stadt fehlt jedoch bis dato eine Ausführungsgesetzgebung; Auslandschweizerinnen und Auslandschweizer haben somit auf kantonaler Ebene kein Stimmrecht.[1404]

1394 Siehe dazu die Ausführungen bei Göksu/Scyboz 34 ff. m.w.Verw.

1395 Horlacher, Rz. 72 ff. und 100 m.w.Verw.

1396 Teilgehalt von Art. 5 Abs. 3 BV.

1397 Horlacher, Rz. 100 m.w.Verw.

1398 § 60 Abs. 1 KV AG, § 23 Abs. 1 KV BL, § 42 Abs. 2 KV BS, Art. 25 Abs. 2 KV SO.

1399 Siehe dazu Kley, SG-Komm BV N 10 f. zu Art. 39 BV.

1400 § 60 Abs. 1 KV AG.

1401 § 23 Abs. 1 KV BL.

1402 § 42 Abs. 1 KV BS.

1403 «Ausnahmen bestimmt das Gesetz.» Siehe jeweils zweiter Satz in § 60 Abs. 1 KV AG, § 23 Abs. 1 KV BL und § 42 Abs. 1 KV BS.

1404 Mit Ausnahme des Ständeratswahlrechts im Kanton Basel-Stadt: § 44 Abs. 3 KV BS. Im Einzelnen siehe nachfolgend.

In den Kantonen Basel-Landschaft[1405] und Solothurn[1406] sind Auslandschweizerinnen und Auslandschweizer auch auf kantonaler Ebene stimmberechtigt.

Im Kanton *Aargau* hat die Auslandschweizer-Organisation die Einführung des Stimm- und Wahlrechts auf kantonaler Ebene für Auslandschweizerinnen und -schweizer beantragt. Der Regierungsrat lehnt dies ab.

> Der Regierungsrat begründet dies damit, dass Auslandschweizerinnen und -schweizer von kantonalen Vorlagen in der Regel wenig bis gar nicht betroffen seien bzw. dass in der Regel keine Verbundenheit mit den zur Abstimmung kommenden Sachgeschäften bestehe. Dies im Gegensatz zu Bundesvorlagen, die sehr wohl auch im Ausland wohnhafte Mitbürgerinnen und Mitbürger beträfen und entsprechend interessieren können. Im Weiteren ergebe sich eine Ungleichheit zwischen den Stimmberechtigten, die ins Ausland ziehen, und denjenigen, die ihren Wohnsitz in einen anderen Kanton verlegten.
> Während Erstere an kantonalen Abstimmungen teilnehmen könnten, sei dies Letzteren verwehrt.[1407]

Eine besondere Stellung nimmt die *Ständeratswahl* ein. Der Ständerat ist eine Bundesbehörde. Die Zuständigkeit und die Funktionsweise unterstehen dem Bundesrecht, die Wahl wird jedoch von den Kantonen geregelt.[1408] Die Kantone bestimmen folglich, ob Auslandschweizerinnen und -schweizer zur Wahl des Ständerats zugelassen sind. In der Nordwestschweiz kennen nebst dem Kanton Basel-Stadt die Kantone Basel-Landschaft und Solothurn das Stimmrecht für Auslandschweizerinnen und -schweizer bei Ständeratswahlen, nicht jedoch der Kanton Aargau.[1409]

1405 § 2 Abs. 4 GPR BL.

1406 § 6 Abs. 1 GPR SO.

1407 Siehe Anhörungsbericht vom 5. Juli 2017: Verfassung des Kantons Aargau; Gesetz über die politischen Rechte; Änderung; Ständeratswahlen; Ermöglichung der Teilnahme von Auslandschweizerinnen und Auslandschweizern: https://www.ag.ch/media/kanton_aargau/alle_medien/dokumente/aktuell_3/anhoerungen/kanton_2/laufende/kv_und_grp/Anhoerungsbericht.pdf, besucht am 19. April 2018. Geplant ist, dass die Einführung des Stimmrechts auf kantonaler Ebene im 1. und im 3. Quartal 2018 im Grossen Rat beraten wird. Die Volksabstimmung über die Verfassungsänderung ist für den 10. Februar 2019 und das Inkrafttreten für den 1. Juli 2019 geplant.

1408 Art. 150 Abs. 3 BV.

1409 Gesamtschweizerisch kennen 11 Kantone das Stimmrecht für Auslandschweizerinnen und -schweizer bei Ständeratswahlen (BE, BL, BS, FR, GR, JU, NE, SO, SZ, TI, ZH), 15 Kantone kennen es nicht (AG, AI, AR, GE, GL, LU, NW, OW, SH, SG, TG, UR, VD, VS, ZG). Mit Ausnahme der Kantone Basel-Stadt und Zürich (nur für Ständeratswahlen wahlberechtigt), gilt in den Kantonen, die das Ständeratswahlrecht für Auslandschweizerinnen und -schweizer kennen, das Stimmrecht generell auf kantonaler Ebene.

> Im Kanton Aargau hat die Auslandschweizer-Organisation die Einführung des Ständeratswahlrechts für Auslandschweizerinnen und -schweizer beantragt. Der Regierungsrat begrüsst die Einführung der Wahl des Ständerats für im Ausland wohnhafte Aargauerinnen und Aargauer.[1410]

Im Kanton Basel-Stadt können sich registrierte Auslandschweizerinnen und -schweizer an der Wahl des Mitglieds des Ständerats beteiligen, haben aber kein weiteres Stimmrecht auf kantonaler Ebene.[1411]

> Die Möglichkeit für im Ausland lebende Stimmberechtigte, sich im Kanton Basel-Stadt an den Ständeratswahlen zu beteiligen, besteht seit 2015. Die ablehnende Haltung wurde aufgegeben, da das neue Auslandschweizergesetz einen Bezug zur Heimatgemeinde schuf. Die Heimatgemeinde ist neu Stimmgemeinde für Personen, welche nie in der Schweiz Wohnsitz hatten. Damit wurde der Forderung nach einer gewissen lokalen und regionalen Verbundenheit Rechnung getragen.[1412]

Die Verfassung des Kantons Solothurn bestimmt, dass das Stimmrecht am Wohnsitz ausgeübt wird,[1413] weist jedoch nicht auf Ausnahmeregelungen zur Ausübung am Wohnsitz hin und enthält somit auch keine gesetzliche Grundlage für das Stimmrecht der Auslandschweizerinnen und -schweizer. Deren Stimmberechtigung wird auf Gesetzesebene geregelt.[1414] In der Lehre wird jedoch ein expliziter Verzicht des Wohnsitzerfordernisses in der Kantonsverfassung als notwendige Grundlage für das Stimmrecht der Auslandschweizerinnen und -schweizer gefordert.[1415] Mit dem fehlenden Vorbehalt von Ausnahmen zum Wohnsitzprinzip in der Verfassung des Kantons Solothurn fehlt im Prinzip die verfassungsrechtliche Grundlage für die Einführung des Stimmrechts der Auslandschweizerinnen und -schweizer. Auslandschweizerinnen und -schweizer

[1410] Siehe Anhörungsbericht vom 5. Juli 2017: Verfassung des Kantons Aargau; Gesetz über die politischen Rechte; Änderung; Ständeratswahlen; Ermöglichung der Teilnahme von Auslandschweizerinnen und Auslandschweizern: https://www.ag.ch/media/kanton_aargau/alle_medien/dokumente/aktuell_3/anhoerungen/kanton_2/laufende/kv_und_grp/Anhoerungsbericht.pdf, besucht am 19. April 2018. Geplant ist, dass die Einführung der Teilnahme an Ständeratswahlen im 1. und im 3. Quartal 2018 im Grossen Rat beraten wird. Die Volksabstimmung über die Verfassungsänderung ist für den 10. Februar 2019 und das Inkrafttreten für den 1. Juli 2019 geplant.

[1411] § 44 Abs. 3 KV BS.

[1412] So die Justiz-, Sicherheits- und Sportkommission in ihrem Bericht an den Grossen Rat: http://www.grosserrat.bs.ch/dokumente/100376/000000376492.pdf, besucht am 19. April 2018.

[1413] Art. 25 Abs. 2 KV SO.

[1414] § 6 GPR SO.

[1415] Siehe dazu KLEY, SG-Komm BV N 10 f. zu Art. 39 BV.

aus dem Kanton Solothurn üben ihr kantonales Stimmrecht aufgrund der gesetzlichen Grundlage auf Gesetzesebene aus.[1416]

Auslandschweizer Stimmberechtigte üben ihr Stimmrecht von Gesetzes wegen in ihrer letzten Wohnsitzgemeinde aus.[1417] Falls jemand in der Schweiz nie einen Wohnsitz hatte, ist die Heimatgemeinde ausschlaggebend.[1418] Auslandschweizer Stimmberechtigte werden in der sog. Stimmgemeinde ins Stimmregister eingetragen. Sofern die Voraussetzungen erfüllt sind, können die Auslandschweizer Stimmberechtigten ihre Stimme elektronisch abgeben.[1419]

De lege ferenda sollen die Kantone angehalten werden, ihre Stimmregister für Auslandschweizerinnen und -schweizer zu zentralisieren bzw. kantonal zu führen.[1420] Zurzeit legen die Kantone fest, ob das Stimmregister zentral oder bei der Stimmgemeinde geführt wird.[1421] Eine dezentrale Führung des Stimmregisters ist nur möglich, wenn diese kantonsweit harmonisiert sind und elektronisch geführt werden oder wenn die Daten regelmässig elektronisch an ein zentral geführtes Stimmregister für Auslandschweizerinnen und -schweizer weitergegeben werden.[1422] In der Nordwestschweiz existiert bereits in den Kantonen Aargau, Basel-Stadt und Solothurn ein kantonales Stimmrechtsregister für Auslandschweizerinnen und -schweizer.[1423]

e. Karenzfrist

Politische Rechte dürfen nur in einem Kanton ausgeübt werden.[1424] Kantone können für kantonale und kommunale Angelegenheiten eine Karenzfrist von maximal drei Monaten nach der Niederlassung festsetzen.[1425] Die meisten Kantone verzichten heute auf eine Karenzfrist, so wie auch der Bund für seine Angelegenheiten keine Karenzfrist vorsieht.

[1416] § 6 GPR SO.

[1417] Art. 18 Abs. 1 ASG und Art. 8 Abs. 1 V ASG.

[1418] Art. 18 Abs. 2 ASG und Art. 8 Abs. 2 V ASG.

[1419] Art. 18 Abs. 3 ASG.

[1420] Botschaft RGH, 456.

[1421] Art. 5b Abs. 1 BPRA.

[1422] Art. 5b Abs. 2 BPRA.

[1423] AG: Das Register für Auslandschweizerinnen und Auslandschweizer wird von der Kantonsverwaltung bzw. der Staatskanzlei geführt (§ 12b Abs. 1 GPR AG und § 14a Abs. 1 V GPR AG); BL: Die Stimmgemeinde führt das Register (§ 3 Abs. 4 lit. b. GPR BL und § 4 Abs. 2 V GPR BL); BS: Der Kanton führt ein zentrales Register (§ 4 Abs. 4 WahlG BS); SO: Das Stimmregister wird von der Stimmgemeinde in einer zentralen Datenbank des Kantons geführt (§ 9 Abs. 2 GPR SO i.V.m. § 6 Abs. 2 V GPR SO).

[1424] Art. 39 Abs. 3 BV.

[1425] Art. 39 Abs. 4 BV. Hangartner/Kley, Rz. 122 ff. Zusammenstellung der Karenzfristen bei Widmer, 16 Fn. 55.

Die Karenzfrist wurde 1848 auf kantonaler Ebene auf maximal zwei Jahre festgelegt. 1874 wurde die Position der zugezogenen Stimmberechtigten verbessert und die Frist auf drei Monate verkürzt.[1426]

In den vier Nordwestschweizer Kantonen wird das *Stimmrecht ohne Karenzfrist* ausgeübt. In den Kantonen Aargau,[1427] Basel-Landschaft[1428] und Basel-Stadt[1429] wird dies explizit in den Kantonsverfassungen festgelegt; im Kanton Solothurn ist die Ausübung des Stimmrechts ohne Karenzfrist nicht in der Kantonsverfassung, sondern auf Gesetzesebene[1430] geregelt. Ob die Ausübung des Stimmrechts ohne Karenzfrist in den Kantonsverfassungen Erwähnung findet, ist nicht von Bedeutung.

Aus der Schliessung der Stimmregister einen[1431] bzw. fünf Tage[1432] vor dem Urnengang ergibt sich eine *faktische Wartefrist*. Diese steht in einem Spannungsverhältnis zur fehlenden Karenzfrist auf Bundesebene und in der Nordwestschweiz. Diese faktische Wartefrist ist technischer Natur und entfaltet ihre Wirkung bei Stimmberechtigten, die kürzlich den politischen Wohnsitz gewechselt haben.

Es handelt sich um eine technische Wartefrist, die damit begründet wird, dass die registerführende Person sich auf den eigentlichen Urnengang konzentrieren kann. Ein nicht ganz aktuelles Stimmregister wird dabei in Kauf genommen. Vor dem Hintergrund, dass die Bundesverfassung in kantonalen und kommunalen Angelegenheiten eine Karenzfrist bis zu drei Monaten erlaubt,[1433] ist die technische Wartefrist von wenigen Tagen wohl zu tolerieren.[1434] Grundsätzlich kann die Wartefrist jedoch mittels Stimmrechtsbeschwerde beseitigt werden. Die Beschwerde richtet sich an die Kantonsregierung.[1435]

[1426] GIACOMETTI, 215 f.

[1427] § 60 Abs. 2 KV AG.

[1428] § 23 Abs. 2 KV BL.

[1429] § 42 Abs. 2 KV BS.

[1430] Die fehlende Karenzfrist ergibt sich aus § 14 Abs. 2 GPR SO: «Stimmberechtigte, die am Abstimmungstag (...) in einer Gemeinde zuziehen, haben sich schriftlich darüber auszuweisen, dass sie ihr Stimmrecht für den betreffenden Urnengang am bisherigen Wohnort noch nicht ausgeübt haben», und weiter § 14 Abs. 3 GPT SO: «Das Wahlbüro entscheidet ohne Verzug.»

[1431] § 13 Abs. 1 und § 14 GPR SO: Das Wahlbüro entscheidet ohne Verzug, wenn sich eine stimmberechtigte Person darüber ausweist, dass sie das Stimmrecht für den betreffenden Urnengang am bisherigen Wohnort noch nicht ausgeübt hat.

[1432] Art. 4 Abs. 2 BPR. § 7 Abs. 2 GPR AG; § 2 Abs. 2 GPR BL; § 4 Abs. 2 WahlG BS.

[1433] Art. 39 Abs. 4 BV.

[1434] KLEY, SG-Komm BV N 16 zu Art. 39 BV. Anderer Meinung: HANGARTNER/KLEY, Rz. 127: Warte- und Anpassungsfristen seien mit dem verfassungsmässig garantierten Stimmrecht nicht vereinbar.

[1435] Art. 77 Abs. 1 lit. a BPR. § 7 Abs. 2 V GPR AG und § 11 Abs. 1 V GPR AG; § 83 Abs. 1 lit. a und § 88 Abs. 1 GPR BL; § 81 Abs. 1 lit. a, § 83 Abs. 1 und § 84 WahlG BS; § 14 Abs. 1 und 3 GPR SO und § 10 V GPR SO.

Die faktische Wartefrist betrifft Personen, die kürzlich den politischen Wohnsitz gewechselt haben. Dabei ergeben sich Fragen rund ums Stimmmaterial (Stimmrechtsausweis, Stimmzettel, Informationsmaterial). Die stimmberechtigte Person muss sich darum kümmern, dass sie das Stimmmaterial von der neuen Wohnsitzgemeinde erhält, und dabei nachweisen, dass sie das Stimmrecht in der ehemaligen Wohnsitzgemeinde nicht ausgeübt hat.

Wer während der letzten vier Wochen vor einem eidgenössischen Urnengang den politischen Wohnsitz wechselt, erhält am neuen Wohnsitz das Stimmmaterial für diesen Urnengang nur gegen den Nachweis, dass er das Stimmrecht nicht bereits am bisherigen politischen Wohnsitz ausgeübt hat.[1436] Für kantonale Urnengänge gilt die Regelung analog.[1437]

f. Stimmrechtsausweis

Der *Stimmrechtsausweis* dient der Identifizierung der stimmberechtigten Person und belegt die Zuteilung der Stimme.[1438] Geregelt sind insbesondere Fragen betreffend dessen Inhalt,[1439] die Zustellungsfrist, die Ausgestaltung und die Unterzeichnung bei brieflicher Stimmabgabe. Im Einzelnen:

Die Gemeinden stellen den Stimmberechtigten die Stimmrechtsausweise vor dem Abstimmungs- oder Wahltag zu und fordern sie damit zu den Abstimmungen und Wahlen auf.[1440] Für die Zustellung haben die Gemeinden eine gesetzliche Frist zu beachten.[1441] Weiter ist der Stimmrechtsausweis in der Regel als Briefumschlag ausgestaltet.[1442] Der Umschlag kann anschliessend insbesondere auch für die *briefliche Stimmabgabe* benutzt werden (Zweiwegcouvert).

Der Bund schreibt vor,[1443] dass die Kantone im Zusammenhang mit der brieflichen Stimmabgabe sicherzustellen haben, dass die Kontrolle der Stimmberechtigung, das Stimmgeheimnis und die Erfassung aller Stimmen gewährleistet sind und Missbräuche verhindert werden. In der Nordwestschweiz ist dafür in den Kantonen Aargau, Basel-Landschaft und Solothurn der Briefumschlag bzw. das vorgedruckte Einlageblatt mit der eigenhändigen Unterschrift der stimmberechtigten Person zu versehen.[1444]

1436 Art. 2 VPR.

1437 So in der Nordwestschweiz explizit in den Kantonen Aargau und Solothurn: § 1 Abs. 3 V GPR AG; § 14 Abs. 2 GPR SO. Siehe auch § 9–§ 11 GPR SO: Nicht gleichartige Gemeinden sind die Einwohnergemeinde, die Bürgergemeinde und die Kirchgemeinde.

1438 § 9 und § 19 V GPR AG.

1439 Siehe explizit § 19 V GPR AG.

1440 Explizit § 15 GPR AG.

1441 § 16 GPR AG; § 4 Abs. 1 GPR BL; § 5 WahlG BS; § 62 GPR SO.

1442 § 2 V GPR BL; § 3 WahlV BS;

1443 Art. 8 Abs. 1 BPR.

1444 § 17 Abs. 3 GPR AG; § 7 Abs. 1, dritter Satz, V GPR BL; § 32 Abs. 1 V GPR SO.

Im Kanton Basel-Stadt haben sich die Stimmberechtigten im Gegensatz zu den meisten anderen Kantonen bei der brieflichen Stimmabgabe nicht mittels Unterschrift auf dem Stimmrechtsausweis auszuweisen.[1445] Die vom Bundesgesetzgeber verlangte Kontrolle der Stimmberechtigung erfolgt im Kanton Basel-Stadt mittels einer individuellen Kennziffer, die den Stimmberechtigten für jeden Urnengang im Zufallsprinzip neu zugewiesen und auf dem Stimmrechtskuvert vermerkt wird.

Das Bundesgericht hat sich mit dieser baselstädtischen Praxis befasst[1446] und festgestellt, dass die Anforderung an ein einfaches Verfahren für die briefliche Stimmabgabe[1447] in Verbindung mit der Vorgabe, dafür zu sorgen, dass die Kontrolle der Stimmberechtigung, das Stimmgeheimnis und die Erfassung aller Stimmen gewährleistet seien,[1448] keine Pflicht zur Unterschrift beinhalte. Der Stimmrechtsausweis wird für jeden Urnengang mit einer neuen Kennziffer versehen, welche nur im Zusammenhang mit der Kontrolle der Stimmberechtigung, mit Beschwerden oder strafrechtlichen Vorkommnissen entschlüsselt werden.[1449] Gemäss Bundesgericht ist dieses Verfahren geeignet, der Missbrauchsgefahr wirksam zu begegnen.[1450] Das Bundesgericht hat aber auch festgehalten, dass das Erfordernis der Unterschrift die persönliche Natur des Stimm- und Wahlrechts möglicherweise noch deutlicher zum Ausdruck bringen und allenfalls einen wirksameren Schutz vor Missbräuchen bieten könnte.

Bei der brieflichen Stimmabgabe ist grundsätzlich immer von Bedeutung, dass die operativen Abläufe die sofortige Trennung von Stimmrechtsausweis und innerem Stimmzettelkuvert garantieren, damit das Stimmgeheimnis gewahrt bleibt.[1451] Wer kein separates Stimmzettelkuvert verwendet, verzichtet auf sein Stimmgeheimnis. Die Trennung der Stimmrechtsausweise von den Zustellcouverts ist im Wahlbüro vorzunehmen.[1452]

[1445] Regierung und Parlament haben sich mehrfach (2005, 2006 und 2013) mit der Frage der Unterschrift auf dem Stimmrechtsausweis befasst. Siehe beispielsweise http://www.grosserrat.bs.ch/dokumente/000149/000000149498.pdf, besucht am 19. April 2018. Die Lösung mit Unterschrift auf dem Stimmrechtsausweis fand jeweils keine Mehrheit; das System mit der Kennziffer wurde jeweils bestätigt.

[1446] BGE 121 I 187 und BGE 1 P.297/1996 beschrieben in ZBl/1997 351–355.

[1447] Art. 8 Abs. 1, erster Satz, BPR.

[1448] Art. 8 Abs. 1, zweiter Satz, BPR.

[1449] § 3 Abs. 2 und 3 WahlV BS.

[1450] BGE 1 P.297/1996.

[1451] Wie dies beispielsweise hier ausdrücklich formuliert ist: § 7 Abs. 1, dritter Satz, V GPR BL.

[1452] In Olten SO wurde 2001 gerügt, dass Stimmrechtsausweise von den Zustellcouverts im Postbüro anstatt im Wahlbüro getrennt wurden, worauf die Wiederholung des Urnengangs angeordnet wurde, siehe https://www.so.ch/staatskanzlei/medien/medienarchiv-2

3. Stimmabgabe

a. Möglichkeiten der Willensäusserung

i) Drei Möglichkeiten der Willensäusserung: Zustimmung, Ablehnung oder Verzicht

Die Garantie der Möglichkeit der Stimmabgabe setzt voraus, dass die Unterlagen rechtzeitig durch die Behörden zugestellt worden sind.[1453] In der Folge müssen alle Stimmberechtigten eines Wahlkreises die Möglichkeit haben, die gleiche Anzahl von Willensäusserungen abzugeben.[1454] Grundsätzlich stehen den Stimmberechtigten drei Möglichkeiten zur Verfügung, ihren Willen zu äussern: Bei einer Abstimmung sind dies die Zustimmung, die Ablehnung und die Enthaltung bzw. der Verzicht, die Stimme abzugeben. Bei Wahlen sind dies, unabhängig vom Wahlsystem, die Stimmabgabe für einen oder mehrere Kandidierende, was gleichzeitig die zweite Möglichkeit beinhaltet, nämlich die übrigen Kandidierenden abzulehnen. Die dritte Möglichkeit ist der Verzicht auf die Stimmabgabe.[1455] Ziele der Willensäusserungen bei Wahlen sind die Mandatsverteilung sowie die vollständige Bestellung der Organe.

ii) Stimmzwang und Stimmpflicht

Ein *Stimmzwang* hebt die dritte Möglichkeit auf: Ein Verzicht auf die Stimmabgabe ist nicht möglich, ein Verstoss gegen den Stimmzwang hat rechtliche Sanktionen zur Folge.[1456] Der Stimmzwang ist auch durch das Einlegen eines leeren Stimmzettels erfüllt, somit bleibt die Möglichkeit erhalten, den freien Willen zu äussern, nämlich sich explizit nicht äussern zu wollen. Vom Stimmzwang zu unterscheiden ist die *Stimmpflicht*, bei der rechtliche Sanktionen bei Nichterfüllung fehlen bzw. abgeschafft wurden.[1457]

000-2014/2001/juli/olten-gemeinde-und-stadtratswahlen-vom-april-werden-wieder holt/, besucht am 19. April 2018.

[1453] Die rechtzeitige Zustellung der Unterlagen ist Ausfluss des Grundsatzes des freien Stimmrechts. Siehe BSK BV Tschannen, Art. 34 N 33 m.w.Verw. und 3. Kapitel II. 3. b.

[1454] Poledna, Wahlrechtsgrundsätze, 50.

[1455] Poledna, Wahlrechtsgrundsätze, 53.

[1456] Art. 23 Abs. 2 KV SH. Der Kanton Schaffhausen ist der einzige Kanton der Schweiz, der einen Stimmzwang kennt. Der Verstoss gegen den Stimmzwang wird mit CHF 6.00 geahndet (ab 1. Januar 2015, vorher CHF 3.00). Die Stimmpflicht beinhaltet auch die Teilnahme an Gemeindeversammlungen. Entschuldigungen sind möglich. Die Stimmpflicht gilt bis zum 65. Altersjahr. Siehe Art. 9 und 10 Wahlgesetz des Kantons SH. Zu Stimmzwang und Stimmpflicht siehe 6. Kapitel III. 3. a. ii).

[1457] Baumann, 192 f.

Als einziger Kanton der Nordwestschweiz hat der Aargau in seiner Kantonsverfassung die Stimmpflicht verankert.[1458] Diese gilt sowohl auf Kantons- wie auch auf Bundesebene.[1459] Während ein Verstoss gegen den Stimmzwang eine Busse nach sich zieht, hat ein Verstoss gegen die Stimmpflicht keine rechtlichen Folgen.[1460]

Der Kanton Basel-Landschaft hat sich mit der Frage auseinandergesetzt, hat aber eine Stimmpflicht abgelehnt.[1461]

> Im Rahmen der Diskussionen über die Einführung des Proporzsystems galt die Stimmpflicht als konsequentes Korrelat zum mit dem Proporz angestrebten «Abbild des Volkes». So stellte der Bundesrat in seiner Botschaft vom 16. März 1914 zur Einführung des Verhältniswahlrechts für die Nationalratswahlen, fest: «Von einem getreuen Abbilde der im Volke vorhandenen, vertretungswürdigen Strömungen zu sprechen, wäre übrigens nur möglich, wenn gleichzeitig die Erfüllung der Wahlpflicht in einer völlig einwandfreien Form sichergestellt würde. Solange Wahlrecht und Wahlpflicht nicht gleichgeordnet sind, also nicht tatsächlich dafür gesorgt ist, dass die gleichmässige Verkündung der Anhängerschaft für gewisse Ideen durch den Wahlakt erfolgt, solange kann von einer der Stärke dieser Anhängerschaft entsprechenden Vertretung nicht die Rede sein. Solange wird die Bestellung der Volksvertretung allen Zufälligkeiten ausgesetzt und das Abbild der tatsächlich vorhandenen Strömungen verfälscht.»[1462]

Im Verfahren nach Proporz kann sich die stimmberechtigte Person über die beschriebenen drei Möglichkeiten hinaus – Zustimmung, Ablehnung, Verzicht auf Stimmabgabe – mittels Kumulieren, Panaschieren und der Stimmabgabe auf der sog. Freien Liste differenziert äussern. Im Verfahren nach Majorz bestehen diese zusätzlichen Möglichkeiten nicht.[1463]

1458 § 59 Abs. 2 KV AG.

1459 Art. 83 BPR.

1460 Hangartner/Kley, Rz. 38 und 197; Nohlen, Wahlsysteme, 47 f.

1461 Der Regierungsrat hat sich dahingehend geäussert, dass die Einführung der Wahlpflicht keine Mehrheit finden dürfe. Er gibt zudem zu bedenken, dass die Wahlabstinenz, d.h. der Verzicht auf die aktive Ausübung des Wahlrechts, ein politischer Entscheid sein könne. Siehe Bericht der Justiz- und Sicherheitskommission vom 3. Februar 2015, enthalten in: Geschäft des Landrats 2014-202 vom 10. Juni 2014, https://www.baselland.ch/politik-und-behorden/landrat-parlament/geschafte/geschaftsliste/2014-mai-juni-140-bis-244#2014-202, besucht am 19. April 2018.

1462 Botschaft des Bundesrats vom 16. März 1914 zur Einführung des Verhältniswahlrechts für die Nationalratswahlen, 127, BBl 1914 II 119, https://www.admin.ch/opc/de/federal-gazette/1914/index_12.html, besucht am 19. April 2018.

1463 Poledna, Wahlrechtsgrundsätze, 54.

iii) Kumulieren, Panaschieren und streichen auf dem Wahlzettel

Die Wahlen in die kantonalen Parlamente der Nordwestschweiz werden im Proporzwahlsystem durchgeführt.[1464] Der stimmberechtigten Person stehen beim Ausfüllen des Wahlzettels folgende Möglichkeiten zur Verfügung: Sie kann vorgedruckte Namen von Kandidierenden streichen, aus anderen Listen eintragen (panaschieren) und bzw. oder Namen der gleichen kandidierenden Person zweimal aufführen (kumulieren).[1465] Die Möglichkeit des Kumulierens ist in einem System wie dem Proporz, in dem in erster Linie Parteien und nicht Personen im Vordergrund stehen, im Prinzip fremd. Mit dem Kumulieren werden Elemente einer Personenwahl (Majorz) ins System eingeführt, werden Majorz- mit Proporzelementen vermischt. Die Stimmberechtigten erhalten die Möglichkeit, eine kandidierende Person zu bevorzugen, einer Einzelperson mehr Gewicht zu verleihen. Im Kanton Basel-Stadt kann der Name der kandidierenden Person – als Ausnahme in der Schweiz – dreimal aufgeführt werden.[1466] Grundsätzlich kann hinterfragt werden, ob es richtig ist, Elemente der Personenwahl mit einem dreimaligen Kumulieren noch weiter auszubauen.

Das Kumulieren war, wie auch das Panaschieren, eines der Zugeständnisse an das Mehrheitssystem, das im Zusammenhang mit dem Systemwechsel zu Beginn des 20. Jahrhunderts gemacht wurde, um der Verhältniswahl zum Durchbruch zu verhelfen. Weitere Zugeständnisse waren etwa das Listensystem oder das natürliche Quorum.[1467]

b. Eigentliche Stimmabgabe

i) Amtliche Stimm- und Wahlzettel

Sowohl auf Bundesebene als auch in den Kantonen sind für die Stimmabgabe die amtlichen Stimm- und Wahlzettel zu verwenden.[1468] Diese sind handschriftlich auszufüllen (Stimm- und Wahlzettel ohne Vordruck) bzw. abzuändern (Wahlzettel mit Vordruck).[1469]

Im Kanton Basel-Stadt ist das handschriftliche Ausfüllen bzw. Abändern der Stimm- und Wahlzettel gesetzlich nicht explizit geregelt. Dass die Stimmberech-

[1464] § 61 Abs. 2 KV AG; § 32 Abs. 1 GPR BL; § 46 Abs. 1 KV BS; § 30 Abs. 1 WahlG BS; Art. 67 Abs. 1 KV SO.

[1465] § 10 Abs. 2 GrossratswahlG AG; § 38 Abs. 1 GPR BL; § 75 Abs. 2 und 3 GPR SO.

[1466] § 48 Abs. 1 WahlG BS.

[1467] Kölz, Probleme des kantonalen Wahlrechts, 26; Poledna, Wahlrechtsgrundsätze, 118 ff. m.w.Verw.

[1468] Art. 5 Abs. 1 BPR. § 18 Abs. 1 und § 20 GPR AG sowie § 10 Abs. 1 GrossratswahlG AG;

[1469] § 18 Abs. 2 GPR AG; § 8 Abs. 2 GPR BL; § 72 Abs. 2 GPR SO.

tigten Namen von wählbaren Personen auf dem Wahlzettel ankreuzen[1470] und auf leere Linien schreiben können,[1471] lässt indirekt den Schluss zu, dass dies handschriftlich zu geschehen hat. Auch die Vorgabe, dass Abstimmungsfragen mit Ankreuzen beantwortet werden,[1472] lässt den gleichen Schluss zu. Nicht erlaubt ist ausdrücklich das Ausfüllen im Vervielfältigungsverfahren; solche Stimm- und Wahlzettel sind ungültig.[1473] Die Möglichkeit des Ankreuzens auf dem Stimm- und Wahlzettel steht im Zusammenhang mit der Einführung technischer Hilfsmittel zur Ermittlung des Wahl- und Abstimmungsergebnisses per 2015, was maschinenlesbare Stimm- und Wahlzettel bedingt.[1474]

ii) Persönliche Stimmabgabe und Stimmabgabe an einer Versammlung

Die Stimme kann persönlich in einem Wahllokal an der Urne abgegeben werden.[1475] Wo die Abgabe der Stimme in einer Versammlung[1476] vorgesehen und damit die physische Präsenz erforderlich ist, wird die faktische Möglichkeit der Stimmabgabe eingeschränkt. Ortsabwesenheit oder Krankheit können Ursachen für eine Verhinderung an der Versammlungsteilnahme sein. Diese Verhinderungen sind in der Regel unverschuldet.

Exemplarisch für die Stimmabgabe an einer Versammlung sind Einwohnergemeindeversammlungen. Einwohnergemeinden unterstehen entweder der Organisation mit Gemeindeversammlung (sog. Ordentliche Organisation) oder derjenigen mit Einwohnerrat bzw. Gemeindeparlament (ausserordentliche Organisation).[1477] Ist die Einwohnergemeinde so organisiert, dass ihre Beschlüsse an einer Gemeindeversammlung gefällt werden (ordentliche Organisation), so bedeutet dies, dass die Stimmberechtigten an einem bestimmten Tag zu einer bestimmten Zeit aufgeboten werden und persönlich anwesend sein müssen, um ihre Stimme abzugeben. In der grossen Mehrzahl der Gemeinden in der Nordwestschweiz finden Gemeindeversammlungen statt.[1478]

[1470] § 68 Abs. 1 lit. a WahlG BS.

[1471] § 68 Abs. 1 lit. b WahlG BS.

[1472] § 28a Abs. 1 WahlG BS.

[1473] § 18 Abs. 1 lit. b WahlG BS.

[1474] § 12a WahlG BS.

[1475] § 17 Abs. 1 GPR AG i.V.m. § 15 ff. V GPR AG; § 7 Abs. 1 GPR BL i.V.m. § 5 V GPR BL; § 6 Abs. 1 und § 7 WahlG BSi.V.m. § 7 und § 14 WahlV BS; § 24 ff. und § 86 GPR SO.

[1476] Beispielsweise in einer Einwohnergemeindeversammlung. Einwohnergemeinden unterstehen regelmässig entweder der Organisation mit Gemeindeversammlung (ordentliche Organisation) oder derjenigen mit Einwohnerrat bzw. Gemeindeparlament (ausserordentliche Organisation). § 15 GemeindeG AG; § 5 Abs. 1 GemeindeG BL; § 6 GemeindeG BS; § 16 GemeindeG SO.

[1477] § 15 GemeindeG AG; § 5 Abs. 1 GemeindeG BL; § 6 GemeindeG BS; § 16 GemeindeG SO.

[1478] Einwohnergemeindeversammlung oder Einwohnerrat? Kanton *Aargau*: Total 213 Einwohnergemeinden, davon 203 mit Einwohnergemeindeversammlung und 10 mit Einwoh-

Die Stimmabgabe in einer Versammlung steht klar im Gegensatz zur Tendenz, die Stimmabgabe zu erleichtern, beispielsweise mit der brieflichen oder in Zukunft unter Umständen mittels elektronischer Stimmabgabe.[1479] Es besteht ein ungelöster Konflikt zwischen historischer Versammlungstradition und der möglicherweise unverschuldeten Verhinderung der persönlichen Teilnahme, die ohne Not zur Folge hat, dass die betroffene Person ihre Stimme nicht abgeben kann. Weiter steht die Abstimmung an einer Versammlung im Spannungsfeld zum Stimmgeheimnis.[1480]

Denkbar wäre, die Stimmabgabe an einer Versammlung mittels elektronischer Hilfsmittel zu regeln. Ähnlich wie an Generalversammlungen von Aktiengesellschaften erhielte jede stimmberechtigte Person ein Gerät, mit dem sie mittels drahtloser Kommunikation ihre Stimme abgeben kann. Damit würde der Akt der Stimmabgabe der Sozialkontrolle entzogen und das Stimmgeheimnis gewahrt. Zu bedenken ist dabei, dass die Technik versagen oder manipuliert werden kann. Zudem ist das Problem der faktischen Teilnahme mit einem elektronischen Hilfsmittel für die Stimmabgabe an einer Versammlung nicht gelöst.

Wer von der persönlichen Stimmabgabe an der Urne keinen Gebrauch machen kann oder will, dem stehen Möglichkeiten der *erleichterten Stimmabgabe* zur Verfügung:[1481] Es sind dies die persönliche vorzeitige,[1482] die briefliche[1483] und u.U. die elektronische Stimmabgabe.[1484] Diese Möglichkeiten sind grundsätzlich gleichwertig.

Ein historischer Rückblick zeigt auf, dass das Verfahren der Stimmabgabe im Laufe der Zeit in räumlicher wie zeitlicher Hinsicht erleichtert und so immer stimmbürgerfreundlicher wurde. Damit wurde der wachsenden Mobilität Rechnung getragen. Das Urnensystem löste im 19. Jahrhundert auf Bundesebene das Versammlungssystem ab. Die Urnenwahl war somit die erste Erleichterung der Stimmabgabe und ersparte den Stimmberechtigten den Weg in die Kantonshauptstadt. Auf Bundesebene wurde die briefliche Stimmabgabe 1967 eingeführt, die jedoch nur auf schriftliches Gesuch hin unter bestimmten Voraussetzungen bewilligt wurde (sog. Zweistufiges Verfahren). 1976 wurde das Verfahren dahingehend

---

nerrat. Kanton *Basel-Landschaft*: Total 86, davon 81 mit Einwohnergemeindeversammlung und 5 mit Einwohnerrat. Kanton *Basel-Stadt*: Total 3 Einwohnergemeinden, davon 1 mit Einwohnergemeindeversammlung und 1 mit Einwohnerrat. Die Einwohnergemeinde Basel verfügt über keine eigene Legislative. Der Grosse Rat des Kantons Basel-Stadt übt diese Funktion aus. Kanton *Solothurn*: Total 109 Einwohnergemeinden, davon 108 mit Einwohnergemeindeversammlung und 1 mit Gemeindeparlament.

1479 HELG, 81 ff.

1480 Siehe auch 3. Kapitel II. 4.

1481 VON ARX, 934 m.w.Verw.

1482 Siehe 6. Kapitel III. 3. b. iii).

1483 Siehe 6. Kapitel III. 3. b. iv).

1484 Siehe 6. Kapitel III. 3. b. v).

erleichtert, dass das Gesuch für die briefliche Stimmabgabe nicht mehr begründet werden musste. 1994 wurde auf Bundesebene die voraussetzungslose briefliche Stimmabgabe (sog. Einstufiges Verfahren oder auch generelle oder vereinfachte briefliche Stimmabgabe genannt) eingeführt und allen Stimmberechtigten von Amtes wegen das Material zur brieflichen Stimmabgabe zugestellt.[1485] 2013 führte der Kanton Tessin als letzter die voraussetzungslose briefliche Stimmabgabe ein.

Im Einzelnen:

iii) Erleichterte Stimmabgabe: Vorzeitige persönliche Stimmabgabe

Die Stimmberechtigten können ihre Stimme am Abstimmungstag oder auch vorzeitig persönlich abgeben, wobei die Kantone die *vorzeitige Stimmabgabe* mindestens an zwei der vier letzten Tage vor dem Abstimmungstag ermöglichen müssen. Für die vorzeitige Stimmabgabe hat das kantonale Recht vorzusehen, dass alle oder einzelne Urnen während einer bestimmten Zeit geöffnet sind (sog. Vorurne) oder dass der Stimmberechtigte den Stimmzettel in einem verschlossenen Umschlag bei einer Amtsstelle abgeben kann.[1486] Die Behörden haben die Einzelheiten proaktiv bekannt zu geben und vor dem Urnengang die nötigen Anordnungen zu treffen, damit der Urnengang jedem korrekt möglich bleibt.[1487] Da in Bund und Kantonen die voraussetzungslose briefliche Stimmabgabe eingeführt worden ist, würde sich de lege ferenda eine Aufhebung der vorzeitigen Stimmabgabe rechtfertigen.[1488] Für die vorzeitige Stimmabgabe hat das kantonale Recht vorzusehen, dass alle oder einzelne Urnen während einer bestimmten Zeit geöffnet sind oder dass der Stimmberechtigte den Stimmzettel in einem verschlossenen Umschlag bei einer Amtsstelle abgeben kann.

Die vorzeitige Stimmabgabe beinhaltet, dass alle oder einzelne Urnen während einer bestimmten Zeit – mindestens an zwei der vier letzten Tage vor dem Abstimmungstag – geöffnet sind oder dass die stimmberechtigte Person den Stimmzettel in einem verschlossenen Umschlag bei einer Amtsstelle abgeben kann.[1489] Die Kantone sind verpflichtet, die vorzeitige Stimmabgabe gesetzlich zu regeln.[1490]

In den Kantonen Aargau, Basel-Landschaft und Basel-Stadt ist die vorzeitige Stimmabgabe nicht gesetzlich geregelt. In Basel-Stadt regelt der Regie-

1485 Von Arx, 933 ff., insbes. 937 ff. m.w.Verw.
1486 BBl 1975 I 1332. Art. 7 Abs. 1 und 2 BPR.
1487 Art. 79 Abs. 2 BPR.
1488 Von Arx, 936.
1489 Art. 7 Abs. 2 BPR.
1490 Art. 7 Abs. 2 BPR.

rungsrat bzw. Gemeinderat die Öffnungszeiten der Wahllokale.[1491] Im Kanton Basel-Landschaft legt ebenfalls der Gemeinderat die Öffnungszeiten fest.[1492] Im Kanton Solothurn können die Gemeinden den Stimmberechtigten an den beiden dem Abstimmungs- oder Wahltag vorausgehenden Tagen durch Urnenöffnung Gelegenheit zur persönlichen Wahl- und Stimmabgabe bieten.[1493] Hat die Gemeinde diese Möglichkeit geschaffen, so ist der Zugang zur Abgabestelle bzw. Urne für mindestens eine Stunde pro Tag zu ermöglichen.[1494] Die Urnenöffnung für die vorzeitige Stimmabgabe ist als Kann-Bestimmung formuliert und somit nicht obligatorisch.[1495] Der bundesrechtlichen Vorgabe wird damit nicht entsprochen. Die Kantone Aargau, Basel-Landschaft, Basel-Stadt und Solothurn kommen folglich der bundesrechtlichen Vorgabe, die vorzeitige persönliche Stimmabgabe an mindestens zwei der letzten vier Tage vor dem Abstimmungstag zu ermöglichen, nicht nach bzw. überlassen es den Gemeinden, diese persönliche Stimmabgabe im vom Bundesrecht geschützten Umfang zu ermöglichen.

Die Missachtung der bundesrechtlichen Vorgaben zur erleichterten persönlichen Stimmabgabe ist ein Verstoss gegen den Grundsatz der Gleichwertigkeit der Stimmkanäle.

Der Gesetzgeber geht grundsätzlich davon aus, dass Stimmzettel zu Hause ausgefüllt werden; im Kanton Solothurn gibt es jedoch die Pflicht, mindestens eine *Wahlzelle* aufzustellen oder einen Raum zur Verfügung zu stellen, in dem die Stimmberechtigten ihre Stimmzettel ungestört und unter Wahrung des Stimmgeheimnisses ausfüllen können.[1496] Der Kanton Basel-Landschaft verweist ebenfalls auf das Stimmgeheimnis.[1497] Der Kanton Aargau unterstreicht explizit, dass die Stimmabgabe ungestört möglich sein muss.[1498]

1491 Vorzeitige persönliche Stimmabgabe in der Stadt Basel nur am Samstag möglich und nicht an zwei Tagen, wie vom Bund vorgegeben, siehe http://www.staatskanzlei.bs.ch/politische-rechte/wahlen-abstimmungen/informationen.html, besucht am 19. April 2018.

1492 Kantonal vorgeschrieben ist: «Das Wahllokal ist mindestens am Abstimmungs- oder Wahltag wenigstens eine Stunde offen zu halten.» § 5 Abs. 2 GPR BL. Dies entspricht nicht der bundesrechtlichen Vorgabe von mindestens zwei der letzten vier Tage vor dem Abstimmungstag.

1493 § 87 GPR SO.

1494 § 35 V GPR SO.

1495 § 87 GPR SO: «Vorzeitige Wahl- und Stimmabgabe. Bei Wahlen und Abstimmungen können die Gemeinden den Stimmberechtigten an den beiden dem Abstimmungs- oder Wahltag vorausgehenden Tagen durch Urnenöffnung Gelegenheit zur persönlichen Wahl- und Stimmabgabe bieten.»

1496 § 25 GPR SO.

1497 § 7 Abs. 4 GPR BL.

1498 § 19 Abs. 1 GPR AG.

iv) Erleichterte Stimmabgabe: Briefliche Stimmabgabe

Die stimmberechtigte Person kann ihre Stimme nicht nur *persönlich* an der Urne, sondern auch *brieflich* abgeben.[1499] Die Einführung der brieflichen Stimmabgabe sollte dem zunehmend starken Absinken der Stimmbeteiligung entgegenwirken.[1500] Die Stimmbeteiligung hat im 20. Jahrhundert stetig abgenommen; der Rückgang ist jedoch von starken Ausschlägen geprägt. Eine Erholung im Nachgang an die Einführung der brieflichen Stimmabgabe und ihre weitere Liberalisierung 1994 kann jedoch nicht beobachtet werden. Auf der anderen Seite setzt sich der Abwärtstrend im 21. Jahrhundert auch nicht fort.[1501]

Der Bund schreibt vor, dass die Kantone für ein einfaches Verfahren der brieflichen Stimmabgabe zu sorgen haben. Die Kantone der Nordwestschweiz kommen ihrer bundesrechtlichen Verantwortung im Rahmen der brieflichen Stimmabgabe zur Kontrolle der Stimmberechtigung, zur Wahrung des Stimmgeheimnisses und zur Erfassung aller Stimmen, um Missbräuche zu verhindern, nach.[1502] Insbesondere ist die im Kanton Basel-Stadt auf dem Stimmrechtsausweis enthaltene Kennziffer[1503] geeignet, Kontrolle, Stimmgeheimnis und Missbrauchsverhinderung zu gewährleisten.[1504]

Wer brieflich abstimmt, kann dies bereits drei Wochen vor dem eigentlichen Abstimmungssonntag tun.[1505] Dies beinhaltet die theoretische Gefahr, dass die

---

1499 § 17 Abs. 1 GPR AG und § 23 V GPR AG; § 7 Abs. 1, erster Satz, GPR BL; § 6 Abs. 1 WahlG BS; die persönliche Stimmabgabe ergibt sich aus § 86 Abs. 1 GPR SO. Briefliche Stimmabgabe: § 78 Abs. 1 GPR SO.

1500 Art. 8 BPR. Im Jahr 1994 wurde die briefliche Stimmabgabe weiter liberalisiert. Diese Liberalisierung geht auf zwei einstimmig überwiesene Motionen zurück (Motionen von Nationalrätin Eva Segmüller, http://www.parlament.ch/afs/data/d/gesch/1987/d_gesch_19870364_002.htm, besucht am 19. April 2018, (Zulässigkeit der brieflichen Stimmabgabe ab Erhalt der Unterlagen, Aufhebung der Frist für die briefliche Stimmabgabe frühestens drei Wochen vor der Abstimmung) und Ständerat René Rhinow, https://www.parlament.ch/afs/data/d/gesch/1988/d_gesch_19880739_002.htm, besucht am 19. April 2018 (Aufhebung der Pflicht, die briefliche Stimmabgabe mit Begründung beantragen zu müssen). Mit diesen Motionen sollte dem zunehmend starken Absinken der Stimmbeteiligung entgegengewirkt werden; es war jedoch gerade umgekehrt: Die Stimmbeteiligung sank in den Jahren 1995–1997 unter 40 Prozent.

1501 Siehe dazu https://www.bfs.admin.ch/bfs/de/home/statistiken/politik/abstimmungen/stimmbeteiligung.assetdetail.1863368.html, besucht am 19. April 2018, und die Statistik zur Entwicklung der Stimmbeteiligung bei eidgenössischen Volksabstimmungen 1911–2016: https://www.bfs.admin.ch/bfs/de/home/statistiken/politik/abstimmungen/stimmbeteiligung.assetdetail.1863368.html, besucht am 19. April 2018.

1502 Art. 8 BPR i.V. mit §§ 24–28 V GPR AG, § 7 und § 8 V GPR BL, § 8 WahlG BS und § 3, § 8 und § 10 WahlV BS und § 78 – § 84 GPR SO.

1503 § 3 Abs. 2 und 3 WahlV BS.

1504 BGE 1 P.297/1996. Siehe 6. Kapitel III. 2. f.

1505 Art. 11 Abs. 3 und Art. 8 Abs. 2 BPR.

Stimmabgabe erfolgt, bevor der eigentliche persönliche Willensbildungsprozess abgeschlossen ist, zumal die Abstimmungs- und Wahlkampagnen noch nicht abgeschlossen worden sind. Die Einbindung der Stimmberechtigten in den Entscheidprozess beinhaltet jedoch auch, dass ihnen zugestanden wird, den Willensbildungsprozess und die Stimmabgabe selbstverantwortlich in Einklang zu bringen, womit die erwähnte Gefahr eine theoretische bleibt.[1506]

Die Stimmabgabe erfolgte zuerst ausschliesslich im Wahllokal, bevor schrittweise die Briefwahl eingeführt wurde. Mittlerweile sind es über 80 Prozent der Stimmberechtigten, die brieflich wählen.[1507]

v) Erleichterte Stimmabgabe: Elektronische Stimmabgabe im Allgemeinen

Den Urnengang durch den elektronischen Knopfdruck zu ersetzen, bildet nach der Einführung der brieflichen Abstimmung die logische Fortsetzung der erleichterten Stimmabgabe. Wie bereits die Einführung der brieflichen Stimmabgabe wird E-Voting mit der Hoffnung auf eine erhöhte Stimmbeteiligung verbunden.[1508] Es sind Zweifel angebracht, ob E-Voting die Stimmbeteiligung wesentlich zu steigern vermag.[1509] Bei der persönlichen und der brieflichen Stimmabgabe liegen eine grössere Zeitspanne und distanzierende Tätigkeiten zwischen der emotionalen Stimulierung der Stimmberechtigten und der Stimmabgabe. Dieses «cooling out» entemotionalisiert die Stimmabgabe. Beim E-Voting jedoch liegt nur ein Mausklick zwischen der emotionalisierenden Website und der Stimmabgabe, ein «cooling out»-Effekt bleibt aus. E-Voting kann daher zu verstärkt emotionalem Stimmverhalten führen.[1510]

Nach einer über zehnjährigen Pilotphase soll die elektronische Stimmabgabe, der sog. Vote électronique oder E-Voting, in den ordentlichen Betrieb überführt werden.[1511] Ziel ist die flächendeckende Einführung der elektronischen Stimmabgabe durch die Kantone bzw. durch zwei Drittel der Kantone bis 2019.[1512]

1506 VON ARX, 947 ff. m.w.Verw. Siehe auch MÜLLER/SCHEFER, 621 m.w.Verw. zur Notwendigkeit der Begrenztheit des Willensbildungsprozesses.

1507 Eine Untersuchung aus dem Jahr 2005 zeigte auf, dass über 80 Prozent der Stimmberechtigten ihre Stimme brieflich abgeben. Die Studie ist nicht mehr online verfügbar, siehe aber: https://www.nzz.ch/articleDPVT0-1.22464, besucht am 19. April 2018.

1508 Die briefliche Stimmabgabe hat diese Hoffnung nicht erfüllt. Siehe 6. Kapitel III. 3. b. v).

1509 LINDER, E-Voting, 107 f., prognostiziert eine Erhöhung von 1,7 Prozent und beschreibt die Gründe, die gegen eine sprunghafte Steigerung der Stimmbeteiligung sprechen.

1510 LINDER, E-Voting, 116 f., empfiehlt, die vermuteten Effekte wissenschaftlich zu untersuchen.

1511 Art. 8a BPR. Zum aktuellen Stand siehe https://www.bk.admin.ch/bk/de/home/politische-rechte/e-voting/ueberblick.html, besucht am 19. April 2018.

1512 Siehe dazu https://www.admin.ch/gov/de/start/dokumentation/medienmitteilungen.msg-id-64299.html, besucht am 19. April 2018.

Die Zielvorgabe des Steuerungsausschusses E-Government Schweiz,[1513] die flächendeckende Einführung von E-Voting voranzutreiben, veranlasst die Kantone daran zu erinnern, dass für die Durchführung von Wahlen und Abstimmungen die Kantone zuständig sind und nicht der Bund. Denn lediglich für das E-Voting von Auslandschweizerinnen und -schweizern hat der Bund die Kompetenz, verbindliche Vorgaben für das E-Voting zu erlassen. Seitens des Bundes scheint der Grundtenor vorzuherrschen, dass, was technisch machbar ist, auch verwirklicht werden soll. Eine breite Grundsatzdebatte zu Sicherheit und Stimmgeheimnis sei bis dato nicht in Gang gekommen, wird richtigerweise kritisiert.[1514]

Die Einführung von E-Voting löst Bedenken aus bezüglich der Sicherheit und der Wahrung des Stimmgeheimnisses: Kann das Stimm- und Wahlergebnis manipuliert werden? Kann das Stimmgeheimnis verletzt werden?

Eine Studie zu Haltungen und Bedürfnissen der schweizerischen Bevölkerung zu E-Voting von 2016[1515] hat ergeben, dass eine Mehrheit der flächendeckenden Einführung von E-Voting positiv eingestellt ist (69 Prozent). Im Vergleich mit den anderen Stimmkanälen – persönliche Stimmabgabe und briefliche Stimmabgabe – ist das Vertrauen in E-Voting jedoch klar geringer: Fast jeder zweite Studienteilnehmende (47 Prozent) ist der Ansicht, dass fehlerhafte oder ungültige Stimmgaben beim E-Voting möglich seien. Eine Mehrheit (61 Prozent) ist der Meinung, dass die Stimmabgabe über das Internet einfacher manipuliert werden könne als die briefliche Stimmabgabe und dass die Gefahr gross sei, dass ausländische Geheimdienste mitläsen und damit das Stimmgeheimnis nicht gewahrt werde (57 Prozent). Die Studie untersuchte u.a. weiter, welche Massnahmen das Vertrauen ins E-Voting am ehesten erhöhen würden. Dabei fand das Aufdrucken eines persönlichen Codes auf den Stimmzettel, damit die Stimmabgabe überprüft werden könne, den grössten Anklang (68 Prozent). Ob sich die Hoffnung vieler Stimmberechtigter erfüllt, dass E-Voting die Stimmbeteiligung erhöhen würde, wenn dieser Stimmkanal zur Verfügung stünde, ist fraglich, so die Studie mit Verweis auf die Einführung der brieflichen Stimmabgabe.

Die Anforderungen für den Einsatz des elektronischen Stimmkanals sind in den Rechtsgrundlagen auf Bundesebene definiert.[1516] Die Sicherheitsanforderungen wurden 2014 erhöht. Aktuell erfüllen zwei Systeme diese Anforderungen und

---

[1513] Siehe https://www.egovernment.ch/de/umsetzung/schwerpunktplan1, besucht am 19. April 2018.

[1514] So Biaggini, External Voting, 469.

[1515] Milic, Thomas, McArdle, Michele, Serdült, Uwe, Haltungen und Bedürfnisse der schweizerischen Bevölkerung zu E-Voting, Forschungsbericht Nummer 9, Zentrum für Demokratie Aarau 2016: https://www.zdaarau.ch/dokumente/SB-09-Evoting-ZDA.pdf, besucht am 19. April 2018.

[1516] Art. 27a ff., insbes. Art. 27b VPR und Art. 2 ff. VEleS.

stehen erfolgreich im Einsatz: Das System «Genf» und das System «Neuenburg», auch System «Schweizerische Post AG» genannt (nachfolgend «Post»), weil es in Zusammenarbeit mit der Schweizerischen Post AG entwickelt worden ist. Der Kanton Basel-Stadt hatte sich zuerst dem System «Genf» angeschlossen bzw. wurde von Genf beherbergt. 2017 hat sich Basel-Stadt für das System der Schweizerischen Post entschieden.[1517] Ein drittes System, das System «Zürich», wurde im Nachgang an den negativen Entscheid des Bundesrates vom 12. August 2015 nicht mehr weiter betrieben. Die Kantone Aargau und Solothurn haben damit 2015 einen Rückschlag für E-Voting erlitten. Die beiden Kantone, Mitglieder des sog. Consortiums,[1518] dessen E-Voting-System auf einer Informatiklösung des Kantons Zürich beruhte, verfolgen weiterhin das Ziel, den elektronischen Stimmkanal in Zukunft für Stimmberechtigte im Ausland und im Inland einzuführen.

Der Bundesrat hat 2015 die beiden E-Voting-Systeme «Genf» und «Post» als sicher eingestuft und dies in erster Linie deshalb, weil die Stimmberechtigten die Möglichkeit haben, dank des Einsatzes von personalisierten Codes zu überprüfen, ob ihre Stimme korrekt übermittelt worden ist.[1519] Aargau und Solothurn könnten sich einem dieser beiden Systeme anschliessen und Versuche für E-Voting (wieder) durchführen.

Der Hauptfokus der bundesrechtlichen Regelungen betreffend den elektronischen Stimmkanal liegt auf dem Sicherheitsaspekt. Um auch den Aspekt der Transparenz zu fördern und die Systeme transparenter zu gestalten, steht im Raum, die Quellcodes[1520] offenzulegen.[1521] Weiter plant der Bundesrat namentlich die elektronische Stimmabgabe von der Versuchsphase in den ordentlichen Betrieb zu überführen. Weiter sollen die Rechtsetzungsarbeiten zur Dematerialisierung aufgenommen werden, so dass in Zukunft auf die physische Zustellung von Stimmausweis, Stimmzettel und Erläuterungen ganz verzichtet werden kann.[1522]

[1517] http://www.medien.bs.ch/nm/2017-02-03-rrbs-001.html, besucht am 19. April 2018.

[1518] Consortiumskantone waren AG, FR, GL, GR, SG, SH, SO, TH und ZH.

[1519] Siehe https://www.admin.ch/gov/de/start/dokumentation/medienmitteilungen.msg-id-58314.html, besucht am 19. April 2018.

[1520] Beim Quellcode handelt es sich um den Text eines Computerprogramms, der die Funktionsweise dieses Programms beschreibt. Der Quellcode dokumentiert konkret, wie die Stimmen vom System registriert und verarbeitet werden sollen.

[1521] Unter einer Open-Source-Lizenz kann diese Offenlegung problematisch sein. Siehe dazu den Bericht der Staatspolitischen Kommission des Ständerats zur Motion von Nationalrat Lukas Reimann vom 15. Mai 2017: https://www.parlament.ch/centers/kb/Documents/2015/Kommissionsbericht_SPK-S_15.4237_2017-05-15.pdf, besucht am 19. April 2018.

[1522] Siehe im Einzelnen Medienmitteilung des Bundesrates vom 5. April 2017 bezüglich nächste Schritte zur Ausbreitung der elektronischen Stimmabgabe: https://www.admin.

Im Unterschied zur Stimmabgabe im Stimmlokal an der Urne erfolgt die Stimmabgabe per Brief oder auf dem elektronischen Weg in einer nicht überwachten Umgebung. Die briefliche Stimmabgabe hat in der Schweiz eine rund dreissigjährige Tradition und wird nicht mehr kontrovers diskutiert. Ein Vergleich der brieflichen mit der elektronischen Stimmabgabe bezüglich Sicherheit, Transparenz und Qualität hat ergeben, dass Erstere im Bereich der Sicherheit mehr Vorteile hat als Letztere. Sobald E-Voting-Systeme eine universelle Verifizierung bieten, wären die briefliche und die elektronische Stimmabgabe mindestens gleichwertig. Transparenz dient dazu, Vertrauen in einen Stimmkanal herzustellen. Bei der elektronischen Stimmabgabe bedeutet Transparenz, die kryptographische Möglichkeit zu verifizieren, ob eine Stimme so gespeichert wurde, wie beabsichtigt und abgegeben. Zu beachten ist, dass technische Massnahmen oft nicht ausreichen, um Vertrauen zu erzeugen. Psychologische Aspekte sind daher ebenfalls wichtig und zu berücksichtigen.[1523]

vi) Erleichterte Stimmabgabe: Elektronische Stimmabgabe in der Nordwestschweiz

Die gesetzlichen Grundlagen für die Einführung von E-Voting sind in allen vier Kantonen der Nordwestschweiz geschaffen.[1524]

Der *Kanton Basel-Landschaft* verfügt zwar über die Rechtsgrundlagen,[1525] hat den elektronischen Stimmkanal bis jetzt aber noch nicht angeboten.

Der *Kanton Basel-Stadt* nutzte zunächst das System «Genf». An der Abstimmung vom 5. Juni 2016 konnten erstmals nicht nur ausländische Stimmberechtigte, sondern auch Menschen mit einer Behinderung den elektronischen Kanal benutzen. Gemäss der Strategie zur Einführung der elektronischen Stimmabgabe[1526] haben zunächst Stimmberechtigte mit einer (Seh-)Behinderung ihre Stimme über das Internet abgeben können.[1527] Im Oktober 2017 hat

---

ch/gov/de/start/dokumentation/medienmitteilungen.msg-id-66273.html, besucht am 19. April 2018.

1523 Serdült/Dubuis/Glaser, 1 ff. und 9.

1524 § 17 Abs. 6 GPR AG und § 14d V GPR AG; § 7 Abs. 1bis und Art. 7a GPR BL; § 6 Abs. 1 und § 8a WahlG BS; § 91 bis GPR SO.

1525 § 7 Abs. 1bis und Art. 7a GPR BL.

1526 Siehe Beschluss des Regierungsrats des Kantons Basel-Stadt vom 9. Dezember 2014: E-Voting für Auslandschweizer Stimmberechtigte (Projekte «Vote électronique»); Strategie betreffend Ausdehnung der elektronischen Stimmabgabe im Kanton Basel-Stadt

1527 Siehe Beschluss des Regierungsrats des Kantons Basel-Stadt vom 23. Februar 2016: Ausdehnung von E-Voting auf Stimmberechtigte mit einer Behinderung: Revision der Verordnung über den Testbetrieb für die elektronische Stimmabgabe von Auslandschweizer Stimmberechtigten vom 26. Mai 2009 (SG 132.150).

der Grosse Rat einen Betrag von CHF 5'900'000.00 beschlossen, um E-Voting schrittweise einzuführen.[1528]

Ab 2019 sollen alle drei Stimmkanäle (elektronische, briefliche und persönliche Stimmabgabe) allen im Kanton Basel-Stadt Stimmberechtigten zur Verfügung stehen.[1529]

In den *Kantonen Aargau und Solothurn* mussten die Versuche mit dem elektronischen Stimmkanal abgebrochen werden.[1530]

vii) Vertretung bei der Stimmabgabe

Die stimmberechtigte Person kann sich bei der Stimmabgabe *vertreten* lassen:[1531] Die Stimme kann in Bundes- und Kantonsangelegenheiten nicht nur persönlich oder brieflich, sondern auch durch Drittpersonen zur Urne gebracht werden, wenn das kantonale Recht dies vorsieht.[1532] Die Stellvertretung reduziert sich auf den eigentlichen Urnengang, die Drittperson übt nicht das Stimmrecht in Stellvertretung aus.[1533] In der Nordwestschweiz kennt der Kanton Aargau die Stellvertretung bei der Stimmabgabe: Ehegatten und eingetragene Partner dürfen einander an der Urne bei gleichzeitiger Abgabe der beiden Stimmrechtsausweise vertreten.[1534]

Der Bund gibt vor, dass die Kantone dafür zu sorgen haben, dass auch stimmen kann, wer *wegen Invalidität oder aus einem anderen Grund* dauernd unfähig ist, die für die Stimmabgabe nötigen Handlungen selbst vorzunehmen.[1535]

[1528] Beschluss des Grossen Rats vom 18. Oktober 2017 betreffend Ratschlag betreffend Ausdehnung E-Voting auf Stimmberechtigte mit Wohnsitz im Kanton Basel-Stadt http://www.grosserrat.bs.ch/dokumente/100386/000000386388.pdf, besucht am 19. April 2018.

[1529] Bericht der Justiz-, Sicherheits- und Sportkommission vom 13. September 2017 zum Ratschlag betreffend Ausdehnung E-Voting auf Stimmberechtigte mit Wohnsitz im Kanton Basel-Stadt; Finanzierung http://www.grosserrat.bs.ch/dokumente/100386/000000386226.pdf, besucht am 19. April 2018.

[1530] Der Bundesrat hatte eine Lücke beim Schutz des Stimmgeheimnisses festgestellt und daher das Gesuch abgelehnt. Siehe Medienmitteilung des Bundesrates vom 12. August 2015 zum Thema «Nationalratswahlen mit dem elektronischen Stimmkanal»: https://www.admin.ch/gov/de/start/dokumentation/medienmitteilungen.msg-id-58314.html, besucht am 19. April 2018 sowie zur Situation in AG: https://www.ag.ch/de/sk/ueber_uns_sk/dossiers_sk/e_voting/e_voting.jsp, besucht am 19. April 2018, und in SO https://www.so.ch/staatskanzlei/politische-rechte/e-voting/, besucht am 19. April 2018.

[1531] Art. 5 Abs. 6 BPR.

[1532] Art. 5 Abs. 6, erster Satz, BPR.

[1533] Botschaft Einführung allgemeine Volksinitiative, insbes. 5299.

[1534] § 17 Abs. 2 GPR AG und § 23 V GPR AG.

[1535] Art. 6 BPR; § 17 Abs. 4 GPR AG; § 7 Abs. 3 GPR BL, siehe auch ACHERMANN 111; § 9 WahlG BS.

Aus einem anderen Grund als Invalidität sind etwa *schreibunfähige Stimmberechtigte* nicht in der Lage, den Stimmzettel selber auszufüllen.[1536]

Die Nordwestschweizer Kantone kommen dieser bundesrechtlichen Vorgabe unterschiedlich nach. In allen vier Kantonen ist die Stimmabgabe bei *körperlicher Invalidität* explizit geregelt.[1537] Für Stimmberechtigte, die *aus einem anderen Grund dauernd unfähig* sind, die nötigen Handlungen im Zusammenhang mit der Stimmabgabe selbst vorzunehmen, beispielsweise Schreibunfähige, ist Folgendes vorgesehen: In den Kantonen Aargau,[1538] Basel-Landschaft[1539] und Basel-Stadt[1540] werden Schreibunfähige nicht explizit erwähnt, sie sind jedoch unter diejenigen zu subsumieren, die aus einem anderen Grund unfähig sind, die Stimmzettel selber auszufüllen. Im Kanton Basel-Stadt besteht ein ausdrückliches Verbot für eine weitergehende oder organisierte Stellvertretung.[1541] Im Kanton Solothurn hingegen ist nur die Vertretung bei der Stimmabgabe körperlich Behinderter gesetzlich geregelt.[1542] Ob sich Stimmberechtigte, die aus einem anderen Grund wie beispielsweise Schreibunfähigkeit nicht in der Lage sind, den Stimmzettel auszufüllen, vertreten lassen können, ist aufgrund der bundesrechtlichen Vorgabe[1543] zu bejahen.[1544]

[1536] Art. 5 Abs. 6, zweiter Satz, BPR. Mit «anderen Gründen» sind Analphabeten gemeint und nichtgeistige Behinderungen. Dass die Unfähigkeit eine dauernde sein muss, schliesst Vertretungen wegen bloss vorübergehender Abwesenheiten wie Ferien aus. So explizit z.B. die Justiz-, Sicherheits- und Sportkommission in ihrem Bericht vom 17. Oktober 2013 zum Ratschlag zu einer Änderung der Verfassung des Kantons Basel-Stadt vom 23. März 2005 und einer Änderung des Gesetzes über Wahlen und Abstimmungen vom 21. April 1994, siehe http://www.grosserrat.bs.ch/dokumente/100376/000000376492.pdf, besucht am 19. April 2018.

[1537] § 17 Abs. 4 GPR AG; § 7 Abs. 3 GPR BL; § 9 Abs. 1 WahlG BS; § 85 GPR SO.

[1538] § 17 Abs. 4 GPR AG: Mit der Formulierung «Stimmberechtigte, die (…) oder aus einem anderen Grund unfähig sind, das Ausfüllen der Stimm- und Wahlzettel selbst vorzunehmen (…)» sind auch Schreibunfähige mitgemeint.

[1539] § 7 Abs. 3 GPR BL: Mit der Formulierung «Stimmberechtigte, die (…) oder aus einem anderen Grund dauernd unfähig sind, die für die Stimmabgabe erforderlichen Handlungen (Ausfüllen der Stimm- und Wahlzettel usw.) selbst vorzunehmen (…)» sind auch Schreibunfähige mitgemeint. Auf Bundesebene werden diese explizit erwähnt, siehe Art. 5 Abs. 6, zweiter Satz, BPR.

[1540] § 9 WahlG BS: Mit der Formulierung «Stimmberechtigte, die (…) oder aus einem anderen Grund unfähig sind, das Ausfüllen der Stimm- und Wahlzettel selbst vorzunehmen (…)» sind auch Schreibunfähige mitgemeint.

[1541] § 9 Abs. 2 WahlG BS.

[1542] § 85 Abs. 1 GPR SO und § 33 V GPR SO.

[1543] Art. 6 BPR.

[1544] Auf Bundesebene wird die Vertretung Schreibunfähiger explizit geregelt, siehe Art. 5 Abs. 6, zweiter Satz, BPR.

Im Kanton Basel-Stadt erfolgt die Stimmabgabe durch Dritte seit 2015 mit einem besonderen Stimmrechtsausweis, der bei der Staatskanzlei bzw. der zuständigen Einwohnergemeinde unter Angabe des Hinderungsgrundes anzufordern ist. Die mit der Stimmabgabe betraute Person hat darauf Namen und Wohnadresse zu vermerken.[1545] Im Kanton Solothurn können Kranke oder Invalide, die nicht in der Lage sind, die Vorbereitungen für die briefliche Stimmabgabe selbst zu treffen, eine stimmfähige Vertrauensperson damit beauftragen. Falls der Stimmrechtausweis nicht eigenhändig unterzeichnet werden kann, hat die Vertrauensperson, wie im Kanton Basel-Stadt, Namen, Wohnadresse und Unterschrift beizufügen.[1546]

In den Kantonen Aargau und Basel-Landschaft sind weder ein besonderer Stimmrechtsausweis noch die Deklaration des Vertretungsverhältnisses beim Ausfüllen vorgesehen. Es ist lediglich geregelt, dass die Stimmabgabe in Vertretung erfolgen kann.[1547] Die Lösungen von Basel-Stadt und Solothurn sind zu begrüssen. Die Deklaration des Vertretungsverhältnisses schafft Transparenz. Diese Transparenz fehlt in den Kantonen Aargau und Basel-Landschaft.

4. Gleiche Berücksichtigung aller gültig abgegebenen Stimmen bei der Stimmenzählung

a. Gültige, ungültige und leere Stimmen

i) Gültige und ungültige Stimmen

Die Stimmrechtsgleichheit garantiert, dass jede Stimme gezählt wird.[1548] Dabei ist grundsätzlich jede gültig abgegebene Stimme in gleicher Weise zu berücksichtigen. Dafür ist zuerst zu definieren, welche Stimmen oder Stimmzettel die Voraussetzung der Gültigkeit erfüllen.

Die *Unterscheidung gültiger von nicht gültigen Stimmen* im Rahmen der Zählwertgleichheit dient der Ermittlung des richtigen Wahlergebnisses. Das Wahlergebnis ist dann korrekt und erfüllt die Erfordernisse der Zählwertgleichheit, wenn jede Stimme gezählt wird, die unzweideutig, zurechenbar, frei von Willensbildungs- und Abgabemängeln und eine vollständige oder teilweise Willensäusserung der Stimmberechtigten ist.[1549]

Ungültigkeitsgründe können sich auch aus kantonalen Verfahrensvorschriften ergeben wie beispielsweise Vorgaben zu Stimmcouvert, Stimmrechtsaus-

[1545] § 8a WahlV BS.

[1546] § 33 V GPR SO.

[1547] § 17 Abs. 4 GPR AG; § 7 Abs. 3 GPR BL.

[1548] BGE 98 Ia 73, E. 4.

[1549] POLEDNA, Wahlrechtsgrundsätze, 51.

weis (insbes. Unterschrift) oder Kontrollstempel.[1550] Dies betrifft insbesondere Vorgaben im Zusammenhang mit der persönlichen und der brieflichen Stimmabgabe.[1551]

In der Nordwestschweiz sind – entsprechend den Vorgaben des Bundes[1552] – nur Stimmen gültig, die auf amtlichen Stimmzetteln abgegeben werden,[1553] bei der Abgabe amtlich gekennzeichnet werden (in der Regel: Stempel)[1554] und keine ehrverletzenden Äusserungen enthalten.[1555] Weiter: Die Stimmzettel müssen handschriftlich ausgefüllt oder geändert worden sein (explizit Aargau, Basel-Landschaft und Solothurn).[1556] Sie dürfen nicht im Vervielfältigungsverfahren ausgefüllt werden (Basel-Stadt).[1557] Der Wille der stimmberechtigten Person muss eindeutig erkennbar sein (explizit Aargau, Basel-Stadt und Solothurn).[1558]

Stimmen für eine nicht wählbare Person sind ungültig.[1559] In weiteren Fällen ist erheblich, ob der Wille der stimmberechtigten Person erkennbar ist: Undeutlich geschriebene Namen oder andere Betitelungen sind gültige Stimmen, wenn sie nach unparteiischem Entscheid des Wahlbüros eindeutig eine bestimmte, wählbare Person bezeichnen.[1560] Nicht näher bezeichnete Namen, die auf mehrere wählbare Personen zutreffen können, sind nur als gültige Stimmen zu behandeln, wenn nur eine zur Wahl vorgeschlagene Person diesen Namen trägt.[1561] Umgekehrt sind Stimmen auf gültigen Wahlzetteln ungültig, wenn ein Kandidatenname nicht eindeutig zugeordnet werden kann oder unleserlich ist, wenn die Stimme für eine nicht wählbare Person abgegeben wird – mit Ausnahme der Stimmen für Verstorbene und Weggezogene – und wenn ein Kandidatenname mehr als doppelt aufgeführt wurde.[1562]

1550 Art. 12 Abs. 2 und Art. 38 Abs. 3 BPR.

1551 Explizit: § 21 Abs. 1 GPR AG sowie § 24 – § 28 V GPR AG; § 10 Abs. 2 GPR BL.

1552 Art. 5, 12 und 38 BPR.

1553 § 21 Abs. 1 GPR AG; § 10 Abs. 1 GPR BL; § 18 Abs. 1 WahlG BS sowie § 15 Abs. 1 WahlV BS; § 94 Abs. 1 GPR SO.

1554 § 11 Abs. 1 GrossratswahlG AG; § 10 Abs. 1 GPR BL; § 18 Abs. 1 WahlG BS sowie § 15 Abs. 1 WahlV BS; § 94 Abs. 1 GPR SO.

1555 § 21 Abs. 1 GPR AG; § 10 Abs. 1 GPR BL; § 18 Abs. 1 WahlG BS sowie § 15 Abs. 1 WahlV BS; § 94 Abs. 1 GPR SO.

1556 § 21 Abs. 1 und 2 GPR AG; § 10 Abs. 1 GPR BL; § 94 Abs. 1 GPR SO.

1557 § 18 Abs. 1 WahlG BS sowie § 15 Abs. 1 WahlV BS.

1558 § 21 Abs. 1 GPR AG; § 18 Abs. 1 und 19 Abs. 1 lit. a WahlG BS sowie § 15 Abs. 1 WahlV BS; § 94 Abs. 1 GPR SO.

1559 Explizit § 21 Abs. 2 GPR AG und 19 Abs. 1 lit. b WahlG BS.

1560 Explizit § 15 Abs. 3 WahlV BS.

1561 Explizit § 15 Abs. 4 WahlV BS.

1562 Explizit § 95 Abs. 1 lit. a, b und c GPR SO.

Grundsätzlich betrifft die Ungültigkeit nur die einzelne ungültige Stimme, nicht jedoch die auf einem gemeinsamen Wahlzettel aufgeführten gültigen Stimmen.

Abstimmungsfragen können mit «Ja» oder «Nein» in einer der Landessprachen beantwortet werden.[1563]

Gemäss bundesrechtlicher Vorgabe sind Stimmzettel zudem ungültig, wenn sie *offensichtlich gekennzeichnet* sind[1564] und damit Rückschlüsse auf die stimmberechtigte Person zulassen (explizit: Basel-Landschaft[1565] und Solothurn[1566]). Hintergrund dieser Bestimmung ist das Stimmgeheimnis:[1567] Beim Zählen der Stimmen sollen keine Rückschlüsse auf die stimmberechtigte Person möglich sein.

Das Stimmgeheimnis ist nicht nur ein Recht der stimmberechtigten Person, sondern gleichzeitig auch eine Pflicht. Die stimmberechtigte Person muss ihre Stimme so abgeben, dass der Inhalt nicht zugeordnet werden kann. Auf das Stimmgeheimnis kann nicht verzichtet werden. Wird etwa ein Stimmzettel bei der brieflichen Stimmabgabe unverschlossen in das amtliche Stimmcouvert gelegt, so ist der Stimmzettel ungültig. Anderslautende kantonale Ausführungsbestimmungen sind ungültig.[1568]

Anders ist offenbar die Haltung zum Stimmgeheimnis bei Abstimmungen an einer Gemeindeversammlung, die in der Regel ohne Wahrung des Stimmgeheimnisses abgehalten worden sind und immer noch werden.[1569]

ii) Leere Stimmen

Es fragt sich, wie *leere Stimmen* berücksichtigt werden sollen.[1570] Leere Stimmen werden in den Kantonen Basel-Landschaft und Solothurn explizit definiert: Ein Stimm- bzw. Wahlzettel ist leer, wenn er überhaupt nicht ausgefüllt worden ist[1571] und wenn er weder auf der Vorder- noch auf der Rückseite einen Namen oder eine Listenbezeichnung bzw. eine Antwort enthält.[1572] Ihm gleichgestellt sind Stimm- und Wahlzettel, die mit einem Strich oder einer Null versehen

[1563] Explizit § 15 Abs. 2 WahlV BS.

[1564] Art. 12 Abs. 1 lit. d BPR.

[1565] § 10 Abs. 1 GPR BL.

[1566] § 94 Abs. 1 GPR SO.

[1567] In der Botschaft zum Bundesgesetz über die politischen Rechte wird das Verbot von offensichtlichen Kennzeichnungen in Art. 12 Abs. 1 lit. d BPR mit Art. 5 Abs. 7 BPR begründet. Dieser lautet: «Das Stimmgeheimnis ist zu wahren.» Siehe BBl 1975, 1334.

[1568] Braun, 185 f. m.w.Verw.

[1569] Siehe 3. Kapitel II. 4. b.

[1570] Siehe auch Maag, 212 f. m.w.Verw.

[1571] § 9 Abs. 1 GPR BL und § 20 Abs. 1 WahlG BS.

[1572] § 15 Abs. 6 WahlV BS.

sind.[1573] Eine Stimme ist zudem leer, wenn auf einem gültigen Stimmzettel eine von mehreren Fragen nicht beantwortet worden ist.[1574]

In der Praxis werden leere Stimmen in der Regel wie ungültige behandelt, d.h. nicht berücksichtigt. Es gilt zu differenzieren: Bei Abstimmungen bleiben leere wie ungültige Stimmen sowohl auf Bundesebene als auch in den Kantonen der Nordwestschweiz bei der Ermittlung des Ergebnisses richtigerweise ausser Betracht.[1575] Bei Proporzwahlen werden leere Zeilen auf einem Wahlzettel einer bezeichneten Partei als Zusatzstimmen zugerechnet.[1576] Bei Majorzwahlen wiederum ist die Berücksichtigung der leeren Wahlzettel bei der Ermittlung des absoluten Mehrs nicht einheitlich:[1577] Teils werden diese in den Nordwestschweizer Kantonen berücksichtigt (Basel-Stadt und Solothurn),[1578] teils nicht (Aargau und Basel-Landschaft).[1579] In der Lehre wird die Nichtberücksichtigung leerer Wahlzettel bei Majorz kritisiert, als Verstoss gegen die Zählwertgleichheit qualifiziert und verlangt, dass die leeren Stimmen bei der Berechnung der gesamthaft abgegebenen Stimmen berücksichtigt werden.[1580]

Im Zusammenhang mit der Ermittlung des Ergebnisses stellen sich bei Majorz- und bei Proporzwahlen unterschiedliche Fragen. Im Einzelnen:

b. Stimmen zählen bei Majorzwahlen

i) Berechnungsbasis Einzelstimme

Im *Verfahren nach Majorz* wird die Willensäusserung unterschiedlich bewertet, je nachdem, ob als Basis zur Berechnung des Ergebnisses die gültigen Einzelstimmen oder die gültigen Stimmzettel herangezogen werden. Den Kantonen steht es frei, die eine oder andere Methode zu wählen.[1581] Des Weiteren gibt es unterschiedliche Mehrheitsqualifikationen der Willensäusserungen in Form des absoluten Mehrs beim ersten Wahlgang und des relativen Mehrs im zweiten Wahlgang.[1582]

1573 § 15 Abs. 7 WahlV BS.

1574 § 9 Abs. 2 GPR BL und § 21 Abs. 1 WahlG BS.

1575 Art. 13 Abs. 1 BPR, § 22 Abs. 1 GPR AG, § 9 und 11 GPR BL, § 22 Abs. 1 WahlG BS, § 115 Abs. 2 GPR SO.

1576 Art. 37 BPR, § 10 Abs. 5 GrossratswahlG AG, § 39 GPR BL, § 49 Abs. 2 WahlG BS, § 96 Abs. 1 GPR SO.

1577 Auf Bundesebene stellt sich die Frage nicht, da das relative Mehr massgeblich ist (Art. 47 Abs. 1 BPR).

1578 § 22 Abs. 2 i.V.m. § 70 Abs. 1 WahlG BS und § 15 Abs. 5 WahlV BS, § 113 Abs. 2 GPR SO.

1579 § 22 Abs. 1 GPR AG, § 11 i.V.m. § 28 Abs. 2 GPR BL,

1580 HALLER/KÖLZ/GÄCHTER, Rz. 792. Siehe nachfolgend 6. Kapitel IV. 4. b. iii).

1581 BGE 108 Ia 243.

1582 POLEDNA, Wahlrechtsgrundsätze, 54 f.

Grundsätzlich werden Bestimmungen unterschieden, die entweder den Stimmzettel als Ganzes ungültig erklären oder nur die einzelne Stimme auf dem Stimmzettel. Wird das Ergebnis von Majorzwahlen aufgrund der *Einzelstimmen* als Zählbasis berechnet, so werden leere Zeilen oder leere Wahlzettel wie Stimmenthaltungen bewertet. Will die stimmberechtigte Person sich jedoch mit dem Leerlassen der Zeile oder des Stimmzettels nicht enthalten, sondern sich ablehnend, d.h. gegen Kandidierende bzw. die zur Verfügung stehende Auswahl, äussern, so bleibt diese Willensäusserung unberücksichtigt. Diese Zählweise kann als Verletzung der Zählwertgleichheit betrachtet werden, weil eine im Prinzip ablehnende Willensäusserung bei der Zählung materiell nicht beachtet und einer Enthaltung gleichgesetzt wird.[1583] Werden die leeren Zeilen nicht gezählt, so liegt das absolute Mehr tiefer, als wenn die leeren Zeilen gezählt würden. So wird ein zweiter Wahlgang eher vermieden.[1584] Wird das Ergebnis von Majorzwahlen mittels des relativen Mehrs berechnet, so ist es irrelevant und ändert nichts am Ergebnis, wenn leere Stimmen wie ungültige Stimmen nicht zur Ergebnisfindung miteinbezogen werden.[1585]

ii) Berechnungsbasis Wahlzettel

Zählbasis für das Ergebnis kann nicht nur die Einzelstimme, sondern auch der *Wahlzettel* sein. Ist nur ein Mandat zu vergeben, so besteht im Ergebnis kein Unterschied zwischen den beiden Zählbasen. Sobald jedoch mehr als ein Mandat zu vergeben ist, stimmt das Ergebnis aufgrund der Zählbasis Wahlzettel nicht mehr mit dem Ergebnis aus der Mehrheit der Einzelstimmen überein. Die Zählbasis Wahlzettel unterscheidet nicht zwischen einem vollständig ausgefüllten und dem unvollständig ausgefüllten Wahlzettel; ein unvollständig ausgefüllter wird dem vollständig ausgefüllten Stimmzettel gleichgesetzt. Der sich teilweise enthaltende Wählende wird dem Wählenden gleichgesetzt, der den Wahlzettel vollständig ausgefüllt hat. Die Stimmenthaltung wird der materiellen Stimm-

---

1583 KÖLZ, Probleme des kantonalen Wahlrechts II, 56 ff.; MAAG 212 f.; POLEDNA, Wahlrechtsgrundsätze, 62 f.

1584 BGE 108 Ia 243, E. 3.e): «(...) dass das Ziel jeder Wahl darin besteht, die freien Sitze in einer staatlichen Behörde nach Möglichkeit zu besetzen. Auch im ersten Grossratswahlgang sollte es dem loyalen Stimmbürger nicht darum gehen, eine Pattsituation anzustreben, damit in jedem Falle ein zweiter Grossratswahlgang notwendig wird. Der erste Grossratswahlgang dient nicht der Herbeiführung des zweiten Grossratswahlgangs.» Anderer Ansicht: KÖLZ, Probleme des kantonalen Wahlrechts, 56 ff.; POLEDNA, Wahlrechtsgrundsätze, 55 ff. Beide plädieren für die Berücksichtigung der leeren Zeilen oder Zettel bei der Berechnung des absoluten Mehrs bei Majorzwahlen.

1585 Die Kritik bei HALLER/KÖLZ/GÄCHTER, Rz. 792 betreffend Qualifizierung leerer Stimmzettel als ungültige Stimmzettel verfängt nicht bei Majorzwahlen mit relativem Mehr.

abgabe gleichgesetzt. Dies stellt einen Verstoss gegen die Zählwertgleichheit dar.[1586] Wird auf den Wahlzettel anstatt auf die Einzelstimme abgestellt, so liegt die Hürde für die Besetzung des Mandats oder der Mandate im ersten Wahlgang höher.[1587]

iii) Ergebnisermittlung bei Majorzwahlen in der Nordwestschweiz

In der Nordwestschweiz werden bei Majorzwahlen die Ergebnisse wie folgt ermittelt:

Bei *Wahlen nach Majorzsystem* sind im ersten Wahlgang diejenigen Kandidatinnen und Kandidaten gewählt, welche das absolute Mehr erreichen und die höchsten Stimmenzahlen auf sich vereinigen.[1588] Bei Stimmengleichheit entscheidet das Los.[1589] Erreichen weniger Kandidatinnen und Kandidaten, als zu wählen sind, im ersten Wahlgang das absolute Mehr, so ist ein zweiter Wahlgang durchzuführen. Gewählt sind diejenigen Kandidatinnen und Kandidaten, welche die meisten Stimmen erhalten haben (relatives Mehr).[1590]

In den Kantonen Aargau und Basel-Landschaft fallen leere und ungültige Stimmzettel bzw. Stimmen bei der Ermittlung des Ergebnisses ausser Betracht. Zählbasis ist somit die *Einzelstimme.* Insbesondere die Nichtberücksichtigung der leeren Stimmen bzw. Stimmzettel können als Verletzung der Zählwertgleichheit betrachtet werden.[1591] Werden leere Stimmen wie ungültige behandelt, so liegt das absolute Mehr tiefer, als wenn leere Stimmen bzw. Stimmzettel als ablehnende Willensäusserung betrachtet und berücksichtigt würden.

In den Kantonen Basel-Stadt und Solothurn werden zur Feststellung des absoluten Mehrs im ersten Wahlgang sowohl die gültigen als auch die leeren Wahlzettel berücksichtigt.[1592] Leere Wahlzettel werden somit als ablehnende Willensäusserung betrachtet. Diese Ermittlung des Ergebnisses unter Berücksichtigung der leeren Wahlzettel steht im Einklang mit der Zählwertgleichheit.[1593] Das absolute Mehr liegt höher, als wenn leere Wahlzettel als ungültige nicht in die Ermittlung des Ergebnisses miteinbezogen werden.

1586 POLEDNA, Wahlrechtsgrundsätze, 64.

1587 NUSPLIGER, Staatsrecht, 114.

1588 § 23 Abs. 1 GPR AG; § 28 Abs. 1 und 4 GPR BL; § 69 Abs. 1 WahlG BS; § 113 Abs. 1 und 3 GPR SO.

1589 § 69 Abs. 2 WahlG BS und § 114 Abs. 2 GPR SO.

1590 § 23 Abs. 1 GPR AG; § 29 GPR BL; § 71 und 75 WahlG BS; § 114 Abs. 1 GPR SO.

1591 KÖLZ, Probleme des kantonalen Wahlrechts II, 56 ff.; POLEDNA, Wahlrechtsgrundsätze, 62 f.

1592 § 70 Abs. 1 WahlG BS.

1593 KÖLZ, Probleme des kantonalen Wahlrechts II, 56 ff.; POLEDNA, Wahlrechtsgrundsätze, 62 f.

c. Stimmen zählen bei Proporzwahlen

Im *Verfahren nach Proporz* wird jeder gültige Wahlzettel gleich behandelt. Solange die Stimmberechtigten ihren Willen auf *Parteilisten* (vorgedruckte Wahlzettel) äussern, bleibt die Anzahl der Willensäusserungen gleich: Auf einer Parteiliste zählen jede Kandidatenstimme wie auch jede leere Linie in der Regel als Listenstimmen.[1594] Eine leere Linie auf einer Parteiliste wird, wie auch ungültige Stimmen und gestrichene Namen, als Zusatzstimme für die Partei gezählt.[1595] Befindet sich eine leere Linie aber auf einer sog. *Freien Liste* (nicht vorgedruckter Wahlzettel), so fällt sie als leere Stimme ausser Betracht.[1596]

Bei Verhältniswahlen sind zudem Wahlzettel ungültig, wenn sie keinen Kandidatennamen des Wahlkreises enthalten.[1597] Überzählige Stimmen für eine Kandidatin oder einen Kandidaten (d.h. mehr als zweimal bzw. mehr als dreimal aufgeführt im Kanton Basel-Stadt) bleiben unberücksichtigt.[1598] Enthält ein Wahlzettel mehr Namen, als im Wahlkreis Sitze zu vergeben sind, werden die letzten überzähligen Namen gestrichen.[1599]

d. Nachzählung

Der verfassungsrechtlich garantierte Schutz der freien Willensbildung und der unverfälschten Stimmabgabe garantiert, dass kein Abstimmungs- oder Wahlergebnis anerkannt wird, das nicht den freien Willen der Stimmberechtigten zuverlässig und unverfälscht zum Ausdruck bringt.[1600] Wahl- und Abstimmungsergebnisse sind nur dann anzuerkennen, wenn sie sorgfältig und ordnungsgemäss ermittelt worden sind.[1601] Bestehen Zweifel an der sorgfältigen und ordnungsgemässen Ermittlung der Ergebnisse, so besteht die Möglichkeit, dies zu rügen, was eventuell eine Nachzählung oder eine Aufhebung des Urnengangs zu Folge haben kann.[1602]

1594 Ausnahmen zu diesem Verfahren bezüglich Listenstimmen: § 93 Abs. 2 WG SO (ist mehr als die Hälfte der Liste mit listenfremden Kandidierenden panaschiert, so zählt die Liste nicht).

1595 § 10 Abs. 5 GrossratswahlG AG; § 39 Abs. 2 lit. b GPR BL; § 49 Abs. 1 WahlG BS; § 96 Abs. 1 GPR SO.

1596 § 10 Abs. 5 GrossratswahlG AG; § 39 Abs. 3 GPR BL; § 49 Abs. 3 WahlG BS; § 96 Abs. 1 GPR SO.

1597 § 11 Abs. 1 lit. b GrossratswahlG AG; § 38 Abs. 6 GPR BL; § 47 Abs. 1 WahlG BS; § 94 Abs. 1 lit. g GPR SO.

1598 § 11 Abs. 2 GrossratswahlG AG; § 38 Abs. 4 GPR BL; § 49 Abs. 4 WahlG BS; § 95 Abs. 1 lit. c und § 97 Abs. 1 GPR SO.

1599 § 11 Abs. 3 GrossratswahlG AG; § 38 Abs. 5 GPR BL; § 49 Abs. 4 WahlG BS; § 97 Abs. 2 GPR SO.

1600 Art. 34 Abs. 2 BV; BSK BV TSCHANNEN, Art. 34 N 32.

1601 BSK BV TSCHANNEN, Art. 34 N 49.

1602 BGE 131 I 442 E. 3.1 m.w.Verw.; BGE 141 II 297 E. 5 m.w.Verw.

Eine Nachzählung will nicht den Volkswillen hinterfragen, sondern will in erster Linie das korrekte Ergebnis ermitteln. Ob Nachzählungen darüber hinaus geeignet sein können, das Vertrauen der Bevölkerung ins Zählverfahren zu stärken, ist umstritten.[1603]

Unmittelbar aus Art. 34 Abs. 2 BV entsteht jedoch kein allgemeiner und unbedingter Anspruch auf Nachzählung sehr knapper oder äusserst knapper Wahl- und Abstimmungsergebnisse.[1604] Nur wenn die stimmberechtigte Person zusätzlich konkrete Anhaltspunkte für eine fehlerhafte Auszählung oder für ein gesetzwidriges Verhalten der zuständigen Organe vorbringt, ergibt sich eine Pflicht zur Nachzählung.[1605] Dabei sind die Anforderungen an die konkreten Anhaltspunkte oder das gesetzwidrige Verhalten umso geringer zu stellen, je knapper das Wahl- oder Abstimmungsergebnis ausfällt.[1606] Im Einzelnen:

Ist das Ergebnis der Stimmenzählung «sehr knapp», so stellt sich die Frage der *Nachzählung*.[1607]

In der Praxis spielt die Frage der Nachzählung keine grosse Rolle. Von 587 eidgenössischen Abstimmungen zwischen 1848 und 2013 endete nur eine mit einem Ergebnis von 49,9 zu 50,1 Prozent, das heisst mit einer Differenz von 0,2 Prozent, was als «sehr knapp» taxiert werden kann.[1608] Im Rahmen der Revision des Gesetzes über die politischen Rechte 2013 wurden im Parlament Schwellenwerte von 0,1 Prozent oder 0,2 Prozent,[1609] in der Botschaft des Bundesrates ein solcher von 0,15 Prozent vorgeschlagen.[1610] Das Bundesgericht bezeichnete eine Differenz der Ja- und der Nein-Stimmen von 0,3 Prozent als «knapp», aber nicht «sehr knapp».[1611]

In den Nordwestschweizer Kantonen wurde zwischen Januar 2000 und Juni 2013 von insgesamt 339 Abstimmungsvorlagen nur eine mit einer Differenz von 0,14 Prozent Nein-Stimmen und somit «sehr knapp» abgelehnt.[1612]

1603 Häfelin et al., Rz. 1399a ff. und Rz. 2044b. Siehe dazu insbesondere die Auslegeordnung bei Edith Wiederkehr, 26 ff. m.w.Verw.

1604 Zum Thema Aufhebung einer Wahl siehe Anina Weber, Wahlrecht, Rz. 151 ff.

1605 Siehe Art. 13 Abs. 3 BPR und BGE 131 I 442 E. 3.

1606 BGE 141 II 297, insbes. E. 5.4 betreffend eidg. Volksabstimmung über das Bundesgesetz über Radio und Fernsehen. Die Vorlage wurde mir 50,1 Prozent Ja- zu 49,9 Prozent Nein-Stimmen angenommen. Ein Nachzählungsanspruch wurde mangels zusätzlicher äusserer Anhaltspunkte abgelehnt.

1607 Das Bundesgericht befasste sich in BGE 98 Ia 73 ff. erstmals eingehend mit der Frage der Nachzählung.

1608 Siehe die statistische Auswertung bei Edith Wiederkehr, 73.

1609 Amtliches Bulletin, Nationalrat, Sitzung vom 19. März 2014: https://www.parlament.ch/de/ratsbetrieb/amtliches-bulletin/amtliches-bulletin-die-verhandlungen?SubjectId=30780, besucht am 19. April 2018.

1610 BBl 2013, 9265.

1611 BGE 136 II 132.

1612 Edith Wiederkehr, 71 f.

Lehre und Bundesgericht haben sich damit befasst, ob bei einem sehr knappen Abstimmungsergebnis ein Anspruch auf Nachzählung[1613] besteht oder ob, zusätzlich zum Erfordernis der Knappheit, der Hinweis auf *Unregelmässigkeiten*[1614] vorhanden sein muss, die geeignet sind, das Abstimmungsresultat wesentlich zu beeinflussen.

Bis 2009 stellte sich das Bundesgericht in Bezug auf Abstimmungen auf Bundesebene auf den Standpunkt, dass ein sehr knappes Ergebnis alleine kein Grund für eine Nachzählung sei. Zusätzlich mussten Hinweise auf Unregelmässigkeiten vorliegen, die in ihrer Art und von ihrem Umfang her geeignet sind, das Hauptresultat der Abstimmung wesentlich zu beeinflussen.[1615]

Das Bundesgericht folgte bis 2009 der seit 1919 geltenden Praxis und legte Art. 77 Abs. 1 lit. b BPR somit subjektiv-historisch aus:[1616] Die erfahrungsgemäss bestehende Fehlerquote soll nicht gleichgesetzt werden mit dem erforderlichen Hinweis auf die Unregelmässigkeit.

2009 änderte das Bundesgericht in Bezug auf Abstimmungen auf Bundesebene seine Praxis:[1617] Ein bundesrechtlicher Anspruch auf Nachzählung bestehe auch ohne Hinweis auf Unregelmässigkeiten. Ein sehr knappes Abstimmungsergebnis genüge, um eine Nachzählung anzuordnen.[1618] Was ein sehr knappes Ergebnis sei, müsse das Parlament bestimmen.

Das Bundesgericht entschied sich mit BGE 136 II 132, Art. 77 Abs. 1 lit. b BPR zeitgemäss auszulegen und eine Fehlerquote im Sinne einer Tatsachenvermutung mit dem Hinweis auf Unregelmässigkeit gleichzusetzen. Liege ein knappes Abstimmungsergebnis auf Bundesebene vor, so bestehe ein bundesrechtlicher Anspruch auf Nachzählung. Die Fehlerquote, die das knappe Abstimmungsergebnis regelmässig beinhalte, ersetze den Hinweis auf Unregelmässigkeit. Es gebe Zählfehler, für die äusserlich keine Anhaltspunkte bestünden, die darauf hinweisen würden, so das Bundesgericht.

1613 Zu den Anforderungen an eine Nachzählung siehe SCHUHMACHER, Nachzählung, 491 ff.

1614 Zu möglichen Fehlerquellen siehe LUTZ/FELLER/MÜLLER, 1525 ff.

1615 Art. 79 Abs. 2bis BPR.

1616 Die subjektiv-historischen Auslegung basiert auf dem subjektiven Willen des konkreten historischen Gesetzgebers. Dieser subjektive Wille ergibt sich aus der Regelungsabsicht, wie sie aus dem Werdegang des Gesetzes hervorgeht. Siehe HÄFELIN ET AL., Rz. 102 ff.; RHINOW/SCHEFER/UEBERSAX, Rz. 514.

1617 Die Praxisänderung erfolgte im Nachgang an Kritik an der bestehenden Praxis, siehe BGE 136 II 132, insbes. E. 2.4. m.w.Verw.

1618 BGE 136 II 132 ff. m.w.Verw. Gegen den Bundesbeschluss für die Einführung biometrischer Pässe wurde das Referendum ergriffen. An der Volksabstimmung vom 17. Mai 2009 wurde der Bundesbeschluss mit 50,14 Prozent Ja-Stimmen gegen 49,86 Prozent Nein-Stimmen angenommen. Das Bundesgericht lehnte eine Nachzählung ab, da das Ergebnis nicht sehr knapp sei («Entscheid Güntert»). Bei den Kantonen als Rekursinstanz gingen 460 Beschwerden ein, welche erfolglos blieben.

Der Verzicht auf das Glaubhaftmachen von Unregelmässigkeiten wurde kritisiert und die Rückkehr zur alten Praxis gefordert.[1619] Mit der Revision des Bundesgesetzes über die politischen Rechte 2013 wurde diese Kritik berücksichtigt und die Gleichsetzung von knappem Abstimmungsergebnis und Unregelmässigkeiten wieder rückgängig gemacht:

> Am Willen des historischen Gesetzgebers, nur bei substantiierten Hinweisen auf Unregelmässigkeiten nachzuzählen, sei festzuhalten, so das Parlament.[1620] Es wurde explizit festgehalten, dass ein sehr knappes Abstimmungsergebnis nur dann eine Nachzählung erfordere, wenn Unregelmässigkeiten glaubhaft gemacht worden seien, die in Art und Umfang geeignet waren, das Bundesergebnis wesentlich zu beeinflussen.[1621] Das Parlament hat jedoch explizit darauf verzichtet, im revidierten Gesetz einen Schwellenwert für die Nachzählung festzulegen.

Im Rahmen der Revision des Bundesgesetzes über die politischen Rechte schlug der Bundesrat 2013 vor, anstelle aufwändiger Nachzählungen die *Beobachtung der Urnengänge* vorzusehen. Dieser Vorschlag fand im Parlament keine Mehrheit. Auf kantonaler Ebene finden sich jedoch bereits Ansätze zu solchen Beobachtungsmöglichkeiten bzw. einer Kontrolle der Arbeit in den Wahlbüros,[1622] indem diese parteipolitisch durchmischt zusammengesetzt werden; so in der Nordwestschweiz explizit im Kanton Aargau[1623] und im Kanton Solothurn.[1624]

Unregelmässigkeiten im Zusammenhang mit sehr knappem Abstimmungsergebnis sind mit einer *Abstimmungsbeschwerde an die Kantonsregierung* anzufechten.[1625] Eine Nachzählung aufgrund eines sehr knappen Abstimmungsergebnisses eines Urnengangs auf Bundesebene ergibt jedoch nur Sinn, wenn die Nachzählung schweizweit erfolgt. Dies wiederum kann eine Kantonsregierung nicht anordnen.[1626] Das Bundesgericht hat darum 2009 die Abstimmungsbeschwerde an die Kantonsregierung in diesen Fällen als «untauglichen Rechtsbehelf» qualifiziert und festgehalten, dass der Beschwerdeweg direkt ans Bundesgericht führe.[1627] Zusätzlich hat das Bundesgericht auch darauf hin-

---

[1619] So beispielsweise NUSPLIGER/MÄDER, 183 ff.

[1620] BBl 2013, 9256 m.w.Verw.

[1621] Art. 13 Abs. 3 BPR.

[1622] Siehe die Beispiele in BBl 2013, 9241.

[1623] § 21 Abs. 1 lit. c GemeindeG AG: Im Kanton Aargau werden die Stimmenzähler vom Volk gewählt. Damit ergibt sich eine parteipolitisch durchmischte Zusammensetzung, was die Kontrolle fördert.

[1624] Auch im Kanton Solothurn ist vorgeschrieben, dass die Auszählung der Stimmen durch Personen unterschiedlicher Parteien vorzunehmen sei.

[1625] Art. 77 Abs. 1 lit. b BPR und BGE 138 I 61.

[1626] BGE 136 II 132 E. 2.5.1.

[1627] Art. 29a BV i.V.m. Art. 34 BV.

gewiesen, dass das Bundesgericht zuständig sei zur Beurteilung von Streitigkeiten wegen Verletzung von eidgenössischen und kantonalen Bestimmungen über die politischen Rechte.[1628]

Diese Äusserungen hatten zu Unsicherheiten mit Blick auf den Instanzenzug bei Beschwerden im Zusammenhang mit eidgenössischen Abstimmungen gesorgt. Das Bundesgericht hat daraufhin 2011 präzisiert, dass über Abstimmungsbeschwerden im Bereich der eidgenössischen politischen Rechte nach wie vor die Kantonsregierungen erstinstanzlich entscheiden.[1629]

Die dreitägige Beschwerdefrist[1630] gilt sowohl für Beschwerden an die Kantonsregierung als auch für Beschwerden direkt ans Bundesgericht.[1631] Die Beschwerdefrist ist bewusst kurz bemessen.[1632]

Eine Nachzählung mit knappem Resultat darf nicht zum Anlass für eine *weitere Nachzählung* genommen werden. Denkbar wäre eine zweite Nachzählung bei (erneuten) Hinweisen auf Unregelmässigkeiten. Daraus folgt, dass ein sehr knappes Abstimmungsergebnis auf Bundesebene nur für eine erste Nachzählung zu einem Anspruch auf Nachzählung führen kann.[1633]

Bei *Nationalratswahlen* sind, wie (nun wieder) bei Abstimmungen, nach wie vor Anzeichen von Unregelmässigkeiten bzw. der Verdacht auf ein unrichtiges Ergebnis kumulativ zum knappen Ergebnis erforderlich, wie das Bundesgericht 2011 bestätigt hat.[1634]

Die Voraussetzungen für eine *Nachzählung bei kantonalen Wahlen und Abstimmungen* werden vom kantonalen Recht bestimmt.[1635] Dabei ist zu unterscheiden, ob die Behörden angewiesen werden nachzuzählen oder ob eine Einzelperson Beschwerde einreichen kann. Wenn eine Einzelperson Beschwerde einreichen und eine Nachzählung von kantonalen Abstimmungs- und Wahlergebnissen verlangen will, so wird in der Regel nebst dem knappen Ergebnis der Hinweis auf Unregelmässigkeiten verlangt.[1636]

1628 BGE 136 II 132 E. 2.5.2. Art. 189 Abs. 1 lit. f BV.

1629 BGE 138 I 61. Siehe auch Rhinow et al., Prozessrecht, Rz. 1897.

1630 Art. 77 Abs. 2 BPR.

1631 BGE 136 II 132 E. 2.5.3.

1632 Es verstosse gegen Treu und Glauben, ein Ergebnis erst dann anzufechten, wenn bekannt werde, dass es nicht den Erwartungen entspreche, so dass Bundesgericht u.a. in BGE 110 Ia 176 und BGE 118 Ia 271.

1633 BGE 136 II 132 E. 2.4.3.

1634 Die Frage, ob und wann eine Nachzählung vorzunehmen sei, sei in Art. 11 VPR geregelt, so das Bundesgericht in BGE 138 II 5 ff. Somit müssen für die Nachzählung des Ergebnisses von Nationalratswahlen zusätzlich zum knappen Ergebnis (weiterhin) Anzeichen auf Unregelmässigkeiten vorliegen, damit eine Nachzählung angeordnet werden kann.

1635 BGE 131 I 447. Eine Zusammenstellung der kantonalen Praxis zwischen 1990 und 2007 findet sich in Tornay, 278 ff.

1636 Die Beschwerdemöglichkeit ergibt sich aus Art. 34 Abs. 2 BV. BGE 131 I 442, E. 3.3.

Auf kantonaler Ebene gibt es betreffend Nachzählung vier Kategorien:[1637]

Erste Kategorie: Nur drei Kantone haben einen festen Prozentsatz festgelegt, der definiert, wann ein Abstimmungsergebnis das Erfordernis der Knappheit erfüllt, was eine Nachzählung nach sich zieht.[1638]

Zweite Kategorie: St. Gallen verlangt eine Nachzählung bei sehr knappem Abstimmungsergebnis, ohne dies näher zu präzisieren.[1639]

Dritte Kategorie: Eine weitere Gruppe von Kantonen, darunter auch der Kanton Basel-Stadt, verlangt stichhaltige Gründe für Unregelmässigkeiten, damit eine Nachzählung erfolgt.[1640]

Vierte Kategorie: Die Mehrheit der Kantone verzichtet jedoch auf eine gesetzliche Regelung. In der Nordwestschweiz betrifft dies die Kantone Aargau, Basel-Landschaft und Solothurn; sie haben keine gesetzliche Regelung betreffend Nachzählung. Für kantonale Abstimmungen und Wahlen ergibt sich die Pflicht zur Nachzählung direkt aus Art. 34 Abs. 2 BV, wenn es im fraglichen Kanton keine gesetzliche Regelung der Nachzählung gibt. Bei fehlender gesetzlicher Regelung kann der Regierungsrat als Aufsichtsbehörde im Bereich des Abstimmungswesens von Amtes wegen eine Nachkontrolle anordnen, falls dies nach der gegebenen Sachlage für die zuverlässige Resultatermittlung als geboten erscheint bzw. wenn es sich als Gebot politischer Klugheit[1641] erweist, d.h. unabhängig davon, ob Beschwerde erhoben worden ist. Die Abstimmung muss nur dann kassiert werden, wenn sich die Auswirkungen festgestellter Verfahrensmängel nicht durch die Nachkontrolle beseitigen lassen.[1642]

Für das Zählen der Stimmen werden immer häufiger *technische Mittel* wie Zählmaschinen oder Präzisionswaagen eingesetzt. Der Bundesrat regelt deren Einsatz seit 2003.[1643] Er regelt ebenfalls das Verfahren mit elektronischer Erfassung und Auszählung von Stimmzetteln (E-Counting).[1644]

[1637] TORNAY SCHALLER, 100 f. m.w.Verw.

[1638] Als knapp gelten beispielsweise Ergebnisse mit einer Differenz von weniger als 0,3 Prozent in den Kantonen Graubünden und Schaffhausen oder ein Ergebnis zwischen 49,8 und 50,2 Prozent im Kanton Zürich.

[1639] TORNAY SCHALLER, 100 f. m.w.Verw.

[1640] Siehe § 79 Abs. 1 GrossratswahlG BS betreffend Kanton Basel-Stadt sowie Beschluss des Regierungsrats des Kantons Basel-Stadt vom 17. Dezember 2002/Interpellation Dr. Alexandra Nogawa betreffend Stimmenzählung bei Abstimmungen.

[1641] BGE 98 Ia 73 E. 4.

[1642] BGE 131 I 442 E. 3.2.; BGE, 447 f.; BGE 104 Ia 428 E. 3c.; BGE 101 Ia 238 E. 4a.; BGE 98 Ia 73 E. 4. HANGARTNER/KLEY, Rz. 2557; TSCHANNEN, Stimmrecht, Rz. 224 f.; ZEN-RUFFINEN, § 21 N. 39.

[1643] Der Bundesrat stützt sich dabei auf Art. 84 und Art. 91 BPR und auf Art. 9 MessG.

[1644] Siehe Kreisschreiben des Bundesrates an die Kantonsregierungen über die Ermittlung der Ergebnisse eidgenössischer Volksabstimmungen mit technischen Mitteln vom 18. Mai 2016, BBl 2016, 4099.

IV. Stimmkraft- oder Stimmgewichtsgleichheit

1. Übersicht

Die *Stimmkraft- oder Stimmgewichtsgleichheit* garantiert jedem (Proporz-)Wählenden, dass seine Stimme nicht nur gezählt, sondern auch verwertet wird.[1645] Dabei soll jeder Stimme eine theoretische Einflussgleichheit zukommen. Dies setzt voraus, dass die Wahlkreise eines Wahlgebiets gleichwertig sind: Die Stimmkraftgleichheit hat zum Ziel, den Gleichheitsgedanken über die Wahlkreisgrenze hinaus auszudehnen.[1646] Gleichwertig sind die Wahlkreise, wenn ihre territoriale Gestaltung wahlneutral vorgenommen wird, und zwar auf zwei Stufen: erstens Neutralität bei der *Wahlkreisgestaltung* und zweitens Neutralität bei der *Wahlkreisgrösse*:

Territorial neutrale Wahlkreisgestaltung bedeutet nicht, dass Wahlkreise nicht umgestaltet werden dürfen bzw. dass Gebietsänderungen nicht möglich sind. Gebietsänderungen sind jedoch dahingehend zu überprüfen, ob sich daraus Veränderungen in der Wahlkreisgestaltung ergeben oder ob sie wahlneutral ausfallen.[1647]

Ziel ist, dass Wahlkreise nicht nur territorial, sondern auch in Bezug auf ihre Grösse sprich Sitzzahl neutral sind. Um dies festzustellen, werden die Wahlkreise innerhalb eines Wahlgebiets miteinander verglichen. Sie sind dann neutral, wenn sie eine möglichst gleichbleibende Anzahl von Sitzen im Verhältnis zur Einwohnerschaft bzw. zu den Stimmberechtigten aufweisen.[1648]

Von der Zuteilung der *Sitze* an die Wahlkreise ist die Zuteilung der *Mandate* an die Listen bzw. an die Parteien innerhalb eines Wahlkreises zu unterscheiden: Das *Sitzzuteilungsverfahren* tangiert die Stimmkraftgleichheit.[1649] Das *Mandatszuteilungsverfahren* betrifft die Erfolgswertgleichheit und das eigentliche Wahlergebnis.[1650] Für die Zuteilung der Sitze und für die Zuteilung der Mandate können im Prinzip die gleichen mathematischen Berechnungsverfahren angewandt werden. Weder im Bund noch in den Kantonen werden jedoch für die Sitzzuteilung und für die Mandatszuteilung jeweils die gleichen mathematischen Berechnungsverfahren angewandt; bei den Sitzzuteilungsverfahren ist das Verfahren

[1645] 129 I 185 (E. 7.3.). Siehe auch: AUER, Staatsrecht der Kantone, Rz. 1133; KÖLZ, Probleme des kantonalen Wahlrechts, 9; POLEDNA, Wahlrechtsgrundsätze, 26 f., 50 ff. und 66 ff.

[1646] POLEDNA, Wahlrechtsgrundsätze, 66 f.; RHINOW/SCHEFER/UEBERSAX, Rz. 2067 ff.

[1647] Siehe 6. Kapitel IV. 2. b.

[1648] Siehe 6. Kapitel IV. 3.

[1649] Die Sitzzuteilungsverfahren werden in diesem Kapitel behandelt. Im Einzelnen siehe 6. Kapitel IV. 3. und 4.

[1650] Für die unterschiedlichen Mandatszuteilungsverfahren siehe im Einzelnen 6. Kapitel V.

gemäss Hare/Niemeyer und bei den Mandatszuteilungsverfahren das Verfahren nach Hagenbach-Bischoff am weitesten verbreitet.[1651]

Die Zuteilung der Sitze an die Wahlkreise erfolgt nach dem *Kopfzahlprinzip*.[1652] Es stehen dafür drei unterschiedliche Berechnungs*grundlagen* und mehrere mathematische Berechnungs*verfahren* zur Verfügung.

Im Einzelnen:

2. Neutrale Wahlkreisgestaltung

a. Kein regelmässiges Anpassen der Wahlkreisgrenzen

Die Stimmkraftgleichheit setzt gleichwertige Wahlkreise voraus, um den gleichen theoretischen Einfluss der Wählerstimme auf das Wahlergebnis zu garantieren. Dies bedingt eine *wahlneutrale Wahlkreisgestaltung*. Eine neutrale Wahlkreisgestaltung verhindert Wahlkreisgeometrie, d.h. das regelmässige Anpassen der Wahlkreisgrenzen («Gerrymandering»).

Mit der Einführung der Verhältniswahl des Nationalrats 1918 endete auch die damals noch übliche Praxis, nach jeder Volkszählung das Wahlgesetz zu ändern und die Wahlkreise tendenziell zum Nachteil der konkurrenzierenden Parteien so zu ändern, dass die dominierende Partei[1653] ihre Anzahl Mandate im Nationalrat halten konnte.[1654] Wahlkreisgeometrie, «Gerrymandering», ist seit der Einführung der Verhältniswahl für den Nationalrat, als gleichzeitig die Kantone als Wahlkreise festgelegt wurden, auf Bundesebene nicht mehr möglich.[1655]
Die regelmässige neue Festlegung der Wahlkreisgrenzen vor 1918 war eng verflochten mit dem Mehrheitswahlsystem, das für den Nationalrat galt. Mehrheitswahlsystem und Wahlkreisgeometrie gingen Hand in Hand. So bereiteten die Wahlkreisgeometrie und ihre Auswüchse den Boden für die Einführung des Proporzwahlsystems: Die Möglichkeit, die Wahlkreisgrenzen zu ändern, wurde abgeschafft – und das Proporzwahlsystem eingeführt.[1656]

1651 Siehe die Übersicht bei ANINA WEBER, Wahlrecht, Anhang 5. Für die Nordwestschweiz siehe 6. Kapitel IV. 4. b. betreffend Sitzzuteilungsverfahren und 6. Kapitel V. 4. d. für die Mandatszuteilungsverfahren.

1652 Siehe 6. Kapitel IV. 4.

1653 Von 1881 bis 1918 dominierten die Freisinnigen die beiden Räte des Parlaments, dies nicht nur dank konsequenter Wahlkreisgeometrie, sondern auch dank Majorz als Wahlsystem. Siehe dazu GRUNER, 349 ff. m.w.Verw.

1654 Beispiele für Wahlkreiseinteilungen bzw. Wahlkreisgeometrie mit dem Ziel politischen Machterhalts siehe TANDÖRY, 55 f.

1655 POLEDNA, Wahlrechtsgrundsätze, 67 ff. m.w.Verw.

1656 GRUNER, 376: «Je krasser die Wahlkreismissbräuche ausfielen, desto wirkungsvoller konnte man ihre Dienste als Totengräber des Majorz in Anspruch nehmen.»

b. Gebietsänderungen entlang von Wahlkreisgrenzen nicht ausgeschlossen

Wahlkreisgrenzen werden heute auch auf kantonaler Ebene nicht mehr verändert, um Mandate einer Partei zu sichern. Wahlkreisgrenzen sind regelmässig identisch mit Gemeinde-, Bezirks- oder Kantonsgrenzen. Die Änderung dieser Grenzen, sog. *Gebietsänderung*, ist jedoch nicht ausgeschlossen. Die Festlegung (zu) kleiner Wahlkreise oder sehr unterschiedlich grosser Wahlkreise sind geeignet, die tatsächlichen politischen Machtverhältnisse zu verfälschen.[1657] Werden Gebietsänderungen vorgenommen, so sind diese folglich dahingehend zu überprüfen, ob sich daraus Veränderungen in der Wahlkreisgestaltung ergeben, die u.U. nicht wahlneutral ausfallen.

Gebietsänderungen können unterschiedliche Ausmasse haben. Sog. *Grenzbereinigungen* oder Grenzberichtigungen haben weder für den Kanton noch für die beteiligten Bezirke oder Gemeinden politisches Gewicht. *Grenzänderungen* hingegen können politisch und sachlich relevant sein.[1658]

Nachfolgend wird erläutert, wie in den Kantonen Aargau, Basel-Landschaft, Basel-Stadt und Solothurn die Wahlkreise festgelegt sind und wie bei Gebietsänderungen vorgegangen wird. Bei Gebietsänderungen wird regelmässig unterschiedlich verfahren, je nachdem, ob es sich um (politisch und sachlich relevante) Grenzänderungen oder (politisch und sachlich nicht relevante) Grenzbereinigungen handelt:

Im Kanton *Aargau* sind die Wahlkreise die elf von der Kantonsverfassung im Bestand garantierten Bezirke.[1659] Die Zuteilung der Gemeinden zu den Bezirken sowie Grenzänderungen erfolgen nach Anhörung der betroffenen Gemeinden durch Dekret. Die betroffenen Gemeinden haben damit ein Anhörungsrecht, ihre Zustimmung ist – im Unterschied zu den Kantonen Basel-Landschaft, Basel-Stadt und Solothurn – kein Zustimmungserfordernis. Stimmt eine Gemeinde nicht zu, so unterliegt der Beschluss des Grossen Rats der fakultativen Volksabstimmung.[1660] Anders in den Kantonen Basel-Landschaft, Basel-Stadt und Solothurn, wo die Zustimmung der Gemeinden Voraussetzung für eine Grenzänderung ist.

Die Änderung von Gemeindegrenzen, die keine wesentliche Änderung im Bestand der Gemeinden bewirken (Grenzberichtigungen), kann durch Vereinbarung unter den Gemeinden erfolgen. Anschliessend bedarf es der Genehmigung durch den Regierungsrat.[1661]

[1657] Siehe dazu HALLER/KÖLZ/GÄCHTER, Rz. 796 sowie TANDÖRY, 56 f. mit konkreten Beispielen sowie 6. Kapitel IV. 3.

[1658] So beispielsweise für den Kanton Aargau EICHENBERGER, KV AG, Rz. 1 ff. zu § 103 KV AG.

[1659] § 77 Abs. 2 und § 103 KV AG.

[1660] § 103 Abs. 2 KV AG.

[1661] § 4 GemeindeG AG.

Gemeinden können sich zusammenschliessen, es können neue Gemeinden gebildet oder die Gemeindegebiete neu eingeteilt werden, sog. Umgemeindung, wenn die Mehrheit der Stimmberechtigten in jeder der betroffenen Gemeinden dies beschliesst. Zusammenschluss, Umgemeindung oder die Bildung einer neuen Gemeinde müssen vom Grossen Rat genehmigt werden.[1662] Eine Umgemeindung kann die Neutralität der Wahlkreisgestaltung tangieren.

Das Wahlgebiet des Kantons *Basel-Landschaft* ist in 12 Wahlkreise eingeteilt. Ein Wahlkreis umfasst zwei oder mehr Einwohnergemeinden des gleichen Bezirks.[1663] Die 12 Wahlkreise werden wiederum in vier bezirksübergreifenden Wahlregionen zusammengefasst.[1664] Wahlregionen und (Verwaltungs-) Bezirke sind nicht identisch: Es gibt fünf (Verwaltungs-)Bezirke,[1665] jedoch vier Wahlregionen.[1666] Die Wahlregionen sind teilweise bezirksübergreifend.

Bestand und Zugehörigkeit zu einem Bezirk[1667] sowie das Gebiet der Einwohnergemeinde[1668] sind gesetzlich garantiert. Einwohnergemeinden dürfen nur mit ihrer Zustimmung einem anderen Bezirk zugeteilt werden.[1669] Je nachdem, ob es sich um eine Grenzänderung oder eine Grenzbereinigung handelt, ist der Landrat oder der Regierungsrat zuständig: Die Änderung gemeinsamer Grenzen zwischen zwei Gemeinden (Grenzänderung) bedarf der Genehmigung des Landrates. Grenzbereinigungen sind mit Genehmigung des Regierungsrates möglich.[1670] Der Landrat kann nur eine flächengleiche Grenzbereinigung bis zu 10 Hektaren anordnen, sofern sich erstens die Bereinigung aufgrund der für die Vermessung und die Planung geltenden Vorschriften aufdrängt und sich zweitens die beteiligten Gemeinden nicht einigen können.[1671] Eine Grenzänderung sowohl innerhalb des Bezirks als auch über die Bezirksgrenzen hinaus ist somit immer nur mit Zustimmung der Einwohnergemeinde möglich.

Die Grenzen der Einwohnergemeinden sind Grundlage für die Grenzen der Wahlkreise, da ein Wahlkreis zwei oder mehr Einwohnergemeinden umfasst.[1672]

1662 § 5–11 GemeindeG AG.

1663 § 43 KV BL i.V.m. § 48 GPR BL.

1664 § 40 GPR BL.

1665 § 35 GemeindeG BL.

1666 § 48 GPR BL.

1667 § 35 GemeindeG BL.

1668 § 37 GemeindeG BL.

1669 § 41 Abs. 3, zweiter Satz KV BL.

1670 § 38 GemeindeG BL. Grenzänderungen sind flächengleiche oder flächenungleiche Gebietsabtausche von mehr als 10 Hektaren, Grenzbereinigungen betreffen Flächen bis zu 10 Hektaren.

1671 § 38 Abs. 4 GemeindeG BL.

1672 § 43 KV BL i.V.m. § 48 GPR BL.

Ebenso verlaufen die Grenzen einer Wahlregion entlang den Grenzen von Einwohnergemeinden.

Das Wahlgebiet im Kanton *Basel-Stadt* ist in fünf Wahlkreise eingeteilt,[1673] wobei die Einwohnergemeinde der Stadt Basel in drei Wahlkreise aufgeteilt ist und die Gemeinden Bettingen und Riehen je einen Wahlkreis bilden.[1674]

Die Verfassung des Kantons Basel-Stadt garantiert den Bestand der drei Einwohnergemeinden Stadt Basel, Riehen und Bettingen.[1675]

> Die Einwohnergemeinde Stadt Basel weist die Besonderheit auf, dass ihre Geschäfte vom Kanton besorgt werden.[1676] Wenn die Verfassung des Kantons Basel-Stadt die Gemeindeautonomie garantiert und festhält, dass die Einwohnergemeinden befugt sind, ihre Angelegenheiten selbstständig zu regeln,[1677] so sind damit die sog. Landgemeinden Riehen und Bettingen gemeint.

Zusammenschluss, Aufteilung und Neueinteilung der Gemeinden (Grenzänderungen) bedürfen der Zustimmung der Stimmberechtigten der betroffenen Gemeinden sowie des Kantons.[1678] Grenzbereinigungen zwischen den Einwohnergemeinden Bettingen und Riehen sind vom Regierungsrat zu genehmigen.[1679] Grenzbereinigungen zwischen der Einwohnergemeinde Basel und der Gemeinde Riehen werden vom Grossen Rat in seiner Funktion als Einwohnerrat der Stadt Basel genehmigt.[1680] Eine Grenzänderung ist somit immer nur mit Zustimmung der Gemeinde möglich.

Das Wahlgebiet des Kantons *Solothurn* ist in fünf Wahlkreise eingeteilt; die fünf Amteien bilden die Wahlkreise.[1681]

Die Bildung, Vereinigung oder Auflösung sowie die Änderung im Bestand und Gebiet der Einwohnergemeinden, sog. Grenzänderungen, bedürfen der Zustimmung der beteiligten Gemeinden und des Kantonsrats.[1682] Grenzänderungen, die keine wesentlichen Änderungen im Gebiet der Gemeinde bedeuten, sog. Grenzbereinigungen, können durch Beschluss der beteiligten Gemeinden oder aus wichtigen Gründen auf Antrag einer dieser Gemeinden durch den Regierungsrat vorgenommen werden.[1683] Sein Entscheid kann von den beteiligten

1673 § 45 KV BS i.V.m. § 42 WahlG BS.
1674 § 42 Abs. 1 und 2 WahlG BS.
1675 § 57 Abs. 1 KV BS.
1676 § 57 Abs. 2 KV BS.
1677 § 59 ff. KV BS.
1678 § 58 Abs. 2 KV BS.
1679 § 58 Abs. 3 KV BS.
1680 Beispiel einer Grenzbereinigung zwischen den Gemeinden Riehen und Basel: http://www.medien.bs.ch/nm/2003-08-26-jd-001.html, besucht am 19. April 2018.
1681 § 43 Abs. 3 KV SO.
1682 Art. 47 Abs. 1 KV SO.
1683 Art. 47 Abs. 2 KV SO.

Gemeinden an den Kantonsrat weitergezogen werden.[1684] Grenzbereinigungen, die das Kantonsgebiet betreffen, bedürfen der Zustimmung des Regierungsrats.[1685]

In der Vergangenheit sind in der Nordwestschweiz keine politisch oder sachlich relevanten Grenzänderungen zu verzeichnen gewesen, die die Neutralität der Wahlkreisgestaltung in Frage gestellt hätten. Eine Überprüfung der Wahlkreise in Bezug auf ihre Neutralität hat sich somit bis dato nicht aufgedrängt.

3. Neutrale Wahlkreisgrösse

a. Gleichwertige Wahlkreise

Neutralität bei der Wahlkreisgrösse setzt die Bildung möglichst gleich grosser Verhältniswahlkreise voraus, die eine möglichst gleichbleibende Anzahl von Sitzen im Verhältnis zur Einwohnerschaft bzw. zu den Stimmberechtigten garantieren.[1686] Mit der Gleichwertigkeit der Wahlkreise wird das Kopfzahlprinzip umgesetzt.[1687]

Die grösstmögliche Neutralität im Zusammenhang mit der Wahlkreisgrösse ist erreicht, wenn das Wahlgebiet gar nicht in mehrere Wahlkreise unterteilt, sondern ein sog. Einheitswahlkreis gebildet wird.[1688] Der Einheitswahlkreis und damit die Wahlkreisgrösse ist seit der Gründung des Bundesstaates 1848 ein Thema.

> 1848 wurde von der Revisionskommission ein Gesamtwahlkreis für die Nationalratswahlen beantragt, der Antrag später aber wieder fallen gelassen. 1871/1872 hat der Nationalrat die Einführung des Proporzwahlsystems für die Nationalratswahlen abgelehnt. Weitere Vorstösse erfolgten 1881, 1885 und 1899.[1689]
> 1914 stellte der Bundesrat fest: «Voll wird die Verhältnismässigkeit nur da erreicht werden, wo das ganze Land ein Wahlkreis ist. Jede Teilung in Wahlkreise ist im Ergebnis ein Einbruch in den Grundgedanken, und dieser wird umso erheblicher und empfindlicher, je weniger Einheitlichkeit in der Bildung der Wahlkreise besteht (…).»[1690] Und weiter: «So können es also nur politische Bedenken und

---

[1684] Art. 47 Abs. 2, letzter Satz, KV SO.
[1685] Art. 41 Abs. 3 KV SO.
[1686] Zum Zusammenhang zwischen der Verhältnismässigkeit eines Wahlergebnisses und der Wahlkreisgrösse siehe 6. Kapitel I. 2. g.
[1687] Siehe 6. Kapitel IV. 4.
[1688] Poledna, Wahlrechtsgrundsätze, 67 ff.
[1689] Giacometti, 301 m.w.Verw.; Gruner, 313 ff. m.w.Verw.; Klöti, 441 ff.; Schollenberger, 493 m.w.Verw.
[1690] Botschaft vom 16. März 1914 zur Einführung des Verhältniswahlrechts für die Nationalratswahlen, 142, http://www.amtsdruckschriften.bar.admin.ch/viewOrigDoc.do?id=10025313, besucht am 19. April 2018.

Zweckmässigkeitserwägungen sein, die einer mit dem Grundsatz der Rechtsgleichheit in Einklang stehenden Einführung der Verhältniswahl mit entsprechender Wahlkreiseinteilung entgegenstehen. (…) Die ganze Frage wird zur Zweckmässigkeitsfrage. Wir aber können es nicht billigen, wenn aus solchen Erwägungen eine grundsätzlich widerspruchsvolle, verkrüppelte Lösung der Wahlreform vorgeschlagen wird.»[1691] Der Bundesrat empfahl in der Botschaft die Vorlage zur Ablehnung, und zwar in erster Linie nicht wegen des Verstosses gegen den Grundsatz der Gleichheit durch die Wahlkreiseinteilung, sondern weil er das Majorzsystem weiterhin als das richtige für die Nationalratswahlen betrachtete.[1692]

Je grösser ein Wahlkreis, desto höher die Verhältnismässigkeit der Wahlergebnisse. Die Aufteilung eines Wahlgebiets in mehrere Wahlkreise wird damit begründet, dass die Stimmberechtigten ihre Vertreterinnen und Vertreter in einem örtlich vertrauten Kontext wählen sollen. Wäre das ganze Wahlgebiet ein Wahlkreis, so wären die Kandidierenden den Stimmberechtigten weniger vertraut.[1693]

b. Faktische Sperrklauseln: natürliches Quorum

Sind im Wahlgebiet die Wahlkreise unterschiedlich gross, so hat das zur Folge, dass im Vergleich unter den Wahlkreisen nicht jeder Wählerstimme das gleiche politische Gewicht zukommt. Ein Wahlkreis mit wenig Sitzen hat ein grosses *natürliches Quorum*[1694] und damit eine grössere Zahl von Stimmberechtigten, deren Stimmen mit der Wahl nicht vertreten und damit gewichtslos sind, verglichen mit einem Wahlkreis mit vielen Sitzen.[1695]

Je grösser ein Wahlkreis ist, d.h. je mehr Sitze einem Wahlkreis zustehen, desto tiefer ist das sog. Natürliche Quorum. Unter natürlichem Quorum versteht man den in einem bestimmten Wahlkreis erforderlichen Stimmen-

[1691] Botschaft vom 16. März 1914 zur Einführung des Verhältniswahlrechts für die Nationalratswahlen, 153 f., http://www.amtsdruckschriften.bar.admin.ch/viewOrigDoc.do?id=10025313, besucht am 19. April 2018.

[1692] Botschaft vom 16. März 1914 zur Einführung des Verhältniswahlrechts für die Nationalratswahlen, 153 ff., http://www.amtsdruckschriften.bar.admin.ch/viewOrigDoc.do?id=10025313, besucht am 19. April 2018.

[1693] Dies gilt für Wahlen in die kantonale Legislative. Anders ist die Situation bei Wahlen in die kantonale Exekutive, die im Majorz erfolgen (Ausnahme: Kanton Tessin, Art. 66 KV TI), und bei Wahlen, bei denen das Kantonsgebiet regelmässig einen Wahlkreis bildet, siehe z.B. § 63 WahlG BS. 2013 wechselte der Kanton Zug zum Majorzsystem für die Wahl der kantonalen Regierung, nachdem seit mehr als 100 Jahren sowohl die Legislativen als auch die Exekutiven im Proporz gewählt worden waren. Nur für die Mitglieder der Gerichte und bei Wahlen von weniger als drei Mitgliedern galt bereits vor 2013 Majorz.

[1694] Zum gesetzlichen Quorum siehe 6. Kapitel V. 4. f.

[1695] BGE 131 I 80; BGE 136 I 358. Siehe beispielsweise auch Auer, Staatsrecht der Kantone, Rz. 1139; Poledna, Wahlrechtsgrundsätze, 130 ff. m.w.Verw.

anteil[1696] für die Erlangung eines Mandats.[1697] Je kleiner ein Wahlkreis ist, desto höher ist das natürliche Quorum. Laut Bundesgericht sind natürliche Quoren, die 10 Prozent übersteigen, mit dem Verhältniswahlrecht nicht vereinbar.[1698] Ein Wahlkreis muss daher mindestens neun Sitze umfassen. Eine verfassungsmässige Verhältniswahl ist trotz (zu) hohem Quorum dann möglich, wenn mittels Mandatszuteilungsmethoden, wie der Schaffung von *Wahlkreisverbänden*, oder mittels der Methode *Doppelter Pukelsheim* ein wahlkreisübergreifender Ausgleich möglich ist.[1699] Wahlkreisverbände fassen mehrere Wahlkreise zusammen. Zuerst werden die Mandate auf der übergeordneten Ebene zugeteilt.[1700] Bei der Methode des Doppelten Pukelsheim wird das Problem der zu kleinen Wahlkreise ebenfalls durch ein Mandatszuteilungsverfahren in zwei Schritten gelöst, wobei die Mandate zuerst im ganzen Wahlgebiet und anschliessend im Wahlkreis zugeteilt werden.[1701]

Ein tiefes natürliches Quorum trägt dazu bei, dass alle massgeblichen politischen Kräfte nach Massgabe ihrer Parteistärke im Parlament Einsitz nehmen können.[1702] Umgekehrt ist es so, dass, je weniger Sitze einem kleinen Wahlkreis zugeteilt werden, desto höher der Wähleranteil sein muss, um ein Mandat zu erreichen.[1703] Hohe natürliche Quoren bewirken, dass nicht nur sog. Unbedeutende Splittergruppen, sondern auch sog. Minderheitsparteien mit gefestigtem Rückhalt in der Bevölkerung von der Mandatsverteilung ausgeschlossen bleiben.[1704]

Wahlkreisgrösse und Quorenbildung stehen in direktem Zusammenhang. So bedeutet ein (hohes) natürliches Quorum nicht ein unvermeidbares Element der Verhältniswahl, sondern ein bewusstes Abweichen vom Proporzgedanken. Die

---

1696 PUKELSHEIM/SCHUHMACHER, Zürcher Zuteilungsverfahren, 506 (Fn 14) stellt zu Recht fest, dass das Bundesgericht in BGE 129 I 198 E. 7.1.2. unzutreffenderweise auf die absolute Zahl der Stimmen abstellt anstatt auf den Stimmen*anteil.* In BGE 131 I 74 E. 3.3 und BGE 136 I 352 E. 3.4 stellt das Bundesgericht richtigerweise auf die Stimmenanteile ab. Siehe auch BOLZ 168 m.w.Verw.

1697 Die Begrifflichkeit ist in Lehre und Rechtsprechung teilweise uneinheitlich. Siehe dazu BOLZ, 168 m.w.Verw.

1698 BGE 1C_407/2011, BGE 1C_445/2011 und BGE 1C_447/2011 (alle drei BGE Kantonsratswahlen Kanton Schwyz). BGE 1C_511/2015 (Landratswahlen Kanton Uri).

1699 BGE 1C_407/2011; BGE 1C_445/2011; BGE 1C_447/2011. In BGE 1C_511/2015 empfiehlt das Bundesgericht explizit die Schaffung von Wahlkreisverbänden oder den Wechsel zum Mandatszuteilungsverfahren Doppelter Pukelsheim, um das Problem des zu hohen natürlichen Quorums zu lösen.

1700 Sie beispielsweise die Wahlregionen in BL: 6. Kapitel V. 4. c.

1701 Im Einzelnen siehe 6. Kapitel V. 3.

1702 Zum Begriff des natürlichen Quorums siehe BGE 129 I 197 f.

1703 BGE 136 I 352 357 f.; BGE 131 I 80.

1704 BGE 136 I 358; BGE 129 I 201.

Begründung, durch das hohe natürliche Quorum würden (unbedeutende) Splittergruppen erwünschterweise von der Mandatsverteilung ausgeschlossen, weist auf die durch die Proporzwahl grundsätzlich befürchtete Parteienzersplitterung hin. Das natürliche Quorum unterstreicht die Unterscheidung in sog. Unbedeutende Splittergruppen und sog. Minderheitsparteien mit gefestigtem Rückhalt. Letztere sollen gemäss «Volkswillen» im Parlament Einsitz haben, Erstere nicht.

Das Bundesgericht hält an den Anforderungen für das Proporzwahlverfahren fest:[1705] Der in einem bestimmten Wahlkreis erforderliche Stimmenanteil[1706] zur Erlangung eines Mandats und damit das natürliche Quorum[1707] darf 10 Prozent nicht überschreiten.

In der Nordwestschweiz gilt diesbezüglich Folgendes:

c. Natürliches Quorum in der Nordwestschweiz

Der Kanton *Aargau* ist in elf Wahlkreise eingeteilt. Dem grössten Wahlkreis (Baden) sind aktuell 30 der 140 Sitze zugeteilt, den drei kleinsten Wahlkreisen je 7 Sitze (Laufenburg, Muri und Zurzach).[1708] Die Wahlkreise sind von ihrer Grösse her unterschiedlich und zudem sind drei Wahlkreise sehr klein und führen mit ihrer Sitzzahl von unter 9 Sitzen zu einer Überschreitung des natürlichen Quorums von 10 Prozent.

1705 Die bundesgerichtliche Rechtsprechung bis 2003 ist in BGE 129 I 185 (Kanton Zürich) zusammengefasst. Siehe weiter BGE 136 I 352 (Kanton Nidwalden), BGE 136 I 376 (Kanton Zug), BGE 1C_407/2011 (Kanton Schwyz) und den Bundesbeschluss vom 14. März 2013 (Nichtgewährleistung von § 48 Abs. 3 der Verfassung des Kantons Schwyz vom 15 Mai 2011, BBl 2012, 7913 ff.) sowie BGE 1C_495/2012 (Kanton Wallis) und BGE 1C_511/2015 (Kanton Uri). In BGE 1C_511/2015 bestätigt das Bundesgericht, dass das sog. gemischte Wahlverfahren für Parlamentswahlen verfassungskonform sein kann, wenn die Obergrenze des natürlichen Quorums entsprechend berücksichtigt wird, beispielsweise mit der Schaffung von Wahlkreisverbänden oder der Einführung des Wahlverfahrens «Doppelter Pukelsheim». Da das natürliche Quorum in casu in einzelnen Wahlkreisen die Obergrenze von 10 Prozent überschritt, wurde das Verfahren im Kanton Uri als verfassungswidrig beurteilt. Siehe auch 6. Kapitel I. 2. f.

1706 Pukelsheim/Schuhmacher, Zürcher Zuteilungsverfahren, 506 (Fn 14) stellt zu Recht fest, dass das Bundesgericht in BGE 129 I 198 E. 7.1.2. unzutreffenderweise auf die absolute Zahl der Stimmen abstellt, anstatt auf den Stimmen*anteil*. In BGE 131 I 74 E. 3.3 und BGE 136 I 352 E. 3.4 stellt das Bundesgericht richtigerweise auf die Stimmenanteile ab. Siehe auch Bolz, 168 m.w.Verw.

1707 Die Begrifflichkeit ist in Lehre und Rechtsprechung teilweise uneinheitlich. Siehe dazu Bolz, 168 m.w.Verw.

1708 Siehe Beschluss des Grossen Rats betreffend Gesamterneuerungswahlen des Grossen Rats für die Amtsdauer 2017/2020; Mandatszuteilung: https://www.ag.ch/grossrat/grweb/de/195/Detail%20Gesch%C3%A4ft?ProzId=970134, besucht am 19. April 2018.

> Durch die Verkleinerung des Parlaments von 200 auf 140 Sitze im Jahr 2003 wuchs das natürliche Quorum in den kleineren Wahlkreisen auf über 10 Prozent an. Gleichzeitig mit der Verkleinerung wurden die Bezirke als Wahlkreise definiert und festgehalten, dass diese durch Gesetz zu Wahlkreisverbänden zusammengefasst werden können. Der Grosse Rat verzichtete jedoch auf die Schaffung von Wahlkreisverbänden.[1709] Ab 2009 erfolgt die Wahl des Aargauer Grossen Rats nach der Methode Doppelter Pukelsheim.

Ein (zu) hohes natürliches Quorum aufgrund (zu) kleiner Wahlkreise beeinflusst die Abbildung der Wählerschaft im Parlament nur dann negativ, wenn die Mandatszuteilung in den Wahlkreisen erfolgt. Beim Wahlverfahren des «Doppelten Pukelsheim», das 2008 im Kanton Aargau eingeführt wurde und 2009 erstmals zum Einsatz kam,[1710] erfolgt die Oberzuteilung der Mandate nicht in den einzelnen Wahlkreisen, sondern im ganzen Wahlgebiet. Damit hat die unterschiedliche Grösse der Wahlkreise keinen Einfluss auf die Erfolgswertgleichheit der Wählenden.[1711]

Die Wahlkreisgrösse variiert im Kanton *Basel-Landschaft* zwischen sechs und zehn Mandaten. In Wahlkreisen mit weniger als neun Mandaten[1712] erhöht sich das natürliche Quorum auf über 10 Prozent und somit der Anteil an gewichtslosen oder unverwerteten Stimmen auf eine vom Bundesgericht nicht mehr tolerierte Höhe.[1713] Der Kanton Basel-Landschaft hat mit der Bildung von sog. Wahlregionen Abhilfe geschaffen: Für die Verteilung der Mandate auf die Parteien werden vier Regionen gebildet.[1714] Werden mehrere Wahlkreise in Wahlregionen zusammengefasst, so sinkt das natürliche Quorum unter die vom Bundesgericht tolerierte Obergrenze von 10 Prozent. Die Erfolgswertgleichheit ist damit gesichert, wie nachfolgend aufgezeigt werden wird.[1715]

Die Anzahl Sitze pro Wahlkreis variiert im Kanton *Basel-Stadt* zwischen einem (Sitzgarantie für Bettingen)[1716] bzw. elf und 34 Mandaten.[1717] Im Kanton

---

1709 BGE 131 I 74.

1710 Zur Einführung des Doppelten Pukelsheim im Kanton Aargau siehe im Einzelnen HAUSER/JAAG, 66 ff.

1711 PUKELSHEIM/SCHUHMACHER, Doppelproporz, 1593 f. Siehe 6. Kapitel V. 3.

1712 Aktuell haben acht der 12 Wahlkreise weniger als neun Sitze, siehe: Siehe die Zuteilung der Sitze an die Wahlkreise für die Landratswahlen 2015: https://www.baselland.ch/themen/p/politische-rechte/wahlen/landratswahlen/landratswahlen-2015/medien/downloads/2014-05-21_wahl.pdf, besucht am 19. April 2018.

1713 BGE 136 I 352 (Kanton Nidwalden); BGE 136 I 376 (Kanton Zug); BGE 1C_407/2011, BGE 1C_445/2011; BGE 1C_447/2011 (Kanton Schwyz); BGE 1C_511/2015 (Kanton Uri).

1714 § 40 GPR BL.

1715 Siehe 6. Kapitel V. 4. c.

1716 § 42 Abs. 4 WahlG BS. Zur Sitzgarantie (auch Sitzquote genannt) siehe 6. Kapitel I. 2. b.

1717 Siehe Grossratsbeschluss betreffend die Zahl der den Wahlkreisen der Stadt und den Gemeinden Bettingen und Riehen im Grossen Rat zustehenden Sitze vom 3. Februar 2016:

Basel-Stadt kommt für die Mandatszuteilung die Methode Sainte-Laguë zur Anwendung. Diese Methode verhält sich zur Wahlkreisgrösse neutral und begünstigt somit weder kleine noch grössere Wahlkreise.[1718]

Der Kanton *Solothurn* ist in fünf Wahlkreise eingeteilt.[1719] Die Wahlkreisgrösse variiert zwischen 13 und 29 Sitzen. D.h., kein Wahlkreis hat weniger als neun Sitze[1720] und somit beträgt das natürliche Quorum in allen Wahlkreisen unter 10 Prozent. Der Anteil an gewichtslosen oder unverwerteten Stimmen liegt im vom Bundesgericht tolerierten Bereich.[1721]

Jede Amtei besteht aus zwei Bezirken. 2003 haben die Amteien die Bezirke als Wahlkreise abgelöst.[1722] Damit wurde das Problem der (zu) kleinen Wahlkreise, die zu natürlichen Quoren von über 10 Prozent führten, gelöst.

4. Sitzzuteilungsverfahren nach dem Kopfzahlprinzip

a. Berechnungsgrundlage

i) Mögliche Repräsentationsbasen

Das Kopfzahlprinzip verwirklicht den Grundsatz der Gleichwertigkeit der Wahlkreise. Die Berechnungsgrundlage für die Zuteilung der Sitze an die Wahlkreise, die sog. Repräsentationsbasis, ist nicht einheitlich geregelt. Auf Bundesebene ist die ständige Wohnbevölkerung massgebend für die Zuteilung der Anzahl Nationalratssitze an die Kantone, wobei ein Sitz pro Kanton garantiert ist.[1723]

Diese Repräsentationsgrundlage haben die meisten Kantone der Schweiz übernommen: Berechnungsgrundlage ist die *ständige Wohnbevölkerung*, d.h. nebst allen Schweizer Bürgerinnen und Bürger alle Personen, die sich seit wenigstens 12 Monaten in der Schweiz aufhalten.[1724] Dazu zählen etwa auch Per-

http://www.gesetzessammlung.bs.ch/frontend/versions/3712/download_pdf_file, besucht am 19. April 2018.

1718 Siehe u.a. Anina Weber, Wahlrecht, Rz. 514 ff., m.w.Verw. sowie 6. Kapitel V. 3.

1719 Art. 43 KV SO.

1720 Für die Sitzzuteilung während der Legislaturperiode 2017–2021 siehe den Beschluss des Kantonsrats im Protokoll der Sitzung vom 28. Juni 2016, 472: https://www.so.ch/fileadmin/internet/pd/pdf/protokolle/2016/2016_Session_IV_Sitzung_8.pdf, besucht am 19. April 2018.

1721 BGE 136 I 352 (Kanton Nidwalden); BGE 136 I 376 (Kanton Zug); BGE 1C_407/2011, BGE 1C_445/2011; BGE 1C_447/2011 (Kanton Schwyz); BGE 1C_511/2015 (Kanton Uri).

1722 Art. 43 Abs. 3 KV SO.

1723 Art. 149 Abs. 4 BV.

1724 Alle Kantone ausser BL, GR, UR und VS. Im Kanton Freiburg ist die sog. zivilrechtliche Bevölkerung Berechnungsgrundlage. Im Ergebnis entspricht diese der ständigen Wohnbevölkerung, abzüglich der Personen im diplomatischen Dienst. Art. 63 Gesetz über die

sonen, welche sich seit einem Jahr im Asylverfahren befinden, oder vorläufig aufgenommene Flüchtlinge, aber auch Personen im diplomatischen Dienst und internationale Funktionäre. Unberücksichtigt bleiben hauptsächlich Kurzaufenthalter. Die Berechnungsgrundlage für die Sitzzuteilung können auch nur die *Schweizer Wohnbevölkerung*[1725] oder – noch eingeschränkter – die *Schweizer Stimmberechtigten*[1726] bilden.

Die Repräsentationsbasis hat folgende praktische Relevanz: Ein überdurchschnittlicher Ausländeranteil führt mit Repräsentationsbasis «Schweizer Wohnbevölkerung» und erst recht mit «Schweizer Stimmberechtigte» zu weniger Sitzen für einen Wahlkreis als in einem Wahlkreis mit unterdurchschnittlichem Ausländeranteil. Für Wahlkreise mit überdurchschnittlichem Ausländeranteil ist die Sitzzuteilung aufgrund der Anzahl Stimmberechtigter nicht vorteilhaft. Auch weniger interessant ist die Sitzzuteilung aufgrund der Anzahl Schweizer Bürgerinnen und Bürger. Von Vorteil für Wahlkreise mit überdurchschnittlichem Ausländeranteil ist die Repräsentationsbasis «ständige Wohnbevölkerung». In Anbetracht dessen, dass ein kantonales Parlament Entscheide für die Gesamtbevölkerung des Kantons fällt, und unter Berücksichtigung der Tatsache, dass die ausländische Wohnbevölkerung sich mangels Stimmrecht nicht formell in den Entscheidprozess einbringen kann, wäre es opportun, diese Bevölkerungsgruppe bei der Berechnung der Anzahl Sitze pro Wahlkreis zu berücksichtigen.

Eine andere Repräsentationsbasis als die ständige Wohnbevölkerung war bei der Gründung des Bundesstaates 1848 nicht angedacht. Die Stimmberechtigten als Berechnungsgrundlage zu bestimmen, fiel schon deshalb ausser Betracht, weil ihre Zahl nur vereinzelt (Aargau, Thurgau) erfasst war. Die Schweizer Wohnbevölkerung als Berechnungsgrundlage in Erwägung zu ziehen, wurde erst zum Thema, als sich die ausländische Wohnbevölkerung signifikant von 3 Prozent (1850) auf 11.6 Prozent (1900) erhöhte.[1727]

Historisch betrachtet wurde mit der Umsetzung des Grundsatzes der Gleichwertigkeit der Wahlkreise der Untervertretung der Landbevölkerung in der Legislative ein Riegel vorgeschoben. Regelmässig besassen die Städte in den Legislativen ein starkes Übergewicht an Vertretern gegenüber den Landgebieten gemessen an der Bevölkerungszahl.[1728]

Ausübung der politischen Rechte FR. Die Personen im diplomatischen Dienst sind im Kanton Freiburg vernachlässigbar. Anders etwa im Kanton Genf, wo diese Gruppe 22'000 Personen, d.h. 5 Prozent der ständigen Wohnbevölkerung ausmachen.

1725 GR, UR, VS.

1726 BL.

1727 GRUNER, 313 f. m.w.Verw.

1728 Siehe auch: SCHOLLENBERGER, 123 ff. zum Kopfzahlprinzip als Ergebnis der Einführung des Prinzips des gleichen Stimmrechts. Ursprünglich bedeutete gleiche Repräsenta-

Exemplarisch dazu ist die Situation im Kanton Basel Anfang des 19. Jahrhunderts, wo die Frage nach der Repräsentation von Stadt und Land in der Trennung in die Kantone Basel-Stadt und Basel-Landschaft gipfelte. Das zunehmende Bewusstsein für die Gleichwertigkeit der Wahlkreise wuchs auch auf der Basler Landschaft gegenüber der Stadt, denn sowohl in der Mediationsakte von 1803[1729] als auch in der Verfassung von 1814 war die arithmetische Gleichbehandlung der Stimmberechtigten der Stadt und der Landschaft nicht gegeben. 1803 wurde die Vertretung der Landschaft zwar nicht arithmetisch korrekt gewahrt, bescherte den Bewohnerinnen und Bewohnern der Basler Landschaft aber die Mehrheit. Artikel 9 der Verfassung von 1814 statuierte ein komplexes Wahlsystem des Grossen Rates. Ergebnis dieses Wahlsystems[1730] war ein Vertretungsverhältnis zwischen Landschaft und Stadt von zwei zu drei, obwohl auf der Landschaft etwa doppelt so viele Menschen lebten wie in der Stadt. In dieser Bestimmung liegt der Kern der Auseinandersetzungen zwischen Stadt und Land, die als «Dreissigerwirren» in die Geschichte eingingen und in der Trennung in die Kantone Basel-Stadt und Basel-Landschaft gipfelten. Im neuen Kanton Basel-Landschaft sorgte § 5 Abs. 1 der Verfassung von 1832 für die Grundlage des Grundsatzes des gleichen Stimmrechts im Sinne von Gleichwertigkeit der Wahlkreise, indem «Vorrechte des Ortes» verboten wurden und somit das Kopfzahlprinzip zum Grundsatz erhoben wurde. § 5 Abs. 1 KV BL 1832 statuiert: «Es gibt keine Vorrechte des Orts, der Geburt, des Standes, des Vermögens, der Personen und Familien.» Wie wichtig den Verfassern der Verfassung die Abschaffung der Vorrechte des Ortes waren, kann daraus abgeleitet werden, dass die Vorrechte des Ortes in der Aufzählung zuerst genannt werden.[1731]

---

tion keine arithmetische Gleichheit, sondern eine Gleichheit, die sich nach der Wichtigkeit der Vertretenen bemass. Siehe POLEDNA, Wahlrechtsgrundsätze, 22 m.w.Verw. zur Entwicklung des Gleichheitsbegriffs im Zusammenhang mit Repräsentation.

1729 Die Mediationsakte von 1803, inklusive der darin enthaltenen Kantonsverfassungen, war von Napoleon formuliert und von Frankreich oktroyiert. Nach einer Präambel folgten zunächst in alphabetischer Reihenfolge die Verfassungen der 19 Kantone und erst zum Schluss die Bundesverfassung. Das in den Städtekantonen Basel, Bern, Freiburg, Luzern, Schaffhausen, Solothurn und Zürich eingeführte bzw. von Frankreich aufoktroyierte Wahlrecht führte wiederum zu einem Übergewicht der Städte gegenüber den Landschaften in den Grossen und Kleinen Räten. KÖLZ, Verfassungsgeschichte, 143 ff.

1730 Der Grosse Rat bestand aus 150 Mitgliedern. 60 Mitglieder wurden von den Zünften aus ihrer Mitte gewählt und zwar je 30 aus der Stadt und je 30 aus den Landbezirken, d.h., Stadt und Land waren paritätisch vertreten, nicht nach Kopfzahlprinzip (Art. 9 lit. a und b KV Basel 1814, zitiert nach NABHOLZ/KLÄUI, 215). 90 Mitglieder wurden durch den Grossen Rat selber gewählt, indem jeweils drei Vakanzen abgewartet wurden, und diese dann im Verhältnis 2 (Stadt) zu eins (Landbezirke) besetzt (Art. 9 lit. g KV Basel 1814, zitiert nach NABHOLZ/KLÄUI, 216).

1731 Siehe dazu BIRMANN, 391 ff., HIS, 2. Band, 345 f. und KARL WEBER, 321 ff.

ii) Repräsentationsbasis in der Nordwestschweiz

In der Nordwestschweiz werden die Sitze in den Parlamenten aufgrund der ständigen Wohnbevölkerung (Aargau,[1732] Basel-Stadt[1733] und Solothurn[1734]) oder aufgrund der Anzahl Stimmberechtigter (Basel-Landschaft[1735]) zugeteilt.[1736] Damit wird das Kopfzahlprinzip umgesetzt.[1737]

Im Einzelnen:

Im Kanton *Aargau* werden die Sitze nach Massgabe der Wohnbevölkerung auf die Wahlkreise verteilt.[1738]

> Der Verfassungsrat hat im Rahmen der Totalrevision eine Systemänderung abgelehnt, wonach bei der Sitzzuteilung auf das Schweizer Bürgerrecht oder auf die Stimmberechtigung abgestellt worden wäre. Der Grosse Rat repräsentiere das Gesamtvolk, die Menschen, die auf dem aargauischen Gebiet sesshaft seien, was auch Ausländerinnen und Ausländer umfasse, die hier zulässigerweise wohnen würden, und ferner Personen, die noch nicht oder nicht mehr stimmberechtigt seien, so der Verfassungsrat.[1739]

Die Sitze werden im Kanton *Basel-Landschaft* nach Massgabe der Stimmberechtigten an die Wahlkreise verteilt.[1740] Berechnungsgrundlage für die Sitzzuteilung ist die Zahl der Stimmberechtigten bei der letzten eidgenössischen oder kantonalen Volksabstimmung, die mindestens sechs Monate vor dem Wahltermin stattgefunden hat.[1741]

Die Zuteilung der Sitze an die Wahlkreise ist im Kanton *Basel-Stadt* nicht in der Kantonsverfassung, sondern auf gesetzlicher Ebene geregelt.[1742] Die Zuteilung erfolgt seit 2012 aufgrund der ständigen Wohnbevölkerung.[1743]

1732 § 77 Abs. 3 KV AG.

1733 § 42 Abs. 3 WahlG BS.

1734 Art. 67 Abs. 2 KV SO.

1735 § 49 Abs. 1 GPR BL.

1736 Auf Bundesebene ist ebenfalls die Bevölkerungszahl massgebend für die Zuteilung der Anzahl Nationalratssitze an die Kantone (Art. 149 Abs. 4 BV), wobei ein Sitz pro Kanton garantiert ist. Siehe auch HANGARTNER/KLEY, Rz. 1396 m.w.Verw.

1737 BUSER, Kantonales Staatsrecht, Rz. 446. Für eine Übersicht in den Schweizer Kantonen siehe ANINA WEBER, Wahlrecht, Rz. 295 ff.

1738 § 77 Abs. 3 KV AG.

1739 EICHENBERGER, KV AG, Rz. 5 zu § 77 KV AG.

1740 § 49 Abs. 1 GPR BL. – Möglich ist, die Sitzzuteilung aufgrund der Wohnbevölkerung, der Schweizer Bürgerinnen und Bürger oder – wie in casu – aufgrund der Stimmberechtigten vorzunehmen. Siehe BUSER, Kantonales Staatsrecht, Rz. 446.

1741 § 49 Abs. 1 GPR BL. Siehe beispielsweise die Zuteilung der Sitze an die Wahlkreise für die Landratswahlen 2015: https://www.baselland.ch/themen/p/politische-rechte/wahlen/landratswahlen/landratswahlen-2015/medien/downloads/2014-05-21_wahl.pdf, besucht am 19. April 2018.

1742 § 42 Abs. 3 WahlG BS.

Für die Grossratswahlen 2004 und 2008 basierte die Zuteilung der Grossratssitze an die Wahlkreise auf der *wirtschaftlichen Wohnbevölkerung*. Eine Volkszählung aufgrund des wirtschaftlichen Mittelpunkts umfasst alle Personen, die gemäss Eigendeklaration ihren einzigen Wohnsitz in Basel-Stadt hatten, sowie Personen, die ihr wirtschaftliches Zentrum in Basel-Stadt, ihren Hauptwohnsitz jedoch anderswo hatten. Zu Letzteren wurde gezählt, wer mindestens vier Tage pro Woche in Basel-Stadt lebte. Wer in Basel-Stadt zivilrechtlich gemeldet war, seinen wirtschaftlichen Mittelpunkt jedoch gemäss Eigendeklaration in einem anderen Kanton hatte, wurde nicht berücksichtigt.[1744]
Der Bund ermittelt seit 2010 die wirtschaftliche Wohnbevölkerung nicht mehr. Er hat auf eine registerbasierte Volkszählung umgestellt. Die Nationalratssitze werden ab 2015 aufgrund der ständigen Wohnbevölkerung neu auf die Kantone verteilt.[1745] Ausschlaggebend ist der zivilrechtliche Hauptwohnsitz. Zur ständigen Wohnbevölkerung gehören am Hauptwohnsitz alle in der Schweiz gemeldeten Personen schweizerischer Staatsangehörigkeit, alle ausländischen Staatsangehörigen ausserhalb des Asylprozesses mit einer Aufenthalts- oder Niederlassungsbewilligung für mindestens zwölf Monate oder mit Kurzaufenthaltsbewilligungen für eine kumulierte Aufenthaltsdauer von mindestens zwölf Monaten sowie Personen im Asylprozess mit einer Gesamtaufenthaltsdauer von mindestens zwölf Monaten.[1746]

Die Zuteilung der 100 Sitze des Kantonsrats[1747] an die fünf Wahlkreise[1748] erfolgt im Kanton *Solothurn* durch Beschluss des Kantonsrats[1749] aufgrund der letzten per Stichtag nachgeführten Bevölkerungsstatistik, wobei das Verhältnis der Einwohnerzahl der Wahlkreise zu derjenigen des Kantons massgeblich ist.[1750]

1743 Siehe Grossratsbeschluss betreffend die Zahl der den Wahlkreisen der Stadt und den Gemeinden Bettingen und Riehen im Grossen Rat zustehenden Sitze vom 3. Februar 2016: http://www.gesetzessammlung.bs.ch/frontend/versions/3712/download_pdf_file, besucht am 19. April 2018.

1744 Siehe Ratschlag zu einem Grossratsbeschluss betreffend die Zahl der den Wahlkreisen der Stadt und den Gemeinden Bettingen und Riehen im Grossen Rat zustehenden Sitze vom 24. Januar 2012: http://bs.clex.ch/frontend/versions/2113, besucht am 19. April 2018.

1745 Art. 6a V GPR.

1746 Art. 2 lit. d VolkszählungsV.

1747 Art. 66 Abs. 1 KV SO.

1748 Art. 43 Abs. 1 und 3 KV SO.

1749 Für die Sitzzuteilung während der Legislaturperiode 2017–2021 siehe den Beschluss des Kantonsrats im Protokoll der Sitzung vom 28. Juni 2016, 472: https://www.so.ch/fileadmin/internet/pd/pdf/protokolle/2016/2016_Session_IV_Sitzung_8.pdf, besucht am 19. April 2018.

1750 Art. 67 Abs. 2 KV SO.

b. Berechnungsverfahren für die Sitzzuteilung

i) Mögliche Berechnungsverfahren für die Sitzzuteilung

Während heute die Zahl der Parlamentssitze nicht variabel ist, wurden früher sog. automatische Verfahren angewandt: Mit der Einwohnerzahl wuchs die Anzahl Parlamentssitze. Heute ist die Zahl der Parlamentssitze fest.[1751] Was variiert, ist die sog. Verteilerzahl. Diese Zahl kann mit drei unterschiedlichen Verfahren berechnet werden:[1752]

Das Verfahren *Hare/Niemeyer*, das sog. Bruchzahlverfahren, wird im Bund[1753] und in den meisten Kantonen, so auch in den Nordwestschweizer Kantonen Basel-Landschaft, Basel-Stadt und Solothurn, angewandt.[1754] In einer ersten Zuteilung wird der einfache Quotient und in der Restzuteilung das Verfahren nach dem grössten Rest verwendet: Die definierte Repräsentationsbasis aller Wahlkreise wird durch die Zahl der zu verteilenden Sitze geteilt (Vorwegverteilung). Jeder Wahlkreis erhält so viele Sitze, als das Teilungsergebnis in seiner Bevölkerungszahl enthalten ist (Hauptverteilung). Die restlichen Sitze werden an die Wahlkreise mit den grössten Restzahlen verteilt (Restverteilung).[1755] Das Verfahren Hare/Niemeyer bevorzugt kleine Wahlkreise, wurde vom Bundesgericht jedoch als verfassungskonform beurteilt.[1756]

Das Verfahren *Sainte-Laguë* ist ein Verfahren mit Standardrundung[1757] und wird in der Nordwestschweiz im Kanton Aargau angewandt.[1758] Vor jeder Wahl ist der sog. Zuteilungsdivisor neu zu ermitteln. Die massgebliche Repräsentationsbasis ist durch diesen Divisor zu teilen. Anschliessend wird das Ergebnis nach den Regeln der kaufmännischen Rundung auf- oder abgerundet. Der Zuteilungsdivisor wird so festgelegt wird, dass genau die Anzahl der zu vergebenden Sitze verteilt wird.[1759] Das Bundesgericht hat das Verfahren Sainte-Laguë als verfassungskonform bezeichnet und sogar empfohlen.[1760]

[1751] Ausnahme: Art. 22 Abs. 1 KV AI.

[1752] Siehe beispielsweise die Auslegeordnung bei GARRONE, 149 ff.

[1753] Art. 17 BPR.

[1754] Für die Nordwestschweizer Kantone siehe im Einzelnen 6. Kapitel IV. 4. b. ii).

[1755] Siehe auch 6. Kapitel V. 2. sowie GARRONE, 149 ff.; POLEDNA, Wahlrechtsgrundsätze, 75 ff.; ANINA WEBER, Wahlrecht, Rz. 301 m.w.Verw.

[1756] BGE 99 Ia 658, 666 f. Siehe auch MUSLIU, Rz. 14 m.w.Verw.

[1757] Siehe auch 6. Kapitel V. 3. Sowie GARRONE, 149 ff.; MUSLIU, Rz. 16 m.w.Verw.; POLEDNA, Wahlrechtsgrundsätze, 75 ff.; ANINA WEBER, Wahlrecht, Rz. 303 m.w.Verw.

[1758] Für die Nordwestschweizer Kantone siehe im Einzelnen 6. Kapitel IV. 4. b. ii).

[1759] Neben AG (§ 2 GrossratswahlG AG) teilt auch ZH die Sitze nach diesem Verfahren zu (§ 88 GPR ZH). Für AG im Einzelnen siehe 6. Kapitel IV. 4. b. ii).

[1760] BGE 136 I 364, 368 f. und 373.

Das Verfahren *Hagenbach-Bischoff* findet nur im Kanton Neuenburg für die Sitzzuteilung Anwendung.[1761] Bei diesem Verfahren wird die Zahl der zu verteilenden Sitze um eins erhöht. Bei der Verteilung der Restsitze wird die massgebliche Bevölkerung des Wahlkreises durch die um eins erhöhte Zahl der dem Wahlkreis zugeteilten Sitze geteilt. Die Restsitze gehen an die Wahlkreise mit dem grössten Quotienten.[1762] Dieses Verfahren wird in der Nordwestschweiz im Rahmen der Sitzzuteilung nicht angewandt. Das Verfahren wurde vom Bundesgericht als verfassungskonform beurteilt.[1763]

ii) Sitzzuteilungsverfahren in der Nordwestschweiz

Die Sitzzuteilung[1764] wird in den Kantonen Basel-Landschaft,[1765] Basel-Stadt[1766] und Solothurn[1767] analog der Sitzzuteilung auf Bundesebene[1768] gemäss dem Verfahren nach Hare/Niemeyer vorgenommen.[1769] Dieses Verfahren bevorteilt kleine Wahlkreise und wird als nicht proportional kritisiert.[1770] Im Kanton Aargau werden die Sitze den Wahlkreisen gemäss dem Verfahren Sainte-Laguë zugewiesen.[1771] Dieses Verfahren erfüllt die Forderung nach Proportionalität und ist als Alternative zum Verfahren nach Hare/Niemeyer zu prüfen.[1772]

Im Einzelnen:

Die 140 Sitze des Grossen Rats des Kantons *Aargau*[1773] werden gemäss dem Verfahren nach Sainte-Laguë wie folgt den elf Bezirken[1774] zugeteilt: Die Zahl der Personen, die in einem Bezirk wohnhaft sind, wird durch den Zuteilungsdivisor geteilt und zur nächstgelegenen Zahl gerundet. Das Ergebnis bezeichnet die Zahl der Sitze, die im betreffenden Bezirk zu vergeben sind. Der Zuteilungsdivisor wird so festgelegt, dass genau 140 Sitze vergeben werden. Bei gleich-

1761 Art. 44 LDP NE.

1762 Zum Verfahren im Einzelnen siehe 6. Kapitel V. 2. Sowie Garrone, 149 ff.; Musliu, Rz. 15 m.w.Verw.; Poledna, Wahlrechtsgrundsätze, 75 ff.; Anina Weber, Wahlrecht, Rz. 302 m.w.Verw.

1763 BGE 99 Ia 658, 663 ff.

1764 Zum Unterschied zwischen Sitz- und Mandatszuteilungsverfahren siehe 6. Kapitel I. 1.

1765 § 49 GPR BL.

1766 § 80 Abs. 2 KV BS; § 42 Abs. 3 WahlG BS.

1767 Art. 67 Abs. 2 KV SO i.V.m. Art. 16 f. BPR.

1768 Art. 16 f. BPR.

1769 Zum Sitzzuteilungsverfahren nach Hare/Niemeyer siehe 6. Kapitel IV. 4. b. i).

1770 Anina Weber, Wahlrecht, Rz. 557.

1771 § 2 GrossratswahlG AG.

1772 Anina Weber, Wahlrecht, Rz. 605 ff.

1773 § 76 Abs. 2 KV AG.

1774 § 103 Abs. 1 KV AG.

wertigen Rundungsmöglichkeiten entscheidet das Los.[1775] Berechnungsgrundlage für die Zuteilung der Sitze ist die Bevölkerungszahl am 31. Dezember des zweiten dem Wahljahr vorangehenden Jahres.[1776]

Die 90 Sitze des Landrats des Kantons *Basel-Landschaft*[1777] werden gemäss dem Verfahren nach Hare/Niemeyer wie folgt den zwölf Wahlkreisen[1778] zugeteilt: Die Zahl der Stimmberechtigten wird durch die Zahl der Sitze geteilt. Die auf das Ergebnis folgende nächsthöhere ganze Zahl ist die erste Verteilzahl. Jeder Wahlkreis, dessen Stimmberechtigtenzahl das Sechsfache der ersten Verteilzahl nicht erreicht, erhält sechs Sitze zugeteilt und scheidet für die weitere Zuteilung aus. Dann wird für die verbleibenden Wahlkreise die zweite Verteilzahl ermittelt und zum Schluss erfolgt die Restverteilung.[1779]

Die Anzahl Sitze pro Wahlkreis wird im Kanton *Basel-Stadt* gemäss dem Verfahren nach Hare/Niemeyer wie folgt berechnet: Nach jeder eidgenössischen Volkszählung wird durch Grossratsbeschluss die Zahl der den einzelnen Wahlkreisen zustehenden Sitze festgelegt.[1780] Jedem Wahlkreis ist mindestens ein Sitz garantiert.[1781] Das kantonale Recht enthält keine Angaben über die Berechnung im Einzelnen. Den Materialien ist zu entnehmen, dass die Sitzverteilung aufgrund einer Vorwegverteilung, gefolgt von einer Hauptverteilung und abschliessend mittels der Restverteilung vorgenommen wird.[1782] In der Vorwegverteilung wird die Wohnbevölkerung durch die Anzahl Sitze im Grossen Rat (100) geteilt. Die nächsthöhere ganze Zahl über dem Ergebnis bildet die erste Verteilungszahl. Jeder Wahlkreis, dessen Bevölkerung diese Zahl nicht erreicht, erhält einen Sitz und scheidet für die weitere Verteilung aus. Die Wohnbevölkerung der verbleibenden Wahlkreise wird durch die Zahl der noch nicht zugeteilten Sitze geteilt. Die nächsthöhere Zahl über dem Ergebnis bildet die zweite Verteilungszahl. In der Hauptverteilung erhält jeder verbleibende Wahlkreis so viele Sitze, wie die zweite Verteilungszahl in seiner Bevölkerung enthalten ist. Die

1775 § 2 Abs. 1, 3 und 4 GrossratswahlG AG.

1776 § 2 Abs. 2 GrossratswahlG AG i.V.m. § 4a GrossratswahlV AG. Siehe Beschluss des Grossen Rats betreffend Gesamterneuerungswahlen des Grossen Rats für die Amtsdauer 2017/2020; Mandatszuteilung: https://www.ag.ch/grossrat/grweb/de/195/Detail%20Gesch%C3%A4ft?ProzId=970134, besucht am 19. April 2018.

1777 § 61 Abs. 2 KV BL.

1778 § 48 GPR BL.

1779 § 49 Abs. 2 lit. a – f GPR BL.

1780 § 42 Abs. 3 WahlG BS.

1781 § 46 Abs. 1 KV BS und § 42 Abs. 4 WahlG BS.

1782 Ratschlag und Entwurf des Regierungsrats an den Grossen Rat des Kantons Basel-Stadt betreffend die Zahl der den Wahlkreisen der Stadt und den Gemeinden Bettingen und Riehen im Grossen Rat zustehenden Sitze vom 24. Januar 2012: http://www.grosserrat.bs.ch/de/geschaefte-dokumente/datenbank?such_kategorie=1&content_detail=200105223, besucht am 19. April 2018.

restlichen Sitze werden in der Restverteilung auf die Wahlkreise mit den grössten Restzahlen verteilt. Erreichen mehrere Wahlkreise die gleiche Restzahl, so scheiden sie in der Reihenfolge der kleinsten Reste aus, die sich nach der Teilung der Bevölkerungszahl durch die erste Verteilungszahl ergeben. Sind auch diese Reste gleich, so entscheidet das Los.

Die 100 Sitze im *Solothurner* Kantonsrat werden wie folgt zugeteilt: Die Gesamtzahl der Wohnbevölkerung wird gemäss dem Verfahren nach Hare/Niemeyer durch die Anzahl Kantonsratssitze (100) geteilt. Die nächsthöhere ganze Zahl ist die massgebende Verteilungszahl. Jeder Wahlkreis (Amtei) erhält so viele Sitze, wie die Verteilungszahl in der betreffenden Zahl der Wohnbevölkerung enthalten ist. Die restlichen Sitze gehen an die Wahlkreise mit den grössten Restzahlen.[1783]

[1783] Für die Sitzzuteilung während der Legislaturperiode 2017–2021 siehe die Botschaft des Regierungsrats vom 26. April 2016 und den Beschluss des Kantonsrats im Protokoll der Sitzung vom 28. Juni 2016, 472: https://www.so.ch/fileadmin/internet/pd/pdf/protokolle/2016/2016_Session_IV_Sitzung_8.pdf, besucht am 19. April 2018.

V. Erfolgswertgleichheit

1. Übersicht

Die Stimmkraftgleichheit garantiert die theoretische Einflussgleichheit jeder Stimme aufgrund gleichwertiger Wahlkreise,[1784] die Erfolgswertgleichheit ihrerseits stellt die praktische Wirksamkeit der abgegebenen Stimme ins Zentrum: Alle Stimmen sollen in gleicher Weise zum Wahlergebnis beitragen,[1785] möglichst alle Stimmen sind bei der Mandatsverteilung zu berücksichtigen. Die Zahl der gewichtslosen Stimmen ist auf ein Minimum zu begrenzen. Verschiebungen und Einbrüche im System sind nur gestattet, wenn sie wirklich unvermeidbar sind, wenn z.B. im Rahmen der Restmandatsverteilung gewisse Stimmen unverwertet bleiben müssen.[1786] Erfolglose Stimmen sollen minimiert werden, so dass sich der Wille der Wählenden in der parlamentarischen Zusammensetzung bestmöglich widerspiegelt.

Die Erfolgswertgleichheit ist ein direkter Ausfluss aus der Verhältniswahl. Die Verhältniswahl will die Wählerschaft abbilden und ermöglicht den verschiedenen Gruppierungen eine Vertretung, die weitgehend ihrem Wähleranteil entspricht.[1787] Der *Idealanspruch* einer Partei und damit die Erfolgswertgleichheit kann aber regelmässig wegen der Unteilbarkeit von Mandaten nicht erreicht werden.[1788] Das Ideal der Gleichheit zwischen Stimmen- und Mandatsanteil bleibt eine abstrakte Idee. Im Idealfall wäre das Ergebnis der mathematischen Zuteilungsmethode ganzzahlig, in der Realität ist das Ergebnis jedoch nicht ganzzahlig, sondern bruchteilig. Es werden aber nur ganze Mandate und keine Teile von Mandaten zugeteilt.[1789] Daher braucht es *Mandatszuteilungsverfahren*, die aus dem Stimmenanteil der Parteien zum Schluss eine Anzahl Sitze in ganzen Zahlen berechnen.

Unter jeder Minderung der Erfolgswertgleichheit leidet die Proportionalität. Wahlkreisgrösse und natürliche Quoren beeinflussen die Erfolgswertgleichheit ebenso wie Mandatszuteilungsverfahren. Ob die Proportionalität des Wahlergebnisses in erster Linie durch die Wahlkreiseinteilung beeinflusst wird oder

[1784] Siehe 6. Kapitel IV.

[1785] AUER, Staatsrecht der Kantone, Rz. 1134; POLEDNA, Wahlrechtsgrundsätze, 29 ff. m.w.Verw.

[1786] Siehe den Leitentscheid BGE 129 I 185 E. 7.3.

[1787] BGE 1C_407/2011; BGE 1C_445/2011; BGE 1C_447/2011; BGE 1C_511/2015.

[1788] PUKELSHEIM, Divisor oder Quote?, 19 ff.

[1789] PUKELSHEIM/SCHUHMACHER, Zürcher Zuteilungsverfahren, 510, Fn 34, beschreiben eine Möglichkeit, wie Proportionalität ohne Runden des nicht ganzzahligen Mandatsanteils verwirklicht werden könnte, nämlich durch time sharing: Die Amtsdauer könnte im Verhältnis zur erreichten nicht ganzzahligen Mandatszahl aufgeteilt werden.

ob beide Faktoren, Wahlkreiseinteilung und mathematische Zuteilungsmethode, gleichermassen für die Proportionalität des Wahlergebnisses signifikant sind, wird in der Lehre diskutiert.[1790]

Die unterschiedlichen Mandatszuteilungsverfahren sind folglich daraufhin zu überprüfen, ob sie dem Erfordernis der Erfolgswertgleichheit der Stimmen gerecht werden, und zwar sowohl wahlkreisintern als auch wahlkreisübergreifend, d.h. im ganzen Wahlgebiet. Vorrang muss eine Zuteilungsmethode haben, die den Grundsatz der gleichen Wahl in erster Linie aus der Sicht des demokratischen Souveräns, d.h. der Wählenden, anstrebt.[1791] Jede wählende Person soll mit ihrer Stimme den gleichen Einfluss auf das Wahlergebnis haben. Daher ist unter den Zuteilungsmethoden diejenige zu bevorzugen, die am besten mit der Erfolgswertgleichheit der Stimmen korreliert.

Es gibt eine Vielzahl von mathematischen Mandatszuteilungsverfahren.[1792] Allen Verfahren ist gemeinsam, dass in einer ersten Phase Mandate an Parteien und in einer zweiten Phase die Parteimandate den Kandidierenden mit den meisten Kandidatenstimmen zugeteilt werden.

Für die *erste Phase* können im Grundsatz zwei unterschiedliche Wege beschritten werden: das Quotenverfahren[1793] (Bruchzahl- oder Wahlzahlverfah-

---

1790 So beispielsweise GALLAGHER, 50: «The ranking order each index produce suggests that district magnitude is a more important determinant of proportionality than formula»; NOHLEN, Wahlrecht, 522: «Mehr als durch die Verrechnungsverfahren wird die Proportionalität der Wahlergebnisse durch andere Elemente von Wahlsystemen, am meisten durch die Wahlkreiseinteilung gesteuert»; oder aber BENOIT, 382 m.w.Verw.: «Finally, controlling for the partial effects of formula versus district magnitude (M) demonstrates that for many meaningful ranges of district magnitudes, the relative effects of formula are at least as significant as district magnitude.»

1791 PUKELSHEIM, Erfolgswertgleichheit der Wählerstimmen?, 56 ff.

1792 Nachfolgend liegt der Schwerpunkt auf den auf Bundesebene und in den Nordwestschweizer Kantonen geltenden Zuteilungsverfahren. Ziel ist vorliegend nicht die mathematische Darstellung der Zuteilungsverfahren, sondern die Ergebnisse in Bezug auf die Erfolgswertgleichheit zu überprüfen: Jede Stimme soll in gleicher Weise zum Wahlergebnis beitragen.
Mathematische Zuteilungsverfahren im Einzelnen siehe beispielsweise BALINSKI/YOUNG, 61 ff.; PUKELSHEIM, Erfolgswertgleichheit, 447 ff:; PUKELSHEIM, Erfolgswertgleichheit der Wählerstimmen, 56 ff.; PUKELSHEIM, Mandatszuteilung, 239 ff:; PUKELSHEIM, Vertretungsgewichte, 76 ff.; TAAGEPERA/SHUGART, 30 f. oder GRÖTSCHEL, MARTIN, Tiefensuche: Bemerkungen zur Algorithmengeschichte, in: Report Konrad-Zuse-Zentrum für Informationstechnik Berlin 08–23 (Juni 2008), 12 ff.; KOPFERMANN, KLAUS, Mathematische Aspekte der Wahlverfahren. Mandatsverteilung bei Abstimmungen, Mannheim/Wien/Zürich1991; PUKELSHEIM, FRIEDRICH, Proportional Representation. Apportionment Methods and Their Applications, Cham 2014.

1793 Mit Quote (lat. Quota: Anteil) wird grundsätzlich ein Teil eines Ganzen bezeichnet. Der Begriff der Quote findet auch Anwendung bei der Sitzquote im Rahmen des Min-

ren)[1794] mit seiner Haupt- und Restzuteilung und das Divisorverfahren (Divisoren- oder Höchstzahlverfahren).[1795] Die erste Phase des Quotenverfahrens charakterisiert sich durch eine Zuteilung in zwei Schritten, wobei die sog. Restmandate, die im zweiten Schritt zugeteilt werden, charakteristisch sind.[1796] Die erste Phase des Divisorverfahrens kann sowohl in einem Schritt[1797] als auch in zwei Schritten[1798] erfolgen. Im Divisorverfahren entstehen keine Restmandate. Weiter unterscheiden sich die Verfahren je nachdem, ob abgerundet[1799] oder kaufmännisch gerundet[1800] wird.

In der *zweiten Phase* mit ihrer Zuteilung der Parteimandate an die Kandidierenden bestehen keine Unterschiede in den Mandatszuteilungsverfahren; die Mandate werden innerhalb der Partei nach Wahlergebnis verteilt.

Vorauszuschicken ist, dass es keine perfekte Mandatszuteilungsmethode gibt, die es erlaubt, Stimmen in Mandate umzurechnen.[1801]

> Die politischen Einflusschancen können auch durch Beschränkungen der Auswahlfreiheit beeinträchtigt werden, etwa durch obere Altersgrenzen, Ausstandspflichten oder Unvereinbarkeiten. Weiter können auch geschlechtsspezifische Nominierungsquoten die Auswahlfreiheit beschränken.[1802] Im Gegenzug fördern diese die paritätische Beteiligung der Geschlechter am institutionalisierten Entscheidprozess. Im Nominierungsverfahren findet bereits regelmässig Proporz auf der Basis von Freiwilligkeit statt mit dem Ziel, «die angemessene Beteiligung der massgeblichen gesellschaftlichen Kräfte in den betreffenden Staatsorganen zu verbessern».[1803]
>
> Die genannten Fälle tangieren den Grundsatz der Gleichheit der Passivwahlberechtigung. Zusätzlich betreffen diese Fälle den Grundsatz der Stimmfreiheit, die auch die Auswahlfreiheit beinhaltet. Beides, Passivwahlberechtigung und der Grundsatz der Stimmfreiheit, bleiben in vorliegender Arbeit ausgeklammert.

Von der Zuteilung der *Mandate* an die Listen bzw. die Parteien innerhalb eines Wahlkreises ist die Zuteilung der *Sitze* an die Wahlkreise zu unterscheiden: Das

derheitenschutzes (siehe 6. Kapitel I. 2. b.) und bei der Geschlechterquote (siehe 5. Kapitel V. 7.).

1794 BALINSKI/YOUNG, 60 f.; NOHLEN, Wahlrecht, 117 ff.

1795 BALINSKI/YOUNG, 61 ff.; NOHLEN, Wahlrecht, 114 ff.

1796 Beispiel: Verfahren nach Hagenbach-Bischoff. Siehe 6. Kapitel V. 2.

1797 Beispiel: Verfahren nach Sainte-Laguë. Siehe 6. Kapitel V. 3.

1798 Beispiel: Verfahren nach Pukelsheim, sog. Doppelter Pukelsheim. Siehe 6. Kapitel V. 3.

1799 Beispiel: Verfahren nach Hagenbach-Bischoff. Siehe 6. Kapitel V. 2.

1800 Beispiel: Verfahren nach Sainte-Laguë. Siehe 6. Kapitel V. 3.

1801 BALINSKI/YOUNG, 81: «Thus we are confronted with a dilemma: There is no perfect method.»

1802 Siehe dazu 5. Kapitel V. 7.

1803 Siehe beispielsweise BUSER, Quoten, 187 ff. m.w.Verw.

Sitzzuteilungsverfahren tangiert die Stimmkraftgleichheit.[1804] Das *Mandatszuteilungsverfahren* betrifft die Erfolgswertgleichheit und das eigentliche Wahlergebnis.[1805] Für die Zuteilung der Sitze und für die Zuteilung der Mandate können im Prinzip die gleichen mathematischen Berechnungsverfahren angewandt werden. Weder im Bund noch in den Kantonen werden jedoch für die Sitzzuteilung und für die Mandatszuteilung jeweils die gleichen mathematischen Berechnungsverfahren angewandt; bei den Sitzzuteilungsverfahren ist das Verfahren gemäss Hare/Niemeyer und bei den Mandatszuteilungsverfahren das Verfahren nach Hagenbach-Bischoff am weitesten verbreitet.[1806]

2. Quotenverfahren

Beim *Quotenverfahren* wird die Summe aller abgegebenen Stimmen durch die sog. Wahlzahl geteilt.[1807] Eine Partei erhält so viele Mandate, wie die Wahlzahl in der von ihr erreichten Stimmenzahl enthalten ist. Die Wahlzahl wird unterschiedlich berechnet. Beim Verfahren nach Thomas *Hare*[1808] (1806–1891) wird die Wahlzahl bestimmt, indem die Anzahl abgegebener gültiger Stimmen (Dividend) durch die Anzahl Mandate im Wahlkreis (Divisor) dividiert wird (Hare-Quota).[1809] Je grösser der Divisor, d.h. die Anzahl Mandate, desto kleiner die Wahlzahl und desto kleiner auch die Anzahl der Restmandate. Beim Quotenverfahren ist das Schicksal der *Restmandate* entscheidend, diese werden nach unterschiedlichen Regeln verteilt. Dabei stehen beispielsweise die Methode des grössten oder des kleinsten Überrests, die Methode des grössten Durchschnitts (Division der Reststimmen durch die um eins erhöhte Zahl der bereits erhaltenen Mandate) oder aber auch ein Restteilungsverfahren per Division und Bildung von Höchstzahlen wie bei der Methode

1804 Die Sitzzuteilungsverfahren werden in diesem Kapitel behandelt. Im Einzelnen siehe 6. Kapitel IV. 3. und 4.

1805 Für die unterschiedlichen Mandatszuteilungsverfahren siehe im Einzelnen 6. Kapitel V.

1806 Siehe die Übersicht bei Anina Weber, Wahlrecht, Anhang 5. Für die Nordwestschweiz siehe 6. Kapitel IV. 4. b. betreffend Sitzzuteilungsverfahren und 6. Kapitel V. 4. d. für die Mandatszuteilungsverfahren.

1807 Zum Quotenverfahren siehe beispielsweise: Balinski/Young, 10 ff. und 79 ff.; Kölz, Probleme des kantonalen Wahlrechts, 49 ff.; Nohlen, Wahlrecht, 117 ff.; Taagepera/Shugart, 30 f.

1808 Pukelsheim, Die Väter, 83: Alexander Hamilton (1755–1804) entwickelte die Quotenmethode, welche jedoch durch das präsidiale Veto von George Washington gekippt wurde. Thomas Hares Methode basiert auf Alexander Hamiltons Quotenmethode.

1809 Pukelsheim, Divisor oder Quote?, 6.

d'Hondt zur Verfügung.[1810] Letztere Methode wird im Verfahren nach Hagenbach-Bischoff angewendet:

Das Verfahren nach Eduard *Hagenbach-Bischoff* (1833–1910) nimmt eine Sonderstellung ein, es ist quasi ein Quotenverfahren: Die Anzahl abgegebener gültiger Stimmen wird durch die Zahl der Mandate im Wahlkreis plus eins ermittelt. Die Wahlzahl wird somit mittels Quotenverfahren ermittelt. Die Restmandate werden jedoch in Anwendung eines Divisorverfahrens mit Abrundung (d'Hondt) zugeteilt. Da der erste Schritt der Zuteilung nach Quoten- und der zweite Schritt nach Divisorverfahren mit Abrundung erfolgen, steht es an der Schnittstelle zwischen Quoten- und Divisorverfahren, ist jedoch unter die Quotenverfahren zu subsumieren.[1811]

Das Mandatszuteilungsverfahren nach Hagenbach-Bischoff stammt aus der zweiten Hälfte des 19. Jahrhunderts. Eduard Hagenbach-Bischoff kämpfte für die Einführung des Proporzwahlsystems in der Schweiz. Bevor dem Mandatszuteilungsverfahren von Hagenbach-Bischoff in der Schweiz der Durchbruch gelang, wurden Verhältniswahlverfahren angewandt, die keine proportionalen Ergebnisse erzielten.[1812]

Eine Abkehr vom Mehrheitswahlverfahren und eine Anwendung von Verhältniswahlverfahren – wenn auch mit noch unbefriedigenden, weil nicht zufriedenstellenden proportionalen Ergebnissen – fand erstmals 1890 im Kanton Tessin statt: Auslöser der Abkehr vom Mehrheitswahlverfahren waren blutige Auseinandersetzungen wegen der Mehrheitswahlergebnisse von 1889, bei denen die Konservativen mit 12'783 Stimmen 77 Abgeordnete und die Liberalen mit 12'166 Stimmen nur 35 Mandate erhielten.[1813] Es folgten 1891 die Kantone Neuenburg[1814] und 1892 Genf.[1815]

Der Ausgestaltung der Tessiner und Genfer Wahlverfahren war gemeinsam, dass bei der Restmandatsverteilung die Partei mit dem grössten Rest zum Zuge kam. Bei einer Restmandatsverteilung nach dem grössten Rest steht fälschlicherweise die Gleichberechtigung der Parteien im Vordergrund anstatt der Gleichberechtigung der Wählenden. Das sog. Genfer Verfahren führte nicht zu proportionalen Mandatszuteilungsergebnissen und begünstigte die kleinen Parteien über Gebühr.[1816]

Ein anderes Problem zeigte sich beim sog. Neuenburger Verfahren. Hier wurden die Restmandate den Parteien mit den grössten Stimmenzahlen zugeteilt, was

[1810] Balinski/Young, 61, zur Vielzahl von Möglichkeiten, Restmandate zu verteilen: «How can we judge which, if any, of these innumerable variations best answers the intent of apportionment according to numbers?»

[1811] Nohlen, Wahlrecht, 117 f.

[1812] Siehe die Rechenbeispiele bei Hagenbach-Bischoff, Verteilungsrechnung, 20 ff.

[1813] Cahn, 25; Klöti, 34 ff.

[1814] Cahn, 26 f.; Klöti, 48 ff.

[1815] Cahn, 27 f.; Klöti, 19 ff.

[1816] Hagenbach-Bischoff, Proportionalvertretung, 23.

einer Bevorzugung der grossen Parteien gleichkam – mit der Begründung, eine Bevorzugung der grösseren Parteien sei weniger unbillig als eine Begünstigung der kleineren Parteien. Das Verfahren wurde 1891 vom Kanton Tessin übernommen. Auch hier wurden keine korrekten proportionalen Ergebnisse erzielt.[1817]
Erst das sog. Basler Verfahren nach Hagenbach-Bischoff mit Verteilerzahl und Wahlzahl kam der Gleichberechtigung der Wählenden näher, bevorzugte jedoch immer noch grosse Parteien, fiel im Ergebnis aber eindeutig proportionaler aus als das Neuenburger oder Genfer Verfahren.[1818]

3. Divisorverfahren

Beim *Divisorverfahren*[1819] wird ein Divisor (Teiler) gesucht und eine Rundungsregel festgelegt.

Der Divisor wird so gesucht, dass die Stimmenzahl jeder Partei, geteilt durch diesen Divisor und auf eine ganze Zahl gerundet, die Anzahl Mandate ergibt, die einer Partei zugeteilt werden. Der gesuchte Divisor kann mittels des Quotienten aus Gesamtstimmenzahl und Gesamtmandatszahl abgeschätzt werden.

Durch Division der Stimmenzahlen einer Partei entsteht mittels Divisorenreihe eine abnehmende Zahlenreihe. Die Zuteilung der Mandate erfolgt nach den Höchstzahlen, d.h. dem höchsten Quotienten. Die einzelnen Divisorverfahren zeichnen sich durch unterschiedliche Divisorenreihen aus. Das bekannteste Verfahren hat Viktor *d'Hondt* (1841–1901) entwickelt. Seine Divisorenreihe lautet 1, 2, 3, 4 usw. Die Mandate werden in der Reihenfolge der Ergebnisse an die Parteien verteilt, wobei das höchste Ergebnis (der höchste Quotient, die Höchstzahl) das erste Mandat erhält, das zweihöchste Ergebnis das zweite Mandat usw., bis alle zu vergebenden Mandate zugeteilt sind.[1820] Neben der Divisorenreihe von d'Hondt gibt es weitere Divisorenreihen, beispielsweise diejenige von André *Sainte-Laguë* (1882–1950). Sie lautet: 1, 3, 5, 7 usw.[1821]

Je nach gewählter Rundungsregel werden grosse oder kleine Parteien bevorzugt: Die Divisormethode mit Abrundung, Methode d'Hondt, bevorzugt grosse Parteien. Im Ergebnis bevorzugt auch die Methode Hagenbach-Bischoff grosse Parteien, da die Restmandate nach der Divisormethode verteilt werden.[1822] Die Di-

---

[1817] Hagenbach-Bischoff, Verteilungsrechnung, 20 ff.

[1818] Hagenbach-Bischoff, Verteilungsrechnung, 23 f.

[1819] Zum Divisorverfahren siehe beispielsweise: Balinski/Young, 23 ff. und 79 ff.; Kölz, Probleme des kantonalen Wahlrechts, 9 ff.; Nohlen, Wahlrecht, 114 ff.; Taagepera/Shugart, 31 ff.

[1820] Pukelsheim, Divisor oder Quote?, 5.

[1821] Pukelsheim, Divisor oder Quote?, 4 f.

[1822] Pukelsheim, Divisor oder Quote?, 10. Siehe auch: Pukelsheim, Die Väter, 83: Die Divisormethode mit Abrundung wurde von Thomas Jefferson (1743–1826) entwickelt. Er

visormethode mit Aufrundung bevorzugt kleine Parteien. Wird nach den kaufmännischen Regeln gerundet, sog. Standardrundung (Methode Sainte-Laguë),[1823] so verhält sich die Mandatszuteilung neutral zur Stärke der Parteien[1824] und ist somit unverzerrt. Eine Zuteilungsmethode ist unverzerrt, wenn zwischen Mandatszuteilung und Stimmenverteilung keine Abweichungen zu erwarten sind.[1825]

Aus dem Gesagten ergibt sich, dass die Divisormethode mit Standardrundung nach Sainte-Laguë den anderen oben genannten Methoden überlegen ist. Sie verbessert die Erfolgswertgleichheit der Wählenden, hat aber eine Schwachstelle im Falle von (zu) kleinen Wahlkreisen.

Für den Fall, dass (zu) kleine Wahlkreise vorhanden sind, was zu (zu) hohen natürlichen Quoren führt, hat Friedrich Pukelsheim (*1948) die Sainte-Laguë-Methode weiterentwickelt. Seine Methode ist bekannt unter den Begriffen *Neues Zürcher Zuteilungsverfahren* oder *Doppelter Pukelsheim*.[1826] Die Methode des Doppelten Pukelsheim löst das Problem der zu kleinen Wahlkreise durch ein Mandatszuteilungsverfahren in zwei Schritten, wobei die Mandate zuerst im ganzen Wahlgebiet und anschliessend im Wahlkreis zugeteilt werden.

Das Problem der zu kleinen Wahlkreise geht die Methode des Doppelten Pukelsheim so an, dass zunächst alle Parlamentsmandate auf Kantonsebene verteilt («Oberzuteilung») und dann in einem zweiten Schritt die den Parteien so zugewiesenen Mandate den Wahlkreislisten weitergegeben werden («Unterzuteilung»).[1827] Für die Oberzuteilung werden Listengruppen gebildet, wobei eine Wählerzahl berechnet wird, die dafür sorgt, dass das Stimmgewicht in den unterschiedlich grossen Wahlkreisen nicht variiert.[1828] Ergebnis der Oberzuteilung

begründete das Abrunden bzw. Unberücksichtigtlassen von Bruchteilen damit, dass die US-amerikanische Verfassung sich nicht über die Rechnung mit Bruchteilsresten äussere. Victor d'Hondt übernahm die Methode von Jefferson.

1823 PUKELSHEIM, Die Väter, 83: Die Methode Sainte-Laguë basiert auf der Methode von Daniel Webster (1782–1852). Webster entwickelte als erster die Divisormethode mit Standardrundung, konnte sich aber nicht durchsetzen. Sainte-Laguë war der erste, der die Divisormethode mit Standardrundung aus der Erfolgswertgleichheit der Wählerstimmen heraus rechtfertigte. Wiederentdeckt wurde die Divisormethode mit Standardrundung im 20. Jahrhundert von Hans Schepers (*1928).

1824 PUKELSHEIM, Divisor oder Quote?, 12: Die Divisormethode mit Standardrundung nach Sainte-Laguë weist geringere Abweichungen auf als die Divisormethode nach d'Hondt. Zudem ist keine systematische Unregelmässigkeit erkennbar.

1825 PUKELSHEIM, Divisor oder Quote?, 9 f.

1826 Das Divisorverfahren Doppelter Pukelsheim ist eine Weiterentwicklung der Methode von André Sainte-Laguë, die ihrerseits wiederum auf Daniel Websters Divisormethode mit Standardrundung basiert.

1827 PUKELSHEIM/SCHUHMACHER, Zürcher Zuteilungsverfahren, 513.

1828 PUKELSHEIM/SCHUHMACHER, Zürcher Zuteilungsverfahren, 513 f.

ist ein gesamtkantonaler Anspruch jeder Listengruppe. In der Unterzuteilung wird nach der doppeltproportionalen Divisormethode mit Standardrundung die Anzahl Mandate pro Wahlkreis ermittelt.[1829]

4. Mindestanforderungen an ein gerechtes Mandatszuteilungsverfahren

a. Mindestanforderungen an ein gerechtes Mandatszuteilungsverfahren

An ein gerechtes Mandatszuteilungsverfahren werden *Mindestanforderungen*[1830] gestellt:

Zum ersten soll das Verfahren die *Quotenbedingung*[1831] erfüllen. Diese verlangt, dass die Mandatszahl einer Partei um weniger als ein ganzes Mandat vom Idealanspruch abweicht. Zweitens soll das Verfahren *frei von sog. Paradoxa* – unlogischen Ergebnissen – sein. Paradoxa sind nur beim Quotenverfahren anzutreffen. Paradoxa stellen sich beispielsweise ein, wo der Stimmenzuwachs oder Stimmenverlust einer Partei eine Mandatsverschiebung zwischen zwei anderen Parteien bewirkt. Paradoxa beschreiben Fälle von Mandatsgewinnen trotz Stimmenverlusten und umgekehrt.

Bei fester Gesamtsitzzahl ist es nicht möglich, beide Anforderungen zu erfüllen, was im Ergebnis ein perfektes Wahlverfahren ausschliesst.[1832]

Das Quotenverfahren erfüllt die Quotenbedingung, und das Divisorverfahren schliesst Wählerparadoxien aus, kann aber die Quotenbedingung verletzen. Da das Wählerzuwachsparadox unbedingt zu vermeiden ist, ist dem Divisorverfahren der Vorzug zu geben.[1833]

Ein weiteres Kriterium ist die *Transparenz* einer Zuteilungsmethode. Die Rechenregeln sollen leicht zu vermitteln und das Zuteilungsergebnis leicht zu überprüfen sein.[1834]

Auch in dieser Hinsicht sind Divisorverfahren den Quotenverfahren überlegen.[1835] Unter den Divisorverfahren ist die Sainte-Laguë-Methode diejenige, die der Quotenbedingung am nächsten kommt und gleichzeitig keine systemati-

[1829] PUKELSHEIM/SCHUHMACHER, Zürcher Zuteilungsverfahren, 515.

[1830] BGE 136 I 352 E. 3.4 m.w.Verw. und BGE 136 I 376 E. 4 m.w.Verw. Siehe auch ANINA WEBER, Wahlrecht, Rz. 460 ff.

[1831] Der Begriff «Quotenbedingung» bezieht sich auf das Verhältnis tatsächliche Sitzzahl und Idealanspruch. Davon zu unterscheiden sind die Sitzquote (siehe 6. Kapitel I. 2. b.) und die Geschlechterquote (siehe 5. Kapitel V. 7).

[1832] Sog. Unmöglichkeitssatz von Balinski und Young: BALINSKI/YOUNG, 79 ff.

[1833] BALINSKI/YOUNG, 3 und 81.

[1834] PUKELSHEIM, Erfolgswertgleichheit, 448.

[1835] PUKELSHEIM, Divisor oder Quote?, 8.

schen Verzerrungen zur Folge hat, d.h., dass sich die Mandatszuteilung neutral zur Stärke der Parteien verhält.[1836] Die Divisormethode mit Standardrundung nach Sainte-Laguë bleibt zudem meistens im Rahmen des Idealanspruchs und springt nur ganz selten hinaus. Anders die Divisormethode mit Abrundung nach d'Hondt, bei der ein Sprung aus dem Idealrahmen häufig beobachtet werden kann, und zwar jeweils zugunsten einer grossen Partei.[1837]

Weiter steht die Methode Sainte-Laguë im Einklang mit dem Grundsatz des gleichen *Erfolgswertes* zweier Wählerstimmen.[1838]

Es bleibt nun noch das Problem des hohen natürlichen Quorums[1839] zu lösen, das durch (zu) kleine Wahlkreise entsteht.[1840] Laut Bundesgericht sind natürliche Quoren, die 10 Prozent übersteigen, mit dem Verhältniswahlrecht nicht vereinbar.[1841]

Dafür haben sich zwei Lösungen bewährt: Einerseits steht die Methode Doppelter Pukelsheim, die eine Weiterentwicklung der Methode Sainte-Laguë ist, zur Verfügung, andererseits kann das Problem mittels der Begründung von Wahlkreisverbänden behoben werden.[1842]

> Mehrere Wahlkreise bilden einen Wahlkreisverband bzw. eine Wahlregion. Damit entsteht eine übergeordnete Einheit. Bestehen Wahlkreisverbände, so werden die Mandate einer Partei zuerst auf der Ebene des Wahlkreisverbandes zugeteilt und nicht auf der Ebene des (zu) kleinen Wahlkreises.[1843] Mit der Zuteilung der Mandate auf Wahlkreisverbandsebene werden gewichtslose Stimmen reduziert und das natürliche Quorum gesenkt.[1844]
> Bei der Methode des Doppelten Pukelsheim wird das Problem der zu kleinen Wahlkreise ebenfalls durch ein Mandatszuteilungsverfahren in zwei Schritten gelöst, wobei die Mandate zuerst im ganzen Wahlgebiet und anschliessend im Wahlkreis zugeteilt werden.[1845] Da die Mandate zuerst im ganzen Wahlgebiet zugeteilt

[1836] BALINSKI/YOUNG, 85 mit Hinweis auf die Methode von Webster, auf der die Methode Sainte-Laguë aufbaut; PUKELSHEIM, Divisor oder Quote?, 3.

[1837] PUKELSHEIM, Divisor oder Quote?, 19 ff.

[1838] PUKELSHEIM, Divisor oder Quote?, 23 ff.

[1839] Zum natürlichen Quorum in Einzelnen siehe 6. Kapitel IV. 3. c.

[1840] Das natürliche Quorum berechnet sich wie folgt: x = 100 : (n+1). N = Sitze im Wahlkreis.

[1841] BGE 136 I 352 (Kanton Nidwalden); BGE 136 I 376 (Kanton Zug); BGE 1C_407/2011, BGE 1C_445/2011; BGE 1C_447/2011 (Kanton Schwyz); 1C_511/2015 (Kanton Uri).

[1842] BGE 1C_407/2011; BGE 1C_445/2011; BGE 1C_447/2011. In BGE 1C_511/2015 empfiehlt das Bundesgericht explizit die Schaffung von Wahlkreisverbänden oder den Wechsel zum Mandatszuteilungsverfahren Doppelter Pukelsheim, um das Problem des zu hohen natürlichen Quorums zu lösen.

[1843] Wahlkreisverbände existieren im Kanton Basel-Landschaft, sog. «Regionen». Sie werden jedoch erst auf Gesetzesebene explizit erwähnt: § 40 GPR BL. Siehe 6. Kapitel V. 4 c.

[1844] KÖLZ, Probleme des kantonalen Wahlrechts, 30 ff. POLEDNA, Wahlrechtsgrundsätze, 141 ff.

[1845] Im Einzelnen siehe 6. Kapitel V. 3.

werden, werden – wie bei Wahlkreisverbänden – gewichtslose Stimmern reduziert und das natürliche Quorum gesenkt.

Sowohl die Methode des Doppelten Pukelsheim als auch die Bildung von Wahlkreisverbänden haben den Vorteil, dass an den Wahlkreisen nichts geändert werden muss. Zu hohe natürliche Quoren können auch mittels Neubildung von Wahlkreisen behoben werden. Werden mehrere Wahlkreise zu neuen, grösseren Wahlkreisen zusammengefasst, ist das Problem der zu hohen natürlichen Quoren auch gelöst.[1846]

Ein höherer Wert des Quorums ist unter Umständen aufgrund überkommener Gebietsorganisationen, die namentlich dem Minderheitenschutz dienen, denkbar. Diese Ausnahmen bedeuten ein Abweichen vom Verhältniswahlrecht durch proporzfremde Elemente. Gemäss Bundesgericht könnte eine solche Abweichung durch historische, föderalistische, kulturelle, sprachliche, ethnische oder religiöse Gründe gerechtfertigt sein; kleinere Wahlkreise würden als eigene Identitäten und als «Sonderfall» erscheinen und Minderheiten auf Kosten des Proporzes schützen und ihnen einen Vertretungsanspruch einräumen. Diese ausnahmsweise Abweichung vom Proporz bedarf jedoch sachlicher Gründe.[1847] Die «Sonderfallregel» ist vom Bundesgericht 2004 letztmals angewendet worden.[1848] Die bundesgerichtliche «Sonderfallregel» wurde 2012 relativiert:

Die Schaffung von Wahlkreisverbänden[1849] oder die Methode Doppelter Pukelsheim können helfen, (zu) hohe Quoren zu vermeiden, indem sie im Wahlgebiet einen wahlkreisübergreifenden Ausgleich ermöglichen. Tiefe natürliche Quoren reduzieren den Anteil gewichtsloser Stimmen und erhöhen die Erfolgswertgleichheit der Stimmen. Sowohl Wahlkreisverbände als auch die Methode Doppelter Pukelsheim sind wahlkreisübergreifende Ausgleichsmechanismen und schaffen die Möglichkeit, im Sinne eines Minderheitenschutzes an kleinen

[1846] So hat der Kanton Solothurn 2005 seine fünf Amteien anstelle der zehn Bezirke als Wahlkreise bestimmt. Je zwei Bezirke bilden eine Amtei. Siehe Art. 43 KV SO.

[1847] BGE 136 I 252 E. 3.5 und 4.1 m.w.Verw. Siehe dazu auch die Kritik bei TÖNDURY 55 m.w.Verw., der feststellt, dass Hinweise auf lokale und regionale Eigenheiten zum Schutz sehr kleiner Proporzwahlsysteme vorgeschoben sind, um machtpolitische Interessen zu schützen. Vordergründig würden althergebrachte Bräuche, Gebietseinteilungen oder Sitzansprüche angeführt oder es werde auf die angebliche demokratische Gleichwertigkeit von Wahlsystemen verwiesen. Dabei gehe es jedoch in erster Linie darum, einen traditionellen Vorsprung – und damit Macht – der eigenen politischen Partei zu sichern.

[1848] In BGE 131 I 85 hat das Bundesgericht die Einteilung des Kantons Wallis in teils zu kleine und teils zu unterschiedlich grosse Wahlkreise u.a. mit dem Hinweis auf historische Wurzeln geschützt. 2014 hat das Bundesgericht aber eine Beschwerde der Minderheitsparteien gutgeheissen und den Kanton angewiesen, seine Wahlkreise zu vergrössern: siehe BGE 1C_495/2012.

[1849] POLEDNA, Grundzüge Kantone, N 19 f.

Wahlkreisen festzuhalten und dennoch eine relativ genaue Abbildung der Parteienstärke im Parlament zu gewährleisten. Vor diesem Hintergrund hat das Bundesgericht seine Rechtsprechung zur «Sonderfallregelung» im Zusammenhang mit einem natürlichen Quorum von über 10 Prozent weiterentwickelt. Macht ein Kanton weder von Wahlkreisverbänden noch vom Doppelten Pukelsheim Gebrauch, so lassen sich Wahlkreise, die deutlich zu klein sind und ein natürliches Quorum von über 10 Prozent haben, selbst dann nicht mehr rechtfertigen, wenn gewichtige historische, föderalistische, kulturelle, sprachliche oder religiöse Gründe für die Wahlkreiseinteilung bestehen, so das Bundesgericht.[1850]

b. Weiterentwicklung der Parlamentswahlsysteme durch das Bundesgericht

Das Bundesgericht hat das *Proporzsystem* konsequent weiterentwickelt. Dabei hat es im Widerspruch zu früheren Urteilen der Erfolgswertgleichheit der Stimmen eine hohe Bedeutung zugesprochen, damit dem Grundsatz der unverfälschten Stimmabgabe[1851] Genüge getan werde: Die Kantone haben bei der Ausgestaltung ihrer Wahlverfahren zu berücksichtigen, dass das natürliche Quorum von 10 Prozent aller Stimmen nicht überschritten werden darf, was bedeutet, dass in jedem Wahlkreis mindestens neun Sitze zu vergeben sind. So haben mehrere Kantone in den letzten zehn Jahren auf Druck des Bundesgerichts ihr Wahlrecht den bundesgerichtlichen Anforderungen angepasst: Die Kantone Aargau (2008),[1852] Schaffhausen (2008),[1853] Nidwalden (2014),[1854] Zug (2014)[1855] und Schwyz (2015)[1856] haben die Methode des Doppelten Pukelsheim eingeführt. In der Lehre wurde die bundesgerichtliche Definition des Verhältniswahlsystems als wahlkreisübergreifendes Repräsentationssystem kritisiert; Proporz könne auch (nur) als wahlkreisbezogene Regel für die Umrechnung der Stimmen in Mandate verstanden werden.[1857] Weiter wurde das natürliche Quorum von 10 Prozent, wie es das Bundesgericht festgelegt hatte, als arbiträr bezeichnet. Diese Obergrenze werde durch internationale Standards nicht gestützt. Zudem werde beispielsweise der Nationalrat in Wahlkreisen von sehr unterschiedlichen Grössen gewählt.[1858]

[1850] BGE 1C_495/2012, insbes. E. 3.2 und E. 4.1.

[1851] Art. 34 Abs. 2 BV.

[1852] BGE 131 I 74.

[1853] Art. 25 Abs. 2 KV SH, angenommen in der Volksabstimmung vom 24. Februar 2008.

[1854] BGE 136 I 352.

[1855] BGE 136 I 376.

[1856] BGE 1C 407/2011, 1C 445/2011, 1C 447/2011.

[1857] Biaggini, Mischsysteme, 427. Kritisch auch zur bundesgerichtlichen wahlkreisübergreifenden Mandatszuteilung Töndury, 59.

[1858] Lutz, 4.

Zu Recht wird auch darauf verwiesen, dass Wahlsysteme neben dem Ziel der möglichst proportionalen Vertretung noch weitere Ziele verfolgen, wie etwa die territoriale Repräsentation, die Repräsentation bestimmter Gruppen wie Frauen, die Verhinderung der Parteienzersplitterung oder die Transparenz.[1859] Andererseits wird in der Lehre die Haltung des Bundesgerichts mit der Begrenzung des natürlichen Quorums auch begrüsst, weil durch die kleinere Zahl gewichtsloser Stimmen die Wahlfreiheit weniger eingeschränkt werde,[1860] oder gar das Verfahren Doppelter Pukelsheim als einziges Verfahren bezeichnet, das einen optimalen Proporz garantiere.[1861] Die bestmögliche Umsetzung der Garantie der politischen Rechte gehe der kantonalen Souveränität vor.[1862]

Auch die Anwendung des *Majorszsystems*[1863] hat das Bundesgericht relativiert und festgehalten, dass es nur unter bestimmten Umständen zu tolerieren sei. 2014 hat das Bundesgericht das Majorzsystem für Parlamentswahlen als nicht optimal bezeichnet, was nicht bedeute, dass Majorz generell für kantonale Parlamentswahlen mit dem Bundesrecht unvereinbar wäre.[1864] Es lasse sich jedoch nur rechtfertigen, wenn die Wahlkreise über grosse Autonomie verfügen und eine geringe Bevölkerungszahl aufweisen würden, den Parteien ein relativ geringer Stellenwert zukomme und die Zugehörigkeit der Kandidierenden zu einer politischen Partei untergeordnete Bedeutung habe.[1865]

In der Lehre wurde der Schluss gezogen, dass das Bundesgericht mit seiner Skepsis gegen Majorz die Grenzen der Verfassungsfortbildung überschritten und eine verfassungspolitische Entscheidung getroffen habe.[1866] Der Standpunkt wurde jedoch auch vertreten, dass sich aus dem Grundsatz des gleichen Stimmrechts ein Recht auf Erfolgswertgleichheit ergebe. Parlamentswahlen im Majorz könnten die Erfolgswertgleichheit nicht garantieren, weshalb das Mehrheitswahlsystem die politischen Rechte verletze.[1867]

Wird in einem Kanton in einzelnen Wahlkreisen das Proporzsystem und in anderen Wahlkreisen das Majorzsystem angewandt, so kann dieses sog. Ge-

---

[1859] Lutz, 6. Zu den Funktionen der Wahlsysteme siehe auch 6. Kapitel I. 2. i).

[1860] Töndury, 59.

[1861] Anina Weber, Wahlrecht, Rz. 1292.

[1862] Anina Weber, Wahlrecht, Rz. 1295.

[1863] Die Kantone AI, AR (mit Ausnahme der Gemeinde Herisau) und GR wählen ihre Parlamente im Majorzsystem.

[1864] Siehe BGE 129 I 185 E. 3.1.; BGE 136 I 376 E. 4.1.; Urteil 1C_495/2012 vom 12. Februar 2014 E. 3.2, nicht publ. in: BGE 140 I 107 sowie Hangartner, Wahl kantonaler Parlamente, 227.

[1865] BGE 140 I 394, insbes. E. 7.3. und E. 10.2. Siehe auch Auer, Staatsrecht der Kantone, Rz. 148.

[1866] Biaggini, Mischsysteme, 413 ff.; Georg Müller, Wahlen von Parlamenten, 104 ff.

[1867] Marbach, Rz. 94.

mischte Wahlsystem je nach seiner Ausgestaltung die mit einem reinen Majorzwahlverfahren verbundenen Mängel abmildern, indem es sich einem Proporzwahlverfahren annähert und dem Prinzip der Erfolgswertgleichheit mindestens teilweise Achtung verschafft. Ein gemischtes Wahlsystem für die Wahl des kantonalen Parlaments sei mit der Bundesverfassung deshalb dann vereinbar, wenn der kantonale Verfassungs- oder Gesetzgeber nicht ausdrücklich das Proporzprinzip für anwendbar erkläre und im Vergleich zu einem reinen Majorzwahlverfahren das Prinzip der Erfolgswertgleichheit insgesamt besser gewahrt werde. Ein gemischtes Wahlverfahren müsse gesamthaft betrachtet ausgewogen und sachlich nachvollziehbar ausgestaltet sein. Das konkrete Nebeneinander von Majorz- und Proporzelementen müsse an vernünftigen Kriterien anknüpfen; insbesondere müsse nachvollziehbar sein, weshalb gewisse Mandate nach dem Majorz- und andere nach dem Proporzprinzip verteilt werden, so das Bundesgericht.[1868]

c. Standesinitiativen von Uri und Zug

Das Bundesgericht hat die Anforderungen an die Wahlsysteme laufend verschärft. Während im 20. Jahrhundert die Wahlkreiseinteilung der historischen Gebietsgliederung des jeweiligen Kantons in Bezirke oder Gemeinden folgte, muss seit Beginn des 21. Jahrhunderts die Wahlkreiseinteilung den Vorgaben der Erfolgswertgleichheit als Teilgehalt der Wahlrechtsgleichheit gehorchen.[1869] Es gilt nun der Vorbehalt, dass zur Erlangung eines Palramentssitzes das natürliche Quorum von zehn Prozent nicht überschritten werden darf. Abweichungen aus sachlichen Gründen wie historische, föderalistische, kulturelle, sprachliche, ethnische oder religiöse Gründe für einen Minderheitenschutz oder zur Wahrung einer spezifischen, historisch gewachsenen und noch immer lebendigen Gebietsidentität werden nicht mehr als Rechtfertigungen für Abweichungen vom Wahlsystem anerkannt.[1870]

Diese Weiterentwicklung des Bundesgerichts hat die Kantone verunsichert; insbesondere die Interpretation des Begriffs der unverfälschten Stimmabgabe[1871] durch das oberste Gericht ist im Hinblick auf die kantonale Kompetenz im Bereich der politischen Rechte[1872] nicht ohne Kritik geblieben.

Die Vorgaben des Bundesgerichts in Bezug auf eine verfassungsgemässe Verhältniswahl stossen bei den involvierten Kantonen auf Kritik. Die Vorgaben

[1868] BGE 140 I 394, E. 11.2.
[1869] Siehe BGE 129 I 185 (ZürcherStadtparlament). MUSLIU, Rz 31 ff. m.w.Verw.
[1870] GLASER, Rz. 1 ff. m.w.Verw.
[1871] Art. 34 Abs. 2 BV.
[1872] Art. 39 Abs. 1 BV.

werden als Eingriffe in die kantonale Autonomie verstanden. Zwar haben die Stimmberechtigten in den Kantonen Zug, Schwyz und Nidwalden das neue Wahlrecht bestätigt, dennoch haben die Kantone Uri[1873] und Zug[1874] Standesinitiativen eingereicht und verlangen, dass in der Bundesverfassung explizit festgehalten wird, dass die Kantone ihre Wahlsysteme und Wahlverfahren selber bestimmen können. Die Kantone sollen in der Gestaltung der Wahlverfahren frei sein und das Bundesgericht ihnen keine Vorgaben betreffend Wahlkreisgrösse mehr machen dürfen. Damit soll die entstandene Verunsicherung beseitigt und die Rechtssicherheit wiederhergestellt werden.[1875]

Die Staatspolitische Kommission des Ständerats ist zu Recht der Auffassung, dass die Klärung der kontrovers diskutieren Fragen im Zusammenhang mit Parlamentswahlverfahren nicht durch das Bundesgericht, sondern auf politischer Ebene vorgenommen werden solle. Andernfalls begebe sich das oberste Gericht in den Bereich der Rechtsfortbildung; Entwicklungen des Wahlrechts sollten bottom-up durch die Kantone entwickelt und nicht top-down vom Bundesgericht aufoktroyiert werden.[1876]

Die beiden Standesinitiativen wollen die Ergänzung der Bundesverfassung: Neu soll festgehalten werden (Antrag der *Mehrheit*), dass die Kantone im Rahmen der Rechtsgleichheit und der Garantie der unverfälschten Stimmabgabe frei sind in der Ausgestaltung der Verfahren zur Wahl ihrer Behörden nach dem Grundsatz des Majorzes, des Proporzes oder nach einer Mischform. Im Weiteren sollen sie ebenfalls frei sein in der Festlegung ihrer Wahlkreise und speziellen Wahlrechtsregelungen. Mit Letzterem sollen Regelungen wie der Jurasitz im Kanton Bern im Rahmen der Regierungsratswahlen[1877] möglich sein. Das Bundesgericht dürfte dann keine Ausgleichsmechanismen wie den Doppelten Punkelsheim oder Wahlkreisverbände vorschreiben. Es wäre den Kantonen überlassen, ob sie die Proporzregel innerhalb eines Wahlkreises oder wahlkreisübergreifend anwenden wollen.[1878]

[1873] Standesinitiative des Kantons Uri vom 7. Juli 2014: «14.316 Souveränität bei Wahlfragen»: https://www.parlament.ch/de/ratsbetrieb/suche-curia-vista/geschaeft?AffairId=20140316, besucht am 19. April 2018.

[1874] Standesinitiative des Kantons Zug vom 28. März 2014: «14.316 Wiederherstellung der Souveränität der Kantone bei Wahlfragen. Änderung der Bundesverfassung»: https://www.parlament.ch/de/ratsbetrieb/suche-curia-vista/geschaeft?AffairId=20140307, besucht am 19. April 2018.

[1875] Zu den Standesinitiativen der Kantone UR und ZG siehe Bericht der Staatspolitischen Kommission des Ständerats vom 16. November 2017, in: BBl 2018 1 ff. m.w.Verw.

[1876] Siehe Bericht der Staatspolitischen Kommission des Ständerats vom 16. November 2017, in: BBl 2018 1 ff. m.w.Verw.

[1877] Siehe dazu 6. Kapitel I. 2. b.

[1878] Art. 39 Abs. 1 BV soll nur noch die Bundeskompetenz regeln (Mehrheits- und Minderheitsantrag identisch). Ein neuer Art. 39 Abs. 1bis soll den Kantonen mehr Kompetenzen bei Wahlverfahren auf kantonaler und kommunaler Ebene verleihen: Wahlfreiheit der

Die *Minderheit* beantragt, dass die aktuelle Praxis des Bundesgerichts verankert wird. Zudem sollen die Kantone bei der Festlegung ihrer Wahlkreise lokalen und regionalen Besonderheiten Rechnung tragen und vom Proporzsystem abweichen können, wenn etwa historische Gründe die Bildung kleinerer Wahlkreise nahelegen oder wahlkreisübergreifende Ausgleichsmechanismen vorgesehen werden.[1879]

Die vorprüfende Kommission des Ständerats hätte eine Regelung auf Gesetzesebene bevorzugt, wofür jedoch keine Kompetenz des Bundes besteht: Art. 39 BV sieht explizit vor, dass die Kantone die Ausübung der politischen Rechte in kantonalen und kommunalen Angelegenheiten regeln.

Im Ständerat hat sich der Mehrheitsantrag der Kommission durchgesetzt.[1880] Art. 39 Abs. 1 BV soll nur noch festhalten, dass der Bund die Ausübung der politischen Rechte in eidgenössischen Angelegenheiten regelt;[1881] ein neu einzufügender Absatz, Art. 39 Abs. 1bis BV, äussert sich über die Regelung der Ausübung der politischen Rechte in kantonalen und kommunalen Angelegenheiten und unterstreicht die Freiheit der Kantone in Bezug auf die Ausgestaltung der Verfahren zur Wahl ihrer Behörden und ihrer Vertreterinnen und Vertreter im Ständerat nach dem Grundsatz des Majorzes, des Proporzes oder einer Mischform. Die Kantone sollen auch frei sein in der Festlegung ihrer Wahlkreise und spezieller Wahlrechtsregelungen.[1882]

Der Nationalrat beantragt, den Initiativen Folge zu geben,[1883] hat aber noch nicht über die Standesinitiativen beraten.

Kantone bezüglich Wahlverfahren, Festlegung der Wahlkreise sowie spezieller Wahlrechtsregelungen (Mehrheitsantrag). Vorentwurf und erläuternder Bericht der Staatspolitischen Kommission des Ständerats vom 20. Juni 2017, 15 f. Siehe auch GLASER, Rz. 23 ff.

[1879] Gemäss dem Minderheitsantrag soll Art. 39 Abs. 1bis BV festhalten, dass die Kantone Wahlsystem und Wahlkreise selbstständig wählen und spezielle Wahlrechtsregelungen erlassen können. In erster Linie soll dies nicht zu Änderungen der Gerichtspraxis führen, sondern dafür sorgen, dass das Bundesgericht die Autonomie der Kantone bei kantonalen und kommunalen Wahlverfahren nicht noch restriktiver auslegen kann. Vorentwurf und erläuternder Bericht der Staatspolitischen Kommission des Ständerats vom 20. Juni 2017, 16 f.

[1880] Zur Debatte im Ständerat siehe https://www.parlament.ch/de/ratsbetrieb/amtliches-bulletin/amtliches-bulletin-die-verhandlungen?SubjectId=42887, besucht am 19. April 2018.

[1881] Art. 39 Abs. 1 BV soll lauten: «Der Bund regelt die Ausübung der politischen Rechte in eidgenössischen Angelegenheiten.»

[1882] Art. 39 Abs. 1bis BV: «Die Kantone regeln die Ausübung der politischen Rechte in kantonalen und kommunalen Angelegenheiten. Sie sind frei in der Ausgestaltung der Verfahren zur Wahl ihrer Behörden und ihrer Vertreterinnen und Vertreter im Ständerat nach dem Grundsatz des Majorzes, des Proporzes oder einer Mischform. Sie sind frei in der Festlegung ihrer Wahlkreise und spezieller Wahlrechtsregelungen.»

[1883] Siehe dazu auch 6. Kapitel V. 4. a. und b.

d. Mandatszuteilungsverfahren in der Nordwestschweiz

Die Erfolgswertgleichheit setzt ein gerechtes Mandatszuteilungsverfahren voraus, um den gleichen praktischen Einfluss der Wählerstimme auf das Wahlergebnis zu garantieren. Ob das Mandatszuteilungsverfahren gerecht ist, bemisst sich an der Höhe des natürlichen Quorums. Ein zu hohes natürliches Quorum entsteht durch (zu) kleine Wahlkreise.

Im Kanton *Aargau* konnten mit dem Wechsel des Verfahrens für die Wahl des Grossen Rats zur Methode «Doppelter Pukelsheim» 2009 die Schwachstellen der Methode «Hagenbach-Bischoff» (zu kleine Wahlkreise führen zu über 10 Prozent liegenden natürlichen Quoren) behoben werden.[1884] Zwar wird die Zahl der Sitze weiterhin aufgrund der Wohnbevölkerung im Wahlkreis zugeteilt.[1885] Anschliessend werden jedoch im Rahmen der Oberzuteilung die Mandate an die Parteien aufgrund der Ergebnisse im ganzen Wahlgebiet vergeben,[1886] wodurch proporzwidrige Quoren[1887] vermieden werden. Erst dann wird die sog. Unterzuteilung vorgenommen und die Anzahl Mandate der Parteien in den Wahlkreisen berechnet.[1888] Mit der Methode «Doppelter Pukelsheim» ist somit garantiert, dass jede Wählerstimme den gleichen praktischen Einfluss auf das Wahlergebnis nehmen kann.[1889]

Im Kanton *Basel-Landschaft* übersteigt in der Mehrheit der Wahlkreise das natürliche Quorum die vom Bundesgericht statuierte Höchstgrenze von 10 Prozent.[1890] Der Kanton Basel-Landschaft hat mit der Bildung von sog. Wahlregionen Abhilfe geschaffen: Für die Verteilung der Mandate auf die Parteien werden vier Regionen gebildet.[1891]

Die Wahlregionen wurden 1981 eingeführt. In der Landratsdebatte wurden diese kontrovers diskutiert. Einerseits wurden die Vorteile der Schaffung von Wahlregionen erkannt. Andererseits wurde auch darauf hingewiesen, dass die Stimmbeteiligung in zwei in der gleichen Wahlregion liegenden Wahlkreisen (A und B) einen Einfluss auf die Mandatszuteilung habe. So könne unter Umständen eine kandidierende Person von Wahlkreis A begünstigt werden, die weniger Stimmen erhalten habe als eine kandidierende Person im Wahlkreis B –

[1884] Siehe auch BERIGER, doppeltproportionale Sitzzuteilungsverfahren, Rz. 15 ff.

[1885] § 2 GrossratswahlG AG.

[1886] § 14 GrossratswahlG AG.

[1887] BGE 136 I 352 (NW); BGE 136 I 376 (ZG); BGE 1C_407/2011; BGE 1C_445/2011; BGE 1C_447/2011 (SZ), BGE 1C_511/2015 (UR).

[1888] § 14a GrossratswahlG AG.

[1889] HAUSER/JAAG, 66 ff.

[1890] Zuteilung der Sitze an die Wahlkreise für die Landratswahlen 2015: https://www.baselland.ch/themen/p/politische-rechte/wahlen/landratswahlen/landratswahlen-2015/medien/downloads/2014-05-21_wahl.pdf, besucht am 19. April 2018.

[1891] § 40 Abs. 1 GPR BL. Siehe auch ACHERMANN, 122.

dies, weil die Stimmbeteiligung in Wahlkreis A geringer ausgefallen sei als in Wahlkreis B.[1892] Dem ist entgegenzuhalten, dass die unterschiedliche Stimmbeteiligung in den Wahlkreisen nicht mit einer unzulässigen Verfälschung des Wahlergebnisses gleichgesetzt werden kann und der Einwand daher irrelevant ist.

Für die Verteilung der Mandate kommt die Methode Hagenbach-Bischoff[1893] zur Anwendung;[1894] d.h., die Zuteilung der Vollmandate erfolgt nach dem sog. System des minimalen Quotienten: In jedem Wahlkreis[1895] werden zuerst die Parteistimmenzahlen durch die Zahl der Wahlkreismandate geteilt. Die auf die nächste ganze Zahl abgerundeten Ergebnisse sind die Wählerzahlen. Nun werden in jeder Region die Wählerzahlen aller Parteien zusammengezählt und durch die Zahl der Mandate der Region plus 1 geteilt. Das auf die nächsthöhere ganze Zahl aufgerundete Ergebnis ist die erste Wahlzahl. Jede Partei erhält nun so viele Mandate, wie die erste Wahlzahl in ihrer Wählerzahl der Region enthalten ist.[1896] Die Zuteilung der Restmandate erfolgt nach dem sog. System des grössten Quotienten: Das erste Restmandat geht an die Partei, welche bei der Division ihrer Parteistimmenzahl durch die bereits erhaltenen Mandate plus 1 das höchste Ergebnis erzielt. Dieses Verfahren wird so lange fortgesetzt, bis alle Restmandate verteilt sind.[1897]

[1892] Siehe Protokoll des Landrats vom 15. Juni 1981 betreffend Berichte des Regierungsrates vom 5. Februar 1980 sowie der Spezialkommission vom 12. Dezember 1980 und 15. Mai 1981 betreffend Neuordnung des Abstimmungs- und Wahlrechts: Erhöhung der Mitgliederzahl des Landrates und Gesetz über die politischen Rechte: http://www.landratsprotokolle.bl.ch/de/1002/Detail.htm?Beschluss=53282, insbes. Seite 5 unten und Seite 6 oben, besucht am 19. April 2018, Votum Hans Fünfschilling: «Mit der Festlegung kleiner Wahlkreise verfolgte man eine bestimmte Zielsetzung, nämlich eine bessere Transparenz in den einzelnen Wahlkreisen und die Förderung der Persönlichkeitswahl. Mit der Schaffung von Wahlregionen wollte man den kleinen Parteien gewährleisten, dass sie zu ihren Mandaten kommen. Durch diese doppelte Zielsetzung ist ein Konflikt entstanden, dessen Probleme die ursprünglichen Zielsetzungen illusorisch machen. Wir wollten Wahlkreise schaffen, die dem Wähler näher sind und die die Persönlichkeitswahl mehr in den Vordergrund stellen. Mit der vorgeschlagenen Lösung werden aber 5–6 Kandidaten der kleinen Parteien rein zufällig ausgewählt werden. Wie soll dem Wähler erklärt werden, dass in einem Wahlkreis z.B. nicht der Spitzenkandidat einer kleinen Partei gewählt worden ist, sondern irgendein anderer Bewerber, obwohl dieser wesentlich weniger Stimmen erhalten hat als der andere? Je grösser die Unterschiede in der Stimmbeteiligung sind, desto grösser ist die Gefahr einer unnatürlichen Umverteilung der Mandate.»

[1893] Siehe auch den Entscheid des Verwaltungsgerichts BL vom 1. Juni 1988 i.S. R.J. (Rz. 35).

[1894] Siehe auch Fuhrer, Rz. 67 ff.

[1895] § 48 GPR BL.

[1896] § 40 Abs. 2, 3 und 4 GPR BL.

[1897] § 40 Abs. 5 GPR BL.

Im Kanton *Basel-Stadt* variiert die Anzahl Sitze pro Wahlkreis zwischen einem (Sitzgarantie für Bettingen)[1898] bzw. elf und 34 Sitze.[1899] Für die Mandatszuteilung kommt die Methode Sainte-Laguë zur Anwendung.[1900] Diese Methode verhält sich dank der Standardrundung zur Wahlkreisgrösse neutral und begünstigt somit weder kleine noch grössere Wahlkreise.[1901] Aufgrund der heterogenen Wahlkreisgrösse wäre die biproportionale Mandatszuteilungsmethode ebenfalls geeignet gewesen.[1902]

Mit dem Wechsel von der Hagenbach-Bischoff- zur Sainte-Laguë-Methode konnte 2011 die Proportionalität innerhalb der Wahlkreise verbessert werden. Da die Wahlkreise sehr unterschiedlich gross sind – der kleinste der fünf Wahlkreise hat einen Sitz, der grösste 34 Sitze –, wäre die biproportionale Mandatszuteilungsmethode zu bevorzugen gewesen. Das Parlament hat die biproportionale Methode explizit abgelehnt und sich für die Methode Sainte-Laguë entschieden.[1903] Ausschlaggebend für die Einführung der Methode Sainte-Laguë war, dass die Rundung nach kaufmännischen Regeln erfolgt, was politisch neutral sei. Gegen die Einführung der biproportionalen Mandatszuteilungsmethode sprach, dass die Methode wegen ihrer Komplexität intransparent sei und Mandatsverschiebungen zwischen den Wahlkreisen nicht auszuschliessen seien.[1904]

Im Einerwahlkreis Bettingen wird nach Majorzsystem gewählt: Gewählt ist, wer die meisten Stimmen erhält.[1905] Diese sog. Sitzquote[1906] durchbricht das Pro-

---

1898 § 42 Abs. 4 WahlG BS.

1899 Siehe Grossratsbeschluss betreffend die Zahl der den Wahlkreisen der Stadt und den Gemeinden Bettingen und Riehen im Grossen Rat zustehenden Sitze vom 3. Februar 2016: http://www.gesetzessammlung.bs.ch/frontend/versions/3712/download_pdf_file, besucht am 19. April 2018.

1900 Siehe auch BERIGER, sonstige Proporzwahlverfahren, Rz. 67 ff.

1901 Siehe u.a. ANINA WEBER, Wahlrecht, Rz. 514 ff. m.w.Verw.

1902 So ANINA WEBER, Wahlrecht, Rz. 443.

1903 Siehe Anzug vom 21. Dezember 2009 von Remo Gallacchi und Konsorten für ein neues Wahlmodell für die Grossratswahlen: http://www.grosserrat.bs.ch/de/geschaefte-dokumente/datenbank?such_kategorie=1&content_detail=200104215, besucht am 19. April 2018 sowie den Bericht der Spezialkommission zu einer Änderung des Gesetzes über Wahlen und Abstimmungen (Wahlgesetz) vom 21. April 1994 vom 11. Mai 2011: http://www.grosserrat.bs.ch/dokumente/100371/000000371959.pdf, besucht am 19. April 2018.

1904 Siehe Seite 5 f. Bericht der Spezialkommission zu einer Änderung des Gesetzes über Wahlen und Abstimmungen (Wahlgesetz) vom 21. April 1994 vom 11. Mai 2011 m.w.Verw.: http://www.grosserrat.bs.ch/dokumente/100371/000000371959.pdf, besucht am 19. April 2018.

1905 § 58 WahlG BS.

1906 Mit Quote (lat. Quota: Anteil) wird grundsätzlich ein Teil eines Ganzen bezeichnet. Die Sitzquote ist von der Geschlechterquote zu unterscheiden. Zur Geschlechterquote siehe 5. Kapitel V. 7. Weiter wird der Begriff der Quote auch im Zusammenhang mit den An-

porzsystem mit dem Ziel, einer Minderheit, in casu der Einwohnerschaft von Bettingen, einen Anspruch auf minimale Vertretung einzuräumen.[1907]

Auch die Gemeinde Riehen hat Anspruch auf mindestens einen Sitz.[1908] Aktuell fallen auf Riehen 11 Sitze, so dass diese Sitzquote nicht zum Tragen kommt und auch das Wahlsystem für Einerwahlkreise, nämlich Majorz,[1909] nicht zur Anwendung gelangt.[1910]

Im Kanton *Solothurn* haben 2003 die Amteien die Bezirke als Wahlkreise abgelöst.[1911] Dadurch konnte das natürliche Quorum auf unter 10 Prozent gesenkt werden.

Für die Verteilung der Mandate an die Parteien kommt die Methode Hagenbach-Bischoff zur Anwendung.[1912] D.h., die Zuteilung der Mandate erfolgt in einer ersten Runde nach dem System des sog. Minimalen Quotienten: Zuerst wird die Verteilungszahl ermittelt. Sie berechnet sich, indem die Zahl der gültigen Parteistimmen aller Listen durch die um eins vergrösserte Zahl der Sitze geteilt wird; die nächsthöhere Zahl ist die sog. Verteilungszahl.[1913] Jeder Liste werden nun so viele Mandate zugeteilt, wie die Verteilungszahl in ihrer Stimmenzahl enthalten ist.[1914] Die Zuteilung der Restmandate erfolgt nach dem sog. System des grössten Quotienten: Das erste Restmandat geht an die Partei, welche bei der Division ihrer Parteistimmenzahl durch die bereits erhaltenen Mandate plus 1 das höchste Ergebnis erzielt. Dieses Verfahren wird so lange fortgesetzt, bis alle Restmandate verteilt sind.[1915] Ein Methodenwechsel von Hagenbach-Bischoff zum Doppelten Pukelsheim wurde vom Kantonsrat 2012 abgelehnt.[1916]

forderungen an ein gerechtes Mandatszuteilungsverfahren an eine Partei verwendet, siehe 6. Kapitel V. 4. a.

[1907] Buser, Kantonales Staatsrecht, Rz. 483 (mit weiteren Beispielen); Nuspliger, Staatsrecht, 112 ff.

[1908] § 46 Abs. 1 KV BS.

[1909] § 58 WahlG BS.

[1910] Anzahl Mandate pro Wahlkreis, siehe: Grossratsbeschluss betreffend die Zahl der den Wahlkreisen der Stadt und den Gemeinden Bettingen und Riehen im Grossen Rat zustehenden Sitze vom 3. Februar 2016: http://www.gesetzessammlung.bs.ch/frontend/versions/3712/download_pdf_file, besucht am 19. April 2018.

[1911] Art. 43 Abs. 3 KV SO.

[1912] Siehe auch Fuhrer, Rz. 55 ff.

[1913] § 107 Abs. 1 GPR SO.

[1914] § 107 Abs. 2 GPR SO.

[1915] § 108 GPR SO.

[1916] Die Ablehnung erfolgte insbes. mit Verweis auf die Wahlkreisreform von 2002. Die neu definierten Wahlkreise haben ein natürliches Quorum von unter der vom Bundesgericht definierten kritischen Grenze von 10 Prozent zur Folge. Siehe Auftrag A 012/2012 Fraktion CVP/EVP/glp: Prüfung des Doppelten Pukelsheim als Wahlsystem für kantonale und

e. Listenverbindungen

i) Listenverbindungen im Allgemeinen

Als weiteres Instrument zur Reduktion gewichtsloser Stimmen gelten *Listenverbindungen.*[1917] Eine Listenverbindung[1918] erlaubt, die Reststimmen der beteiligten Listen gemeinsam geltend zu machen. Die Stimmen der beteiligten Listen bzw. Parteien werden zuerst zusammengezählt und danach auf die Listenverbindungspartner verteilt. Listenverbindungen sind bekannt zu machen und brauchen eine explizite Rechtsgrundlage.[1919] Mittels einer Listenverbindung sollen nicht verwertete Stimmenanteile zu Mandatsgewinnen führen.[1920] Eine Listenverbindung kann dem Minderheitenschutz dienen und damit als Mittel zur Verbesserung der Proportionalität angesehen werden. Mit Listenverbindungen können aber auch grosse Parteien ihr Gewicht zum Nachteil kleiner Parteien verstärken. Die Wirkung von Listenverbindungen hängt von den tatsächlichen Verhältnissen ab.[1921] Ein Verbot von Listenverbindungen ist im Proporzwahlverfahren zulässig.[1922]

Zu beachten ist, dass Listenverbindungen nur bei Vorliegen von verzerrten Mandatszuteilungsverfahren Sinn ergeben; liegen keine Verzerrungen vor, so verlieren die Listenverbindungen ihre Wirkung. Ein Wechsel zu unverzerrten Mandatszuteilungsverfahren wie die Methode Doppelter Pukelsheim macht Listenverbindungen obsolet.[1923]

kommunale Wahlen, Session vom 28. März 2012: https://www.so.ch/parlament/sessionen/protokolle/jahrgang-2012/, *besucht am 19. April 2018.*

1917 GARRONE, 236; HANGARTNER/KLEY, Rz. 663 ff.; KÖLZ, Probleme des kantonalen Wahlrechts, 27; LUTZ/STROHMANN, 70 f. Aber BGE 136 I 376: Es könne nicht gesagt werden, dass Listenverbindungen grundsätzlich zu einer Abnahme gewichtsloser Stimmen führten.

1918 Auf Bundesebene siehe Art. 31 ff. BPR.

1919 BGE 104 Ia 360 und BGE 111 Ia 191.

1920 HALLER/KÖLZ/GÄCHTER, Rz. 821; POLEDNA, Grundzüge Kantone, N 16 ff. Anders aber das Bundesgericht beispielsweise in BGE 1P.563/2001, E. 3.3. und BGE 136 I 376, E. 7.3.: «Es kann auch nicht gesagt werden, dass Listenverbindungen zu einer Abnahme der Anzahl gewichtsloser Stimmen führen.»

1921 BGE 1P_563/2001.

1922 BGE 1P_563/2001.

1923 PUKELSHEIM/SCHUHMACHER, Zürcher Zuteilungsverfahren, 518; ANINA WEBER, Listenverbindungen, 696 f.; ANINA WEBER, Proporzglück, 1376; ANINA WEBER, Wahlrecht, Rz. 775 ff.

ii) Listenverbindungen in der Nordwestschweiz

Mit dem Wechsel zur Wahlmethode «Doppelter Pukelsheim» sind im Kanton *Aargau* Listenverbindungen ausgeschlossen worden.[1924] Sie ergeben keinen Sinn mehr, da jede Listengruppe im Rahmen der Oberzuteilung die ihr zustehende Anzahl Mandate nach dem Grundsatz der Erfolgswertgleichheit erhält. Listengruppen sind Listen mit gleicher Bezeichnung im Kanton.[1925]

Im Kanton *Basel-Landschaft* wurde die Einführung von Listenverbindungen immer wieder thematisiert und regelmässig abgelehnt. 1961 gipfelte die Frage in einer Volksabstimmung; die Stimmberechtigten lehnten Listenverbindungen ab.[1926] Auch 1981 wurden Listenverbindungen im Rahmen der Beratungen zum Gesetz über die politischen Rechte abgelehnt.[1927]

Mit dem Wechsel zur Wahlmethode Sainte-Laguë wurden im Kanton *Basel-Stadt* Listenverbindungen ausgeschlossen.[1928] In Anbetracht der Grösse der Wahlkreise liegt kein eigentliches verzerrtes Mandatszuteilungsverfahren vor.

Im Kanton *Solothurn* erlaubt das Gesetz verbundene Listen innerhalb eines Wahlkreises.[1929] Weiter sind Unterlistenverbindungen zwischen Listen gleicher Bezeichnung, die sich einzig durch einen Zusatz zur Kennzeichnung des Geschlechts, der Flügel einer Gruppierung, der Region oder des Alters unterscheiden.[1930] Listenverbindungen sind insbesondere bei Vorliegen von verzerrten Mandatszuteilungsverfahren ein Mittel, die Proportionalität zu verbessern. Einerseits kommt im Kanton Solothurn durch die Festlegung der Amteien als Wahlkreise das natürliche Quorum unter 10 Prozent zu liegen, womit kein eigentliches verzerrtes Mandatszuteilungsverfahren vorliegt, womit Listenverbindungen zur Verbesserung der Proportionalität im Prinzip nicht mehr vordringlich wären. Andererseits können Wählerinnen und Wähler kleiner Parteien ihre Repräsentationschancen im Kantonsrat verbessern, da die Zuteilungsmethode Hagenbach-Bischoff grosse Parteien bevorzugt. So hat denn auch Hagenbach-

---

[1924] § 8 GrossratswahlG AG.

[1925] § 13 Abs. 1 GrossratswahlG AG.

[1926] Siehe Protokoll der Landratssitzung vom 21. September 1961: http://www.landratsprotokolle.bl.ch/de/1002/Detail.htm?Beschluss=40483, besucht am 19. April 2018.

[1927] Siehe Protokoll der Landratssitzung vom 19. Februar 1981, Seite 10 unten und Seite 11 oben: http://www.landratsprotokolle.bl.ch/de/1002/Detail.htm?Beschluss=53160, besucht am 19. April 2018.

[1928] § 55 WahlG BS wurde mit Grossratsbeschluss vom 8. Juni 2011 mit Wirkung auf die Grossratswahlen 2012 aufgehoben: http://www.grosserrat.bs.ch/de/geschaefte-dokumente/datenbank?such_kategorie=1&content_detail=09.1775, besucht am 19. April 2018.

[1929] § 52 Abs. 1 GPR SO. Siehe auch § 109 GPR SO betreffend Verteilung der Mandate an verbundene Listen.

[1930] § 52 Abs. 2 GPR SO.

Bischoff selber die Möglichkeit der Listenverbindung geschaffen, um die Chancen für kleinere Parteien zu verbessern.[1931]

2012 hat der Kantonsrat in Erwägung gezogen, Listenverbindungen nur noch zwischen Listen der gleichen Partei, zwischen Mutter- und jeweiliger Jungpartei, zuzulassen. Damit solle verhindert werden, dass Parteien Listenverbindungen vorwiegend aus wahltaktischen Überlegungen und weniger wegen programmatischer Gemeinsamkeiten eingehen würden.[1932] Die Vorlage wurde vom Parlament an die Regierung zurückgewiesen. Im Januar 2015 hat der Kantonsrat beschlossen, Listenverbindungen weiterhin uneingeschränkt zuzulassen.[1933]

f. Gesetzliche Sperrklauseln: direktes Quorum

i) Gesetzliche Sperrklauseln im Allgemeinen

Gesetzliche Sperrklauseln, sog. *Direktes Quorum*,[1934] sind gesetzlich festgelegte Prozenthürden, die eine Liste in einem Wahlkreis – oder im Wahlgebiet – erreichen muss, damit sie zum Mandatszuteilungsverfahren zugelassen wird.[1935] Das Bundesgericht lässt bis zu einem gewissen Grad sachlich gerechtfertigte Einschränkungen der Erfolgswertgleichheit mittels Sperrklauseln zu. Je grösser die Abweichungen von der Erfolgswertgleichheit sind, desto gewichtiger müssen die rechtfertigenden Gründe sein.[1936] Als Gründe für Sperrklauseln gelten etwa die Verhinderung der Parteienzersplitterung oder die Sicherung klarer Mehrheiten zum Zwecke der besseren Regierbarkeit, wobei Letztere für sich alleine keine Einschränkung der Erfolgswertgleichheit rechtfertigt.[1937] Mit der gesetzlichen Sperrklausel werden Gruppierungen und Parteien bevorzugt, die in einem Wahlkreis besonders stark sind. Das Bundesgericht hat eine gesetzliche Sperrklausel von 5 Prozent als verfassungskonform beurteilt; das Interesse, eine Zer-

[1931] So auch der Regierungsrat in seinem Beschluss vom 28. Februar 2012, Ziff. 3.5: in Sachen Interpellation Markus Knellwolf: Doppelter Puckelsheim (14. Dezember 2011); Stellungnahme des Regierungsrates, Beschluss Nummer 2012/441.

[1932] Zu den Vor- und Nachteilen von Listenverbindungen siehe Regierungsratsbeschluss vom 28. Februar 2012, Ziff. 3.3. uund 3.4 in Sachen: Auftrag überparteilich: Listenverbindungen: Beschränkung auf das Wesentliche (14. Dezember 2011); Stellungnahme des Regierungsrates, Beschluss Nummer 2012/442.

[1933] Kantonsratssitzung vom 28. Januar 2015: Im Kantonsrat wurde generell diskutiert, ob Listenverbindungen beibehalten oder abgeschafft werden sollen.

[1934] Zum natürlichen Quorum siehe 6. Kapitel IV. 3. b.

[1935] BUSER, Kantonales Staatsrecht, Rz. 442 f. m.w.Verw.; TSCHANNEN, Stimmrecht, Rz. 751 ff. m.w.Verw.

[1936] BGE 1C-369/2014 vom 28. November 2014, E. 5. und BGE 1C_546/2014 vom 9. Dezember 2014, E. 3.3.

[1937] BGE 1C_546/2014 vom 9. Dezember 2014, E. 4.2.1 sowie HANGARTNER/KLEY, Rz. 1452. Kritisch dazu: TSCHANNEN, Stimmrecht, Rz. 753 ff. und POLEDNA, Wahlrechtsgrundsätze, 118 ff. und 124 f.

splitterung der Kräfte möglichst zu vermeiden, sei legitim, weil eine solche Zersplitterung unter Umständen das Parlament und seine Stellung gegenüber Regierung und Verwaltung schwächen könne und weil der Einzug von Kleinparteien den Parlamentsbetrieb verkomplizieren würde.[1938] Auch die Beschränkung der Hürde auf einen einzigen Wahlkreis ist laut Bundesgericht sachlich begründet, weil damit insbesondere jene Gruppierungen einbezogen werden, die in erster Linie lokal stark und in einem Wahlkreis verwurzelt seien.[1939] Möglich ist auch die Kombination von direkten Quoren in Wahlkreisen und im ganzen Wahlgebiet.[1940]

Kritik an den Bundesgerichtsurteilen betreffend die Sperrklauseln in Zürich und Zug übten Kleinparteien, so explizit die Piratenpartei Schweiz. Der Einzug von Kleinparteien und die Erhöhung der Anzahl der vertretenen Parteien würden die Gefahr bergen, dass der Parlamentsbetrieb komplizierter und weniger effizient werde, so das Bundesgericht. Daran ändere auch der Umstand der Fraktionsbildung und der Wahl fraktionsloser Ratsmitglieder in die Kommissionen nichts.[1941] Dem hält die Piratenpartei mit Verweis auf die Legislative der Stadt Winterthur (Grosser Gemeinderat) u.a. entgegen, dass Kleinstparteien oft Vorläufer einer politischen Entwicklung seien und deren Verhinderung durch eine Mehrheit mittels Quorum bestehende Machtverhältnisse zementiere.[1942]

Soll mittels einer gesetzlichen Sperrklausel die Zersplitterung des Parlaments bekämpft werden, stellt sich die Frage, wo die Grenze zwischen unbedeutender Splittergruppe, die es zu verhindern gilt, und Minderheitspartei mit gefestigtem Rückhalt verläuft. Die Sperrklausel soll so hoch sein, dass unbedeutende Splittergruppen verhindert werden, aber auch tief genug, um einer Minderheitspartei

---

[1938] Konkret ging es um die 5-Prozent-Hürde im Rahmen des Parlamentswahlverfahrens in der Stadt Zürich: BGE 1C_369/2014 vom 28. November 2014. In BGE 124 I 55 E. 5c/bb und 1C_546/2014 unterstreicht das Bundesgericht das kantonale Interesse an der Verhinderung einer allzu grossen Zersplitterung der politischen Kräfte im Parlament.

[1939] BGE 1C_369/2014 vom 28. November 2014. Siehe auch die Motion vom 10. September 2014 von Sibel Arslan und Konsorten, die die Beschränkung der Sperrklausel auf einen Wahlkreis im Kanton Basel-Stadt aufheben und die Revision von § 51 WahlG BS in dem Sinne fordern, dass eine Liste an der Sitzverteilung (eig. Mandatsverteilung) nur teilnehmen solle, wenn sie wenigstens 4 Prozent aller Stimmen der Wahlkreise mit mehreren Sitzen erreicht habe: http://www.grosserrat.bs.ch/dokumente/100378/000000378479.pdf, besucht am 19. April 2018.

[1940] BGE 1C_546/2014 vom 9. Dezember 2014, E. 4.3.2. So beispielsweise im Kanton Aargau, wo die direkten Quoren auf Bezirksebene 5 Prozent und gesamtkantonal 3 Prozent betragen.

[1941] BGE 1C_369/2014 vom 28. November 2014.

[1942] Siehe Statement der Piratenpartei zu den Bundesgerichtsurteilen zur 5-Prozent-Klausel in Zug und Zürich: https://www.piratenpartei.ch/2014/12/17/bundesgericht-quorum/, besucht am 19. April 2018.

mit gefestigtem Rückhalt den Einzug ins Parlament zu ermöglichen. Das Bundesgericht lässt direkte Quoren zu, wenn sie 10 Prozent oder weniger betragen.[1943]

Die Höhe der Sperrklausel kann mittels des Wähleranteils ermittelt werden, der notwendig ist, um im Parlament Fraktionsstärke zu erreichen. Beträgt beispielsweise der Wähleranteil einer Partei 3 Prozent, um Fraktionsstärke zu erreichen, so ist ein direktes Quorum auf der Ebene des Wahlgebiets in der Höhe von 3 Prozent angebracht. Denn wenn mit 3 Prozent Wähleranteil bereits Fraktionsstärke erreicht wird, so ist diese Partei oder Gruppierung nicht mehr als unbedeutende Splittergruppe, sondern als bedeutende politische Kraft zu betrachten.[1944]

Das Argument der Parteienzersplitterung in einem nach Proporz gewählten Parlament stammt aus der Zeit, als die Verhältniswahl die Mehrheitswahl bei Parlamentswahlen im Ablösen begriffen war. Das natürliche Quorum ist eines der Zugeständnisse an das Mehrheitssystem, das im Zusammenhang mit dem Systemwechsel zu Beginn des 20. Jahrhunderts gemacht wurde, um der Verhältniswahl zum Durchbruch zu verhelfen. Weitere Zugeständnisse waren etwa das Listensystem oder das Kumulieren und Panaschieren.[1945]

Weiter ist es denkbar, ein sog. *Kombiniertes Quorum* einzuführen. Dabei wird ein kantonsweites Quorum mit einem wahlkreisspezifischen Quorum kombiniert. So könnte z.B. vorgesehen werden, dass entweder ein kantonsweites Quorum von 3 Prozent oder ein solches von 5 Prozent in einem Wahlkreis überschritten werden muss, damit eine Gruppierung zur Mandatsverteilung zugelassen wird.

In der Nordwestschweiz gilt diesbezüglich Folgendes:

ii) Direktes Quorum in der Nordwestschweiz

In der Nordwestschweiz sind gesetzliche Sperrklausen wie folgt geregelt:

Der Kanton Aargau kennt ein direktes Quorum, genauer ein sog. *Kombiniertes Quorum*: Eine Listengruppe nimmt an der Mandatsverteilung im Rahmen der Oberzuteilung nur dann teil, wenn ihre Listen wenigstens in einem Bezirk

[1943] AUER, Staatsrecht der Kantone, Rz. 1138; BUSER, Kantonales Staatsrecht, Rz. 442 m.w.Verw. BGE 131 I 74; BGE 124 I 55; BGE 107 Ia 221.

[1944] Am Beispiel des Kantons Aargau berechnet: BOLZ, 174 und HAUSER/JAAG, 81 ff. In der Nordwestschweiz beträgt die Fraktionsstärke 5 von 140 Grossratsmitgliedern (AG), 5 von 9 Landratsmitgliedern (BL), 5 von 100 Grossratsmitgliedern (BS) und 5 von 100 Kantonsratsmitgliedern (SO). Somit beträgt die Fraktionsstärke 3,6 Prozent (AG), 5,5 Prozent (BL), 5 Prozent (BS) und 5 Prozent (SO).

[1945] KÖLZ, Probleme des kantonalen Wahlrechts, 26; POLEDNA, Wahlrechtsgrundsätze, 118 ff. m.w.Verw.

mindestens 5 Prozent aller Parteistimmen des betreffenden Bezirks erhalten oder wenn sie eine Wählerzahl erreicht, die gesamtkantonal einem Wähleranteil von mindestens 3 Prozent entspricht.[1946]

Die Kantone *Basel-Landschaft* und *Solothurn* kennen keine Sperrklausel. Der Kanton *Basel-Stadt* hat auf die Grossratswahlen 2020 hin die Sperrklausel abgeschafft.[1947]

> Die gesetzliche Quote für die Zuteilung von Mandaten bei der Wahl des Grossen Rats wurde im Kanton Basel-Stadt 1994 eingeführt. Diese betrug bis 2011 5 Prozent. Eine Gruppierung nahm im ganzen Kanton an der Mandatszuteilung teil, wenn sie in einem Wahlkreis mindestens 5 Prozent der Stimmen erreichte.
> 2011 wurde diese Sperrklausel auf 4 Prozent herabgesetzt, um die Zutrittshürde für kleinere Parteien herabzusetzen. Eine Gruppierung konnte aber nur in jenen Wahlkreisen Mandate im Parlament erlangen, in welchen sie mindestens 4 Prozent der Stimmen erreicht hatte.
> Vor dem Hintergrund, dass ein gesetzliches Quorum die kleineren politischen Gruppierungen schwächt und die grösseren bevorteilt, hat der Grosse Rat 2016 die Sperrklausel abgeschafft. Die Stimmberechtigten bestätigten die Abschaffung an der Urne.[1948]

g. Exkurs: Sitz- und Mandatszuteilungsverfahren bei Nationalratswahlen

i) Proporzwahlen nach Bundesrecht: faktisches Mischwahlsystem

Der Nationalrat wird nach dem Grundsatz des Proporzes bestimmt.[1949] Die Wahlsystemforschung stellt den proportionalen Charakter der Nationalratswahlen in Frage. Die Rechtsprechung des Bundesgerichts im Rahmen seiner Beurteilung im Zusammenhang mit Wahlkreisen innerhalb kantonaler Wahlgebiete lässt ebenfalls den Schluss zu, dass das bzw. die Wahlverfahren, die bei den Nationalratswahlen zur Anwendung kommen, dem Grundsatz der Gleichheit des Stimmrechts nicht genügen.[1950]

1946 § 13 Abs. 2 GrossratswahlG AG. Zur Höhe des direkten Quorums siehe BOLZ, 167 ff. und HAUSER/JAAG, 66 ff.

1947 Zum Verlauf der Debatte um das gesetzliche Quorum in Basel-Stadt siehe den Beschluss des Regierungsrats des Kantons Basel-Stadt vom 27. Januar 2015 in Sachen Motion Sibel Arslan und Konsorten betreffend Anpassung des Wahlgesetzes (Quorum), insbes. Die Erläuterungen zur Situation in anderen Kantonen, www.grosserrat.bs.ch/dokumente/100379/000000379969.pdf, besucht am 30. September 2017.

1948 Siehe die Unterlagen zur kantonalen Abstimmung vom 12. Februar 2017: Grossratsbeschluss vom 13. April 2016 betreffend Änderung der Kantonsverfassung vom 23. März 2005 (Aufhebung des Quorums (Sperrklausel) für die Zuteilung von Sitzen bei der Wahl des Grossen Rates), http://www.staatskanzlei.bs.ch/politische-rechte/wahlen-abstimmungen/resultate-archiv.html, besucht am 19. April 2018.

1949 Art. 149 Abs. 2 BV.

1950 BOCHSLER, 1 ff. m.w.Verw.

Im Einzelnen:

Für die Nationalratswahlen stellt jeder Kanton einen eigenen Wahlkreis dar.[1951] Sechs Kantone haben nur einen Sitz und besetzen diesen im Majorz. 13 Kantone haben nur wenige Sitze, d.h. zwischen zwei und acht Sitzen. Sieben Kantone haben neun oder mehr Sitze. Diese 20 Kantone wenden das Proporzsystem an. Die Mandatszuteilung im Wahlgebiet, d.h. im Bund, erfolgt somit nicht mittels eines einheitlichen Wahlsystems, sowohl Majorz wie Proporz kommen zur Anwendung. Es kann für die Nationalratswahlen faktisch von einem eigentlichen Mischwahlsystem gesprochen werden.[1952] In den 13 Proporzkantonen mit acht oder weniger Sitzen ist zudem der Proporzgedanke aufgrund des hohen natürlichen Quorums zu relativieren.[1953]

In den Proporzkantonen werden die Mandate nach der Methode Hagenbach-Bischoff auf die Listen verteilt: Zuerst wird die sog. Verteilungszahl ermittelt. Dazu wird die Zahl der gültigen Parteistimmen durch die um eins vergrösserte Zahl der zu vergebenden Mandate geteilt.[1954] Nun werden jeder Liste so viele Mandate zugeteilt, wie die Verteilungszahl in ihrer Stimmenzahl enthalten ist.[1955] Die Zuteilung der Restmandate erfolgt nach dem sog. System des grössten Quotienten: Das erste Restmandat geht an die Liste, welche bei der Division ihrer Listenstimmenzahl durch die bereits erhaltenen Mandate plus 1 das höchste Ergebnis erzielt. Dieses Verfahren wird so lange fortgesetzt, bis alle Restmandate verteilt sind.[1956]

Zwei oder mehr Listen können miteinander verbunden werden.[1957] Innerhalb einer Listenverbindung sind Unterlistenverbindungen zulässig, allerdings nur zwischen Listen gleicher Bezeichnung, die sich einzig durch einen Zusatz zur Kennzeichnung des Geschlechts, der Flügel einer Gruppierung, der Region oder des Alters unterscheiden.[1958]

Listenverbindungen[1959] sind insbesondere bei Vorliegen von verzerrten Mandatszuteilungsverfahren ein Mittel, die Proportionalität zu verbessern, indem unverwertete Stimmen vereint und unter Umständen zu einem Mandatsgewinn führen können.[1960] Listenverbindungen erlauben, Reststimmen der verbundenen

[1951] Art. 149 Abs. 3 BV.

[1952] Poledna, Wahlrecht im Bund, N. 6 und Poledna, Grundzüge Kantone, N. 3 ff.

[1953] Häfelin et al., Rz. 1467.

[1954] Art. 40 Abs. 1 BPR.

[1955] Art. 40 Abs. 2 BPR.

[1956] Art. 41 GPR.

[1957] Art. 31 Abs. 1 BPR.

[1958] Art. 31 Abs. 1bis BPR.

[1959] Garrone, 236; Hangartner/Kley, Rz. 663 ff.; Kölz, Probleme des kantonalen Wahlrechts, 27; Lutz/Strohmann, 70 f.

[1960] Haller/Kölz/Gächter, Rz. 821; Poledna, Grundzüge Kantone, N 16 ff.; Poledna, Wahlrecht im Bund, N. 9. Anders aber das Bundesgericht beispielsweise in BGE

Listen gemeinsam geltend zu machen. Der korrigierende Effekt durch Listenverbindungen wird jedoch als insgesamt gering beurteilt.[1961]

Zu beachten ist, dass Listenverbindungen nur bei Vorliegen von verzerrten Mandatszuteilungsverfahren Sinn ergeben; liegen keine Verzerrungen vor, so verlieren die Listenverbindungen ihre Wirkung. Ein Wechsel zu unverzerrten Mandatszuteilungsverfahren wie die Methode Doppelter Pukelsheim würde Listenverbindungen obsolet machen.[1962]

Bundesrat und Parlament hatten sich in der Vergangenheit immer wieder mit der Frage der Ausgestaltung eines möglichst gerechten Wahlverfahrens auf Bundesebene zu befassen, wobei Fragen im Zusammenhang mit Listenverbindungen und Zuteilungsverfahren im Zentrum standen.

> Listenverbindungen bei Nationalratswahlen haben stetig zugenommen. Waren es bei deren Einführung 1919 14 (Unterlistenverbindungen: 0), so wuchs die Zahl bis 2011 auf 79 an (Unterlistenverbindungen: 71).[1963] Listenverbindungen stehen in der Kritik, weil sie u.a. zu Wahlbündnissen ohne programmatische Gemeinsamkeiten führen können, was nicht immer dem Willen der Stimmberechtigten entspreche. Weiter werde die Verbesserung der Erfolgswertgleichheit mittels Listenverbindungen überschätzt – so zumindest gemäss Bundesgericht.[1964] Als Vorteil wird u.a. die Reststimmenverwertung ins Feld geführt, die gerade durch die zunehmende Parteienzersplitterung von Bedeutung sei.[1965]
>
> Alternativ zu Listenverbindungen könnte ein Wechsel zur biproportionalen Mandatszuteilungsmethode nach Pukelsheim ins Auge gefasst werden. Mit dieser Methode werden Listenverbindungen obsolet. Weiter könnten überparteiliche Listenverbindungen abgeschafft und nur noch einparteiige Listenverbindungen erlaubt werden. Dies entspräche eher dem Willen der Stimmberechtigten und käme gleichzeitig dem Ziel der Erfolgswertgleichheit, gewichtslose Stimmen zu reduzieren, näher.[1966]

1P.563/2001, E. 3.3. und BGE 136 I 376, E. 7.3.: «Es kann auch nicht gesagt werden, dass Listenverbindungen zu einer Abnahme der Anzahl gewichtsloser Stimmen führen.»

1961 Poledna, Wahlrechtsgrundsätze, 1 ff.

1962 Pukelsheim/Schuhmacher, Zürcher Zuteilungsverfahren, 518; Anina Weber, Listenverbindungen, 696 f.; Anina Weber, Proporzglück, 1376.

1963 Siehe Anhang 2 des Berichts der Bundeskanzlei vom 21. August 2013, vom Bundesrat am 28. August 2013 zur Kenntnis genommen: «Proporzwahlsysteme im Vergleich; Bericht der Bundeskanzlei».

1964 BGE 1P.563/2001, E. 3.3. und BGE 136 I 376, E. 7.3.: «Es kann auch nicht gesagt werden, dass Listenverbindungen zu einer Abnahme der Anzahl gewichtsloser Stimmen führen.»

1965 Siehe Vor- und Nachteile, beschrieben im Bericht der Bundeskanzlei vom 21. August 2013, vom Bundesrat am 28. August 2013 zur Kenntnis genommen: «Proporzwahlsysteme im Vergleich; Bericht der Bundeskanzlei», 24 ff. m.w.Verw.

1966 Siehe Bericht der Bundeskanzlei vom 21. August 2013, vom Bundesrat am 28. August 2013 zur Kenntnis genommen: «Proporzwahlsysteme im Vergleich; Bericht der Bundeskanzlei», 27 ff. m.w.Verw.

Eine generelle Abschaffung der Listenverbindung kann nur bei gleichzeitigem Wechsel zu einer unverzerrten Mandatszuteilungsmethode empfohlen werden. Das Verbot von Listenverbindungen wird immer wieder thematisiert und regelmässig abgelehnt.[1967]
Vorstösse, vom Verfahren Hagenbach-Bischoff zur biproportionalen Mandatszuteilungsmethode zu wechseln, wurden bis dato deutlich abgelehnt.[1968]

Auf Bundesebene gibt es kein direktes Quorum («Sperrklausel»). Das natürliche Quorum in kleinen Wahlkreisen ist jedoch so hoch, dass eine eigentliche wahlkreisinterne Sperrwirkung vorliegt.[1969]

Anders als beispielsweise im Kanton Basel-Landschaft, wo ebenfalls die Methode Hagenbach-Bischoff zur Anwendung gelangt, diese jedoch mit sog. Wahlregionen kombiniert wird, was zu einem natürlichen Quorum von unter 10 Prozent führt, wird die Methode Hagenbach-Bischoff auf Bundesebene ohne korrigierende Eingriffe angewandt. Dies mit dem Ergebnis, dass in 19 Kantonen ein natürliches Quorum von über 10 Prozent besteht, was eine proportionale Mandatsverteilung nicht mehr garantiert. Sowohl die Wahlsystemforschung als implizit auch das Bundesgericht im Rahmen seiner Rechtsprechung im Zusammenhang mit Wahlkreisen innerhalb kantonaler Wahlgebiete stellen den proportionalen Charakter der Nationalratswahlen in Frage.[1970]

Es stellt sich die Frage, ob insbesondere vor dem Hintergrund der bundesgerichtlichen Rechtsprechung im Zusammenhang mit Wahlkreisen innerhalb kantonaler Wahlgebiete die Wahlkreise auf eidgenössischer Ebene nicht einer Reform unterzogen werden müssten. Das Bundesgericht hat Wahlkreise innerhalb der kantonalen Wahlgebiete, die deutlich zu klein sind und ein natürliches Quorum von

---

[1967] Siehe Motion 12.3050 Frehner «Verbot von Listenverbindungen bei den nationalen Parlamentswahlen» vom 29. Februar 2012: https://www.parlament.ch/de/ratsbetrieb/suche-curia-vista/geschaeft?AffairId=20123050, besucht am 19. April 2018, und Motion 12.3374 der FDP-Liberalen Fraktion «Wählerwillen ernst nehmen. Überparteiliche *Listenverbindungen* abschaffen» vom 3. Mai 2012: https://www.parlament.ch/de/rats betrieb/suche-curia-vista/geschaeft?AffairId= 20123374, besucht am 19. April 2018.

[1968] Siehe bspw. die Motion 12.3711 Minder «Doppelter Pukelsheim bei Nationalratswahlen»: https://www.parlament.ch/de/ratsbetrieb/suche-curia-vista/geschaeft?Affai rId=20123711, oder die Postulate 03.3377 Genner «Nationalratswahlen: Gerechtere Sitzverteilung»: https://www.parlament.ch/de/ratsbetrieb/amtliches-bulletin/amtliches-bulle tin-die-verhandlungen?SubjectId=33361, oder 07.3883 Waber «Wahlen 2011. Einführung des Wahlsystems Doppelter Pukelsheim ohne Quorum»: https://www.parlament.c h/de/ratsbetrieb/suche-curia-vista/geschaeft?AffairId=20073884, alle Links besucht am 19. April 2018. Siehe auch die Übersicht über die Vorstösse auf Bundesebene zur Änderung des Mandatszuteilungsverfahrens für die Nationalratswahlen: ANINA WEBER, Wahlrecht, Rz. 421 ff. m.w.Verw.

[1969] POLEDNA, Wahlrecht im Bund, N. 9.

[1970] BOCHSLER, 1 ff. m.w.Verw.

über 10 Prozent haben, selbst dann als nicht mehr gerechtfertigt bezeichnet, wenn gewichtige historische, föderalistische, kulturelle, sprachliche oder religiöse Gründe für die Wahlkreiseinteilung bestehen. Die Bildung von Wahlkreisverbänden oder die Wahl des Nationalrats mittels eines biproportionalen Wahlverfahrens wie der Methode des Doppelten Pukelsheim könnten Abhilfe schaffen. Mit dem biproportionalen Wahlverfahren würden die Wahlkreise beibehalten und trotzdem auf Bundesebene die Proportionalität hergestellt. Mit der Einführung des biproportionalen Wahlverfahrens in den Kantonen Zürich und Aargau hat die Wahlkreis- bzw. Wahlverfahrensdebatte einen neuen Impuls erhalten. Eine im Anschluss an die Nationalratswahlen von 2003 durchgeführte Modellrechnung bezüglich des Wechsels zum biproportionalen Verfahren für die Wahl des Nationalrats hat ergeben, dass Kleinparteien im Parlament besser vertreten wären, d.h. die Proportionalität auch für kleine Parteien zum Tragen käme. Weiter wäre die Mandatsverteilung gerechter, weil jede Stimme, unabhängig der kantonalen Herkunft, gleich viel zum nationalen Ergebnis beitragen würde, d.h. das gleiche Gewicht hätte.[1971]

Während auf kantonaler Ebene das Proporzsystem durch das Bundesgericht weiterentwickelt wurde, ist auf Bundesebene diese Entwicklung nicht möglich, weil Bundesgesetze nicht auf ihre Verfassungsmässigkeit überprüft werden können.[1972] Das Massgeblichkeitsgebot von Art. 190 BV schützt die Bestimmungen über das Mandatszuteilungsverfahren bei Nationalratswahlen[1973] vor der Normenkontrolle durch das Bundesgericht.[1974] Ein Antrag der nationalrätlichen Kommission für Rechtsfragen, Art. 190 BV zu streichen und somit zuzulassen, dass die Anwendung von Bundesgesetzen auf ihre Übereinstimmung mit der Bundesverfassung im Rahmen einer konkreten Normenkontrolle überprüft werden kann, scheiterte.[1975] Daher ist die Rechtslage so, dass das Bundesgericht zwar Bundesgesetze bezüglich Völkerrechts- und EMRK-Konformität überprüfen kann, nicht jedoch auf die Übereinstimmung mit der Bundesverfassung.[1976]

Eine Weiterentwicklung des Nationalratswahlverfahrens hin zu einem gerechteren Verfahren hat somit durch das Parlament zu erfolgen.[1977] Der Bundes-

[1971] BOCHSLER, 24.

[1972] Art. 190 BV. Siehe dazu HANGARTNER, SG-Komm BV N 4 f. zu Art. 190 BV m.w.Verw.

[1973] Art. 17 BPR.

[1974] HANGARTNER, SG-Komm BV N 5 ff. zu Art. 190 BV m.w.Verw.

[1975] Siehe Parlamentarische Initiativen. Verfassungsgerichtsbarkeit. Bundesverfassung massgebend für rechtsanwendende Behörden, Bericht der Kommission für Rechtsfragen des Nationalrats vom 12. August 2011: http://www.admin.ch/opc/de/federal-gazette/2011/7271.pdf, besucht am 19. April 2018.

[1976] Siehe beispielsweise BGE 124 II 480.

[1977] Siehe die Übersicht über die Vorstösse auf Bundesebene zur Änderung des Mandatszuteilungsverfahrens für die Nationalratswahlen: ANINA WEBER, Wahlrecht, Rz. 421 ff. m.w.Verw.

rat erachtet die Zeit für einen Systemwechsel zu einer biproportionalen Methode als noch nicht reif; das Verfahren «Hagenbach-Bischoff» habe sich bewährt, sei vom Stimmvolk anerkannt und geniesse grosse Akzeptanz.[1978]

ii) Kantonale Kompetenzen bei Nationalratswahlen

In verschiedenen Bereichen im Zusammenhang mit den Nationalratswahlen können die Kantone legiferieren.

So können die Kantone im Sinne von kantonalen Unvereinbarkeitsbestimmungen vorsehen, dass ein Nationalratsmandat nicht mit bestimmten Ämtern vereinbar ist. So haben beispielsweise in der Nordwestschweiz die Kantone *Aargau* und *Basel-Landschaft* verboten, dass mehr als ein Mitglied des Regierungsrates der Bundesversammlung angehört.[1979] Die Verfassungsgeber haben damit unterstrichen, dass der Schwerpunkt der Regierungstätigkeit im Sinne eines Konzentrationsgebotes im Kanton liegen soll.[1980] Da es sich um eine Unvereinbarkeitsbestimmung handelt und nicht die Wählbarkeit der kandidierenden Person fehlt, ist die Wahl zwar gültig, aber die gewählte Person muss auf eine der Tätigkeiten verzichten.[1981] Da die Unvereinbarkeitsgründe in Bezug auf den Nationalrat bzw. die Bundesversammlung im Bundesrecht abschliessend geregelt sind,[1982] kann der Kanton die gewählte Person nur zur Niederlegung des kantonalen Amtes zwingen.[1983]

Weiter legen die Kantone fest, bei welcher Behörde die Wahlvorschläge einzureichen sind, und bestimmen den Wahlanmeldeschluss.[1984] Der Kanton prüft die Wahlvorschläge und ist für die Mängelbehebung verantwortlich.[1985] Die Veröffentlichung der Listen im kantonalen Amtsblatt[1986] sowie das Erstellen und Zustellen der Wahlzettel[1987] sind ebenfalls Kantonssache.

1978 Siehe «Bericht über Proporzwahlsysteme. Hundert Jahre verzerrte Wahlen. Wie weiter?», Interpellation 13.3999 von Thomas Minder vom 27. September 2013 und Stellungnahme des Bundesrates vom 6. November 2103: https://www.parlament.ch/de/ratsbetrieb/suche-curia-vista/geschaeft?AffairId=20133999, besucht am 19. April 2018.

1979 § 88 Abs. 2 KV AG und § 72 Abs. 2 KV BL.

1980 So Eichenberger, KV AG, Rz. 4. zu § 88 KV AG für den Kanton Aargau.

1981 Art. 15 ParlG. Eichenberger, KV AG, Rz. 5. zu § 88 KV AG; Häfelin et al., Rz. 1461.

1982 Art. 14 ParlG.

1983 Häfelin et al., Rz. 1462.

1984 Art. 21 BPR.

1985 Art. 29 BPR.

1986 Art. 32 Abs. 1 BPR.

1987 Art. 33 BPR.

Eventuelle Unregelmässigkeiten bei der Vorbereitung und Durchführung der Nationalratswahl können mit einer Wahlbeschwerde bei der Kantonsregierung angefochten werden.[1988]

[1988] Art. 77 Abs. 1 lit. c BPR. HÄFELIN ET AL., Rz. 1485a.

7. Kapitel: Ergebnisse

I. Föderalismus als politisches Prinzip

Der Föderalismus ist das politische Ordnungsprinzip der Schweiz. Die föderalen Strukturen haben sich von unten nach oben entwickelt mit dem Ziel, die Vielfalt zu erhalten und politische, sprachliche und regionale Minderheiten zu schützen. Das Bekenntnis zur historischen Struktur der Schweizerischen Eidgenossenschaft als eines föderalen Bundes mit seinen Kantonen steht in einem Spannungsfeld zum Verlust der Bedeutung der Kantone als eines ausschliesslichen Lebens- und Kulturraums. Es sind jedoch die föderalen Strukturen mit ihren Freiräumen zugunsten der Kantone, die es den Kantonen erlauben, ihre Aufgabe als Versuchslabore, Werkstätten, Experimentierfelder mit Vorreiterrolle wahrzunehmen und damit der Weiterentwicklung des Bundesrechts zu dienen. Diese Weiterentwicklung von unten nach oben kommt zum Schluss dem gesamtschweizerischen Lebens- und Kulturraum zugute.[1989] Nur ein Bottom-up-Prozess garantiert gleichzeitig den Erhalt der Vielfalt, den Minderheitenschutz und auf Bundesebene breit abgestützte Lösungen verbunden mit einer nachhaltigen Akzeptanz.[1990]

Der Föderalismus ist in der Schweiz unter Druck, etwa wenn der Bund oder das Bundesgericht seinen Spielraum zulasten der Kantone überdehnt. Dies wirkt sich negativ auf das historisch gewachsene und austarierte Gleichgewicht des schweizerischen Föderalismus aus. Generell ist eine Verschiebung der Lösung von Aufgaben von den Kantonen weg in Richtung Bund zu beobachten,[1991] immer öfter werden die Kantone auf den Vollzug reduziert. In der Bundesverfassung ist jedoch ein substantieller Föderalismus garantiert. Obwohl dieser seine Grenzen eigentlich im Bundesrecht findet, ist ein nicht wegbedingbarer Kerngehalt zu bejahen: Föderalismus wird in der Schweiz nicht auf ein organisatorisches System reduziert, sondern als politisches, wertegebundenes Prinzip verstanden.[1992]

1989 4. Kapitel I.

1990 Siehe dazu auch «Monitoringbericht Föderalismus 2014–2016» vom 30. Juni 2017, ch Stiftung für eidgenössische Zusammenarbeit (Hg.), Bern 2017.

1991 Siehe dazu «Bericht Föderalismusmonitoring: Erhebung und Analyse 2015» vom 29. April 2016, ch Stiftung für eidgenössische Zusammenarbeit (Hg.), Bern 2016.

1992 Art. 3, Art. 46 Abs. 3 und Art. 47 Abs. 1 BV unterstreichen die Eigenständigkeit der Kantone als politisches Prinzip. Siehe 4. Kapitel II.

II. Kantonale Autonomie im Bereich des allgemeinen und des gleichen Stimmrechts

Die kantonale Organisationsautonomie garantiert die historisch gewachsene Vielfalt der organisatorischen Ansätze und Lösungsmodelle auf kantonaler Ebene und erlaubt es den Kantonen, in kantonalen Angelegenheiten Fragen zur Ausübung der politischen Rechte selbstständig zu regeln.[1993] Dabei haben sie die in der Bundesverfassung enthaltenen Grundsätze zu beachten. Im Bereich des allgemeinen und des gleichen Stimmrechts sind dies insbesondere das Rechtsgleichheitsgebot[1994] und die Garantie der unverfälschten Stimmabgabe.[1995] Innerhalb der Schranken des Bundesrechts sind somit die Nordwestschweizer Kantone frei, ihren Freiraum und ihre Autonomie in den Bereichen des allgemeinen und des gleichen Stimmrechts zu gestalten.[1996]

Auch im Bereich des Stimmrechts ist der Föderalismus unter Druck: So wird der Autonomiebereich der Kantone beispielsweise durch technokratische Vorgaben bei Wahlen immer stärker eingeschränkt. Das Bundesparlament foutiere sich häufig um die Aufgabenteilung zwischen Bund und Kantonen; so habe die staatspolitische Kommission des Ständerats 2015 eine parlamentarische Initiative eingereicht zur Schaffung eines Bundesgesetzes, das die Anforderungen an die Wahlsysteme der Kantone regeln soll.[1997] Die Ausübung der politischen Rechte liegt klar in der Kompetenz der Kantone.

Nachfolgend werden ausgewählte Ergebnisse im Bereich der Gestaltung des allgemeinen[1998] und des gleichen Stimmrechts[1999] in der Nordwestschweiz erörtert:

[1993] Art. 39 Abs. 1 BV.

[1994] Art. 8 Abs. 1 BV. Siehe 5. Kapitel.

[1995] Art. 34 Abs. 2 BV. Siehe 6. Kapitel.

[1996] Siehe die Leitfrage dieser Arbeit: 1. Kapitel IV.

[1997] Siehe die Umfrageergebnisse der Schweizerischen Staatsschreiberkonferenz in: «Bericht Föderalismusmonitoring: Erhebung und Analyse 2015» vom 29. April 2016, ch Stiftung für eidgenössische Zusammenarbeit (Hg.), Bern 2016, 28.

[1998] 7. Kapitel III.

[1999] 7. Kapitel IV.

III. Gestaltung des allgemeinen Stimmrechts in der Nordwestschweiz: Ausgewählte Ergebnisse

1. Inklusion und Exklusion ins politische System

Das allgemeine Stimmrecht ist Ausdruck der Volkssouveränität. Die gleichberechtigte Teilhabe aller am formalisierten Willensbildungsprozess hat seine Wurzel in Rousseaus Schlüsselsatz, dass der Urheber der Gesetze das dem Gesetz unterworfene Volk sein müsse.[2000] Demokratie will vom Grundgedanken her die Beteiligung aller am politischen Prozess. Im Gegenzug tragen auch alle die Verantwortung an der Weiterentwicklung der gesellschaftlichen Ordnung.[2001]

Nun sind es jedoch nie alle, die mitbestimmen, sondern nur diejenigen, denen die politischen Rechte zustehen. Für den Ausschluss bestimmter Gruppen vom Stimmrecht werden etwa die dualistische Rechtsnatur des Stimmrechts mit ihrer Organstellung der Stimmberechtigten oder die Mechanismen von Inklusion und Exklusion der System- und der Diskurstheorie herangezogen. Letztgenannte Theorien haben konkrete Kriterien entwickelt, nach denen sich eine Exklusion vom politischen System rechtfertigt: Als akzeptabel gilt Exklusion vom politischen System dann, wenn der Ausschluss ein vorübergehender Zustand, also nicht von Dauer ist, und wenn die Ausschlussgründe selber zu verantworten sind. Der Ausschluss der Frauen in der Vergangenheit[2002] steht damit exemplarisch für eine nicht akzeptable Exklusion.

2. Inklusion der Staatsbürgerinnen und Staatsbürger ins Stimmrecht

Es ist zu prüfen, ob sich die Exklusion vom politischen System, d.h. der Stimmrechtsausschluss für Personen ohne Schweizer Bürgerrecht, rechtfertigen lässt. Dabei spielt die Einbürgerungspolitik eine wesentliche Rolle. Da diese entweder temporär (Wohnsitzdauer) oder durch die einbürgerungswillige Person selber zu verantworten (Achtung der schweizerischen Rechtsordnung, Gefährdung der inneren oder äusseren Sicherheit der Schweiz) bzw. selber zu ändern (Eingliederung in die schweizerischen Verhältnisse, Vertrautheit mit den schweizerischen Lebensgewohnheiten, Sitten und Gebräuchen) sind,[2003] rechtfertigt sich vor dem Hintergrund der rechtssoziologischen Grundsätze von Inklusion und Exklusion ein Ausschluss bei fehlendem Bürgerrecht.[2004] Hingegen ist die Koppelung von

[2000] 5. Kapitel III. 2.
[2001] 5. Kapitel III. 1.
[2002] 5. Kapitel V.
[2003] 5. Kapitel VI. 2.
[2004] 5. Kapitel IV. 3. g.

politischer Partizipation und Bürgerrecht mit dem Identitätsgebot und damit mit dem Demokratieprinzip nicht vereinbar.[2005]

Im Rahmen ihrer Organisationsautonomie haben die Nordwestschweizer Kantone die Mindestvorschriften des Bundes und damit die Hürden für den Zugang zu den politischen Rechten unterschiedlich verändert bzw. verschärft.

Am niedrigsten sind die formellen Hürden für einbürgerungswillige Personen in der Nordwestschweiz im Kanton Basel-Stadt, wo eine Wohnsitzdauer von zwei Jahren in Kanton und Gemeinde ohne Unterbruch vorausgesetzt wird.[2006]

Die materielle Voraussetzung der erfolgreichen Integration und ihrer Teilgehalte haben im Kanton Basel-Landschaft die umfassendsten Verschärfungen erfahren, und zwar insbesondere bezüglich des betreibungsrechtlichen und strafrechtlichen Leumunds, der Sprachkenntnisse sowie des Sozialhilfebezugs vor oder während des Einbürgerungsverfahrens.[2007]

Anders als in der Vergangenheit werden heute Einbürgerungsentscheide nicht mehr als politische Entscheide verstanden. Von Bedeutung sind die Begründungspflicht der Einbürgerungsbehörde und die Beschwerdemöglichkeit an eine Gerichtsbehörde. Eine Mitwirkung der Stimmberechtigten am Einbürgerungsentscheid, beispielsweise an einer Bürgergemeindeversammlung, steht im Konflikt mit dem Anspruch auf Einbürgerung, sobald die Voraussetzungen erfüllt sind. Dieser Konflikt wurde so gelöst, dass ablehnende Einbürgerungsentscheide zu begründen sind, und zwar auch wenn sie von den Stimmberechtigten gefällt worden sind. Die Stimmberechtigten können den Einbürgerungsantrag jedoch nur ablehnen, wenn ein entsprechender begründeter Antrag gestellt worden ist.[2008]

Die Einführung von Begründungspflicht und Beschwerdemöglichkeit an ein Gericht unterstreichen die Gebundenheit des Einbürgerungsverfahrens an die Grundrechte: Einbürgerungsverfahren finden nicht in einem rechtsfreien Raum statt.[2009] Das Bundesgericht hat die Weiterentwicklung des Einbürgerungsverfahrens wesentlich beeinflusst und der Rechtsstaatlichkeit in diesem Bereich zum Durchbruch verholfen.

2005 5. Kapitel VI. 1. a. Siehe insbesondere auch BUSER, Ausländerstimmrecht, 406; RHINOW, Grundprobleme, 155; RÜEGGER 84 ff.

2006 5. Kapitel VI. 2. b.

2007 5. Kapitel VI. 2. c.

2008 5. Kapitel VI. 2. d.

2009 5. Kapitel VI. 2. d.

3. Exklusion der Ausländerinnen und Ausländer vom Stimmrecht

Um den Kreis der Stimmberechtigten zu erweitern, steht neben der Einbürgerungspolitik der Zugang zu den politischen Rechten für Ausländerinnen und Ausländer im Raum. Der Begriff des Stimmvolkes ist nämlich kein stabiler, sondern ein dynamischer. Der Grundsatz des allgemeinen Stimmrechts hat sich im Verlauf der Geschichte in einem Prozess weiterentwickelt. So wurden immer mehr gesellschaftliche Gruppen ins politische System inkludiert. Der Kreis der Stimmberechtigten ist nicht natürlich vorgegeben, sondern historisch bedingt.[2010]

Das auf Bundesebene und in den meisten Kantonen[2011] fehlende Ausländerstimmrecht relativiert den Grundsatz der Allgemeinheit des Stimmrechts. Die Forderung, dass alle von einem Gesetz Betroffenen dessen Urheber sein sollen, ist nicht umgesetzt. Begründet wird dies mit der auf Jean-Jacques Rousseau zurückgehenden dualistischen Rechtsnatur des Stimmrechts.[2012] Bemerkenswerterweise liefert Rousseaus Gesellschaftsvertrag sowohl die gedankliche Grundlage für ein umfassendes allgemeines Stimmrecht als auch für den Stimmrechtsausschluss der Ausländerinnen und Ausländer.

Gemäss der dualistischen Rechtsnatur des Stimmrechts nehmen die Stimmberechtigten sowohl ein individuelles Recht als auch eine staatliche Funktion wahr. In dieser Funktion sind sie Teilorgan des Staates und haben Organstellung. Als Staatsorgan vertreten sie die Interessen der Allgemeinheit. Ein Stimmrecht für Ausländerinnen und Ausländer ist aus dieser Perspektive offensichtlich nicht im Interesse der Allgemeinheit, der Öffentlichkeit. Der Zugang zu den politischen Rechten wird auf Bundesebene als Ergebnis der erfolgreichen Integration verstanden. Erst im Nachgang an die Einbürgerung, die die erfolgreiche Integration voraussetzt, sollen Ausländerinnen und Ausländer das Stimmrecht erhalten.

Anders sieht es in Kantonen und Gemeinden aus: Hier gibt es offenbar (teilweise) – als Ausfluss der Organstellung der Stimmberechtigten, die dem Ausländerstimmrecht zugestimmt haben – ein öffentliches Interesse an einem Stimmrecht für Ausländerinnen und Ausländer. Auf dieser Ebene soll die Vergabe des Stimmrechts an Ausländerinnen und Ausländer integrierend wirken.

Im Prinzip ist es rational nicht begründbar, warum unterschiedliche, ja entgegengesetzte Grundhaltungen die unterschiedlichen Regelungen begründen. Dienen die Regelungen in Kanton und Gemeinden als Experimentierfeld für den Bund, so ist die unterschiedliche Handhabung wohl berechtigt. Dem Nach-

2010 5. Kapitel VI. 1. a.

2011 5. Kapitel VI. 1. b.

2012 5. Kapitel III. 2. und IV. 2.

teil der unterschiedlichen Sichtweisen in Bund und Kantonen bzw. Gemeinden – hier Organstellung der Schweizer Bürgerinnen und Bürger und kein öffentliches Interesse am Ausländerstimmrecht, dort keine Ausübung der Organstellung für Ausländerinnen und Ausländer durch Schweizerinnen und Schweizer und öffentliches Interesse an der formellen Mitsprache der Ausländerinnen und Ausländer – steht der Vorteil gegenüber, Erfahrungen sammeln zu können und den Paradigmenwechsel auch auf Bundesebene einzuläuten.

Diese entgegengesetzten Konzepte für die Vergabe des Stimmrechts sind zwar Ausdruck des Föderalismus,[2013] erzeugen aber ein Spannungsfeld, das nur mit einem Paradigmenwechsel auf Bundesebene gänzlich aufgelöst werden kann.

Anstatt das Stimmrecht mit dem Bürgerrecht zu verknüpfen, sollten die politischen Rechte von der Integration abhängig gemacht werden. Da die Integration einer Person regelmässig im Rahmen der Erteilung der Niederlassungsbewilligung geprüft wird, ist der Zugang zu den politischen Rechten de lege ferenda mit der Niederlassungsbewilligung (Ausweis C) zu verknüpfen.

Vor diesen Hintergründen sind die Möglichkeiten der Kantone zu betrachten, im Rahmen der bundesrechtlichen Vorgaben eigene Lösungen zum Stimmrecht für die ausländische Wohnbevölkerung vorzusehen.

In der Nordwestschweiz besteht auf Kantonsebene kein Ausländerstimmrecht.[2014] Die Bestrebungen, den Kreis der Stimmberechtigten auf kantonaler Ebene um die ausländische Wohnbevölkerung zu erweitern, sind regelmässig erfolglos. Lediglich auf Gemeindeebene besteht im Kanton Basel-Stadt die Möglichkeit, das Ausländerstimmrecht auf Gemeindeebene einzuführen. Diese Möglichkeit wurde bis dato jedoch nicht umgesetzt.[2015]

4. Exklusion der unter 18-Jährigen vom Stimmrecht

Anders ist die Frage nach dem Stimmrechtsalter zu bewerten. Zwar sind auch hier auf kantonaler Ebene Experimente zu verzeichnen, die Grundlage für eine Bundeslösung sein können. Es geht aber nicht um unterschiedliche Grundhaltungen in Bund und Kantonen wie beim Ausländerstimmrecht, sondern darum, ob die Stimmmündigkeit mit der zivilrechtlichen Volljährigkeit kongruent sein soll, was für die Beibehaltung des Stimmrechtsalters 18 spräche, oder ob sie – aufgrund der postulierten grösseren Reife der heute 16-Jährigen – vorgezogen werden soll.

[2013] Art. 3 BV.

[2014] Volksabstimmung BL vom 4. März 2018: 81 Prozent Nein-Stimmen.

[2015] 5. Kapitel VI. 3. b.

Vom Stimmrecht ausgeschlossen sind alle unter 18-Jährigen. Diskutiert wird die Herabsetzung des Stimmrechtsalters auf 16 Jahre in Bezug auf das aktive Stimmrecht. Die Gründe, die für eine Herabsetzung auf 16 Jahre angeführt werden, sind die gleichen, welche 1991 für die Herabsetzung von 20 auf 18 Jahre vorgebracht wurden, insbesondere die grössere Reife und Verantwortung, die 16-Jährige heute auszeichnen würden. Das Stimmrechtsalter 16 hat politisch einen schweren Stand. Grundsätzlich wird das Zusammenfallen von zivilrechtlicher Volljährigkeit und politischer Mündigkeit begrüsst und am Stimmrechtsalter 18 festgehalten.[2016]

Trotz der seit der Jahrtausendwende währenden breiten Diskussion zum Stimmrechtsalter 16 und seinen Varianten konnte sich in der Nordwestschweiz eine Herabsetzung des Stimmrechtsalters bis dato nicht durchsetzen. In der jüngsten Vergangenheit scheiterte die Vorlage für ein aktives Stimmrecht für 16- bis 18-Jährige im Kanton Basel-Landschaft.[2017]

In den letzten 20 Jahren wurden mehrfach Vorstösse auf Bundesebene eingereicht. Das Vorpreschen des Bundes wäre ein Eingriff in die Organisationsautonomie der Kantone und ist vor dem Hintergrund der föderalistischen Struktur mit ihrer Aufgabenteilung im Bereich der politischen Rechte abzulehnen.[2018]

5. Partizipation der Stimmberechtigten

Die durchschnittliche Beteiligung an einem Urnengang wird als tief bewertet. Wird die Stimmbeteiligung jedoch über einen längeren Zeitraum untersucht, so sieht das Ergebnis anders aus: Die Untersuchung dieser kumulativen Stimmbeteiligung zeigt auf, dass nur jede fünfte stimmberechtigte Person generell nicht an die Urne geht. Rund 80 Prozent der Stimmbürgerinnen und Stimmbürger gehen zumindest ab und zu an die Urne. Von einer politisch desinteressierten schweigenden Mehrheit kann folglich nicht die Rede sein.[2019]

Die tiefe sowie sinkende Stimmbeteiligung[2020] lässt sich mit der selektiven Partizipation begründen. Der schweizspezifische Zweiklang von Konkordanz- und Referendumsdemokratie ist wesentlich dafür verantwortlich.[2021]

Die Partizipationsforschung stellt nicht in erster Linie die Partizipationshöhe in den Vordergrund, sondern einen gleichen Miteinbezug aller Interessen in die

[2016] BUSER, Kantonales Staatsrecht, Rz. 306 m.w.Verw.; KLEY, SG-Komm BV N 5 ff. zu Art. 136 BV.

[2017] Volksabstimmung BL vom 4. März 2018: 84 Prozent Nein-Stimmen.

[2018] 5. Kapitel VII. 2.

[2019] 5. Kapitel IX.

[2020] 5. Kapitel IX. 1.

[2021] 5. Kapitel IX. 2. und 3.

Entscheidfindung. Eine Partizipation ist dann ungleich, wenn nicht alle Interessen gleichermassen miteinbezogen werden. Die Partizipierenden sollen die Gesamtbevölkerung repräsentieren.[2022] Verteilen sich die abstinenten Stimmberechtigten gleichmässig, so ist eine niedrige Partizipationshöhe unproblematisch.

Während die Gruppe der selektiv Teilnehmenden von ihrer Zusammensetzung her ungefähr der Gesamtbevölkerung entspricht, sind die Interessen von Frauen, jungen Erwachsenen, Alleinstehenden, im Ausland Geborenen sowie Menschen mit tiefem Einkommen und Vermögen untervertreten, weil sie anteilmässig in der Gruppe der nie Teilnehmenden übervertreten bzw. in der Gruppe der immer Teilnehmenden untervertreten sind. Somit sind nicht alle Interessen gleichermassen miteinbezogen – die teilnehmenden Stimmberechtigten repräsentieren nicht die Gesamtheit der Stimmberechtigten. Da die Nichtteilnehmenden zudem das Potential hätten, Abstimmungsergebnisse wesentlich zu beeinflussen, ist die niedrige Partizipationshöhe problematisch.[2023]

[2022] 5. Kapitel IX. 3.
[2023] 5. Kapitel IX. 3.

IV. Gestaltung des gleichen Stimmrechts in der Nordwestschweiz: Ausgewählte Ergebnisse

1. Unverfälschte Willenskundgabe und unverfälschte Stimmabgabe

Das allgemeine Stimmrecht regelt den Zugang zu den politischen Rechten. Das *gleiche* Stimmrecht garantiert, dass Entscheide auf der Grundlage einer Mehrheit von Stimmen mit absolut gleichem Zählwert, relativ gleicher Stimmkraft und relativ gleichem Erfolgswert zustande kommen.[2024]

Wer abstimmt, äussert sich immer auch im Namen der Stimmberechtigten, die nicht stimmen wollen oder können. Demokratische Entscheide sollen allen zum Wohle gereichen. Damit ist das Stimmvolk Verantwortungsträger und definiert in dieser Rolle das Gemeinwohl. Die Stimmberechtigten haben die Letztverantwortung dafür, dass sich die Schweiz als demokratischer Bundesstaat am Gemeinwohl ausrichtet.[2025]

Der Grundsatz des gleichen Stimmrechts befasst sich damit, *wie* Entscheide im formalisierten Willensbildungsprozess zustande kommen; nämlich so, dass alle Stimmberechtigten gleichbehandelt werden.

Für die Ergebnisermittlung bei Wahlen gibt es kein *best system*.[2026] Es haben sich jedoch für Proporzwahlsysteme Instrumente wie die Sitzquote oder Mindestanforderungen an die Wahlkreisgrösse etabliert. Diese dienen dem Minderheitenschutz und garantieren damit, dass deren Interessen in die Ermittlung des dem Gemeinwohl dienenden Ergebnisses einfliessen.[2027]

Der Grundsatz des gleichen Stimmrechts beinhaltet den Anspruch auf unverfälschte Willenskundgabe und garantiert die unverfälschte Stimmabgabe gemäss Art. 34 Abs. 2 BV. Dieser Anspruch wird in drei Aspekte unterteilt, nämlich die Zählwertgleichheit, die Stimmkraftgleichheit und die Erfolgswertgleichheit.

2. Zählwertgleichheit

Kerngehalt des Anspruchs auf politische Gleichheit ist die Zuteilung der gleichen Anzahl Stimmen an die einzelnen Stimmberechtigten, die Möglichkeit der Stimmabgabe sowie die Berücksichtigung jeder gültig abgegebenen Stimme bei der Stimmenzählung. Diese drei Elemente bilden den Kerngehalt und werden durch den Aspekt der *Zählwertgleichheit* gesichert.[2028]

[2024] 6. Kapitel I. und II.

[2025] Hafner 174, 176 f. und 183.

[2026] 6. Kapitel I. 2. i.

[2027] 6. Kapitel I. 2.

[2028] 6. Kapitel III.

a. Zuteilung der Stimme: Abweichung vom Wohnortprinzip für Auslandschweizerinnen und Auslandschweizer

In Abweichung vom Wohnortprinzip können Auslandschweizerinnen und Auslandschweizer ihre politischen Rechte in der Schweiz ausüben, wenn sie sich im entsprechenden Register haben eintragen lassen. Die Ausübung der politischen Rechte im Heimatland stellt für ausgewanderte Schweizerinnen und Schweizer die einzige Möglichkeit dar, sich überhaupt politisch Gehör zu verschaffen, da sie im Wohnsitzstaat von einer politischen Mitwirkung ausgeschlossen sind, wenn sie im Wohnsitzstaat kein Bürgerrecht besitzen.

Das Auslandschweizerstimmrecht ist Ausfluss des Personalitätsprinzips und steht damit in einem Spannungsverhältnis zum Territorialprinzip, auf dem die Demokratieidee primär beruht. Mit ihrem Stimmrecht in der Schweiz können im Ausland wohnhafte Schweizerinnen und Schweizer Einfluss nehmen auf eine Gesetzgebung, von der sie territorial kaum betroffen sind. Ihre Inklusion ist jedoch erwünscht, da eine Inklusion aller sozialen Gruppen grundsätzlich erwünscht ist. Eine demokratietheoretische Grundsatzdebatte zum Spannungsverhältnis zwischen Personalitätsprinzip und Territorialprinzip hat bis dato auf Bundes- und auf Kantonsebene kaum stattgefunden. Eine solche breit angelegte demokratietheoretische Debatte wäre zu begrüssen. Im Rahmen dieser Debatte wären Fragen wie zeitliche Befristung oder Abwesenheitsdauer (erneut) aufzugreifen.[2029]

Die Grundlage für das kantonale Stimmrecht für Auslandschweizerinnen und Auslandschweizer muss explizit in der Kantonsverfassung im Sinne eines Verzichts auf das Wohnsitzerfordernis geregelt sein. Die Kantone Aargau, Basel-Landschaft und Basel-Stadt haben diese verfassungsmässige Grundlage geschaffen. In Aargau und Basel-Stadt fehlt jedoch die Ausführungsgesetzgebung und folglich das kantonale Auslandschweizerstimmrecht. Der Kanton Basel-Landschaft hat sowohl die Grundlage in der Kantonsverfassung geschaffen als auch die Ausführungsgesetzgebung erlassen. Damit sind die im Ausland wohnenden Schweizerinnen und Schweizer in kantonalen Angelegenheiten stimmberechtigt.

Im Kanton Solothurn wird den Auslandschweizerinnen und Auslandschweizern der Zugang zu den politischen Rechten auf Gesetzesebene zuerkannt, obwohl die nötige Grundlage für den Verzicht auf das Wohnsitzerfordernis in der Kantonsverfassung fehlt.[2030]

[2029] 6. Kapitel III. 2. d.

[2030] 6. Kapitel III. 2. d.

b. Stimmabgabe: Gleichwertigkeit der Kanäle

Für die Stimmabgabe stehen mehrere gleichwertige Kanäle zur Verfügung. Die Stimme kann persönlich am Abstimmungssonntag oder persönlich vorzeitig («Vorurne») abgegeben werden. Zudem ist die Abgabe auch brieflich oder, falls bereits eingeführt, elektronisch möglich.

Die *vorzeitige persönliche Stimmabgabe* beinhaltet, dass alle oder einzelne Urnen während einer bestimmten Zeit – mindestens an zwei der vier letzten Tage vor dem Abstimmungstag – geöffnet sind oder dass die stimmberechtigte Person den Stimmzettel in einem verschlossenen Umschlag bei einer Amtsstelle abgeben kann. Die Kantone Aargau, Basel-Landschaft, Basel-Stadt und Solothurn kommen der bundesrechtlichen Vorgabe, die vorzeitige persönliche Stimmabgabe an mindestens zwei der letzten vier Tage vor dem Abstimmungstag zu ermöglichen, nicht nach bzw. überlassen es den Gemeinden, diese persönliche Stimmabgabe im vom Bundesrecht geschützten Umfang zu ermöglichen. Diese Missachtung der bundesrechtlichen Vorgabe ist ein Verstoss gegen die Gleichwertigkeit der Stimmkanäle.[2031]

Der Grundsatz der Gleichwertigkeit der Stimmkanäle soll garantieren, dass jede stimmberechtigte Person den Kanal ihres Vertrauens wählen kann. Vertrauen entsteht durch Transparenz, d.h. die Möglichkeit der Verifikation der Stimmabgabe. Bezüglich des elektronischen Stimmkanals ist zu beachten, dass technische Massnahmen oft nicht ausreichen, um Vertrauen zu erzeugen. Psychologische Aspekte sind daher ebenfalls wichtig und zu berücksichtigen.[2032]

Bei der Einführung des *elektronischen Stimmkanals* in der Nordwestschweiz hat der Kanton Basel-Stadt eine Vorreiterrolle: Ab 2019 sollen alle drei Stimmkanäle (elektronische, briefliche und persönliche Stimmabgabe) allen im Kanton Basel-Stadt Stimmberechtigten zur Verfügung stehen. In den Kantonen Aargau und Solothurn haben Versuche stattgefunden. Eine Einführung ist nicht terminiert. Im Kanton Basel-Landschaft haben weder Versuche stattgefunden noch ist eine Einführung terminiert.[2033]

c. Stimmabgabe: Vertretung und Abgabe an einer Versammlung

Stimmberechtigte können sich für die Stimmabgabe *vertreten* lassen. In den Kantonen Aargau und Basel-Landschaft ist keine Deklaration des Vertretungsverhältnisses beim Ausfüllen vorgesehen. Die Pflicht zur Deklaration des Vertretungsverhältnisses schafft Transparenz. Diese Transparenz fehlt in den Kantonen Aargau und Basel-Landschaft. Die Lösungen von Basel-Stadt (mit

[2031] 6. Kapitel III. 3. b. iii).
[2032] 6. Kapitel III. 3. b. vi).
[2033] 6. Kapitel III. 3. b. vii).

besonderem Stimmrechtsausweis für die Stimmabgabe Dritter) und Solothurn (Angabe der Personalien der Vertrauensperson auf dem Stimmrechtsausweis) sind zu begrüssen und de lege ferenda auch in Aargau und Basel-Landschaft einzuführen.

Die Stimmabgabe an einer *Versammlung* ist aufgrund der physischen Anwesenheitspflicht und der Sozialkontrolle mit ihrer Missachtung des Stimmgeheimnisses verfassungswidrig.[2034]

Elektronische Hilfsmittel an der Versammlung könnten zwar einen Beitrag zur Wahrung des Stimmgeheimnisses liefern, sie sind aber keine valable Lösung gegen die Einschränkungen der Stimmabgabe durch die Anwesenheitspflicht.[2035]

d. Stimmen zählen: Leere Stimmzettel berücksichtigen

Kontrovers gehandhabt werden bei der Stimmenzählung leere Stimmzettel bei Majorzwahlen. Grundsätzlich sind diese als ablehnende Willensäusserungen zu betrachten und in die Berechnung des absoluten Mehrs miteinzubeziehen. In Basel-Stadt und Solothurn werden leere Wahlzettel zur Feststellung des absoluten Mehrs im ersten Wahlgang berücksichtigt. Nicht so in den Kantonen Aargau und Basel-Landschaft, was zu kritisieren ist.[2036] De lege ferenda sollten die Kantone Aargau und Basel-Landschaft die Berücksichtigung der leeren Wahlzettel im ersten Wahlgang ins Auge fassen.

3. Absolute und relative Gleichbehandlung

Die Zählwertgleichheit garantiert, dass die Stimmen bei der Zuteilung, bei der Abgabe und beim Zählen gleichbehandelt werden. Beide Wahlsysteme, Majorz und Proporz, müssen die Stimmen bei Zuteilung, Abgabe und Zählung absolut gleichbehandeln. Ein Eingriff in den Grundsatz der Zählwertgleichheit verletzt die politische Gleichberechtigung, verfälscht die Willenskundgabe der Stimmberechtigten und bedeutet immer einen unzulässigen Eingriff in den Kerngehalt der politischen Gleichheit.[2037] Anders bei der Verwertung der Stimme:

Im Anschluss an Zuteilung, Abgabe und Zählung der Stimme wird diese verwertet. Während die Zählwertgleichheit eine absolute Gleichbehandlung verlangt, genügt bei der Verwertung der Stimme eine relative Gleichbehandlung. Relativ ist die Gleichbehandlung deshalb, weil bei Wahlen systemimmanent immer einzelne Stimmen gewichtslos bleiben. So ergibt die Sitz- oder Mandatsver-

[2034] So auch: BORBÉLY, 73 f. und 132; BRAUN, Rz. 534.
[2035] 6. Kapitel III. 3. b. ii).
[2036] 6. Kapitel III. 4. b. iii).
[2037] 6. Kapitel II.

teilung bei Verhältniswahlen regelmässig eine Dezimalzahl, die gerundet werden muss. Bei Mehrheitswahlen relativieren ebenfalls gewichtslose Stimmen die Gleichbehandlung.[2038]

Der Bund hat insbesondere betreffend Zuteilung und Abgabe der Stimme Vorgaben erlassen und damit in die Organisationsautonomie der Kantone eingegriffen. Eine kantonsübergreifende absolute Gleichbehandlung im Bereich der Zählwertgleichheit ist höher zu gewichten und rechtfertigt den Eingriff in die Organisationsautonomie der Kantone.

Die relative Gleichbehandlung bei der Verwertung der abgegebenen Stimmen wird durch die Stimmkraft- und die Erfolgswertgleichheit garantiert. Da die Gleichbehandlung nur eine relative ist, sind Eingriffe in die Organisationsautonomie mit grosser Zurückhaltung vorzunehmen. Besser ist es, Fragen zu neutralen Wahlkreisen und zu gerechten Sitz- und Mandatszuteilungsverfahren auf Kantonsebene zu lösen.[2039]

4. Stimmkraftgleichheit

Die Stimmkraftgleichheit fokussiert *neutrale Wahlkreise*. Wahlkreise sind dann neutral, wenn sie erstens territorial gleichwertig sind. Zur territorialen Gleichwertigkeit stellen sich keine aktuellen Fragen.[2040] Zweitens sind Wahlkreise neutral, wenn sie bezüglich ihrer Grösse, d.h. bezüglich der Anzahl Sitze, die ihnen zugeteilt werden, gleichwertig sind.[2041] Drittens soll in den einzelnen Wahlkreisen jeweils das möglichst gleiche Repräsentationsverhältnis bestehen.[2042]

a. Gleichwertige Wahlkreise und niedriges natürliches Quorum

Sind die Wahlkreise unterschiedlich gross, so hat dies zur Folge, dass nicht jeder Wählerstimme das gleiche politische Gewicht zukommt.

Je grösser ein Wahlkreis ist, d.h. je mehr Sitze einem Wahlkreis zustehen, desto tiefer ist das sog. Natürliche Quorum. Unter natürlichem Quorum versteht man den in einem bestimmten Wahlkreis erforderlichen Stimmenanteil für die Erlangung eines Mandats. Je kleiner ein Wahlkreis ist, desto höher ist das natürliche Quorum. Laut Bundesgericht sind natürliche Quoren, die 10 Prozent übersteigen, mit dem Verhältniswahlrecht nicht vereinbar. Ein Wahlkreis muss daher mindestens neun Sitze umfassen.[2043]

[2038] 6. Kapitel II.
[2039] Siehe auch 7. Kapitel IV. 5. a.
[2040] 6. Kapitel IV. 2.
[2041] 6. Kapitel IV. 3.
[2042] 6. Kapitel IV. 4.
[2043] 6. Kapitel IV. 3. c.

Eine verfassungsmässige Verhältniswahl ist trotz (zu) hohem Quorum dann möglich, wenn mittels Mandatszuteilungsmethoden wie die Schaffung von *Wahlkreisverbänden* oder mittels der Methode *Doppelter Pukelsheim* ein wahlkreisübergreifender Ausgleich möglich ist.[2044]

Die Zuteilung der Sitze an die Wahlkreise[2045] erfolgt in der Nordwestschweiz nach unterschiedlichen Verfahren. Im Kanton Aargau kommt das Verfahren Sainte-Laguë zur Anwendung, in den Kantonen Basel-Landschaft, Basel-Stadt und Solothurn wird die Sitzzuteilung nach dem Verfahren Hare/Niemeyer vorgenommen. Letzteres wird als unproportional kritisiert, weil es kleinere Wahlkreise bevorteilt. Das Sitzzuteilungsverfahren nach Sainte-Laguë erfüllt die Forderungen nach Proportionalität und ist de lege ferenda in der Nordwestschweiz für die Kantone Basel-Landschaft, Basel-Stadt und Solothurn als Alternative zu prüfen.[2046]

b. Kopfzahlprinzip

Jede Stimme soll in allen Wahlkreisen eines Wahlgebiets die gleiche theoretische Möglichkeit der Einflussnahme auf das Wahlergebnis haben. Dies wird dadurch garantiert, dass in den einzelnen Wahlkreisen jeweils zwischen der Anzahl Sitze und der repräsentierten Bevölkerung möglichst das gleiche Verhältnis herrscht. Mit diesem sog. Kopfzahlprinzip wird der Grundsatz des gleichen Stimmrechts über die Grenzen des einzelnen Wahlkreises hinaus gewährleistet.[2047]

Grundlage für die Umsetzung des Kopfzahlprinzips und damit für die Berechnung der Sitzzuteilung in den Kantonen der Nordwestschweiz sind die ständige Wohnbevölkerung (Aargau, Basel-Stadt, Solothurn) bzw. die Stimmberechtigten (Basel-Landschaft). Die Repräsentationsbasis hat Einfluss auf die Anzahl Sitze eines Wahlkreises. Ein überdurchschnittlicher Ausländeranteil führt mit Repräsentationsbasis «Stimmberechtigte» zu weniger Sitzen als in einem Wahlkreis mit unterdurchschnittlichem Ausländeranteil. Da ein kantonales Parlament Entscheide für die Gesamtbevölkerung des Kantons fällt und die ausländische Wohnbevölkerung sich mangels Stimmrecht nicht formell in den Entscheidprozess einbringen kann, ist diese Bevölkerungsgruppe bei der Berechnung der Anzahl Sitze pro Wahlkreis zu berücksichtigen. De lege ferenda ist im Kanton Basel-Landschaft die Berechnungsgrundlage für die Sitzzuteilung

[2044] 6. Kapitel IV. 3. c.
[2045] Zum Unterschied zwischen Sitz- und Mandatszuteilungsverfahren siehe 6. Kapitel I. 1.
[2046] 6. Kapitel IV. 4. b.
[2047] 6. Kapitel IV. 4. a.

an die Wahlkreise zu ändern. Anstelle der Stimmberechtigten soll die ständige Wohnbevölkerung Basis für die Umsetzung des Kopfzahlprinzips sein.[2048]

5. Erfolgswertgleichheit

Schliesslich soll jede Stimme tatsächlich zum Wahlergebnis beitragen und nicht wirkungslos, «gewichtslos», bleiben. Die Verwertung möglichst jeder Stimme wird durch den Aspekt der *Erfolgswertgleichheit*[2049] gesichert. Ziel ist, dass sich der Wählerwille möglichst unverfälscht im Wahlergebnis widerspiegelt. Jede Stimme soll nicht nur theoretisch, sondern auch praktisch den gleichen Einfluss auf das Wahlergebnis haben. Die Erfolgswertgleichheit wirkt sowohl wahlkreisintern als auch wahlkreisübergreifend.

a. Mindestanforderungen an Mandatszuteilungsverfahren

Unter jeder Minderung der Erfolgswertgleichheit leidet die Proportionalität. Nicht nur Wahlkreisgrösse und natürliche Quoren beeinflussen die unverfälschte Willenskundgabe, sondern auch Mandatszuteilungsverfahren.[2050]

Es gibt eine Vielzahl von mathematischen Mandatszuteilungsverfahren. Diese sind dahingehend zu überprüfen, ob sie mit der Erfolgswertgleichheit der Stimmen korrelieren und damit gerecht sind. Dafür müssen die Mandatszuteilungsverfahren gewissen Mindestanforderungen genügen:

Zum ersten soll die Mandatszahl einer Partei um weniger als ein ganzes Mandat vom Idealanspruch abweichen *(Quotenbedingung)*. Zweitens soll das Verfahren *frei von sog. Paradoxa* – unlogischen Ergebnissen – sein. Paradoxa sind nur beim Quotenverfahren anzutreffen. Paradoxa stellen sich beispielsweise ein, wo der Stimmenzuwachs oder Stimmenverlust einer Partei eine Mandatsverschiebung zwischen zwei anderen Parteien bewirkt. Paradoxa beschreiben Fälle von Mandatsgewinnen trotz Stimmenverlusten und umgekehrt. Bei fester Gesamtsitzzahl ist es nicht möglich, gleichzeitig die Quotenbedingung zu erfüllen und frei von Paradoxa zu sein. Das Quotenverfahren erfüllt die Quotenbedingung, und das Divisorverfahren schliesst Wählerparadoxien aus, kann aber die Quotenbedingung verletzen. Da das Wählerzuwachsparadox unbedingt zu vermeiden ist, ist dem Divisorverfahren der Vorzug zu geben. Das Divisorverfahren ist auch in Bezug auf die *Transparenz* der Rechenregeln und der leichten Überprüfbarkeit, dem Quotenverfahren überlegen. Unter den Divisorverfahren ist die Methode nach Sainte-Laguë diejenige, die der Quotenbedingung am

[2048] 6. Kapitel IV. 4. b.

[2049] 6. Kapitel V.

[2050] Zum Unterschied zwischen Sitz- und Mandatszuteilungsverfahren siehe 6. Kapitel I. 1.

nächsten kommt und gleichzeitig keine systematischen Verzerrungen zur Folge hat, d.h., dass sich die Mandatszuteilung neutral zur Stärke der Parteien verhält. Die Divisormethode mit Standardrundung nach Sainte-Laguë bleibt zudem meistens im Rahmen des Idealanspruchs und springt nur ganz selten hinaus.[2051]

Sollte in einem Wahlgebiet und seinen Wahlkreisen aufgrund von (zu) kleinen Wahlkreisen das Problem des hohen natürlichen Quorums bestehen, so haben sich folgende Lösungen bewährt: Einerseits steht die Methode Doppelter Pukelsheim, die eine Weiterentwicklung der Methode Sainte-Laguë ist, zur Verfügung, andererseits kann das Problem mittels der Begründung von Wahlkreisverbänden (auch Wahlregionen genannt)[2052] behoben werden. Es können auch Wahlkreise vereint werden, so dass ihr natürliches Quorum unter 10 Prozent zu liegen kommt.[2053]

Die Mandatszuteilungsverfahren in den Nordwestschweizer Kantonen erfüllen alle Mindestanforderungen des Bundesgerichts. Jeder Kanton hat jedoch einen eigenen Weg beschritten, um die Vorgaben zu erfüllen, bzw. hatte bereits eine bundesgerichtskompatible Lösung. Während der Kanton Aargau nach Intervention des Bundesgerichts 2009 die Methode Doppelter Pukelsheim eingeführt hat, haben der Kanton Basel-Landschaft seit 1981 mit den Wahlregionen und der Kanton Solothurn mit dem Zusammenlegen von Wahlkreisen 2003 bundesgerichtkonforme Lösungen. Im Kanton Basel-Stadt kommt seit 2011 die Methode Sainte-Laguë zur Anwendung. Diese Methode verhält sich dank der Standardrundung zur Wahlkreisgrösse neutral und begünstigt somit weder kleine noch grössere Wahlkreise, was der Heterogenität der Wahlkreise im Kanton Basel-Stadt entgegenkommt.[2054]

b. Weiterentwicklung der Parlamentswahlsysteme durch das Bundesgericht

Das Bundesgericht hat in seiner Rechtsprechung die Mindestanforderungen an ein gerechtes Parlamentswahlverfahren präzisiert. Insbesondere hat es die Anforderungen an die Höhe des natürlichen Quorums definiert, damit die neutrale Wahlkreisgestaltung gesichert ist: Das natürliche Quorum darf 10 Prozent nicht überschreiten.

Bis 2004 war ein höheres Quorum unter Umständen aufgrund überkommender Gebietsorganisationen, die namentlich dem Minderheitenschutz dienten, möglich. Kleinere Wahlkreise wurden aufgrund von historischen, föderalisti-

[2051] 6. Kapitel V. 4. a.
[2052] BL.
[2053] SO.
[2054] 6. Kapitel V. 4. d.

schen, kulturellen, sprachlichen, ethnischen oder religiösen Gründe gerechtfertigt und wurden als «Sonderfall» akzeptiert, wenn sachliche Gründe vorlagen.[2055]

Wahlkreisverbände oder die Methode Doppelter Pukelsheim sind wahlkreisübergreifende Ausgleichsmechanismen und schaffen die Möglichkeit, im Sinne eines Minderheitenschutzes an kleinen Wahlkreisen festzuhalten und dennoch eine relativ genaue Abbildung der Parteienstärke im Parlament zu gewährleisten. Vor diesem Hintergrund hat das Bundesgericht die «Sonderfallregel» 2012 relativiert: Macht ein Kanton weder von Wahlkreisverbänden noch vom Doppelten Pukelsheim Gebrauch, so lassen sich Wahlkreise, die deutlich zu klein sind und ein natürliches Quorum von über 10 Prozent haben, selbst dann nicht mehr rechtfertigen, wenn gewichtige historische, föderalistische, kulturelle, sprachliche oder religiöse Gründe für die Wahlkreiseinteilung bestehen.[2056]

Die Anwendung des *Majorzsystems* für Parlamentswahlen ist gemäss Bundesgericht nur gerechtfertigt, wenn die Wahlkreise über grosse Autonomie verfügen, eine geringe Bevölkerungszahl aufweisen, den Parteien ein relativ geringer Stellenwert zukomme und die Zugehörigkeit der Kandidierenden zu einer politischen Partei untergeordnete Bedeutung habe.[2057]

Werden in einem Kanton in einzelnen Wahlkreisen das Proporzsystem und in anderen Wahlkreisen das Majorzsystem angewandt, so ist dieses *gemischte Wahlsystem* gemäss Bundesgericht mit der Bundesverfassung insbesondere dann vereinbar, wenn das konkrete Nebeneinander von Majorz- und Proporzelementen gesamthaft betrachtet ausgewogen ist, an vernünftige Kriterien anknüpft und damit sachlich nachvollziehbar ist, weshalb gewisse Mandate nach dem Majorz- und andere nach dem Proporzprinzip verteilt werden.[2058]

c. Die Urner und Zuger Standesinitiativen

Das Bundesgericht hat die Anforderungen an Wahlsysteme und Wahlverfahren für kantonale Parlamentswahlen laufend verschärft: Die Festlegung eines maximalen natürlichen Quorums ohne Berücksichtigung von Abweichungen aus sachlichen Gründen für einen Minderheitenschutz bzw. zur Wahrung einer spezifischen, historisch gewachsenen Gebietsidentität oder die Vorgaben für die Anwendung von Majorz wurden jedoch als Eingriff in die kantonale Organisationsautonomie im Bereich der politischen Rechte verstanden. Mit dieser Recht-

[2055] 6. Kapitel V. 4. a.
[2056] 6. Kapitel V. 4. b.
[2057] 6. Kapitel V. 4. b.
[2058] 6. Kapitel V. 4. b.

sprechung betreibe das Bundesgericht Rechtsfortbildung und fälle verfassungspolitische Entscheide.

Vor diesem Hintergrund haben die Kantone Uri und Zug je Standesinitiativen eingereicht. Diese verlangen, dass in der Bundesverfassung explizit verankert werde, dass die Kantone in der Gestaltung der Wahlverfahren frei seien und das Bundesgericht ihnen keine Vorgaben betreffend Wahlkreisgrösse mehr machen dürfe.[2059]

[2059] 6. Kapitel V. 4. c.

V. Schlusswort

Der Vergleich der Nordwestschweizer Kantone zeigt, dass sie ihre Autonomie innerhalb der Schranken des Bundesrechts in den Bereichen des allgemeinen und des gleichen Stimmrechts unterschiedlich gestalten. Dabei gibt es regelmässig Lösungen, die zu bevorzugen sind und de lege ferenda gegenseitig übernommen oder weiterentwickelt werden können.

Eingriffe des Bundes in die Organisationsautonomie der Kantone im Bereich der politischen Rechte können dann gerechtfertigt sein, wenn eine kantonsübergreifende Lösung und damit eine absolute Gleichbehandlung höher zu gewichten ist als die kantonale Autonomie im Bereich der politischen Rechte.

Die Bewertung der kantonalen Regelungen ist ein Beitrag zur Weiterentwicklung in den Kantonen. Sie zeigt auf, ob die bundesrechtlichen Vorgaben eingehalten werden und wo Verbesserungs- oder Diskussionsbedarf besteht.

8. Kapitel: Zusammenfassung

Der Föderalismus ist das politische Ordnungsprinzip der Schweiz. Aufgrund der Organisationsautonomie stehen den Kantonen substantielle Gestaltungsbefugnisse im Bereich der politischen Rechte zu, so auch im Bereich der Gestaltung des allgemeinen und des gleichen Stimmrechts. Die Grundsätze des allgemeinen und des gleichen Stimmrechts sind als Ausfluss der Rechtsgleichheit und der Garantie der unverfälschten Stimmabgabe Kerninhalte der Demokratie. Die Nordwestschweiz mit ihren vier Kantonen Aargau, Basel-Landschaft, Basel-Stadt und Solothurn ist ein Lebens- und Wirtschaftsraum, der aufgrund der föderalistischen Struktur Verfahren unterschiedlich regelt und Aufgaben unterschiedlich löst. Diese rechtsvergleichende Studie erörtert die Leitfrage, wie die Nordwestschweizer Kantone ihre Autonomie in den Bereichen des allgemeinen und des gleichen Stimmrechts gestalten.

Das *allgemeine Stimmrecht* regelt den Zugang zu den politischen Rechten und wurzelt in dem Schlüsselsatz Jean-Jacques Rousseaus, dass der Urheber der Gesetze das dem Gesetz unterworfene Volk sein müsse. Für die Begründung des Ausschlusses bestimmter Gruppen vom Stimmrecht können die dualistische Rechtsnatur des Stimmrechts mit ihrer Organstellung der Stimmberechtigten oder die Mechanismen von Inklusion und Exklusion der System- und der Diskurstheorie herangezogen werden. Exemplarisch für eine nicht akzeptable Exklusion wird der Stimmrechtsausschluss der Frauen bis in die 1960er Jahre beschrieben.

Mit dem Vergleich der Regeln des Einbürgerungsverfahrens und dem Aufzeigen der Entwicklungen im Bereich von Stimmrechtsalter und Ausländerstimmrecht wird untersucht, wie die Nordwestschweizer Kantone ihre Autonomie im Bereich des allgemeinen Stimmrechts gestalten.

Weiter wird der Frage nach der Partizipation nachgegangen und untersucht, ob das Bild einer grundsätzlich nicht an politischen Fragen und Abstimmungen interessierten schweigenden Mehrheit aufrechterhalten werden kann.

Das *gleiche Stimmrecht* garantiert, dass Entscheide auf der Grundlage einer Mehrheit von Stimmen mit absolut gleichem Zählwert, relativ gleicher Stimmkraft und relativ gleichem Erfolgswert zustande kommen.

Verglichen werden im Rahmen der *Zählwertgleichheit* die Verfahren in den vier Kantonen bei der Zuteilung, bei der Abgabe und bei der Zählung der Stimme. Fragen rund um das Auslandschweizerstimmrecht, die Gleichwertigkeit der Stimmkanäle, die Vertretung bei der Stimmabgabe, die Stimmabgabe an einer Versammlung oder die Behandlung leerer Stimmzettel werden erörtert. Der Bund hat insbesondere betreffend Zuteilung und Abgabe der Stimme Vorgaben erlassen und damit in die Organisationsautonomie der Kantone eingegriffen.

Im Zusammenhang mit der *Stimmkraftgleichheit* wird untersucht, wie die vier Kantone für neutrale Wahlkreise sorgen, so dass diese territorial sowie in Bezug auf das Repräsentationsverhältnis und die Sitzzuteilungsverfahren gleichwertig sind.

Weiter wird verglichen, wie die Nordwestschweizer Kantone die *Erfolgswertgleichheit* sichern, so dass sich der Wählerwille möglichst unverfälscht im Wahlergebnis widerspiegelt. Die Mandatszuteilungsverfahren in den Nordwestschweizer Kantonen werden dahingehend untersucht, ob sie die Mindestanforderungen des Bundesgerichts erfüllen.

Die Frage, ob Eingriffe des Bundes in die Organisationsautonomie der Kantone im Bereich des gleichen Stimmrechts gerechtfertigt sind, ist unterschiedlich zu beantworten, je nachdem, ob eine kantonsübergreifende absolute Gleichbehandlung höher zu gewichten ist, wie bei Fragen rund um die Zählwertgleichheit, oder ob lediglich eine relative Gleichbehandlung verlangt wird, wie bei Stimmkraft- und Erfolgswertgleichheit, und die diesbezüglichen Fragen daher auf Kantonsebene zu lösen sind.

Der Vergleich der Nordwestschweizer Kantone zeigt, dass sie ihre Autonomie innerhalb der Schranken des Bundesrechts in den Bereichen des allgemeinen und des gleichen Stimmrechts unterschiedlich gestalten. Mit der Bewertung der kantonalen Regelungen wird zur Weiterentwicklung in den Kantonen beigetragen.

Quellenverzeichnis

Literatur

ACHERMANN, ALEX Die politischen Rechte, in: Staats- und Verwaltungsrecht des Kantons Basel-Landschaft, Jenny, Kurt/Achermann, Alex/Mathis, Stephan/Ott, Lukas (Hg.), Liestal 1998, 109 131 (zit. ACHERMANN)

AEMISEGGER, HEINZ Der Beschwerdegang in öffentlich-rechtlichen Angelegenheiten, in: Ehrenzeller, Bernhard/Schweizer, Rainer J., (Hg.), Die Reorganisation der Bundesrechtspflege – Neuerungen und Auswirkungen in der Praxis, St. Gallen 2006, 103–210 (zit. AEMISEGGER)

AFFOLTER, URS Die rechtliche Stellung des Volkes in der Demokratie und der Begriff der politischen Rechte, Zürich 1948 (zit. AFFOLTER)

ARGAST, REGULA «Wenn er aber Vogelfallen aufstellt, so bleibt er ein Fremder». Kategorien von Ungleichheit und Gleichheit im schweizerischen Assimilationsdiskurs 1919–2000, in: David, Thomas/Groebner, Valentin/Schaufelbuehl, Janick Marina/Studer, Brigitte (Hg.), Die Produktion von Ungleichheiten, Schweizerische Gesellschaft für Wirtschafts- und Sozialgeschichte, Band 24, Zürich 2010, 183–191 (zit. ARGAST, Assimilationsdiskurs)

DIES. Einbürgerung im Kanton Baselland des 19. Jahrhunderts, Lizentiatsarbeit, Basel 1995 (zit. ARGAST, Bürgerrechtsgesetze)

AUER, ANDREAS Les droits politiques dans les cantons suisses, Genève 1978 (zit. AUER, droits politiques)

DERS. Rechtsvergleichende Einordnung der neuen Verfassung. Die neue Verfassung des Kantons Graubünden im Rechtsvergleich: Traditionen, Innovationen und Besonderheiten, in: Bänziger, Otmar/Mengiardi, Reto/Troller, Marco und Partner (Hg.), Kommentar zur Verfassung des Kantons Graubünden, Chur/Glarus/Zürich 2006 (zit. AUER, Neue Verfassung Graubünden)

DERS. Staatsrecht der schweizerischen Kantone, Bern 2016 (zit. AUER, Staatsrecht der Kantone)

BALINSKI, MICHEL L./YOUNG, H. PEYTON Fair Representation. Meeting the Ideal of One Man, One Vote, Washington D.C. 2001 (zit. BALINSKY/YOUNG)

BENOIT, KENNETH Which Electoral Formula Is the Most Proportional? A New Look with New Evidence, in: Politica Analysis, 8:4, 381–389 (zit. BENOIT)

BERIGER, JULIAN-IVAN Kantone mit doppeltproportionalem Sitzzuteilungsverfahren, in: Glaser, Andreas (Hg.), Das Parlamentswahlrecht der Kantone, Zürich 2018, 109–145 (zit. BERIGER, doppeltproportionale Sitzzuteilungsverfahren)

DERS. Kantone mit sonstigen Proporzwahlverfahren, in: Glaser, Andreas (Hg.), Das Parlamentswahlrecht der Kantone, Zürich 2018, 147–169 (zit. BERIGER, sonstige Proporzwahlverfahren)

BESSON, MICHEL Behördliche Information vor Volksabstimmungen. Verfassungsrechtliche Anforderungen an die freie Willensbildung der Stimmberchtigten in Bund und Kantonen, Bern 2003 (zit. BESSON, Behördliche Information)

DERS. Die Beschwerde in Stimmrechtssachen, in: Ehrenzeller, Bernhard/Schweizer, Rainer J. (Hg.), Die Reorganisation der Bundesrechtspflege – Neuerungen und Auswirkungen in der Praxis, St. Gallen 2006, 403–439 (zit. BESSON, Beschwerde)

BIAGGINI, GIOVANNI Erste Erfahrungen mit der Kantonsverfassung des Kantons Basel-Landschaft von 1984. Versuch einer Bilanz, in: Jenny, Kurt/Achermann, Alex/Mathis, Stephan/Ott, Lukas (Hg.), Staats- und Verwaltungsrecht des Kantons Basel-Landschaft, Liestal 1998, 11–74 (zit.: BIAGGINI, KV BL)

DERS. Die Einführung des Frauenstimmrechts im Kanton Appenzell I.Rh. kraft bundesgerichtlicher Verfassungsinterpretation, in: recht, Zeitschrift für juristische Ausbildung und Praxis, 1992, 65–76 (zit. BIAGGINI, Frauenstimmrecht)

DERS. «... so entscheidet das Los», in: ZBl 2012, 389–390 (zit. BIAGGINI, Los)

DERS. Föderalismus im Wandel – das Beispiel des schweizerischen Bundesstaates, in: (österreichische) Zeitschrift für öffentliches Recht, 2002, 359–391 (zit. BIAGGINI, Föderalismus)

DERS. External Voting: Wohin soll beim Auslandschweizerstimmrecht die Reise gehen?, in: Schweizerisches Zentralblatt für Staats- und Verwaltungsrecht, 9/2013, 469–470 (zit. BIAGGINI, External Voting)

DERS. Majorz und majorsgeprägte Mischsysteme: Parlamentswahlverfahren mit Verfalldatum?, in: ZBl 117/2016, 409–429 (zit. BIAGGINI, Mischsysteme)

BIRMANN, MARTIN Die politische Rechtsgleichheit als leitender Gedanke der Revolution im Kanton Basel, in: Birmann, Martin, Gesammelte Schriften, Band II, Basel 1894, 391–417 (zit. BIRMANN)

BISAZ, CORSIN Das Ausländerstimmrecht in der Schweiz – Formen und Rechtsungleichheiten, in: Glaser, Andreas (Hg.), Politische Rechte für Ausländerinnen und Ausländer, Schriften zur Demokratieforschung, Zentrum für Demokratie Aarau, Zürich 2017, 107–139 (zit. BISAZ)

BLOCHER, EUGEN Die Entwicklung des allgemeinen und gleichen Wahlrechtes in der neuen Eidgenossenschaft, in: ZSR 1906, 107–198 (zit. BLOCHER, Teil 1)

DERS. Die Entwicklung des allgemeinen und gleichen Wahlrechtes in der neuen Eidgenossenschaft, in: ZSR 1906, 429–478 (zit. BLOCHER, Teil 2)

BLUM, ROGER Die politische Beteiligung des Volkes im jungen Kanton Baselland (1832–1875), Liestal 1977 (zit. BLUM)

BOCHSLER, DANIEL Biproportionale Wahlverfahren für den Schweizer Nationalrat. Modellrechnungen für die Nationalratswahlen 2003, Genf 2005 (zit. BOCHSLER)

BOLZ, MARCEL Natürliche und direkte Quoren bei der Wahl des aargauischen Grossen Rates, in: Rüssli, Markus/Hänni, Julia/Häggi Furrer, Reto (Hg.), Staats- und Verwaltungsrecht auf vier Ebenen, Festschrift für Tobias Jaag, Zürich 2012, 167–177 (zit. BOLZ)

BORBÉLY, CORNEL Der Grundsatz der geheimen Abstimmung unter besonderer Berücksichtigung des E-Voting, Bern 2005 (zit. BORBÉLY)

BRAUN, NADJA Stimmgeheimnis. Eine rechtsvergleichende und rechtshistorische Untersuchung unter Einbezug des geltenden Rechts, Bern 2006 (zit. BRAUN)

BUCHER, EUGEN Berner Kommentar, Kommentar zum Schweizerischen Privatrecht, Band I: Einleitung und Personenrecht, 1. Abteilung: Die natürlichen Personen, 1. Teilband: Art. 11–26 ZGB, Bern 2017 (zit. BUCHER, BeKomm, N … zu Art … ZGB)

BÜCHLER, ANDREA/HÄFELI, CHRISTOPH/LEUBA, AUDREY/STETTLER, MARTIN (Hg.) Erwachsenenschutz, FamKommentar, Bern 2013 (zit. BEARBEITER, FamKomm Erwachsenenschutz, Art … ZGB N …)

BÜCHLER, VERENA Demokratie und Kompromiss, Basel/Stuttgart 1980 (zit. BÜCHLER)

BÜHLMANN, MARC/FREITAG, MARKUS/VATTER, ADRIAN Die schweigende Mehrheit: Eine Typlogie der Schweizer Nichtwählerschaft, in: Sciarini, Pascal/Hardmeier, Sibylle/Vatter, Adrian (Hg.), Schweizer Wahlen 1999, Bern 2003, 27–58 (zit. BÜHLMANN/FREITAG/VATTER)

BURCKHARDT, W. Kommentar der schweizerischen Bundesverfassung vom 29. Mai 1874, Bern 1931 (zit. BURCKHARDT)

BUSER, DENISE Kantonales Staatsrecht. Eine Einführung für Studium und Praxis, Basel 2011 (zit. BUSER, Kantonales Staatsrecht)

DIES. Verfassungskonforme Quoten für Volkswahl-Mandate, in: Arioli, Kathrin (Hg.), Frauenförderung durch Quoten, Basel 1997, 187–230 (zit. BUSER, Quoten)

DIES. Streiflichter auf die baselstädtische Kantonsverfassung und neuere Totalrevisionen, in: BJM 4/2006, 173–217 (zit. BUSER, Streiflichter)

DIES. Gibt es Grenzen der Einflussnahme Privater in die Abstimmungskampagnen?: Eine Auslegeordnung, in: Jusletter 18. Mai 2015 (zit. BUSER, Abstimmungskampagnen)

DIES. *Das Ausländerstimmrecht aus juristischer Sicht*, Aktuelle Juristische Praxis 4 (1995), 403–411 (zit. BUSER, Ausländerstimmrecht)

CAHN, ERNST Das Verhältniswahlsystem in den modernen Kulturstaaten. Eine staatsrechtlich-politische Abhandlung, Berlin 1909 (zit. CAHN)

DERMONT, CLAU Politische Partizipation «à la carte». Die selektive Partizipation in der Schweiz, Masterarbeit Universität Bern 2014 (zit. DERMONT)

DERMONT, CLAU/STADELMANN-STEFFEN, ELISABETH Die politische Partizipation der jungen Erwachsenen. Erkenntnisse der St. Galler Stimmregisterdaten sowie Empfehlungen zur Evaluation von easyvote, Universität Bern, 2014 (zit. DERMONT/STADELMANN-STEFFEN)

DIETSCHI, URS Das Volksveto in der Schweiz, Olten 1926 (zit. DIETSCHI)

DOLESCHAL, RALPH/RUMER, DAVID Anspruch auf Wahrung des Stimmgeheimnisses im bundesgerichtlichen Verfahren – Ein Beitrag zum Umfang des Stimmgeheimnisses und zur Anonymisierungspraxis des Bundesgerichts, in: Good, Andrea/Platipodis, Bettina (Hg.), Direkte Demokratie. Herausforderungen zwischen Politik und Recht. Festschrift für Andreas Auer zum 65. Geburtstag, Bern 2013, 83–97 (zit. DOLESCHAL/RUMER)

DUTTWEILER, MAX Das Stimmrecht in der Schweiz, Affoltern a.A. 1907 (zit. DUTTWEILER)

DUVERGER, MAURICE Les partis politiques, Paris 1951 (zit. DUVERGER)

EHRENZELLER, BERNHARD/SCHINDLER, BENJAMIN/SCHWEIZER, RAINER J./VALLENDER, KLAUS A.(Hg.) Die schweizerische Bundesverfassung, St. Galler Kommentar, Zürich, Basel, Genf und Lachen 2008 (zit. BEARBEITER, SG-Komm BV N … zu Art … BV)

EGLI, PATRICIA Der Schutz der Autonomie der Kantone: Rechtsvergleichende Aspekte, in: ZSR 2011 I, 365–385 (zit.: EGLI, Schutz)

EICHENBERGER, KURT Verfassung des Kantons Aargau. Textausgabe mit Kommentar, Aarau, Frankfurt am Main, Salzburg 1986 (zit. EICHENBERGER, KV AG)

DERS. Der Verfassungsbegriff auf Bundes- und Kantonsebene, in: Eichenberger, Kurt et al. (Hg.), Die Baselstädtische Kantonsverfassung, Basel 1996, 33–58 (zit. EICHENBERGER, KV BS)

DERS. Von der Bedeutung und von der Hauptfunktion der Kantonsverfassung, in: Recht als Prozess und Gefüge, Festschrift für Hans Huber zum 80. Geburtstag, Bern 1981, 155–169 (zit. EICHENBERGER, Bedeutung KV)

EPPLE, RUEDI Bewegung im Baselbiet: Vorwärts oder zurück? In: Regierungsrat des Kantons Basel-Landschaft (Hg.), Nah dran, weit weg. Geschichte des Kantons Basel-Landschaft, Band sechs, Wohlstand und Krisen. 19. und 20. Jahrhundert, Liestal 2001, 83–100 (zit. EPPLE)

FARZIN, SINA Inklusion/Exklusion. Entwicklungen und Probleme einer systemtheoretischen Unterscheidung, Bielefeld 2006 (zit. FARZIN)

FATKE, MATTHIAS

FREITAG, MARKUS Wollen sie nicht, können sie nicht oder werden sie nicht gefragt? Nichtwählertypen in der Schweiz, in: Freitag, Markus, Vatter, Adrian (Hg.), Wahlen und Wählerschaft in der Schweiz, Zürich 2015, 95–119 (zit. FATKE/FREITAG)

FLEINER, THOMAS/MISIC, ALEXANDER Föderalismus als Ordnungsprinzip der Verfassung, in: Thürer, Daniel, Aubert, Jean-François, Müller, Jörg Paul (Hg.), Verfassungsrecht der Schweiz, Zürich 2001, 429–442 (zit. FLEINER/MISIC)

FUCHS, PETER Weder Herd noch Heimstatt – Weder Fall noch Nichtfall. Doppelte Differenzierung im Mittelalter und in der Moderne, in: Soziale Systeme: Zeitschrift für soziologische Theorie, 1997, 413–437 (zit. FUCHS)

FUHRER, CORINA Kantone mit Proporzwahlverfahren nach Hagenbach-Bischoff, in: Glaser, Andreas (Hg.), Das Parlamentswahlrecht der Kantone, Zürich 2018, 57–107 (zit. FUHRER)

GALLAGHER, MICHAEL Proportionality, Disproportionality and Electoral Systems, in: Electoral Studies: an international journal (1991), 10:1, 33–52 (zit. GALLAGHER)

GIACOMETTI, ZACCARIA Das Staatsrecht der schweizerischen Kantone, Zürich 1941/1979 (zit. GIACOMETTI)

GARRONE, PIERRE L'élection populaire en Suisse. Etude des systèmes électoraux et de leur mise en oeuvre sur le plan fédéral et dans les cantons, Basel und Frankfurt am Main 1991 (zit. GARRONE)

GLASER, ANDREAS Kantonales Wahlrecht zwischen harmonisiertem Proporz und neuen Spielräumen, in: Glaser, Andreas (Hg.), Das Parlamentswahlrecht der Kantone, Zürich 2018, 287–304 (zit. GLASER)

GÖKSU, TARKAN/SCYBOZ, PIERRE Politische Rechte der Ausländer und Auslandschweizer, Droits politiques des étrangers et des Suisses de l'étranger, in: Recht im Umbruch, Freiburger Zeitschrift für Rechtsprechung (FZR) 2002 (Sondernummer «Zehn Jahre»), 19–44 (zit. GÖKSU/SCYBOZ)

GOLDER, LUKAS/JANS, CLOÉ/TSCHÖPE, STEPHAN/VERNETZ, AARON/HERZOG, NOAH Aktualität, Betroffenheit und Emotionalität. Was junge Erwachsene zur politischen Teilnahme bewegt. Schlussbericht easyvote-Politikmonitor 2016.

Studie im Auftrag des Dachverbands Schweizer Jugendparlamente, Bern 2017 (zit. GOLDER ET AL.)

GRUNER, ERICH Die Wahlen in den schweizerischen Nationalrat 1848–1919. Wahlrecht, Wahlsystem, Wahlbeteiligung, Verhalten von Wählern und Parteien, Wahlthemen und Wahlkämpfe, Bern 1978 (zit. GRUNER)

GUSY, CHRISTOPH Zusammenfassung: Partizipation durch Inklusion, in: Gusy, Christoph/Haupt, Heinz-Gerhard (Hg.), Inklusion durch Partizipation. Politische Kommunikation im historischen Wandel, Frankfurt/New York 2005, 247–257 (zit. GUSY)

HABERMAS, JÜRGEN Faktizität und Geltung. Beiträge zur Diskurstheorie des Rechts und des demokratischen Rechtsstaats, Frankfurt am Main 1998 (zit. HABERMAS)

HAEFLIGER, ARTHUR Alle Schweizer sind vor dem Gesetze gleich. Zur Tragweite des Artikels 4 der Bundesverfassung, Bern 1985 (zit. HAEFLIGER)

HÄFELIN, ULRICH/HALLER, WALTER/KELLER, HELENE/THURNHERR, DANIELA Schweizerisches Bundesstaatsrecht, 9. Auflage, Zürich, Basel, Genf 2016 (zit. HÄFELIN ET. AL.)

HAFNER, FELIX Verfassung – Grund und Grenze staatlicher Verantwortung, in: Breitenstein, Urs (Hg.), Verantwortung – Freiheit und Grenzen, interdisziplinäre Veranstaltungen der Aeneas-Silvius-Stiftung, Basel 2016, 157–184 (zit. HAFNER)

HAGENBACH-BISCHOFF, EDUARD Die Verteilungsrechnung beim Basler Gesetz nach dem Grundsatz der Verhältniswahl, Basel 1905 (zit. HAGENBACH-BISCHOFF, Verteilungsrechnung)

DERS. Verteilung der Sitze bei der Proportionalvertretung, in: Zeitschrift für die gesamte Staatswissenschaft, Jahrgang 1908, Heft 2, 344–346 (zit. HAGENBACH-BISCHOFF, Proportionalvertretung)

HAINMUELLER, JENS/HANGARTNER, DOMINIK/PIETRANTUONO, GISUEPPE Catalyst or Crown: Does Naturalization Promote the Long-Term Social Interation of Immigrants? Social Science Research Network (SSRN), 2015 (zit. HAINMUELLER/HANGARTNER/PIETRANTUONO)

HALLER, WALTER/KÖLZ, ALFRED/GÄCHTER, THOMAS Allgemeines Staatsrecht. Eine juristische Einführung in die Allgemeine Staatslehre, Zürich, Basel, Genf 2013 (zit. HALLER/KÖLZ/GÄCHTER)

HANGARTNER, YVO 1798–2000 und?: Der lange Weg zum allgemeinen Stimmrecht, in: Schott, Clausdieter/Schuler, Eva Petrig (Hg.), Festschrift für Claudio Soliva, Zürich 1994, 127–145 (zit. HANGARTNER, Der lange Weg)

DERS. Bemerkungen zum Bundesgerichtsentscheid 129 I 185 ff., in: AJP/PJA 7/2003, 834–839 (zit. HANGARTNER, Bemerkungen)

DERS. Die Wahl kantonaler Parlamente nach dem Majorzsystem, in: ZBl 2005, 217–233 (zit. HANGARTNER, Wahl kantonaler Parlamente)

HANGARTNER, YVO/KLEY, ANDREAS Die demokratischen Rechte in Bund und Kantonen der Schweizerischen Eidgenossenschaft, Zürich 2000 (zit. HANGARTNER/KLEY)

HARDMEIER, SIBYLLE Frühe Frauenstimmrechtsbewegung in der Schweiz (1890–1930). Argumente, Strategien, Netzwerk und Gegenbewegung, Zürich 1997 (zit. HARDMEIER)

HAUSER, MATTHIAS/JAAG, TOBIAS Zulässigkeit direkter Quoren bei kantonalen Parlamentswahlen, insbesondere bei den Grossratswahlen im Kanton Aargau, in: ZBl 2008, 65–120 (zit. HAUSER/JAAG)

HELG, FELIX Die Schweizerischen Landsgemeinden. Ihre staatsrechtliche Ausgestaltung in den Kantonen Appenzell Ausserrhoden, Appenzell Innerrhoden, Glarus, Nidwalden und Obwalden, Zürich 2007 (zit. HELG)

HÉLIE, FAUSTIN-ADOLPHE Les Constitutions de la France, Premier Fascicule, Paris 1875 (zit. HÉLIE, 1. Band)

DERS. Les Constitutions de la France, Second Fascicule, Paris 1876 (zit. HÉLIE, 2. Band)

HEUSSER, PIERRE Stimm- und Wahlrecht für Ausländerinnen und Ausländer, Zürich 2001 (zit. HEUSSER)

HILLER, CHRISTOPH Die Stimmrechtsbeschwerde, Zürich 1990

HIS, EDUARD Geschichte des neuern Schweizerischen Staatsrechts. 1. Band: Die Zeit der Helvetik und der Vermittlungsakte 1798 bis 1813, Basel 1920 (zit. HIS, 1. Band)

DERS. Geschichte des neuern Schweizerischen Staatsrechts. 2. Band: Die Zeit der Restauration und der Regeneration 1814 bis 1848, Basel 1929 (zit. HIS, 2. Band)

DERS. Geschichte des neuern Schweizerischen Staatsrechts. 3. Band: Der Bundesstaat von 1848 bis 1914, Basel 1938 (zit. HIS, 3. Band)

HONSELL, HEINRICH/VOGT, NEDIM PETER/GEISER, THOMAS (Hg.) Basler Kommentar zum Schweizerischen Privatrecht, Zivilgesetzbuch I, Art. 1–456 ZGB, Basel 2014 (zit. BEARBEITER, BaKomm, N … zu Art … ZGB)

HÖPFLINGER, FRANÇOIS/PERRIG-CHIELLO, PASQUALINE Generationenverhältnisse in der Politik – Jung und Alt in der Politik, in: Generationen – Strukturen und Beziehungen. Generationenbericht Schweiz, Perrig-Chiello, Pasqualine/

Höpflinger, François/Suter, Christian (Hg.), Zürich 2008, 299–316 (zit. HÖPFLINGER/PERRIG-CHIELLO, Generationenverhältnisse)

DIES. Hin zu einer Generationenpolitik?, in: Generationen – Strukturen und Beziehungen. Generationenbericht Schweiz, Perrig-Chiello, Pasqualine/Höpflinger, François/Suter, Christian (Hg.), Zürich 2008, 359–366 (zit. HÖPFLINGER/PERRIG-CHIELLO, Generationenpolitik)

HORLACHER, MAJ-BRITT Die politischen Rechte der Auslanschweizerinnen und Auslandschweizer, Zürich 2018 (zit. HORLACHER)

HUBER, THOMAS Systemtheorie des Rechts. Die Rechtstheorie Niklas Luhmanns, Baden-Baden 2007 (zit. HUBER)

HUSER, MARTIN Stimmrechtsgrundsätze und Urnenabstimmungsverfahren. Dargestellt am Beispiel der eidgenössischen und st. gallischen Volksabstimmungen, St. Gallen 1983 (zit. HUSER)

IMBODEN, MAX Helvetisches Malaise, Zürich 2011 (IMBODEN)

JAAG, TOBIAS/HAUSER, MATTHIAS Zulässigkeit direkter Quoren bei kantonalen Parlamentswahlen, insbesondere bei den Grossratswahlen im Kanton Aargau, in: ZBl 2008, 65–92 (zit. JAAG/HAUSER)

JELLINEK, GEORG Allgemeine Staatslehre, Berlin 1905 (zit. JELLINEK)

JENNI, LÉONARD Selon l'ordre juridique existant, les droits civiques appartiennent-ils aux femmes suisses, oui ou non?, Genève 1928 (zit. JENNI)

JOHO, DORA Das Frauenstimmrecht im Aargau. Ein Rückblick, Aarau 1991 (zit. JOHO)

KÄGI-DIENER, REGULA Zum Urteil des Bundesgerichts betreffend Erwerbsquoten (BGE 131 II 361) i.S. Balmelli und zu dessen Besprechung durch Yvo Hangartner in AJP/PJA 2005, 1414, in: AJP 2006, 107–111 (zit. KÄGI-DIENER)

KLÄY, HEINZ Zensuswahlrecht und Gleichheitsprinzip, Aarau 1956 (zit. KLÄY)

KLÖTI, EMIL Die Proportionalwahl in der Schweiz. Geschichte, Darstellung und Kritik, Diss. Bern 1901 (zit. KLÖTI)

KÖLZ, ALFRED Probleme des kantonalen Wahlrechts, in: Schweizerisches Zentralblatt für Staats- und Gemeindeverwaltung, Band 88, Zürich 1987, 2–43 und 49–64 (zit. KÖLZ, Probleme des kantonalen Wahlrechts)

DERS. Neuere schweizerische Verfassungsgeschichte. Ihre Grundlinien vom Ende der Alten Eidgenossenschaft bis 1848, Bern 1992 (zit. KÖLZ, Verfassungsgeschichte)

DERS. Quellenbuch zur neueren schweizerischen Verfassungsgeschichte. Vom Ende der Alten Eidgenossenschaft bis 1848, Bern 1992 (zit. KÖLZ, Quellenbuch I)

DERS. Quellenbuch zur neueren schweizerischen Verfassungsgeschichte. Von 1848 bis in die Gegenwart, Bern 1996 (zit. KÖLZ, Quellenbuch II)

KREIS, GEORG Ist übermorgen noch gut, was vorgestern gut war? Der schweizerische Föderalismus aus historischer Sicht, in: Frey, René L. (Hg.), Föderalismus – zukunftstauglich?!, Zürich 2005, 45–62 (zit. KREIS, Föderalismus)

DERS. Fünf Anläufe zum Basler Frauenstimmrecht, 1916–1966, in: Kreis, Georg (Hg.) Das Basler Frauenstimmrecht. Der lange Weg zur politischen Gleichberechtigung von 1966, Basel 2016, 13–126 (zit. KREIS, Frauenstimmrecht)

KREIS, GEORG/KURY, PATRICK Die Schweizerischen Einbürgerungsnormen im Wandel der Zeiten. Une Etude sur la naturalisation en Suisse avec un résumé en français, Bern 1996 (zit. KREIS/KURY)

KRIESI, HANSPETER Die Wirkung direkt-demokratischer Kampagnen auf die Meinungsbildung der Stimmbürgerinnen und Stimmbürger, in: Good, Andrea/Platipodis, Bettina (Hg.), Direkte Demokratie. Herausforderungen zwischen Politik und Recht. Festschrift für Andreas Auer zum 65. Geburtstag, Bern 2013, 71–81 (zit. KRIESI)

KUBLI, SABINE Frauenstimmrecht Baselland 1926–1957. «Es gelte auszuharren», Teil 1, in: Meyer, Pascale/Kubli, Sabine (Hg.) Alles was RECHT ist! Baselbieterinnen auf dem Weg zur Gleichberechtigung und Gleichstellung, Liestal 1992, 97 113 (zit. KUBLI)

KUNZ, HANS Das zürcherische und eidgenössische Aktivbürgerrecht. Staatsbürgerliche Studie, Zürich 1892 (zit. KUNZ)

KUPPER, GASTON Proportionalitätsprobleme bei Nationalratswahlen, in: ZSR 1995, Heft 19, Basel/Frankfurt am Main 1995 (zit. KUPPER)

LAELY, KASPAR Die stille Wahl in der Demokratie, Zürich 1951 (zit. LAELY)

LIEBER, TOBIAS Diskursive Vernunft und formelle Gleichheit. Zu Demokratie, Gewaltenteilung und Rechtsanwendung in der Rechtstheorie von Jürgen Habermas, Tübingen 2007 (zit. LIEBER)

LINDER, WOLF Schweizerische Demokratie. Institutionen – Prozesse – Perspektiven, Bern 2012 (zit. LINDER, Demokratie)

DERS. E-Voting – eine Belebung der direkten Demokratie?, in: Leges 2003/1, 103–123 (zit. LINDER, E-Voting)

LINDER, WOLF/LONGCHAMP, CLAUDE/STÄMPFLI, REGULA Politische Kultur der Schweiz im Wandel – am Beispiel des selektiven Urnengangs, Nationales Forschungsprogramm 21. Kulturelle Vielfalt und nationale Identität, Reihe Kurzfassungen der Projekte, Programmleitung Georg Kreis, Basel 1991 (zit. LINDER/LONGCHAMP/STÄMPFLI)

LUHMANN, NIKLAS Einführung in die Theorie der Gesellschaft, Heidelberg 2009 (zit. LUHMANN, Theorie der Gesellschaft)

DERS. Einführung in die Systemtheorie, Heidelberg 2009 (zit. Systemtheorie)

DERS. Soziale Systeme. Grundriss einer allgemeinen Theorie, Frankfurt am Main 1987 (zit. LUHMANN, Soziale Systeme)

DERS. Die Gesellschaft der Gesellschaft, Frankfurt am Main 2006 (zit. LUHMANN, Gesellschaft der Gesellschaft)

LUTZ, GEORG Wahlsysteme: Proportionalität ist nicht alles, in: Mitteilungsblatt der Schweizerischen Gesellschaft für Parlamentsfragen, Ausgabe 3/2012, 4–6 (zit. LUTZ)

LUTZ, GEORG/FELLER, RETO/MÜLLER, MARKUS Nachzählung bei knappen Wahl- und Abstimmungsergebnissen – überhöht Erwartungen? In: AJP/PJA 12/2006, 1517–1534 (zit. LUTZ/FELLER/MÜLLER)

LUTZ, GEORG/STROHMANN, DIRK Wahl- und Abstimmungsrecht in den Kantonen, Bern, Stuttgart, Wien 1998 (zit. LUTZ/STROHMANN)

MAAG, BERNHARD Urnenwahl von Behörden im Majorzsystem, Zürich 2004 (zit. MAAG)

MAHON, PASCAL La citoyenneté active en droit public suisse, in: Thürer, Daniel/Aubert, Jean-François/Müller, Jörg Paul (Hg.), Verfassungsrecht der Schweiz. Droit constitutionnel suisse, Zürich 2001, 335–347 (zit. MAHON)

MARBACH, JULIAN Ist der Majorz für kantonale Parlamentswahlen verfassungsmässig?, in: Jusletter 28. November 2016 (zit. MARBACH)

MESMER, BEATRIX Staatsbürgerinnen ohne Stimmrecht. Die Politik der schweizerischen Frauenverbände 1914–1971, Zürich 2007 (zit. MESMER)

MEYER, PASCALE Frauenstimmrecht Baselland 1957–1968. «Es gelte auszuharren», Teil 2, in: Meyer, Pascale/Kubli, Sabine (Hg.) Alles was RECHT ist! Baselbieterinnen auf dem Weg zur Gleichberechtigung und Gleichstellung, Liestal 1992, 113–125 (zit. MEYER)

MILIC, THOMAS/ROUSSELOT, BIANCA/VATTER, ADRIAN Handbuch der Abstimmungsforschung, Zürich 2014 (zit. MILIC/ROUSSELOT/VATTER)

MÜLLER, GEORG Quotenregelungen – Rechtsetzung im Spannungsfeld von Gleichheit und Verhältnismässigkeit, in: ZBl 91 (1990), 306–318 (zit. GEORG MÜLLER, Quotenregelungen)

DERS. Sind Wahlen von Parlamenten nach dem Majorzsystem verfassungswidrig?, in: SJZ 111/2015, 103–105 (zit. GEORG MÜLLER, Wahlen von Parlamenten)

MÜLLER, PATRICK Das gescheiterte Wiedervereinigungsverfahren der Halbkantone Basel-Landschaft und Basel-Stadt, Basel, Genf und München 2004 (zit. PATRICK MÜLLER)

MÜLLER, JÖRG PAUL/SCHEFER, MARKUS Grundrechte in der Schweiz. Im Rahmen der Bundesverfassung, der EMRK und der UNO-Pakte, Bern 2008 (zit. MÜLLER/SCHEFER)

MÜLLER, ANDREAS/SCHLEGEL, TOBIAS Passives Wahlrecht für aktive Ausländer, in: Glaser, Andreas (Hg.), Politische Rechte für Ausländerinnen und Ausländer, Schriften zur Demokratieforschung, Zentrum für Demokratie Aarau, Zürich 2017, 31–55 (zit. MÜLLER/SCHLEGEL)

MUSLIU, NAGIHAN Die verfassungsrechtlichen Anforderungen an die Wahlsysteme der Kantone, in: Glaser, Andreas (Hg.), Das Parlamentswahlrecht der Kantone, Zürich 2018, 1–32 (zit. MUSLIU)

NABHOLZ, HANS/KLÄUI, PAUL Quellenbuch zur Verfassungsgeschichte der Schweizerischen Eidgenossenschaft und der Kantone von den Anfängen bis zur Gegenwart, Aarau 1947 (zit. NABHOLZ/KLÄUI)

NIGGLI, MARCEL ALEXANDER/WIPRÄCHTIGER, HANS (Hg.) Basler Kommentar zum Strafrecht II, Art. 111–392 StGB, Basel 2013 (zit. BSK StGB-BEARBEITER/IN, Art … N …)

NIGGLI, MARCEL ALEXANDER/ÜBERSAX, PETER/WIPRÄCHTIGER, HANS (Hg.) Basler Kommentar zum Bundesgerichtsgesetz, Basel 2011 (zit. BEARBEITER, BS-Komm BGG N … zu Art … BGG)

NOHLEN, DIETER Wahlsysteme der Welt. Daten und Analysen. Ein Handbuch, München und Zürich 1978 (zit. NOHLEN, Wahlsysteme)

DERS. Wahlrecht und Parteiensystem, Opladen und Farmington Hills Michigan 2009 (zit. NOHLEN, Wahlrecht)

NORDMANN, ACHILLES Die Juden im Kanton Baselland, in: Basler Jahrbuch 1914, 180–249 (zit. NORDMANN)

NUSPLIGER, KURT Bernisches Staatsrecht und Grundzüge des Verfassungsrechts der Kantone, Bern 2008 (zit. NUSPLIGER, Staatsrecht)

DERS. Wechselwirkungen zwischen neueren Kantonsverfassungen und der Bundesverfassung, in: Zimmerli, Ulrich (Hg.), Die neue Bundesverfassung. Konsequenzen für Praxis und Wirtschaft. Tagung vom 21./22. Oktober 1999 an der Universität Bern, Bern 2000, 63–102 (zit. NUSPLIGER, Wechselwirkungen)

DERS. Grundzüge der Behördenstruktur im Verfassungsrecht der Kantone, in: Thürer, Daniel/Aubert, Jean-François/Müller, Jörg Paul (Hg.), Verfassungsrecht der Schweiz. Droit constitutionnel suisse, Zürich 2001, 1083–1098 (zit. NUSPLIGER Behördenstruktur)

NUSPLIGER, KURT/MÄDER, JANA Präzision in der Demokratie. Das Nachzählen sehr knapper Wahl- und Abstimmungsergebnisse – am Beispiel der Vorlage über die Teilrevision des Berner Motorfahrzeugsteuergesetzes, in: ZBl 2013, 183–205 (zit. NUSPLIGER/MÄDER)

OPITZ, SVEN An der Grenze des Rechts. Inklusion/Exklusion im Zeichen der Sicherheit, Weilerswist 2012 (zit. OPITZ)

PARSONS, TALCOTT Full Citizenship for the Negro American? In: Parsons, Talcott, Politics and social structure, New York 1969, 252–291 (zit. PARSONS, Full Citizenship)

DERS. Das System moderner Gesellschaften, Weinheim und München, 2009 (zit. PARSONS, System moderner Gesellschaften)

PETRELLI, SILVIA/HUBER, ANITA/LEHMANN, SIV 30 Jahre Frauenstimmrecht. Ein langer Kampf findet sein gutes Ende, in: Oltner Neujahrsblätter 59 (2001), 41–43 (zit. PETRELLI/HUBER/LEHMANN)

POLEDNA, TOMAS Wahlrechtsgrundsätze und kantonale Parlamentswahlen, Zürich 1988 (zit. POLEDNA, Wahlrechtsgrundsätze)

DERS. Geschlechterquoten im Wahl- und Parlamentsrecht, in: Aroli, Kathrin (Hg.), Frauenförderung durch Quoten, Basel 1997, 135–185 (zit. POLEDNA, Geschlechterquoten)

DERS. Wahlrecht im Bund, in: Thürer, Daniel/Aubert, Jean-François/Müller, Jörg Paul (Hg.), Verfassungsrecht der Schweiz. Droit constitutionnel suisse, Zürich 2001, Zürich 2001, 363–371 (zit. POLEDNA, Wahlrecht im Bund)

DERS. Grundzüge des Wahlrechts in den Kantonen, in: Thürer, Daniel/Aubert, Jean-François/Müller, Jörg Paul (Hg.), Verfassungsrecht der Schweiz. Droit constitutionnel suisse, Zürich 2001, Zürich 2001, 373–381 (zit. POLEDNA, Grundzüge Kantone)

PUKELSHEIM, FRIEDRICH Mandatszuteilungen bei Verhältniswahlen: Idealansprüche der Parteien, in: Zeitschrift für Politik 47 (2000), 239–273 (zit. PUKELSHEIM, Mandatszuteilungen)

DERS. Die Väter der Mandatszuteilungsverfahren, in: Spektrum der Wissenschaft, September 2002, 83 (zit. PUKELSHEIM, Die Väter)

DERS. Divisor oder Quote? Zur Mathematik von Mandatszuteilungen bei Verhältniswahlen, in: Report 392 (1998), (zit. PUKELSHEIM, Divisor oder Quote?)

DERS. Mandatszuteilungen bei Verhältniswahlen: Erfolgswertgleichheit der Wählerstimmen, in: Allgemeines Statistisches Archiv 84 (2000), 447–459 (zit. PUKELSHEIM, Erfolgswertgleichheit)

DERS. Erfolgswertgleichheit der Wählerstimmen? Der schwierige Umgang mit einem hehren Ideal, in: Stadtforschung und Statistik 1/2003, 56–61 (zit. PUKELSHEIM, Erfolgswertgleichheit der Wählerstimmen?)

DERS. Mandatszuteilungen bei Verhältniswahlen: Vertretungsgewichte der Mandate, in: Kritische Vierteljahresschrift für Gesetzgebung und Rechtswissenschaft 83 (2000), 76–103 (zit. PUKELSHEIM, Vertretungsgewichte)

PUKELSHEIM, FRIEDRICH/SCHUHMACHER, CHRISTIAN Das neue Zürcher Zuteilungsverfahren für Parlamentswahlen, in: AJP/PJA 5/2004, 505–522 (zit. PUKELSHEIM/SCHUHMACHER, Zürcher Zuteilungsverfahren)

DIES. Doppelproporz bei Parlamentswahlen – ein Rück- und Ausblick, in: AJP/PJA 12/2011, 1581–1599 (zit. PUKELSHEIM/SCHUHMACHER, Doppelproporz)

RAWLS, JOHN Eine Theorie der Gerechtigkeit, Frankfurt am Main 1979 (zit. RAWLS, Gerechtigkeit)

DERS. Gerechtigkeit als Fairness. Ein Neuentwurf, Erin Kelly (Hg.), Frankfurt am Main 2006 (zit. RAWLS, Gerechtigkeit als Fairness)

DERS. Politischer Liberalismus, Frankfurt am Main 2003 (zit. RAWLS, Liberalismus)

RHINOW, RENÉ Grundprobleme der Schweizerischen Demokratie, in: ZSR 103 (1984), 111–273 (zit. RHINOW, Grundprobleme)

DERS. Volksrechte, in: Eichenberger, Kurt/Jenny, Kurt/Rhinow, René A./Ruch, Alexander/Schmid, Gerhard/Wildhaber, Luzius (Hg.), Handbuch des Staats- und Verwaltungsrechts des Kantons Basel-Stadt, Basel 1984, 89–180. (zit. RHINOW, Volksrechte)

DERS. Die Bundesverfassung 2000. Eine Einführung, Basel 2000 (zit. RHINOW, BV 2000)

DERS. Bundesstaatsreform und Demokratie. Der schweizerische Föderalismus aus rechtlicher Sicht, in: Frey, René L. (Hg.), Föderalismus – zukunftstauglich?!, Zürich 2005, 63–92 (zit. RHINOW, Föderalismus)

RHINOW, RENÉ/BACHER, RENÉ/EPPLE, FRITZ/GUGGISBERG, FRANZ/MEIER, THEO/STÖCKLI, CLEMENS/SUTTER, HANS Totalrevision der basellandschaftlichen Staatsverfassung, Dokumente 1970–1979, Liestal 1983 (zit. RHINOW ET AL., Totalrevision KV BL, Dokumente 1970–1979)

RHINOW, RENÉ/BACHER, RENÉ/BISCHOFF, KARL/EPPLE, FRITZ/GUGGISBERG, FRANZ/MEIER, THEO/STÖCKLI, CLEMENS/SUTTER, HANS Totalrevision der basellandschaftlichen Staatsverfassung, Dokumente 1983–1987, Liestal 1987 (zit. RHINOW ET AL., Totalrevision KV BL, Dokumente 1983–1988)

RHINOW, RENÉ/KOLLER, HEINRICH/KISS, CHRISTINA/THURNHERR DANIELA/BRÜHL-MOSER, DENISE Öffentliches Prozessrecht. Grundlagen und Bundesrechtspflege, 3. Auflage, Basel 2014 (zit. RHINOW ET AL., Prozessrecht)

RHINOW, RENÉ/SCHEFER, MARKUS/UEBERSAX, PETER Schweizerisches Verfassungsrecht, Basel 2016 (zit. RHINOW/SCHEFER/UEBERSAX)

RIKLIN, AOIS Stimmbeteiligung in der direkten Demokratie, in: Recht als Prozess und Gefüge, Festschrift für Hans Huber zum 80. Geburtstag, Bern 1981, 513–529 (zit. RIKLIN)

RIKLIN, ALOIS/KLEY, ROLAND Stimmabstinenz und direkte Demokratie. Ursachen – Bewertungen – Konsequenzen, Bern und Stuttgart 1981 (zit. RIKLIN/KLEY)

ROGGER, FRANZISKA «Gebt den Schweizerinnen ihre Geschichte!». Marthe Gosteli, ihr Archiv und der übersehene Kampf ums Frauenstimmrecht, Zürich 2015 (zit. ROGGER)

ROUSSEAU, JEAN-JACQUES Diskurs über die Ungleichheit. Discours sur l'inégalité, Deutsch/Französisch, Paderborn 2008 (zit. ROUSSEAU Diskurs über die Ungleichheit)

DERS. Du contrat social ou principes du droit politique. Vom Gesellschaftsvertrag oder Grundsätze des Staatsrechts, Französisch/Deutsch, Stuttgart 2010 (zit. ROUSSEAU, Gesellschaftsvertrag, Buch/Kapitel)

RUCKSTUHL, LOTTI Frauen sprengen Fesseln. Hindernislauf zum Frauenstimmrecht in der Schweiz, Bonstetten 1986 (zit. RUCKSTUHL)

RUDIN, BEAT Ausländische Personen in der Politik: Möglichkeiten und Grenzen politischer Betätigung, in: Uebersax, Peter/Rudin, Beat/Hugi Yar, Thomas/Geiser, Thomas (Hg.), Ausländerrecht. Eine umfassende Darstellung der Rechtsstellung von Ausländerinnen und Ausländern in der Schweiz von A(syl) bis Z(ivilrecht), Basel 2008, 1293–1344 (zit. RUDIN)

RÜEGGER, VANESSA Demokratie – Politische Rechte für Ausländerinnen und Ausländer, in: Glaser, Andreas (Hg.), Politische Rechte für Ausländerinnen und Ausländer, Schriften zur Demokratieforschung, Zentrum für Demokratie Aarau, Zürich 2017, 75–106 (zit. RÜEGGER)

SALA, LIANA Kantone mit gemischten Wahlverfahren, in: Glaser, Andreas (Hg.), Das Parlamentswahlrecht der Kantone, Zürich 2018, 205–226 (zit. SALA)

SANER, FABIAN Kantonale Politik 1952–2008, in: Regierungsrat des Kantons Solothurn (Hg.), André Schluchter (Redaktion), Geschichte des Kantons Solothurn im 20. Jahrhundert, 5. Band Teil 2, Schluchter, André (Hg.), Solothurn 2018, S. 78–139 (zit. SANER)

SARTORI, GIOVANNI Demokratietheorie, Darmstadt 2006 (zit. SARTORI, Demokratietheorie)

DERS. Political development and political engineering, in: Montgomery, John D./ Hirschmann, Albert O. (Hg.) in: Public Policy, Volume XVII, Cambridge Massachusetts 1968, 262–298 (zit. SARTORI, Political development)

SCHAUB, HANS-PETER Landsgemeinde oder Urne – was ist demokratischer? Urnen- und Versammlungsdemokratie in der Schweiz, Baden-Baden 2016 (zit. SCHAUB)

SCHEFER, MARKUS/SCHAUB, LUKAS Rassendiskriminierende Propaganda im Abstimmungskampf. Eine Entgegnung auf Denise Busers Beitrag vom 18. Mai 2015, in: Jusletter 10. August 2015 (zit. SCHEFER/SCHAUB)

SCHEFOLD, DIAN Volkssouveränität und repräsentative Demokratie in der schweizerischen Regeneration 1830–1848, Basler Studien zur Rechtswissenschaft, Heft 76, Basel und Stuttgart 1966 (zit. SCHEFOLD)

SCHLUCHTER, ANDRÉ Die Frauen auf dem langen Weg zur Gleichstellung, in: Einwohnergemeinde Olten (Hg.), Olten 1798–1991. Vom Untertanenstädtchen zum Wirtschaftspol, 360–365 (zit. SCHLUCHTER)

SCHOLLENBERGER, JOHANN JACOB Bundesverfassung der Schweizerischen Eidgenossenschaft, Kommentar mit Einleitung, Berlin 1905 (zit. SCHOLLENBERGER)

SCHUHMACHER, CHRISTIAN Die Leitidee bei der Verteilung der Nationalratsmandate, in: ZBl 1999, 522–526 (zit. SCHUHMACHER, Leitidee)

DERS. Eine Lanze für die Nachzählung, in: ZBl 2013, 491–496 (zit. SCHUHMACHER, Nachzählung)

SCHULTHEIS, FRANZ/PERRIG-CHIELLO, PASQUALINA/EGGER, STEPHAN Kindheit und Jugend in der Schweiz. Ergebnisse des Nationalen Forschungsprogramms «Kindheit, Jugend und Generationenbeziehungen im gesellschaftlichen Wandel», Weinheim und Basel 2008 (zit. SCHULTHEIS/PERRIG-CHIELLO/EGGER)

SCHÜTZ, ANTON Von einem neuerdings erhobenen gerechten Ton in der autopoietischen Jurisprudenz, in: Teubner, Gunther (Hg.), Nach Jacques Derrida und Niklas Luhmann. Zur (Un-)Möglichkeit einer Gesellschaftstheorie der Gerechtigkeit, Stuttgart 2008, 53–79 (zit. SCHÜTZ)

SCHWEIZER, RAINER J. Homogenität und Vielfalt im schweizerischen Staatsrecht, in: Thürer, Daniel/Aubert, Jean-François/Müller, Jörg Paul (Hg.), Verfassungsrecht der Schweiz. Droit constitutionnel suisse, Zürich 2001, Zürich 2001, 161–177 (zit. SCHWEIZER)

SCHWINGRUBER, ANTON Das Stimmrecht in der Schweiz, Nussbaumen 1978 (zit. SCHWINGRUBER)

SERDÜLT, UWE Partizipation als Norm und Artefakt in der schweizerischen Abstimmungsdemokratie. Entmystifizierung der durchschnittlichen Stimmbeteiligung anhand von Stimmregisterdaten aus der Stadt St. Gallen, in: Good, Andrea/Platipodis, Bettina (Hg.), Direkte Demokratie. Herausforderungen zwischen Politik und Recht. Festschrift für Andreas Auer zum 65. Geburtstag, Bern 2013, 41–50 (zit. SERDÜLT)

SERDÜLT, UWE/DUBUIS, ERIC/GLASER, ANDREAS Elektronischer versus brieflicher Stimmkanal im Vergleich: Transparenz, Sicherheit und Qualität der Stimmabgabe, in: Jusletter IT 21. September 2017 (zit. SERDÜLT/DUBUIS/GLASER)

SPÜHLER, KARL/DOLGE, ANNETTE/VOCK, DOMINIK Kurzkommentar zum Bundesgerichtsgesetz (BGG), Zürich/St. Gallen 2006 (zit. SPÜHLER/DOLGE/VOCK)

STADELMANN-STEFFEN ISABELLE/KOLLER DANIELA/SULZER LINDA Politische Bildung auf Sekundarstufe II. Eine Bilanz, Universität Bern 2015 (zit. STADELMANN-STEFFEN/KOLLER/SULZER)

STEINMANN, GEROLD Die Gewährleistung der politischen Rechte durch die neue Bundesverfassung (Artikel 34 BV). in: ZBJV 2003, 481–507 (zit. STEINMANN)

STERN, KLAUS Föderative Besinnungen, in: Recht als Prozess und Gefüge, Festschrift für Hans Huber zum 80. Geburtstag, Bern 1981, 319–331 (zit. STERN)

STICHWEH, RUDOLF Inklusion und Exklusion. Studien zur Gesellschaftstheorie, Bielefeld 2005 (zit. STICHWEH, Inklusion und Exklusion)

DERS. Der Fremde. Studien zur Soziologie und Sozialgeschichte, Berlin 2010 (zit. STICHWEH, Der Fremde)

DERS. Wo stehen wir in der Soziologie der Inklusion und Exklusion? In: Stichweh, Rudolf/Windolf, Paul (Hg.), Inklusion und Exklusion: Analysen zur Sozialstruktur und sozialen Ungleichheit, Wiesbaden 2009, 363–373 (zit. STICHWEH, Wo stehen wir in der Soziologie der Inklusion und Exklusion?)

STRATENWERTH, GÜNTHER/WOHLERS, WOLFGANG Schweizerisches Strafgesetzbuch, Handkommentar, Bern 2013 (zit. STRATENWERTH/WOHLERS)

STUDER, BRIGITTE Die Geschichte des Frauenstimm- und wahlrechts: Ein Misserfolgsnarrativ, in: Kreis, Georg (Hg.), Die Geschichte der Schweiz, Basel 2014, 545–547 (zit. STUDER, Misserfolgsnarrativ)

DIES. Das Frauenstimm- und -wahlrecht in der Schweiz 1848–1971. Ein «Fall» für die Geschlechtergeschichte, in: Braunschweig, Sabine (Hg.), «Als habe es die Frauen nicht gegeben». Beiträge zur Frauen- und Geschlechtergeschichte, Zürich 2014, 179–195 (zit. STUDER, Geschlechtergeschichte)

SUTTER, BARBARA Das Potential der schweigenden Mehrheit. Eine Simulation einer 100%-Stimmbeteiligung bei ausgewählten eidgenössischen Abstimmungen zwischen 2000–2011, Masterarbeit Universität Bern, Luzern 2012 (zit. SUTTER)

TAAGEPERA, REIN/SHUGART, MATTHEW SOBERG Seats and Votes. The Effects and Determinants of Electoral Systems, New Haven und London 1989 (zit. TAAGEPERA/SHUGART)

TANQUEREL, THIERRY Les fondements démocratiques de la Constitution, in: Thürer, Daniel/Aubert, Jean-François/Müller, Jörg Paul (Hg.), Verfassungsrecht der Schweiz. Droit constitutionnel suisse, Zürich 2001, 301–315 (zit. TANQUEREL, fondements)

DERS. Les électeurs étrangers, in: Heckendorn Urscheler Lukas/Peters Annelot (Hg.), Rapports suisses présentés au XVIIIe Congrès international de droit comparé, Genf, Zürich und Basel 2010, 179–219 (zit. TANQUEREL, électeurs étrangers).

TEUBNER, GUNTHER Recht als autopoietisches System, Frankfurt am Main 1989 (zit. TEUBNER, autopoietisches System)

DERS. Selbstsubversive Gerechtigkeit: Kontingenzformel oder Transzendenzformel des Rechts, in: Nach Jacques Derrida und Niklas Luhmann. Zur (Un-)Möglichkeit einer Gesellschaftstheorie der Gerechtigkeit (Hg. Teubner, Gunther), Stuttgart 2008, 9–36 (zit. TEUBNER, Selbstsubversive Gerechtigkeit)

THALMANN, URS Die verfassungsrechtliche Stellung der Kantone, in: Hänni, Peter (Hg.), Schweizerischer Föderalismus und europäische Integration. Die Rolle der Kantone in einem sich wandelnden internationalen Kontext, Zürich 2000, 56–117 (zit. THALMANN)

THÜRER, DANIEL Mehr als nur Mehrheitsentscheid. Über die Stärken und über notwendige Reformen der – direkten – Demokratie, in: Justus, Uwe (Hg.), Volksherrschaft – Wunsch und Wirklichkeit, Zürich 2014, 54–57 (zit. THÜRER)

TOBLER, CHRISTA Quoten zum Dritten: Gesetzliche Grundlagen für Frauenförderungsmassnahmen und Entschädigungen für Diskriminierungen. Zur Entscheidung des Bundesgerichts vom 14. März 2005 in der Rechtssache Tiziano Balmelli gegen Rekurskommission der Universität Freiburg im Üchtland, in: recht 2005, 220–232 (zit. TOBLER)

TÖNDURY, ANDREA Der ewige K(r)ampf mit den Wahlkreisen, in: Good, Andrea, Platipodis, Bettina (Hg.), Direkte Demokratie. Herausforderungen zwischen

Politik und Recht. Festschrift für Andreas Auer zum 65. Geburtstag, Bern 2013, 51–69 (zit. TÖNDURY)

TORNAY, BÉNÉDICTE La démocratie directe saisie par le juge: l'empreinte de la jurisprudence sur les droits populaires en Suisse, Diss. Genève 2008 (zit. TORNAY)

TORNAY SCHALLER, BÉNÉDICTE Y a-t-il un droit au recomptage automatique en cas de résultat de votation ou d'élection très serré? Analyse critique de l'ATF 136 II 132, in: Good, Andrea, Platipodis, Bettina (Hg.), Direkte Demokratie. Herausforderungen zwischen Politik und Recht. Festschrift für Andreas Auer zum 65. Geburtstag, Bern 2013, 99–109 (zit. TORNAY SCHALLER)

TRAPPE, PAUL ET AL. Die Baselbieter Stimmbürgeruntersuchung 1972. Partizipation und Abstinenz, Basel 1973 (zit. TRAPPE ET AL.)

TRECHSEL, STEFAN/PIETH, MARK (HG.) Schweizerisches Strafgesetzbuch, Praxiskommentar, Zürich 2017 (zit. AUTOR/IN, StGB PK, Art … N …)

TSCHANNEN, PIERRE Staatsrecht der Schweizerischen Eidgenossenschaft, Bern 2011 (zit. TSCHANNEN, Staatsrecht)

DERS. Stimmrecht und politische Verständigung. Beiträge zu einem erneuerten Verständnis von direkter Demokratie, Basel und Frankfurt am Main 1995 (zit. TSCHANNEN, Stimmrecht)

VATTER, ADRIAN Kantonale Demokratien im Vergleich. Entstehungsgründe, Interaktionen und Wirkungen politischer Institutionen in den Schweizer Kantonen, Opladen 2002 (zit. VATTER, Kantonale Demokratien)

DERS. Föderalismusreform. Wirkungsweise und Reformansätze föderativer Institutionen in der Schweiz, Zürich 2006 (zit. VATTER, Föderalismusreform)

VILLARD-TRABER, ANNELIESE Weit gebracht? Eine Chronik aus Basel über den langen Weg zur Gleichberechtigung 1916–1991, Basel 1991 (zit. VILLARD-TRABER)

VON ARX, NICOLAS Post-Demokratie. Die briefliche Stimmabgabe in der Schweiz, in: AJP 8/1998, 933–950 (zit. VON ARX)

WALDMANN, BERNHARD/BELSER, EVA MARIA/EPINEY, ASTRID (HG.) Bundesverfassung, Basler Kommentar, Basel 2015 (zit. BSK BV AUTOR/IN, Art … N …)

WEBER, ANINA Listenverbindungen: Problematische Liaison bei Wahlen. Zur Verfassungskonformität der geltenden Regelung und mögliche Alternativen, in: AJP/PJA 5/2013, 683–697 (zit. ANINA WEBER, Listenverbindungen)

DIES. Vom Proporzglück zur Proporzgenauigkeit. Zur Verfassungskonformität der geltenden Sitz- und Mandatsverteilungsverfahren im Bund, in: AJP 11/2010, 1373–1380 (zit. ANINA WEBER, Proporzglück).

DIES. Schweizerisches Wahlrecht und die Garantie der politischen Rechte. Eine Untersuchung ausgewählter praktischer Probleme mit Schwerpunkt Proporzwahlen und ihre Vereinbarkeit mit der Bundesverfassung, Zürich 2016 (zit. ANINA WEBER, Wahlrecht)

WEBER, KARL Entstehung und Entwicklung des Kantons Basellandschaft, 1789 bis 1932, in: Regierung des Kantons Basellandschaft (Hg.), Geschichte der Landschaft Basel und des Kantons Basellandschaft, Band II, Liestal 1932, 321–538 (zit. KARL WEBER)

WEBER-DÜRLER, BEATRICE Rechtsgleichheit, in: Thürer, Daniel/Aubert, Jean-François/Müller, Jörg Paul (Hg.), Verfassungsrecht der Schweiz. Droit constitutionnel suisse, Zürich 2001, Zürich 2001, 657–675 (zit. WEBER-DÜRLER, Rechtsgleichheit)

DIES. Aktuelle Aspekte der Gleichberechtigung von Mann und Frau, in: ZBJV 128 (1992), 357–380 (zit. WEBER-DÜRLER, Aktuelle Aspekte)

WIDMER, STEPHAN Wahl- und Abstimmungsfreiheit, Zürich 1989 (zit. WIDMER)

WIEDERKEHR, EDITH Nachzählung bei sehr knappen Abstimmungsergebnissen, Masterarbeit, Zürich 2013 (zit. EDITH WIEDERKEHR)

WIEDERKEHR, RENÉ Der Schutz der politischen Rechte durch das Kantonsgericht Basel-Landschaft, in: Biaggini, Giovanni/Achermann, Alex/Mathis, Stephan/Ott, Lukas (Hg.), Staats- und Verwaltungsrecht des Kantons Basel-Landschaft II, Liestal 2005, 33–54 (zit. RENÉ WIEDERKEHR, Kantonsgericht BL)

DERS. Fairness als Verfassungsgrundsatz, Bern 2006 (zit. RENÉ WIEDERKEHR, Fairness)

WINZELER, CHRISTOPH Die politischen Rechte des Aktivbürgers nach schweizerischem Bundesrecht, Basel 1982 (zit. WINZELER)

WOODTLI, SUSANNA Gleichberechtigung. Der Kampf um die politischen Reche der Frau in der Schweiz, Frauenfeld 1975 (zit. WOODTLI)

WULLSCHLEGER, STEPHAN Bürgerrecht und Volksrechte, in: Buser, Denise (Hg.), Neues Handbuch des Staats- und Verwaltungsrechts des Kantons Basel-Stadt, Basel 2008, 127–184 (zit. WULLSCHLEGER)

WÜTHRICH, WERNER Die kantonalen Volksrechte im Aargau, St. Gallen 1990 (zit. WÜTHRICH)

ZEN-RUFFINEN, PIERMARCO L’expression fidèle et sûre de la volonté du corps électoral, in: Thürer, Daniel/Aubert, Jean-François/Müller, Jörg Paul (Hg.),

Verfassungsrecht der Schweiz. Droit constitutionnel suisse, Zürich 2001, 349–371 (zit. ZEN-RUFFINEN)

ZIMMERLI, ULRICH Bund – Kantone – Gemeinden, in: Zimmerli, Ulrich (Hg.) Die neue Bundesverfassung. Konsequenzen für Praxis und Wirtschaft. Tagung vom 21./22. Oktober 1999 an der Universität Bern, Bern 2000, 35–62 (zit. ZIMMERLI)

ZIPPELIUS, REINHOLD Allgemeine Staatslehre. Politikwissenschaft, München 2007 (zit. ZIPPELIUS)

ZÜRCHER, CHRISTIAN Gleichstellung auf den Punkt gebracht. Das Volk vertreten 2012. Studie zur politischen Repräsentation der Geschlechter in der Baselbieter Politik, Liestal 2013 (zit. ZÜRCHER)

Rechtliche Grundlagen

International

Europäische Menschenrechtskonvention, Konvention zum Schutze der Menschenrechte und Grundfreiheiten in Kraft getreten für die Schweiz am 28. November 1974, SR 0.101	EMRK
Internationaler Pakt der Vereinten Nationen über bürgerliche und politische Rechte vom 16. Dezember 1966, SR 0.103.2	UNO-Pakt II
Bundesbeschluss betreffend den internationalen Pakt über bürgerliche und politische Rechte vom 13. Dezember 1991, BBl 1991 IV, 1105–1107.	BB UNO-Pakt II
Übereinkommen zur Beseitigung jeder Form von Diskriminierung der Frau (Convention on the Elimination of All Forms of Discrimination against Women) vom 18. Dezember 1979, von der Bundesversammlung genehmigt am 4. Oktober 1996, in Kraft getreten für die Schweiz am 26. April 1997, SR 0.108	CEDAW

Bund

Verfassung der helvetischen Republik vom 12. April 1798	
Bundesverfassung der Schweizerischen Eidgenossenschaft vom 12. September 1848	aBV 1848
Bundesverfassung der Schweizerischen Eidgenossenschaft vom 29. Mai 1874	aBV 1874
Bundesverfassung der Schweizerischen Eidgenossenschaft vom 18. April 1999, SR 101	BV
Bundesgesetz über das Schweizer Bürgerrecht vom 20. Juni 2014, SR 141.0	BüG
Verordnung über das Schweizer Bürgerrecht vom 17. Juni 2016, SR 141.01	BüV
Bundesgesetz über die Ausländerinnen und Ausländer vom 16. Dezember 2005, SR 142.20	AuG
Asylgesetz vom 26. Juni 1998, SR 142.31	AsylG
Bundesgesetz über die Gleichstellung von Frau und Mann vom 24. März 1995 (Gleichstellungsgesetz), SR 151.1	GlG
Bundesgesetz über die politischen Rechte vom 17. Dezember 1976, SR 161.1	BPR

Verordnung über die politischen Rechte vom 24. Mai 1978, SR 161.11	VPR
Verordnung der Bundeskanzlei über die elektronische Stimmabgabe vom 13. Dezember 2013, SR 161.116	VELeS
Bundesgesetzes über die politischen Rechte der Auslandschweizer vom 19. Dezember 1975, SR 161.5	BPRA
Verordnung über die politischen Rechte der Auslandschweizer vom 16. Oktober 1991, SR 161.51	VPRA
Bundesgesetz über die Bundesversammlung vom 13. Dezember 2002, SR 171.10	ParlG
Bundesgesetz über das Vernehmlassungsverfahren (Vernehmlassungsgesetz) vom 18. März 2005, SR 172.061	VlG
Bundesgesetz über das Bundesgericht vom 17. Juni 2005, SR 173.110	BGG
Bundesgesetz über die Organisation der Bundesrechtspflege (Bundesrechtspflegegesetz vom 16. Dezember 1943, seit 2007 nicht mehr in Kraft	aOG
Schweizerisches Zivilgesetzbuch vom 10. Dezember 1907, SR 210	ZGB
Schweizerisches Strafgesetzbuch vom 21. Dezember 1937, SR 311.0	StGB
Bundesgesetz über die Harmonisierung der Einwohnerregister und anderer amtlichen Personenregister vom 23. Juni 2006, SR 431.02	RHG
Verordnung über die eidgenössische Volkszählung vom 19. Dezember 2008, SR 431.112.1	VolkszählungsV
Bundesgesetz über die Arbeit in Industrie, Gewerbe und Handel (Arbeitsgesetz) vom 13. März 1964, SR 822.11	ArG
Bundesgesetz über den Erwerbsersatz für Dienstleistende und bei Mutterschaft, Erwerbsersatzgesetz) vom 25. September 1952, SR 834.1	EOG
Bundesgesetz über das Messwesen vom 17. Juni 2011, SR 941.20	MessG

Nordwestschweizer Kantone

Kanton Aargau

Verfassung des Kantons Aargau vom 6. Mai 1831	KV AG 1831
Verfassung des Kantons Aargau vom 5. Januar 1841	KV AG 1841
Verfassung des Kantons Aargau vom 22. Februar 1852	KV AG 1852
Verfassung des Kantons Aargau vom 23. April 1885	KV AG 1885
Verfassung des Kantons Aargau vom 25. Juni 1980, GS AG 110.000	KV AG
Gesetz über die Einwohner- und Objektregister sowie das Meldewesen vom 18. November 2008, GS AG 122.200	RHG AG
Gesetz über die politischen Rechte vom 10. März 1992, GS AG 131.100	GPR AG
Verordnung zum Gesetz über die politischen Rechte vom 25. November 1992, GS AG 131.111	V GPR AG
Gesetz über die Wahl des Grossen Rats vom 8 März 1988, GS AG 152.100	GrossratswahlG AG
Verordnung zum Grossratswahlgesetz vom 11. Juli 1988, GS AG 152.111	GrossratswahlV AG
Gesetz über die Einwohnergemeinden (Gemeindegesetz) vom 19. Dezember 1978, GS AG 171.100	GemeindeG AG
Gesetz über das Kantons- und das Gemeindebürgerrecht vom 12. März 2013, GS AG 271.200	BüG AG

Kanton Basel-Landschaft

Verfassung des Kantons Basel vom 4. März 1814	KV Basel 1814
Verfassung für den Kanton Basel-Landschaft vom 27. April 1832	KV BL 1832
Verfassung für den Kanton Basel-Landschaft vom 1. August 1838	KV BL 1838
Verfassung für den Kanton Basel-Landschaft vom 23. Dezember 1850	KV BL 1850
Verfassung für den Kanton Basel-Landschaft vom 6. März 1863	KV BL 1863
Verfassung für den Kanton Basel-Landschaft vom 4. April 1892	KV BL 1892

Verfassung des Kantons Basel-Landschaft vom 17. Mai 1987, GS BL 100	KV BL
Bürgerrechtsgesetz vom 17. Oktober 2017	BüG BL
Gesetz über die politischen Rechte vom 7. September 1981, GS BL 120	GPR BL
Verordnung zum Gesetz über die politischen Rechte vom 17. Dezember 1991, GS BL 120.11	V GPR BL
Veraltungsverfahrensgesetz Basel-Landschaft vom 13. Juni 2012	VwVG BL
Gesetz über die Organisation und die Verwaltung der Gemeinden vom 28. Mai 1970 (Gemeindegesetz), GS BL 180	GemeindeG BL
Gesetz über die Verfassungs- und Verwaltungsprozessordnung vom 16. Dezember 1993 (Verwaltungsprozessordnung), GS BL 271	VPO BL

Kanton Basel-Stadt

Verfassung des Kantons Basel vom 4. März 1814	KV Basel 1814
Verfassung des Kantons Basel-Stadt vom 3. Oktober 1833	KV BS 1833
Verfassung des Kantons Basel-Stadt vom 8. Februar 1858	KV BS 1858
Verfassung des Kantons Basel-Stadt vom 28. Mai 1875	KV BS 1875
Verfassung des Kantons Basel-Stadt vom 2. Dezember 1889	KV BS 1889
Verfassung des Kantons Basel-Stadt vom 23. März 2005, GS BS 111.100	KV BS
Bürgerrechtsgesetz vom 19. Oktober 2017, GS BS 121.100	BüRG BS
Gesetz über Wahlen und Abstimmungen (Wahlgesetz) vom 21. April 1994, GS BS 132.100	WahlG BS
Verordnung zum Gesetz über Wahlen und Abstimmungen (Wahlverordnung) vom 3. Januar 1995, GS BS 132.110	WahlV BS
Einführungsgesetz zum Bundesgesetz über die Gleichstellung von Frau und Mann vom 26. Juni 1996, GS BS 140.100	EG GlG BS
Gesetz über die Geschäftsordnung des Grossen Rates vom 29. Juni 2006, GS BS 152.100	GO BS
Ausführungsbestimmungen zum Gesetz über die Geschäftsordnung des Grossen Rates vom 29. Juni 2006, GS BS 152.110	AB GO BS

Gemeindegesetz vom 17. Oktober 1984, GS BS 170.100	GemeindeG BS
Gesetz über den kantonalen Finanzhaushalt (Finanzhaushaltgesetz) vom 14. März 2012, GS BS 610.100	FinanzhaushaltG BS

Kanton Solothurn

Verfassung des Kantons Solothurn vom 19. Dezember 1840	KV SO 1840
Verfassung des Kantons Solothurn vom 1. Juli 1856	KV SO 1856
Verfassung des Kantons Solothurn vom 12. Dezember 1875	KV SO 1875
Verfassung des Kantons Solothurn vom 23. Oktober 1887	KV SO 1887
Verfassung des Kantons Solothurn vom 8. Juni 1986, GS SO 111.1	KV SO
Gesetz über das Kantons- und Gemeindebürgerrecht (Bürgerrechtsgesetz) vom 6. Juni 1993, GS SO 112.11	BüG SO
Gesetz über die politischen Rechte vom 22. September 1996, GS SO 113.111	GPR SO
Verordnung über die politischen Rechte vom 28. Oktober 1996, GS SO 113.112	V GPR SO
Gemeindegesetz vom 16. Februar 1992, GS SO 131.1	GemeindeG SO
Verordnung über die Harmonisierung amtlicher Register vom 12. März 2008, GS SO 131.51	V RHG SO

Weitere Kantone

Kanton Appenzell Innerrhoden

Verfassung für den Eidgenössischen Stand Appenzell Innerrhoden vom 24. Wintermonat [November] 1872, GS AI 101.000	KV AI

Kanton Appenzell Ausserrhoden

Verfassung des Kantons Appenzell Ausserrhoden vom 30. April 1995, GS AR 111.1	KV AR

Kanton Bern

Verfassung des Kantons Bern vom 6. Juni 1993, GS BE 101.1	KV BE
Gesetz über die politischen Rechte vom 5. Juni 2012, GS BE 141.1	GPR BE

Kanton Freiburg

Gesetz über die politischen Rechte vom 6. April 2001, GS FR 115.1	GPR FR

Kanton Genf

Loi sur l'exercice des droits politiques du 15 octobre 1982, GS GE A 5 05	LDP GE

Kanton Glarus

Gesetz über die politischen Rechte vom 7. Mai 2017, GS GL I D/22/2	GPR GL

Kanton Graubünden

Verfassung des Kantons Graubünden vom 18. Mai 2003/14. September 2003, GS GR 110.100	KV GR

Kanton Jura

Constitution de la République et Canton du Jura du 20 mars 1977, GS JU 101	KV JU
Loi sur les droits politiques du 26 octobre 1978, GS JU 161.1	LDP JU

Kanton Luzern

Stimmrechtsgesetz vom 25. Oktober 1988, GS LU 10	StimmrechtsG LU

Kanton Neuenburg

Constitution de la République et Canton de Neuchâtel du 24 septembre 2000, GS NE 101	KV NE
Loi sur les droits politiques du 17 octobre 1984, GS NE 141	LDP NE

Kanton Nidwalden

Gesetz über die Verhältniswahl des Landrates vom 26. April 1981, GS NW 132.1	ProporzG NW

Kanton Obwalden

Gesetz über die Wahl des Kantonsrats vom 26. Februar 1984, GS OW 122.2	Wahl Kantonsrat G OW

Kanton St. Gallen

Vollzugsverordnung zum Gesetz über die Urnenabstimmungen vom 17. August 1971, GS SG 125.31	UAV SG

Kanton Schaffhausen

Verfassung des Kantons Schaffhausen vom 17. Juni 2002, GS SH 101.000	KV SH
Gesetz über die vom Volke vorzunehmenden Abstimmungen und Wahlen sowie über die Ausübung der Volksrechte (Wahlgesetz) vom 15. März 1904, GS SH 160.100	WahlG SH

Kanton Schwyz

Kantonsratswahlgesetz vom 17. Dezember 2014, GS SZ 120.200	KRWG SZ

Kanton Tessin

Costituzione della Repubblica e Cantone Ticino del 14 dicembre 1997, GS TI 1.1.1.1	KV TI
Legge sull'esercizio dei diritti politici del 7 ottobre 1998, GS TI 1.3.1.1	LDP TI

Kanton Thurgau

Gesetz über das Stimm- und Wahlrecht vom 12. Februar 2014, GS TG 161.1	StWG TG

Kanton Uri

Verfassung des Kantons Uri vom 28. Oktober 1984, GS UR 1.1101	KV UR
Gesetz über die Verhältniswahl des Landrates vom 3. März 1991, GS UR 2.1205	ProporzG UR

Kanton Waadt

Loi sur l'exercice des droits politiques du 16 mai 1989, GS VD 160.01	LDP VD

Kanton Wallis

Verfassung des Kantons Wallis vom 8. März 1907, GS VS 101.1	KV VS
Gesetz über die politischen Rechte vom 13. Mai 2004, GS VS 160.1	GPR VS

Kanton Zug

Verfassung des Kantons Zug vom 31. Januar 1894, GS ZG 111.1	KV ZG
Gesetz über die Wahlen und Abstimmungen vom 28. September 2006, GS ZG 131	WAG ZG

Kanton Zürich

Gesetz über die politischen Rechte vom 1. September 2003, GS ZH 161	GPR ZH

Materialien

Bund

Botschaft des Bundesrats betreffend Abänderung von Art. 2 Abs. 1 des Bundesgesetzes vom 25. Juni 1903 über die Erwerbung des Schweizerbürgerrechts und den Verzicht auf dasselbe vom 28. Juni 1919, BBl 1919 IV 225 ff. (zit. Botschaft 1919 Schweizerbürgerrecht)

Botschaft des Bundesrates an die Bundesversammlung zum Entwurf zu einem Bundesgesetz über Erwerb und Verlust des Schweizerbürgerrechts vom 9. August 1951, BBl 1951 II 669 ff. (zit. Botschaft 1951 Schweizerbürgerrecht)

Bericht der Studienkommission zur Prüfung von Reformvorschlägen für die Wahl des Nationalrates und das Stimmrechtsalter, Bern 1970 (zit. Bericht Stimmrechtsalter)

Botschaft des Bundesrates an die Bundesversammlung zu einem Bundesgesetz über die politischen Rechte vom 9. April 1975, BBl 1975 I 1317, (zit. Botschaft BG politische Rechte 1975)

Die parlamentarische Initiative betreffend Stimmrecht und Wählbarkeit für 18jährige. Bericht der Kommission des Nationalrats an den Nationalrat und an den Bundesrat vom 14. Juni 1976. BBl 1976 II 1401 ff. (zit. Bericht 1976 Stimmrecht für 18-jährige)

Parlamentarische Initiative Stimm- und Wahlrechtsalter 18, Bericht der Kommission des Nationalrats vom 30. Januar 1990, BBl 1990 I 1167 ff. (zit. Bericht Kommission Nationalrat 1990 Stimmrechtsalter 18)

Parlamentarische Initiative Stimm- und Wahlrechtsalter 18, Stellungnahme des Bundesrates vom 28. Februar 1990, BBl 1990 I 1545 ff. (zit. Stellungnahme Bundesrat 1990 Stimmrechtsalter 18)

Botschaft über die Gewährleistung der Verfassung des Kantons Graubünden vom 5. März 2004, BBl 2004, 1107 ff.; (zit. Botschaft Gewährleistung KV GR)

Kantonsverfassung Graubünden, Gewährleistung. Bericht der Staatspolitischen Kommission des Ständerats vom 24. Mai 2004, BBl 2004, 3635 ff.; *(zit. Bericht Staatspolitische Kommission SR, Gewährleistung KV GR)*

Botschaft zur Harmonisierung amtlicher Personenregister vom 23. November 2005, BBl 2006, 427–488, (zit. Botschaft RHG)

Botschaft über die Einführung der allgemeinen Volksinitiative und über weitere Änderungen der Bundesgesetzgebung über die politischen Rechte vom 31. Mai 2006, BBl 2006, 5261 ff. (zit. Botschaft Einführung allgemeine Volksinitiative)

Botschaft zur Änderung des Schweizerischen Zivilgesetzbuches (Erwachsenenschutz, Personenrecht und Kindesrecht) vom 28. Juni 2006, BBl 2006, 7001 ff.; (zit. Botschaft Erwachsenenschutz)

Botschaft des Bundesrates zur Totalrevision des Bundesgesetzes über das Schweizer Bürgerrecht (Bürgerrechtsgesetz, BüG) vom 4. März 2011, BBl 2010, 2825 ff. (zit. Botschaft Totalrevision BüG vom 4. März 2011)

Bericht des Bundesrates zu Vote électronique vom 14. Juni 2013, BBl 2013, 5069 ff.; (zit. Bericht des Bundesrates zu Vote électronique)

Botschaft zur Änderung des Bundesgesetzes über die Gleichstellung von Frau und Mann (Gleichstellungsgesetz, GlG) vom 5. Juli 2017, BBl 2017, 5507 ff. (zit. Botschaft zur Änderung des Bundesgesetzes über die Gleichstellung von Frau und Mann)

Nordwestschweizer Kantone

Kanton Aargau

Verfassung des Kantons Aargau; Gesetz über die politischen Rechte; Änderung; Ständeratswahlen; Ermöglichung der Teilnahme von Auslandschweizerinnen und Auslandschweizern. Anhörungsbericht vom 5. Juli 2017

Gesetz über das Kantons- und das Gemeindebürgerrecht, Änderung. Anhörungsbericht vom 31. August 2016

Kanton Basel-Landschaft

Bericht der Sachkommission 2 betreffend den Abschnitt Volksrechte, in: Totalrevision der basellandschaftlichen Staatsverfassung. Dokumente 1983–1987, Recht und Politik im Kanton Basel-Landschaft, Band 8, 42 ff.

Kanton Basel-Stadt

Kommentar zum Entwurf für eine neue Kantonsverfassung des Kantons Basel-Stadt vom 15. Oktober 2003, Verfassungsrat des Kantons Basel-Stadt (Kommentar Verfassungsrat KV BS)

Ratschlag zu einer Änderung des Gesetzes über Wahlen und Abstimmungen (Wahlgesetz) vom 21. April 1994, Regierungsrat des Kantons Basel-Stadt, 27. Januar 2010 (Ratschlag Änderung WahlG 2010)

Zweiter Bericht der Spezialkommission zu einer Änderung des Gesetzes über Wahlen und Abstimmungen (Wahlgesetz) vom 21. April 1994, Spezialkommission Kommissionsschlüssel des Grossen Rates, 11. Mai 2011 (zit. Bericht Spezialkommission Kommissionsschlüssel)

Ratschlag zu einer Änderung der Verfassung des Kantons Basel-Stadt vom 23. März 2005 und einer Änderung des Gesetzes über Wahlen und Abstimmungen vom 21. April 1994, Regierungsrat des Kantons Basel-Stadt, 10. April 2013 (Ratschlag Änderung KV BS und WahlG 2013)

Kanton Solothurn

Verhandlungen des Verfassungsrates des Kantons Solothurn 1981–1986

Abkürzungsverzeichnis

Bemerkung: Abkürzungen der Rechtsgrundlagen befinden sich in deren Verzeichnis.

Abs.	Absatz
AG	Kanton Aargau
AI	Kanton Appenzell Innerrhoden
AJP/PJA	Aktuelle juristische Praxis (AJP) – Pratique juridique Actuelle (PJA)
Amt. Bull.	Amtliches Bulletin
AR	Kanton Appenzell Ausserrhoden
Art.	Artikel
AS	Amtliche Sammlung des Bundesrechts
BB	Bundesbeschluss
BBl	Bundesblatt der Schweizerischen Eidgenossenschaft
BE	Kanton Bern
BeKomm	Berner Kommentar
betr.	betreffend
BG	Bundesgesetz
BGE	Entscheidsammlung des Schweizerischen Bundesgerichts, Amtliche Sammlung
BL	Kanton Basel-Landschaft
BS	Kanton Basel-Stadt
Bsp.	Beispiel
bzw.	beziehungsweise
CHF	Schweizer Franken
CVP	Christlichdemokratische Volkspartei
d.h.	das heisst
ders.	derselbe
dies.	dieselbe, dieselben
E.	Erwägung
Eidg.	eidgenössisch
eig.	eigentlich
EMRK	Europäische Menschenrechtskonvention (Konvention zum Schutze der Menschenrechte und Grundfreiheiten)
et al.	et alii (Maskulinum), et aliae (Femininum): und andere
f./ff.	folgende/fortfolgende
FDP	Freisinnig-Demokratische Partei
Fn	Fussnote

FR	Kanton Freiburg
GE	Kanton Genf
geb.	geboren
GL	Kanton Glarus
GR	Kanton Graubünden
GS (+ Nummer)	kantonale Gesetzessammlung
Hg.	Herausgeber/-in
i.e.S.	im engeren Sinne
i.S.	in Sachen
i.V.m.	in Verbindung mit
insbes.	insbesondere
JU	Kanton Jura
KV	Kantonsverfassung
lit.	litera = Buchstabe
LU	Kanton Luzern
m.a.W.	mit anderen Worten
m.w.Hinw.	mit weiteren Hinweisen
m.w.Verw.	mit weiteren Verweisen
Mio.	Million
N	Randnote
NE	Kanton Neuenburg
NW	Kanton Nidwalden
OW	Kanton Obwalden
PK	Praxiskommentar
Rz.	Randziffer
SG	Kanton St. Gallen
SG-Komm	St. Galler Kommentar
SH	Kanton Schaffhausen
SMS	Short Message Service (für Kurznachrichtendienst)
SO	Kanton Solothurn
sog.	so genannt
SP	Sozialdemokratische Partei
SR	Systematische Sammlung des Bundesrechts
SVP	Schweizerische Volkspartei
SZ	Kanton Schwyz
TG	Kanton Thurgau
TI	Kanton Tessin
u.Ä.	und Ähnliche(s)
u.a.	unter anderem
UR	Kanton Uri
USA	United States of Ameria, Vereinigte Staaten von Amerika

VD	Kanton Waadt
vgl.	vergleiche
VS	Kanton Wallis
z.B.	zum Beispiel
ZBJV	Zeitschrift des Bernischen Juristenvereins (Bern)
ZBl	Schweizerisches Zentralblatt für Staats- und Verwaltungsrecht, Zürich
ZG	Kanton Zug
ZH	Kanton Zürich
Ziff.	Ziffer
zit.	zitiert
ZSR	Zeitschrift für Schweizerisches Recht (Basel)